해커스 HSK 5급 200% 활용법!

교재 MP3 + HSK 5급 핵심&고난도 어휘 1000

이용방법

해커스중국어(china.Hackers.com) 접속 후 로그인

▶ 페이지 상단 [교재/MP3 → 교재 MP3/자료] 클릭

▶ [HSK → 5급] 클릭 후 본 교재 학습자료 이용하기

* 교재 MP3 : 모의고사용 / 문제별 분할 / 고사장 소음 버전 MP3

HSK 기출 사자성어

이용방법

해커스중국어(china.Hackers.com) 접속 후 로그인

▶ 페이지 상단 [무료 자료 → 데일리 학습자료] 클릭

▶ [HSK 기출 사자성어] 클릭 후 이용하기

매일 HSK 필수어휘 테스트

이용방법

해커스중국어(china.Hackers.com) 접속 후 로그인

▶ 페이지 상단 [무료 자료 → 데일리 학습자료] 클릭

▶ [5급 필수 단어] 클릭 후 이용하기

합격을 위한 해커스 MP3 활용 팁!

방법 1

[해커스 ONE] 앱 다운로드 후 로그인

▶ 좌측 상단에서 [중국어] 선택

▶ 페이지 상단 [교재·MP3] 클릭

▶ 본 교재 선택 후 이용하기

[해커스 ONE] 앱 다운받기 ▶

방법 2

다운로드 없이 즉시 학습이 가능한 [QR코드] 이용하기

해커스 중국어

HSK 5급

실전모의고사

해커스

점수를 높이는 막판 1주!

해커스 중국어 HSK5급 실전모의고사

초판 11쇄 발행 2024년 7월 1일

초판 1쇄 발행 2018년 4월 19일

지은이	해커스 HSK연구소
펴낸곳	(주)해커스
펴낸이	해커스 출판팀

주 소	서울특별시 서초구 강남대로 61길 23 ㈜해커스
고객센터	02-537-5000
교재 관련 문의	publishing@hackers.com
	해커스중국어 사이트(china.Hackers.com) 교재 Q&A 게시판
동영상강의	china.Hackers.com

ISBN	979-11-5855-715-7(13720)
Serial Number	01-11-01

가장 선호하는 중국어학원
1위 브랜드

해커스중국어

- 어려운 중국어 듣기를 완벽 정복할 수 있는 **다양한 버전의 교재 MP3**
- HSK 기출 사자성어 · HSK 급수별 필수어휘 · HSK 레벨테스트 등 **다양한 HSK 무료 학습 컨텐츠**
- 해커스 스타강사의 **본 교재 인강** (교재 내 할인쿠폰 수록)

[중국어학원 1위] 네이버 [중공사] 회원 대상 '가장 선호하는 중국어 학원 1위 브랜드' 설문조사(2016.12.26/참여인원:210명)

해커스가 만들면
HSK 5급 실전모의고사도
다릅니다!

수많은 HSK 5급 수험생들은
시험 직전 막판 대비를 위해 실전모의고사 교재를 구매합니다.

그래서 해커스가 고민해 보았습니다.
HSK 5급 정복을 위한 실전모의고사는 어떤 교재여야 할까?

결론은, 실전모의고사는 모름지기,
1. 최신 출제 경향을 철저히 분석하여 그대로 반영해야 하고,
2. 실제 시험장에서 그대로 적용 가능한 풀이 전략을 제시해야 하며,
3. HSK 5급 수험생들이 어려워하는 독해, 특히 2부분을 포기하지 않도록
도움을 주는, 그러한 교재이어야 한다는 것이었습니다.

그래야만 수험생들이 목표 달성에 대한 자신감과 확신을
가질 수 있기 때문입니다.

이러한 결론을 토대로 <해커스 HSK 5급 실전모의고사>를 만들었습니다.

무엇보다 시험 전 막판 1주일 동안 학습에 박차를 가하여
원하는 점수가 기록된 성적표를 받고 싶어하는 수험생들의 마음을
해커스가 이 교재에 고스란히 담았습니다.

여러분의 5급 정복을 위해 <해커스 HSK 5급 실전모의고사>가 함께 합니다!

차례

해설집

문제집

[책속의 책]

1. 모의고사용 MP3
2. 문제별 분할 MP3
3. 고사장 소음 버전 MP3

HSK 5급 핵심&고난도 어휘 1000 PDF

* 듣기 학습을 위한 모든 MP3와 'HSK 5급 핵심&고난도 어휘 1000 PDF'는 해커스중국어 사이트(china.Hackers.com)에서 무료로 다운받으실 수 있습니다.

해커스가 알려 드리는
HSK 5급 정복을 위한 막판 1주 학습법

최신 출제 경향의 모의고사를 푼다!

최근 들어 난이도가 높아지고 있는 HSK 5급, 때문에 최신 출제 경향을 철저히 분석하여 그대로 반영한 <해커스 HSK 5급 실전모의고사>로 실제 시험처럼 문제를 풀고 철저히 학습해서 최신 경향에 익숙해져야 합니다.

시험장에서 적용 가능한 해설로 공부한다!

단편적인 설명 방식의 해설은 시험장에서 적용할 수 없어, 정답을 선택하는 데 아무런 도움이 되지 않습니다. 때문에 <해커스 HSK 5급 실전모의고사>가 제공하는, 실제 시험에서 그대로 적용 가능한 전략적인 해설로 학습해야 쌓아 온 실력을 시험 당일 제대로 발휘할 수 있습니다.

난이도가 높은 문제까지 정복한다!

틀린 문제가 쉬운지, 어려운지 모르면 자신의 실력을 제대로 파악할 수 없습니다. 때문에 <해커스 HSK 5급 실전모의고사>는 모든 문제에 '상/중/하'로 난이도를 표시했습니다. 틀린 문제의 난이도를 확인하고, 취약한 부분을 보충하다 보면, 어느새 높은 난이도의 문제까지 정복하게 됩니다.

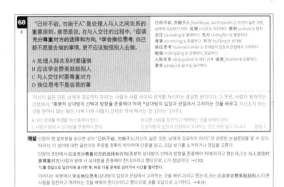

█ 오답 소거로 독해 2부분도 자신 있게 푼다!

정확한 해석이 힘들고, 시간이 부족하여 HSK 5급 수험생들이 가장 어려워하는 독해 2부분! <해커스 HSK 5급 실전모의고사>가 독해 2부분 해설에서 제시하는 오답 소거법으로 반복 학습한다면 독해 2부분도 자신 있게 풀 수 있습니다.

█ 문제별 반복 청취로 듣기를 잡는다!

단어 하나하나는 들리는데 문장 또는 문단을 들으면 곧바로 의미 파악이 되지 않아 HSK 5급 정복에 방해가 되는 듣기 영역! 때문에 <해커스 HSK 5급 실전모의고사>가 제공하는 문제별 분할 MP3로 각 문제가 직청직해 될 때까지 반복 청취하여 중국어 듣기 실력을 제대로 키워야 합니다.

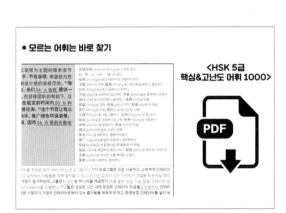

█ 모르는 어휘는 바로 찾고, 빈출 어휘는 주제별로 집중 암기한다!

HSK 5급 목표 달성을 위해 어휘력은 필수 사항! 때문에 문제 바로 옆에 어휘 정리가 있는 <해커스 HSK 5급 실전모의고사>로 학습하면 모르는 어휘는 바로 찾고, 동시에 암기도 할 수 있습니다. 또한 별도로 제공하는 'HSK 5급 핵심&고난도 어휘 1000'(PDF)을 막판 1주일 동안 암기하면 어느새 문제를 술술 풀 수 있게 될 것입니다.

* MP3와 PDF는 해커스중국어(china.Hackers.com)에서 다운받으실 수 있습니다.

HSK 5급 시험 정보

▉ HSK 시험 접수

1. 인터넷 접수

HSK 한국사무국 홈페이지(http://www.hsk.or.kr)에서 좌측의 [IBT] 또는 [PBT]를 클릭한 후, 홈페이지 중앙의 [인터넷 접수]를 클릭하여 접수한다.

- 접수 과정: 인터넷 접수 바로가기 → 응시 등급 선택 → 결제 방법 선택 → 고시장 선택 → 개인 정보 입력 → 사진 등록 → 내용 확인 및 결제
  * 국내 포털 사이트에서 'HSK 접수'로 검색하면 다른 시험센터에서 고시장을 선택하여 접수 가능합니다.

2. 우편 접수

구비 서류를 동봉하여 등기 우편으로 접수한다.

- 구비 서류: 응시 원서(사진 1장 부착), 응시 원서에 부착한 사진 외 별도 사진 1장, 응시비 입금 영수증
- 보낼 주소: (06336) 서울시 강남구 강남 우체국 사서함 115호 <HSK 한국사무국>

3. 방문 접수

준비물을 지참하여 접수처에 방문하여 접수한다.

- 준비물: 응시 원서(사진 1장 부착), 응시 원서에 부착한 사진 외 1장, 응시비
- 접수처: 서울 강남구 강남대로92길 31(역삼동 649-8) 민석빌딩 8층 HSK한국사무국
- 접수 시간: 평일 09:00-12:00, 13:00-18:00(토·일요일, 공휴일 휴무)

▉ HSK 시험 당일 준비물

수험표

유효한 신분증

2B 연필, 지우개

시계

▉ HSK 시험 성적 확인

1. 성적 조회

PBT 시험 성적은 시험일로부터 1개월 후, IBT시험 성적은 시험일로부터 2주 후 중국고시센터(http://www.chinesetest. cn/goquery.do)에서 조회가 가능하다. 단, 성적표는 PBT/IBT 모두 시험일로부터 45일 이후 접수 시 선택한 방법(우편 또는 방문)으로 수령 가능하다.

- 성적 조회 과정 : 홈페이지 우측의 [성적조회] 클릭 → 페이지 하단의 [성적조회 바로가기] 클릭
- 입력 정보 : 수험번호, 성명, 인증 번호
  * 수험번호는 IBT/PBT [성적조회] 페이지 하단의 [수험번호 조회]를 클릭한 후, 한글 이름, 생년월일, 휴대폰 번호, 시험일자를 입력하면 바로 조회 가능하다.

2. 성적표 수령 방법

- 우편 수령 신청자의 경우, 성적표는 시험일로부터 45일 이후, 등기 우편으로 발송된다.
- 방문 수령 신청자의 경우, 성적표는 시험일로부터 45일 이후, 홈페이지 공지 사항에서 해당 시험일 성적표 발송 공지문을 확인한 후, 신분증을 지참하여 HSK 한국사무국으로 방문하여 수령한다.

3. 성적의 유효 기간

성적은 시험을 본 당일로부터 2년간 유효하다.

HSK 5급 시험 대상

HSK 5급은 매주 2~4시간씩 2년(총 400시간)이상 중국어를 학습하고, 2,500개의 상용 어휘와 관련 어법 지식을 마스터한 학습자를 대상으로 한다.

HSK 5급 시험 구성 및 시험 시간

• HSK 5급은 듣기, 독해, 쓰기의 세 영역으로 나뉘며, 총 100문제가 출제된다.

• 듣기 영역의 경우, 듣기 시험 시간이 종료된 후 답안 작성 시간 5분이 별도로 주어지며, 독해·쓰기 영역은 별도의 답안 작성 시간이 없으므로 해당 영역 시험 시간에 바로 작성해야 한다.

시험 내용		문항 수		시험 시간
듣기	제1부분	20	45	약 30분
	제2부분	25		
듣기 영역에 대한 답안 작성 시간				5분
독해	제1부분	15	45	45분
	제2부분	10		
	제3부분	20		
쓰기	제1부분	8	10	40분
	제2부분	2		
합계		100문항		약 125분

* 전체 시험 시간은 응시자 개인 정보 기재 시간 5분을 포함하여 약 125분이다.

HSK 5급 성적표

<성적표>

• HSK 5급 성적표에는 듣기, 독해, 쓰기 세 영역별 점수와 총점이 기재된다. 영역별 만점은 100점이며, 따라서 총점은 300점 만점이다.

• 또한 성적표에는 영역별 점수 및 총점을 기준으로 백분율을 제공하고 있어 자신의 점수가 상위 몇 %에 속하는지 확인할 수 있다.

HSK 5급 출제 형태 및 문제풀이 전략

제1부분 | 대화 듣고 질문에 답하기

1. 출제 형태
- 남녀가 한 번씩 주고 받는 대화를 듣고 관련 질문에 대한 정답을 고르는 형태
- 총 문항 수: 20문항(1번-20번)

문제지

1. A 餐馆	B 家里	C 医院	D 公司

음성

> 女：这两天你接触过什么特别的东西没有？这是严重的皮肤过敏。
> 男：没接触什么。只是昨天吃了一些海鲜后就这样了。
>
> 问：男的现在最可能在什么地方？

정답 C

2. 문제풀이 전략

STEP 1　보기를 읽고 대화 내용 예상해보기
대화를 듣기 전에 먼저 문제지의 보기를 재빨리 읽고, 대화를 들을 때 주의 깊게 들어야 할 사항을 체크해둔다.

STEP 2　대화를 들으며 대화에서 언급되거나 관련된 보기에 체크해두기
STEP1에서 체크해 둔 사항에 집중하며 대화를 듣는다. 보기 옆에 대화에서 언급된 내용을 재빨리 적어두는 것도 좋다.

STEP 3　질문 듣고 정답 선택하기
대화가 끝난 후 이어지는 질문을 듣고 보기 옆에 표시해 둔 정보를 바탕으로 정답을 선택한다.

제2부분 ㅣ 대화 또는 단문 듣고 질문에 답하기

🔲 대화

1. 출제 형태

- 남녀가 두 번씩 주고 받는 대화를 듣고 관련 질문에 대한 정답을 고르는 형태
- 총 문항 수: 10문항(21번-30번)

문제지

21. A 吃点心　　　　　B 招待朋友　　　　　C 在家里做点心　　　　　D 在家里陪妈妈

음성

> 男: 妈妈，你明天有没有时间?
> 女: 我明天很忙，有什么事吗?
> 男: 我想请我的朋友到家里来玩儿，你能帮我准备一些点心吗?
> 女: 是这样啊。好的，我会尽量提前回来。
>
> 问: 男的明天想做什么?

정답 B

2. 문제풀이 전략

STEP 1　보기를 읽고 대화 내용 예상해보기
대화를 듣기 전에 먼저 문제지의 보기를 재빨리 읽고, 대화를 들을 때 주의 깊게 들어야 할 사항을 체크해둔다.

STEP 2　대화를 들으며 대화에서 언급되거나 관련된 보기에 체크해두기
STEP1에서 체크해 둔 사항에 집중하며 대화를 듣는다. 대화에서 그대로 언급되거나 대화와 관련된 내용의 보기는 정답이 될 가능성이 크기 때문에 그 옆에 살짝 체크해둔다. 보기 옆에 대화에서 언급된 관련 내용을 재빨리 적어두는 것도 좋다.

STEP 3　질문 듣고 정답 선택하기
대화가 끝난 후 이어지는 질문을 듣고 보기 옆에 표시해 둔 정보를 바탕으로 정답을 선택한다.

📄 단문

1. 출제 형태

- 6개의 단문을 듣고 관련 질문에 대한 정답을 고르는 형태. 한 단문 당 2~3문제 출제
- 총 문항 수: 15문항(31번-45번)

문제지

| 31. | A 五次 | B 六次 | C 十次 | D 十五次 |
| 32. | A 缺乏耐性 | B 身体条件不行 | C 对人没有礼貌 | D 测验时表现不好 |

음성

> 　　体育中心的一位著名的长跑教练去选小运动员，他看中了一个十岁的小男孩儿。他让那个孩子明天上午给他打电话。
> 　　第二天，教练房间的电话铃声响了六下就停止了，接着，又响了六下又不响了。第五次电话铃声只响了一下教练就接了，一听，果然是那个小男孩儿打来的。教练问他前面的几个电话是不是他打来的，小男孩儿说是的。
> 　　教练没有录取这个小男孩儿。有人问他，为什么？那个孩子在测验的时候不是表现得很出色吗？教练告诉那个人，他让小男孩儿给他打电话也是一项测验，但是小男孩儿没有通过。他说："电话如果没人接，铃声要响十五下后才会自动断掉。可小男孩儿每次打过来的电话都是很快就挂了，然后再重拨，很没有耐性。而耐性，是一个长跑运动员不可缺少的。"
>
> 问：小男孩儿打了几次电话？
> 问：小男孩儿因为什么没有被录取？

정답 A, A

2. 문제풀이 전략

STEP 1 보기를 읽고 단문의 유형 및 내용 예상해보기

단문을 듣기 전에 먼저 문제지의 보기를 재빨리 읽어 단문의 유형을 예측하고, 유형에 따라 단문을 들을 때 주의 깊게 들어야 할 사항을 체크해둔다. 참고로, 6개의 단문에 출제되는 문항 수가 2-3-3-3-2-2개의 순서임을 알아둔다

STEP 2 단문을 들으며 단문에서 언급되거나 관련된 보기에 체크해두기

STEP1에서 체크해 둔 사항에 집중하며 단문을 듣는다. 단문을 들으며, 보기 중 일부 표현이 단문에서 그대로 언급되거나 단문과 관련이 있는 경우 정답이 될 가능성이 높기 때문에 그 옆에 살짝 체크해둔다. 단문 중반을 제대로 듣지 못했다 하더라도 끝까지 집중해서 듣도록 한다.

STEP 3 질문 듣고 정답 선택하기

단문이 끝난 후 이어지는 질문을 듣고 보기 옆에 표시해 둔 정보를 바탕으로 정답을 선택한다.

二、阅读 독해

제1부분 ㅣ 빈칸 채우기

1. 출제 형태

- 제시된 보기 중 빈칸에 들어갈 어휘 또는 구문을 고르는 형태
- 총 문항 수: 15문항(46번-60번)

문제지

46-48.

　　一群年轻人到处__46__快乐, 但是却遇到许多烦恼和痛苦。他们问老师, 快乐到底在哪里？　老师说: "你们还是先帮我造一条船吧! "年轻人们__47__忘了自己的事儿, __48__地造船。船下水了, 年轻人们把老师请上船, 一边划船, 一边唱起歌来。老师问: "孩子们, 你们快乐吗？"学生一齐回答: "快乐极了! "老师说: "快乐就是这样, 它往往在你忙于做别的事情时突然来到。"

46.	A 发现	B 制造	C 寻找	D 获得
47.	A 马上	B 暂时	C 及时	D 果然
48.	A 耐心	B 专心	C 主动	D 愉快

정답 C, B, B

2. 문제풀이 전략

STEP 1 보기를 읽고, 의미 파악하기
첫 번째 문제의 보기를 읽고 의미를 파악하여 단문의 빈칸 주변에서 어떤 문맥을 파악해야 할지 미리 준비한다.

STEP 2 단문의 빈칸 주변을 읽고 정답 선택하기
보기의 의미를 염두하며, 빈칸 주변의 문맥을 파악한 후 빈칸에 알맞은 어휘를 찾는다. 이때 호응 어휘나 짝꿍 연결어를 찾거나, 빈칸이 있는 문장의 앞이나 뒤의 문맥을 파악하면서 정답을 선택한다.

· 남은 문제도 STEP1, 2를 반복하며 푼다.

제2부분 | 옳은 보기 고르기

1. 출제 형태

- 제시된 보기 중 지문의 내용과 일치하는 내용을 고르는 형태
- 총 문항 수: 10문항(61번-70번)

문제지 서술문 형태

61. 我们在喝牛奶的时候要注意什么呢？不可空腹喝牛奶，最好喝牛奶前先吃点儿东西或边吃东西边饮用，这样有利于营养成分的吸收；也不应该与茶水、菠菜一起食用，因为那样会影响钙的吸收。

　　A 茶水和菠菜不能同时食用
　　B 喝牛奶之前应该先喝一点儿茶水
　　C 边吃东西边喝牛奶会影响钙的吸收
　　D 空腹喝牛奶不利于营养成分的吸收

정답 D

2. 문제풀이 전략

STEP 1 　단문을 읽기 시작하면서 단문 유형 파악하기

단문을 읽기 시작하면서 단문 유형을 파악하고, 유형에 따라 중점적으로 파악해야 할 사항을 결정한다. 단문이 설명문인 경우에는 설명 대상의 세부 특징을, 논설문인 경우에는 의견이나 주장을, 이야기인 경우에는 등장 인물에게 발생한 사건을 중점적으로 파악하면서 단문을 읽어 나가야 한다.

STEP 2 　오답 보기를 소거하거나 정답 선택하기

단문의 한 구절이나 문장을 읽은 후 각 보기와 내용을 대조하여,내용이 다른 보기는 오답으로 소거하고, 내용이 일치하는 보기는 정답으로 선택한다. 정답을 선택했다면, 남아 있는 단문이나 보기를 다 읽지 않았더라도 바로 다음 문제로 넘어가서 시간을 절약한다.

제3부분 | 지문 읽고 질문에 답하기

1. 출제 형태

- 지문을 읽고 관련된 여러 개의 질문에 대한 정답을 고르는 형태
- 총 문항 수: 20문항(71번-90번)

문제지

71-74.

　　一颗苹果树，终于结果了。第一年，它结了10个苹果，9个被拿走，自己得到1个。对此，苹果树愤愤不平，于是开始拒绝成长。第二年，它结了5个苹果，4个被拿走，自己得到1个。"哈哈，去年我得到了10%，今年得到20%！翻了一番。"这棵苹果树心理平衡了。

　　但是，它还可以这样：继续成长。比如，第二年，它结了100个果子，被拿走90个，自己得到10个。很可能，它被拿走99个，自己得到1个。但没关系，它还可以继续成长，第三年结1000个果子……

　　人有时候也会像那棵苹果树，有时候你做了大贡献却没人重视，你觉得就像那棵苹果树，结出的果子自己只享受到了很小一部分，与你的期望相差甚远。于是，你愤怒，你生气，你到处抱怨。最终，你决定不再那么努力，让自己的所做去匹配自己的所得。几年过去后，你一反省，发现现在的你，已经没有刚工作时的激情和才华了。

　　其实，得到多少果子不是最重要的。最重要的是，苹果树在成长！等苹果树长成参天大树的时候，那些曾阻碍它成长的力量都会微弱到可以忽略。真的，不要太在乎果子，成长是最重要的。

71. 苹果树拒绝成长是因为：

　　A 自己长得很慢　　　　B 结的苹果太少　　　　C 自己得到的太少　　　　D 人们不重视它的果实

72. 第二年苹果树得意是因为：

　　A 自己结的苹果增加了　　　　　　　　B 得到的苹果数量增加了
　　C 得到的苹果的比例增加了　　　　　　D 人们开始留给它更多的苹果

73. 从上文我们知道，这颗苹果树：

　　A 很谦虚　　　　　　B 非常自信　　　　　　C 不能结果　　　　　　D 不够明智

74. 本文主要告诉我们：

　　A 做人应该谦虚谨慎　　B 成长需要付出代价　　C 应当珍惜自己的所得　　D 不要在乎眼下的得失

정답 C, C, D, D

HSK 5급 출제 형태 및 문제풀이 전략

2. 문제풀이 전략

STEP 1 **질문의 유형 파악하고 핵심어구 체크하기**
질문을 읽고, 세부 내용을 묻는 문제인지, 중심 내용을 묻는 문제인지, 옳은 것을 묻는 문제인지, 어휘 문장의 의미를 묻는 문제인지를 파악하여 질문의 핵심어구나 묻는 포인트를 체크해둔다.

STEP 2 **지문 읽고 정답 선택하기**
질문의 핵심어구나 묻는 포인트와 관련된 부분을 지문에서 재빨리 찾아, 그 주변에서 정답의 단서를 찾은 다음 정답을 선택한다.

三、书写 쓰기

제1부분 | 제시된 어휘로 문장 완성하기

1. 출제 형태

- 제시된 4~6개의 어휘를 어순에 맞게 배치하여 하나의 문장을 완성하는 형태
- 총 문항 수: 8문항(91번-98번)

문제지

91. 演的	他在戏里	冒险家	角色	是

정답 他在戏里演的角色是冒险家。

2. 문제풀이 전략

STEP 1 술어 배치하기

제시된 어휘 중 술어가 되는 어휘를 찾아 배치한다. 이때 동사 是이나 有, 개사 把나 被와 같은 어휘가 보이면 관련된 특수 문형의 어순을 떠올리며 술어를 배치한다.

STEP 2 주어와 목적어 배치하기

술어 자리에 배치한 어휘와 문맥적으로 목적어가 될 수 있는 어휘를 술어 다음 목적어 자리에, 주어가 될 수 있는 어휘를 술어 앞 주어 자리에 배치한다.

STEP 3 문장 완성하기

남은 어휘들은 어법이나 문맥에 따라 관형어나 부사어 등의 알맞은 자리에 배치하여 문장을 완성한다. 완성된 문장 끝에 반드시 마침표(。)나 물음표(?)를 붙여 답안지에 옮겨 적는다.

제2부분 | 짧은 글쓰기

📖 제시된 어휘를 사용하여 작문하기 (00번)

1. 출제 형태

- 제시된 5개의 어휘를 모두 사용하여 작문하는 80자 내외의 짧은 글을 완성하는 문제

문제지

99. 好处	广泛	热爱	智慧	丰富

+ 모범 답안

		我	想	自	我	介	绍	一	下	。	我	是	一	个	兴
趣	广	泛	的	人	，	非	常	喜	欢	体	育	运	动	，	特
别	是	足	球	。	踢	足	球	对	身	心	健	康	很	有	好
处	。	此	外	，	我	也	很	热	爱	读	书	。	我	的	书
柜	里	摆	放	着	许	多	书	。	读	书	给	我	带	来	很
多	知	识	和	智	慧	。	我	觉	得	这	些	爱	好	让	我
的	生	活	更	加	丰	富	多	彩	。						

48
80

2. 문제풀이 전략

STEP 1 제시된 어휘로 소재 정하고, 아웃라인 잡기
제시된 어휘를 바탕으로 연상되는 이야기를 떠올려 글의 소재를 정한다. 그 후, 정한 소재를 바탕으로 도입, 전개, 마무리의 세 단락으로 글의 아웃라인을 잡는다.

STEP 2 원고지에 짧은 글 완성하기
STEP1에서 작성한 아웃라인을 바탕으로 원고지에 작문을 완성한다. 답안지에서 제공하는 원고지는 총 7줄(112칸)이며, 고득점을 받기 위해서는 6줄(총 96칸) 이상을 채우는 것이 좋다. 작성이 끝난 후에는 한자, 어법, 문장부호 등에 오류가 없는지 검토한다.

제시된 그림을 사용하여 작문하기 (100번)

1. 출제 형태

- 제시된 사진과 관련된 내용으로 80자 내외의 짧은 글을 완성하는 문제

문제지

100.

+ 모범 답안

		今	天	是	一	个	非	常	高	兴	的	日	子	。	我
最	好	的	朋	友	要	来	见	我	。	她	是	我	的	高	中
同	学	。	我	们	考	上	了	不	同	城	市	的	大	学	。
因	此	，	我	们	见	面	的	机	会	变	少	了	。	这	次
趁	着	暑	假	，	她	决	定	要	来	我	所	在	的	城	市
见	我	。	我	今	天	下	午	就	要	去	火	车	站	接	她。
我	非	常	期	待	跟	她	见	面	。						

(48) *(80)*

2. 문제풀이 전략

STEP 1 제시된 사진으로 소재 정하고, 아웃라인 잡기
제시된 사진을 보고 연상되는 이야기를 떠올려 글의 소재로 정한다. 그 후, 정한 소재를 바탕으로 도입, 전개, 마무리의 세 단락으로 글의 아웃라인을 잡는다. 이때 사진을 묘사하는 문장을 떠올리지 않아도 된다.

STEP 2 원고지에 짧은 글 완성하기
STEP1에서 작성한 아웃라인을 바탕으로 원고지에 작문을 완성한다. 답안지에서 제공하는 원고지는 총 7줄(112칸)이며, 고득점을 받기 위해서는 6줄(총 96칸) 이상을 채우는 것이 좋다. 작성 후 한자, 어법, 문장 부호 등에 오류를 검토한다.

HSK 5급 목표 달성을 위한 맞춤 학습 플랜

1주 학습 플랜

HSK 5급 기본서로 학습을 마친 후, 실전모의고사로 시험 전 막판 1주 동안 점수를 한층 끌어올리고 싶은 학습자

일차	날짜	학습 내용
1일	/	★ HSK 실전모의고사 제1회 ☆ <HSK 5급 핵심&고난도 어휘 1000> 001번~200번 어휘 암기
2일	/	★ HSK 실전모의고사 제2회 ☆ <HSK 5급 핵심&고난도 어휘 1000> 201번~400번 어휘 암기
3일	/	★ HSK 실전모의고사 제3회 ☆ <HSK 5급 핵심&고난도 어휘 1000> 401번~600번 어휘 암기
4일	/	★ HSK 실전모의고사 제4회 ☆ <HSK 5급 핵심&고난도 어휘 1000> 601번~800번 어휘 암기
5일	/	★ HSK 실전모의고사 제5회 ☆ <HSK 5급 핵심&고난도 어휘 1000> 801번~1,000번 어휘 암기
6일	/	★ HSK 실전모의고사 제1회 ~ 제3회 틀린 문제 한 번 더 풀기 ☆ <HSK 5급 핵심&고난도 어휘 1000> 1번~500번 잘 안 외워진 어휘 집중 암기
7일	/	★ HSK 실전모의고사 제4회 ~ 제5회 틀린 문제 한 번 더 풀기 ☆ <HSK 5급 핵심&고난도 어휘 1000> 501번~1,000번 잘 안 외워진 어휘 집중 암기
시험일	/	**시험장에 가져가면 좋을 학습 자료** **1. 듣기 문제별 분할 MP3를 담은 휴대폰** – 시험장 가는 길에 계속 들어요~ **2. <HSK 5급 핵심&고난도 어휘 1000> PDF** – 시험장에서 잘 안외워지는 단어를 재빨리 체크해요~

실전모의고사 학습법

1. 문제집, 문제집에서 분리한 답안지, 연필, 지우개 그리고 시계를 준비하여 실제 시험장처럼 모의고사 문제를 풉니다.
2. 채점 후 점수가 낮은 영역 또는 부분 위주로 집중 복습합니다.
   (1) 듣기 점수가 낮을 경우, 문제별 분할 MP3를 사용하여 직청직해가 될 때까지 반복해서 듣습니다.
   (2) 독해와 쓰기 점수가 낮을 경우, 틀린 문제 위주로 다시 풀어보되, 잘 모르는 어휘는 바로 찾고 바로 암기합니다.

<HSK 5급 핵심&고난도 어휘 1000> 학습법

1. 5일 동안 매일 200개씩 집중 암기합니다.
   (1) 단어를 큰 소리로 읽고 쓰면서 암기하면 더욱 효과가 좋습니다.
   (2) 잘 안 외워지는 단어에는 체크를 해둡니다.
2. 6일째와 7일째에는 잘 안 외워진 단어를 집중 암기합니다.

2주 학습 플랜

중국어 실력을 어느 정도 갖추고 있어서, 전략적인 문제풀이만으로 단번에 원하는 HSK 5급 점수를 취득하고 싶은 학습자

주/일차		날짜	학습 단계	학습 내용
1주	1일	/	**제1단계 문제풀이 전략 익히기** ① HSK 5급 문제풀이 전략을 집중적으로 익히는 단계! ② 제1회의 모든 문제 해설을 꼼꼼히 공부하면서 문제풀이 전략을 제대로 익혀 나갑니다.	★ HSK 실전모의고사 제1회 풀고 채점하기 ☆ <HSK 5급 핵심&고난도 어휘 1000> 001번~100번 어휘 암기
	2일	/		★ HSK 실전모의고사 제1회 듣기 집중 학습 ☆ <HSK 5급 핵심&고난도 어휘 1000> 101번~200번 어휘 암기
	3일	/		★ HSK 실전모의고사 제1회 독해 집중 학습 ☆ <HSK 5급 핵심&고난도 어휘 1000> 201번~300번 어휘 암기
	4일	/		★ HSK 실전모의고사 제1회 쓰기 집중 학습 ☆ <HSK 5급 핵심&고난도 어휘 1000> 301번~400번 어휘 암기
	5일	/	**제2단계 문제풀이 실력 다지기** ① 1단계에서 익힌 문제풀이 전략을 지속적으로 적용하고 활용하는 단계! ② 공부한 모의고사 회차가 늘수록 문제풀이에 익숙해지도록 실력을 다져 나갑니다.	★ HSK 실전모의고사 제2회 ☆ <HSK 5급 핵심&고난도 어휘 1000> 401번~500번 어휘 암기
	6일	/		★ HSK 실전모의고사 제2회 ☆ <HSK 5급 핵심&고난도 어휘 1000> 501번~600번 어휘 암기
	7일	/		★ HSK 실전모의고사 제3회 ☆ <HSK 5급 핵심&고난도 어휘 1000> 601번~700번 어휘 암기
2주	8일	/		★ HSK 실전모의고사 제3회 ☆ <HSK 5급 핵심&고난도 어휘 1000> 701번~800번 어휘 암기
	9일	/		★ HSK 실전모의고사 제4회 ☆ <HSK 5급 핵심&고난도 어휘 1000> 801번~900번 어휘 암기
	10일	/		★ HSK 실전모의고사 제4회 ☆ <HSK 5급 핵심&고난도 어휘 1000> 901번~1,000번 어휘 암기
	11일	/		★ HSK 실전모의고사 제5회 ☆ <HSK 5급 핵심&고난도 어휘 1000> 001번~500번 어휘 반복 암기
	12일	/		★ HSK 실전모의고사 제5회 ☆ <HSK 5급 핵심&고난도 어휘 1000> 501번~1,000번 어휘 반복 암기
	13일	/	**제3단계 목표 달성 실력 완성 단계** 시험 직전, 틀린 문제들을 한 번 더 복습하여 취약한 영역/부분/문제 유형이 없도록 실력을 완성하는 단계	★ HSK 실전모의고사 제1회 ~ 제3회 틀린 문제 한 번 더 풀기 ☆ <HSK 5급 핵심&고난도 어휘 1000> 잘 안 외워진 단어만 한번 더 암기
	14일	/		★ HSK 실전모의고사 제4회 ~ 제5회 틀린 문제 한 번 더 풀기 ☆ <HSK 5급 핵심&고난도 어휘 1000> 잘 안 외워진 단어만 최종 암기
시험일		/	**시험장에 가져가면 좋을 학습 자료** 1. 듣기 문제별 분할 MP3를 담은 휴대폰 　- 시험장 가는 길에 계속 들어요~ 2. <HSK 5급 핵심&고난도 어휘 1000> PDF 　- 시험장에서 잘 안 외워지는 단어를 재빨리 체크해요~	

고사장 소음까지 대비하고
듣기 점수 올리려면?

해커스중국어(china.Hackers.com)에서
고사장 소음 버전 MP3 무료 다운받기!

해커스 HSK 5급

실전모의고사

제1회

听力 듣기 / 어휘·해석·해설

阅读 독해 / 어휘·해석·해설

书写 쓰기 / 어휘·해석·해설

一、听力 듣기

문제별 분할 mp3
바로듣기

1
하

A 买领带	B 去超市买菜
C 参加员工大会	D 去跟朋友约会

男: 可以帮我系一下领带吗? 今天我们单位开员工
　　大会。
女: 好的。别忘了早点回来, 晚上我会做海鲜大餐。
问: 男的今天要做什么?

领带 lǐngdài 몡 넥타이　员工 yuángōng 몡 직원
大会 dàhuì 몡 총회, 전체 회의　约会 yuēhuì 몡 약속 용 만날 약속을 하다
系 jì 용 매다, 묶다　单位 dānwèi 몡 회사, 직장　海鲜 hǎixiān 몡 해산물
大餐 dàcān 몡 성찬, 식사

A 넥타이를 산다　　B 슈퍼에 장을 보러 간다　　C 직원 총회에 참석한다　　D 친구와의 약속에 가다

남: 나를 도와 넥타이를 좀 매어 줄 수 있어요? 오늘 우리 회사에서 직원 총회를 열어요.
여: 네. 일찍 들어오는 것 잊지 마세요, 저녁에 제가 해산물 성찬을 차려 줄게요.
질문: 남자는 오늘 무엇을 하려고 하는가?

정답 C

해설 제시된 보기 A 买领带(넥타이를 산다), B 去超市买菜(슈퍼에 장을 보러 간다), C 参加员工大会(직원 총회에 참석한다), D 去跟朋友约会(친구와의 약속에 가다)가 모두 행동을 나타내므로, 대화를 들을 때 화자 또는 특정 인물이 하고 있거나 하려는 행동이 무엇인지 주의 깊게 듣는다. 대화에서 남자가 넥타이 매는 것을 도와 달라며, 今天我们单位开员工大会。(오늘 우리 회사에서 직원 총회를 열어요.)라고 말했다. 질문이 남자는 오늘 무엇을 하려고 하는지 물었으므로, C 参加员工大会(직원 총회에 참석한다)가 정답이다.

☑ **고득점 노하우** 제시된 보기가 모두 행동과 관련된 짧은 문장인 경우, 대화를 들을 때 화자 또는 특정 인물이 하고 있거나 하려는 행동이 무엇인지를 주의 깊게 듣는다.

2
하

A 这道题目太难了
B 外公是物理老师
C 女的提出的问题很好
D 他现在没空儿帮女的

女: 哥哥, 我对这道物理题目有些疑问, 你可以帮
　　助我吗?
男: 我正在写工作方案, 要不你去问外公吧。
问: 男的是什么意思?

道 dào 양 개(문제나 명령 등을 세는 단위)
题目 tímù 몡 (연습이나 시험의) 문제
外公 wàigōng 몡 외할아버지　物理 wùlǐ 몡 물리　提出 tíchū 용 제기하다
空儿 kòngr 몡 (남아 있는) 시간, 짬　疑问 yíwèn 몡 의문, 의혹
方案 fāng'àn 몡 방안　要不 yàobù 젭 아니면 ~하든지, 그렇지 않으면

A 이 문제는 너무 어렵다　　　　　　　　B 외할아버지는 물리 선생님이다
C 여자가 제기한 문제가 좋다　　　　　　D 그는 지금 여자를 도울 시간이 없다

여: 오빠, 나 이 물리 문제에 대해 의문이 조금 있는데, 나를 도와줄 수 있어?
남: 내가 한창 사업 방안을 쓰고 있어서, 아니면 외할아버지께 가서 물어보든지.
질문: 남자의 말은 무슨 뜻인가?

정답 D

해설 제시된 보기 A의 题目太难(문제가 너무 어렵다), B의 外公是 …… 老师(외할아버지는 선생님이다), C의 问题很好(문제가 좋다), D의 他 …… 没空儿(그는 시간이 없다)이 모두 상황 또는 상태를 나타내므로, 대화를 들을 때 화자 또는 특정 대상의 상황이나 상태를 주의 깊게 듣는다. 대화에서 여자가 자신을 도와줄 수 있냐고 묻자, 남자가 我正在写工作方案, 要不你去问外公吧。(내가 한창 사업 방안을 쓰고 있어서, 아니면 외할아버지께 가서 물어보든지.)라고 답했다. 이를 통해, 남자가 조금 바쁜 상황이라는 것을 알 수 있다. 질문이 남자의 말이 무슨 뜻인지 물었으므로, D 他现在没空儿帮女的(그는 지금 여자를 도울 시간이 없다)가 정답이다. 참고로, 보통 대화자가 질문을 하면 답변에서 정답의 단서가 언급되는 경우가 많다.

☑ **고득점 노하우** 제시된 보기에 형용사 또는 了로 끝나는 문장이나 是자문(~은 ~이다)이 있을 경우, 화자 또는 특정 대상의 상황이나 상태를 주의 깊게 듣는다.

3
중

A 火车早就出发了	B 女的没能坐上火车
C 男的遇上了大堵车	D 火车站已经关门了

男: 抱歉, 列车马上出发, 入口已经关闭了。
女: 啊, 真是太倒霉了。
问: 根据对话, 可以知道什么?

早就 zǎojiù 뮈 일찌감치, 진작　遇上 yùshàng 용 맞닥뜨리다
堵车 dǔchē 용 교통체증, 차가 막히다
关门 guānmén 용 문을 닫다　抱歉 bàoqiàn 용 죄송합니다, 미안해하다
关闭 guānbì 용 닫다　倒霉 dǎoméi 용 운이 없다, 운수 사납다

제1회 듣기

제2회

제3회

제4회

제5회

해커스 HSK 5급 실전모의고사

A 기차는 일찌감치 출발했다 | B 여자는 기차에 탈 수 없었다
C 남자는 심한 교통체증을 맞닥뜨렸다 | D 기차역은 이미 문을 닫았다

남: 죄송합니다, 열차가 곧 출발해서 입구가 이미 닫혔습니다.
여: 아, 정말 운이 너무 없네요.

질문: 대화에 근거하여, 무엇을 알 수 있는가? 　　　　　　　　　　　　　　　　　　정답 B

해설 제시된 보기 A, B, D에서 火车(기차)가 언급되었으므로, 대화를 들을 때 火车(기차)와 관련된 내용을 주의 깊게 듣는다. 남자가 列车
马上出发, 入口已经关闭了(열차가 곧 출발해서 입구가 이미 닫혔습니다)라고 하자, 여자가 정말 운이 너무 없다고 답했다. 이를 통
해, 여자는 기차에 타지 못했다는 것을 알 수 있다. 질문이 대화에 근거하여, 무엇을 알 수 있는지 물었으므로, B 女的没能坐上火车
(여자는 기차에 탈 수 없었다)가 정답이다.

✅ **고득점 노하우** 보기가 모두 긴 문장인데 주어가 같거나 반복되는 어휘가 있으면 이들을 핵심어구로 체크하고, 대화를 들을 때 관련된 내용을 주의 깊
게 듣는다.

4
하

A 正在听一个学术讲座
B 等朋友等了40分钟
C 现在不能使用报告厅
D 很希望见到那个专家

女: 请问我们可以用一下报告厅吗?
男: 现在里面有一个专家的学术讲座, 大约40分钟
之后能结束。

问: 关于女的, 下面哪个是正确的?

学术 xuéshù 📖 학술　讲座 jiǎngzuò 📖 강좌　使用 shǐyòng 🔵 사용하다
报告厅 bàogàotīng 📖 강당　专家 zhuānjiā 📖 전문가
大约 dàyuē 🔵 대략

A 지금 학술 강좌를 듣고 있다 | B 친구를 40분 기다렸다
C 지금은 강당을 사용할 수 없다 | D 그 전문가를 만나길 매우 바란다

여: 실례합니다, 저희가 강당을 좀 쓸 수 있을까요?
남: 지금 안에 한 전문가의 학술 강좌가 있는데, 대략 40분 이후에 마칠 수 있습니다.

질문: 여자에 관해, 아래에서 정확한 것은? 　　　　　　　　　　　　　　　　　　정답 C

해설 제시된 보기 A의 正在听 …… 讲座(강좌를 듣고 있다), B의 等朋友(친구를 기다리다), C의 不能使用(사용할 수 없다), D의 希望见到
(만나길 바란다)가 모두 상황 또는 상태를 나타내므로, 대화를 들을 때 화자 또는 특정 대상의 상황이나 상태에 관해 주의 깊게 듣는
다. 대화에서 여자가 강당을 쓸 수 있는지 묻자, 남자가 现在里面有一个专家的学术讲座, 大约40分钟之后能结束。(지금 안에서 한
전문가의 학술 강좌가 있는데, 대략 40분 이후에 마칠 수 있습니다.)라고 했다. 이를 통해, 현재 강당을 사용할 수 없는 것을 알 수 있
다. 질문이 여자에 관해, 정확한 내용은 무엇인지 물었으므로, C 现在不能使用报告厅(지금은 강당을 사용할 수 없다)이 정답이다. 참
고로, 보통 대화자가 질문을 하면 답변에서 정답의 단서가 언급되는 경우가 많다.

✅ **고득점 노하우** 보기가 모두 상황 또는 상태와 관련된 내용이면, 대화를 들을 때 화자 또는 특정 대상의 상황이나 상태를 주의 깊게 듣는다.

5
하

A 鼠标　　B 电池　　C 香肠　　D 酱油

男: 我去超市买些香肠, 再买瓶酱油, 你有什么要
我带的吗?
女: 顺便帮我买两节电池吧, 无线鼠标没电了。

问: 女的要男的带什么?

鼠标 shǔbiāo 📖 마우스　电池 diànchí 📖 건전지, 배터리
香肠 xiāngcháng 📖 소시지　酱油 jiàngyóu 📖 간장
顺便 shùnbiàn 📖 겸사겸사　节 jié 📖 여러 개로 나누어진 것을 세는 단위
无线鼠标 wúxiàn shǔbiāo 📖 무선 마우스　电 diàn 📖 배터리, 전기

A 마우스 | B 건전지 | C 소시지 | D 간장

남: 나 슈퍼마켓에 가서 소시지 좀 사고, 간장도 살 건데, 내가 챙겨 왔으면 하는 것 있니?
여: 겸사겸사 날 도와서 건전지 두 개를 사다 줘, 무선 마우스에 배터리가 떨어졌어.

질문: 여자는 남자에게 무엇을 챙겨오라 하였는가? 　　　　　　　　　　　　　　　　　　정답 B

해설 제시된 보기 A 鼠标(마우스), B 电池(건전지), C 香肠(소시지), D 酱油(간장)가 모두 특정 사물을 나타내는 명사이므로, 대화를 들을
때 이와 관련하여 언급되는 내용을 주의 깊게 듣는다. 대화에서 남자가 여자에게 슈퍼에 가는 김에 챙겨 왔으면 하는 것이 있냐고 묻
자, 여자가 帮我买两节电池吧(날 도와서 건전지 두 개를 사다 줘)라고 말했다. 질문이 여자가 남자에게 무엇을 챙겨오라 하였는지 물
었으므로, B 电池(건전지)가 정답이다. 참고로, 보통 대화자가 질문을 하면 답변에서 정답의 단서가 언급되는 경우가 많다.

✅ **고득점 노하우** 제시된 보기가 서로 다른 특정 명사인 경우에는, 대화를 들을 때 각 명사들과 관련된 내용을 주의 깊게 듣는다.

6
중

A 年纪小的人不一定没本领
B 年纪大的人经验肯定丰富
C 王刚不见得适合做这个设计
D 找不着比王刚更合适的人了

女: 王刚年纪比较小, 所以可能不适合做这个设计。
男: 不见得吧, 毕竟重要的是本领而不是年龄。

问: 男的是什么意思?

本领 běnlǐng 圓 능력, 솜씨 经验 jīngyàn 圓 경험
肯定 kěndìng 틀림없이, 확실히 丰富 fēngfù 圓 풍부하다, 많다
不见得 bújiànde 반드시 ~한 것은 아니다 适合 shìhé 圓 적합하다, 적절하다
设计 shèjì 圓 설계, 디자인 找不着 zhǎo bu zháo 찾을 수 없다
合适 héshì 圓 적합하다, 적당하다 毕竟 bìjìng 圓 결국, 어디까지나
而 ér 圓 ~이지(긍정과 부정으로 서로 보충하는 성분을 연결시킴)
年龄 niánlíng 圓 나이

A 나이가 어린 사람이 반드시 능력이 없는 것은 아니다
C 왕강이 이 설계를 하는 것에 반드시 적합한 것은 아니다

B 나이가 많은 사람은 경험이 틀림없이 풍부하다
D 왕강보다 더 적합한 사람을 찾을 수 없다

여: 왕강은 나이가 비교적 적어서, 그래서 아마도 이 설계를 하는 것에 적합하지 않을 거예요.
남: 반드시 그렇지는 않아요, 결국 중요한 것은 능력이지 나이가 아니에요.

질문: 남자의 말은 무슨 뜻인가?

정답 A

해설 제시된 보기 A, B에서 年纪(나이), C, D에서 王刚(왕강)이 언급되었으므로, 대화를 들을 때 年纪(나이)와 王刚(왕강)에 관련된 내용을 주의 깊게 듣는다. 대화에서 여자가 왕강이 어려서 설계 업무에 적합하지 않다고 말하자, 남자가 毕竟重要的是本领而不是年龄(결국 중요한 것은 능력이지 나이가 아니에요)이라고 답했다. 질문이 남자의 말 뜻이 무엇인지 물었으므로, A 年纪小的人不一定没本领(나이가 어린 사람이 반드시 능력이 없는 것은 아니다)이 정답이다. 참고로, 年龄(나이)이 年纪(나이)로 바꿔 표현된 것에 유의한다.

☑ **고득점 노하우** 보기가 모두 긴 문장인데 주어가 같거나 반복되는 어휘가 있으면 이들을 핵심어구로 체크하고, 대화를 들을 때 관련된 내용을 주의 깊게 듣는다.

7
중

A 不要抱怨 B 不用加班
C 可以向老板请假 D 工作快要做完了

男: 今天是除夕, 全家团圆的日子怎么还安排你加班啊?
女: 与其抱怨, 还不如赶快把工作做完回家。

问: 女的是什么意思?

抱怨 bàoyuàn 圓 원망하다 加班 jiābān 圓 야근하다, 초과 근무를 하다
老板 lǎobǎn 圓 사장 请假 qǐngjià 圓 (휴가·조퇴 등을) 신청하다
快要 kuàiyào 곧 ~하다 除夕 chúxī 圓 섣달 그믐, 제야(음력 12월 30일)
团圆 tuányuán 圓 (가족이 흩어졌다가) 다시 모이다 日子 rìzi 圓 날, 날짜
安排 ānpái 圓 배정하다, 안배하다
与其…不如… yǔqí…bùrú… (~하기 보다는) 차라리 ~하는 편이 낫다
赶快 gǎnkuài 圓 빨리, 속히

A 원망하지 마라
C 사장에게 휴가를 신청할 수 있다

B 초과 근무 할 필요 없다
D 업무를 곧 마무리 짓는다

남: 오늘은 섣달 그믐인데, 온 가족이 다시 모이는 날에 어떻게 너한테 초과 근무를 배정할 수 있어?
여: 원망하는 것 보다는, 차라리 빨리 업무를 마무리하고 집에 가는 게 나아.

질문: 여자의 말은 무슨 뜻인가?

정답 A

해설 제시된 보기 A의 抱怨(원망하다), B의 加班(야근하다), C의 请假(휴가를 신청하다), D의 做完(마무리 짓다)을 핵심어구로 체크해두고, 대화를 들을 때 이와 관련하여 언급되는 내용을 주의 깊게 듣는다. 대화에서 남자가 여자의 초과 근무 배정에 대하여 불평하자, 여자가 与其抱怨, 还不如赶快把工作做完回家。(원망하는 것 보다는, 차라리 빨리 업무를 마무리하고 집에 가는 게 나아.)라고 답했다. 질문이 여자의 말은 무슨 뜻인지 물었으므로, A 不要抱怨(원망하지 마라)이 정답이다.

☑ **고득점 노하우** 제시된 보기가 조동사나 有(있다), 没有(없다)로 시작할 경우 이어지는 동사나 명사를 핵심어구로 체크해두고, 대화를 들을 때 관련된 내용을 주의 깊게 듣는다.

8
중

A 买东西 B 打游戏
C 吃冰激凌 D 招待客人

女: 一会儿要招待客人, 你去楼下超市买点玉米、豆腐、冰激凌回来吧。
男: 我打游戏打到了最后一关了。非要我去吗?

问: 男的想要做什么?

打游戏 dǎ yóuxì 게임을 하다 冰激凌 bīngjilíng 圓 아이스크림
招待 zhāodài 圓 (손님이나 고객에게) 접대하다 楼下 lóuxià 圓 아래층
玉米 yùmǐ 圓 옥수수 豆腐 dòufu 圓 두부 关 guān 圓 관문
非要 fēiyào 圓 굳이

제1회
듣기

제2회

제3회

제4회

제5회

해커스 HSK 5급 실전모의고사

| A 물건을 산다 | B 게임을 한다 | C 아이스크림을 먹는다 | D 손님을 접대한다 |

여: 곧 손님을 접대해야 해, 아래층 슈퍼마켓에 가서 옥수수, 두부, 아이스크림 좀 사오렴.

남: 게임을 하는데 마지막 관문까지 도달했거든요. 굳이 제가 가야 해요?

질문: 남자는 무엇을 하고 싶은가?

정답 B

해설 제시된 보기 A 买东西(물건을 산다), B 打游戏(게임을 한다), C 吃冰激凌(아이스크림을 먹는다), D 招待客人(손님을 접대한다)이 모두 행동을 나타내므로, 대화를 들을 때 화자 또는 특정 인물이 하고 있거나 하려는 행동이 무엇인지를 주의 깊게 듣는다. 대화에서 여자가 남자에게 슈퍼마켓에 가서 물건을 살 것을 부탁했다. 그런데 남자가 我打游戏打到了最后一关了。非要我去吗?(게임을 하는데 마지막 관문까지 도달했거든요. 굳이 제가 가야 해요?)라고 말했다. 이를 통해 남자는 게임을 계속 하고 싶어한다는 것을 알 수 있다. 질문이 남자는 무엇을 하고 싶은지 물었으므로, B 打游戏(게임을 한다)가 정답이다.

☑ **고득점 노하우** 제시된 보기가 모두 행동 관련 표현인 경우, 대화를 들을 때 화자 또는 특정 인물이 하고 있거나 하려는 행동이 무엇인지를 주의 깊게 듣는다.

9
하

| A 屋子里很热 | B 不要开空调 | 屋子 wūzi 명 방　着凉 zháoliáng 통 감기에 걸리다 |
| C 男的着凉了 | D 应该多运动 | 吹 chuī 통 바람을 쏘이다, 바람을 맞다 |

男: 屋子里怎么这么热? 开空调吧。

女: 哪儿热啊? 你是刚回来, 一运动完就吹空调,
　　小心着凉!

问: 女的是什么意思?

| A 방 안은 덥다 | B 에어컨을 틀지 마라 | C 남자는 감기에 걸렸다 | D 운동을 많이 해야 한다 |

남: 방 안이 왜 이렇게 더워? 에어컨 틀자.

여: 어디가 덥다고 그래? 너는 이제 막 돌아왔잖아, 운동 끝내자마자 바로 에어컨을 쐬려고 하네, 감기에 걸리는 것 조심해!

질문: 여자의 말은 무슨 뜻인가?

정답 B

해설 제시된 보기 A의 屋子 …… 热(방이 덥다), B의 不要开空调(에어컨을 틀지 마라), C의 着凉了(감기에 걸렸다), D의 多运动(많이 운동하다)을 핵심어구로 체크해두고, 대화를 들을 때 이와 관련하여 언급되는 상태나 상황을 주의 깊게 듣는다. 대화에서 남자가 에어컨을 틀자고 말하자, 여자가 哪儿热啊?(어디가 덥다고 그래?)라고 답했다. 이를 통해, 여자는 에어컨을 트는 것을 원하지 않는다는 것을 알 수 있다. 질문이 여자의 말은 무슨 뜻인지 물었으므로, B 不要开空调(에어컨을 틀지 마라)가 정답이다.

☑ **고득점 노하우** 보기가 모두 공통점을 찾기 어려운 긴 문장인 경우, 각 보기에서 아는 단어를 신속히 체크해두고, 대화를 들을 때 이와 관련된 내용을 주의 깊게 듣는다.

10
중

A 辅导员　B 解说员　C 售货员　D 接待员	辅导员 fǔdǎoyuán 명 (사상 및 학습 지도를 담당하는) 지도원
	解说员 jiěshuōyuán 명 해설자, 내레이터　售货员 shòuhuòyuán 명 판매원
女: 欢迎您光临我们公司指导工作, 请问您怎么称	接待员 jiēdàiyuán 명 안내원　光临 guānglín 통 와 주시다
呼?	指导 zhǐdǎo 통 지도하다　称呼 chēnghu 통 ~라고 부르다
男: 我姓李, 辛苦你给我带路了。	辛苦 xīnkǔ 통 수고했습니다, 수고하십니다　带路 dàilù 통 길을 안내하다
问: 女的可能是什么人?	

| A 지도원 | B 해설자 | C 판매원 | D 안내원 |

여: 우리 회사에 업무를 지도하러 와 주신 것을 환영합니다, 당신을 어떻게 부르면 될까요?

남: 제 성은 리예요, 저에게 길을 안내해주시느라 수고하셨습니다.

질문: 여자는 아마도 어떤 사람인가?

정답 D

해설 제시된 보기 A 辅导员(지도원), B 解说员(해설자), C 售货员(판매원), D 接待员(안내원)이 모두 직업이므로, 대화를 들을 때 화자나 특정 대상의 직업과 관련된 내용을 주의 깊게 듣는다. 대화에서 여자가 회사에 업무를 지도하러 와 주신 것을 환영한다고 하자, 남자가 辛苦你给我带路了(저에게 길을 안내해주시느라 수고하셨습니다)라고 말했다. 이를 통해, 여자는 길 안내를 해주는 직업을 가졌음을 알 수 있다. 질문이 여자는 아마도 어떤 사람인지 물었으므로, D 接待员(안내원)이 정답이다. 참고로, 指导(지도하다)라는 단어만 듣고 A 辅导员(지도원)을 정답으로 고르지 않도록 주의한다.

☑ **고득점 노하우** 보기가 모두 직업을 나타내는 표현이면, 대화를 들을 때 화자 혹은 특정 인물의 직업과 관련하여 언급되는 내용을 주의 깊게 듣는다.

| **11** 하 | A 用肥皂洗手　　B 赶快去医院
C 按照要求吃药　　D 不跟别人接触 | 肥皂 féizào 圐 비누　赶快 gǎnkuài 凰 재빨리, 속히
按照 ànzhào 观 ~에 따라　接触 jiēchù 圐 접촉하다, 닿다
据说 jùshuō 圐 들리는 말에 의하면, 말하는 바에 의하면
病毒 bìngdú 圐 바이러스　流行 liúxíng 圐 유행하다
造成 zàochéng 圐 (좋지 않은 결과를) 발생시키다, 야기하다
皮肤 pífū 圐 피부　过敏 guòmǐn 圐 알레르기 반응을 보이다 圐 과민하다
尽快 jǐnkuài 凰 되도록 빨리 |
| | 男: 据说最近有一种病毒很流行, 会造成皮肤过敏。
女: 跟人接触以后, 要用肥皂洗手。如果过敏了, 要尽快去医院。
问: 如果皮肤过敏了, 应该怎么办? | |

A 비누로 손을 씻는다　　B 재빨리 병원에 간다　　C 요구에 따라 약을 먹는다　　D 다른 사람과 접촉하지 않는다

남: 들리는 말에 의하면 최근 어떤 바이러스가 유행하는데, 피부 알레르기를 발생시킬 수 있대.

여: 사람과 접촉한 이후에, 비누로 손을 씻어야 해. 만약 알레르기 반응을 보였다면, 되도록 빨리 병원에 가야 해.

질문: 만약에 피부가 알레르기 반응을 보인다면, 어떻게 해야 하는가?　　　　　　　　　　　　정답 B

해설 제시된 보기 A의 洗手(손을 씻다), B의 去医院(병원에 가다), C의 吃药(약을 먹다), D의 接触(접촉하다)가 모두 행동을 나타내므로, 대화를 들을 때 화자 또는 특정 인물이 하고 있거나 하려는 행동이 무엇인지 주의 깊게 듣는다. 대화에서 남자가 최근 유행하는 어떤 바이러스가 피부 알레르기를 발생시킬 수 있다고 하자, 여자가 如果过敏了, 要尽快去医院。(만약 알레르기 반응을 보였다면, 되도록 빨리 병원에 가야 해.)이라고 말했다. 질문이 만약에 피부가 알레르기 반응을 보인다면 어떻게 해야 하는지 물었으므로, B 赶快去医院(재빨리 병원에 간다)이 정답이다. 참고로, 尽快(되도록 빨리)가 赶快(재빨리)로 바뀌 표현된 것에 유의한다.

☑ **고득점 노하우** 제시된 보기가 모두 행동과 관련된 짧은 문장인 경우, 대화를 들을 때 화자 또는 특정 인물이 하고 있거나 하려는 행동이 무엇인지를 주의 깊게 듣는다.

| **12** 상 | A 小麦长得很好　　B 今年损失很大
C 刚刚发生地震了　　D 农业需要新技术 | 小麦 xiǎomài 圐 밀　损失 sǔnshī 圐 손실 圐 손실되다
地震 dìzhèn 圐 지진　农业 nóngyè 圐 농업　新技术 xīnjìshù 圐 신기술
农民 nóngmín 圐 농부 |
| | 女: 今年的小麦长得不错啊, 农民们可以放心了。
男: 是的, 去年受地震影响, 损失太大了, 今年还可以。
问: 通过对话, 可以知道什么? | |

A 밀이 잘 자랐다　　B 올해는 손실이 크다　　C 방금 지진이 발생했다　　D 농업에는 신기술이 필요하다

여: 올해의 밀은 잘 자랐는걸, 농부들이 안심할 수 있겠어.

남: 그러게, 작년은 지진의 영향을 받아서, 손실이 너무 컸는데, 올해는 괜찮겠어.

질문: 대화를 통해 무엇을 알 수 있는가?　　　　　　　　　　　　정답 A

해설 제시된 보기 A의 很好(잘), B의 很大(크다), C의 地震(지진), D의 新技术(신기술)를 핵심어구로 체크해두고, 대화를 들을 때 이와 관련하여 언급되는 상태나 상황을 주의 깊게 듣는다. 대화에서 여자가 今年的小麦长得不错啊(올해의 밀은 잘 자랐는걸)라고 말하자, 남자는 맞다고 답했다. 질문이 대화를 통해 무엇을 알 수 있는지 물었으므로, A 小麦长得很好(밀이 잘 자랐다)가 정답이다.

☑ **고득점 노하우** 제시된 보기에 형용사 또는 了로 끝나는 문장이 있을 경우, 화자 또는 특정 대상의 상황이나 상태를 주의 깊게 듣는다.

| **13** 중 | A 怀疑　　B 无奈　　C 赞成　　D 害怕 | 怀疑 huáiyí 圐 의심하다　无奈 wúnài 圐 어찌 해 볼 도리가 없다, 어이가 없다
赞成 zànchéng 圐 동의하다, 찬성하다　害怕 hàipà 圐 무서워하다
群 qún 圐 무리　博物馆 bówùguǎn 圐 박물관
说个没完 shuōge méiwán 계속 떠들다, 끝없이 지껄이다
工作人员 gōngzuò rényuán 圐 근무 직원
提醒 tíxǐng 圐 주의를 주다, 일깨우다　态度 tàidu 圐 태도 |
| | 男: 那群孩子从一进博物馆就说个没完, 工作人员应该提醒一下。
女: 谁说不是呢?
问: 女的是什么态度? | |

A 의심한다　　B 어찌 해 볼 도리가 없다　　C 동의한다　　D 무서워한다

남: 저 무리의 아이들이 박물관에 들어오고부터 계속 떠드는데, 근무 직원이 한번 주의를 줬어야 해.

여: 누가 아니래?

질문: 여자는 어떤 태도인가?　　　　　　　　　　　　정답 C

해설 제시된 보기 A 怀疑(의심한다), B 无奈(어찌해 볼 도리가 없다), C 赞成(동의한다), D 害怕(무서워한다)가 모두 태도를 나타내므로, 대화를 들을 때 화자 또는 특정 인물의 태도 또는 감정에 관해 주의 깊게 듣는다. 대화에서 남자가 한 무리의 아이들이 박물관에 들어와서 계속 떠드니 직원이 주의를 줬어야 한다고 말하자, 여자가 谁说不是呢?(누가 아니래?)라고 말했다. 이를 통해, 여자는 남자의 의견

에 동의한다는 것을 알 수 있다. 질문이 여자의 태도에 관해 물었으므로, C 赞成(동의한다)이 정답이다.

✓**고득점 노하우** 보기가 모두 사람의 태도와 관련된 표현이면, 화자 또는 특정 대상의 태도가 어떤지 주의 깊게 듣는다.

14
상

A 考试	B 比赛	C 写书	D 上课

女: 明天你去看排球决赛吗?
男: 我后天有个测验, 除非复习好了, 否则我这两天都得呆在图书馆看书。
问: 男的在为什么做准备?

决赛 juésài 圐 결승전　测验 cèyàn 圐 (쪽지 시험 등) 테스트, 시험 圐 시험하다
除非 chúfēi 圙 ~한다면 몰라도　否则 fǒuzé 圙 만약 그렇지 않으면
呆 dāi 圐 (어떤 곳에) 머물다 圐 무표정하다, 멍하다

A 시험을 친다	B 경기를 한다	C 책을 쓴다	D 수업을 한다

여: 내일 너 배구 결승전을 보러 가니?
남: 나 모레 테스트가 하나 있어서, 복습을 다 했다면 모르겠지만, 만약 그렇지 않으면 이 이틀 동안 모두 도서관에 머물러서 공부해야 해.
질문: 남자는 무엇을 위해서 준비하고 있는가?　　　　정답 A

해설 제시된 보기 A 考试(시험을 친다), B 比赛(경기를 한다), C 写书(책을 쓴다), D 上课(수업을 한다)가 모두 행동을 나타내므로, 대화를 들을 때 화자 또는 특정 인물이 하고 있거나 하려는 행동이 무엇인지 주의 깊게 듣는다. 대화에서 여자가 내일 배구 결승전을 보러 가냐고 묻자, 남자가 我后天有个测验(나 모레 테스트가 하나 있어서)이라고 답했다. 질문이 남자는 무엇을 위해서 준비하는지를 물었으므로, A 考试(시험을 친다)이 정답이다. 참고로, 测验(테스트)이 考试(시험)로 바꿔 표현된 것에 유의한다.

✓**고득점 노하우** 제시된 보기가 모두 행동 관련 표현인 경우, 대화를 들을 때 화자 또는 특정 인물이 하고 있거나 하려는 행동이 무엇인지 주의 깊게 듣는다.

15
상

A 这个包间能放下20个座位
B 这家餐厅的菜做得很地道
C 男的很喜欢这个餐厅的装饰
D 现在可以根据菜单预订饭菜

男: 这就是你们餐厅最大的包间吗? 能坐下多少个人?
女: 二十个, 这间装饰得很有地方特色, 现在可以预订。
问: 根据对话, 可以知道什么?

包间 bāojiān 圐 (식당의) 방, 룸　座位 zuòwèi 圐 좌석
地道 dìdao 圐 정통의, 본고장의　装饰 zhuāngshì 圐 장식 圐 장식하다
菜单 càidān 圐 메뉴, 차림표　预订 yùdìng 圐 예약하다
饭菜 fàncài 圐 식사　特色 tèsè 圐 특색

A 이 방에는 20개의 좌석을 놓을 수 있다
C 남자는 이 식당의 장식을 매우 좋아한다
B 이 식당의 음식은 정통적으로 요리한다
D 지금 메뉴에 따라 식사를 예약할 수 있다

남: 여기가 바로 이 식당에서 가장 큰 방인가요? 몇 명이 앉을 수 있나요?
여: 20명이요, 이 방은 현지 특색이 있게 장식되어 있으며, 지금 예약할 수 있습니다.
질문: 대화에 근거하여, 무엇을 알 수 있는가?　　　　정답 A

해설 제시된 보기 A의 20个座位(20개의 좌석), B의 菜 …… 地道(음식이 정통적이다), C의 喜欢 …… 装饰(장식을 좋아한다), D의 预订饭菜(식사를 예약하다)가 모두 상태 또는 행동을 나타내므로, 대화를 들을 때 화자나 특정 대상의 상태 또는 행동에 관해 주의 깊게 듣는다. 대화에서 남자가 식당의 방에 몇 명이 앉을 수 있는지 묻자, 여자가 二十个(20명이요)라고 답했다. 질문이 대화에 근거하여, 무엇을 알 수 있는지 물었으므로, A 这个包间能放下20个座位(이 방에는 20개의 좌석을 놓을 수 있다)가 정답이다.

✓**고득점 노하우** 보기가 모두 공통점을 찾기 어려운 긴 문장인 경우, 각 보기에서 아는 단어를 신속히 체크해두고, 대화를 들을 때 이와 관련된 내용을 주의 깊게 듣는다.

제1회
듣기

제2회

제3회

제4회

제5회

해커스 HSK 5급 실전모의고사

16
중

A 没有什么利润
B 没有什么风险
C 有可能获得高利润
D 不应该投资这个项目

女：我们要谨慎一点，这个项目的风险太大了。
男：依我看，这次风险并不算大。再说，风险大，
　　利润才大。

问：关于这个项目，男的是什么意思？

利润 lìrùn 圏 이윤　风险 fēngxiǎn 圏 리스크, 위험성
获得 huòdé 圐 얻다　投资 tóuzī 圐 투자하다
项目 xiàngmù 圏 프로젝트, 항목　谨慎 jǐnshèn 圐 신중하다, 조심스럽다
依 yī 圐 ~에 따라, ~에 의해서　并 bìng 閉 결코
不算 búsuàn 圐 ~한 편은 아니다, ~라고 할 수 없다
再说 zàishuō 圙 그리고, 게다가

A 별다른 이윤이 없다　　　　　　　　　　　B 별다른 리스크가 없다
C 높은 이윤을 얻을 수도 있다　　　　　　　D 이 프로젝트에 투자하면 안 된다

여: 우리는 좀 신중해야 해, 이 프로젝트의 리스크가 너무 커.
남: 내가 보기에, 이번의 리스크는 결코 큰 편이 아니야. 그리고, 리스크가 커야 비로소 이윤도 클 수 있어.

질문: 이 프로젝트에 관하여, 남자의 말은 무슨 뜻인가?　　　　　　　　　　　　　　　　정답 C

해설 제시된 보기 A의 利润(이윤), B의 风险(리스크), C의 获得(얻다), D의 投资(투자하다)를 핵심어구로 체크해두고, 대화를 들을 때 이와
관련하여 언급되는 내용을 주의 깊게 듣는다. 대화에서 여자가 这个项目的风险太大了(이 프로젝트의 리스크가 너무 커)라고 하자,
남자가 风险大，利润才大(리스크가 커야 비로소 이윤도 클 수 있어)라고 말했다. 질문이 이 프로젝트에 관하여 남자의 말은 무슨 뜻
인지 물었으므로, C 有可能获得很高的利润(높은 이윤을 얻을 수도 있다)이 정답이다.

☑ **고득점 노하우** 제시된 보기가 조동사나 有(있다), 没有(없다)로 시작할 경우 이어지는 동사나 명사를 핵심어구로 체크해두고, 대화를 들을 때 관련된
　　　　　내용을 주의 깊게 듣는다.

17
중

A 换一辆二手车　　　B 安装充电设备
C 买新能源汽车　　　D 利用公共交通

男：我打算买辆车，你有什么推荐的吗？
女：新能源汽车不错，政府会给补贴，还可以免费
　　安装充电设备。

问：女的给了男的什么建议？

辆 liàng 圏 대, 량 (차량을 세는 단위)　二手车 èrshǒuchē 圏 중고차
安装 ānzhuāng 圐 설치하다　充电 chōngdiàn 圐 충전하다
设备 shèbèi 圏 설비 圐 배치하다　新能源 xīnnéngyuán 圏 신재생에너지
利用 lìyòng 圐 이용하다　推荐 tuījiàn 圐 추천하다
不错 búcuò 圐 괜찮다, 좋다　政府 zhèngfǔ 圏 정부
补贴 bǔtiē 圏 보조금　免费 miǎnfèi 圐 무료로 하다　建议 jiànyì 圏 제안

A 중고차로 바꾼다　　　　　B 충전 설비를 설치한다　　　　　C 신재생에너지 자동차를 산다　D 대중교통을 이용한다

남: 내가 차를 살 계획인데, 뭐 추천하는 게 있니?
여: 신재생에너지 자동차가 괜찮아, 정부에서 보조금도 주고, 충전 설비도 무료로 설치할 수 있어.

질문: 여자는 남자에게 어떤 제안을 줬는가?　　　　　　　　　　　　　　　　　　　　정답 C

해설 제시된 보기 A의 换 …… 二手车(중고차를 바꾸다), B의 安装 …… 设备(설비를 설치하다), C의 买 …… 汽车(자동차를 사다), D의
利用公共交通(대중교통을 이용하다)가 모두 행동을 나타내므로, 대화를 들을 때 화자 또는 특정 인물이 하고 있거나 하려는 행동이
무엇인지 주의 깊게 듣는다. 대화에서 남자가 여자에게 차를 살 계획인데 추천하는 게 있는지 묻자, 여자가 新能源汽车不错(신재생
에너지 자동차가 괜찮아)라고 답했다. 질문이 여자는 남자에게 어떤 제안을 줬는지 물었으므로, C 买新能源汽车(신재생에너지 자동
차를 산다)가 정답이다. 참고로, 보통 대화자가 질문을 하면 답변에서 정답의 단서가 언급되는 경우가 많다.

☑ **고득점 노하우** 제시된 보기가 모두 행동과 관련된 짧은 문장인 경우, 대화를 들을 때 화자 또는 특정 인물이 하고 있거나 하려는 행동이 무엇인지를
　　　　　주의 깊게 듣는다.

18
상

A 男的已经结婚了　　　B 男的打算要孩子
C 姐姐现在怀孕了　　　D 姐姐的孩子十岁了

女：我听说你马上就要做舅舅了？
男：是啊，我姐姐和姐夫从谈恋爱到结婚经过了十
　　年，如今他们终于要迎来自己的宝贝了。

问：根据对话，下列哪项正确？

怀孕 huáiyùn 圐 임신하다　舅舅 jiùjiu 圏 삼촌, 외숙
姐夫 jiěfu 圏 형부, 매형　谈恋爱 tán liàn'ài 圐 연애하다
经过 jīngguò 圐 지나다, 경과하다　如今 rújīn 圏 이제, 오늘날
终于 zhōngyú 閉 마침내, 끝내　迎来 yínglái 圐 맞이하다
宝贝 bǎobèi 圏 아이나 사랑하는 사람에 대한 애칭, 보물

제1회
듣기

제2회

제3회

제4회

제5회

해커스 HSK 5급 실전모의고사

A 남자는 이미 결혼했다 　　　　　　　　　　　　B 남자는 아이를 가질 생각이다
C 누나는 현재 임신했다 　　　　　　　　　　　　D 누나의 아이는 열 살이 되었다

여: 내가 듣자 하니 네가 곧 삼촌이 된다며?
남: 맞아, 우리 누나와 형부가 연애할 때부터 결혼까지 10년이 지났어, 이제는 그들이 마침내 자기들의 아이를 맞이하려고 해.

질문: 대화에 근거하여, 다음 중 옳은 것은 무엇인가? 　　　　　　　　　　　　　　　　　　　　　　　　정답 C

해설 제시된 보기 A의 结婚了(결혼했다), B의 孩子(아이), C의 怀孕了(임신했다), D의 十岁了(열 살이 되었다)를 핵심어구로 체크해두고,
대화를 들을 때 이와 관련하여 언급되는 상황이나 상태를 주의 깊게 듣는다. 대화에서 여자가 남자에게 그가 곧 삼촌이 된다는 것을
들었다고 하자, 남자는 누나와 형부가 如今他们终于要迎来自己的宝贝了(이제는 그들이 마침내 자기들의 아이를 맞이하려고 해)라
고 답했다. 이를 통해, 누나가 임신했다는 것을 알 수 있다. 질문이 대화에 근거하여, 옳은 내용이 무엇인지를 물었으므로, C 姐姐现在
怀孕了(누나는 현재 임신했다)가 정답이다. 참고로, 보통 대화자가 질문을 하면 답변에서 정답의 단서가 언급되는 경우가 많다.

☑ **고득점 노하우** 제시된 보기에 형용사 또는 了로 끝나는 문장이 있을 경우, 화자 또는 특정 대상의 상황이나 상태를 주의 깊게 듣는다.

19
중

A 可以让孩子锻炼身体
B 可以鼓励孩子参与家务
C 可以减少给孩子零花钱
D 可以使孩子学会管理现金

男: 现在的孩子真不得了，做点家务还要父母付
　　钱。
女: 反正你要给他零花钱，通过这种办法让他做做
　　家务也不错。

问: 关于付钱让孩子做家务，女的有什么看法？

鼓励 gǔlì 圄 격려하다, 복돋우다　参与 cānyù 圄 참여하다
家务 jiāwù 圆 집안일, 가사　减少 jiǎnshǎo 圄 줄이다, 감소하다
零花钱 línghuāqián 圆 용돈　学会 xuéhuì 圄 배워서 알다, 습득하다
管理 guǎnlǐ 圄 관리하다　现金 xiànjīn 圆 현금
不得了 bùdéliǎo 圄 큰일이다, 매우 심하다　付钱 fù qián 圄 돈을 지불하다
反正 fǎnzhèng 囝 어쨌든(어떤 상황에서도 결과가 같음을 나타냄)
通过 tōngguò 囝 ~을 통해　通과하다　不错 búcuò 圄 좋다, 괜찮다
看法 kànfǎ 圆 견해, 생각

A 아이가 몸을 단련하게 할 수 있다 　　　　　　　B 아이가 집안일에 참여하도록 격려할 수 있다
C 아이에게 주는 용돈을 줄일 수 있다 　　　　　　D 아이가 현금을 관리하는 것을 배워서 알게 할 수 있다

남: 요즘의 아이들은 정말 큰일이네, 집안일 하는 것 조차도 부모님에게 돈을 요구하잖아.
여: 어쨌든 너는 아이에게 용돈을 줘야 하니, 이런 방법을 통해 아이에게 집안일을 좀 하게 하는 것도 좋아.

질문: 돈을 지불하고 아이에게 집안일을 시키는 것에 관해, 여자는 어떤 견해를 가지고 있는가? 　　　　　　정답 B

해설 제시된 보기 A의 锻炼身体(몸을 단련하다), B의 参与家务(집안일에 참여한다), C의 减少 …… 零花钱(용돈을 줄이다), D의 学会管
理现金(현금 관리하는 것을 배워 알다)을 핵심어구로 체크해두고, 대화를 들을 때 이와 관련하여 언급되는 내용을 주의 깊게 듣는다.
대화에서 남자가 요즘의 아이들이 부모님에게 돈을 받고 집안일 하는 것에 대해 우려를 표하자, 여자가 通过这种办法让他做做家务
也不错(이런 방법을 통해 아이에게 집안일을 좀 하게 하는 것도 좋아)라고 말했다. 질문이 돈을 주고 아이에게 집안일을 시키는 것에
대한 여자의 견해를 물었으므로, B 可以鼓励孩子参与家务(아이가 집안일에 참여하도록 격려할 수 있다)가 정답이다.

☑ **고득점 노하우** 제시된 보기가 조동사나 有(있다), 没有(없다)로 시작할 경우 이어지는 동사나 명사를 핵심어구로 체크해두고, 대화를 들을 때 관련된
내용을 주의 깊게 듣는다.

20
상

A 资金很充足　　　B 总裁很出色
C 利润不太高　　　D 快要破产了

女: 听说那家民营企业快要破产了？
男: 他们资金紧张，总裁又听不进别人的建议。现
　　在市场也不太好，估计很难坚持到明年。

问: 关于那家企业，下面哪项正确？

资金 zījīn 圆 자금　充足 chōngzú 圄 충분하다
总裁 zǒngcái 圆 (기업의) 총수, (기관 또는 단체의) 총재
出色 chūsè 圄 뛰어나다　利润 lìrùn 圆 이윤　快要 kuàiyào 囝 곧 ~하다
破产 pòchǎn 圄 파산하다　民营 mínyíng 圆 민영의, 민간인이 경영하는
企业 qǐyè 圆 기업　紧张 jǐnzhāng 圄 (물품이) 부족하다, 빠듯하다
听不进 tīngbujìn 들어주지 않다, 귀에 들어오지 않다
建议 jiànyì 圆 제안, 건의　市场 shìchǎng 圆 시장　估计 gūjì 圄 예상하다
坚持 jiānchí 圄 버티다, 유지하다

A 자금이 충분하다 　　　B 총수가 뛰어나다 　　　C 이윤이 그다지 높지 않다 　　　D 곧 파산하려 한다

여: 듣자 하니 그 민영기업이 곧 파산한다며?
남: 그들은 자금이 부족하고, 또 총수는 다른 사람의 제안을 들어주지 않아. 현재 시장도 별로 좋지 않으니, 내년까지 버티기가 어려울 거라
　　고 예상해.

질문: 그 기업에 관하여, 다음 중 옳은 것은 무엇인가? 　　　　　　　　　　　　　　　　　　　　　　　정답 D

해설 제시된 보기 A의 资金 …… 充足(자금이 충분하다), B의 总裁 …… 出色(총수가 뛰어나다), C의 利润不 …… 高(이윤이 높지 않다),
D 快要破产了(곧 파산하려 한다)가 모두 상황이나 상태를 나타내므로, 대화를 들을 때 화자나 특정 대상의 상황이나 상태에 관해 주
의 깊게 듣는다. 대화에서 여자가 남자에게 그 기업이 곧 파산하느냐고 묻자, 남자가 估计很难坚持到明年(내년까지 버티기가 어려

울 거라고 예상해)이라고 답했다. 질문이 그 기업에 관하여 옳은 내용을 물었으므로, D 快要破产了(곧 파산하려 한다)가 정답이다. 참고로, 보통 대화자가 질문을 하면 답변에서 정답의 단서가 언급되는 경우가 많다.

☑ **고득점 노하우** 제시된 보기에 형용사 또는 了로 끝나는 문장이 있을 경우, 화자 또는 특정 대상의 상황이나 상태를 주의 깊게 듣는다.

21
하

A 他们都没有胃口　　B 他们想出去吃饭
C 女的建议吃饺子　　D 女的不会包饺子

男: 今天是周末, 晚上出去吃顿好的吧。
女: 我在公司做一下午的产品推广活动, 太累了,
　　不想出去, 要不我们点外卖吧?
男: 也可以, 你有什么建议吗?
女: 好吃不过饺子!

问: 根据对话, 可以知道什么?

胃口 wèikǒu 圆 입맛, 식욕	建议 jiànyì 圆 제안하다 圆 제안
饺子 jiǎozi 圆 만두, 교자	包饺子 bāo jiǎozi 圆 만두를 빚다
顿 dùn 圆 끼(식사를 세는 단위)	产品 chǎnpǐn 圆 제품, 생산품
推广 tuīguǎng 圆 홍보하다	要不 yàobù 圆 안 그러면, 그렇지 않으면
点 diǎn 圆 (음식을) 주문하다	外卖 wàimài 圆 배달음식, 포장 판매하는 식품
…不过 …búguò 圆 ~로 할 수 없다	

A 그들은 모두 입맛이 없다　　　　　　　　　　B 그들은 나가서 밥을 먹고 싶다
C 여자는 만두를 먹자고 제안한다　　　　　　　D 여자는 만두를 빚지 못한다

남: 오늘은 주말이니, 저녁에 나가서 한 끼 좋은 걸 먹자.
여: 나 회사에서 오후 내내 제품 홍보 활동을 했어, 너무 힘들어서, 나가고 싶지 않아, 아니면 우리 배달음식을 주문할래?
남: 그것도 괜찮지, 무슨 제안이 있니?
여: 맛있는 걸로는 만두를 이길 수 없지!

질문: 대화에 근거하여, 알 수 있는 것은 무엇인가?　　　　　　　　　　　　　　　　　　　　　　정답 C

해설 제시된 보기 A의 没有胃口(입맛이 없다), B의 出去吃饭(나가서 밥을 먹다), C의 吃饺子(만두를 먹다), D의 包饺子(만두를 빚다)를 핵심어구로 체크해두고, 대화를 들을 때 먹는 것과 관련된 내용을 주의 깊게 듣는다. 대화에서 남자가 배달음식을 주문하는 것도 괜찮으니 무슨 제안이 있냐고 묻자, 여자가 好吃不过饺子!(맛있는 걸로는 만두를 이길 수 없지!)라고 답했다. 이를 통해, 여자가 만두를 먹고 싶어 하는 것을 알 수 있다. 질문이 대화에 근거하여, 알 수 있는 것은 무엇인지 물었으므로, C 女的建议吃饺子(여자는 만두를 먹자고 제안한다)가 정답이다.

☑ **고득점 노하우** 보기가 모두 공통점을 찾기 어려운 긴 문장인 경우, 각 보기에서 아는 단어를 신속히 체크해두고, 대화를 들을 때 이와 관련된 내용을 주의 깊게 듣는다.

22
상

A 觉得叉子价格很贵
B 建议女的买进口的
C 买得多可以有优惠
D 价格不能再降低了

女: 这种叉子怎么卖?
男: 一套有四把, 每套200元。
女: 如果买得多可不可以优惠点儿啊?
男: 不好意思, 这是意大利进口的, 原来的价格很
　　高, 已经打过折了。

问: 男的是什么意思?

叉子 chāzi 圆 포크	价格 jiàgé 圆 가격, 값
进口 jìnkǒu 圆 수입하다	建议 jiànyì 圆 제안하다
降低 jiàngdī 圆 내리다, 낮추다	优惠 yōuhuì 圆 할인의, 우대의, 특혜의
把 bǎ 圆 자루(손잡이·자루가 있는 기구를 셀 때 쓰임)	套 tào 圆 세트
意大利 Yìdàlì 고유 이탈리아	原来 yuánlái 圆 원래의, 본래의
打折 dǎzhé 圆 할인하다	

A 포크의 가격이 매우 비싸다고 생각한다　　　　B 여자에게 수입된 제품을 구매하기를 제안한다
C 많이 구매하면 할인이 있을 수 있다　　　　　　D 가격을 더 내릴 수 없다

여: 이런 포크는 어떻게 팔아요?
남: 한 세트에 4자루가 있고, 세트 당 200위안 입니다.
여: 만약에 많이 사면 좀 할인해 줄 수 있나요?
남: 죄송합니다, 이건 이탈리아에서 수입한 것이라서, 원래의 가격이 비싸요, 이미 할인이 된 것입니다.

질문: 남자의 말은 무슨 뜻인가?　　　　　　　　　　　　　　　　　　　　　　　　　　　　　　정답 D

해설 제시된 보기 A의 价格很贵(가격이 매우 비싸다), B의 进口的(수입된 것), C의 有优惠(할인이 있다), D의 价格不 …… 再降低(가격을 더 내리지 않는다)를 핵심어구로 체크해두고, 대화를 들을 때 상품과 관련된 내용을 주의 깊게 듣는다. 대화에서 여자가 남자에게 가격을 할인해 줄 수 있는지 묻자, 남자가 已经打过折了(이미 할인이 된 것입니다)라고 답했다. 질문이 남자의 말은 무슨 뜻인지 물었으므로, D 价格不能再降低了(가격을 더 내릴 수 없다)가 정답이다.

☑ **고득점 노하우** 보기가 모두 공통점을 찾기 어려운 긴 문장인 경우, 각 보기에서 아는 단어를 신속히 체크해두고, 대화를 들을 때 이와 관련된 내용을 주의 깊게 듣는다.

23 중

A 修鞋　　B 买胶水
C 买新鞋子　　D 庆祝退休

男：怎么了？鞋子坏了？
女：对，请修鞋师傅用胶水粘一下就行了。
男：依我看啊，这双鞋子为你服务了这么久，早该退休了。我们今天晚上去买一双新的，顺便庆祝一下情人节，怎么样？
女：你真好！那我晚上6点在公司楼下等你。

问：根据对话，他们晚上要做什么？

修 xiū [동] 수선하다, 수리하다 鞋 xié [명] 신발 胶水 jiāoshuǐ [명] 접착제, 풀
庆祝 qìngzhù [동] 축하하다, 경축하다 退休 tuìxiū [동] 은퇴하다, 퇴직하다
师傅 shīfu [명] 기사님, 선생님(기예·기능을 가진 사람에 대한 존칭)
粘 zhān [동] (풀 따위로) 붙이다 早该 zǎogāi 진작에 ~했어야 했다
顺便 shùnbiàn [부] 겸사겸사, ~하는 김에 情人节 Qíngrénjié [고유] 밸런타인데이

A 신발을 수선한다　B 접착제를 산다　C 새로운 신발을 산다　D 은퇴를 축하한다

남: 무슨 일이야? 신발이 망가졌어?
여: 응, 신발 수선하는 기사님께 접착제로 한번 붙여달라고 부탁하면 돼.
남: 내가 보기엔, 이 신발이 너를 위해 이렇게 오래 봉사했는데, 진작에 은퇴했어야 해. 우리 오늘 저녁에 새 신발을 사러 가자, 겸사겸사 밸런타인데이도 축하하고, 어때?
여: 네가 최고야! 그럼 내가 저녁 여섯 시에 회사 건물 밑에서 너를 기다릴게.

질문: 대화에 근거하여, 그들은 저녁에 무엇을 하려고 하는가?　정답 C

해설 제시된 보기 A 修鞋(신발을 수선한다), B 买胶水(접착제를 산다), C 买新鞋子(새로운 신발을 산다), D 庆祝退休(은퇴를 축하한다)가 모두 행동을 나타내므로, 대화를 들을 때 화자 또는 특정 인물이 하고 있거나 하려는 행동이 무엇인지를 주의 깊게 듣는다. 대화에서 남자가 我们今天晚上去买一双新的，…… 怎么样(우리 오늘 저녁에 새 신발을 사러 가자, …… 어때)이라고 하자, 여자가 那我晚上6点在公司楼下等你。(그럼 내가 저녁 여섯 시에 회사 건물 밑에서 너를 기다릴게.)라고 답했다. 이를 통해, 여자는 남자의 제안에 동의했다는 것을 알 수 있다. 질문이 그들은 저녁에 무엇을 하려고 하는지 물었으므로, C 买新鞋子(새로운 신발을 산다)가 정답이다.

✅ **고득점 노하우** 제시된 보기가 모두 행동과 관련된 짧은 문장인 경우, 대화를 들을 때 화자 또는 특정 인물이 하고 있거나 하려는 행동이 무엇인지를 주의 깊게 듣는다.

24 하

A 钓鱼　B 晒被子　C 去超市　D 打网球

女：最近雨一直下个不停，我还想晒被子呢。
男：别担心。据天气预报说，明天就出太阳了。
女：太好了！总算盼到晴天了。
男：那我们明天去钓鱼吧，顺便去趟超市。

问：他们明天不打算做什么？

钓鱼 diào yú [동] 낚시하다 晒 shài [동] 햇볕에 말리다 被子 bèizi [명] 이불
停 tíng [동] 멈추다, 정차하다 天气预报 tiānqì yùbào [명] 일기 예보
总算 zǒngsuàn [부] 마침내, 간신히
盼到 pàndào [동] 기다리고 바라던 대로 되다 晴天 qíngtiān [명] 맑은 날
顺便 shùnbiàn [부] 겸사겸사, ~하는 김에 趟 tàng [양] 번, 차례

A 낚시한다　B 이불을 햇볕에 말린다　C 슈퍼마켓에 간다　D 테니스를 친다

여: 요즈음 비가 멈추지 않고 계속 내려, 나는 여전히 이불을 햇볕에 말리고 싶은데.
남: 걱정하지마. 일기 예보에 따르면, 내일 해가 나온대.
여: 매우 잘됐다! 마침내 기다리고 기다리던 맑은 날이네.
남: 그럼 우리 내일 낚시하러 가자, 겸사겸사 슈퍼마켓도 한번 갔다 오고.

질문: 그들이 내일 하려고 하는 것이 아닌 것은?　정답 D

해설 제시된 보기 A 钓鱼(낚시한다), B 晒被子(이불을 햇볕에 말린다), C 去超市(슈퍼마켓에 간다), D 打网球(테니스를 친다)가 모두 행동을 나타내므로, 대화를 들을 때 화자 또는 특정 인물이 하고 있거나 하려는 행동이 무엇인지를 주의 깊게 듣는다. 대화에서 여자가 요즈음 비가 많이 온다며, 我还想晒被子呢(나는 여전히 이불을 햇볕에 말리고 싶은데)라고 한 것을 듣고 B 晒被子(이불을 햇볕에 말린다)를 체크해둔다. 이어서 남자가 那我们明天去钓鱼吧，顺便去趟超市。(그럼 우리 내일 낚시하러 가자, 겸사겸사 슈퍼마켓도 한번 갔다 오고.)이라고 한 것을 듣고 A 钓鱼(낚시한다)와 C 去超市(슈퍼마켓에 간다)를 체크해둔다. 질문이 그들이 내일 하려고 하는 것이 아닌 것을 물었으므로, 대화에서 언급되지 않은 D 打网球(테니스를 친다)가 정답이다.

✅ **고득점 노하우** 제시된 보기가 모두 행동 관련 표현인 경우, 대화를 들을 때 화자 또는 특정 인물이 하고 있거나 하려는 행동이 무엇인지를 주의 깊게 듣는다.

25
中

A 女的非常享受工作
B 国庆节后他们很疲劳
C 男的想搬到小岛上住
D 他们对享受的理解不同

男：这个月太疲劳了，咱们趁着国庆节好好享受一下吧！
女：我想去订一个大城市的豪华酒店住几天。
男：我却想远离城市，去一个安静的小岛晒太阳。
女：我们俩对"享受"的概念太不一样了！

问：下面哪一个是正确的？

享受 xiǎngshòu 圄 즐기다, 누리다　国庆节 guóqìngjié 圄 국경절
疲劳 píláo 圐 피곤하다, 피로하다　岛 dǎo 圄 섬
理解 lǐjiě 圄 이해 圐 이해하다　趁 chèn 逐 ~을 틈타, ~을 이용하여
订 dìng 圐 예약하다　豪华 háohuá 圐 호화스럽다, 화려하고 웅장하다
远离 yuǎnlí 圐 멀리 떠나다　晒 shài 圐 햇볕을 쬐다, 햇볕에 말리다
俩 liǎ 逐 둘　概念 gàiniàn 圄 개념

A 여자는 일을 아주 즐긴다　　　　　B 국경절 후에 그들은 아주 피곤하다
C 남자는 작은 섬으로 이사해서 살고 싶어한다　　D 그들은 즐기는 것에 대한 이해가 다르다

남: 이번 달이 너무 고달파요, 우리 국경절을 틈타 실컷 즐겨요!
여: 저는 대도시의 호화로운 호텔에 예약하고 가서 며칠 묵고 싶어요.
남: 나는 오히려 도시를 멀리 떠나, 조용한 작은 섬에 가서 햇볕을 쬐고 싶어요.
여: 우리 둘은 '즐기다'에 대한 개념이 너무 다르네요!

질문: 다음 중 옳은 것은 무엇인가?

정답 D

해설 제시된 보기 A의 享受工作(일을 즐기다), B의 他们 …… 疲劳(그들은 피곤하다), C의 想搬到小岛(작은 섬으로 이사하고 싶어하다), D의 理解不同(이해가 다르다)을 핵심어구로 체크해두고, 대화를 들을 때 이와 관련하여 언급되는 내용을 주의 깊게 듣는다. 대화에서 여자는 국경절에 대도시의 호화로운 호텔에서 숙박하기를 원하고, 남자는 조용한 작은 섬에 가고 싶다고 하자 여자가 **我们俩对 "享受" 的概念太不一样了!**(우리 둘은 '즐기다'에 대한 개념이 너무 다르네요!)라고 말했다. 질문이 대화 내용에 관해 옳은 내용을 고르는 것이므로, D 他们对享受的理解不同(그들은 즐기는 것에 대한 이해가 다르다)이 정답이다.

☑ **고득점 노하우** 보기가 모두 공통점을 찾기 어려운 긴 문장인 경우, 각 보기에서 아는 단어를 신속히 체크해두고, 대화를 들을 때 이와 관련된 내용을 주의 깊게 듣는다.

26
中

A 味道太一般了　　　　B 都是垃圾食品
C 又新鲜又便宜　　　　D 又好吃又有营养

女：你呀，得少吃些垃圾食品，多吃些健康食品。
男：那些有营养的食物味道太一般了。
女：我给你推荐一家海鲜餐厅，你吃过以后再下结论吧！
男：哇！说得我现在就想去吃了。

问：女的认为那家餐厅的菜怎么样？

味道 wèidao 圄 맛　垃圾食品 lājī shípǐn 圄 정크푸드
营养 yíngyǎng 圄 영양가, 영양　健康食品 jiànkāng shípǐn 圄 건강식품
食物 shíwù 圄 음식　推荐 tuījiàn 圐 추천하다　海鲜 hǎixiān 圄 해산물
下 xià 圐 (의견 또는 판단을) 내리다, 밝히다　结论 jiélùn 圄 결론
哇 wà 圂 와

A 맛이 너무 평범하다　　　B 모두 정크푸드이다　　C 신선하기도 하고 값도 싸다　　D 맛있기도 하고 영양가도 있다

여: 너 말이야, 정크푸드는 조금만 먹고, 건강식품을 많이 먹어야 해.
남: 그런 영양가 있는 음식들은 맛이 너무 평범해.
여: 내가 너한테 해산물 식당 한 곳을 추천해 줄 테니, 먹어 본 이후에 다시 결론을 내려 봐!
남: 와! 지금 바로 가서 먹고 싶게 말하는구나.

질문: 여자는 그 식당의 음식이 어떻다고 생각하는가?

정답 D

해설 제시된 보기 A의 太一般了(너무 평범하다), B의 垃圾食品(정크푸드), C의 新鲜 …… 便宜(신선하고 값이 싸다), D의 好吃 …… 有营养(맛있고 영양가가 있다)을 핵심어구로 체크해두고, 대화를 들을 때 이와 관련하여 언급되는 상태나 상황을 주의 깊게 듣는다. 대화에서 남자가 那些有营养的食物味道太一般了。(그런 영양가 있는 음식은 맛이 너무 평범해.)라고 말하자, 여자가 **我给你推荐一家海鲜餐厅, 你吃过以后再下结论吧!**(내가 너한테 해산물 식당 한 곳을 추천해 줄 테니, 먹어 본 이후에 다시 결론을 내려 봐!)라고 말했다. 이를 통해, 여자가 추천해 준 식당의 음식이 영양가도 있으면서 맛있다는 것을 알 수 있다. 질문이 여자가 그 식당의 음식에 대해 어떻게 생각하는지를 물었으므로, D 又好吃又有营养(맛있기도 하고 영양가도 있다)이 정답이다.

☑ **고득점 노하우** 제시된 보기에 형용사 또는 了로 끝나는 문장이나 是자문(~은 ~이다)이 있을 경우, 화자 또는 특정 대상의 상황이나 상태를 주의 깊게 듣는다.

27
상

A 他们没有达成一致意见
B 他们都喜欢同一种风格
C 男的觉得生活太单调了
D 女的觉得男的说的没道理

男：卧室的窗帘用什么颜色呢？
女：米黄色让人觉得温暖，而且风格跟墙纸比较统一。
男：全用米黄色太单调了，我希望选鲜艳些的颜色。
女：你说的有道理，但我还是保留我的意见。

问：下面哪一个是对的？

达成 dáchéng 图 도달하다, 달성하다　一致 yízhì 图 일치하다
意见 yìjiàn 图 의견　同 tóng 图 같다, 동일하다
风格 fēnggé 图 스타일, 기풍　单调 dāndiào 图 단조롭다
道理 dàolǐ 图 일리, 이치　卧室 wòshì 图 침실　窗帘 chuānglián 图 커튼
米黄色 mǐhuángsè 图 베이지색　温暖 wēnnuǎn 图 포근하다, 따뜻하다
墙纸 qiángzhǐ 图 벽지　统一 tǒngyī 图 통일된, 단일한
鲜艳 xiānyàn 图 화려하다, 산뜻하고 아름답다
保留 bǎoliú 图 유지하다, 보존하다

A 그들은 일치하는 의견에 도달하지 못했다　　B 그들은 모두 같은 스타일을 좋아한다
C 남자는 생활이 너무 단조롭다고 생각한다　　D 여자는 남자가 말한 것이 일리가 없다고 생각한다

남：침실의 커튼은 무슨 색을 사용할까?
여：베이지색은 사람들에게 포근함을 느끼게 해줘, 게다가 스타일도 벽지와 비교적 통일되고.
남：전부 베이지색을 쓰면 너무 단조로워, 나는 좀 화려한 색을 고르기를 바라.
여：네 말이 일리가 있어, 하지만 난 여전히 내 의견을 유지할래.

질문：다음 중 맞는 것은 무엇인가?　　　정답 A

해설 제시된 보기 A, B에서 他们(그들), C, D에서 男的(남자)가 언급되었으므로, 대화를 들을 때 他们(그들)과 男的(남자)에 관련된 내용을 주의 깊게 듣는다. 대화에서 남자가 전부 베이지색을 쓰면 단조로우니 화려한 색을 고르기를 바란다고 하자, 여자가 你说的有道理，但我还是保留我的意见。(네 말이 일리가 있어, 하지만 난 여전히 내 의견을 유지할래.)이라고 답했다. 질문이 대화 내용과 맞는 내용을 고르라고 하였으므로, A 他们没有达成一致意见(그들은 일치하는 의견에 도달하지 못했다)이 정답이다. 참고로, 핵심어구로 체크해놓은 C의 生活单调(생활이 단조롭다)는 대화 중 用米黄色太单调了(베이지색을 쓰면 너무 단조롭다)와 내용상 맞지 않으므로, C 男的觉得生活太单调了(남자는 생활이 너무 단조롭다고 생각한다)를 정답으로 선택하지 않도록 주의한다.

✔ **고득점 노하우** 보기가 모두 긴 문장인데 주어가 같거나 반복되는 어휘가 있으면 이들을 핵심어구로 체크하고, 대화를 들을 때 관련된 내용을 주의 깊게 듣는다.

28
중

A 设计一个旅游项目
B 接待一个北京家庭
C 在北京住两个星期
D 认识不同年龄的朋友

女：听说这个假期你参加了一个去中国游学的项目？
男：对，这次的项目有几个城市可以选择。我去北京，会跟一个接待家庭住两个星期。
女：住在中国人家里，肯定是一种有趣的体验。
男：是啊。我已经跟他们联系过了。他们家的儿子跟我年纪差不多大，他们都很期待见到我呢。

问：男的打算做什么？

设计 shèjì 图 계획하다, 설계하다　项目 xiàngmù 图 프로그램, 프로젝트
接待 jiēdài 图 접대하다　家庭 jiātíng 图 가정　年龄 niánlíng 图 연령, 나이
假期 jiàqī 图 휴가 기간　游学 yóuxué 图 유학하다
接待家庭 jiēdài jiātíng 호스트 패밀리　肯定 kěndìng 图 확실히, 틀림없이
有趣 yǒuqù 图 흥미롭다, 재미있다　体验 tǐyàn 图 체험
联系 liánxì 图 연락하다　期待 qīdài 图 기대하다

A 여행 프로그램을 계획한다　B 한 베이징 가정을 접대한다　C 베이징에서 2주 동안 산다　D 다른 연령의 친구를 사귄다

여：듣자 하니 너 이번 휴가 기간에 중국에 가서 유학하는 프로그램에 신청했다며?
남：맞아, 이번 프로그램에는 선택할 수 있는 도시가 몇 개 있어. 나는 베이징에 가고, 한 호스트 패밀리와 2주 동안 살게 될 거야.
여：중국인의 집에 산다는 것은, 확실히 흥미로운 체험일 거야.
남：맞아. 난 이미 그들과 연락을 했어. 그들 가족의 아들이 나와 나이가 비슷해, 그들은 모두 나를 만나는 것을 기대하고 있어.

질문：남자는 무엇을 할 계획인가?　　　정답 C

해설 제시된 보기 A의 设计 …… 项目(프로그램을 계획하다), B의 接待 …… 家庭(가정을 접대하다), C의 在北京住两个星期(베이징에서 2주 동안 산다), D의 认识 …… 朋友(친구를 사귀다)가 모두 행동을 나타내므로, 대화를 들을 때 화자 또는 특정 인물이 하고 있거나 하려는 행동이 무엇인지 주의 깊게 듣는다. 대화에서 여자가 남자에게 이번 휴가 기간에 중국에 가서 유학하는 프로그램에 신청했느냐고 묻자, 남자가 我去北京，会跟一个接待家庭住两个星期。(나는 베이징에 가고, 한 호스트 패밀리와 2주 동안 살게 될 거야.)라고

답했다. 질문이 남자의 계획에 대해 물었으므로, C 在北京住两个星期(베이징에서 2주 동안 산다)가 정답이다. 참고로, 남자가 베이징에 가는 것이므로 B 接待一个北京家庭(한 베이징 가정을 접대한다)을 정답으로 선택하지 않도록 주의한다.

✅ **고득점 노하우** 제시된 보기가 모두 행동과 관련된 짧은 문장인 경우, 대화를 들을 때 화자 또는 특정 인물이 하고 있거나 하려는 행동이 무엇인지를 주의 깊게 듣는다.

29
상

A 反映了社会现实　　B 都是男演员表演
C 有很深刻的意义　　D 让人变得更幽默

男: 除了京剧以外, 中国还有什么传统艺术?
女: 那可多了去了, 比如说相声, 在五六百年前就已经很流行了。
男: 那相声有什么特点呢?
女: 一般是两个演员在对话, 内容反映的都是社会上真实的事儿, 而且也很幽默。

问: 相声有什么特点?

单어
反映 fǎnyìng 동 반영하다　现实 xiànshí 명 현실 형 현실적이다
演员 yǎnyuán 명 배우　表演 biǎoyǎn 동 공연하다　深刻 shēnkè 형 깊다
意义 yìyì 명 의의, 의미　幽默 yōumò 형 유머러스한
京剧 jīngjù 명 경극　传统 chuántǒng 명 전통 형 전통적인
艺术 yìshù 명 예술 형 예술적이다　多了去了 duōlequle 굉장히 많다
相声 xiàngsheng 명 만담, 재담(설창 문예의 일종)
流行 liúxíng 동 유행하다 형 유행하는　真实 zhēnshí 형 진실하다
特点 tèdiǎn 명 특징

A 사회 현실을 반영했다 　　　　　　　　　　　　　B 모두 남자 배우가 공연한다
C 아주 깊은 의의를 가지고 있다 　　　　　　　　　D 사람을 더 유머러스하게 만든다

남: 경극을 제외하고, 중국에 또 어떤 전통 예술이 있어?
여: 그건 굉장히 많지, 예컨대 만담은, 5~600년 전에 이미 엄청 유행했었어.
남: 그럼 만담은 어떤 특징이 있는데?
여: 일반적으로 두 배우가 대화를 하는데, 내용에 반영된 것은 모두 사회의 진실한 일들이야, 게다가 아주 유머러스하기도 해.

질문: 만담에는 어떤 특징이 있는가?

정답 A

해설 제시된 보기 A의 社会现实(사회 현실), B의 男演员表演(남자 배우가 공연한다), C의 深刻的意义(깊은 의의), D의 变得更幽默(더 유머러스하게 만든다)를 핵심어구로 체크해두고, 대화를 들을 때 이와 관련하여 언급되는 내용을 주의 깊게 듣는다. 대화에서 남자가 여자에게 만담에는 어떤 특징이 있는지 묻자, 여자는 内容反映的都是社会上真实的事儿(내용에 반영된 것은 모두 사회의 진실한 일들이야)이라고 답했다. 질문이 만담의 특징을 물었으므로, A 反映了社会现实(사회 현실을 반영했다)이 정답이다.

✅ **고득점 노하우** 보기가 모두 공통점을 찾기 어려운 긴 문장인 경우, 각 보기에서 아는 단어를 신속히 체크해두고, 대화를 들을 때 이와 관련된 내용을 주의 깊게 듣는다.

30
상

A 1号出口　　　　　　B 7号出口
C 地铁里面　　　　　　D 邮局左边

女: 我到达7号出口了, 你在哪儿呢?
男: 7号? 我们不是说好在1号出口见吗?
女: 啊, 是我弄错了。那现在怎么办?
男: 你朝南走吧, 看到邮局以后, 向右拐个弯儿, 就能看到我了。

问: 男的现在在哪儿?

单어
出口 chūkǒu 명 출구　到达 dàodá 동 도착하다, 도달하다
说好 shuōhǎo 동 약속하다, (어떻게 하기로) 구두로 결정하다
弄错 nòngcuò 잘못 알다, 실수하다　朝 cháo 개 ~쪽으로, ~을 향하여
拐弯 guǎiwān 동 방향을 틀다, 굽이를 돌다

A 1번 출구　　　　　　B 7번 출구　　　　　　C 지하철 안　　　　　　D 우체국 왼쪽

여: 나 7번 출구에 도착했어, 너 어디 있어?
남: 7번? 우리 1번 출구에서 보기로 약속한 거 아니야?
여: 아, 내가 잘못 알았어. 그럼 이제 어떡하지?
남: 남쪽으로 걸어, 우체국이 보이고 나서, 오른쪽으로 방향을 틀어, 그럼 바로 내가 보일 거야.

질문: 남자는 지금 어디에 있는가?

정답 A

해설 제시된 보기 A 1号出口(1번 출구), B 7号出口(7번 출구), C 地铁里面(지하철 안), D 邮局左边(우체국 왼쪽)이 모두 장소이므로, 대화를 들을 때 화자나 특정 인물의 행동이 이루어지고 있는 장소가 어디인지 주의 깊게 듣는다. 대화에서 여자가 我到达7号出口了(나 7번 출구에 도착했어)라고 한 내용을 듣고 B 7号出口(7번 출구)를 체크해둔다. 이어서 남자가 我们不是说好在1号出口见吗?(우리 1번 출구에서 보기로 약속한 거 아니야?)라고 한 내용을 듣고 A 1号出口(1번 출구)를 체크해둔다. 질문이 남자가 현재 있는 곳을 물었으므로, 현재 남자가 위치한 A 1号出口(1번 출구)가 정답이다. 참고로, 여자가 7号出口(7번 출구)에 있다고 했으므로, B 7号出口(7번 출구)를 정답으로 선택하지 않도록 유의한다.

✅ **고득점 노하우** 제시된 보기가 모두 장소 표현이면, 화자 혹은 특정 인물이 있는 장소 혹은 가려고 하는 장소가 어디인지를 주의 깊게 듣는다.

31
하

A 残疾人的职业培训
B 农村中学的英语课
C 老人院的娱乐活动
D 社区里的义务劳动

残疾人 cánjírén 명 장애인 培训 péixùn 통 훈련하다
农村 nóngcūn 명 농촌 老人院 lǎorényuàn 양로원
娱乐活动 yúlè huódòng 오락 활동 社区 shèqū 명 지역 사회
义务 yìwù 명 의무 劳动 láodòng 명 노동

A 장애인의 직업 훈련　　　B 농촌 중학교의 영어 수업　　　C 양로원의 오락 활동　　　D 지역 사회 안에서의 의무 노동

32
중

A 态度热情的　　　B 感情丰富的
C 状态自然的　　　D 文化水平高的

态度 tàidu 명 태도 热情 rèqíng 형 친절하다 感情 gǎnqíng 명 감정
丰富 fēngfù 형 풍부하다 状态 zhuàngtài 명 상태
自然 zìrán 형 자연스럽다 文化 wénhuà 명 문화 水平 shuǐpíng 명 수준

A 태도가 친절한　　　B 감정이 풍부한　　　C 상태가 자연스러운　　　D 문화 수준이 높은

　　很高兴能有机会来到"爱心之家"，与大家面对面交流。我是从大学毕业后开始参与志愿者工作的，那时我去贵州省的山村小学教了两年英语。³¹现在我主要给残疾人进行职业培训，帮助他们融入社会。跟他们相处，我最大的体会就是：不用过分热情，以免让他们感觉到有压力，³²你的状态越自然，对方就越舒服。

31. 问：说话人参与了下面哪项志愿者工作？

32. 问：什么样的志愿者会让对方感觉舒服？

机会 jīhuì 명 기회
爱心 àixīn 명 (인간이나 환경에 대한) 사랑하는 마음, 관심과 사랑
交流 jiāoliú 통 서로 소통하다, 교류하다 毕业 bìyè 통 졸업 졸업하다
参与 cānyù 통 참여하다, 참가하다 志愿者 zhìyuànzhě 명 자원봉사자
贵州省 Guìzhōu Shěng 고유 구이저우성(중국 지명, 귀주성)
山村 shāncūn 명 산골, 산촌 残疾人 cánjírén 명 장애인
培训 péixùn 통 훈련하다 融入 róngrù 통 진출하다, 유입되다
相处 xiāngchǔ 통 함께 지내다 体会 tǐhuì 명 깨달음, (체험에서 얻은) 느낌
过分 guòfèn 통 지나치다, 과분하다 以免 yǐmiǎn 접 ~않기 위해서
状态 zhuàngtài 명 상태 自然 zìrán 형 자연스럽다
对方 duìfāng 명 상대방

　　'사랑하는 마음의 집'에 올 기회가 생겨, 여러분과 얼굴을 맞대고 소통할 수 있어 매우 기쁩니다. 저는 대학 졸업 후부터 자원봉사자로 참여하여 일하기 시작했는데, 그 때 저는 구이저우성의 산골 초등학교에 가 2년간 영어를 가르쳤습니다. ³¹현재 저는 주로 장애인에게 직업 훈련을 진행하여, 그들이 사회에 진출하는 것을 돕습니다. 그들과 함께 지내며, 저의 가장 큰 깨달음은 바로, 지나치게 열정적일 필요가 없다는 것인데, 이는 그들이 스트레스를 느끼지 않게 하기 위해서이며, ³²당신의 상태가 자연스러울수록, 상대방은 더 편안해합니다.

31. 질문: 화자는 다음 중 어떤 자원봉사자 일에 참여했는가?　　　정답 A

32. 질문: 어떤 자원봉사자가 상대방을 편안하게 할 수 있는가?　　　정답 C

해설 보기 읽기

31번은 A의 职业培训(직업 훈련), B의 农村中学(농촌 중학교), C의 老人院(양로원), D 社区(지역 사회)를 핵심어구로 체크해둔다.
32번은 A의 热情(친절하다), B의 感情丰富(감정이 풍부하다), C의 自然(자연스럽다), D의 文化水平高(문화 수준이 높다)를 핵심어구로 체크해둔다.
32번 보기 A의 热情(친절하다), B의 感情丰富(감정이 풍부하다), C의 自然(자연스럽다), D의 文化水平高(문화 수준이 높다)가 사람의 상황, 상태, 태도를 나타내므로, 이야기가 나올 것임을 예상할 수 있다. 따라서, 이야기를 들으며 질문의 순서대로 정답 후보와 오답 후보를 체크한다.

단문 듣기

단문 중반에 现在我主要给残疾人进行职业培训(현재 저는 주로 장애인에게 직업 훈련을 진행하여)이라고 한 내용을 듣고 职业培训(직업 훈련)이 들어간 31번 보기 A 残疾人的职业培训(장애인의 직업 훈련)을 체크해둔다.
단문 후반에 你的状态越自然, 对方就越舒服(당신의 상태가 자연스러울수록, 상대방은 더 편안해합니다)라고 한 내용을 듣고 自然(자연스럽다)이 들어간 32번 보기 C 状态自然的(상태가 자연스러운)를 체크해둔다.

질문 듣고 정답 선택하기

31. 질문이 화자는 어떤 자원봉사자 일에 참여했는지 물었으므로, A 残疾人的职业培训(장애인의 직업 훈련)이 정답이다. 참고로, 단문에서 화자는 山村小学(농촌 초등학교)에서 봉사했다고 말했으므로, B 农村中学的英语课(농촌 중학교의 영어 수업)를 정답으로 선택하지 않도록 주의한다.

32. 질문이 어떤 자원봉사자가 상대방을 편안하게 할 수 있는지 물었으므로, C 状态自然的(상태가 자연스러운)가 정답이다.

✅ **고득점 노하우** 사람의 상황, 상태, 태도와 관련된 문제가 제시된 경우, 특정 인물에 대한 이야기가 나올 것을 예상하고, 이야기의 전개에 맞춰 문제지에 제시된 순서대로 문제를 풀어 간다.

33-35

33
중

A 老人想去英国生活 B 老人英语说得很好
C 老人想给自己报名 D 老人已经七十岁了

英国 Yīngguó 고유 영국 报名 bàomíng 통 신청하다

A 노인은 영국에 가서 살고 싶다
C 노인은 본인을 신청하려 한다
B 노인은 영어를 잘 한다
D 노인은 이미 일흔 살이다

34
하

A 妻子是英国人　　B 在英国留过学
C 建议老人学英语　D 是英语班的老师

妻子 qīzi 명 아내 英国 Yīngguó 고유 영국 留学 liúxué 통 유학하다
建议 jiànyì 통 제안하다 班 bān 명 반

A 아내는 영국인이다
C 노인에게 영어를 배우라고 제안한다
B 영국에서 유학했었다
D 영어반의 선생님이다

35
상

A 活到老, 学到老　B 笑一笑, 十年少
C 百闻不如一见　　D 人多力量大

活到老, 学到老 huó dào lǎo, xué dào lǎo 젤 배움에는 끝이 없다
笑 xiào 통 웃다 闻 wén 통 듣다
百闻不如一见 bǎi wén bùrú yíjiàn 젤 백 번 듣는 것 보다 한 번 보는 것이 낫다, 백문이 불여일견이다 力量 lìliang 명 역량, 힘
人多力量大 rén duō lìliang dà 젤 백지장도 맞들면 낫다, 사람이 많으면 역량이 크다

A 배움에는 끝이 없다
C 백 번 듣는 것 보다 한 번 보는 것이 낫다
B 웃으면 10년 젊어진다
D 백지장도 맞들면 낫다

　　英语班里来了一位老人。"您是替孩子报名的吗?"登记员问他。老人回答说:"³³不, 给我自己。"看到登记员吃惊的表情, 老人解释说:"³⁴儿子找了个英国媳妇, 平常他们都用英语交流, 我完全听不懂。""那您今年多大年纪了?""六十八。""要用英语跟别人交流, 最少要学两年。"老人微笑着说:"好啊, ³⁵那我七十岁的时候就能说一口流利的英语啦!"

替 tì 통 대신하다 报名 bàomíng 통 신청하다
登记 dēngjì 통 등록하다, 등기하다 吃惊 chījīng 통 놀라다
表情 biǎoqíng 명 표정 解释 jiěshì 통 설명하다, 해명하다
英国 Yīngguó 고유 영국 媳妇 xífù 명 부인, 색시, 며느리
平常 píngcháng 명 평소, 평상 시 交流 jiāoliú 통 서로 소통하다, 교류하다
听不懂 tīng bu dǒng 통 알아듣지 못하다
微笑 wēixiào 통 미소짓다, 웃음짓다
流利 liúlì 형 (말·문장이) 유창하다, 막힘이 없다 道理 dàolǐ 명 이치, 일리

33. 问: 登记员为什么吃惊?

34. 问: 关于老人的儿子, 下面哪项是正确的?

35. 问: 这个故事告诉我们什么道理?

영어 학원에 한 노인이 왔다. "아이를 대신해서 신청하러 오신 거예요?" 등록 담당자가 그에게 물었다. 노인이 대답했다. "33아뇨, 저 자신에게요." 등록 담당자의 놀란 표정을 보고 노인이 설명했다. "34아들이 영국 부인을 만났는데, 평소에 걔들이 영어로만 소통해서, 저는 완전히 알아듣질 못해요." "그럼 어르신 올해 연세가 얼마나 되셨어요?" "예순 여덟이요." "영어로 다른 사람과 소통하려면, 최소한 2년은 공부하셔야 돼요." 노인이 미소 지으며 말했다. "좋아요, 35그럼 제가 일흔 살이 되었을 때면 유창한 영어를 말할 수 있겠네요!"

33. 질문: 등록 담당자는 왜 놀랐는가? 정답 C
34. 질문: 노인의 아들에 관해, 다음 중 옳은 것은 무엇인가? 정답 A
35. 질문: 이 이야기는 우리에게 어떤 이치를 말해주는가? 정답 A

해설 보기 읽기

33번은 A의 **想去英国生活**(영국에 가서 살고 싶다), B의 **说得很好**(말을 잘하다), C의 **给自己报名**(본인을 신청하다), D의 **七十岁**(일흔 살)를 핵심어구로 체크해둔다.
34번은 A의 **英国人**(영국인), B의 **留学过**(유학했었다), C의 **建议 …… 学习英语**(영어를 배우라고 제안하다), D의 **老师**(선생님)을 핵심어구로 체크해둔다.
35번은 보기들이 관용구이므로, 이야기에 대한 교훈을 묻는 질문이 나올 수 있으니 주의 깊게 듣는다.
33번의 모든 보기에 **老人**(노인), 34번 보기 A의 **妻子**(아내)가 나왔으므로 특정 인물과 관련된 이야기가 나올 것임을 예상할 수 있다. 따라서, 이야기를 들으며 질문의 순서대로 정답 후보와 오답 후보를 체크한다.

단문 듣기

단문 초반에 여자가 아이를 대신해서 신청하러 온 것이냐고 묻자, 노인이 **不, 给我自己。**(아뇨, 저 자신에게요.)라고 한 내용을 듣고, 33번 보기 C **老人想给自己报名**(노인은 본인을 신청하려 한다)을 체크해둔다.
단문 중반의 **儿子找了个英国媳妇**(아들이 영국 부인을 만났는데)라고 한 내용을 듣고, 34번의 보기 A **妻子是英国人**(아내는 영국인이다)을 체크해둔다.
단문 후반에 등록 담당자가 영어로 다른 사람과 소통하려면, 최소한 2년은 공부해야 한다고 하자, 노인이 **那我七十岁的时候就能说一口流利的英语啦**(그럼 제가 일흔 살이 되었을 때면 유창한 영어를 말할 수 있겠네요)라고 한 말을 듣고 35번 보기 A **活到老，学到老**(배움에는 끝이 없다)를 체크해둔다.

질문 듣고 정답 선택하기

33. 질문이 등록 담당자가 왜 놀랐는지를 물었으므로, C **老人想给自己报名**(노인이 본인을 신청하려 한다)이 정답이다.
34. 질문이 노인의 아들에 관해, 옳은 것을 물었으므로, A **妻子是英国人**(아내는 영국인이다)이 정답이다.
35. 질문이 이 이야기가 우리에게 알려주는 이치에 대해 물었으므로, A **活到老，学到老**(배움에는 끝이 없다)가 정답이다.

✅ **고득점 노하우** 사람 명사나 특정 인물의 이름이 있는 문제가 제시된 경우, 특정 인물에 대한 이야기가 나올 것을 예상하고, 이야기의 전개에 맞춰 문제지에 제시된 순서대로 문제를 풀어간다.

36-38

36 중

A 掌握公司的情况　B 了解应聘的要求
C 接触公司的职员　D 预测面试的问题

掌握 zhǎngwò [동] 파악하다, 장악하다　情况 qíngkuàng [명] 상황
应聘 yìngpìn [동] 지원하다　接触 jiēchù [동] 접촉하다　预测 yùcè [동] 예측하다
面试 miànshì [명] 면접시험

A 회사의 상황을 파악한다　B 지원 요건을 이해한다　C 회사의 직원과 접촉한다　D 면접시험의 문제를 예측한다

37 중

A 挑战考官　B 独立思考
C 提出疑问　D 赞同别人

挑战 tiǎozhàn [동] 도전하다　考官 kǎoguān [명] 시험 감독관
独立 dúlì [동] 독자적으로 하다, 독립하다　思考 sīkǎo [동] 사고하다
提出 tíchū [동] 제기하다　疑问 yíwèn [명] 의문　赞同 zàntóng [동] 동의하다

A 시험 감독관에게 도전한다　B 독자적으로 사고한다　C 의문을 제기한다　D 다른 사람에게 동의한다

38 중

A 承认自己的缺点
B 说出自己的期待
C 提出对工资的要求
D 认为自己是完美的

承认 chéngrèn [동] 인정하다　缺点 quēdiǎn [명] 단점　说出 shuōchū 말하다
期待 qīdài [명] 기대 [동] 기대하다　提出 tíchū [동] 제기하다
工资 gōngzī [명] 임금　完美 wánměi [형] 매우 훌륭하다

A 자신의 단점을 인정한다　B 자신의 기대를 말한다
C 임금에 대한 요구사항을 제기한다　D 자신이 매우 훌륭하다고 생각한다

找工作经常需要面试，那么，怎样才能在面试中把握机会，应对挑战呢？

³⁶面试前，要先了解应聘公司的背景资料以及所要应聘职位的具体要求。其次，要对面试官可能提出的问题做一些准备。最后，面试的现场发挥也很重要。面试时需要做到以下三点：

第一是自信，大方地面对考官，态度诚恳地进行交流，³⁷要有独立的思考能力，对问题提出自己的看法，千万不要"人云亦云"。第二是诚实，"知之为知之，不知为不知"，对于自己不了解的知识，不要不懂装懂。第三是坦率，不要把自己说成一个特别完美的人，³⁸有时坦率地说出自己的缺点，反而能赢得别人的欣赏。

36. 问：面试前的准备不包括下列哪项？

37. 问：在面试时，怎样做才会显得自信？

38. 问：下面哪一种是"坦率"的表现？

面试 miànshì [명] 면접시험 | 면접시험 보다 把握 bǎwò [동] 포착하다, 붙들다
应对 yìngduì 대응하다, 대처하다 | 挑战 tiǎozhàn [명] 도전 [동] 도전하다
应聘 yìngpìn [동] 지원하다 | 背景 bèijǐng [명] 배경 | 资料 zīliào [명] 자료
以及 yǐjí [접] 및 | 职位 zhíwèi [명] 직위 | 具体 jùtǐ [형] 구체적이다
其次 qícì [대] 그 다음, 두 번째로 | 面试官 miànshìguān [명] 면접관
现场 xiànchǎng [명] 현장 | 发挥 fāhuī [동] 발휘하다 | 自信 zìxìn [명] 자신감
大方 dàfang [형] 대범하다, 대담하다 | 诚恳 chéngkěn [형] 진실되다
交流 jiāoliú [동] 소통하다, 교류하다 | 独立 dúlì [동] 독자적으로 하다, 독립하다
思考 sīkǎo [동] 사고하다 | 千万 qiānwàn [부] 절대로, 제발
人云亦云 rén yún yì yún 남이 말하는 대로 따라 말하다
诚实 chéngshí [형] 정직함 [형] 정직하다
知之为知之、不知为不知 zhī zhī wéi zhī zhī、bù zhī wéi bù zhī 아는 것을 안다 하고, 모르는 것을 모른다 한다
不懂装懂 bùdǒng zhuāngdǒng 모르면서도 아는 척하다
坦率 tǎnshuài [형] 솔직함 [동] 솔직하다 | 完美 wánměi [형] 매우 훌륭하다
缺点 quēdiǎn [명] 단점 | 反而 fǎn'ér [부] 오히려, 도리어
赢得 yíngdé [동] 얻다, 쟁취하다 | 欣赏 xīnshǎng [동] 공감, 감상
表现 biǎoxiàn [명] 태도

일을 찾으려면 종종 면접시험이 요구되는데, 그러면, 어떻게 해야 면접시험에서 기회를 포착하고, 도전에 대응 할 수 있을까?

³⁶면접시험 전에, 우선 지원하려는 회사의 배경 자료 및 지원하려는 직위의 구체적 요건을 알아야 한다. 그 다음, 면접관이 제기할 가능성이 있는 질문들에 대해 준비를 해야 한다. 마지막으로, 면접 현장에서의 발휘 또한 매우 중요하다. 면접을 볼 때에 아래 세 가지를 달성해야 할 필요가 있다.

첫 번째는 자신감인데, 대범하게 면접관을 마주 보고, 진실된 태도로 소통을 하고, ³⁷독자적인 사고능력이 있어야 하며, 문제에 대해 자신의 견해를 제시해야 하고, 절대 '남이 말하는 대로 따라 말해'서는 안 된다. 두 번째는 정직함인데, '아는 것을 안다 하고, 모르는 것을 모른다 하고', 스스로 잘 알지 못하는 지식에 대하여, 모르면서 아는 척 하면 안 된다. 세 번째는 솔직함인데, 자신을 특별히 매우 훌륭한 사람이라고 말하지 말고, ³⁸때로는 솔직하게 자신의 단점을 말하는 것이, 오히려 다른 사람의 공감을 얻을 수 있다.

36. 질문:다음 중 면접시험 전의 준비에 포함되지 않는 것은? 　　정답 C
37. 질문:면접을 볼 때에, 어떻게 해야 자신감이 있어 보이는가? 　　정답 B
38. 질문:다음 중 '솔직함'의 태도는 어떤 것인가? 　　정답 A

해설 보기 읽기

36번은 A의 掌握 …… 情况(상황을 파악하다), B의 了解 …… 要求(요건을 이해하다), C의 接触 …… 职员(직원과 접촉하다), D의 预测 …… 问题(문제를 예측하다)를 핵심어구로 체크해둔다.

37번은 A의 挑战(도전하다), B의 思考(사고하다), C의 提出(제기하다), D의 赞同(동의하다)을 핵심어구로 체크해둔다.

38번은 A의 承认 …… 缺点(단점을 인정하다), B의 说出 …… 期待(기대를 말하다), C의 提出 …… 要求(요구사항을 제기하다), D의 自己 …… 完美(자신이 훌륭하다)를 핵심어구로 체크해둔다.

37번 보기 A의 挑战(도전하다), B의 思考(사고하다), C의 提出(제기하다), D의 赞同(찬성하다)이 의견 또는 주장과 관련된 어휘이므로, 논설문이 나올 것임을 예상할 수 있다. 따라서, 단문의 처음과 끝 부분을 주의 깊게 듣는다.

단문 듣기

단문 초반에 面试前, 要先了解应聘公司的背景资料以及所要应聘职位的具体要求。其次, 要对面试官可能提出的问题做一些准备。(면접시험 전에, 우선 지원하려는 회사의 배경 자료 및 지원하려는 직위의 구체적 요구사항을 알아야 한다. 그 다음, 면접관이 제기할 가능성이 있는 질문들에 대해 준비를 해야 한다.)를 듣고, 36번 보기 A 掌握公司的情况(회사의 상황을 파악한다), B 了解应聘的要求(지원 요건을 이해한다), D 预测面试的问题(면접시험의 문제를 예측한다)을 체크해둔다.

단문 중반에 면접을 볼 때 달성해야 할 요소들 중 자신감에 대해 要有独立的思考能力(독자적인 사고능력이 있어야 하며)를 듣고 37번 보기 B 独立思考(독자적으로 사고한다)를 체크해둔다.

단문 후반에 有时坦率地说出自己的缺点(때로는 솔직하게 자신의 단점을 말하는 것)을 듣고, 38번 보기 A 承认自己的缺点(자신의 단점을 인정한다)을 체크해둔다.

질문 듣고 정답 선택하기

36. 질문이 면접 전의 준비에 포함되지 않는 것을 물었으므로, 단문에서 언급하지 않은 C 接触公司的职员(회사의 직원과 접촉한다)이 정답이다.

37. 질문이 면접을 볼 때 자신감을 보이는 태도에 대해 물었으므로, B 独立思考(독자적으로 사고한다)가 정답이다.

제1회
듣기

제2회

제3회

제4회

제5회

해커스 HSK 5급 실전모의고사

38. 질문이 '솔직함'의 태도가 무엇인지를 물었으므로, A 承认自己的缺点(자신의 단점을 인정한다)이 정답이다.

✅ **고득점 노하우** 의견이나 주장과 관련된 문제가 제시된 경우, 논설문이 나올 것임을 예상하고, 특별히 단문의 처음과 끝부분을 주의 깊게 듣는다.

39-41

39 중

A 读者	B 儿童	读者 dúzhě 몡독자　儿童 értóng 몡아동　家长 jiāzhǎng 몡학부모
C 家长	D 作者	作者 zuòzhě 몡작가

A 독자　　　　　B 아동　　　　　C 학부모　　　　　D 작가

40 중

A 他的家庭很特殊
B 他的缺点非常多
C 他想引起别人注意
D 他的内心十分丰富

家庭 jiātíng 몡가정　特殊 tèshū 혱특수하다
缺点 quēdiǎn 몡결점, 단점　引起 yǐnqǐ 통(주의를) 끌다
内心 nèixīn 몡내면, 속마음　丰富 fēngfù 혱풍부하다

A 그의 가정은 특수하다　　　　　　　　　B 그의 결점은 매우 많다
C 그는 다른 사람의 주의를 끌고 싶어 한다　　D 그의 내면은 매우 풍부하다

41 중

A 不适合给儿童看
B 讲了一面镜子的故事
C 三分之一的读者很喜欢
D 可能对每个人都有启发

适合 shìhé 통적합하다　儿童 értóng 몡아동
面 miàn 양개(평평한 물건을 세는 단위)　镜子 jìngzi 몡거울
故事 gùshi 몡이야기　三分之一 sān fēn zhī yī 3분의 1
读者 dúzhě 몡독자　启发 qǐfā 몡영감 통영감을 주다
对…有启发 duì…yǒu qǐfā ~에게 영감을 주다

A 아동에게 보여 주기에 적합하지 않다　　　B 한 거울에 대한 이야기를 한다
C 3분의 1의 독자가 좋아한다　　　　　　　D 모든 사람에게 영감을 줄 것이다

---

　　³⁹我的儿童文学作品不仅孩子能看，成人也能看。而且据统计，我三分之一的读者是成年人。⁴⁰小说《穿堂风》中的男孩"橡树"出身于一个特殊的家庭，身上充满缺点，平时总是被忽视，但内心却非常丰富。他在成长过程中遇到的状况其实也是我们所有人都会遇到的。小说中反映出来的情绪，是目前中国人各种感受的组合。这个故事就像一面镜子，照出我们所有人的生活状态，⁴¹不只对孩子，我相信对成年人也有启发。

39. 问：短文中的"我"是什么身份？

40. 问：关于男孩"橡树"，下面哪一个不正确？

41. 问：关于这本小说，可以知道什么？

儿童 értóng 몡아동　文学 wénxué 몡문학　作品 zuòpǐn 몡작품
不仅 bùjǐn 젭~뿐만 아니라　成人 chéngrén 몡성인　据 jù 게~에 따르면
统计 tǒngjì 몡통계　…分之… …fēnzhī… ~분의~　读者 dúzhě 몡독자
成年人 chéngniánrén 몡성인, 성년
穿堂风 chuāntángfēng 몡(마주 보고 있는 창이나 문 따위로) 지나가는 바람,
맞바람　特殊 tèshū 혱특수하다　家庭 jiātíng 몡가정
身上 shēnshang 몡몸　充满 chōngmǎn 통가득 차다, 충만하다
缺点 quēdiǎn 몡결점, 단점　平时 píngshí 몡평소
总是 zǒngshì 믠늘, 줄곧　忽视 hūshì 통무시하다, 홀시하다
内心 nèixīn 몡내면, 속마음　丰富 fēngfù 혱풍부하다, 많다
成长 chéngzhǎng 통성장하다　过程 guòchéng 몡과정
遇到 yùdào 통맞닥뜨리다, 만나다　状况 zhuàngkuàng 몡상황
反映 fǎnyìng 통반영하다　情绪 qíngxù 몡감정　目前 mùqián 몡현재, 지금
感受 gǎnshòu 몡체험, 감상 통(영향을) 받다, 느끼다　组合 zǔhé 몡조합
面 miàn 양개(평평한 물건을 세는 단위)　镜子 jìngzi 몡거울
照出 zhàochū 통비추다　状态 zhuàngtài 몡상태
启发 qǐfā 몡영감 통영감을 주다

³⁹나의 아동 문학 작품은 아이가 볼 수 있을 뿐 아니라, 성인 또한 볼 수 있다. 게다가 통계에 따르면, 내 3분의 1의 독자가 성인이다. ⁴⁰소설 《지나가는 바람》 중의 남자 아이 '샹슈'는 한 특수한 가정 출신이며, 몸에 결점이 가득하고, 평소에 늘 무시를 당하지만, 내면은 오히려 아주 풍부하다. 그가 성장하는 과정 중 맞닥뜨린 상황은 사실 우리 모든 사람들 또한 맞닥뜨릴 수 있는 것이다. 소설에서 반영되어 나온 감정은, 현재 중국인의 갖가지 체험들의 조합이다. 이 이야기는 마치 하나의 거울처럼, 우리 모든 사람의 생활 상태를 비추어 주며, ⁴¹아이에게 뿐만이 아니라, 성인에게도 영감을 준다고 나는 믿는다.

39. 질문: 지문 중의 '나'는 어떤 신분인가? 　　　　　　　　　　　　　　　　　　　　　　　　　　　정답 D
40. 질문: 남자 아이 '샹슈'에 관해, 다음 중 옳지 않은 것은 무엇인가? 　　　　　　　　　　　　　　　정답 C
41. 질문: 이 소설에 관해, 알 수 있는 것은 무엇인가? 　　　　　　　　　　　　　　　　　　　　　　정답 D

해설 보기 읽기

40번은 A의 家庭 …… 特殊(가정이 특수하다), B의 缺点 …… 多(결점이 많다), C의 引起 …… 注意(주의를 끌다), D의 内心 …… 丰富(내면이 풍부하다)를 핵심어구로 체크해둔다.

41번은 A의 不适合 …… 儿童(아동에게 적합하지 않다), B의 镜子(거울), C의 三分之一 …… 喜欢(3분의 1이 좋아하다), D의 对每个人 …… 有启发(모든 사람에게 영감을 주다)를 핵심어구로 체크해둔다.

40번 모든 보기의 他(그)가 특정 인물을 나타내는 어휘이므로, 이야기가 나올 것임을 예상할 수 있다. 따라서, 이야기를 들으며 질문의 순서내로 정답 후보와 오답 후보를 체크한다.

단문 듣기

단문 초반에 我的儿童文学作品(나의 아동 문학 작품)을 듣고 화자가 작가임을 예상할 수 있으므로, 39번 보기 D作者(작가)를 체크해둔다.

단문 중반에 小说《穿堂风》中的男孩"橡树"出身于一个特殊的家庭, 身上充满缺点, 平时总是被忽视, 但内心却非常丰富。(소설《지나가는 바람》 중의 남자 아이 '샹슈'는 한 특수한 가정 출신이며, 몸에 결점이 가득하고, 평소에 늘 무시를 당하지만, 내면은 오히려 아주 풍부하다.)를 듣고, 40번 보기 A 他的家庭很特殊(그의 가정이 특수하다), B 他的缺点非常多(그의 결점은 매우 많다), D 他的内心十分丰富(그의 내면은 매우 풍부하다)를 체크해둔다.

단문 후반에 不只对孩子, 我相信对成年人也有启发(아이에게 뿐만이 아니라, 성인에게도 영감을 준다고 나는 믿는다)를 듣고, 41번 보기 D 可能对每个人都有启发(모든 사람에게 영감을 줄 것이다)를 체크해둔다.

질문 듣고 정답 선택하기

39. 질문이 '나'의 신분을 물었으므로, D 作者(작가)가 정답이다.

40. 질문이 '샹슈'에 대한 설명으로 옳지 않은 것을 물었으므로, 단문에서 언급되지 않은 C 他想引起别人注意(그는 다른 사람의 주의를 끌고 싶어 한다)가 정답이다.

41. 질문이 이 소설에 대해 알 수 있는 것을 물었으므로, D 可能对每个人都有启发(모든 사람에게 영감을 줄 것이다)가 정답이다. 참고로, 화자가 我三分之一的读者是成年人(내 3분의 1의 독자가 성인이다)이라고 말했으므로, C 三分之一的读者很喜欢(3분의 1의 독자가 좋아한다)과 헷갈리지 않도록 주의한다.

✅ **고득점 노하우** 사람 명사나 특정 인물의 이름이 있는 문제가 제시된 경우, 특정 인물에 대한 이야기가 나올 것을 예상하고, 이야기의 전개에 맞춰 문제지에 제시된 순서대로 문제를 풀어 간다.

42-43

42 중	A 跟爸爸要奖金 B 不遵守比赛规则 C 想到前面捡个大的 D 忘了捡石子的事儿	奖金 jiǎngjīn 몡 상금　遵守 zūnshǒu 통 (규정 등을) 지키다, 준수하다 规则 guīzé 몡 규칙　捡 jiǎn 통 줍다　石子 shízǐ 몡 돌, 돌멩이
	A 아버지에게 상금을 요구한다 C 앞으로 가서 큰 돌을 줍고 싶어한다	B 시합 규칙을 지키지 않는다 D 돌을 줍는 일을 잊어버렸다

43 상	A 懂得满足　　B 喜欢骗人 C 态度主观　　D 反应很慢	懂得 dǒngde 통 (방법·뜻 등을) 알다　满足 mǎnzú 통 만족하다 骗人 piàn rén 통 남을 속이다　态度 tàidu 몡 태도 主观 zhǔguān 혱 주관적인 몡 주관　反应 fǎnyìng 몡 반응
	A 만족할 줄 안다　　B 남을 속이기를 좋아한다　　C 태도가 주관적이다　　D 반응이 느리다

제1회 듣기

제2회

제3회

제4회

제5회

해커스 HSK 5급 실전모의고사

爸爸带孩子们去爬山，发现山路上有很多小石子，爸爸说："等我们爬到山顶的时候，谁能捡着一个最大的石子，我就给他发奖金！"爸爸还说了比赛的第二个规则，那就是每个人只能捡一次，而且不能回头捡。听了爸爸的话以后，除了小儿子以外，⁴²其余的孩子都赶快朝前跑，一心想抢在前面捡一个最大的石子。可是，越到山顶石子越小，他们都后悔了。爬上山顶后一比较，小儿子捡的石子最大。爸爸问小儿子为什么不跟着大家往前跑，小儿子说："最大的石子不一定在最前边，⁴³我捡了一个相对较大的，就已经很满足了。"

山路 shānlù 图 산길　石子 shízǐ 图 돌, 돌멩이　爬 pá 图 오르다
山顶 shāndǐng 图 산 정상　捡 jiǎn 图 줍다
发奖金 fā jiǎngjīn 图 상금을 주다　规则 guīzé 图 규칙
回头 huítóu 图 되돌아가다, 되돌아오다　赶快 gǎnkuài 图 재빨리, 황급히
朝 cháo 囲 ~을 향하여　一心 yìxīn 图 전심, 한마음
抢 qiǎng 图 서두르다, 급히 하다　后悔 hòuhuǐ 图 후회하다
跟着 gēnzhe 图 뒤따라　往 wǎng 囲 ~으로
不一定 bùyídìng (반드시) ~한 것은 아니다　相对 xiāngduì 图 상대적으로
满足 mǎnzú 图 만족하다

42. 问: 除了小儿子以外，其余的孩子是怎么做的？

43. 问: 下面哪一个是小儿子的特点？

　　아버지가 아이들을 데리고 등산하러 가다가, 산길에 작은 돌들이 아주 많은 것을 발견하고, 아버지가 말했다. "우리가 산 정상에 올랐을 때, 누구든 가장 큰 돌을 줍고 있다면, 내가 상금을 주마!" 아버지는 또 시합의 두 번째 규칙을 말했는데, 그것은 바로 한 사람당 한 번씩밖에 주울 수 없으며, 또한 되돌아가서 주울 수 없다는 것이었다. 아버지의 말을 들은 이후, 작은 아들을 제외하고, ⁴²나머지 아이들은 모두 재빨리 앞을 향하여 달려갔는데, 서둘러 앞에서 가장 큰 돌을 줍고 싶다는 생각뿐이었다. 그러나, 산 정상에 갈수록 돌은 작아졌고, 그들은 모두 후회했다. 정상까지 등산한 후 한번 비교해보니, 작은 아들이 주운 돌이 가장 컸다. 아버지가 작은 아들에게 왜 다른 사람들을 뒤따라 앞으로 달려가지 않았느냐고 묻자, 작은 아들이 말했다. "가장 큰 돌이 반드시 가장 앞에 있는 것은 아니에요, ⁴³저는 상대적으로 좀 큰 돌을 주웠을 때, 이미 만족했어요."

42. 질문: 작은 아들을 제외하고, 나머지 아이들은 어떻게 했는가?　　　　　　　　　　　　　　　　　　　　　정답 C
43. 질문: 다음 중 작은 아들의 특징은 무엇인가?　　　　　　　　　　　　　　　　　　　　　　　　　　　　　정답 A

해설 보기 읽기

42번은 A의 要奖金(상금을 요구하다), B의 不遵守(지키지 않다), C의 前面(앞), D의 忘了(잊어버리다)를 핵심어구로 체크해둔다.
43번은 A의 满足(만족하다), B의 骗人(남을 속이다), C의 主观(주관적이다), D의 反应很慢(반응이 느리다)을 핵심어구로 체크해둔다.
42번 보기 A의 爸爸(아버지)가 특정 인물을 나타내는 어휘이므로, 이야기가 나올 것임을 예상할 수 있다. 따라서, 이야기를 들으며 질문의 순서대로 정답 후보와 오답 후보를 체크한다.

단문 듣기

이야기 중반에 其余的孩子都赶快朝前跑, 一心想抢在前面捡一个最大的石子(나머지 아이들은 모두 재빨리 앞을 향하여 달려갔는데, 서둘러 앞에서 가장 큰 돌을 줍고 싶다는 생각뿐이었다)를 듣고, 42번 보기 C 想到前面捡个大的(앞으로 가서 큰 돌을 줍고 싶어한다)를 체크해둔다.
단문 후반에 작은 아들이 我捡了一个相对较大的, 就已经很满足了(저는 상대적으로 좀 큰 돌을 주웠을 때, 이미 만족했어요)라고 한 말을 듣고, 满足(만족하다)가 들어간 43번 보기 A 懂得满足(만족할 줄 안다)를 체크해둔다.

질문 듣고 정답 선택하기

42. 질문이 작은 아들을 제외한 나머지 아이들은 어떻게 했는지를 물었으므로, C 想到前面捡个大的(앞으로 가서 큰 돌을 줍고 싶어한다)가 정답이다.
43. 질문이 작은 아들의 특징에 대해 물었으므로, A 懂得满足(만족할 줄 안다)가 정답이다.

☑ **고득점 노하우** 사람 명사나 특정 인물의 이름이 있는 문제가 제시된 경우, 특정 인물에 대한 이야기가 나올 것을 예상하고, 이야기의 전개에 맞춰 문제지에 제시된 순서대로 문제를 풀어 간다.

44
하

A 文竹	B 吊兰	文竹 Wénzhú [고유] 관엽 아스파라거스 吊兰 Diàolán [고유] 접란, 줄모초
C 仙人掌	D 虎尾兰	仙人掌 Xiānrénzhǎng [고유] 선인장 虎尾兰 Hǔwěilán [고유] 산세비에리아

A 관엽 아스파라거스	B 접란	C 선인장	D 산세비에리아

45
중

A 摆放数量不要太多	摆放 bǎifàng [동] 진열하다 数量 shùliàng [명] 수량 选 xuǎn [동] 고르다
B 别选颜色太鲜艳的	鲜艳 xiānyàn [형] 화려하다 尽量 jǐnliàng [부] 되도록
C 尽量摆放在阳台上	阳台 yángtái [명] 베란다 味道 wèidao [명] 냄새, 맛
D 要选择没有味道的	

A 집열하는 수량이 너무 많아서는 안 된다	B 색이 너무 화려한 것을 고르지 마라
C 되도록 베란다에 진열한다	D 냄새가 없는 것을 골라야 한다

　　如何保持房间的空气清新，是我们在日常生活中必须考虑的一个问题，除了空气净化器以外，更多的人会选择摆放能净化空气的植物。那么，哪些植物净化空气的效果比较好呢？⁴⁴排名第一的是吊兰，一盆吊兰在24小时内可将室内的一氧化碳等有害气体吸收干净。除此之外，仙人掌、虎尾兰、月季、鸭脚木、文竹、发财树等植物净化空气的效果也很明显。

　　虽然说花花草草有如此大的净化作用，⁴⁵但也要注意不要放太多在卧室。因为在光照不足的情况下，绿色植物会和人一样吸收氧气，排出二氧化碳，如果再加上空气流通不好，就会造成二氧化碳浓度过高而影响人体健康。

如何 rúhé 어떻게 保持 bǎochí [동] 유지하다 空气 kōngqì [명] 공기
清新 qīngxīn [형] 신선하다, 맑고 산뜻하다 日常 rìcháng [형] 일상의
考虑 kǎolǜ [동] 고려하다, 생각하다 摆放 bǎifàng [동] 진열하다
净化 jìnghuà [동] 정화하다 植物 zhíwù [명] 식물 效果 xiàoguǒ [명] 효과
排名 páimíng [동] 순위를 매기다, 서열을 매기다
吊兰 Diàolán [고유] 접란, 줄모초
盆 pén [양] 대야·화분 등으로 담는 수량을 세는 데 쓰임 室内 shìnèi [명] 실내
一氧化碳 yìyǎnghuàtàn [명] 일산화탄소 有害 yǒuhài [형] 해롭다
气体 qìtǐ [명] 기체 吸收 xīshōu [동] 흡수하다
除此之外 chúcǐzhīwài 이 밖에 仙人掌 Xiānrénzhǎng [고유] 선인장
虎尾兰 Hǔwěilán [고유] 산세비에리아 月季 Yuèjì [고유] 월계화
鸭脚木 Yājiǎomù [고유] 태산목 文竹 Wénzhú [고유] 관엽 아스파라거스
发财树 Fācáishù [고유] 파키라 아쿠아티카 明显 míngxiǎn [형] 뚜렷하다
如此 rúcǐ [대] 이와 같다 作用 zuòyòng [명] 작용, 효과 卧室 wòshì [명] 침실
光照 guāngzhào [동] 광조하다, 빛이 비치다 氧气 yǎngqì [명] 산소
排出 páichū [동] 내뿜다 二氧化碳 èryǎnghuàtàn [명] 이산화탄소
流通 liútōng [동] 통하다, 유통하다 造成 zàochéng [동] 야기하다, 형성하다
浓度 nóngdù [명] 농도 人体 réntǐ [명] 인체

44. 问: 下面哪种植物净化空气的效果最好?

45. 问: 在卧室内摆放植物时要注意什么?

　　어떻게 방의 공기를 신선하게 유지할지는 우리가 일상 생활 중 반드시 고려해야 하는 문제라서, 공기 정화기 외에, 더 많은 사람들은 공기를 정화할 수 있는 식물을 진열하는 것을 선택할 것이다. 그렇다면, 어떤 식물이 공기를 정화하는 효과가 비교적 좋을까? ⁴⁴1순위는 접란인데, 접란 화분 하나는 24시간 안에 실내의 일산화탄소 등의 해로운 기체를 깨끗하게 흡수할 수 있다. 이 밖에, 선인장, 산세비에리아, 월계화, 태산목, 관엽 아스파라거스, 파키라 아쿠아티카 등의 식물도 공기를 정화하는 효과가 매우 뚜렷하다.

　　비록 꽃, 풀마다 이와 같은 큰 정화 작용이 있다고 말하지만, ⁴⁵그러나 침실에 너무 많이 놓아서는 안 되는 것도 주의해야 한다. 왜냐하면 광조가 부족한 상황에서, 녹색 식물은 사람과 같이 산소를 흡수하고, 이산화탄소를 내뿜는데, 만약 공기가 잘 통하지 않는 것까지 더해진다면, 이산화탄소 농도가 과도하게 높아지는 것을 야기하여 인체 건강에 영향을 줄 수 있다.

44. 질문: 아래 어떤 종류의 식물이 공기를 정화하는 효과가 가장 좋은가?　　　　　　　　　　　　　　정답 B

45. 질문: 침실 안에 식물을 진열할 때 무엇을 주의해야 하는가?　　　　　　　　　　　　　　　　정답 A

해설 보기 읽기

45번은 A의 摆放 …… 不要 …… 多(진열이 많아서는 안 된다), B의 颜色 …… 鲜艳(색이 화려하다), C의 在阳台上(베란다에), D의 没有
味道(냄새가 없다)를 핵심어구로 체크해둔다.

44번 보기 A 文竹(관엽 아스파라거스), B 吊兰(접란), C 仙人掌(선인장), D 虎尾兰(산세비에리아)이 특정 식물을 나타내는 단어들이므로,
식물에 대한 설명문이 나올 것임을 예상할 수 있다. 따라서, 특정 대상의 세부 내용을 주의 깊게 듣는다.

단문 듣기

단문 중반에 공기 정화 효과가 가장 좋은 식물을 소개하며 排名第一的是吊兰(1순위는 접란인데)이라고 한 말을 듣고, 44번 보기 B 吊兰
(접란)을 체크해둔다.

단문 후반에 但也要注意不要放太多在卧室(그러나 침실에 너무 많이 놓아서는 안 된다는 것도 주의해야 한다)이라고 한 말을 듣고, 45번
보기 A 摆放数量不要太多(진열하는 수량이 너무 많아서는 안 된다)를 체크해둔다.

질문 듣고 정답 선택하기

44. 질문이 어떤 종류의 식물이 공기를 정화하는 효과가 가장 좋은지 물었으므로, B 吊兰(접란)이 정답이다.

45. 질문이 침실 안에 식물을 진열할 때 무엇을 주의해야 하는지 물었으므로, A 摆放数量不要太多(진열하는 수량이 너무 많아서는 안 된
다)가 정답이다.

☑ **고득점 노하우** 특정 사물이나 대상이 언급된 문제나 어떤 대상의 특징과 관련된 문제가 제시된 경우, 설명문이 나올 것임을 예상하고, 특정 대상의 세부 내
용을 주의 깊게 듣는다.

46-48

邻居一位老先生常到楼下一家便利店买报纸，⁴⁶但那里的售货员总是一脸 46. A 冷淡 ，一点儿都不热情。

老先生的太太对他说："⁴⁷便利店很多， 47. D 何必 总在这家买呢？"

老先生笑着回答："去别的便利店，我必须多绕一圈，浪费时间。⁴⁸没有礼貌是他的问题，为什么我要因为他而影响自己的 48. D 情绪 ，给自己增加麻烦呢？"

便利店 biànlìdiàn 圈 편의점　售货员 shòuhuòyuán 圈 점원
冷淡 lěngdàn 圈 냉담하다, 쌀쌀하다
何必 hébì 구태여 ~할 필요가 있는가　绕 rào 圈 돌다, 돌아서 가다
圈 quān 圈 바퀴　浪费 làngfèi 낭비하다　礼貌 lǐmào 예의
情绪 qíngxù 기분, 마음　增加 zēngjiā 더하다, 증가하다
麻烦 máfan 圈 번거롭다, 귀찮다

이웃집 어르신은 종종 아래층 편의점에 가 신문을 사는데, ⁴⁶그러나 그곳의 점원은 언제나 얼굴 가득 A 냉담하며, 조금도 친절하지 않았다.

어르신의 부인이 그에게 말했다. "⁴⁷편의점은 많은데, D 구태여 언제나 이 가게에서 살 필요가 있어요?"

어르신은 웃으며 대답했다. "다른 편의점을 가면, 나는 어쩔 수 없이 한 바퀴 더 돌아야 하고, 시간을 낭비하게 돼요. ⁴⁸예의가 없는 것은 그의 문제인데, 내가 왜 그 때문에 스스로의 D 기분에 영향을 주어, 자신에게 번거로움을 더해야 하죠?"

---

46 하

A 冷淡	B 惭愧	C 夸张	D 温柔	冷淡 lěngdàn 圈 냉담하다, 쌀쌀하다 惭愧 cánkuì 圈 부끄럽다, 창피하다　夸张 kuāzhāng 圈 과장하다 温柔 wēnróu 圈 부드럽고 상냥하다
A 냉담하다	B 부끄럽다	C 과장하다	D 부드럽고 상냥하다	정답 A

해설 보기를 읽고 단문의 빈칸에 문맥상 어떤 감정 또는 상태를 나타내는 어휘가 필요할지를 파악한 후, 빈칸 주변을 읽는다. 빈칸이 있는 부분은 '그러나 그곳의 점원은 언제나 얼굴 가득 ____(하며), 조금도 친절하지 않았다'라는 의미이므로, 빈칸에는 점원이 조금도 친절하지 않다와 자연스럽게 어울리는 A 冷淡(냉담하다)이 정답이다.
B 惭愧(부끄럽다)는 결점이나 잘못으로 인해 생긴 부끄러움을 의미한다.

☑ **고득점 노하우** 보기가 모두 형용사인 경우에는, 단문의 빈칸 주변에서 형용사가 꾸며주는 대상을 먼저 찾아 문맥에 적합한지 확인한다.

---

47 중

A 宁可	B 毕竟	C 干脆	D 何必	宁可 nìngkě 圈 차라리 ~할지언정　毕竟 bìjìng 圈 결국 干脆 gāncuì 圈 차라리　何必 hébì 구태여 ~할 필요가 있는가
A 차라리 ~할지언정	B 결국	C 차라리	D 구태여 ~할 필요가 있는가	정답 D

해설 보기를 읽고 단문의 빈칸에 문맥상 어떤 의미의 부사가 필요할지를 파악한 후, 빈칸 주변을 읽는다. 빈칸이 있는 부분은 '편의점은 많은데, ____ 언제나 이 가게에서 살 필요가 있어요?'라는 의미인데, 빈칸이 있는 부분 맨 마지막에 있는 呢와 호응하는 D 何必(구태여 ~할 필요가 있는가)가 정답이다.
A 宁可(차라리 ~할지언정)는 宁可, 也不~ (차라리 ~할지언정, ~하지 않는다)와 같은 형태로 자주 쓰인다.

☑ **고득점 노하우** 보기가 모두 부사인 경우에는, 단문의 빈칸 주변에서 술어나 자주 호응하는 어휘를 먼저 찾아 문맥에 맞는 보기를 정답의 후보로 선택한다.

---

48 중

A 精力	B 语气	C 态度	D 情绪	精力 jīnglì 圈 정신과 체력　语气 yǔqì 圈 어투, 말투 情绪 qíngxù 圈 기분, 감정
A 정신과 체력	B 어투	C 태도	D 기분	정답 D

해설 보기를 읽고 단문의 빈칸에 문맥상 어떤 명사가 필요할지를 파악한 후, 빈칸 주변을 읽는다. 빈칸이 있는 부분은 '예의가 없는 것은 그의 문제인데, 내가 왜 그 때문에 스스로의 ____(에) 영향을 주어, 자신에게 번거로움을 더해야 하죠?'라는 의미이므로, 상대방이 예의가 없어 영향을 받을 수 있는 D 情绪(기분)가 정답이다.
A 편의점 점원이 예의가 없다 해서 체력에 영향이 가는 것은 아니므로 A 精力(정신과 체력)는 오답이다.

☑ **고득점 노하우** 보기가 모두 명사인 경우에는, 단문을 읽을 때 빈칸의 앞 구절과 뒷 구절의 의미를 정확히 파악하여, 문맥에 맞는 보기를 먼저 찾는다.

제1회 독해

제2회

제3회

제4회

제5회

해커스 HSK 5급 실전모의고사

有个渔民经常跟人抱怨："我多年以来总结出来的经验，⁴⁹都教给了儿子们，可他们的打鱼技术竟然还这么差！真是太让我 49. B 灰心 了！"一位朋友问他："⁵⁰你一直 50. C 亲自 教他们吗？"

"是的，⁵⁰为了让他们学到最好的技术，我耐心、仔细地教他们。"

"他们一直跟随着你吗？""是的，为了让他们少走弯路，我让他们一直跟着我学。"朋友说："这样说来，你的错误就很明显了。⁵¹你只教给了他们技术，却没教给他们 51. A 教训 。正因为这样，⁵²他们不但不能进步， 52. D 反而退步了 。"

渔民 yúmín 圓 어부　抱怨 bàoyuàn 圄 불평하다
总结 zǒngjié 圄 총정리하다　经验 jīngyàn 圓 경험
打鱼 dǎyú 圄 물고기를 잡다　技术 jìshù 圓 기술
竟然 jìngrán 閈 놀랍게도　灰心 huīxīn 圄 실망하다
亲自 qīnzì 閈 직접, 친히　耐心 nàixīn 圀 참을성이 있다
仔细 zǐxì 圀 세심하다, 꼼꼼하다
跟随 gēnsuí 圄 따라가다, (뒤)따르다　弯路 wānlù 圓 굽은 길
少走弯路 shǎo zǒu wānlù 시행착오를 줄이다
错误 cuòwù 圓 잘못　明显 míngxiǎn 圀 확연히 드러나다
却 què 閈 오히려　教训 jiàoxùn 圓 교훈　进步 jìnbù 圄 진보하다
反而 fǎn'ér 閈 반대로　退步 tuìbù 圄 퇴보하다

어떤 어부는 종종 사람들에게 불평했다. "내가 오랫동안 총정리해 낸 경험을, ⁴⁹모두 아들들에게 가르쳐 주었는데, 하지만 그들의 물고기 잡는 기술은 놀랍게도 여전히 이렇게 나쁘구나! 정말 너무나도 나를 B 실망하게 하는군!" 한 친구가 그에게 물었다. "⁵⁰네가 줄곧 C 손수 그들을 가르쳤니?"

"응, ⁵⁰그들이 가장 좋은 기술을 배우게 하기 위해, 내가 참을성 있고, 세심하게 그들을 가르쳤어."

"그들은 줄곧 너를 따라다녔니?" "응, 그들이 시행착오를 줄일 수 있게 하기 위해, 내가 그들에게 나를 계속 뒤따라 다니며 배우라고 했어." 친구는 말했다. "이렇게 말해 보니, 너의 잘못이 아주 확연히 드러나는구나. ⁵¹너는 단지 그들에게 기술만 가르쳤지, 오히려 그들에게 A 교훈 을 가르치지는 않았어. 바로 이렇기 때문에, ⁵²그들은 진보할 수 없을 뿐만 아니라, D 반대로 퇴보했어."

49중	A 糟糕	B 灰心	C 慌张	D 不安	糟糕 zāogāo 圀 엉망이 되다　灰心 huīxīn 圄 실망하다 慌张 huāngzhāng 圀 당황하다　不安 bù'ān 圀 불안하다
	A 엉망이 되다	B 실망하다	C 당황하다	D 불안하다	정답 B

해설 보기를 읽고 단문의 빈칸에 문맥상 어떤 감정을 나타내는 어휘가 필요할지를 파악한 후, 빈칸 주변을 읽는다. 빈칸이 있는 부분은 '정말 너무나도 나를 _____(하게) 하는군!'이라는 의미이다. 빈칸 앞에서 都教给了儿子们, 可他们的打鱼技术竟然还这么差!(모두 아들들에게 가르쳐 주었는데, 하지만 그들의 물고기 잡는 기술은 놀랍게도 여전히 이렇게 나쁘구나!)라고 했으므로, 문맥상 B 灰心(실망하다)이 정답이다.
A, C, D는 형용사이기 때문에 사역동사 让(~에 의해서 ~되다)과 함께 쓸 수 없다.

✅ **고득점 노하우** 보기가 각기 다른 품사인 경우에는, 각 보기의 의미를 재빨리 확인하여 단문의 빈칸 주변을 읽을 때에 어떤 문맥을 파악해야 할지 미리 준비한다.

50상	A 密切	B 专门	C 亲自	D 个别	密切 mìqiè 圀 밀접하다　专门 zhuānmén 圀 전문적이다 亲自 qīnzì 閈 손수, 친히　个别 gèbié 圀 개별적인
	A 밀접하다	B 전문적이다	C 손수	D 개별적인	정답 C

해설 보기를 읽고 단문의 빈칸에 문맥상 어떤 어휘가 필요할지를 파악한 후, 빈칸 주변을 읽는다. 빈칸이 있는 부분은 '네가 줄곧 _____ 그들을 가르쳤니?'라는 의미이다. 빈칸 뒤에서 '为了让他们学到最好的技术, 我耐心、仔细地教他们(그들이 가장 좋은 기술을 배우게 하기 위해, 내가 참을성 있고, 세심하게 그들을 가르쳤어)'라고 했다. 아버지는 아들들을 직접 가르친 것을 강조하고 있으므로, 문맥상 C 亲自(손수)가 정답이다.

✅ **고득점 노하우** 보기가 각기 다른 품사인 경우에는, 각 보기의 의미를 재빨리 확인하여 단문의 빈칸 주변을 읽을 때에 어떤 문맥을 파악해야 할지 미리 준비한다.

51상	A 教训	B 知识	C 规矩	D 理论	教训 jiàoxùn 圓 교훈 圄 훈계하다　知识 zhīshì 圓 지식 规矩 guīju 圓 규율, 법칙　理论 lǐlùn 圓 이론 圄 논쟁하다
	A 교훈	B 지식	C 규율	D 이론	정답 A

해설 보기를 읽고 단문의 빈칸에 문맥상 어떤 명사가 필요할지를 파악한 후, 빈칸 주변을 읽는다. 빈칸이 있는 문장은 '너는 단지 그들에게 기술만 가르쳤지, 오히려 그들에게 _____을 가르치지는 않았어.'라는 의미다. 문맥상 빈칸에는 아들들이 스스로 깨달음과 배움을 얻는 것을 나타낼 수 있는 어휘가 들어가야 한다. 따라서 A 教训(교훈)이 정답이다.

✅ **고득점 노하우** 보기가 모두 명사인 경우에는, 단문을 읽을 때 빈칸의 앞 구절과 뒷 구절의 의미를 정확히 파악하여, 문맥에 맞는 보기를 먼저 찾는다.

<table>
<tr><td>**52**
상</td><td>A 所以退步了
C 并且退步了

B 以致退步了
D 反而退步了</td><td>退步 tuìbù 图 퇴보하다　以致 yǐzhì 쮑 ~를 초래하다
并且 bìngqiě 쮑 게다가　反而 fǎn'ér 쮑 반대로</td></tr>
<tr><td></td><td>A 그래서 퇴보했다　　　B 퇴보를 초래했다　　　C 게다가 퇴보했다　　　D 반대로 퇴보했다</td><td>정답 D</td></tr>
</table>

해설 보기를 읽고 退不了(퇴보했다)와 관련하여 A의 所以(그래서), C의 并且(게다가), D의 反而(반대로) 중 어떤 문맥을 완성해야 하는지를 파악한 후, 단문의 빈칸 주변을 읽는다. 빈칸이 있는 부분은 '그들은 진보할 수 없을 뿐만 아니라, ___'라는 의미이고 不但不(~하지 않을 뿐만 아니라)가 쓰였으므로 이와 호응하는 연결어가 포함된 보기가 들어가야 한다. 따라서 反而(반대로)이 들어간 D 反而退步了(반대로 퇴보했다)가 정답이다. 참고로, 不但不(~하지 않을 뿐만 아니라)와 反而(반대로)은 자주 호응한다.

☑ **고득점 노하우** 문장으로 구성된 보기에 연결어가 있을 경우, 단문의 빈칸 주변에서 짝꿍 연결어를 찾아 함께 쓰이는 연결어가 있는 보기를 정답으로 선택한다.

53-56

《交换空间》是一个以装修为主题的服务类节目。⁵³它 53. C 提倡 自己动手、节俭装修, 希望能为想要装修的人们提供省又有设计感的装修范例。⁵⁴每一期节目都有两个家庭参加, 他们 54. A 各自 提供一个房间, 比如卧室、客厅等, 在装修团队的帮助下, 互换空间进行装修。⁵⁵他们将在规定的时间内 55. B 利用 有限的装修资金完成装修任务。⁵⁶这个节目让观众体会到了家庭装修带来的快乐, 推广绿色环保装修, 同时促进人与人之间的理解, 因而 56. B 受到无数电视观众的喜爱 。

交换空间 jiāohuàn kōngjiān 스와프 공간
以 ⋯ 为 yǐ ⋯ wéi ~을 ~로 삼다
装修 zhuāngxiū 圆 인테리어 图 인테리어 하다
主题 zhǔtí 圆 주제　提倡 tíchàng 图 ~하도록 장려하다, 제창하다
动手 dòngshǒu 图 시공하다, 시작하다
节俭 jiéjiǎn 图 소박하다, 검소하다　节省 jiéshěng 图 절약하다, 아끼다
设计 shèjì 图 디자인하다, 설계하다　范例 fànlì 圆 모델
家庭 jiātíng 圆 가정　各自 gèzì 떼 각자　卧室 wòshì 圆 침실
客厅 kètīng 圆 거실　团队 tuánduì 圆 팀, 단체
互换 hùhuàn 图 서로 교환하다　空间 kōngjiān 圆 방, 공간
规定 guīdìng 图 규정하다 圆 규칙　利用 lìyòng 图 이용하다
有限 yǒuxiàn 图 한정되다　资金 zījīn 圆 자금
观众 guānzhòng 圆 시청자, 관중
体会 tǐhuì 图 체득하다, 경험하여 알다
推广 tuīguǎng 图 널리 보급하다, 일반화하다
环保 huánbǎo 圆 환경보호('环境保护'의 약칭)
促进 cùjìn 图 촉진하다, 촉진시키다　因而 yīn'ér 쮑 따라서, 그러므로
无数 wúshù 图 무수한, 수를 헤아릴 수 없다
喜爱 xǐ'ài 图 사랑하다, 좋아하다

<스와프 공간>은 하나의 인테리어를 주제로 삼아 서비스하는 프로그램이다. ⁵³이 프로그램은 직접 시공하고, 소박하게 인테리어하도록 C 장려하고, 인테리어를 하고 싶어하는 사람들을 위해 절약할 수 있고, 디자인 감각이 있는 인테리어 모델을 제공하길 희망한다. ⁵⁴매 프로그램에는 모두 두 가정이 참가하는데, 그들은 A 각자 방 하나씩을 제공한다. 침실, 거실 등이 그 예인데, 인테리어 업체의 도움 아래, 서로 교환한 방에서 인테리어를 진행한다. ⁵⁵그들은 규정된 시간 내에 한정된 인테리어 자금을 B 이용하여 인테리어 임무를 완성한다. ⁵⁶이 프로그램은 시청자가 가정의 인테리어로부터 오는 즐거움을 체득하게 하고, 환경보호 인테리어를 널리 보급하며, 동시에 사람과 사람 사이의 이해를 촉진한다, 따라서 B 무수한 텔레비전 시청자의 사랑을 받는다.

<table>
<tr><td>**53**
중</td><td>A 补充　　B 称呼　　C 提倡　　D 传播</td><td>补充 bǔchōng 图 보충하다, 추가하다　称呼 chēnghu 图 ~라고 부르다
提倡 tíchàng 图 ~하도록 장려하다, 제창하다
传播 chuánbō 图 유포하다, 전파하다</td></tr>
<tr><td></td><td>A 보충하다　　　　　B ~라고 부르다　　　　C ~하도록 장려하다　　　D 유포하다</td><td>정답 C</td></tr>
</table>

해설 보기를 읽고 단문의 빈칸에 문맥상 어떤 동작 또는 행동을 나타내는 어휘가 필요할지를 파악한 후, 빈칸 주변을 읽는다. 빈칸이 있는 부분은 '이 프로그램은 직접 시공하고, 소박하게 인테리어하도록 ___'라는 의미이므로, 문맥상 C 提倡(~하도록 장려하다)이 정답이다. 참고로, 提倡(~하도록 장려하다)은 어떠한 것의 우수성을 알려주며, 사람들이 그것을 사용하도록 장려한다는 의미이다.

☑ **고득점 노하우** 보기가 모두 동사인 경우에는, 빈칸 주변에서 주어와 목적어를 먼저 찾아 문맥에 맞는 보기를 정답으로 선택한다.

<table>
<tr><td>**54**
중</td><td>A 各自　　B 迟早　　C 个别　　D 反正</td><td>各自 gèzì 떼 각자　迟早 chízǎo 쮑 조만간, 머지않아
个别 gèbié 圆 극소수의, 단독의　反正 fǎnzhèng 쮑 아무튼, 어쨌든</td></tr>
<tr><td></td><td>A 각자　　　　　　　B 조만간　　　　　　C 극소수의　　　　　　D 아무튼</td><td>정답 A</td></tr>
</table>

해설 보기를 읽고 단문의 빈칸에 문맥상 어떤 어휘가 필요할지를 파악한 후, 빈칸 주변을 읽는다. 빈칸이 있는 부분은 '매 프로그램에는 모두 두 가정이 참가하는데, 그들은 ____ 방 하나씩을 제공한다'라는 의미이므로, 문맥상 빈칸에는 '모두' 혹은 '각자'를 나타내는 어휘가 들어가야 한다. 따라서 A 各自(각자)가 정답이다.
C 个别(극소수의, 단독의)는 한 집단 안의 하나 혹은 극히 일부분만을 나타낸다.

고득점 노하우 보기가 각기 다른 품사인 경우에는, 각 보기의 의미를 재빨리 확인하여 단문의 빈칸 주변을 읽을 때에 어떤 문맥을 파악해야 할지 미리 준비한다.

55 하

A 经营　B 利用　C 应用　D 计算

经营 jīngyíng[동] 경영하다, 운영하다 利用 lìyòng[동] 이용하다
应用 yìngyòng[동] 적용하다, 응용하다
计算 jìsuàn[동] 계산하다, 산출하다

A 경영하다　B 이용하다　C 적용하다　D 계산하다　정답 B

해설 보기를 읽고 단문의 빈칸에 문맥상 어떤 동작 또는 행동을 나타내는 어휘가 필요할지를 파악한 후, 빈칸 주변을 읽는다. 빈칸이 있는 문장은 '그들은 규정된 시간 내에 한정된 인테리어 자금을 ____(하여) 인테리어 임무를 완성한다'라는 의미이므로, 문맥상 빈칸에는 '사용하다'라는 의미의 어휘가 들어가야 한다. 따라서 B 利用(이용하다)이 정답이다.

고득점 노하우 보기가 모두 동사인 경우에는, 빈칸 주변의 주어와 목적어를 먼저 찾아 문맥에 맞는 보기를 정답으로 선택한다.

56 중

A 促进了家庭装修
B 受到无数电视观众的喜爱
C 让每个家庭都得到满足
D 使更多人想要参加这个节目

促进 cùjìn[동] 촉진시키다, 촉진하다 家庭 jiātíng[명] 가정
装修 zhuāngxiū[동] 인테리어하다 受到 shòudào[동] 받다, 견디다
无数 wúshù[형] 수많은, 매우 많다 观众 guānzhòng[명] 시청자, 관중
喜爱 xǐ'ài[동] 좋아하다, 흥미를 느끼다
满足 mǎnzú[동] 만족하다, 흡족하다

A 가정 인테리어를 촉진시켰다　B 무수한 텔레비전 시청자의 사랑을 받는다
C 각 가정이 모두 만족하게 한다　D 더 많은 사람이 이 프로그램에 참여하고 싶게 한다　정답 B

해설 보기가 모두 문장 형태이고 빈칸이 단문의 맨 뒤에 있으므로, 빈칸 앞 부분의 문맥을 주의 깊게 파악하여 빈칸에 들어갈 문장을 선택한다. 빈칸이 있는 부분은 '이 프로그램은 시청자가 가정의 인테리어로부터 오는 즐거움을 체득하게 하고, 환경보호 인테리어를 널리 보급하며, 동시에 사람과 사람 사이의 이해를 촉진한다, 따라서 ____'라는 의미이다. 문맥상 즐거움을 체득하고, 인테리어를 보급하며, 이해를 촉진하는 프로그램의 장점에서 이어진 결과로 어울리는 B 受到无数电视观众的喜爱(무수한 텔레비전 시청자의 사랑을 받는다)가 정답이다.

고득점 노하우 문장 채우기 문제가 마지막 문제인 경우, 앞 문제들을 풀면서 읽었던 단문 내용을 토대로 단문 전체의 문맥에 적합한 보기를 정답으로 선택한다.

57-60

一出生就双目失明的人除了黑暗什么都没见过吗？那可不见得。丹麦科学家进行了一 57. C 项 [57]调查，结果表明：即使是先天性失明的人，也可能在梦中"看到"东西。[58]在参与调查的这些先天性失明的人中，曾经梦到过图像的人占了大约21%的 58. B 比例，有的人甚至梦到过色彩。然而他们梦到的图像是相当模糊的，而且体验到图像的时长约是正常人的1/5。据研究，[59]这或许是因为大脑中管理视觉的部分受到了刺激， 59. D 从而在头脑中产生了图像 。在其他实验中，[60]一些失明的人在第二天醒来后还能画出自己梦到的情景，那是一些模糊的线条，[60]里面 60. A 包括 他们梦到的人、风景以及其他事物。

一…就… yī…jiù… ~하자마자 ~하다 失明 shīmíng[동] 실명하다
黑暗 hēi'àn[형] 어둡다, 캄캄하다
不见得 bújiànde 반드시 ~한 것은 아니다 丹麦 Dānmài[고유] 덴마크
科学家 kēxuéjiā[명] 과학자 项 xiàng[양] 항목, 사항
表明 biǎomíng[동] 나타내다, 밝히다 即使 jíshǐ[접] 설령 ~하더라도
先天性 xiāntiānxìng[명] 선천적인
参与 cānyù[동] 참여하다, 참가하다 曾经 céngjīng[부] 이전에, 이미
图像 túxiàng[명] 이미지 占 zhàn[동] 차지하다, 점거하다
大约 dàyuē[부] 대략, 대개는 比例 bǐlì[명] 비율
甚至 shènzhì[부] 심지어, ~까지도 色彩 sècǎi[명] 색깔, 빛깔
相当 xiāngdāng[부] 상당히, 무척
模糊 móhu[형] 모호하다[동] 애매하게 하다 体验 tǐyàn[동] 체험하다
时长 shícháng[명] 시간의 길이 研究 yánjiū[동] 연구하다, 탐구하다
或许 huòxǔ[부] 아마, 어쩌면 大脑 dànǎo[명] 대뇌
视觉 shìjué[명] 시각 刺激 cìjī[동] 자극하다, 흥분시키다
从而 cóng'ér[접] 따라서, 그리하여 头脑 tóunǎo[명] 머리
产生 chǎnshēng[동] 나타나다, 생기다 实验 shíyàn[동] 실험하다
情景 qíngjǐng[명] (구체적인) 장면, 모습 线条 xiàntiáo[명] 선, 라인
包括 bāokuò[동] 포함하다, 포괄하다 风景 fēngjǐng[명] 풍경
以及 yǐjí[접] 그리고, 아울러 事物 shìwù[명] 사물

태어나자마자 두 눈이 실명된 사람은 어두운 것 외에는 아무것도 본 적이 없을까? 덴마크 과학자가 한 **C 항목의** [57]조사를 진행했고, 결과는 다음과 같이 나타났다. 설령 선천적으로 실명한 사람일지라도, 그래도 아마 꿈속에서 물건을 '봤을' 것이다. [58]조사에 참여한 선천적으로 실명한 사람 중, 이전에 꿈에서 형상을 본 사람은 대략 21%의 **B 비율**을 차지하고, 어떤 사람은 심지어 꿈에서 색깔을 본 적이 있기도 했다. 그러나 그들이 꿈에서 본 형상은 상당히 모호하고, 게다가 형상을 체험한 시간의 길이는 대략 정상인의 1/5이다. 연구에 따르면, [59]이것은 아마 대뇌 중 시각을 관리하는 부분이 자극을 받았기 때문에, **D 따라서 머리에 형상이 나타났던 것이다.** 다른 실험에서, [60]몇몇 실명한 사람은 이튿날 잠에서 깬 후 자신이 꿈에서 본 장면을 그려낼 수도 있는데, 그것은 일종의 모호한 선이고, [60]안에는 그들이 꿈에서 본 사람, 풍경 및 기타 사물이 **A 포함된다.**

57 중

A 群	B 片	C 项	D 届	群 qún 몡무리, 떼 片 piàn 몡편, 판 项 xiàng 몡항목, 사항 届 jiè 몡회, 차

A무리, 떼	B편, 판	C항목	D회, 차	정답 C

해설 보기 중 빈칸 바로 다음의 명사 调查(조사) 앞에서 쓰이는 양사 C 项(항목)이 정답이다.
A 群(무리, 떼)은 모여있는 사람·동물·물건을 셀 때 쓰이는 단위이다.
B 片(편, 판)은 평평하고 얇은 것을 셀 때 쓰이는 단위이다.
D 届(회, 차)는 정기적인 회의나 졸업 연차를 셀 때 쓰이는 단위이다.

☑ **고득점 노하우** 보기가 양사일 경우 빈칸 바로 다음 명사를 확인하여 이와 호응하는 보기를 바로 정답으로 선택한다.

58 중

A 面积	B 比例	C 角度	D 结构	面积 miànjī 몡면적 比例 bǐlì 몡비율 角度 jiǎodù 몡각도 结构 jiégòu 몡구조

A면적	B비율	C각도	D구조	정답 B

해설 보기를 읽고 단문의 빈칸에 문맥상 어떤 명사가 필요할지를 파악한 후, 빈칸 주변을 읽는다. 빈칸이 있는 부분은 '조사에 참여한 선천적으로 실명한 사람 중, 이전에 꿈에서 형상을 본 사람은 대략 21%의 ____을 차지하고'라는 의미이므로, 따라서 문맥상 B 比例(비율)가 정답이다.

☑ **고득점 노하우** 보기가 모두 명사인 경우에는, 단문을 읽을 때 빈칸의 앞 구절과 뒷 구절의 의미를 정확히 파악하여, 문에 맞는 보기를 먼저 찾는다.

59 하

A 导致他们做梦 B 使大脑不再正常工作 C 使他们梦中出现色彩 D 从而在头脑中产生了图像	导致 dǎozhì 동~하게 하다, 초래하다 大脑 dànǎo 몡대뇌 不再 búzài 다시~하지 않다 正常 zhèngcháng 몡정상적인 出现 chūxiàn 동나타나다 色彩 sècǎi 몡색깔, 빛깔 从而 cóng'ér 동따라서, 그리하여 头脑 tóunǎo 몡머리 产生 chǎnshēng 동나타나다, 생기다 图像 túxiàng 몡형상, 이미지

A그들이 꿈꾸게 한다	B대뇌가 다시 정상적으로 작동하지 않게 한다
C그들의 꿈에서 색깔이 나타나게 한다	D따라서 머리에 형상이 나타났 정답 D

해설 보기가 모두 문장 형태이므로, 빈칸 주변의 문맥을 주의 깊게 파악한 후, 빈칸에 들어갈 문장을 선택한다. 빈칸이 있는 부분은 '이것은 아마 대뇌 중 시각을 관리하는 부분이 자극을 받았기 때문에, ____'라는 의미로 因为(왜냐하면)이 있으므로, 빈칸에는 앞 부분에 대한 결과가 들어가야 한다. 따라서 결과를 나타내는 연결어 从而(따라서)을 포함한 보기 D 从而在头脑中产生了图像(따라서 머리에 형상이 나타났다)이 정답이다.

☑ **고득점 노하우** 문장 채우기 문제에서 빈칸 주변에 연결어가 있을 경우, 호응하는 연결어를 포함한 보기를 먼저 찾는다.

60 중

A 包括	B 具备	C 接近	D 掌握	包括 bāokuò 동포함하다, 포괄하다 具备 jùbèi 동갖추다, 구비하다 接近 jiējìn 동접근하다, 다가가다 掌握 zhǎngwò 동정통하다, 파악하다

A포함된다	B갖춘다	C접근한다	D정통하다	정답 A

해설 보기를 읽고 단문의 빈칸에 문맥상 어떤 어휘가 필요할지를 파악한 후, 빈칸 주변을 읽는다. 빈칸이 있는 부분은 '몇몇 실명한 사람은 이튿날 잠에서 깬 후 자신이 꿈에서 본 장면을 그려낼 수도 있는데, ……, 안에는 그들이 본 사람, 풍경 및 기타 사물이 ____'라는 의미이다. 따라서 문맥상 A 包括(포함된다)가 정답이다.

☑ **고득점 노하우** 보기가 모두 동사인 경우에는, 빈칸 주변에서 주어와 목적어를 먼저 찾아 문맥에 맞는 보기를 정답으로 선택한다.

제1회
독해

제2회

제3회

제4회

제5회

해커스 HSK 5급 실전모의고사

61
하

一些动物发出的叫声可能会给他们带来伤害，比如 B小鸟在父母带着食物回来时，A发出想要吃东西的叫声。C这种叫声可能会引起附近动物的注意，从而导致小鸟发生危险，甚至失去生命。

A 小鸟想吃东西时叫声很大
B 小鸟应该自己去寻找食物
C 小鸟的叫声可能会造成危害
D 小鸟比其他动物更易遇到危险

发出 fāchū 圄 (소리를) 내다　叫声 jiàoshēng 우는 소리
伤害 shānghài 圄 해치다, 상하게 하다
食物 shíwù 圀 음식　引起 yǐnqǐ (주의를) 끌다
从而 cóng'ér 젭 이로 인해, 따라서　导致 dǎozhì 圄 초래하다
危险 wēixiǎn 圀 위험　失去 shīqù 圄 잃다
生命 shēngmìng 圀 목숨　寻找 xúnzhǎo 圄 찾다
造成 zàochéng 圄 초래하다, 야기하다　危害 wēihài 圀 해, 위해

몇몇 동물들이 내는 우는 소리는 어쩌면 그들에게 해를 초래할 수 있는데, B아기새는 부모가 음식을 가지고 돌아올 때, A무언가를 먹고 싶다는 우는 소리를 내는 것이 그 예다. C이러한 우는 소리는 어쩌면 근처 동물의 주의를 끌 수 있어, 이로 인해 아기새에게 위험이 발생하는 것을 초래하고, 심지어는 목숨을 잃는다.

A 아기새가 무언가를 먹고 싶을 때 우는 소리는 크다
B 아기새는 마땅히 스스로 음식을 찾으러 가야 한다
C 아기새의 우는 소리는 어쩌면 해를 초래할 수 있다
D 아기새는 다른 동물보다 더 쉽게 위험을 맞닥뜨린다

정답 C

해설 단문의 앞부분을 읽으면 动物发出的叫声(동물이 내는 우는 소리)과 관련된 설명문임을 알 수 있다. 따라서, 이와 관련하여 설명하는 세부 내용을 정확히 파악하며 단문을 읽고, 오답 보기를 소거하거나 정답을 고른다.

난문의 초반에서 小鸟在父母带着食物回来时(아기새는 부모가 음식을 가지고 돌아올 때)라고 했는데, B는 应该自己去寻找食物 (마땅히 스스로 음식을 찾으러 가야한다)라고 했으므로, B를 오답으로 소거한다. → B (X)

이어지는 부분에서 发出想要吃东西的叫声(무언가를 먹고 싶다는 우는 소리를 낸다)이라고 했는데, A는 小鸟想吃东西时叫声很大 (아기새가 무언가를 먹고 싶을 때 우는 소리는 크다)라고 했으므로, A를 오답으로 소거한다. → A (X)

그 다음 문장에서 这种叫声可能会引起附近动物的注意，从而导致小鸟发生危险(이러한 우는 소리는 어쩌면 근처 동물의 주의를 끌 수 있어, 이로 인해 아기새에게 위험이 발생하는 것을 초래하고)이라고 했는데, C는 叫声可能会造成危害(우는 소리는 어쩌면 해를 초래할 수 있다)라고 했으므로, C가 정답이다. → C (O)

D는 단문에서 언급되지 않았으므로 오답이다. → D (X)

☑ 고득점 노하우 설명문에서는 설명 대상의 세부 특징이 중요하므로, 단문을 읽을 때 대상의 특징을 꾸며 주거나 강조하는 표현을 특히 꼼꼼히 해석한다.

62
중

C"桂林山水"是对桂林旅游资源总的称呼，B是中国十大名胜古迹之一。它的所指范围很大，项目繁多，D包括山、水、洞、石刻等。中国有句话叫"桂林山水甲天下"，意思是A天底下的自然风景中桂林山水是最美的。

A 桂林的景色非常美
B 桂林有十个名胜古迹
C 桂林的旅游资源最丰富
D 桂林有一座山和一条河

桂林 Guìlín 고유 구이린(중국 지명, 계림)　资源 zīyuán 圀 자원
称呼 chēnghu 圀 호칭　名胜古迹 míngshèng gǔjì 圀 명승고적
范围 fànwéi 圀 범위　项目 xiàngmù 圀 항목
繁多 fánduō 휑 많다　包括 bāokuò 圄 포함하다
洞 dòng 圀 동굴　石刻 shíkè 圀 석각　句 jù 圀 마디, 구
天底下 tiāndǐxia 圀 하늘 아래　自然 zìrán 圀 자연
风景 fēngjǐng 圀 풍경　景色 jǐngsè 圀 풍경, 경치

C'구이린 산수'는 구이린 관광 자원에 대한 총괄적 호칭으로, B중국 10대 명승고적 중 하나이다. 그것이 가리키는 범위는 매우 넓고, 항목이 많은데, D산, 물, 동굴, 석각 등을 포함한다. 중국에 '계림산수갑천하'라고 부르는 말이 있는데, 의미는 A하늘 아래의 자연 풍경 중 구이린의 산수가 가장 아름답다는 것이다.

A 구이린의 풍경은 매우 아름답다
B 구이린은 열 개의 명승고적을 가지고 있다
C 구이린의 관광 자원이 가장 풍부하다
D 구이린에는 산 하나와 강 하나가 있다

정답 A

해설 단문의 앞부분을 읽으면 "桂林山水(구이린 산수)"와 관련된 설명문임을 알 수 있다. 따라서, 이와 관련하여 설명하는 세부 내용을 정확히 파악하며 단문을 읽고, 오답 보기를 소거하거나 정답을 고른다.

단문의 초반에서 "桂林山水"是对桂林旅游资源总的称呼('구이린 산수'는 구이린 관광 자원에 대한 총괄적 호칭으로)라고 했는데, C는 桂林的旅游资源最丰富(구이린의 관광 자원이 가장 풍부하다)라고 했으므로, C를 오답으로 소거한다. 특히, 보기의 最丰富(가장 풍부하다)로 인해 의미가 달라져 오답이 되었으므로, 보기를 읽을 때 最丰富(가장 풍부하다)를 놓치지 않는다. → C (X)

이어지는 부분에서 是中国十大名胜古迹之一(중국 10대 명승고적 중 하나이다)라고 했는데, B는 桂林有十个名胜古迹(구이린은 열 개의 명승고적을 가지고 있다)라고 했으므로, B를 오답으로 소거한다. → B (X)

그 다음 문장에서 包括山、水、洞、石刻等(산, 물, 동굴, 석각 등을 포함한다)이라고 했는데, D는 有一座山和一条河(산 하나와 강 하나가 있다)라고 했으므로, D를 오답으로 소거한다. → D (X)

그 다음 문장에서 天底下的自然风景中桂林山水是最美的(하늘 아래의 자연 풍경 중 구이린의 산수가 가장 아름답다는 것이다)라고 했는데, A는 桂林的景色非常美(구이린의 풍경은 매우 아름답다)라고 했으므로, A가 정답이다. → A (O)

☑ 고득점 노하우 설명문에서는 설명 대상의 세부 특징이 중요하므로, 단문을 읽을 때 대상의 특징을 꾸며 주거나 강조하는 표현을 특히 꼼꼼히 해석한다.

63
상

古代神话是先民^B对自然现象、人类生活等的想象，其实也^A反映了自古以来人们对自己历史的认识。它^D由先民口耳相传，在没有文字记录的时代，^C具有不可代替的历史意义。

A 神话是没有任何根据的
B 神话都是关于祖先的传说
C 神话具有重大的历史意义
D 神话是由文字记录下来的

神话 shénhuà 圀 신화	先民 xiānmín 圀 선조, 옛 사람
自然 zìrán 圀 자연	现象 xiànxiàng 圀 현상 人类 rénlèi 圀 인류
想象 xiǎngxiàng 圀 상상	反映 fǎnyìng 圄 반영하다
自古以来 zìgǔ yǐlái 예로부터	由 yóu 꿰 ~에 의해, ~로 인하여
口耳相传 kǒu'ěr xiāngchuán 입에서 입으로 전해지다	
记录 jìlù 圀 기록 圄 기록하다	具有 jùyǒu 圄 지니다, 가지다
不可 bù kě ~할 수 없다	代替 dàitì 圄 대체하다
意义 yìyì 圀 의의 任何 rènhé 圀 어떠한	祖先 zǔxiān 圀 선조
传说 chuánshuō 圀 전설	重大 zhòngdà 圄 중대하다

고대 신화는 선조들의 ^B자연 현상, 인류 생활 등에 대한 상상인데, 사실 ^A예로부터 자신의 역사에 대한 사람들의 인식도 반영했었다. 그것은 ^D선조들에 의해 입에서 입으로 전해졌고, 문자 기록이 없는 시대에, ^C대체할 수 없는 역사적 의의를 지닌다.

A 신화는 어떠한 근거도 없는 것이다
B 신화는 모두 선조의 전설에 관한 것이다
C 신화는 중대한 역사적 의의를 지닌다
D 신화는 문자 기록으로 인해 전해져 내려온 것이다
정답 C

해설 단문의 앞부분을 읽으면 古代神话(고대 신화)와 관련된 설명문임을 알 수 있다. 따라서, 이와 관련하여 설명하는 세부 내용을 정확히 파악하며 단문을 읽고, 오답 보기를 소거하거나 정답을 고른다.

단문의 초반에서 对自然现象、人类生活等的想象(자연 현상, 인류 생활 등에 대한 상상)이라고 했는데, B는 关于祖先的传说(선조의 전설에 관한 것)라고 했으므로, B를 오답으로 소거한다. → B (X)

이어지는 부분에서 反映了自古以来人们对自己历史的认识(예로부터 자신의 역사에 대한 사람들의 인식도 반영했었다)이라고 했는데, A는 没有任何根据的(어떠한 근거도 없는 것이다)라고 했으므로, A를 오답으로 소거한다. → A (X)

다음 문장에서 由先民口耳相传(선조들에 의해 입에서 입으로 전해졌고)이라고 했는데, D는 由文字记录下来的(문자 기록으로 인해 전해져 내려온 것)라고 했으므로, D를 오답으로 소거한다. → D (X)

이어지는 부분에서 具有不可代替的历史意义(대체할 수 없는 역사적 의의를 지닌다)라고 했는데, C는 具有重大的历史意义(중대한 역사적 의의를 지닌다)라고 했으므로, C가 정답이다. → C (O)

☑ 고득점 노하우 설명문에서는 설명 대상의 세부 특징이 중요하므로, 단문을 읽을 때 대상의 특징을 꾸며 주거나 강조하는 표현을 특히 꼼꼼히 해석한다.

64
상

^D中国有一个古老的爱情传说，讲的是^B一条白蛇变成了一个漂亮的^B姑娘，叫白素贞，她遇到了一个英俊善良的小伙子，叫许仙，他们相爱后结婚了。后来有个叫法海的坏人，^A为了破坏两人的婚姻，把白素贞压在了西湖边上的雷锋塔下。^D如果你现在去杭州，还能找到这座塔呢。

A 许仙的婚姻非常幸福
B 白素贞变成了一条蛇
C 法海与许仙是好朋友
D 雷峰塔有一个古老的传说

古老 gǔlǎo 圄 오래되다	传说 chuánshuō 圀 전설
蛇 shé 圀 뱀	变成 biànchéng 圄 ~으로 변하다
姑娘 gūniang 圀 아가씨	英俊 yīngjùn 圄 잘생기다
善良 shànliáng 圄 착하다	小伙子 xiǎohuǒzi 圀 청년
破坏 pòhuài 圄 망가뜨리다, 파괴하다	婚姻 hūnyīn 圀 결혼, 혼인
压 yā 圄 짓누르다	西湖 Xī Hú 고웨 서호(중국 항저우에 있는 호수)
雷锋塔 Léifēngtǎ 뇌봉탑(중국 항저우 서호에 위치하고 있는 탑)	
杭州 Hángzhōu 고웨 항저우(중국 지명, 항주)	
座 zuò 웨 탑을 세는 단위	塔 tǎ 圀 탑

^D중국에는 오래된 사랑 전설이 있다. ^B흰 뱀 한 마리가 백소정이라고 불리는 아름다운 아가씨로 변했는데, 그녀가 허선이라는 잘생기고 착한 청년을 만났고, 그들은 서로 사랑한 후 결혼했다는 이야기이다. 그 후 법해라고 불리는 나쁜 사람이 있었는데, ^A두 사람의 결혼을 망가뜨리기 위해, 백소정을 서호 주변 뇌봉탑 아래에 짓눌러 버렸다. ^D만약 당신이 지금 항저우에 간다면, 여전히 이 탑을 찾을 수 있다.

A 허선의 결혼은 매우 행복하다
B 백소정은 뱀으로 변했다
C 법해와 허선은 좋은 친구이다
D 뇌봉탑에는 오래된 전설이 있다
정답 D

제2회

제3회

제4회

제5회

해커스 HSK 5급 실전모의고사

해설 단문의 앞부분을 읽으면 古老的爱情传说(오래된 사랑 전설)와 관련된 이야기임을 알 수 있다. 따라서, 등장인물의 특징이나 사건을 정확히 파악하며 단문을 읽고, 오답 보기를 소거하거나 정답을 고른다.

단문의 초반에서 中国有一个古老的爱情传说(중국에는 오래된 사랑 전설이 있다)라고 했는데, D는 雷峰塔有一个古老的传说(뇌봉탑에는 오래된 전설이 있다)라고 했다. 그러나 단문 초반의 내용만으로는 뇌봉탑에 대한 전설인지 알 수 없으므로 D를 정답의 후보로 체크해두고 지문을 계속 읽어 나간다. → D (△)

이어지는 부분에서 一条白蛇变成了 …… 姑娘, 叫白素贞(흰 뱀 한 마리가 백소정이라고 불리는 …… 아가씨로 변했는데)이라고 했는데, B는 白素贞变成了一条蛇(백소정은 뱀으로 변했다)라고 했으므로, B를 오답으로 소거한다. → B (X)

그 다음 문장에서 为了破坏两人的婚姻, 把白素贞压在了西湖边上的雷锋塔下(두 사람의 결혼을 망가뜨리기 위해, 백소정을 서호 주변 뇌봉탑 아래에 짓눌러 버렸다)라고 했는데, A는 许仙的婚姻非常幸福(허선의 결혼은 매우 행복하다)라고 했으므로, A를 오답으로 소거한다. → A (X)

그 다음 문장에서 如果你现在去杭州, 还能找到这座塔呢。(만약 당신이 지금 항저우에 간다면, 여전히 이 탑을 찾을 수 있다.)라고 했는데, D는 雷峰塔有一个古老的传说(뇌봉탑에는 오래된 전설이 있다)라고 했으므로, D를 정답으로 확정한다. → D (O)
C는 지문에서 언급되지 않았으므로 오답이다. → C (X)

☑ **고득점 노하우** 이야기에서는 등장인물과 관련된 사건이 중요하므로, 단문을 읽을 때 인물 간 발생한 일 또는 결과를 특히 꼼꼼히 해석한다.

65
하

"清泉公司"是一家生产矿泉水的企业, 成立于1997年4月, 它的第一条广告语是"清泉, 有点儿甜!"给人们留下了深刻的印象。经过20年的发展, ᴮ"清泉公司"规模越来越大, 成为同行业中发展最快的一家。

A 好的广告不是很多
B 清泉公司发展很快
C 味道甜的水更受欢迎
D 矿泉水行业竞争激烈

生产 shēngchǎn 图 생산하다 矿泉水 kuàngquánshuǐ 图 생수
企业 qǐyè 图 기업 成立 chénglì 图 설립하다 于 yú 께 ~에
广告语 guǎnggàoyǔ 图 광고 문구 深刻 shēnkè 图 (인상이) 깊다
印象 yìnxiàng 图 인상 发展 fāzhǎn 图 발전하다
规模 guīmó 图 규모 行业 hángyè 图 업종
广告 guǎnggào 图 광고 竞争 jìngzhēng 图 경쟁하다
激烈 jīliè 图 치열하다

'칭취안 회사'는 생수를 생산하는 기업이고, 1997년 4월에 설립되었으며, 회사의 첫 번째 광고 문구인 '칭취안, 약간 달아요!'는 사람들에게 깊은 인상을 남겼다. 20년의 발전을 거쳐, ᴮ'칭취안 회사'의 규모는 더욱더 커졌고, 같은 업종 중에서 발전이 가장 빠른 회사가 되었다.

A 좋은 광고는 많지 않다　　　　　　　　B 칭취안 회사는 발전이 매우 빠르다
C 단 맛이 나는 물이 더욱 환영 받는다　　D 생수 업종 경쟁이 치열하다　　　　　정답 B

해설 단문의 앞부분을 읽으면 "清泉公司(칭취안 회사)"와 관련된 설명문임을 알 수 있다. 따라서, 이와 관련하여 설명하는 세부 내용을 정확히 파악하며 단문을 읽고, 오답 보기를 소거하거나 정답을 고른다.

단문의 후반에서 "清泉公司"规模越来越大, 成为同行业中发展最快的一家('칭취안 회사'의 규모는 더욱더 커졌고, 같은 업종 중에서 발전이 가장 빠른 회사가 되었다)라고 했는데, B는 清泉公司发展很快(칭취안 회사는 발전이 매우 빠르다)라고 했으므로, B가 정답이다. → B (O)

A, C, D는 지문에서 언급되지 않았으므로 오답이다. → A (X), C (X), D (X)

☑ **고득점 노하우** 설명문에서는 설명 대상의 세부 특징이 중요하므로, 단문을 읽을 때 대상의 특징을 꾸며 주거나 강조하는 표현을 특히 꼼꼼히 해석한다.

66
중

许多在城市里工作的^{B/D}年轻人每天都要长时间使用电脑键盘、鼠标，也要用手机发短信，这都会让固定的几个手指一直重复用力，导致手部肌肉酸疼，^{B/D}而产生了一种叫"键盘手"的现代病。^C如果严重的话，这种病需要手术治疗。

A 手部肌肉特别容易疲劳
B 用电脑工作不利于健康
C "键盘手"必须手术治疗
D 年轻人很容易得"键盘手"

許多 xǔduō 수많은　使用 shǐyòng 사용하다, 쓰다
键盘 jiànpán 자판　鼠标 shǔbiāo 마우스
短信 duǎnxìn 문자 메시지　固定 gùdìng 고정되다
手指 shǒuzhǐ 손가락　重复 chóngfù 반복하다
导致 dǎozhì 초래하다　肌肉 jīròu 근육
酸疼 suānténg 시큰시큰 쑤시고 아프다
产生 chǎnshēng 나타나다
键盘手 jiànpánshǒu 마우스 증후군
现代病 xiàndàibìng 현대병　严重 yánzhòng 심각하다
手术 shǒushù 수술　治疗 zhìliáo 치료
疲劳 píláo 피로하다　不利于 búlìyú 해롭다

도시에서 일하는 수많은 ^{B/D}젊은 사람들은 매일 긴 시간 컴퓨터 자판, 마우스를 사용해야 하고, 휴대폰으로 문자 메시지도 보내야 하는데, 이는 모두 고정된 몇 개의 손가락이 계속 반복하며 힘을 쓰게 하고, 손 근육이 시큰시큰 쑤시고 아픈 것을 초래하여, ^{B/D}'마우스 증후군'이라고 부르는 현대병이 나타나게 되었다. ^C만약 심각하다면, 이 병은 수술 치료가 필요하다.

A 손 근육은 유달리 쉽게 피로를 느낀다
B 컴퓨터를 이용하여 일하는 것은 건강에 해롭다
C '마우스 증후군'은 반드시 수술 치료를 해야 한다
D 젊은 사람들은 '마우스 증후군'에 걸리기 쉽다

정답 D

해설 단문의 앞부분을 읽으면 在城市里工作的年轻人(도시에서 일하는 수많은 젊은 사람들)에 관련된 설명문임을 알 수 있다. 따라서, 이를 설명하는 세부 내용을 정확히 파악하며 단문을 읽고, 오답 보기를 소거하거나 정답을 고른다.

단문의 초반에서 年轻人每天都要长时间使用电脑键盘、鼠标，也要用手机发短信，这都会让固定的几个手指一直重复用力，……而产生了一种叫"键盘手"的现代病(젊은 사람들은 매일 긴 시간 컴퓨터 자판, 마우스를 사용해야 하고, 휴대폰으로 문자 메시지도 보내야 하는데, 이는 모두 고정된 몇 개의 손가락이 계속 반복하며 힘을 쓰게 하고, …… '마우스 증후군'이라고 부르는 현대병이 나타나게 되었다)라고 했는데, D는 年轻人很容易得"键盘手"(젊은 사람들은 '마우스 증후군'에 걸리기 쉽다)라고 했으므로, D가 정답이다. → D (O)

*D를 정답으로 답안지에 표시한 후, 바로 다음 문제로 넘어가서 시간을 절약한다.

또한 같은 문장에서 要长时间使用电脑键盘, 鼠标，……而产生了一种叫"键盘手"的现代病(긴 시간 컴퓨터 자판과 마우스를 사용해야 하고 …… '마우스 증후군'이라고 부르는 현대병이 나타나게 되었다)이라고 했는데, B는 用电脑工作不利于健康(컴퓨터를 이용하여 일하는 것은 건강에 해롭다)이라고 했으므로, B를 오답으로 소거한다. → B (X)

그 다음 문장에서 如果严重的话, 这种病需要手术治疗。(만약 심각하다면, 이 병은 수술 치료가 필요하다.)라고 했는데, C는 必须手术治疗(반드시 수술 치료를 해야 한다)라고 했으므로, C를 오답으로 소거한다. → C (X)
A는 지문에서 언급되지 않았으므로 오답이다. → A (X)

☑ **고득점 노하우** 설명문에서는 설명 대상의 세부 특징이 중요하므로, 단문을 읽을 때 대상의 특징을 꾸며 주거나 강조하는 표현을 특히 꼼꼼히 해석한다.

67
상

一场激烈的战争中，上尉忽然发现一架敌人的飞机从天上冲下来。他正要立刻卧倒时，发现离他四五米远处有一个士兵还站在那儿。^B他没多想，^{A/C}一下子把士兵扑倒。此时一个巨大的声音响起，飞起来的土纷纷落在他们的身上。过了一会儿，上尉站起来一看，惊呆了：^D刚才自己所在的那个位置已经变成了一个大洞。

A 上尉命令士兵卧倒
B 上尉犹豫是否要帮士兵
C 士兵帮助了上尉，非常高兴
D 上尉救了士兵，也救了自己

激烈 jīliè 격렬하다　战争 zhànzhēng 전쟁
上尉 shàngwèi 상위(중위와 대위 사이의 계급)
忽然 hūrán 문득　架 jià 비행기를 세는 단위　敌人 dírén 적
冲 chōng 돌진하다　正要 zhèngyào 바로 ~하려고 하다
立刻 lìkè 즉시　卧倒 wòdǎo 엎드리다
远处 yuǎnchù 먼 곳　士兵 shìbīng 병사
一下子 yíxiàzi 단숨에　扑倒 pūdǎo 덮쳐서 넘어지게 하다
此时 cǐshí 이때　巨大 jùdà 거대하다
响起 xiǎngqǐ 울려 퍼지다　纷纷 fēnfēn 잇달아
落 luò 떨어지다　惊呆 jīngdāi 놀라 얼이 빠지다
位置 wèizhi 위치　变成 biànchéng ~로 변하다, ~로 되다
洞 dòng 구멍　命令 mìnglìng 명령하다
犹豫 yóuyù 머뭇거리다　救 jiù 구하다

격렬한 전쟁 중, 상위는 문득 적의 비행기 한 대가 하늘에서 아래로 돌진해 오는 것을 발견했다. 그가 바로 즉시 엎드리려고 할 때, 그로부터 4~5미터 먼 곳에 한 병사가 아직도 그곳에 서 있는 것을 발견했다. ^B그는 많은 생각을 하지 않고, ^{A/C}단숨에 병사를 덮쳐서 넘어지게 했다. 이때 거대한 소리가 울려 퍼졌고, 날아오른 흙이 그들의 몸에 잇달아 떨어졌다. 잠시 지난 후, 상위가 일어나서 보니, 놀라 얼이 빠졌다. ^D방금 자신이 있던 곳의 그 위치가 이미 큰 구멍으로 변해 버렸다.

A 상위는 병사에게 엎드리라고 명령했다
B 상위는 병사를 도와줄지 말지 머뭇거렸다
C 병사는 상위를 도왔고, 매우 기뻤다
D 상위는 병사를 구했고, 또한 자신도 구했다

정답 D

제1회 독해

제2회

제3회

제4회

제5회

해커스 HSK 5급 실전모의고사

해설 단문의 앞부분을 읽으면 上尉(상위)와 관련된 이야기임을 알 수 있다. 따라서, 등장인물의 특징이나 사건을 정확히 파악하며 단문을 읽고, 오답 보기를 소거하거나 정답을 고른다.

단문의 중반에서 他没多想(그는 많은 생각을 하지 않고)이라고 했는데, B는 犹豫是否要帮士兵(병사를 도와줄지 말지 머뭇거렸다)이라고 했으므로, B를 오답으로 소거한다. 특히, 단문의 没多想(많은 생각을 하지 않았다) 대신 보기에서는 犹豫(머뭇거렸다)가 쓰여 의미가 달라져 오답이 되었으므로, 보기를 읽을 때 犹豫(머뭇거리다)를 놓치지 않는다. → B (X)

이어지는 부분에서 一下子把士兵扑倒(단숨에 병사를 덮쳐서 넘어지게 했다)라고 했는데, A는 命令士兵卧倒(병사에게 엎드리라고 명령했다)라고 했고, C는 士兵帮助了上尉(병사는 상위를 도왔고)라고 했으므로, A, C를 오답으로 소거한다. → A (X), C (X)

그 다음 문장에서 刚才自己所在的那个位置已经变成了一个大洞(방금 자신이 있던 곳의 그 위치가 이미 큰 구멍으로 변해 버렸다)이라고 했는데, D는 上尉救了士兵, 也救了自己(상위는 병사를 구했고, 또한 자신도 구했다)라고 했으므로, D가 정답이다. → D (O)

☑ **고득점 노하우** 이야기에서는 등장인물과 관련된 사건이 중요하므로, 단문을 읽을 때 인물 간 발생된 일 또는 결과를 특히 꼼꼼히 해석한다.

68
하

ᶜ20世纪30年代西方一些国家开始建设高速公路, 60年代以来很多国家的高速公路都得到了繁荣的发展。汽车工业的迅速发展使高速公路发挥着重要的运输作用, 但同时也给高速公路公司带来了巨大的挑战。

A 汽车比火车运输能力强
B 每个国家都有高速公路
C 30年代开始出现高速公路
D 高速公路公司挣了很多钱

建设 jiànshè 통 건설하다	高速公路 gāosù gōnglù 명 고속도로
以来 yǐlái 명 ~이래	繁荣 fánróng 통 번영하다
发展 fāzhǎn 명 발전	工业 gōngyè 명 공업
迅速 xùnsù 통 신속하다	使 shǐ 통 ~하게 하다
发挥 fāhuī 통 발휘하다	运输 yùnshū 통 운송하다
作用 zuòyòng 명 역할, 작용	巨大 jùdà 통 거대하다
挑战 tiǎozhàn 명 도전	挣 zhèng 통 (돈을) 벌다

ᶜ20세기 30년대에 서방의 몇몇 국가들은 고속도로를 건설하기 시작했고, 60년대 이래로 많은 국가의 고속도로는 모두 번영한 발전을 거두었다. 자동차 공업의 신속한 발전은 고속도로가 중요한 운송 역할을 발휘하게 했는데, 하지만 동시에 고속도로 회사에게 거대한 도전을 가져다 주었다.

A 자동차는 기차보다 운송 능력이 뛰어나다
B 국가마다 모두 고속도로가 있다
C 30년대에 고속도로가 나타나기 시작했다
D 고속도로 회사는 많은 돈을 벌었다

정답 C

해설 단문의 앞부분을 읽으면 高速公路(고속도로)와 관련된 설명문임을 알 수 있다. 따라서, 이와 관련하여 설명하는 세부 내용을 정확히 파악하며 단문을 읽고, 오답 보기를 소거하거나 정답을 고른다.

단문의 초반에서 20世纪30年代 …… 开始建设高速公路(20세기 30년대에 …… 고속도로를 건설하기 시작했고)라고 했는데, C는 30年代开始出现高速公路(30년대에 고속도로가 나타나기 시작했다)라고 했으므로, C가 정답이다. → C (O)

*C를 정답으로 답안지에 표시한 후, 바로 다음 문제로 넘어가서 시간을 절약한다.

A, B, D는 지문에서 언급되지 않았으므로 오답이다. → A (X), B (X), D (X)

☑ **고득점 노하우** 설명문에서는 설명 대상의 세부 특징이 중요하므로, 단문을 읽을 때 대상의 특징을 꾸며 주거나 강조하는 표현을 특히 꼼꼼히 해석한다.

69
중

ᶜ中国剪纸是一种用剪刀在纸上剪出动物、植物、花鸟虫鱼的形象, 用于装饰房间或配合其他风俗活动的ᶜ艺术。在中国, 剪纸在民间流传很广泛, 表达了广大人民的生活理想, 有重要的社会娱乐价值。

A 剪纸技术很难掌握 B 剪纸在海外很流行
C 剪纸是一门艺术   D 剪纸价格比较高

剪纸 jiǎnzhǐ 명 전지(일종의 민간 공예로 각종 형상을 종이로 오리는 것)	
剪刀 jiǎndāo 명 가위	植物 zhíwù 명 식물 虫 chóng 명 곤충
形象 xíngxiàng 명 형상	装饰 zhuāngshì 통 장식하다
配合 pèihé 통 조화를 이루다	风俗 fēngsú 명 풍속
艺术 yìshù 명 예술	民间 mínjiān 명 민간
流传 liúchuán 통 세상에 널리 퍼지다 广泛 guǎngfàn 형 폭 넓다	
表达 biǎodá 통 표현하다	广大 guǎngdà 형 많다, 광범하다
理想 lǐxiǎng 명 이상	娱乐 yúlè 명 즐거움 价值 jiàzhí 명 가치
技术 jìshù 명 기술	掌握 zhǎngwò 통 습득하다
流行 liúxíng 통 유행하다	门 mén 양 수업,기술 등을 셀 때 쓰는 양사

ᶜ중국 전지는 가위를 사용하여 종이에서 동물, 식물, 꽃, 새, 벌레, 물고기의 형상을 오려 내어, 방을 장식하는 데 사용하거나 혹은 기타 풍속 활동과 조화를 이루는 한가지 ᶜ예술이다. 중국에서, 전지는 민간에서 폭 넓게 널리 퍼졌고, 많은 국민의 생활 이상을 나타내며, 중요한 사회적 즐거움을 지닌다.

A 전지 기술은 습득하기 매우 어렵다
B 전지는 해외에서 유행한다
C 전지는 하나의 예술이다
D 전지 가격은 비교적 높다

정답 C

해설 단문의 앞부분을 읽으면 中国剪纸(중국 전지)와 관련된 설명문임을 알 수 있다. 따라서, 이와 관련하여 설명하는 세부 내용을 정확히 파악하며 단문을 읽고, 오답 보기를 소거하거나 정답을 고른다.

단문의 초반에서 **中国剪纸是** ……, …… **艺术**(중국 전지는 ……, …… 예술이다)라고 했는데, C는 **剪纸是一门艺术**(전지는 하나의 예술이다)라고 했으므로, C가 정답이다. → C (O)

*C를 정답으로 답안지에 표시한 후, 바로 다음 문제로 넘어가서 시간을 절약한다.

A, B, D는 지문에서 언급되지 않았으므로 오답이다. → A (X), B (X), D (X)

☑ **고득점 노하우** 설명문에서는 설명 대상의 세부 특징이 중요하므로, 단문을 읽을 때 대상의 특징을 꾸며 주거나 강조하는 표현을 특히 꼼꼼히 해석한다.

70
상

^D人工智能是一门新学问，它^D主要研究如何让电脑来^D模仿人类的一些思维过程和智能行为，比如学习、思考、计划等。人工智能的^C主要目标是使电脑能够^{B/C}承担一些通常^C需要人类智能才能完成的复杂工作。

A 电脑和人类的思考方式相同
B 人工智能的目标是代替人类
C 人工智能只需完成复杂工作
D 人工智能可以模仿人类工作

人工智能 réngōng zhìnéng 뗑 인공 지능	
门 mén 뗑 과목을 셀 때 쓰임	学问 xuéwen 뗑 학문
研究 yánjiū 뗑 연구하다	如何 rúhé 때 어떻게
模仿 mófǎng 뗑 모방하다	人类 rénlèi 뗑 인류
思维 sīwéi 뗑 사고, 사유	智能 zhìnéng 뗑 지능
行为 xíngwéi 뗑 행동	思考 sīkǎo 뗑 사고하다
计划 jìhuà 뗑 계획하다	目标 mùbiāo 뗑 목표
承担 chéngdān 뗑 담당하다	通常 tōngcháng 뗑 통상
复杂 fùzá 뗑 복잡하다	方式 fāngshì 뗑 방식
相同 xiāngtóng 뗑 일치하다	代替 dàitì 뗑 대체하다

^D인공 지능은 새로운 학문으로, 그것은 컴퓨터가 ^D인류의 몇몇 사고 과정과 지능 행동을 어떻게 모방하게 할지를 주로 연구한다, 예를 들어 학습하기, 사고하기, 계획하기 등이 있다. 인공 지능의 ^C주요 목표는 컴퓨터로 하여금 통상적으로 ^{B/C}인류의 지능으로만 비로소 완성할 수 있는 몇몇의 ^C복잡한 일을 담당하게 하는 것이다.

A 컴퓨터와 인류의 사고 방식은 일치한다
B 인공 지능의 목표는 인류를 대체하는 것이다
C 인공 지능은 단지 복잡한 일을 완성할 때 필요하다
D 인공 지능은 인류의 일을 모방할 수 있다

정답 D

해설 단문의 앞부분을 읽으면 **人工智能**(인공 지능)과 관련된 설명문임을 알 수 있다. 따라서, 이와 관련하여 설명하는 세부 내용을 정확히 파악하며 단문을 읽고, 오답 보기를 소거하거나 정답을 고른다.

단문의 초반에서 **人工智能** ……, **主要研究** …… **模仿人类的一些思维过程和智能行为**(인공 지능 ……, 인류의 몇몇 사고 과정과 지능 행동을 어떻게 모방하게 할지를 주로 연구한다)라고 했는데, D는 **人工智能可以模仿人类工作**(인공 지능은 인류의 일을 모방할 수 있다)라고 했으므로, D가 정답이다. → D (O)

*D를 정답으로 답안지에 표시한 후, 바로 다음 문제로 넘어가서 시간을 절약한다.

그 다음 문장에서 **主要目标是** …… **承担** …… **需要人类智能才能完成的复杂工作**(주요 목표는 …… 인류의 지능으로만 비로소 완성할 수 있는 …… 복잡한 일을 담당하게 하는 것이다)라고 했는데, C는 **只需完成复杂工作**(단지 복잡한 일을 완성할 때 필요하다)라고 했으므로, C를 오답으로 소거한다. 특히, 보기의 **只**(단지)로 인해 의미가 달라져 오답이 되었으므로, 보기를 읽을 때 **只**(단지)을 놓치지 않는다. → C (X)

A, B는 지문에서 언급되지 않았으므로 오답이다. → A (X), B (X)

☑ **고득점 노하우** 설명문에서는 설명 대상의 세부 특징이 중요하므로, 단문을 읽을 때 대상의 특징을 꾸며 주거나 강조하는 표현을 특히 꼼꼼히 해석한다.

⁷¹面对充满烟雾的饭店和酒吧，现在的北京人已不再像从前那样没有办法了。"对那些不注意禁止抽烟标志而抽烟的人，我会拿手机拍下来"，一位北京居民说，⁷¹现在可以使用禁止抽烟的APP向政府管理部门反映问题。在一张数字地图上，被反映的饭店会亮起蓝色的灯，超过5次则亮起红灯。如果亮红灯，饭店可能会因此被罚款。

⁷²有专家表示，北京禁止抽烟的法律公布以来，已经获得"非常优秀"的成果。但^{72/74}他觉得中国在禁烟行动上仍然需要努力："中国有3.15亿烟民，大部分地区在禁烟方面还十分落后。"一个原因是中国的香烟工业影响很大。香烟不仅给国家带来巨大的收入，也养活了2000万烟厂的员工，这使得中国至今还没有建立一项全国范围的禁烟法律。另外一个原因就是香烟价格太便宜了。⁷³专家建议国家提高香烟的价格，这样才可能减少烟民的数量。

面对 miànduì 통 직면하다, 마주하다 充满 chōngmǎn 통 가득 퍼지다
烟雾 yānwù 명 연기 酒吧 jiǔbā 명 술집 从前 cóngqián 명 이전
禁止 jìnzhǐ 통 금지하다 抽烟 chōuyān 통 담배를 피우다
标志 biāozhì 명 표시, 표지 居民 jūmín 명 주민
政府 zhèngfǔ 명 정부 管理 guǎnlǐ 통 관리하다
部门 bùmén 명 부서, 부문 反映 fǎnyìng 통 알리다, 전달하다
数字 shùzì 명 디지털형 罚款 fákuǎn 통 벌금을 부과하다
专家 zhuānjiā 명 전문가 表示 biǎoshì 통 밝히다, 나타내다
法律 fǎlǜ 명 법률 公布 gōngbù 통 공포하다
获得 huòdé 통 거두다, 얻다 优秀 yōuxiù 형 우수하다
成果 chéngguǒ 명 성과 禁烟 jìnyān 통 금연
行动 xíngdòng 통 활동하다 명 행위 仍然 réngrán 분 여전히
烟民 yānmín 명 흡연자 地区 dìqū 명 지방, 지역
落后 luòhòu 통 뒤떨어지다 香烟 xiāngyān 명 담배
工业 gōngyè 명 산업, 공업 巨大 jùdà 형 아주 많다
收入 shōurù 명 수입 养活 yǎnghuo 통 먹여 살리다
烟厂 yānchǎng 명 담배 공장 员工 yuángōng 명 직원
使得 shǐde ~로 하여금 ~하게 하다 至今 zhìjīn 분 지금까지
建立 jiànlì 통 세우다 范围 fànwéi 명 범위
另外 lìngwài 명 이밖에 建议 jiànyì 통 제안하다
减少 jiǎnshǎo 통 줄이다, 감소하다

⁷¹연기로 가득 찬 호텔과 술집에 직면하여, 지금의 베이징 사람들은 이미 더는 이전처럼 그렇게 방법이 없지가 않다. "흡연을 금지하는 표시를 주의하지 않고 담배를 피우는 사람들에게, 저는 휴대폰을 쥐고 사진을 찍을 수 있어요"라고, 한 베이징 주민이 말했듯이, ⁷¹현재는 흡연을 금지하는 어플리케이션을 사용하여 정부의 관리 부서에 문제를 알릴 수 있다. 디지털 지도 상에 보고된 호텔은 파란 불이 켜질 것이며, 5번이 넘으면 빨간 불이 켜진다. 만약 빨간 불이 켜지면, 호텔에는 아마도 이 때문에 벌금이 부과될 것이다. ⁷²어떤 전문가는 베이징이 흡연을 금지하는 법률을 공포한 이래로, 벌써 '매우 우수'한 성과를 거두었다고 ⁷²밝혔다. 하지만 ^{72/74}그는 중국이 금연 활동에 있어서 여전히 노력이 필요하다고 생각한다며 다음과 같이 말했다. "중국에는 3.15억 명의 흡연자가 있는데, 대부분 지방은 금연 측면에서 여전히 매우 뒤떨어진다." 한가지 원인은 중국의 담배 산업 영향이 아주 크다는 것이다. 담배는 국가에 아주 많은 수입을 가져다줄 뿐만 아니라, 또한 2,000만 명의 담배 공장 직원들을 먹여 살렸는데, 이것은 중국으로 하여금 지금까지 전국 범위의 금연 법률을 세우지 못하게 하였다. 이밖에 또 다른 한가지 이유는 바로 담배 가격이 너무 저렴하다는 것이다. ⁷³전문가는 국가가 담배의 가격을 높이길 제안했는데, 이렇게 해야만 비로소 흡연자의 수를 줄일 수 있다.

71
상

如果有人在饭店和酒吧抽烟，北京人现在可以：
A 向警察请求帮助　　B 用APP反映问题
C 要求抽烟人道歉　　D 传播抽烟人照片

酒吧 jiǔbā 명 술집 抽烟 chōuyān 통 담배를 피우다
警察 jǐngchá 명 경찰 反映 fǎnyìng 통 알리다, 전달하다
道歉 dàoqiàn 통 사과하다 传播 chuánbō 통 유포하다, 전파하다

만약에 어떤 사람이 호텔과 술집에서 담배를 피운다면, 베이징 사람이 현재 할 수 있는 것은:
A 경찰에게 도움을 요청한다　　　　　　　　　　B 어플리케이션을 이용하여 문제를 알린다
C 흡연자에게 사과를 요구한다　　　　　　　　　D 흡연자의 사진을 유포한다　　　　　정답 B

해설 질문의 有人在饭店和酒吧抽烟，北京人现在可以(어떤 사람이 호텔과 술집에서 담배를 피운다면, 베이징 사람이 현재 할 수 있는 것은)와 관련된 부분을 지문에서 찾아 주의 깊게 읽는다.

첫 번째 단락 초반에서 面对充满烟雾的饭店和酒吧，现在的北京人已不再像从前那样没有办法了。(연기로 가득 찬 호텔과 술집에 직면하여, 지금의 베이징 사람들은 이미 더는 이전처럼 그렇게 방법이 없지가 않다.)라고 했다. 이어진 문장에서 现在可以使用禁止抽烟的APP向政府管理部门反映问题(현재는 흡연을 금지하는 어플리케이션을 사용하여 정부의 관리 부서에 문제를 알릴 수 있다)라며, 베이징 사람들이 호텔과 술집에서 흡연하는 사람들에 대하여 취할 수 있는 방법을 자세히 설명하고 있으므로, 지문에서 사용된 표현이 그대로 언급된 B 用APP反映问题(어플리케이션을 이용하여 문제를 알린다)를 정답으로 선택한다.

✅ **고득점 노하우** 질문이 '如果(만약에)'와 같은 가정문이면, 뒷부분을 핵심어구로 하여 지문에서 관련된 내용을 재빨리 찾는다.

72

하

专家认为, 大部分地区在禁烟方面:

A 取得了优秀成果   B 已有专门的法律
C 还需要好好努力   D 获得了资金支持

专家 zhuānjiā 圆 전문가   地区 dìqū 圆 지방, 지역
禁烟 jìnyān 圆 금연   取得 qǔdé 图 얻다
优秀 yōuxiù 圈 우수하다   成果 chéngguǒ 圆 성과
专门 zhuānmén 圈 전문적이다   法律 fǎlǜ 圆 법률
获得 huòdé 图 받다, 얻다   资金 zījīn 圆 자금
支持 zhīchí 图 후원, 후원하다

전문가가 생각하길, 대부분의 지방은 금연 측면에 있어:

A 우수한 성과를 얻었다

C 여전히 열심히 노력하는 것이 필요하다

B 이미 전문적인 법률이 있다

D 자금 후원을 받았다

정답 C

해설 질문의 大部分地区在禁烟方面(대부분의 지방은 금연 측면에 있어)와 관련된 부분을 지문에서 찾아 주의 깊게 읽는다. 두 번째 단락에서 有专家表示(어떤 전문가는 밝혔다)라며 질문에 나온 표현이 바로 언급되었으므로, 어떤 전문가와 관련된 내용을 잘 살펴본다. 이어진 문장에서 他觉得中国在禁烟行动上仍然需要努力:"…… 大部分地区在禁烟方面还十分落后。"(그는 중국이 금연 활동에 있어서 여전히 노력이 필요하다고 생각한다며 다음과 같이 말했다. "…… 대부분 지방은 금연 측면에서 여전히 매우 뒤떨어진다.")라고 했으므로, 대부분 지방은 금연 측면에서 여전히 뒤떨어지기 때문에 여전히 노력이 필요하다는 것을 알 수 있다. 따라서 지문의 仍然需要(여전히 필요하다)를 还需要(여선히 필요하나)로 바꾸어 표현한 C 还需要好好努力(여진히 열심히 노력하는 것이 필요하다) 가 정답이다.

☑ **고득점 노하우** 질문에 认为(~라고 여기다)가 있으면 뒷부분을 핵심어구로 하여 지문에서 관련된 내용을 재빨리 찾는다.

73

하

根据上文, 专家建议提高香烟价格是为了:

A 增加国家的收入   B 养活更多的员工
C 提高香烟的质量   D 减少烟民的数量

专家 zhuānjiā 圆 전문가   建议 jiànyì 图 제안하다
香烟 xiāngyān 圆 담배   增加 zēngjiā 图 증가하다
收入 shōurù 圆 수입   养活 yǎnghuo 图 먹여 살리다
员工 yuángōng 圆 직원   质量 zhìliàng 圆 품질
减少 jiǎnshǎo 图 줄이다, 감소하다   烟民 yānmín 圆 흡연자

위 지문에 근거하여, 전문가가 담배 가격을 높이길 제안한 것은 무엇을 위해서인가:

A 국가의 수입을 증가시킨다

C 담배의 품질을 높인다

B 더 많은 직원을 먹여 살린다

D 흡연자의 수를 줄인다

정답 D

해설 질문의 专家建议提高香烟价格是为了(전문가가 담배 가격을 높이길 제안한 것은 무엇을 위해서인가)와 관련된 부분을 지문에서 찾아 주의 깊게 읽는다. 두 번째 단락 마지막 문장에서 专家建议国家提高香烟的价格, 这样才可能减少烟民的数量。(전문가는 국가가 담배의 가격을 높이길 제안했는데, 이렇게 해야만 비로소 흡연자의 수를 줄일 수 있다.)이라고 했으므로, D 减少烟民的数量(흡연자의 수를 줄인다)이 정답이다.

☑ **고득점 노하우** 질문에 根据上文(위 지문에 근거하여)이 있으면 뒷부분을 핵심어구로 하여 지문에서 관련된 내용을 재빨리 찾는다.

74

하

第二段画线词语"烟民"的意思是:

A 生产香烟的人   B 习惯抽烟的人
C 买卖香烟的人   D 因抽烟生病的人

烟民 yānmín 圆 흡연자   生产 shēngchǎn 图 생산하다
香烟 xiāngyān 圆 담배   抽烟 chōuyān 图 담배를 피우다
买卖 mǎimai 图 사고 팔다 圆 매매

두 번째 단락의 밑줄 친 어휘 '흡연자(烟民)'의 뜻:

A 담배를 생산하는 사람

C 담배를 사고 파는 사람

B 담배를 피우는 것이 습관이 된 사람

D 담배를 피우는 것 때문에 병이 난 사람

정답 B

해설 밑줄 친 어휘 烟民(흡연자)의 의미를 묻는 문제이므로, 지문에서 烟民(흡연자)의 뜻을 파악할 수 있는 부분을 찾아 주의 깊게 읽는다. 두 번째 단락에서 烟民(흡연자)이 있는 문장인 在禁烟行动上仍然需要努力:"中国有3.15亿烟民, 大部分地区在禁烟方面还十分落后。"(금연 활동에 있어서 여전히 노력이 필요하다고 생각한다며 다음과 같이 말했다. "중국에는 3.15억 명의 烟民(흡연자)이 있는데, 대부분 지방은 금연 측면에서 여전히 매우 뒤떨어진다.")에서 烟民(흡연자)은 금연을 하기 위해 노력이 많이 필요한 사람과 관련된 어휘임을 알 수 있다. 따라서 B 习惯抽烟的人(담배를 피우는 것이 습관이 된 사람)을 정답으로 선택한다.

☑ **고득점 노하우** 질문에 따옴표(" ")로 인용된 표현이 있으면, 이 표현을 핵심어구로 하여 지문에서 관련된 내용을 재빨리 찾는다.

제1회 독해

제2회

제3회

제4회

제5회

해커스 HSK 5급 실전모의고사

每个人都会有那种词语在舌头上打转，觉得答案就在嘴边，但却说不出来的经历，其实这是一种很常见的记忆现象，心理学上[75]称为"舌尖效应"。最常见的就是碰见一个多年不见的老同学，看着他熟悉的脸，[75]觉得名字就在嘴边，可无论如何也想不起来。

当我们努力去[76]记忆一件事情的时候，大脑会把与之相关的其他事情一起记下来，组成一个相互连接的网络系统。如果其中某件事情被回忆起来，系统中与之密切相关的其他事情也容易被回忆起来，[78]但是与这个系统不相关或者连接较弱的记忆则会受到抑制。当你看到老同学的时候，马上回忆起来的可能不是他的名字，而是与他联系更强的其他事情，比如说他常常迟到，他曾经往女生书包里放过蜜蜂等等，你此时强烈的愿望和紧张的情绪使你更加无法想起他的名字。

舌尖效应是很正常的现象，通常，[77]这位老同学一走，你就会想起他的名字，因为这个时候你放松了情绪，或者其他信息对名字的抑制减弱了，[77]从而使你恢复了记忆。

词语 cíyǔ 圓 단어　舌头 shétou 圓 혀　打转 dǎzhuàn 圄 맴돌다
答案 dá'àn 圓 답　嘴边 zuǐbiān 圓 입, 입가, 입언저리
经历 jīnglì 圓 경험　常见 chángjiàn 圄 흔히 있다, 흔한
记忆 jìyì 圓 기억 圄 기억하다　现象 xiànxiàng 圓 현상
舌尖 shéjiān 圓 혀끝　效应 xiàoyìng 圓 효과, 반응
舌尖效应 shéjiān xiàoyìng 圓 설단 현상
碰见 pèngjiàn 圄 (우연히) 만나다　熟悉 shúxī 圄 익숙하다
无论如何 wúlùn rúhé 어찌 되었든 간에　大脑 dànǎo 圓 대뇌
相关 xiāngguān 圄 서로 관련되다　组成 zǔchéng 圄 구성하다
相互 xiānghù 圄 서로, 상호　连接 liánjiē 圄 연결하다
网络 wǎngluò 圓 네트워크　系统 xìtǒng 圓 시스템
回忆 huíyì 圄 회상하다　密切 mìqiè 圄 밀접하다　弱 ruò 圄 약하다
抑制 yìzhì 圄 억제하다　联系 liánxì 圄 연결하다
曾经 céngjīng 圄 이전에　蜜蜂 mìfēng 圓 꿀벌　此时 cǐshí 圓 이때
强烈 qiángliè 圄 아주 강한, 강렬하다　愿望 yuànwàng 圓 바람, 희망
紧张 jǐnzhāng 圄 불안하다　情绪 qíngxù 圓 마음, 기분
更加 gèngjiā 圄 더욱　无法 wúfǎ 圄 할 수 없다
通常 tōngcháng 圄 일반적이다, 보통이다
放松 fàngsōng 圄 긴장을 풀다　信息 xìnxī 圓 정보
减弱 jiǎnruò 圄 약해지다　从而 cóng'ér 圄 이로 인해, 따라서
恢复 huīfù 圄 회복시키다

모든 사람들은 어떠한 단어가 혀에서 맴돌고, 답이 입가에 맴돈다고 느끼지만, 오히려 말이 잘 안 나온 경험이 있을 텐데, 사실 이것은 매우 흔히 있는 기억 현상의 한 종류로서, 심리학에서는 [75]'설단 현상'이라고 부른다. 가장 흔히 보이는 것은 오랫동안 만나지 않은 옛 동창을 우연히 만나, 그의 익숙한 얼굴을 보고 있으면, [75]이름이 바로 입가에서 맴돈다고 느끼지만, 어찌 되었든 간에 생각이 나지 않는 것이다.

우리가 [76]하나의 일을 열심히 기억하려고 할 때, 대뇌는 이것과 서로 관련된 다른 일을 함께 기억해 두며, 서로 연결된 하나의 네트워크 시스템을 구성한다. 만약 그중에 어떤 일이 회상되면, 시스템 중 그것과 서로 밀접하게 관련된 다른 일도 쉽게 회상되지만, [78]하지만 이 시스템과 서로 관련되지 않거나 혹은 연결이 비교적 약한 기억은 오히려 억제 받을 수 있다. 당신이 옛 학우를 보았을 때, 바로 회상하는 것은 아마도 그의 이름이 아니라, 예를 들어 그가 자주 지각하고, 그가 이전에 여학생 책가방 안에 꿀벌을 놓은 적이 있는 등의, 그와 연결이 더 강한 다른 일인데, 이때 당신의 아주 강한 바람과 불안한 마음은 당신으로 하여금 더욱 그의 이름을 떠올릴 수 없게 한다.

설단 현상은 매우 정상적인 현상으로서, 일반적으로, [77]옛 동창이 떠나면, 당신은 곧 그의 이름을 떠올릴 수 있는데, 왜냐하면 이때 긴장된 마음이 풀렸거나, 혹은 이름에 대한 다른 정보의 억제가 약해져, [77]이로 인해 당신으로 하여금 기억을 회복시켰기 때문이다.

75

하

最常见的"舌尖效应"是：

A 找不到商场出口　　B 记错朋友的号码
C 想不起人的名字　　D 忘了晚饭吃了什么

常见 chángjiàn 圄 흔히 보는　舌尖 shéjiān 圓 혀끝
效应 xiàoyìng 圓 효과, 반응
舌尖效应 shéjiān xiàoyìng 圓 설단 현상
商场 shāngchǎng 圓 백화점　出口 chūkǒu 圓 출구

가장 흔히 볼 수 있는 '설단 현상'은：
A 백화점의 출구를 찾지 못한다
B 친구의 번호를 잘못 기억한다
C 사람의 이름이 기억나지 않는다
D 저녁에 무엇을 먹었는지 잊었다

정답 C

해설　질문의 "舌尖效应(설단 현상)"과 관련된 부분을 지문에서 찾아 주의 깊게 읽는다. 첫 번째 단락 후반에서 称为"舌尖效应"。最常见的就是……, 觉得名字就在嘴边, 可无论如何也想不起来('설단 현상'이라고 부른다. 가장 흔히 보이는 것은……, 이름이 바로 입가에서 맴돈다고 느끼지만, 어찌 되었든 간에 생각이 나지 않는 것이다)라고 했으므로, 설단 현상에서 가장 흔히 보이는 현상은 이름이 생각나지 않는 것임을 알 수 있다. 따라서 C 想不起人的名字(사람의 이름이 기억나지 않는다)를 정답으로 선택한다.

고득점 노하우　질문에 따옴표(" ")로 인용된 표현이 있으면, 이 표현을 핵심어구로 하여 지문에서 관련된 내용을 재빨리 찾는다.

76
상

当我们努力想记住一件事情的时候，大脑会：
A 非常努力地工作从而记住所有细节
B 把相关和不相关的信息进行再组合
C 刺激身体其他部位来帮助我们记忆
D 同时记住与这件事相关的其他事情

记住 jìzhu 图 확실히 기억해 두다 大脑 dànǎo 圏 대뇌
从而 cóng'ér 젭 따라서 所有 suǒyǒu 圏 모든
细节 xìjié 圏 세부 사항 相关 xiāngguān 图 서로 관련되다
信息 xìnxī 圏 정보 组合 zǔhé 图 짜 맞추다, 조합하다
刺激 cìjī 图 자극 记忆 jìyì 图 떠올리다

우리가 열심히 하나의 일을 기억하려 할 때, 대뇌는:
A 아주 열심히 일하여 모든 세부 사항을 기억한다
C 다른 신체 부위를 자극해서 우리들이 떠올리는 것을 돕는다
B 서로 관련 있는 정보와 서로 관련 없는 정보를 다시 짜 맞춘다
D 이 일과 서로 관련된 다른 일을 동시에 기억한다
정답 D

해설 질문의 当我们努力想记住一件事情(우리가 열심히 하나의 일을 기억하려)와 관련된 부분을 지문에서 찾아 주의 깊게 읽는다. 두 번째 단락에서 记忆一件事情的时候, 大脑会把与之相关的其他事情一起记下来, 组成一个相互连接的网络系统(하나의 일을 열심히 기억하려 할 때, 대뇌는 이것과 서로 관련된 다른 일을 함께 기억해 두며, 서로 연결된 하나의 네트워크 시스템을 구성한다)이라고 했으므로, 지문의 一起记下来(함께 기억해 둔다)를 同时记住(동시에 기억한다)로 바꿔 표현한 D 同时记住与这件事相关的其他事情(이 일과 서로 관련된 다른 일을 동시에 기억한다)을 정답으로 선택한다.

☑ **고득점 노하우** 질문에 的时候(~할 때)가 있으면 앞부분을 핵심어구로 하여, 지문에서 관련된 내용을 재빨리 찾는다..

77
하

为什么熟人离开后人们更容易记起他的名字？
A 情绪不再紧张了　　　B 得到了别人提醒
C 记忆方式改变了　　　D 愿望变得更强烈

熟人 shúrén 圏 지인, 잘 아는 사람 情绪 qíngxù 圏 마음, 기분
紧张 jǐnzhāng 图 불안하다 提醒 tíxǐng 图 일깨우다
记忆 jìyì 圏 기억 方式 fāngshì 圏 방식 改变 gǎibiàn 图 변하다
愿望 yuànwàng 圏 바람, 희망
强烈 qiángliè 圏 아주 강한, 강렬하다

왜 익숙한 사람이 떠난 후 사람은 더욱 쉽게 그의 이름을 기억해 내는가?
A 마음이 더 이상 불안하지 않다
C 기억 방식이 변했다
B 다른 사람의 일깨움을 얻었다.
D 바람이 더 강하게 변했다
정답 A

해설 질문의 为什么熟人离开后人们更容易记起他的名字?(왜 익숙한 사람이 떠난 후 사람은 더욱 쉽게 그의 이름을 기억해 내는가?)와 관련된 부분을 지문에서 찾아 주의 깊게 읽는다. 세 번째 단락에서 这位老同学一走(이 옛 동창이 떠나면)를 읽고, 지문의 这位老同学(이 옛 동창)가 질문의 熟人(지인)으로 바꿔 표현된 것에 유의하며 뒷 내용을 잘 살펴본다. 이어서 你就会想起他的名字, 因为这个时候你就放松了情绪, …… 从而使你恢复了记忆(당신은 곧 그의 이름을 떠올릴 수 있는데, 왜냐하면 이때 긴장된 마음이 풀렸거나, …… 이로 인해 당신으로 하여금 기억을 회복시켰기 때문이다)라고 했다. 이를 통해 옛 동창과 같은 지인이 떠난 후에 긴장된 마음이 풀렸기 때문에 이름을 쉽게 기억해 낸다는 것을 알 수 있다. 따라서 지문의 放松了情绪(긴장된 마음이 풀리다)를 바꿔 표현한 A 情绪不再紧张了(마음이 더 이상 불안하지 않다)를 정답으로 선택한다.

☑ **고득점 노하우** 질문에 为什么(왜)가 있으면 문장 전체를 핵심어구로 하여 지문에서 관련된 이유를 재빨리 찾는다.

78
상

下面哪一项跟第二段画线部分的词语意义相近？
A 想不起来　　　　　B 失去联系
C 相互协调　　　　　D 受到限制

意义 yìyì 圏 의미, 의의 相近 xiāngjìn 图 비슷하다, 가깝다
失去 shīqù 图 잃어버리다 联系 liánxì 图 연결
相互 xiānghù 图 서로, 상호 协调 xiétiáo 图 조화롭게 하다
受到 shòudào 图 받다 限制 xiànzhì 图 제한

아래 어떤 항목이 두 번째 단락 중 밑줄 친 부분의 어휘와 의미가 비슷한가?
A 생각이 나지 않다　　B 연결을 잃어버리다　　C 서로 조화롭게 하다　　D 제한을 받다
정답 D

해설 跟第二段画线部分的词语意义相近(두 번째 단락 중 밑줄 친 부분의 어휘와 의미가 비슷한가)한 표현을 묻는 문제이므로, 보기 중 밑줄 친 부분의 어휘인 受到抑制(억제를 받다)의 단서가 될 수 있는 부분을 지문에서 찾아 주의 깊게 읽는다. 두 번째 단락에서 受到抑制(억제를 받다)이 있는 부분은 但是与这个系统不相关或者连接较弱的记忆则会受到抑制(하지만 이 시스템과 서로 관련되지 않거나 혹은 연결이 비교적 약한 기억은 오히려 억제 받을 수 있다)라고 하며, 뒤에 예시를 들었으므로 계속 읽어 나간다. 다음 문장에서 当你看到老同学的时候, 马上回想起来的可能不是他的名字, 而是与他联系更强的其他事情(당신이 옛 학우를 보았을 때, 바로 회상하는 것은 아마도 그의 이름이 아니라, …… 그와 연결이 더 강한 다른 일인데)이라고 하였으므로, 이를 통해, 기억 시스템 중에서 연결이 비교적 약한 학우의 이름을 기억하는 것이 제한을 받았음을 알 수 있다. 따라서, D 受到限制(제한을 받다)을 정답으로 선택한다. 참고로, 限制(제한하다)은 정도나 한도를 넘지 못하게 한다는 뜻이기 때문에 抑制(억제하다)와 바꿔 쓸 수 있다.

☑ **고득점 노하우** 질문에 下面哪一项(아래 어떤 항목이)이 있으면 뒷부분을 핵심어구로 하여 지문에서 관련된 내용을 재빨리 찾는다.

제1회 독해

제2회

제3회

제4회

제5회

해커스 HSK 5급 실전모의고사

⁷⁹年轻时的孔子很有学问，也很有名，⁷⁹他并不想当一个教育家或思想家，而是想当政治家。于是他到各个国家去宣传自己的思想，但他经历了很多次失败，始终没有找到这样的机会。这样一来，孔子决心全力办学，并收下了很多学生。

在教学过程中，孔子非常注意培养学生良好的学习习惯和方法。⁸⁰他经常和学生一起谈论诗歌、道德、政治等问题。学生也都非常佩服老师的学问，想知道老师是怎么学习的。⁸¹孔子告诉学生："我以前总是喜欢一个人坐在那里想问题，有时候忘记了吃饭和睡觉，可是一点儿收获也没有。后来，我又日没夜地拼命读书，可还是没有什么收获。最后，我终于懂得了，只是死读书而不思考，就必然没有收获。但如果不重视读书，脱离实际乱想，还是不能理解很多问题。⁸¹只有一边读书一边积极思考，并经常复习已经学过的知识，⁸¹用学过的道理去思考、分析问题，这样的学习才能进步。"

孔子活了73岁，⁸²他去世时，学生们都非常悲伤。为了永远不忘记老师的教导，他们把平时记录下来的孔子的言语和行为，整理成了《论语》这部著作。

孔子 Kǒngzǐ [고유] 공자　学问 xuéwen [명] 학식
教育家 jiàoyùjiā [명] 교육가　思想家 sīxiǎngjiā [명] 사상가
政治家 zhèngzhìjiā [명] 정치가　于是 yúshì [접] 그래서
宣传 xuānchuán [동] 선전하다　思想 sīxiǎng [명] 사상, 생각
经历 jīnglì [동] 몸소 겪다　失败 shībài [동] 실패하다
始终 shǐzhōng [부] 줄곧　这样一来 zhèyàng yìlái 이렇게 되자
决心 juéxīn [동] 결심하다　全力 quánlì [명] 온 힘
办学 bànxué [동] 학교를 설립하다　收下 shōuxià [동] 받다, 받아 두다
教学 jiàoxué [명] 교육　过程 guòchéng [명] 과정
培养 péiyǎng [동] 기르다　良好 liánghǎo [형] 좋다, 양호하다
习惯 xíguàn [명] 습관 [동] 습관이 되다　谈论 tánlùn [동] 논의하다
诗歌 shīgē [명] 시가　道德 dàodé [명] 도덕, 윤리
政治 zhèngzhì [명] 정치　佩服 pèifú [동] 감탄하다
有时候 yǒushíhou [부] 간혹 가다　收获 shōuhuò [명] 성과
没日没夜 méi rì méi yè 밤낮없다
拼命 pīnmìng [동] 죽을 힘을 다하다
死读书 sǐdúshū 공부에만 전념하다　思考 sīkǎo [동] 깊이 생각하다
必然 bìrán [부] 반드시　重视 zhòngshì [동] 중요시하다
脱离 tuōlí [동] 벗어나다　实际 shíjì [명] 현실, 실제 [형] 현실적이다
乱想 luànxiǎng [동] 이런 저런 생각을 하다　积极 jījí [형] 적극적이다
道理 dàolǐ [명] 도리, 이치　分析 fēnxī [동] 분석하다
进步 jìnbù [동] 진보하다　去世 qùshì [동] 세상을 뜨다
悲伤 bēishāng [동] 몹시 슬퍼하다　教导 jiàodǎo [명] 가르침
平时 píngshí [명] 평소　记录 jìlù [동] 기록하다　言语 yányǔ [명] 말
行为 xíngwéi [명] 행동　整理 zhěnglǐ [동] 정리하다
论语 Lúnyǔ [고유] 논어　著作 zhùzuò [명] 저서

⁷⁹젊은 시절의 공자는 매우 학식이 있었고, 매우 유명하기도 했는데, ⁷⁹그는 결코 교육가 혹은 사상가가 되고 싶어하지 않았고, 정치가가 되고 싶어했다. 그래서 그는 각 나라에 가서 자신의 사상을 선전했지만, 그러나 그는 여러 번의 실패를 몸소 겪었고, 줄곧 이런 기회를 찾지 못했다. 이렇게 되자, 공자는 온 힘을 다해 학교를 설립하기로 결심했고, 게다가 많은 제자를 받았다.

교육 과정 중에서, 공자는 제자가 좋은 학습 습관과 방법을 기르는 것에 매우 주의했다. ⁸⁰그는 종종 제자와 함께 시가, 도덕, 정치 등의 문제를 논의했다. 제자들도 모두 스승의 학식에 아주 감탄했고, 스승이 어떻게 공부하는 것인지 알고 싶어했다. ⁸¹공자가 제자에게 말했다. "나는 전에 늘 혼자 저기에 앉아 문제를 생각하는 것을 좋아해서, 간혹 가다 밥을 먹는 것과 잠을 자는 것을 잊어버리기도 했지만, 하지만 조금의 성과도 없었다. 그 후, 나는 또 밤낮없이 죽을 힘을 다해 공부했지만, 하지만 여전히 아무런 성과가 없었다. 마지막에, 나는 단지 공부에만 전념하고 깊이 생각하지 않으면, 반드시 성과가 없다는 것을 결국 알게 되었다. 하지만 만약에 공부하는 것을 중요시하지 않고, 현실에서 벗어나 이런저런 생각을 해도, 여전히 많은 문제를 이해할 수 없다. ⁸¹공부를 하면서 적극적으로 깊이 생각하고, 그리고 이미 배운 지식을 언제나 복습해서, ⁸¹배웠던 도리를 이용해 깊이 생각하고, 문제를 분석해야만, 이런 학습이야말로 비로소 진보할 수 있다."

공자는 73해를 살았고, ⁸²그가 세상을 떠났을 때, 제자들이 모두 몹시 슬퍼했다. 영원히 스승의 가르침을 잊지 않기 위해, 그들은 평소에 기록해 놓았던 공자의 말과 행동을 <논어>라는 저서로 정리했다.

79
하

孔子年轻时的理想是成为:

A 作家　　　　　　　B 思想家
C 教育家　　　　　　D 政治家

孔子 Kǒngzǐ [고유] 공자　理想 lǐxiǎng [명] 이상　作家 zuòjiā [명] 작가
思想家 sīxiǎngjiā [명] 사상가　教育家 jiàoyùjiā [명] 교육가
政治家 zhèngzhìjiā [명] 정치가

공자가 젊었을 때의 이상은 무엇이 되는 것인가:
A 작가　　　　　　　B 사상가　　　　　　C 교육가　　　　　　D 정치가　　　　　　정답 D

해설 질문의 孔子年轻时的理想是(공자가 젊었을 때의 이상은 무엇인가)와 관련된 부분을 지문에서 찾아 주의 깊게 읽는다. 첫 번째 단락에서 年轻时的孔子 ……, 他并不想当一个教育家或思想家, 而是政治家(젊은 시절 공자는 ……, 그는 결코 교육가 혹은 사상가가 되고 싶어하지 않았고, 정치가가 되고 싶어했다)라고 하였으므로, D 政治家(정치가)가 정답이다. 참고로, 지문의 当(~이 되다)이 질문의 成为(~이 되다)로 바꿔 표현된 것에 주의한다.

✅ **고득점 노하우** 질문의 끝이 成为(~이 되다)로 끝나면, 앞부분을 핵심어구로 하여 지문에서 관련된 내용을 재빨리 찾는다.

80 하

孔子常和学生谈论的问题是：
A 戏剧　B 道德
C 法律　D 经济

谈论 tánlùn[동] 논의하다 戏剧 xìjù[명] 희극, 연극
道德 dàodé[명] 도덕, 윤리 法律 fǎlǜ[명] 법률 经济 jīngjì[명] 경제

공자가 자주 학생과 토론한 문제는:
A 희극　B 도덕　C 법률　D 경제　정답 B

해설 질문의 孔子常和学生谈论的问题(공자가 자주 학생과 토론한 문제)와 관련된 부분을 지문에서 찾아 주의 깊게 읽는다. 두 번째 단락에서 他经常和学生一起谈论诗歌、道德、政治等问题。(그는 종종 제자와 함께 시가, 도덕, 정치 등의 문제를 논의했다.)라고 했으므로, B 道德(도덕)가 정답이다.

✅ **고득점 노하우** 질문의 끝에 是(~이다)이 있으면 앞부분을 핵심어구로 하여 지문에서 관련된 내용을 재빨리 찾는다.

81 상

根据上文，孔子教给学生学习方法是：
A 没日没夜地拼命读书
B 努力读书以收获知识
C 读书和思考结合起来
D 经常复习是最重要的

孔子 Kǒngzǐ[고유] 공자 没日没夜 méi rì méi yè 밤낮없다
拼命 pīnmìng[동] 죽을 힘을 다하다 收获 shōuhuò[동] 수확하다
知识 zhīshi[명] 지식 思考 sīkǎo[동] 깊이 생각하다
结合 jiéhé[동] 결합하다

위 지문에 근거하여, 공자가 학생에게 가르친 학습 방법은:
A 밤낮없이 죽을 힘을 다하여 공부한다　B 지식을 수확하기 위해 열심히 공부한다
C 공부하기와 생각하기를 결합한다　D 자주 복습하는 것이 가장 중요한 것이다　정답 C

해설 질문의 孔子教给学生学习方法是(공자가 학생에게 가르친 학습 방법은)과 관련된 부분을 지문에서 찾아 주의 깊게 읽는다. 두 번째 단락에서, 孔子告诉学生：…… 只有一边读书一边积极思考，…… 用学过的道理去思考、分析问题，这样的学习才能进步(공자는 제자에게 말했다, …… 공부를 하면서 적극적으로 깊이 생각하고, …… 배웠던 도리를 이용해 깊게 생각하고, 문제를 분석해야만, 이런 학습이야말로 비로소 진보할 수 있다)라고 하였으므로, 이를 통해 공자는 깊이 생각하면서 공부하면 학습에서 발전을 이룰 수 있다고 여긴 것을 알 수 있다. 따라서, C 读书和思考结合起来(공부하기와 생각하기를 결합한다)를 정답으로 선택한다.

✅ **고득점 노하우** 질문에 根据上文(위 지문에 근거하여)이 있으면 뒷부분을 핵심어구로 하여 지문에서 관련된 내용을 재빨리 찾는다.

82 중

关于孔子，下面哪句话是正确的？
A 是一位出色的政治家
B 非常受学生的欢迎
C 写了《论语》这本书
D 一共收了73位学生

孔子 Kǒngzǐ[고유] 공자 出色 chūsè[형] 훌륭하다
政治家 zhèngzhìjiā[명] 정치가 论语 Lúnyǔ[고유] 논어

공자에 관해, 다음 중 옳은 것은?
A 훌륭한 정치가이다　B 학생들의 많은 환영을 받았다
C <논어> 책을 썼다　D 모두 73명의 학생을 받았다　정답 B

해설 질문의 孔子(공자)와 관련된 세부 내용을 지문에서 찾아 주의 깊게 읽는다. 세 번째 단락에서 他去世时，学生们都非常悲伤(그가 세상을 떠났을 때, 제자들이 모두 몹시 슬퍼했다)이라고 하였으므로, 학생들은 공자를 좋아했다는 것을 유추할 수 있다. 따라서 B 非常受学生的欢迎(학생들의 많은 환영을 받았다)을 정답으로 선택한다.

✅ **고득점 노하우** 질문에 关于(~에 관해)가 있으면 바로 다음의 표현을 핵심어구로 하여 지문에서 관련된 내용을 재빨리 찾는다.

제1회
독해

제2회

제3회

제4회

제5회

해커스 HSK 5급 실전모의고사

⁸³风，是一种最常见的自然现象。人们最早发现它能调节温度，使人感觉凉快；后来发现风还有很多作用，比如：可以吹干衣服上的水；可以传播花粉等等。

风有很大的力量，对人类来说，风也是一种宝贵的能源。⁸⁴全球可开发的风能约为100亿千瓦，等于水力发电量的10倍。目前全世界每年煤炭燃烧所获得的能量，只有风力在一年内提供能量的三分之一。因此，世界各国政府都越来越提倡对风能的开发。

此外，⁸⁵在各种能源中，风能是最容易被利用的，它不像煤炭那样需要从地下开发出来，通过燃烧来发电。煤炭燃烧的过程还会污染空气。风能也不同于水力，必须建一个大坝，推动水轮机转动来发电。风能的利用简单、方便、干净，因此有着广阔的前途。⁸⁶特别是在缺乏水力资源、缺乏煤炭资源和交通不方便的⁸⁶沿海岛屿、山区和高原，都有很强的风。如果能把这些风利用起来发电，对当地人民的生活和生产都会非常有利。

常见 chángjiàn 휑 흔한　自然 zìrán 몡 자연
现象 xiànxiàng 몡 현상　调节 tiáojié 통 조절하다
温度 wēndù 몡 온도　凉快 liángkuai 휑 시원하다
作用 zuòyòng 몡 작용, 영향　吹干 chuīgān 통 바람에 마르다
传播 chuánbō 통 널리 퍼트리다　花粉 huāfěn 몡 꽃가루
力量 lìliang 몡 힘　人类 rénlèi 몡 인류
对…来说 duì~láishuō ~에게 있어서　宝贵 bǎoguì 휑 귀중한
能源 néngyuán 몡 에너지　全球 quánqiú 몡 지구 전체
开发 kāifā 통 개발하다　风能 fēngnéng 몡 풍력　约 yuē 휑 대략
亿 yì 준 억　千瓦 qiānwǎ 몡 킬로와트(kw)
等于 děngyú 통 ~와 같다　发电量 fādiànliàng 몡 발전량
目前 mùqián 몡 현재　煤炭 méitàn 몡 석탄
燃烧 ránshāo 통 연소하다　获得 huòdé 통 얻다
能量 néngliàng 몡 에너지　提供 tígōng 통 제공하다
政府 zhèngfǔ 몡 정부　提倡 tíchàng 통 제창하다
开发 kāifā 통 개발하다　此外 cǐwài 졉 이밖에
发电 fādiàn 통 전기를 일으키다, 발전하다　过程 guòchéng 몡 과정
污染 wūrǎn 통 오염시키다　坝 bà 몡 댐　推动 tuīdòng 통 추진하다
水轮机 shuǐlúnjī 몡 수력 터빈
转动 zhuàndòng 통 회전하다, 돌리다　广阔 guǎngkuò 휑 넓다
前途 qiántú 몡 전망　缺乏 quēfá 통 결핍되다　资源 zīyuán 몡 자원
沿海 yánhǎi 몡 연해, 바닷가 근처 지역　岛屿 dǎoyǔ 몡 도서, 섬
山区 shānqū 몡 산간 지역　高原 gāoyuán 몡 고원
有利 yǒulì 휑 이롭다

⁸³바람은 가장 흔한 자연 현상이다. 사람들은 최초에 그것이 온도를 조절할 수 있다는 것을 발견하여, 사람들은 시원함을 느낄 수 있었다. 후에 바람에 또 많은 작용이 있다는 것을 발견했는데, 예를 들면, 옷의 물을 말릴 수 있고, 꽃가루 등을 널리 보낼 수 있게 하는 것이다.

바람은 매우 큰 힘이 있어서, 인류에게 있어, 바람은 일종의 귀중한 에너지이기도 하다. ⁸⁴지구 전체에서 개발 가능한 풍력은 대략 100억 킬로와트인데, 수력 발전량의 10배와 같다. 현재 전 세계가 매년 석탄 연소로 얻는 에너지는, 풍력이 1년 내에 제공하는 에너지의 3분의 1밖에 되지 않는다. 이 때문에, 세계 각국 정부는 모두 풍력 개발에 대해 더욱더 제창하고 있다.

이밖에, ⁸⁵각종 에너지 중에서, 풍력은 가장 쉽게 이용되는 것인데, 풍력은 석탄처럼 지하에서부터 개발하거나, 연소를 통해 전기를 일으킬 필요가 없다. 석탄 연소의 과정은 또한 공기를 오염시킬 수 있다. 풍력은 또한 반드시 큰 댐을 짓고, 수력 터빈 회전을 추진하여 전기를 일으키는 수력과 다르다. 풍력의 이용은 간단하고, 편리하고, 깨끗해서, 이 때문에 넓은 전망이 있다. ⁸⁶특히 수력 자원이 결핍되고, 석탄 자원이 결핍되며 교통이 편리하지 못한 ⁸⁶연해 도서 지역, 산간 지역 그리고 고원에서도, 모두 강한 바람이 분다. 만약 이 바람을 이용해서 전기를 일으킬 수 있다면, 그 지역 사람들의 생활과 생산에 모두 대단히 이로울 것이다.

83
하

人们最早认识到风有什么作用？

A 调节气温　　　　　　　B 吹干衣服
C 传播花粉　　　　　　　D 用来发电

作用 zuòyòng 통 작용하다, 영향을 미치다　调节 tiáojié 통 조절하다
气温 qìwēn 몡 기온　吹干 chuīgān 통 바람에 마르다
传播 chuánbō 통 퍼뜨리다, 전파하다　花粉 huāfěn 몡 꽃가루
发电 fādiàn 통 발전하다, 전기를 일으키다

사람들은 최초에 바람이 어떤 작용이 있다고 알았나？
A 기온을 조절한다　　　　B 옷을 바람에 말린다　　　　C 꽃가루를 퍼뜨린다　　　　D 전기를 일으키는데 쓰인다　　　　정답 A

해설 질문의 人们最早认识到风有什么作用？(사람들은 최초에 바람이 어떤 작용이 있다고 알았나？)과 관련된 부분을 지문에서 찾아 주의 깊게 읽는다. 첫 번째 단락에서 风，是一种最常见的自然现象。人们最早发现它能调节温度(바람은 가장 흔한 자연 현상이다. 사람들은 최초에 그것이 온도를 조절할 수 있다는 것을 발견하여)라고 했으므로, 지문의 调节温度(온도를 조절하다)를 바꾸어 표현한 A 调节气温(기온을 조절한다)가 정답이다.

✅ 고득점 노하우 질문에 有什么(어떤 ~이 있다)가 있으면, 질문 전체를 핵심어구로 하여 지문에서 관련된 내용을 재빨리 찾는다.

84
상

全球可开发的风能:
A 是煤炭发电量的10倍
B 大大高于水力发电量
C 与其他能源的发电量相近
D 目前只开发了三分之一

全球 quánqiú 圆 지구 전체　开发 kāifā 圆 개발하다
风能 fēngnéng 圆 풍력　煤炭 méitàn 圆 석탄
发电量 fādiànliàng 圆 발전량　能源 néngyuán 圆 에너지
相近 xiāngjìn 圆 비슷하다　目前 mùqián 圆 현재

지구 전체에서 개발할 수 있는 풍력은:
A 석탄 발전량의 10배이다　　　　　　　　　　B 수력 발전량보다 훨씬 높다
C 기타 에너지의 발전량과 비슷하다　　　　　　D 현재 3분의 1만 개발했다　　　　　　　　정답 B

해설 질문의 全球可开发的风能(지구 전체에서 개발할 수 있는 풍력은)과 관련된 부분을 지문에서 찾아 주의 깊게 읽는다. 두 번째 단락에서 全球可开发的风能约为100亿千瓦, 等于水力发电量的10倍。(지구 전체에서 개발 가능한 풍력은 대략 100억 킬로와트인데, 수력 발전량의 10배와 같다.)라고 하였으므로, 개발 가능한 풍력의 양이 수력 발전량보다 높다는 것을 알 수 있다. 따라서, B 大大高于水力发电量(수력 발전량보다 훨씬 높다)을 정답으로 선택한다.

✔ **고득점 노하우** 질문이 문장의 주어가 되는 부분이면, 필요 문제를 핵심어구로 하여 지문에서 관련된 내용을 재빨리 찾는다.

85
상

根据上文, 最容易被利用的能源是哪一种?
A 煤炭　　　　　　　　B 水能
C 风能　　　　　　　　D 太阳能

能源 néngyuán 圆 에너지　煤炭 méitàn 圆 석탄
水能 shuǐnéng 圆 수력 에너지　风能 fēngnéng 圆 풍력
太阳能 tàiyángnéng 圆 태양 에너지

이 지문에 근거하여, 가장 쉽게 이용할 수 있는 에너지는 어떤 종류인가?
A 석탄　　　　　　B 수력 에너지　　　　　　C 풍력　　　　　　D 태양 에너지　　　　정답 C

해설 질문의 最容易被利用的能源是哪一种(가장 쉽게 이용할 수 있는 에너지는 어떤 종류인가)과 관련된 부분을 지문에서 찾아 주의 깊게 읽는다. 세 번째 단락에서 在各种能源中, 风能是最容易被利用的(각종 에너지 중에서, 풍력은 가장 쉽게 이용되는 것인데)라고 했으므로, C 风能(풍력)이 정답이다.

✔ **고득점 노하우** 질문에 根据上文(위 지문에 근거하여)이 있으면 뒷부분을 핵심어구로 하여 지문에서 관련된 내용을 재빨리 찾는다.

86
중

特别适合利用风能的地方是:
A 交通不便的地方　　　B 有很多高山的地方
C 风速很高的地方　　　D 水资源丰富的地方

适合 shìhé 圆 적합하다　风能 fēngnéng 圆 풍력
风速 fēngsù 圆 풍속　资源 zīyuán 圆 자원

특히 풍력을 이용하기 적합한 곳은:
A 교통이 불편한 곳　　　　　　　　　　　　B 높은 산이 매우 많이 있는 곳
C 풍속이 매우 빠른 곳　　　　　　　　　　　D 수자원이 풍부한 곳　　　　　　　　정답 C

해설 질문의 特别适合利用风能的地方(특히 풍력을 이용하기 적합한 곳)과 관련된 부분을 지문에서 찾아 주의 깊게 읽는다. 세 번째 단락 후반에서 特别是 …… 沿海岛屿、山区和高原, 都有很强的风。如果能把这些风利用起来发电, 对当地人民的生活和生产都会非常有利。(특히 …… 연해 도서 지역, 산간 지역 그리고 고원에서도, 모두 강한 바람이 분다. 만약 이 바람을 이용해서 전기를 일으킬 수 있다면, 그 지역 사람들의 생활과 생산에 모두 대단히 이로울 것이다)라고 했다. 이를 통해서 바람이 강하게 부는 곳이 풍력을 이용하기 적합하여 사람들의 생활에도 유리하게 작용한다는 것을 알 수 있다. 따라서, 지문의 有很强的风(강한 바람이 분다)을 바꾸어 표현한 C 风速很高的地方(풍속이 매우 빠른 곳)을 정답으로 선택한다.

✔ **고득점 노하우** 질문의 끝에 是(~이다)이 있으면 앞부분을 핵심어구로 하여 지문에서 관련된 내용을 재빨리 찾는다.

西藏是一个充满魅力的地方，在这片神秘的土地上，有世界闻名的珠穆朗玛峰，雄伟的布达拉宫，风格独特的大昭寺等等。⁹⁰人们来到这里主要是被它的自然风光所吸引。

⁸⁷/⁸⁸拉萨在西藏中部地区，被人们称为"日光城"，冬天不会太冷，夏天不会太热，春秋天也温度适宜。一年平均有330多个晴天，⁸⁸日照时间能达到3020多个小时。冬天的拉萨基本上都是晴天，这个季节去拉萨晒太阳是很不错的选择。

藏族悠久的风俗也十分吸引人，所以在西藏旅行，除了欣赏美丽的自然风景外，也别忘了体验一下藏族特有的生活方式。比如在拉萨或西藏的许多地方，喝茶是一件非常重要的事，班可以不上，生意可以不做，但茶不可以不喝。

⁸⁹藏式茶馆一般经营规模比较小，跟北京、上海那些装饰讲究的茶馆相比，⁸⁹设施设备也比较陈旧，但这些并不会影响饮茶人的心情。在茶馆里除了能喝到品种多样的藏式茶，⁸⁹还可以品尝到各种藏餐，如藏式面条、肉包子、各种奶制品等。⁸⁹藏式茶馆不仅是藏民们休闲的地方，也是游客体验藏族生活风俗、了解藏族文化的最直接的窗口。在八角街买了藏服穿上，找家茶馆喝上一碗酥油茶，吃上一碗藏面，那感觉一定很不错。

西藏 Xīzàng [고유] 티베트(중국 지명, 시짱)　充满 chōngmǎn [동] 넘치다
魅力 mèilì [명] 매력　片 piàn [양] 지면과 수면 등을 세는 단위
神秘 shénmì [형] 신비하다　土地 tǔdì [명] 땅
闻名 wénmíng [형] 유명하다
珠穆朗玛峰 Zhūmùlǎngmǎfēng [고유] 에베레스트산
雄伟 xióngwěi [형] 웅장하다
布达拉宫 Bùdálāgōng [고유] 포탈라궁(중국 티베트 자치구의 라마교 사원)
风格 fēnggé [명] 스타일　独特 dútè [형] 독특하다
大昭寺 Dàzhāosì [고유] 대소사(티베트 자치구의 관광지)
风光 fēngguāng [명] 풍경
拉萨 Lāsà [고유] 라싸(티베트 자치구의 최대의 도시)
温度 wēndù [명] 온도　适宜 shìyí [형] 적당하다
平均 píngjūn [형] 평균의　晴天 qíngtiān [명] 맑은 날씨
日照 rìzhào [명] 햇빛이 내리쬐다　达到 dádào [동] 달하다, 이르다
基本上 jīběnshang [부] 대체로　季节 jìjié [명] 계절
晒 shài [동] 햇볕을 쬐다
藏族 Zàngzú [명] 티베트족, 장족(중국 소수 민족 중 하나)
悠久 yōujiǔ [형] 유구하다　风俗 fēngsú [명] 풍속
吸引 xīyǐn [동] 매료시키다, 유인하다　欣赏 xīnshǎng [동] 감상하다
风景 fēngjǐng [명] 풍경　体验 tǐyàn [동] 체험하다
方式 fāngshì [명] 방식　做生意 zuòshēngyi [동] 장사를 하다
茶馆 cháguǎn [명] 찻집　经营 jīngyíng [동] 운영하다
规模 guīmó [명] 규모　装饰 zhuāngshì [동] 장식하다 [명] 장식
讲究 jiǎngjiu [형] 정교하다 [동] 중요시하다　设施 shèshī [명] 시설
设备 shèbèi [명] 설비　陈旧 chénjiù [형] 낡다　心情 xīnqíng [명] 기분
品种 pǐnzhǒng [명] 제품의 종류　品尝 pǐncháng [동] 맛보다
面条 miàntiáo [명] 국수　肉包子 ròubāozi [명] 고기만두
奶制品 nǎizhìpǐn [명] 유제품　不仅 bùjǐn [접] ~뿐만 아니라
休闲 xiūxián [동] 한가롭게 보내다　直接 zhíjiē [형] 직접적인
窗口 chuāngkǒu [명] 방법, 창문
八角街 Bājiǎojiē [고유] 바코르 거리(티베트 라싸에 있는 거리)
酥油茶 sūyóuchá [명] 수유차(티베트족의 음료)
感觉 gǎnjué [명] 기분, 느낌 [동] 느끼다

티베트는 매력이 넘치는 지역이고, 이 신비로운 땅 위에, 세계적으로 유명한 에베레스트산, 웅장한 포탈라궁, 스타일이 독특한 대소사 등이 있어서, ⁹⁰사람들이 이곳에 오는 것은 주로 티베트의 자연 풍경에 매료되어서이다.

⁸⁷/⁸⁸라싸는 티베트 중부 지역에 있으며, 사람들에게 '일광성'이라고 불리는데, 겨울에 너무 춥지 않고, 여름에 너무 덥지 않으며, 봄, 가을 또한 온도가 적당하다. 일 년에 평균적으로 330여 일의 맑은 날이 있고, ⁸⁸햇볕이 내리쬐는 시간은 3020여 시간에 달할 수 있다. 겨울의 라싸는 대체로 모두 맑은 날이며, 이 계절에 라싸에 가서 햇볕을 쬐는 것은 매우 좋은 선택이다.

티베트족의 유구한 풍속 또한 사람을 매우 매료시키는데, 그래서 티베트에서 여행할 때, 아름다운 자연 풍경을 감상하는 것 외에도, 티베트족 고유의 생활 방식을 한번 체험해 보는 것을 잊지 말아라. 예를 들어 라싸 혹은 티베트의 수많은 지역에서, 차를 마시는 것은 아주 중요한 일인데, 출근을 하지 않아도 되고, 장사를 하지 않아도 되지만, 하지만 차를 마시지 않는 것은 안 된다.

⁸⁹티베트식 찻집은 보통 운영 규모가 비교적 작고, 베이징이나 상하이처럼 장식이 정교한 찻집에 비교하면, ⁸⁹시설 설비 또한 비교적 낡았지만, 하지만 이런 것들은 차를 마시는 사람의 기분에 전혀 영향을 주지 않는다. 찻집에서 종류가 다양한 티베트식 차를 마실 수 있는 것 외에도, ⁸⁹게다가 각종 티베트 요리를 맛볼 수 있는데, 예를 들어 티베트식 국수, 고기만두, 각종 유제품 등이 있다. ⁸⁹티베트식 찻집은 티베트 거주민들이 한가롭게 보내는 장소일 뿐만 아니라, 또한 여행객들이 티베트족 생활 풍속을 체험하고, 티베트족 문화를 이해하는 가장 직접적인 방법이다. 바코르 거리에서 티베트 옷을 사 입고, 찻집을 찾아 수유차를 한잔 마시고, 티베트 국수를 한 그릇 먹으면, 그렇다면 기분이 반드시 좋을 것이다.

87 하	拉萨在西藏的什么位置？		拉萨 Lāsà [고유] 라싸(티베트 자치구의 최대의 도시)
	A 东部	B 中部	西藏 Xīzàng [고유] 티베트(중국 지명, 시짱) 位置 wèizhi [명] 위치
	C 西部	D 北部	

라싸는 티베트의 어디에 위치해 있는가?

A 동부　　　　　　　B 중부　　　　　　　C 서부　　　　　　　D 북부　　　　　　　정답 B

해설 질문의 拉萨在西藏的(라싸는 티베트의 …… 있는가)와 관련된 부분을 지문에서 찾아 주의 깊게 읽는다. 두 번째 단락에서 拉萨在西藏中部地区(라싸는 티베트 중부 지역에 있으며)라고 했으므로, B 中部(중부)가 정답이다.

☑ **고득점 노하우** 질문 끝에 什么位置(어떤 위치)이 있으면 앞부분을 핵심어구로 하여 지문에서 관련된 내용을 재빨리 찾는다.

88
하

拉萨为什么被称为"日光城"?
A 日照时间特别长　　　B 冬天的气温很高
C 全年都是大晴天　　　D 人们喜欢晒太阳

拉萨 Lāsà [고유] 라싸(티베트 자치구의 최대의 도시)
日照 rìzhào [동] 햇볕이 내리쬐다　气温 qìwēn [명] 기온
晴天 qíngtiān [명] 맑은 날씨　晒 shài [동] 햇볕을 쬐다

라싸는 왜 '일광성'이라고 불리는가?
A 햇볕이 내리쬐는 시간이 특히 길다
C 한 해 모두 아주 맑은 날이다
B 겨울의 기온이 매우 높다
D 사람들이 햇볕을 쬐는 것을 좋아한다
정답 A

해설 질문의 "日光城(일광성)"과 관련된 부분을 지문에서 찾아 주의 깊게 읽는다. 두 번째 단락에서 拉萨在西藏中部地区, 被人们称为 "日光城", …… 日照时间能达到3020多个小时(라싸는 티베트 중부 지역에 있으며, 사람들에게 '일광성'이라고 불리는데, …… 햇볕이 내리쬐는 시간은 3020여 시간에 달할 수 있다)이라고 했으므로, 이를 통해 라싸에서 햇볕이 내리쬐는 시간이 길다는 것을 알 수 있다. 따라서, A 日照时间特别长(햇볕이 내리쬐는 시간이 특히 길다)를 정답으로 선택한다.

☑ **고득점 노하우** 질문에 따옴표(" ")로 인용된 표현이 있으면, 이 표현을 핵심어구로 하여 지문에서 관련된 내용을 재빨리 찾는다.

89
중

关于藏式茶馆, 说法正确的是:
A 面积都比较大　　　B 装饰得非常豪华
C 在里面只能喝茶　　　D 可以体验藏族风俗

茶馆 cháguǎn [명] 찻집　面积 miànjī [명] 면적
比较 bǐjiào [부] 비교적 [동] 비교하다　装饰 zhuāngshì [동] 장식하다
豪华 háohuá [형] 호화스럽다　体验 tǐyàn [동] 체험하다
藏族 Zàngzú [고유] 티베트족, 장족(중국 소수 민족 중 하나)
风俗 fēngsú [명] 풍속

티베트식 찻집에 관해, 표현이 올바른 것은:
A 면적이 모두 비교적 크다
C 안에서 차만 마실 수 있다
B 매우 호화스럽게 장식했다
D 티베트족 풍속을 체험해 볼 수 있다
정답 D

해설 질문의 藏式茶馆(티베트식 찻집)과 관련된 지문에서 찾아 주의 깊게 읽고, 지문의 내용과 일치하는 보기가 어떤 것인지 잘 살펴본다. 마지막 단락에서 藏式茶馆一般经营规模比较小, …… 设施设备也比较陈旧, …… 还可以品尝到各种藏餐(티베트식 찻집은 보통 운영 규모가 비교적 작고, …… 시설 설비 또한 비교적 낡았지만, …… 게다가 각종 티베트 요리를 맛볼 수 있는데)이라고 했으므로, A 面积都比较大(면적이 모두 비교적 크다), B 装饰得非常豪华(매우 호화스럽게 장식했다), C 在里面只能喝茶(안에서 차만 마실 수 있다)를 오답으로 제거한다. 다음 문장에서 藏式茶馆不仅是藏民们休闲的地方, 也是游客体验藏族生活风俗(티베트식 찻집은 티베트 거주민들이 한가롭게 보내는 장소일 뿐만 아니라, 또한 여행객들이 티베트족 생활 풍속을 체험하고)라고 했으므로, 이를 통해 사람들은 티베트식 찻집에서 티베트 풍속을 체험할 수 있음을 알 수 있다. 따라서, D 可以体验藏族风俗(티베트족 풍속을 체험해 볼 수 있다)를 정답으로 선택한다.

☑ **고득점 노하우** 질문에 关于(~에 관해)가 있으면 바로 다음의 표현을 핵심어구로 하여 지문에서 관련된 내용을 재빨리 찾는다.

90
중

根据上文, 西藏最吸引游客的是:
A 美丽的风景　　　B 悠久的风俗
C 温暖的冬天　　　D 有趣的商店

西藏 Xīzàng [고유] 티베트(중국 지명, 시짱)
吸引 xīyǐn [동] 매료시키다, 끌어당기다　游客 yóukè [명] 여행객
美丽 měilì [형] 아름답다, 예쁘다　风景 fēngjǐng [명] 풍경, 경치
悠久 yōujiǔ [형] 유구하다, 아득하게 오래다　风俗 fēngsú [명] 풍속
温暖 wēnnuǎn [형] 따뜻하다, 온난하다
有趣 yǒuqù [형] 흥미가 있다, 재미있다

이 지문에 근거하여, 티베트가 여행객을 가장 매료시키는 것은:
A 아름다운 풍경　　　B 유구한 풍속　　　C 따뜻한 겨울　　　D 흥미있는 상점
정답 A

해설 질문의 西藏最吸引游客的是(티베트가 여행객을 가장 매료시키는 것은)와 관련된 부분을 지문에서 찾아 주의 깊게 읽는다. 첫 번째 단락에서 人们来到这里主要是被它的自然风光所吸引(사람들이 이곳에 오는 것은 주로 티베트의 자연 풍경에 매료되어서이다)이라고 했으므로, 티베트의 자연 풍경이 사람들을 매료시킨다는 것을 알 수 있다. 따라서, A 美丽的风景(아름다운 풍경)을 정답으로 선택한다.

☑ **고득점 노하우** 질문에 根据上文(위 지문에 근거하여)이 있으면 뒷부분을 핵심어구로 하여 지문에서 관련된 내용을 재빨리 찾는다.

제1회
쓰기

제2회

제3회

제4회

제5회

해커스 HSK 5급 실전모의고사

三、书写 쓰기

91
하

寻找　投资机会　很多企业　在

寻找 xúnzhǎo 圖 찾다　投资 tóuzī 圖 투자 圖 투자하다
企业 qǐyè 圕 기업

부사+형용사+명사	부사	동사	명사+명사
很多企业	在	寻找	投资机会。
주어	부사어	술어	목적어

많은 기업이 투자 기회를 찾고 있다.

해설

술어 배치하기 제시된 어휘 중 유일한 동사 寻找(찾다)를 술어 자리에 배치한다.
→ 寻找(찾다)
주어와 목적어 배치하기 '부사+형용사+명사' 형태인 很多企业(많은 기업)와 '명사+명사' 형태인 投资机会(투자 기회) 중 문맥상 술어 寻找(찾다)의 목적어로 어울리는 投资机会(투자 기회)를 목적어 자리에 배치하고, 문맥상 주어로 어울리는 很多企业(많은 기업)를 주어 자리에 배치한다.
→ 很多企业寻找投资机会(많은 기업이 투자 기회를 찾다)
문장 완성하기 남은 어휘인 부사 在(~하고 있다)를 술어 寻找(찾다) 앞에 부사어로 배치하여 문장을 완성한다. 참고로, 在(~하고 있다)가 동사 혹은 개사로 쓰이면, 장소를 뜻하는 명사를 동반해야 한다.
→ 很多企业在寻找投资机会。(많은 기업이 투자 기회를 찾고 있다.)

☑ **고득점 노하우** 제시된 어휘 중 동사 또는 형용사가 1개이면 바로 술어 자리에 배치한다.

92
하

相当　的　表现　他　突出

相当 xiāngdāng 圖 상당히, 꽤
表现 biǎoxiàn 圕 태도 圖 나타내다, 표현하다
突出 tūchū 圕 두드러지다, 돋보이다

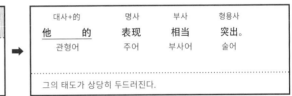

대사+的		명사	부사	형용사
他	的	表现	相当	突出。
관형어		주어	부사어	술어

그의 태도가 상당히 두드러진다.

해설

술어 배치하기 제시된 어휘 중 유일한 형용사인 突出(두드러지다)를 술어 자리에 배치한다. 참고로, 表现(태도)이 동사로 쓰이려면 뒤에 목적어나 보어를 동반해야 한다.
→ 突出(두드러지다)
주어 배치하기 대사 他(그)와 명사 表现(태도) 중 술어 突出(두드러지다)와 문맥상 주어로 어울리는 表现(태도)을 주어 자리에 배치한다.
→ 表现突出(태도가 두드러지다)
문장 완성하기 남은 어휘 중 부사 相当(상당히)을 술어 突出(두드러지다) 앞에 부사어로 배치하고, 대사 他(그)와 구조조사 的를 他的(그의)의 순서로 연결한 후, 주어 表现(태도) 앞에 관형어로 배치하여 문장을 완성한다.
→ 他的表现相当突出。(그의 태도가 상당히 두드러진다.)

☑ **고득점 노하우** 제시된 어휘 중 동사 또는 형용사가 1개이면 바로 술어 자리에 배치한다.

93
상

关系　建立　良好的　关键　非常

建立 jiànlì 圖 맺다　良好 liánghǎo 圕 훌륭하다
关键 guānjiàn 圕 결정적인 작용을 하다, 매우 중요하다

동사	형용사+的	명사	부사	형용사
建立	良好的	关系	非常	关键。
술어	관형어	목적어	부사어	술어
	주어			

훌륭한 관계를 맺는 것은 매우 결정적인 작용을 한다.

해설

술어 배치하기 술어가 될 수 있는 어휘는 동사 建立(맺다)와 형용사 关键(결정적인 작용을 하다) 두 개지만, 建立(맺다)와 关系(관계)가 짝꿍 단어로 사용되므로, 建立关系(관계를 맺다)의 술목구 형태로 연결해 놓고, 형용사 关键(결정적인 작용을 하다)을 술어 자리에 배치한다.
→ 关键(결정적인 작용을 하다)
주어 배치하기 주어 자리에 올 수 있는 술목구 형태의 建立关系(관계를 맺다)를 주어 자리에 배치한다.
→ 建立关系关键(관계를 맺는 것은 결정적인 작용을 하다)
문장 완성하기 '형용사+的' 형태인 良好的(훌륭한)를 명사 关系(관계) 앞에 관형어로 배치하고, 부사 非常(매우)을 술어 关键(결정적인 작용을 하다) 앞에 부사어로 배치하여 문장을 완성한다.
→ 建立良好的关系非常关键。(훌륭한 관계를 맺는 것은 매우 결정적인 작용을 한다.)

☑ **고득점 노하우** 술목구(술어+목적어) 형태도 주어 자리에 올 수 있다.

94 하

会	造成	疲劳驾驶	意外	可能

造成 zàochéng 图 (좋지 않은 결과를) 발생시키다
疲劳驾驶 píláo jiàshǐ 图 졸음운전
意外 yìwài 图 의외의 사고, 뜻하지 않은 사고

명사	부사+ 조동사		동사	명사
疲劳驾驶	可能	会	造成	意外。
주어	부사어		술어	목적어

졸음운전은 어쩌면 의외의 사고를 발생시킬 수 있다.

해설

술어 배치하기 제시된 어휘 중 유일한 동사 造成(발생시키다)을 술어 자리에 배치한다.
→ 造成(발생시키다)

주어와 목적어 배치하기 명사 疲劳驾驶(졸음운전)과 명사 意外(의외의 사고) 중 술어 造成(발생시키다)과 문맥상 목적어로 어울리는 意外(의외의 사고)를 목적어 자리에 배치하고, 疲劳驾驶(졸음운전)을 주어 자리에 배치한다.
→ 疲劳驾驶造成意外(졸음운전은 의외의 사고를 발생시키다)

문장 완성하기 남은 어휘인 부사 可能(어쩌면)과 조동사 会(~할 수 있다)를 可能会(어쩌면 ~할 수 있다)의 순서로 연결한 후, 술어 造成(발생시키다) 앞에 부사어로 배치하여 문장을 완성한다. 참고로, 부사어가 여러 개인 경우에는 '부사→조동사'의 순서로 배치한다.
→ 疲劳驾驶可能会造成意外。(졸음운전은 어쩌면 의외의 사고를 발생시킬 수 있다.)

✅ **고득점 노하우** 제시된 어휘 중 동사 또는 형용사가 1개이면 바로 술어 자리에 배치한다.

95 중

跟北京	时差	五个小时的	这里	有

时差 shíchā 图 시차

대사	개사+명사	동사	수사+양사+명사+的	명사
这里	跟北京	有	五个小时的	时差。
주어	부사어	술어	관형어	목적어

이곳은 베이징과 5시간의 시차가 있다.

해설

술어 배치하기 제시된 어휘 중 有가 있으므로 有(있다)를 술어 자리에 배치하고 有자문을 완성한다.
→ 有(있다)

주어와 목적어 배치하기 대사 这里(이곳)와 명사 时差(시차) 중, 술어 有(있다)와 문맥상 목적어에 어울리는 时差(시차)를 목적어 자리에 배치하고, 这里(이곳)를 주어 자리에 배치한다.
→ 这里有时差(이곳은 시차가 있다)

문장 완성하기 문맥상 남은 어휘 중 '개사+명사' 형태인 跟北京(베이징과)을 술어 有(있다) 앞 부사어 자리에 배치하고, '수사+양사+명사+的' 형태인 五个小时的(5시간의)를 时差(시차) 앞에 관형어로 배치하여 문장을 완성한다.
→ 这里跟北京有五个小时的时差。(이곳은 베이징과 5시간의 시차가 있다.)

✅ **고득점 노하우** 有자문을 완성할 때에는 장소 표현이나 시점 표현을 주어 자리에 배치한다.

96 하

风俗	当地的	请各位	遵守

风俗 fēngsú 图 풍속 当地 dāngdì 图 현지
遵守 zūnshǒu 图 지키다, 준수하다

请+대사	동사	명사+的	명사
请各位	遵守	当地的	风俗。
请+주어	술어	관형어	목적어

여러분 현지의 풍속을 지켜 주세요.

해설

请과 술어 배치하기 제시된 어휘 중 문장 맨 앞에서 '~해주세요'의 의미를 나타내는 동사 请이 있으므로, '请+대사' 형태의 请各位(여러분 ~해주세요)를 문장 맨 앞에 배치하고, 동사 遵守(지키다)를 술어 자리에 배치한다.
→ 请各位遵守(여러분 지켜 주세요)

목적어 배치하기 문맥상 술어 遵守(지키다)의 목적어로 어울리는 风俗(풍속)를 遵守(지키다) 뒤의 목적어 자리에 배치한다.
→ 请各位遵守风俗(여러분 풍속을 지켜 주세요)

문장 완성하기 남은 어휘인 '명사+的' 형태의 当地的(현지의)를 목적어 风俗(풍속) 앞에 관형어로 배치하여 문장을 완성한다.
→ 请各位遵守当地的风俗。(여러분 현지의 풍속을 지켜 주세요.)

✅ **고득점 노하우** 제시된 어휘 중 请이 있으면 문장 맨 앞에 배치한다.

97
중

| 都删除 | 老板 | 重要的数据 | 了 | 把 |

删除 shānchú 圄 삭제하다　老板 lǎobǎn 圐 사장님
数据 shùjù 圐 데이터

명사	把	형용사+的+명사	부사+동사	기타성분
老板	把	重要的数据	都删除	了。
주어	把	목적어(행위의 대상)	부사어+술어	了

사장님은 중요한 데이터를 모두 삭제했다.

해설

把~술어 배치하기 제시된 어휘 중 把가 있으므로 把자문을 완성해야 한다. 都删除(모두 삭제하다)에서 删除(삭제하다)가 제시된 어휘 중 유일한 동사이므로, 술어 자리에 배치하고 把를 술어 앞에 배치한다.

→ 把~都删除(~을 모두 삭제하다)

주어와 목적어 배치하기 명사 老板(사장님)과 重要的数据(중요한 데이터) 중 술어 都删除(모두 삭제하다)와 문맥상 목적어로 어울리는 重要的数据(중요한 데이터)를 把 목적어(행위의 대상) 자리에 배치하고, 老板(사장님)을 주어 자리에 배치한다.

→ 老板把重要的数据都删除(사장님은 중요한 데이터를 모두 삭제하다)

문장 완성하기 남은 어휘 了를 기타성분으로 都删除(모두 삭제하다) 뒤에 배치하여 문장을 완성한다.

→ 老板把重要的数据都删除了。(사장님은 중요한 데이터를 모두 삭제했다.)

✅ **고득점 노하우** 제시된 어휘 중 把와 동사가 있으면 '把~+동사'와 같이 '把~술어'를 동시에 배치한다.

98
상

| 父母 | 不能 | 忽视 | 也 | 家庭教育 | 再忙 |

忽视 hūshì 圄 소홀히 하다, 주의하지 않다
家庭教育 jiātíng jiàoyù 圐 가정교육

명사	부사+형용사	부사	부사+조동사	동사	명사+명사
父母	再忙	也	不能	忽视	家庭教育。
주어	부사어+술어1	부사어		술어2	목적어

부모는 아무리 바쁘더라도 가성교육을 소홀히 해서는 안 된다.

해설

술어 배치하기 제시된 어휘 중 술어가 될 수 있는 '부사+형용사' 형태의 再忙(아무리 바쁘다)과 동사 忽视(소홀히 하다) 중, 再忙(아무리 바쁘다)과 부사 也(~도)를 '再忙也~(아무리 바쁘더라도 ~하다)' 형태로 우선 연결한다. 그 후 남은 동사 忽视(소홀히 하다)을 再忙也(아무리 바쁘더라도 ~하다) 뒤 술어2로 배치한다.

→ 再忙也忽视(아무리 바쁘더라도 소홀히 하다)

주어와 목적어 배치하기 명사인 父母(부모)와 '명사+명사' 형태인 家庭教育(가정교육) 중, 술어 忽视(소홀히 하다)과 문맥상 목적어로 어울리는 家庭教育(가정교육)를 술어 뒤 목적어 자리에 배치하고, 문맥상 주어로 어울리는 父母(부모)를 주어 자리에 배치한다.

→ 父母再忙也忽视家庭教育(부모는 아무리 바쁘더라도 가정교육을 소홀히 하다)

문장 완성하기 남은 어휘 중 조동사 不能(~해서는 안 된다)은 술어 忽视(소홀히 하다) 앞과 也(~도) 뒤에 부사어로 배치하여 문장을 완성한다. 참고로, 부사어가 여러 개인 경우에는 '부사→조동사'의 순서로 배치한다.

→ 父母再忙也不能忽视家庭教育。(부모는 아무리 바쁘더라도 가정교육을 소홀히 해서는 안 된다.)

✅ **고득점 노하우** 제시된 어휘 중 再(아무리)와 부사 也(~도)가 있으면 '再~也(비록 ~하더라도)'의 형태로 배치한다.

| 健身 | 项目 | 结实 | 苗条 | 魅力 |

健身 jiànshēn 圖 헬스를 하다, 신체를 건강하게 하다 项目 xiàngmù 圖 프로그램, 프로젝트 结实 jiēshi 圖 튼튼하다 苗条 miáotiao 圖 날씬하다
魅力 mèilì 圖 매력

해설 STEP 1 소재 정하고 아웃라인 잡기

소재   헬스장에 가서 단련하는 것의 장점

아웃라인		
도입	生活水平的提高(생활 수준의 향상) 喜欢去健身房锻炼(헬스장에 가서 단련하는 것을 점점 좋아하게 되었다)	
전개	通过项目的训练(프로그램의 훈련을 통해) 是想变结实还是想变苗条(튼튼하게 바뀌고 싶거나 아니면 날씬하게 바뀌고 싶거나) 都能实现自己的愿望(자신의 소망을 모두 실현할 수 있다)	
마무리	健身不但能增加魅力(헬스를 하는 것은 매력을 증가시켜줄 뿐만 아니라) 也能使身体健康(몸을 건강해질 수 있게 해준다)	

Step 2 원고지에 짧은 글 완성하기

[모범 답안]

도입

		随	着	生	活	水	平	的	提	高	，	人	们	越	来
越	喜	欢	去	健	身	房	锻	炼	了	。	通	过	不	同	项

전개

目	的	训	练	，	不	管	你	是	想	变	结	实	还	是	想	48
变	苗	条	，	都	能	实	现	自	己	的	愿	望	，	健	身	
不	但	能	增	加	个	人	的	魅	力	，	也	能	使	身	体	80

마무리

| 越 | 来 | 越 | 健 | 康 | 。 | | | | | | | | | | |

생활 수준이 향상됨에 따라, 사람들은 헬스장에 가서 단련하는 것을 점점 좋아하게 되었다. 서로 다른 프로그램의 훈련을 통해, 당신이 튼튼하게 바뀌고 싶거나 아니면 날씬하게 바뀌고 싶든지 간에, 자신의 소망을 모두 실현할 수 있으며, 헬스를 하는 것은 개인의 매력을 증가시켜줄 뿐만 아니라, 몸을 더욱더 건강해질 수 있게 해준다.

随着 suízhe 圙 ~에 따라 生活 shēnghuó 圖 생활 圖 생활하다 水平 shuǐpíng 圖 수준 提高 tígāo 圖 향상시키다, 높이다
越来越 yuèláiyuè 圖 점점, 더욱더 健身房 jiànshēnfáng 圖 헬스장 锻炼 duànliàn 圖 단련하다
通过 tōngguò 圙 ~을 통해 圖 통과하다 不同 bùtóng 圖 다르다 项目 xiàngmù 圖 프로그램, 프로젝트 训练 xùnliàn 圖 훈련
不管 bùguǎn 圙 ~하든지 간에 变 biàn 圖 바뀌다 结实 jiēshi 圖 튼튼하다 还是 háishi 圖 아니면, 여전히, 아직도
苗条 miáotiao 圖 날씬하다 实现 shíxiàn 圖 실현하다, 성취하다 愿望 yuànwàng 圖 소망, 바람
健身 jiànshēn 圖 헬스를 하다, 신체를 건강하게 하다 增加 zēngjiā 圖 증가하다, 더하다 个人 gèrén 圖 개인 魅力 mèilì 圖 매력
身体 shēntǐ 圖 몸 健康 jiànkāng 圖 건강하다 圖 건강

제1회
쓰기

제2회

제3회

제4회

제5회

해커스 HSK 5급 실전모의고사

해설 STEP 1 소재 정하고 아웃라인 잡기

소재	전자 제품이 사람 사이의 교류에 영향을 끼쳤다는 내용

아웃라인		
도입	朋友聚会是开心的事儿(친구 모임은 즐거운 일이다)	
전개	大家应该聊聊(사람들은 얘기를 나눠야 한다) 姑娘却在各看各的手机(아가씨는 각자 지신의 휴대폰만 본다) 没有交流(교류가 없다)	
마무리	电子产品影响了交流(전자 제품은 교류에 영향을 끼쳤다)	

Step 2 원고지에 짧은 글 완성하기

[모범 답안]

		朋	友	聚	会	本	来	是	件	开	心	的	事	儿	，	
大	家	应	该	聊	聊	各	自	的	工	作	、	生	活	，	分	
享	快	乐	与	烦	恼	，	可	这	两	位	姑	娘	却	在	各	48
看	各	的	手	机	，	没	有	任	何	交	流	。	手	机	、	
游	戏	机	等	电	子	产	品	已	经	严	重	影	响	了	人	80
与	人	之	间	的	正	常	交	流	了	。						

도입 / 전개 / 마무리

친구 모임은 원래 즐거운 일이며, 사람들은 각자의 일과 생활을 얘기하고, 즐거움과 걱정을 함께 나눠야 하는데, 그러나 이 두 명의 아가씨는 각자 자신의 휴대폰만 보고 있고, 어떠한 교류도 없다. 휴대폰, 전자 게임기 등의 전자 제품은 이미 사람과 사람 사이의 정상적인 교류에 심각한 영향을 끼쳤다.

聚会 jùhuì 圐 모임 圐 모이다 本来 běnlái 囝 원래 圐 원래의 开心 kāixīn 圐 즐겁다 应该 yīnggāi 조동 ~하는 것이 당연하다
聊 liáo 圐 얘기하다 各自 gèzì 떼 각자 生活 shēnghuó 圐 생활 圐 생활하다
分享 fēnxiǎng 圐 (기쁨, 즐거움, 행복 등을) 함께 나누다 烦恼 fánnǎo 圐 걱정 圐 괴롭다, 걱정스럽다 姑娘 gūniang 圐 아가씨
却 què 囝 오히려, 도리어 任何 rènhé 떼 어떠한, 무엇 交流 jiāoliú 圐 교류 游戏机 yóuxìjī 圐 전자 게임기
电子产品 diànzǐ chǎnpǐn 圐 전자 제품 严重 yánzhòng 圐 심각하다 影响 yǐngxiǎng 圐 영향을 끼치다 之间 zhījiān 圐 사이
正常 zhèngcháng 圐 정상적인 交流 jiāoliú 圐 교류 圐 교류하다

시험에 나올 어휘를
효과적으로 공부하려면?

해커스중국어(china.Hackers.com)에서
<HSK 5급 핵심&고난도 어휘 1000> 무료 다운받기!

해커스 HSK 5급
실전모의고사
제2회

听力 듣기 / 어휘·해석·해설

阅读 독해 / 어휘·해석·해설

书写 쓰기 / 어휘·해석·해설

一、听力 듣기

문제별 분할 mp3
바로듣기

1 하

A 见朋友　　B 买火柴
C 放鞭炮　　D 听音乐

男：外面鞭炮声都响了半天了，咱们也下去放鞭炮吧。
女：还没到12点，你就着急啦？等一下，我找找火柴。

问：根据对话，他们打算做什么？

火柴 huǒchái [명] 성냥　**放鞭炮** fàng biānpào 폭죽을 터트리다
响 xiǎng [동] (소리가) 나다, 울리다　**半天** bàntiān [명] 한참

A 친구를 만난다　B 성냥을 산다　C 폭죽을 터트린다　D 음악을 듣는다

남: 밖에 폭죽 소리가 난 지 한참이 되었어, 우리도 내려가서 폭죽 터트리자
여: 아직 12시도 안 되었는데, 너 벌써 조급해 하는거야? 기다려봐, 내가 성냥을 찾아볼게.

질문: 대화에 근거하여, 그들은 무엇을 하려고 하는가?　　정답 C

해설 제시된 보기 A 见朋友(친구를 만난다), B 买火柴(성냥을 산다), C 放鞭炮(폭죽을 터트린다), D 听音乐(음악을 듣는다)가 모두 행동을 나타내므로, 대화를 들을 때 화자 또는 특정 인물이 하고 있거나 하려는 행동이 무엇인지 주의 깊게 듣는다. 대화에서 남자가 밖에서 폭죽 소리가 한참 들렸다며, 咱们也下去放鞭炮吧(우리도 내려가서 폭죽 터트리자)라고 하자, 여자가 성냥을 찾아본다고 답했다. 질문이 그들이 무엇을 하려고 하는지 물었으므로, C 放鞭炮(폭죽을 터트린다)가 정답이다.

✔ **고득점 노하우** 제시된 보기가 모두 행동 관련 표현인 경우, 대화를 들을 때 화자 또는 특정 인물이 하고 있거나 하려는 행동이 무엇인지를 주의 깊게 듣는다.

2 하

A 照相机坏了　　B 电池没电了
C 女的很喜欢拍照　　D 男的修好了相机

女：天天，快帮我看看，我的照相机不能拍照了，是不是坏了？
男：我来看看。姥姥，是电池没电了。

问：根据对话，可以知道什么？

电池 diànchí [명] 배터리　**电** diàn [명] 전기　**姥姥** lǎolao [명] 외할머니

A 카메라가 고장 났다　B 배터리가 나갔다
C 여자는 사진 찍는 것을 매우 좋아한다　D 남자는 카메라를 고쳤다

여: 톈톈, 빨리 나를 도와서 좀 봐 줄래, 내 카메라로 사진을 찍을 수가 없어, 고장 난 게 아닐까?
남: 제가 좀 볼게요. 외할머니, 배터리가 나간 거예요.

질문: 대화에 근거하여, 알 수 있는 것은 무엇인가?　　정답 B

해설 제시된 보기 A의 坏了(고장 났다), B의 没电了(배터리가 나갔다), C의 喜欢拍照(사진 찍는 것을 매우 좋아한다), D의 修好了(고쳤다)를 핵심어구로 체크해두고, 대화를 들을 때 이와 관련하여 언급되는 상태나 상황을 주의 깊게 듣는다. 대화에서 여자가 사진기로 사진을 찍을 수 없다며 고장난 게 아니냐고 묻자, 남자가 是电池没电了(배터리가 나간 거예요)라고 답했다. 질문이 대화에 근거하여 알 수 있는 것이 무엇인지 물었으므로, B 电池没电了(배터리가 나갔다)가 정답이다.

✔ **고득점 노하우** 제시된 보기에 형용사 또는 了로 끝나는 문장이 있을 경우, 화자 또는 특정 대상의 상황이나 상태를 주의 깊게 듣는다.

3 중

A 男的现在是学生
B 女的在接受采访
C 家长要了解孩子心理
D 青少年学习压力很大

男：许教授，我们是城市晚报的记者。您是研究青少年心理的专家，您认为现在的孩子压力主要来自哪里？
女：可能大部分来自家庭。

问：根据对话，可以知道什么？

接受 jiēshòu [동] 응하다, 수락하다 采访 cǎifǎng [동] 인터뷰하다
家长 jiāzhǎng [명] 학부모 心理 xīnlǐ [명] 심리
青少年 qīngshàonián [명] 청소년 教授 jiàoshòu [명] 교수
晚报 wǎnbào [명] 석간신문 记者 jìzhě [명] 기자 研究 yánjiū [동] 연구하다
专家 zhuānjiā [명] 전문가 来自 láizì [동] ~에서 온다
大部分 dàbùfen [명] 대부분 家庭 jiātíng [명] 가정

A 남자는 지금 학생이다
B 여자는 인터뷰에 응하고 있다
C 학부모는 아이의 심리를 이해해야 한다
D 청소년 학업 스트레스는 매우 크다

남: 쉬 교수님, 저희는 도시 석간신문의 기자입니다. 당신은 청소년 심리를 연구하는 전문가이신데, 오늘날 아이들의 스트레스는 주로 어디에서 온다고 생각하십니까?
여: 아마도 대부분 가정에서 올 것입니다.

질문: 대화에 근거하여, 알 수 있는 것은 무엇인가?

정답 B

해설 제시된 보기 A의 **现在是学生**(지금은 학생이다), B의 **接受采访**(인터뷰에 응하다), C의 **了解孩子心理**(아이의 심리를 이해하다), D의 **压力很大**(스트레스가 크다)를 핵심어구로 체크해두고, 대화를 들을 때 이와 관련하여 언급되는 상태나 상황을 주의 깊게 듣는다. 대화에서 남자가 **我们是城市晚报的记者**(저희는 도시 석간신문의 기자입니다)라고 하고, 이어서 **您认为现在的孩子压力主要来自哪里?**(오늘날 아이들의 스트레스는 주로 어디에서 온다고 생각하십니까?)라고 묻자, 여자가 아마도 대부분 가정에서 올 것이라고 답했다. 대화의 내용을 통해 이들은 지금 인터뷰 중임을 알 수 있다. 질문이 대화에 근거하여 알 수 있는 것이 무엇인지 물었으므로, B **女的在接受采访**(여자는 인터뷰에 응하고 있다)이 정답이다.

✅ **고득점 노하우** 보기가 모두 공통점을 찾기 어려운 긴 문장인 경우, 각 보기에서 아는 단어를 신속히 체크해두고, 대화를 들을 때 이와 관련된 내용을 주의 깊게 듣는다.

4 상

A 是媒体行业的　B 社会地位很高
C 开过很多学校　D 为教育捐过钱

女：这个老板常常在媒体上宣传自己的形象呢。
男：他的钱是自己努力挣来的，而且他为农村小学捐过很多钱，宣传一下是应该的。

问：关于这个老板，可以知道什么？

媒体 méitǐ [명] 대중 매체 行业 hángyè [명] 업계, 직종
社会地位 shèhuì dìwèi [명] 사회적 지위 教育 jiàoyù [명] 교육
捐 juān [동] 기부하다 老板 lǎobǎn [명] 사장 宣传 xuānchuán [동] 홍보하다
形象 xíngxiàng [명] 이미지 挣 zhèng [동] 돈을 벌다 农村 nóngcūn [명] 농촌

A 대중 매체 업계다
B 사회적 지위가 높다
C 매우 많은 학교를 설립한 적이 있다
D 교육을 위해 돈을 기부했었다

여: 이 사장님은 항상 대중 매체에서 자신의 이미지를 홍보하네.
남: 그의 돈은 스스로 노력해서 번 것이고, 게다가 그는 농촌 초등학교를 위해 많은 돈을 기부를 한 적이 있어, 홍보 좀 하는 것은 당연한 것이지.

질문: 이 사장님에 관해, 알 수 있는 것은 무엇인가?

정답 D

해설 제시된 보기 A의 **媒体行业**(대중 매체 업계), B의 **社会地位**(사회적 지위), C의 **开过 …… 学校**(학교를 설립한 적이 있다), D의 **捐过钱**(돈을 기부했었다)을 핵심어구로 체크해두고, 대화를 들을 때 이와 관련하여 언급되는 상태나 상황을 주의 깊게 듣는다. 대화에서 여자가 **这个老板**(이 사장님)이 항상 이미지 홍보를 한다고 말하자, 남자가 **他为农村小学捐过很多钱**(그는 농촌 초등학교를 위해 많은 돈을 기부한 적이 있어)이라고 답했다. 질문이 이 사장님에 관해 알 수 있는 것은 무엇인지 물었으므로, D **为教育捐过钱**(교육을 위해 돈을 기부했었다)이 정답이다.

✅ **고득점 노하우** 제시된 보기에 형용사 또는 **了**로 끝나는 문장이나 **是**자문(~은 ~이다)이 있을 경우, 화자 또는 특정 대상의 상황이나 상태를 주의 깊게 듣는다.

5 중

A 刚做了手术　　B 要控制体重
C 喜欢吃辣的　　D 需要多休息

男：大夫，我在饮食上有什么要注意的吗？
女：这虽然是个小手术，但是一个月内不能吃辣椒、冰激凌等刺激的食物。

问：关于男的，可以知道什么？

手术 shǒushù 圏 수술　控制 kòngzhì 圄 조절하다　体重 tǐzhòng 圏 체중
辣 là 圏 맵다　大夫 dàifu 圏 의사　饮食 yǐnshí 圏 음식을 먹고 마시다
辣椒 làjiāo 圏 고추　冰激凌 bīngjīlíng 圏 아이스크림　刺激 cìjī 圄 자극하다
食物 shíwù 圏 음식물

A 방금 수술을 했다　　B 체중을 조절하는 것이 필요하다
C 매운 것을 먹는 것을 좋아한다　　D 많이 쉬는 것이 필요하다

남：의사 선생님, 제가 음식에 주의해야 하는 게 무엇이 있나요？
여：이것은 비록 작은 수술이나, 하지만 한달 내에는 고추, 아이스크림 등 자극적인 음식물은 먹어선 안 됩니다.

질문：남자에 관하여, 알 수 있는 것은 무엇인가？

정답 A

해설 제시된 보기 A 刚做了手术(방금 수술을 하다), B 要控制体重(체중을 조절하는 것이 필요하다), C 喜欢吃辣的(매운 것을 먹는 것을 좋아한다), D 需要多休息(많이 쉬는 것이 필요하다)가 상황 또는 상태를 나타내므로, 대화를 들을 때 화자 또는 특정 대상의 상황이나 상태를 주의 깊게 듣는다. 대화에서 남자가 의사 선생님께 주의해야 하는 음식이 있는지 묻자, 여자는 这虽然是个小手术(이것은 비록 작은 수술이나)라며, 자극적인 음식을 주의하라고 답했다. 질문이 남자에 관해 알 수 있는 것은 무엇인지 물었으므로, A 刚做了手术(방금 수술을 했다)가 정답이다.

☑ **고득점 노하우** 보기가 모두 상황 또는 상태와 관련된 내용이면, 대화를 들을 때 화자 또는 특정 대상의 상황이나 상태를 주의 깊게 듣는다.

---

6 중

A 红红水平一般
B 红红一定能进决赛
C 这是一次平常的比赛
D 参与比结果更加重要

女：红红平时刻苦练习，把空闲时间都花在打球上了，您说她能进决赛吗？
男：要有一颗平常心，参与最重要，不要想太多的输赢。

问：男的是什么意思？

水平 shuǐpíng 圏 수준　决赛 juésài 圏 결승　平常 píngcháng 圏 평범하다
参与 cānyù 圄 참가하다　结果 jiéguǒ 圏 결과　更加 gèngjiā 囝 더, 더욱
平时 píngshí 圏 평소　刻苦 kèkǔ 애를 쓰다, 고생을 참아 내다
空闲 kòngxián 圏 자유 시간　花 huā 圄 사용하다　颗 kē 圏 알, 조각
平常心 píngchángxīn 圏 평정심　输赢 shūyíng 圏 승패

A 홍홍의 수준은 평범하다　　B 홍홍은 반드시 결승에 진출할 수 있다
C 이것은 한 번의 평범한 경기이다　　D 참가하는 것이 결과보다 더 중요하다

여：홍홍은 평소 애를 쓰며 연습을 하고, 자유 시간을 모두 공을 치는 데 쓰는데, 그녀가 결승에 진출할 수 있을지 말씀해 주시겠어요？
남：평정심이 있어야 해요, 참가하는 것이 가장 중요한 것이니, 너무 많은 이기고 지는 것을 생각하지 않아야 돼요.

질문：남자의 말은 무슨 뜻인가？

정답 D

해설 제시된 보기 A, B에서 红红(홍홍)이 언급되었으므로, 대화를 들을 때 红红(홍홍)과 관련된 내용을 주의 깊게 듣는다. 대화에서 여자가 홍홍이 결승에 진출할 수 있는지 묻자, 남자가 参与最重要，不要想太多的输赢(참가하는 것이 가장 중요한 것이니, 너무 많은 이기고 지는 것을 생각하지 않아야 돼요)이라고 답했다. 질문이 남자의 말은 무슨 뜻인지 물었으므로, D 参与比结果更加重要(참가하는 것이 결과보다 더 중요하다)가 정답이다.

☑ **고득점 노하우** 보기가 모두 긴 문장인데 주어가 같거나 반복되는 어휘가 있으면 이들을 핵심어구로 체크하고, 대화를 들을 때 관련된 내용을 주의 깊게 듣는다.

---

7 상

A 已经结婚了　　B 是位摄影师
C 希望当模特　　D 喜欢买衣服

男：好久不见，我发现你打扮得越来越时髦了。
女：我丈夫热爱摄影，我常常给他当模特，不时髦能行吗？

问：关于女的，我们可以知道什么？

摄影师 shèyǐngshī 圏 사진 작가　当 dāng 圄 ~이 되다　模特 mótè 圏 모델
发现 fāxiàn 圄 발견하다, 알아차리다　打扮 dǎban 圄 꾸미다
时髦 shímáo 圄 스타일리시하다, 유행이다　丈夫 zhàngfu 圏 남편
热爱 rè'ài 圄 좋아하다, 열렬히 사랑하다　摄影 shèyǐng 圄 사진을 찍다

제1회

제2회
듣기

제3회

제4회

제5회

해커스 HSK 5급 실전모의고사

A 이미 결혼했다 　　　　　 B 사진 작가이다 　　　　　 C 모델이 되길 바란다 　　　　　 D 옷 사는 것을 좋아한다

남: 오랜만이에요, 당신 꾸미는 것이 점점 스타일리시해지는 것을 발견했어요.

여: 제 남편이 사진 찍는 것을 좋아해서, 제가 종종 모델이 되어 주거든요, 스타일리시하지 않으면 되겠어요?

질문: 여자에 관하여, 우리가 알 수 있는 것은 무엇인가? 　　　　　 정답 A

해설 제시된 보기 A 已经结婚了(이미 결혼했다), B 是位摄影师(사진 작가이다), C 希望当模特(모델이 되길 바란다), D 喜欢买衣服(옷 사는 것을 좋아한다)가 모두 상황 또는 상태를 나타내므로, 대화를 들을 때 화자 또는 특정 대상의 상황이나 상태를 주의 깊게 듣는다. 대화에서 남자가 여자에게 점점 스타일리시해진다고 하자, 여자가 **我丈夫热爱摄影**(제 남편이 사진 찍는 것을 좋아해서)이라며, 스타일리시하지 않으면 안 된다고 답했다. 질문이 여자에 관하여 알 수 있는 것이 무엇인지 물었으므로, **我丈夫**(제 남편)를 통해 알 수 있는 A 已经结婚了(이미 결혼했다)가 정답이다.

✔ **고득점 노하우** 제시된 보기에 형용사 또는 了로 끝나는 문장이나 是자문(~은 ~이다)이 있을 경우, 화자 또는 특정 대상의 상황이나 상태를 주의 깊게 듣는다.

8
중

A 应该把精力花在学习上
B 孩子需要更多自由时间
C 学一两种乐器已经足够了
D 最好征求一下女儿的意见

女: 咱们女儿现在已经学了一种乐器了，你觉得还需要学别的吗？
男: 我宁可她不学习这些，有更多自由的时间。

问: 男的是什么意思？

精力 jīnglì 몡 정신과 체력　花 huā 통 사용하다　自由 zìyóu 몡 자유
时间 shíjiān 몡 시간　足够 zúgòu 통 충분하다　征求 zhēngqiú 통 묻다
宁可 nìngkě 튀 차라리 ~하는 것이 낫다

A 정신과 체력을 공부에 사용해야 한다 　　　　　 B 아이는 더 많은 자유 시간이 필요하다
C 한두 가지 악기를 배웠으면 이미 충분하다 　　　　　 D 가장 바람직한 것은 딸의 의견을 물어보는 것이다

여: 우리 딸이 지금 벌써 악기 한 가지를 배웠는데, 당신은 또 다른 걸 배울 필요가 있다고 생각하나요?

남: 저는 차라리 아이가 이런 것들을 배우지 않고, 더 많은 자유로운 시간이 있는 게 나아요.

질문: 남자의 말은 무슨 뜻인가? 　　　　　 정답 B

해설 제시된 보기 A의 精力(정신과 체력), B의 自由时间(자유 시간), C의 已经足够了(이미 충분하다), D의 女儿的意见(딸의 의견)을 핵심어구로 체크해두고, 대화를 들을 때 이와 관련하여 언급되는 내용을 주의 깊게 듣는다. 대화에서 여자가 아이가 또 다른 걸 배울 필요가 있는지 묻자, 남자가 **我宁可她不学习这些, 有更多自由的时间。**(저는 차라리 아이가 이런 것들을 배우지 않고, 더 많은 자유로운 시간이 있는 게 나아요.)이라고 답했다. 질문이 남자의 말은 무슨 뜻인지 물었으므로, B 孩子需要更多自由时间(아이는 더 많은 자유 시간이 필요하다)이 정답이다.

✔ **고득점 노하우** 보기가 모두 공통점을 찾기 어려운 긴 문장인 경우, 각 보기에서 아는 단어를 신속히 체크해두고, 대화를 들을 때 이와 관련된 내용을 주의 깊게 듣는다.

9
중

A 他们俩不太合适　　B 婚礼的日期很好
C 她感到非常吃惊　　D 她不想参加婚礼

男: 他们下个周六举行婚礼, 邀请咱们俩去参加。
女: 我简直不相信自己的耳朵。他们才认识几天啊？现在的年轻人效率真高！

问: 女的是什么意思？

俩 liǎ 㑊 두 사람　合适 héshì 혱 어울리다　婚礼 hūnlǐ 몡 결혼식
日期 rìqī 몡 날짜　吃惊 chījīng 통 놀라다
举行 jǔxíng 통 올리다, 열다, 거행하다　邀请 yāoqǐng 통 초대하다, 부르다
简直 jiǎnzhí 튀 진짜로, 완전히　相信 xiāngxìn 통 믿다　耳朵 ěrduo 몡 귀
效率 xiàolǜ 몡 능률

A 그들 두 사람은 그다지 어울리지 않는다 　　　　　 B 결혼식 날짜가 매우 좋다
C 그녀는 매우 놀랐다 　　　　　 D 그녀는 결혼식에 참석하고 싶지 않다

남: 그들이 다음 주 토요일에 결혼식을 올리는데, 우리 두 사람을 참석하라고 초대했어.

여: 난 진짜로 내 귀를 믿을 수가 없어. 그들이 기껏 며칠을 알았다고? 요즘 젊은 사람의 능률은 정말 높구나!

질문: 여자의 말은 무슨 뜻인가? 　　　　　 정답 C

해설 제시된 보기 B, D에서 婚礼(결혼식), C, D에서 她(그녀)가 언급되었으므로, 대화를 들을 때 婚礼(결혼식), 她(그녀)와 관련된 내용을 주의 깊게 듣는다. 대화에서 남자가 여자와 함께 결혼식에 초대받았다고 하자, 여자는 **我简直不相信自己的耳朵。**(난 진짜로 내 귀를 믿을 수가 없어.)라고 답했다. 질문이 여자의 말은 무슨 뜻인지 물었으므로, C 她感到非常吃惊(그녀는 매우 놀랐다)이 정답이다.

✔ **고득점 노하우** 보기가 모두 긴 문장인데 주어가 같거나 반복되는 어휘가 있으면 이들을 핵심어구로 체크하고, 대화를 들을 때 관련된 내용을 주의 깊게 듣는다.

10
하

A 很麻烦	B 很有趣
C 花时间	D 有讲究

女: 泡绿茶时, 水温不能超过80度, 不然绿茶里的
营养成分都被破坏了。
男: 原来喝茶还有这么多讲究啊。

问: 男的觉得喝茶怎么样?

有趣 yǒuqù 圄 재미있다　花 huā 圄 들이다, 사용하다
讲究 jiǎngjiu 圕 유의해야 하는 법칙　泡 pào 圄 (물, 액체에) 담가두다
绿茶 lǜchá 圕 녹차　水温 shuǐwēn 圕 수온　超过 chāoguò 圄 넘다
度 dù 圕 도(온도의 단위)　不然 bùrán 圙 그렇지 않으면
营养 yíngyǎng 圕 영양　成分 chéngfèn 圕 성분　破坏 pòhuài 圄 파괴하다

A 귀찮다	B 재미있다	C 시간이 든다	D 유의해야 하는 법칙이 있다

여: 녹차를 물에 담가둘 때, 수온은 80도를 넘으면 안 돼, 그렇지 않으면 녹차 안의 영양 성분이 모두 파괴되어 버려.
남: 알고 보니 차를 마실 때도 유의해야 하는 법칙이 이렇게나 많구나.

질문: 남자는 차를 마시는 것이 어떻다고 생각하는가?　　　　정답 D

해설 제시된 보기 A 很麻烦(귀찮다), B 很有趣(재미있다), C 花时间(시간이 든다), D 有讲究(유의해야 하는 법칙이 있다)가 모두 상황 또
는 상태를 나타내므로, 대화를 들을 때 화자 또는 특정 대상에 관한 상황이나 상태를 주의 깊게 듣는다. 대화에서 여자가 녹차를 물에 담
가둘 때 수온이 80도를 넘으면 안 된다고 하자, 남자가 原来喝茶还有这么多讲究啊。(알고 보니 차를 마실 때도 유의해야 하는 법칙
이 이렇게나 많구나.)라고 답했다. 질문이 남자는 차를 마시는 것이 어떻다고 생각하는지 물었으므로, D 有讲究(유의해야 하는 법칙
이 있다)가 정답이다.

☑ **고득점 노하우** 보기가 모두 상황 또는 상태와 관련된 표현이면, 대화를 들을 때 화자 또는 특정 대상의 상황이나 상태를 주의 깊게 듣는다.

11
중

A 参加培训	B 编写教材
C 出版小说	D 成立公司

男: 学员们说这次培训收获很大, 接待工作安排得
也很周到。
女: 谢谢! 我们希望跟您合作, 把培训内容编写成
教材。

问: 根据对话, 他们可能会一起做什么?

培训 péixùn 圄 교육　编写 biānxiě 圄 편집하다, 집필하다
教材 jiàocái 圕 교재　出版 chūbǎn 圄 출간하다　成立 chénglì 圄 설립하다
学员 xuéyuán 圕 수강생　收获 shōuhuò 圕 성과　接待 jiēdài 圄 응대하다
周到 zhōudào 圕 꼼꼼하다, 빈틈이 없다　合作 hézuò 圄 협력하다

A 교육에 참여한다	B 교재를 편집한다	C 소설을 출간한다	D 회사를 설립한다

남: 수강생들이 이번 교육 성과가 매우 크고, 응대하는 업무도 매우 꼼꼼하게 준비했다고 말했어요.
여: 감사합니다! 우리는 당신과 협력해서, 교육 내용을 편집하고 교재로 만들기를 바라요.

질문: 대화에 근거하여, 그들은 아마도 함께 무엇을 하겠는가?　　　　정답 B

해설 제시된 보기 A의 参加(참여하다), B의 编写(편집하다), C의 出版(출간하다), D의 成立(설립하다)가 모두 행동을 나타내므로, 대화를
들을 때 화자가 하고 있거나 하려는 행동이 무엇인지 주의 깊게 듣는다. 대화에서 남자가 여자에게 교육 성과에 대하여 칭찬하자, 여
자가 我们希望跟您合作, 把培训内容编写成教材。(우리는 당신과 협력해서, 교육 내용을 편집하고 교재로 만들기를 바라요.)라고
말했다. 질문이 그들은 아마도 함께 무엇을 하겠는지 물었으므로, B 编写教材(교재를 편집한다)가 정답이다.

☑ **고득점 노하우** 제시된 보기가 모두 행동과 관련된 짧은 문장인 경우, 대화를 들을 때 화자 또는 특정 인물이 하고 있거나 하려는 행동이 무엇인지를
주의 깊게 듣는다.

12
중

A 实验	B 报告	C 课程	D 理论

女: 这个实验我已经重复了几次了, 结果还是不理
想。
男: 别着急, 这个时候保持冷静非常重要。来, 让
我检查一下你的各个步骤。

问: 他们在谈论什么?

实验 shíyàn 圕 실험　报告 bàogào 圕 보고서　课程 kèchéng 圕 교육 과정
理论 lǐlùn 圕 이론　重复 chóngfù 圄 반복하다　结果 jiéguǒ 圕 결과
理想 lǐxiǎng 圕 만족스럽다　着急 zháojí 圄 조급해하다
保持 bǎochí 圄 유지하다　冷静 lěngjìng 圄 침착하다
检查 jiǎnchá 圄 검토하다　步骤 bùzhòu 圕 절차　谈论 tánlùn 圄 논의하다

A 실험	B 보고서	C 교육 과정	D 이론

여: 이 실험을 제가 이미 몇 번을 반복했는데, 결과가 여전히 만족스럽지 않아요.
남: 조급해하지 말아요, 이럴 때 침착함을 유지하는 것이 아주 중요해요. 자, 제가 당신의 각 절차를 검토하게 해주세요.

질문: 그들은 무엇을 논의하고 있는가?　　　　정답 A

해설 대화를 들을 때 제시된 보기 A 实验(실험), B 报告(보고서), C 课程(교육 과정), D 理论(이론)과 관련된 내용을 주의 깊게 듣는다. 대화에서 여자는 这个实验我已经重复了几次了(이 실험을 제가 이미 몇 번을 반복했는데)라고 말했다. 질문이 그들은 무엇을 논의하고 있는지 물었으므로, A 实验(실험)이 정답이다.

✓ **고득점 노하우** 제시된 보기가 서로 다른 특정 명사인 경우에는, 대화를 들을 때 각 명사들과 관련된 내용을 주의 깊게 듣는다.

13
상

| A 从事业务工作 | B 工资收入很高 |
| C 工作环境舒适 | D 同事比较友好 |

男: 你对待遇有什么要求?
女: 没什么特殊要求, 我更看重工作环境和将来的发展, 所以希望能被分配到业务部门工作。

问: 女的有什么希望?

从事 cóngshì 图 종사하다, 일하다　业务 yèwù 图 사업, 업무
工资 gōngzī 图 급여　收入 shōurù 图 수입　舒适 shūshì 图 편안하다
同事 tóngshì 图 동료　友好 yǒuhǎo 图 우호적이다　待遇 dàiyù 图 대우
特殊 tèshū 图 특별하다　看重 kànzhòng 图 중요시하다
将来 jiānglái 图 미래　发展 fāzhǎn 图 발전　分配 fēnpèi 图 배치하다
部门 bùmén 图 부서

A 사업 업무에 종사한다　　B 급여 소득이 매우 높다　　C 업무 환경이 편안하다　　D 동료가 비교적 우호적이다

남: 당신의 대우에 대해 어떤 요구가 있나요?
여: 어떤 특별한 요구는 없어요, 저는 업무 환경과 미래의 발전을 더 중요시해서, 그래서 사업 부서로 배치되어 일할 수 있기를 바라요.

질문: 여자는 어떤 기대가 있는가?

정답 A

해설 제시된 보기 A의 从事(종사하다), B의 工资(급여), C의 工作环境(업무 환경), D의 同事(동료)을 핵심어구로 체크해두고, 대화를 들을 때 이와 관련하여 언급되는 내용을 주의 깊게 듣는다. 대화에서 남자가 여자에게 대우에 대해 어떤 요구가 있는지 묻자, 여자가 希望能被分配到业务部门工作(사업 부서로 배치되어 일할 수 있기를 바라요)라고 답했다. 질문이 여자는 어떤 기대가 있는지 물었으므로, A 从事业务工作(사업 업무에 종사한다)가 정답이다.

✓ **고득점 노하우** 보기가 모두 공통점을 찾기 어려운 긴 문장인 경우, 각 보기에서 아는 단어를 신속히 체크해두고, 대화를 들을 때 이와 관련된 내용을 주의 깊게 듣는다.

14
상

| A 价格比较合理 | B 穿着特别舒服 |
| C 是本地的特产 | D 制作水平很高 |

女: 我想买礼物回去送朋友, 你有什么推荐的?
男: 这里的丝绸生产历史非常悠久, 你可以买些丝绸产品, 像丝绸衣服、围巾都不错。

问: 男的为什么建议女的买丝绸产品?

价格 jiàgé 图 가격　合理 hélǐ 图 합리적이다　本地 běndì 图 본고장, 이곳
特产 tèchǎn 图 특산물　制作 zhìzuò 图 제작하다　推荐 tuījiàn 图 추천하다
丝绸 sīchóu 图 비단　生产 shēngchǎn 图 생산하다
悠久 yōujiǔ 图 오래되다, 유구하다　产品 chǎnpǐn 图 제품
围巾 wéijīn 图 스카프　建议 jiànyì 图 제안하다

A 가격이 비교적 합리적이다　　B 입으면 아주 편안하다　　C 본고장의 특산물이다　　D 제작 수준이 높다

여: 나는 선물을 사서 돌아가 친구에게 주고 싶은데, 너는 추천할 것이 무엇이 있니?
남: 이곳의 비단 생산 역사는 아주 오래되어서, 너는 몇몇 비단 제품을 사도 돼, 비단 옷, 스카프 같은 것 모두 괜찮아.

질문: 남자는 왜 여자에게 비단 상품을 사라고 제안했는가?

정답 C

해설 제시된 보기 A의 价格 …… 合理(가격이 합리적이다), B의 穿着 …… 舒服(입으면 편안하다), C의 特产(특산물), D의 制作水平 …… 高(제작 수준이 높다)를 핵심어구로 체크해두고, 대화를 들을 때 이와 관련하여 언급되는 내용을 주의 깊게 듣는다. 대화에서 여자가 남자에게 선물을 추천해 달라고 말하자, 남자가 这里的丝绸生产历史非常悠久, 你可以买些丝绸产品(이곳의 비단 생산 역사는 아주 오래되어서, 너는 몇몇 비단 제품을 사도 돼)이라고 답했다. 질문이 남자는 왜 여자에게 비단 상품을 사라고 제안했는지 물었으므로, C 是本地的特产(본고장의 특산물이다)이 정답이다.

✓ **고득점 노하우** 보기가 모두 공통점을 찾기 어려운 긴 문장인 경우, 각 보기에서 아는 단어를 신속히 체크해두고, 대화를 들을 때 이와 관련된 내용을 주의 깊게 듣는다.

15
상

A 男的在办退房手续
B 男的正在买充电器
C 服务台可以修手机
D 用充电器需要押金

男: 请问我能租用一个手机充电器吗?
女: 没问题, 押金300块, 退房的时候还到服务台, 押金会退给您。

问: 根据对话, 可以知道什么?

办 bàn 圖 (어떤 일을) 하다, 처리하다　退房 tuìfáng 圖 체크아웃하다
手续 shǒuxù 圎 수속　充电器 chōngdiànqì 圎 충전기
服务台 fúwùtái 圎 프런트 데스크　押金 yājīn 圎 보증금
租用 zūyòng 圖 빌려쓰다, 임대하다　还 huán 圖 반납하다

A 남자는 체크아웃 수속을 하고 있다　　　　B 남자는 충전기를 사는 중이다
C 프런트 데스크에서 휴대폰을 수리할 수 있다　　D 충전기를 사용하려면 보증금이 필요하다

남: 실례지만 제가 휴대폰 충전기 하나를 빌려 쓸 수 있나요?
여: 물론입니다, 보증금은 300위안이고, 체크아웃 하실 때 프런트 데스크에 반납하시면, 보증금은 돌려드립니다.

질문: 대화에 근거하여, 알 수 있는 것은 무엇인가?

정답 D

해설 제시된 보기 A의 退房手续(체크아웃 수속을 하다), B의 买充电器(충전기를 사다), C의 修手机(휴대폰을 수리하다), D의 需要押金(보증금이 필요하다)를 핵심어구로 체크해두고, 대화를 들을 때 이와 관련하여 언급되는 내용을 주의 깊게 듣는다. 대화에서 남자가 여자에게 휴대폰 충전기를 빌릴 수 있는지 묻자, 여자가 押金300块(보증금은 300위안이고)라고 답했다. 질문이 대화에 근거하여 알 수 있는 것을 물었으므로, D 用充电器需要押金(충전기를 사용하려면 보증금이 필요하다)이 정답이다.

☑ **고득점 노하우** 보기가 모두 긴 문장인데 주어가 같거나 반복되는 어휘가 있으면 이들을 핵심어구로 체크하고, 대화를 들을 때 관련된 내용을 주의 깊게 듣는다.

16
중

A 应该打的回去
B 自己记忆力差
C 忘了车停在哪儿了
D 女的喜欢开玩笑

女: 打的回去? 你刚才不是说过你是骑摩托车来的吗?
男: 对, 我转身就忘了, 瞧我这木头脑袋。

问: 男的是什么意思?

打的 dǎdī 圖 택시를 잡다　记忆力 jìyìlì 圎 기억력　忘 wàng 圖 잊다
停 tíng 圖 세우다, 정거하다　摩托车 mótuōchē 圎 오토바이
转身 zhuǎnshēn 圖 몸을 돌리다　瞧 qiáo 圖 보다
木头脑袋 mùtóunǎodai 圎 돌대가리

A 택시를 잡고 돌아가야 한다　　　　B 자신의 기억력이 나쁘다
C 차를 어디에 세워 두었는지 잊어버렸다　　D 여자는 농담 하는 것을 좋아한다

여: 택시를 타고 되돌아간다고? 네가 방금 오토바이를 타고 왔다고 말하지 않았니?
남: 맞아, 나는 돌아서면 잊어버려, 이 돌대가리 좀 봐.

질문: 남자의 말은 무슨 뜻인가?

정답 B

해설 제시된 보기 A의 打的(택시를 잡다), B의 记忆力差(기억력이 나쁘다), C의 忘了(잊어버렸다), D의 喜欢开玩笑(농담하는 것을 좋아하다)를 핵심어구로 체크해두고, 대화를 들을 때 이와 관련하여 언급되는 내용을 주의 깊게 듣는다. 대화에서 여자가 남자에게 방금 오토바이를 타고 왔는데 택시를 타고 되돌아가냐고 묻자, 남자가 对, 我转身就忘了(맞아, 나는 돌아서면 잊어버려)라고 답했다. 질문이 남자의 말은 무슨 뜻인지 물었으므로, B 自己记忆力差(자신의 기억력이 나쁘다)가 정답이다.

☑ **고득점 노하우** 보기가 모두 공통점을 찾기 어려운 긴 문장인 경우, 각 보기에서 아는 단어를 신속히 체크해두고, 대화를 들을 때 이와 관련된 내용을 주의 깊게 듣는다.

17 중

A 男的买不起　B 可以分期付钱
C 是最流行的产品　D 价格降低了一半

男: 这个电视机能优惠一点吗?
女: 现在是推广期间，价格已经很优惠了。您可以选择分期付款，今天只需付一半，其余的半年内付完就行。
问: 关于这个电视机，下面哪项正确?

不起 buqǐ ~할 수 없다 分期 fēnqī [동] 기간을 나누다
流行 liúxíng [동] 유행하다 产品 chǎnpǐn [명] 제품 价格 jiàgé [명] 가격
降低 jiàngdī [동] 낮추다 优惠 yōuhuì [형] 할인의, 우대의
推广 tuīguǎng [동] 프로모션을 진행하다, 홍보하다 期间 qījiān [명] 기간
选择 xuǎnzé [동] 선택하다 付款 fùkuǎn [동] 돈을 지불하다
分期付款 fēnqī fùkuǎn [명] 할부 其余 qíyú [대] 나머지

A 남자는 살 수 없다　B 할부가 가능하다　C 가장 유행하는 제품이다　D 가격이 절반 낮아졌다

남: 이 텔레비전 조금 할인해 주실 수 있나요?
여: 지금은 프로모션 기간이라서, 가격은 이미 할인이 된 것입니다. 손님께서는 할부를 선택하실 수 있어요, 오늘은 절반만 내고, 나머지는 반 년 내에 내시면 됩니다.
질문: 이 텔레비전에 관해, 아래 옳은 것은 무엇인가?　정답 B

해설 제시된 보기 A의 买不起(살 수 없다), B의 付钱(돈을 지불하다), C의 产品(제품), D의 价格(가격)를 핵심어구로 체크해두고, 대화를 들을 때 이와 관련하여 언급되는 내용을 주의 깊게 듣는다. 대화에서 남자가 여자에게 텔레비전을 할인해줄 수 있냐고 묻자, 여자가 가격은 이미 할인이 된 것이라며, 您可以选择分期付款(손님께서는 할부를 선택하실 수 있어요)이라고 답했다. 질문이 이 텔레비전에 관해 옳은 것은 무엇인지 물었으므로, B 可以分期付钱(할부가 가능하다)이 정답이다.

✅ **고득점 노하우** 보기가 모두 공통점을 찾기 어려운 긴 문장인 경우, 각 보기에서 아는 단어를 신속히 체크해두고, 대화를 들을 때 이와 관련된 내용을 주의 깊게 듣는다.

18 중

A 获得幸福并不容易
B 现在很多人结婚晚
C 年轻人工作压力大
D 不用替年轻人操心

女: 现在的孩子啊，跟我们观念不同，都在忙工作，对自己的婚姻大事却根本不关心。
男: 年轻人有自己的想法，你别替他们操心了。
问: 男的是什么意思?

获得 huòdé [동] 얻다 幸福 xìngfú [명] 행복 并 bìng [부] 결코
替 tì [동] 대신하다 操心 cāoxīn [동] 걱정하다 观念 guānniàn [명] 사고방식
不同 bùtóng [형] 다르다 婚姻 hūnyīn [명] 혼인, 결혼
大事 dàshì [명] 대사, 큰일 根本 gēnběn [부] 전혀 想法 xiǎngfǎ [명] 생각

A 행복을 얻는 것은 결코 쉽지 않다　B 오늘날 매우 많은 사람이 늦게 결혼한다
C 젊은 사람은 업무 스트레스가 크다　D 젊은 사람을 대신해서 걱정할 필요 없다

여: 지금의 아이들은, 우리와 사고방식이 달라서, 모두 일하느라 바쁘고, 자신의 혼인 대사에 대해서는 오히려 전혀 관심을 가지지 않아요.
남: 젊은 사람은 자신의 생각이 있으니, 그들을 대신해서 걱정하지 마세요.
질문: 남자의 말은 무슨 뜻인가?　정답 D

해설 제시된 보기 A의 幸福(행복), B의 结婚(결혼하다), C의 工作(일), D의 年轻人(젊은 사람)을 핵심어구로 체크해두고, 대화를 들을 때 이와 관련하여 언급되는 내용을 주의 깊게 듣는다. 대화에서 여자가 지금의 아이들이 자신의 혼인 대사에 대해서는 관심이 없다고 말하자, 남자가 你别替他们操心了(그들을 대신해서 걱정하지 마세요)라고 답했다. 질문이 남자의 말은 무슨 뜻인지 물었으므로, D 不用替年轻人操心(젊은 사람을 대신해서 걱정할 필요 없다)이 정답이다.

✅ **고득점 노하우** 보기가 모두 공통점을 찾기 어려운 긴 문장인 경우, 각 보기에서 아는 단어를 신속히 체크해두고, 대화를 들을 때 이와 관련된 내용을 주의 깊게 듣는다.

19
중

A 打太极拳　　　　　B 练练武术
C 减少工作　　　　　D 少用电脑

男: 大夫, 我的脖子到底有什么问题?
女: 看检查结果没有大问题, 你要注意控制用电脑
　　的时间。平时你也可以打打太极拳, 练练武术
　　缓解一下疼痛。

问: 下面哪项不是大夫的建议?

太极拳 tàijíquán 圆 태극권　练 liàn 동 연습하다　武术 wǔshù 圆 무술
减少 jiǎnshǎo 동 줄이다　大夫 dàifu 圆 의사　脖子 bózi 圆 목
到底 dàodǐ 면 도대체　检查 jiǎnchá 동 검사　结果 jiéguǒ 圆 결과
控制 kòngzhì 동 조절하다　平时 píngshí 圆 평소
缓解 huǎnjiě 동 완화시키다　疼痛 téngtòng 圆 통증
建议 jiànyì 圆 제안 동 제안하다

A 태극권을 한다　　　　B 무술을 연습한다　　　　C 업무를 줄인다　　　　D 컴퓨터를 적게 사용한다

남: 의사 선생님, 저의 목에 도대체 무슨 문제가 있는 거죠?
여: 검사 결과를 보니 큰 문제는 없고, 컴퓨터를 사용하는 시간을 조절하는 것에 주의해야 합니다. 평소에 태극권을 하고, 무술 연습을 하여
　　통증을 완화시킬 수 있습니다.

질문: 다음 중 의사의 제안이 아닌 것은?　　　　　　　　　　　　　　　　　　　　　　　　　　　　　　　정답 C

해설 제시된 보기 A 打太极拳(태극권을 한다), B 练练武术(무술을 연습한다), C 减少工作(업무를 줄인다), D 少用电脑(컴퓨터를 적게 사
　　　용한다)가 모두 행동을 나타내므로, 대화를 들을 때 화자가 하고 있거나 하려는 행동이 무엇인지 주의 깊게 듣는다. 대화에서 남자가
　　　자신의 목에 무슨 문제가 있는 것인지 묻자, 여자가 你要注意控制用电脑的时间。平时你也可以打打太极拳, 练练武术缓解一下
　　　疼痛.(컴퓨터를 사용하는 시간을 조절하는 것에 주의해야 합니다. 평소에 태극권을 하고, 무술 연습을 하여 통증을 완화시킬 수 있
　　　습니다.)이라고 한 내용을 듣고 A 打太极拳(태극권을 한다), B 练练武术(무술을 연습한다), D 少用电脑(컴퓨터를 적게 사용한다)에
　　　체크해둔다. 질문이 다음 중 의사의 제안이 아닌 것을 물었으므로, C 减少工作(업무를 줄인다)가 정답이다.

　　　☑ **고득점 노하우** 제시된 보기가 모두 행동과 관련된 짧은 문장인 경우, 대화를 들을 때 화자 또는 특정 인물이 하고 있거나 하려는 행동이 무엇인지를
　　　　　　　　　　　　주의 깊게 듣는다.

20
상

A 不应该过早教成语
B 成语的内容太复杂
C 学习成语让人聪明
D 教成语要注意方法

女: 我觉得不应该教初级班的留学生学成语, 太难
　　了。
男: 成语包含了丰富的文化, 是中国人智慧的集中
　　体现。只要方法正确, 完全可以教。

问: 男的是什么意思?

过早 guòzǎo 면 너무 이르다　成语 chéngyǔ 圆 성어
复杂 fùzá 혱 복잡하다　教 jiāo 동 가르치다　初级班 chūjí bān 초급반
包含 bāohán 동 포함하다　文化 wénhuà 圆 문화　智慧 zhìhuì 圆 지혜
集中 jízhōng 혱 집중적인　体现 tǐxiàn 동 구현　구현하다
只要 zhǐyào 젭 ~하기만 하면　正确 zhèngquè 혱 올바르다

A 너무 이르게 성어를 가르치면 안 된다　　　　　　　　B 성어의 내용은 너무 복잡하다
C 성어를 배우는 것은 사람을 똑똑하게 한다　　　　　　D 성어를 가르치려면 방법에 주의해야 한다

여: 나는 초급반의 유학생들이 성어를 배우도록 가르치면 안 된다고 생각해, 너무 어려워.
남: 성어는 풍부한 문화를 포함하고 있고, 중국인의 지혜가 집중적으로 구현된 것이야. 방법이 올바르기만 하면, 충분히 가르칠 수 있지.

질문: 남자의 말은 무슨 뜻인가?　　　　　　　　　　　　　　　　　　　　　　　　　　　　　　　　　　정답 D

해설 제시된 보기 A, B, C, D에서 成语(성어)가 언급되었으므로, 대화를 들을 때 成语(성어)와 관련된 내용을 주의 깊게 듣는다. 대화에서
　　　여자가 초급반의 유학생들에게 성어를 가르치면 안 된다고 생각한다고 말하자, 남자가 只要方法正确, 完全可以教.(방법이 올바르
　　　기만 하면, 충분히 가르칠 수 있지.)라고 답했다. 질문이 남자의 말은 무슨 뜻인지 물었으므로, 只要方法正确(방법이 올바르기만 하
　　　면)에서 유추 가능한 D 教成语要注意方法(성어를 가르치려면 방법에 주의해야 한다)가 정답이다. 참고로, A 不应该过早教成语(너
　　　무 이르게 성어를 가르치면 안 된다)는 여자가 한 말이므로 오답이다.

　　　☑ **고득점 노하우** 보기가 모두 긴 문장인데 주어가 같거나 반복되는 어휘가 있으면 이들을 핵심어구로 체크하고, 대화를 들을 때 관련된 내용을 주의 깊
　　　　　　　　　　　　게 듣는다.

제1회

제2회
듣기

제3회

제4회

제5회

해커스 HSK 5급 실전모의고사

21
중

A 最近工作太忙了　　B 是一名开锁师傅
C 常常忘记带钥匙　　D 去女的家拿钥匙

男: 把开锁师傅的电话再给我一次吧? 早上走得匆忙, 钥匙又没带。
女: 这是这个月的第三次了吧。
男: 是啊, 太耽误事儿了, 以后我在你那儿放把钥匙吧。
女: 你干脆换个密码锁吧, 这样就不用带钥匙了。

问: 关于男的, 下列哪项是对的?

开锁 kāisuǒ 图 자물쇠를 열다　师傅 shīfu 圆 아저씨, 스승
忘记 wàngjì 图 잊어버리다　钥匙 yàoshi 圆 열쇠
匆忙 cōngmáng 圆 매우 바쁘다　耽误 dānwu 图 일을 그르치다
把 bǎ 图 손잡이가 자루가 있는 기구를 셀 때 쓰임　干脆 gāncuì 圆 차라리
密码锁 mìmǎsuǒ 圆 비밀번호형 자물쇠

A 최근 일이 너무 바쁘다　　　　　　　　B 자물쇠를 여는 아저씨다
C 자주 열쇠를 가져오는 것을 잊는다　　　D 여자의 집에 가서 열쇠를 가져왔다

남: 자물쇠 여는 아저씨의 전화번호를 다시 한 번만 나에게 줄래? 아침에 바쁘게 가느라, 열쇠를 또 안 가져왔어.
여: 이게 이번 달 세 번째지.
남: 맞아, 너무 일을 그르쳤어, 이후에 내가 네가 있는 그곳에 열쇠를 둘게.
여: 차라리 비밀번호형 자물쇠로 바꿔 봐, 이렇게 하면 열쇠를 가지고 다닐 필요가 없잖아.

질문: 남자에 관해, 아래 중 옳은 것은 무엇인가?　　　　　　　　　　정답 C

해설 제시된 보기 B에서는 开锁(자물쇠를 열다), C와 D에서는 钥匙(열쇠)이 언급되었으므로, 대화를 들을 때 开锁(자물쇠를 열다)와 钥匙(열쇠)에 관련된 내용을 주의 깊게 듣는다. 대화에서 남자가 여자에게 열쇠를 또 안 가져왔다고 말하자, 여자가 这是这个月的第三次了吧.(이게 이번 달 세 번째지.)라고 답한 것을 듣고, C 常常忘记带钥匙(자주 열쇠를 가져오는 것을 잊는다)에 체크해둔다. 질문이 남자에 관해 옳은 것은 무엇인지 물었으므로, 체크해둔 C 常常忘记带钥匙(자주 열쇠를 가져오는 것을 잊는다)이 정답이다.

☑ **고득점 노하우** 보기가 모두 긴 문장인데 주어가 같거나 반복되는 어휘가 있으면 이들을 핵심어구로 체크하고, 대화를 들을 때 관련된 내용을 주의 깊게 듣는다.

22
중

A 上辅导班　　　　B 学习乐器
C 在家打游戏　　　D 参加夏令营

女: 暑假快要到了, 给孩子报几个辅导班吧?
男: 假期应该让孩子放松放松, 要不让他去参加这个夏令营吧。
女: 那学习落后怎么办?
男: 这个夏令营不仅让孩子运动, 做游戏, 也包括学校的课程。

问: 根据对话, 可以知道孩子暑假可能会做什么?

辅导班 fǔdǎobān 圆 특별 활동반　乐器 yuèqì 圆 악기
夏令营 xiàlìngyíng 圆 여름 캠프　暑假 shǔjià 圆 여름 방학
快要 kuàiyào 图 곧~하다　报 bào 图 신청하다　假期 jiàqī 圆 방학 기간
放松 fàngsōng 图 스트레스를 풀다　要不 yàobù 圆 아니면~하든지, 안 그러면　落后 luòhòu 图 뒤떨어지다
不仅 bùjǐn 圖 ~뿐만 아니라　包括 bāokuò 图 포함하다
课程 kèchéng 圆 교육 과정

A 특별 활동반을 듣는다　　B 악기를 배운다　　　C 집에서 게임을 한다　　　D 여름 캠프에 참가한다

여: 여름 방학이 곧 다가오네요, 아이에게 특별 활동반을 몇 개 신청해 주죠?
남: 방학 기간에는 아이의 스트레스를 좀 풀게 해 줘야죠, 아니면 그를 이번 여름 캠프에 참가하게 하던지요.
여: 그럼 공부가 뒤쳐지면 어떡하죠?
남: 이 여름 캠프는 아이를 운동을 시킬 뿐만 아니라, 게임을 하고, 또 학교 교육 과정도 포함하고 있어요.

질문: 대화에 근거하여, 아이가 여름 방학에 아마도 무엇을 할 것인지를 알 수 있는가?　　　　　정답 D

해설 제시된 보기 A 上辅导班(특별 활동반을 듣는다), B 学习乐器(악기를 배운다), C 在家打游戏(집에서 게임을 한다), D 参加夏令营(여름 캠프에 참가한다)이 모두 행동을 나타내므로, 대화를 들을 때 화자 또는 특정 인물이 하고 있거나 하려는 행동이 무엇인지 주의 깊게 듣는다. 여자가 여름 방학을 맞이하여 아이들에게 특별 활동반을 신청해 줄 지를 남자에게 묻자, 남자가 要不让他去参加这个夏令营吧(아니면 그를 이번 여름 캠프에 참가하게 하던지요)라고 답했다. 질문이 아이가 여름 방학에 아마도 무엇을 할 것인지를 물었으므로, D 参加夏令营(여름 캠프에 참가한다)이 정답이다.

☑ **고득점 노하우** 제시된 보기가 모두 행동과 관련된 짧은 문장인 경우, 대화를 들을 때 화자 또는 특정 인물이 하고 있거나 하려는 행동이 무엇인지를 주의 깊게 듣는다.

23
중

A 面积很大	B 价格很高
C 营业时间长	D 在网上销售

面积 miànjī 圏 면적　价格 jiàgé 圏 가격　营业 yíngyè 圄 영업하다
网上 wǎngshàng 圏 온라인　销售 xiāoshòu 圄 판매하다
海鲜 hǎixiān 圏 해산물　网址 wǎngzhǐ 圏 웹사이트 주소
口味 kǒuwèi 圏 맛　顾客 gùkè 圏 고객　评价 píngjià 圏 평가
销售量 xiāoshòuliàng 圏 판매량　降下 jiàngxià 圄 떨어지다, 내리다

男: 今天的海鲜真好吃, 在哪儿买的?
女: 网上, 我把网址发给你。
男: 价格不便宜吧?
女: 不算贵。这家店在网上挺有名的, 他们家的海
　　鲜很新鲜、口味也好, 顾客的评价非常高。因
　　此销售量很大, 价格也就降下来了。

问: 关于这家海鲜店, 下列哪项正确?

A 면적이 매우 크다	B 가격이 매우 비싸다	C 영업 시간이 길다	D 온라인에서 판매한다

남: 오늘 해산물 정말 맛있네, 어디에서 산 거야?
여: 온라인에서, 내가 웹사이트 주소를 너에게 보내 줄게.
남: 가격이 싸지는 않지?
여: 비싼 편은 아니야. 이 가게는 온라인에서 꽤 유명해, 그들 가게의 해산물은 매우 신선하고 맛도 좋아서, 고객들의 평가가 아주 높아. 이 때
　　문에 판매량이 매우 많아서, 가격도 떨어졌어.

질문: 이 해산물 가게에 관해, 아래 옳은 것은 무엇인가?

정답 D

해설 제시된 보기 A의 面积(면적), B의 价格(가격), C 营业时间(영업 시간), D의 网上销售(온라인 판매)를 핵심어구로 체크해두고, 대화를 들을 때 이와 관련하여 언급되는 상태나 상황을 주의 깊게 듣는다. 대화에서 남자가 여자에게 해산물을 어디에서 샀는지 묻자, 여자가 网上(온라인에서)이라고 답했다. 질문이 이 해산물 가게에 관해 옳은 것이 무엇인지 물었으므로, D 在网上销售(온라인에서 판매한다)가 정답이다.

☑ **고득점 노하우** 제시된 보기가 모두 상황 또는 상태 관련 내용이면, 대화를 들을 때 화자 또는 특정 대상의 상황이나 상태를 주의 깊게 듣는다.

24
상

A 男的不太会养花	B 这盆花长得很好
C 花已经被晒死了	D 女的是植物学家

养 yǎng 圄 기르다　盆 pén 圏 꽃, 화분 등으로 담는 수량을 세는 단위
晒 shài 圄 햇볕에 말리다　死 sǐ 圄 죽다　植物学家 zhíwùxuéjiā 식물학자
怎么回事 zěnme huíshì 어떻게 된 거야　总是 zǒngshì 圄 항상, 늘
多久 duōjiǔ 圏 오래, 오랫동안　无奈 wúnài 圄 안타깝다　土 tǔ 圏 흙
干 gān 圄 건조하다　种 zhǒng 圏 종류　湿润 shīrùn 圄 축축하다
环境 huánjìng 圏 환경　赶紧 gǎnjǐn 圄 얼른　阳台 yángtái 圏 베란다
怪不得 guàibude 圄 어쩐지　简直 jiǎnzhí 圄 완전히
专家 zhuānjiā 圏 전문가

女: 这盆花不是你前两天刚买的吗? 怎么回事啊?
男: 花到我手里总是养不了多久, 我也很无奈。
女: 土太干了, 这种花喜欢湿润的环境。赶紧把它
　　搬进房间来, 不能放在阳台上, 会晒死的。
男: 怪不得呢, 你怎么会了解这么多? 简直像个植
　　物学专家。

问: 根据对话, 可以知道什么?

A 남자는 꽃을 그다지 잘 기르지 못한다	B 이 꽃은 매우 잘 자란다
C 꽃은 이미 말라 죽었다	D 여자는 식물학자이다

여: 이 꽃 네가 이틀 전에 막 산 것 아니니? 어떻게 된 거야?
남: 꽃이 내 손에 오면 항상 오래 기를 수 없어, 나도 매우 안타까워.
여: 흙이 너무 건조하네, 이런 종류의 꽃은 축축한 환경을 좋아해. 얼른 그것을 방으로 들여와, 베란다에 놓아 두어서는 안 돼, 말라 죽을 거야.
남: 어쩐지, 너는 어떻게 이렇게 많은 걸 자세하게 알아? 완전히 식물학 전문가 같아.

질문: 대화에 근거하여, 알 수 있는 것은 무엇인가?

정답 A

해설 제시된 보기 A의 养花(꽃을 기르다), B의 花长得很好(꽃은 잘 자란다), C의 花晒死了(꽃은 말라 죽었다), D의 植物学专家(식물학자)를 핵심어구로 체크해두고, 대화를 들을 때 이와 관련하여 언급되는 내용을 주의 깊게 듣는다. 대화에서 여자가 남자에게 이틀 전에 산 꽃이 어떻게 된 거냐고 묻자, 남자가 花到我手里总是养不了多久(꽃이 내 손에 오면 항상 오래 기를 수 없어)라고 한 것을 듣고 A 男的不太会养花(남자는 꽃을 그다지 잘 기르지 못한다)를 체크해둔다. 질문이 대화에 근거하여, 알 수 있는 것을 물었으므로, A 男的不太会养花(남자는 꽃을 그다지 잘 기르지 못한다)가 정답이다.

☑ **고득점 노하우** 보기가 모두 공통점을 찾기 어려운 긴 문장인 경우, 각 보기에서 아는 단어를 신속히 체크해두고, 대화를 들을 때 이와 관련된 내용을 주의 깊게 듣는다.

제1회

제2회
듣기

제3회

제4회

제5회

해커스 HSK 5급 실전모의고사

25
중

A 经常换经理	B 已经破产了
C 进口了很多产品	D 要增加广告投入

男: 这家公司要跟我们签合同, 增加产品的广告投入。

女: 不是听说他们快破产了吗?

男: 去年他们换了经理, 改革了经营方法, 开发了很多新产品。

女: 看来一位有能力的经理真的可以救一个公司啊。

问: 关于这家公司, 下列哪项正确?

经理 jīnglǐ 몡 사장　破产 pòchǎn 통 파산하다　进口 jìnkǒu 통 수입하다
产品 chǎnpǐn 몡 제품　增加 zēngjiā 통 늘리다, 증가하다
广告 guǎnggào 몡 광고　投入 tóurù 몡 투자금 통 투입하다, 넣다
家 jiā 얭 집, 점포 등을 세는 단위　签 qiān 통 사인하다
合同 hétong 몡 계약서　听说 tīngshuō 통 듣자 하니
改革 gǎigé 통 개혁하다　经营 jīngyíng 통 경영하다　方法 fāngfǎ 몡 방식
开发 kāifā 통 개발하다　新产品 xīnchǎnpǐn 몡 신제품
看来 kànlái 통 보아하니　能力 nénglì 몡 능력　救 jiù 통 구제하다

A 사장을 자주 바꾼다	B 이미 파산했다
C 매우 많은 제품을 수입했다	D 광고 투자금을 늘리려고 한다

남: 이 회사가 우리와 계약을 하려 하고, 제품의 광고 투자금을 늘리려고 해요.

여: 듣자 하니 그들이 곧 파산하려고 한다던데 아니에요?

남: 작년에 그들은 사장을 바꿔서, 경영 방식을 개혁하고, 매우 많은 신제품을 개발했어요.

여: 보아하니 능력 있는 사장 한 명이 정말로 회사 하나를 구제할 수 있네요.

질문: 이 회사에 관해, 다음 중 옳은 것은 무엇인가?　정답 D

해설 제시된 보기 A의 换经理(사장을 바꾸다), B의 破产(파산하다), C의 进口 …… 产品(제품을 수입하다), D의 增加 …… 投入(투자금을 늘리다)를 핵심어구로 체크해두고, 대화를 들을 때 이와 관련하여 언급되는 상태나 상황을 주의 깊게 듣는다. 대화에서 남자가 这家公司要跟我们签合同, 增加产品的广告投入.(이 회사가 우리와 계약을 하려 하고, 제품의 광고 투자금을 늘리려고 해요.)라고 한 내용을 듣고 D 要增加广告投入(광고 투자금을 늘리려고 한다)에 체크해둔다. 질문이 이 회사에 관해 옳은 것이 무엇인지 물었으므로, 체크해둔 D 要增加广告投入(광고 투자금을 늘리려고 한다)가 정답이다.

✅ **고득점 노하우** 제시된 보기에 형용사 또는 了로 끝나는 문장이 있을 경우, 화자 또는 특정 대상의 상황이나 상태를 주의 깊게 듣는다.

26
중

A 已经坏了	B 没办法关机
C 需要重装系统	D 不能保存文件

女: 咱们家电脑的速度越来越慢了, 开机要用好几分钟, 保存文件也很慢。

男: 是吗? 我来看一下。嗯, 确实慢。

女: 咱们买台新的吧!

男: 重新安装一个系统就行了, 没必要买新的。

问: 关于他们家的电脑, 下列哪项正确?

关机 guānjī 통 전원을 끄다　重装 chóngzhuāng 통 다시 설치하다
系统 xìtǒng 몡 시스템　保存 bǎocún 통 저장하다　文件 wénjiàn 몡 파일
速度 sùdù 몡 속도　开机 kāijī 통 컴퓨터를 켜다
嗯 èng 감탄 응 (의문이나 추궁을 나타냄)　确实 quèshí 문 정말로
台 tái 얭 기계, 설비 등을 세는 단위　重新 chóngxīn 문 다시
安装 ānzhuāng 통 설치하다　必要 bìyào 몡 필요로 하다

A 이미 고장 났다	B 전원을 끌 방법이 없다
C 시스템을 다시 설치하는 것이 필요하다	D 파일을 저장할 수 없다

여: 우리 집 컴퓨터의 속도가 갈수록 느려져, 컴퓨터를 켜는 데 몇 분이나 걸리고, 파일 저장하는 것도 매우 느려.

남: 그래? 내가 좀 볼게. 응, 정말로 느리네.

여: 우리 새로운 것 사자!

남: 시스템 하나만 다시 설치하면 돼, 새로운 것 살 필요 없어.

질문: 그들 집의 컴퓨터에 관하여, 다음 중 옳은 것은 무엇인가?　정답 C

해설 제시된 보기 A의 坏了(고장 났다), B의 关机(전원을 끄다), C의 需要重装(다시 설치하는 것이 필요하다), D의 不能保存(저장할 수 없다)을 핵심어구로 체크해두고, 대화를 들을 때 이와 관련하여 언급되는 내용을 주의 깊게 듣는다. 대화에서 여자가 컴퓨터를 새로 사자고 제안하자, 남자가 重新安装一个系统就行(시스템 하나만 다시 설치하면 돼)라고 답했다. 질문이 그들 집의 컴퓨터에 관하여, 옳은 것은 무엇인지 물었으므로, C 需要重装系统(시스템을 다시 설치하는 것이 필요하다)이 정답이다. 참고로, 重新安装(다시 설치하다)을 重装(다시 설치하다)으로 줄여 표현한 것에 주의한다.

✅ **고득점 노하우** 보기가 모두 공통점을 찾기 어려운 긴 문장인 경우, 각 보기에서 아는 단어를 신속히 체크해두고, 대화를 들을 때 이와 관련된 내용을 주의 깊게 듣는다.

27
상

A 老张参加了招聘
B 老张觉得很生气
C 老张的儿子没被录取
D 老张的儿子能力太差

男：这次招聘结束了，进了几个年轻人。
女：老张的儿子被录取了吗？
男：很遗憾，他的竞争对手太出色了。你说老张不会生我的气吧？
女：不会，老张是个明白人。

问：关于这次招聘，下列哪项正确？

参加 cānjiā 통 참여하다　招聘 zhāopìn 통 채용
录取 lùqǔ 통 채용하다, 뽑다　能力 nénglì 명 능력　结束 jiéshù 통 끝나다
遗憾 yíhàn 형 유감스럽다　竞争 jìngzhēng 통 경쟁　对手 duìshǒu 명 상대
出色 chūsè 형 대단히 뛰어나다　明白人 míngbáirén 명 분별력 있는 사람

A 라오장이 채용에 참여했다　　　　　　　　B 라오장은 매우 화가 난다고 느낀다
C 라오장의 아들은 채용되지 못했다　　　　　D 라오장의 아들은 능력이 너무 부족하다

남: 이번 채용이 끝나서, 젊은 사람 몇 명이 들어왔어요.
여: 라오장의 아들은 채용되었나요?
남: 매우 유감스럽게도, 그의 경쟁 상대가 너무 뛰어났어요. 라오장은 저에게 화가 나지는 않았겠죠?
여: 안 그럴 거예요. 라오장은 분별력 있는 사람이에요.

질문: 이번 채용에 관해, 다음 중 옳은 것은 무엇인가?

정답 C

해설 제시된 보기 A, B에는 老张(라오장)이, C, D에서는 老张的儿子(라오장의 아들)가 언급되었으므로, 대화를 들을 때 老张(라오장) 및 老张的儿子(라오장의 아들)와 관련된 내용을 주의 깊게 듣는다. 대화에서 여자가 老张的儿子被录取了吗?(라오장의 아들은 채용되었나요?)라고 묻자, 남자가 很遗憾, 他的竞争对手太出色了。(매우 유감스럽게도, 그의 경쟁 상대가 너무 뛰어났어요.)라고 답했다. 이를 통해 라오장의 아들이 채용되지 않았음을 알 수 있다. 질문이 이번 채용에 관해 옳은 것을 물었으므로, C 老张的儿子没被录取(라오장의 아들은 채용되지 못했다)가 정답이다.

✔ **고득점 노하우** 보기가 모두 긴 문장인데 주어가 같거나 반복되는 어휘가 있으면 이들을 핵심어구로 체크하고, 대화를 들을 때 관련된 내용을 주의 깊게 듣는다.

28
상

A 是体育明星　　　　B 变化特别大
C 一直很害羞　　　　D 在中学工作

女：看这位娱乐明星，表演风格幽默有趣，现在可火了，认出他是谁了吗？
男：难道是我们认识的人吗？
女：对，就是咱们的中学同学钱小阳。
男：是他呀！那时候他多害羞啊。有的同学还叫他"胆小鬼"呢，看来他改变得很彻底啊。

问：关于钱小阳，下列哪项正确？

明星 míngxīng 명 스타　害羞 hàixiū 형 수줍어하다, 부끄러워하다
娱乐 yúlè 명 예능, 엔터테인먼트　表演 biǎoyǎn 명 공연
风格 fēnggé 명 스타일　幽默 yōumò 형 유머러스한
有趣 yǒuqù 형 재미있다　火 huǒ 형 인기 있다　认出 rènchū 통 알아채다
难道 nándào 부 설마 ~란 말인가?　胆小鬼 dǎnxiǎoguǐ 명 겁쟁이
改变 gǎibiàn 통 달라지다　彻底 chèdǐ 형 완전하다

A 스포츠 스타이다　　　　B 변화가 아주 크다　　　　C 줄곧 매우 수줍어한다　　　　D 중학교에서 일한다

여: 이 예능 스타 봐, 공연 스타일이 유머러스하고 재미있어서, 지금 정말 인기 있어. 그가 누구인지 알아챘니?
남: 설마 우리가 아는 사람이란 말이야?
여: 맞아, 바로 우리 중학교 동창 첸샤오양이야.
남: 그 사람이구나! 그 때 그는 엄청 수줍어했잖아. 어떤 동창은 아직도 그를 '겁쟁이'라고 부르는 걸, 보아하니 그가 완전히 달라졌구나.

질문: 첸샤오양에 관해, 다음 중 옳은 것은 무엇인가?

정답 B

해설 제시된 보기 A의 体育明星(스포츠 스타), B의 变化 …… 大(변화가 크다), C의 害羞(수줍어하다), D의 在中学工作(중학교에서 일한다)를 핵심어구로 체크해두고, 대화를 들을 때 이와 관련하여 언급되는 상태나 상황을 주의 깊게 듣는다. 여자가 지금 인기 있는 예능 스타가 중학교 동창 첸샤오양이라고 말하자, 남자가 看来他改变得很彻底啊(보아하니 그가 완전히 달라졌구나)라고 답했다. 질문이 첸샤오양에 관해 옳은 것이 무엇인지 물었으므로, B 变化特别大(변화가 아주 크다)가 정답이다.

✔ **고득점 노하우** 제시된 보기가 모두 상황 또는 상태 관련 내용이면, 대화를 들을 때 화자 또는 특정 대상의 상황이나 상태를 주의 깊게 듣는다.

제1회

제2회
듣기

제3회

제4회

제5회

해커스 HSK 5급 실전모의고사

29
중

A 动物　　B 小说　　　C 电影　　　D 梦想

男: 听说最近有一部叫《疯狂动物城》的动画片特别精彩。

女: 我昨天刚看过，短短一个星期票房收入已经达到1.5亿元了。

男: 这么厉害啊! 讲的什么内容啊?

女: 讲的是一只兔子想当警察，它通过奋斗终于实现了梦想的故事。

问: 他们在谈论什么?

梦想 mèngxiǎng 명 꿈　部 bù 양 영화나 서적의 편수를 세는 단위
动画片 dònghuàpiān 명 만화 영화　精彩 jīngcǎi 형 훌륭하다, 뛰어나다
票房收入 piàofáng shōurù 흥행 수입　达到 dádào 동 도달하다
厉害 lìhai 형 대단하다　兔子 tùzi 명 토끼　警察 jǐngchá 명 경찰
通过 tōngguò 개 ~을 통해　奋斗 fèndòu 동 노력하다
终于 zhōngyú 부 마침내　实现 shíxiàn 동 실현하다
谈论 tánlùn 동 논의하다

A 동물　　　　　　　　B 소설　　　　　　　　C 영화　　　　　　　　D 꿈

남: 듣자 하니 최근에 <주토피아>라고 하는 만화 영화가 아주 훌륭하다던데.

여: 나 어제 막 봤어, 짧은 한 주 만에 흥행 수입이 이미 1.5억 위안에 도달했대.

남: 이렇게 대단하다니! 말하는 건 무슨 내용이야?

여: 말하는 건 토끼 한 마리가 경찰이 되고 싶어서, 노력을 통해 마침내 꿈을 실현하는 이야기야.

질문: 그들은 무엇을 논의하고 있는가?

정답 C

해설　대화를 들을 때 제시된 보기 A 动物(동물), B 小说(소설), C 电影(영화), D 梦想(꿈)과 관련된 내용을 주의 깊게 듣는다. 대화의 초반에 남자가 听说最近有一部叫《疯狂动物城》的动画片特别精彩。(듣자 하니 최근에 <주토피아>라고 하는 만화 영화가 아주 훌륭하다던데.)라고 말한 내용을 듣고 C 电影(영화)에 체크해둔다. 질문이 그들은 무엇을 논의하고 있는지 물었으므로, C 电影(영화)이 정답이다. 참고로, 대화 마지막의 故事(이야기)만 듣고 B 小说(소설)를 정답으로 선택하지 않도록 주의한다.

✔ **고득점 노하우** 제시된 보기가 서로 다른 특정 명사인 경우에는, 대화를 들을 때 각 명사들과 관련된 내용을 주의 깊게 듣는다.

30
중

A 看医生　B 买保险　C 写报告　D 做体检

女: 我想给我女儿买一份健康保险，这是她的证件。

男: 除了证件，还需要您提供一下您女儿的身体检查报告。

女: 她还没体检，我打算周末带她去。

男: 好的。这是我们公司的保险产品目录，我先给您介绍一下。

问: 女的在做什么?

保险 bǎoxiǎn 명 보험　报告 bàogào 명 보고서　体检 tǐjiǎn 명 신체검사
份 fèn 양 부, 통, 권 (문건, 신문 등을 세는 단위)
证件 zhèngjiàn 명 (학생증 신분증 등의) 증명서　提供 tígōng 동 제공하다
产品 chǎnpǐn 명 상품, 제품　目录 mùlù 명 목록

A 진료를 받는다　　　　B 보험을 산다　　　　　C 보고서를 쓴다　　　　D 신체검사를 한다

여: 저는 제 딸에게 건강 보험을 하나 사주고 싶은데, 이것이 그녀의 증명서입니다.

남: 증명서 외에, 따님의 신체검사 보고서를 제공하는 것도 필요합니다.

여: 딸은 아직 신체검사를 안 했어요, 제가 주말에 그녀를 데리고 가려고 해요.

남: 알겠습니다. 이건 우리 회사의 보험 상품 목록인데, 제가 먼저 당신께 소개 좀 해드릴게요.

질문: 여자는 무엇을 하고 있는가?

정답 B

해설　제시된 보기 A 看医生(진료를 받는다), B 买保险(보험을 산다), C 写报告(보고서를 쓴다), D 做体检(신체검사를 한다)이 모두 행동을 나타내므로, 대화를 들을 때 화자 또는 특정 인물이 하고 있거나 하려는 행동이 무엇인지 주의 깊게 듣는다. 대화의 초반에 여자가 我想给我女儿买一份健康保险(저는 제 딸에게 건강 보험을 하나 사주고 싶은데)이라고 한 내용을 듣고 B 买保险(보험을 산다)에 체크해둔다. 이어서 남자가 증명서 외에 딸의 신체검사 보고서도 제공해야 한다고 하자, 여자가 她还没体检, 我打算周末带她去。(딸은 아직 신체검사를 안 했어요, 제가 주말에 그녀를 데리고 가려고 해요.)라고 한 말을 듣고 D 做体检(신체검사를 한다)에 체크해둔다. 질문이 여자는 무엇을 하고 있는지 물었으므로, B 买保险(보험을 산다)이 정답이다.

✔ **고득점 노하우** 제시된 보기가 모두 행동 관련 표현인 경우, 대화를 들을 때 화자 또는 특정 인물이 하고 있거나 하려는 행동이 무엇인지 주의 깊게 듣는다.

31 중	A 上课常常讲话 B 不爱跟人沟通 C 非常配合老师 D 积极参加活动	沟通 gōutōng 图 소통하다 配合 pèihé 图 협조하다, 호응하다 积极 jījí 图 적극적이다
	A 수업에서 자주 말을 한다 C 선생님에게 잘 협조한다	B 사람과 소통하는 것을 좋아하지 않는다 D 적극적으로 활동에 참여한다

32 상	A 录音 B 发言 C 咨询 D 讲课	录音 lùyīn 图 녹음하다 发言 fāyán 图 발언하다 咨询 zīxún 图 의견을 구하다, 자문하다 讲课 jiǎngkè 图 수업하다
	A 녹음한다 B 발언한다 C 의견을 구한다 D 수업한다

您好! 我儿子今年6岁半, 上小学一年级。他不是个调皮的孩子, 也遵守学校的纪律。但是他从上幼儿园开始, 在学校里就³¹不喜欢跟小朋友和老师沟通交流, 老师让他做什么他也不配合。在学校, 像踢球、跟小朋友一起玩玩具这样的活动都不参加, 想上厕所也不敢举手。问他为什么, 他说他没勇气。但是他在家什么都敢做, 生气时也会发脾气, 表现得很正常。我很担心他, ³²请问这样的孩子应该怎么办? 31. 问: 说话人的儿子在学校的表现怎么样? 32. 问: 说话人可能在做什么?	调皮 tiáopí 图 장난스럽다 遵守 zūnshǒu 图 지키다 纪律 jìlǜ 图 규율 幼儿园 yòuéryuán 图 유치원 沟通 gōutōng 图 소통하다 交流 jiāoliú 图 교류하다 配合 pèihé 图 협조하다, 호응하다 玩具 wánjù 图 장난감 参加 cānjiā 图 참여하다 厕所 cèsuǒ 图 화장실 不敢 bùgǎn 图 감히 ~하지 못하다 举手 jǔshǒu 图 손을 들다 勇气 yǒngqì 图 용기 敢 gǎn 图 감히~하다, 과감하게~하다 发脾气 fāpíqi 图 화내다 表现 biǎoxiàn 图 표현하다 图 태도 正常 zhèngcháng 图 정상적인

　　안녕하세요! 제 아들은 올해 6살 반이고, 초등학교 1학년에 다닙니다. 그는 장난스러운 아이는 아니고, 또한 학교의 규율을 지킵니다. 그러나 그가 유치원에 다니기 시작하면서부터, 학교 안에서 ³¹친구와 선생님과 소통하고 교류하는 것을 좋아하지 않아서, 선생님이 그에게 무엇을 하라고 해도 그는 협조하지 않습니다. 학교에서는, 축구하기, 친구와 함께 장난감으로 놀기 같은 이런 활동은 모두 참여하지 않고, 화장실에 가고 싶어도 감히 손을 들지 못합니다. 그에게 왜 그러냐고 물었더니, 그는 용기가 없다고 말했습니다. 그러나 그는 집에서 무엇이든지 과감하게 행동하고, 화가 날 때도 화를 낼 줄 알고, 매우 정상적으로 표현을 합니다. 저는 그가 매우 걱정됩니다, ³²실례지만 이런 아이는 어떻게 해야 하나요?

31. 질문: 화자의 아들은 학교에서의 태도가 어떤가?   정답 B
32. 질문: 화자는 아마도 무엇을 하고 있는가?   정답 C

해설 보기 읽기
31번은 A의 讲话(말하다), B의 沟通(소통하다), C의 配合(협조하다), D의 参加(참여하다)를 핵심어구로 체크해둔다.
31번 보기 A의 常常讲话(자주 말을 하다), B의 不爱······沟通(소통하는 것을 좋아하지 않는다), C의 非常配合(잘 협조하다), D의 积极参加(적극적으로 참여하다)가 사람의 상태나 태도를 묘사하므로, 이야기가 나올 것임을 예상할 수 있다. 따라서, 이야기를 들으며 질문의 순서대로 정답 후보와 오답 후보를 체크한다.

단문 듣기
단문 초반에 화자가 자신의 아들이 유치원에 다니기 시작하면서부터 不喜欢跟小朋友和老师沟通交流(친구와 선생님과 소통하고 교류하는 것을 좋아하지 않아서)라고 한 내용을 듣고, 31번의 B 不爱跟人沟通(사람과 소통하는 것을 좋아하지 않는다)에 체크해둔다.
이어서 老师让他做什么他也不配合(선생님이 그에게 무엇을 하라고 해도 그는 협조하지 않습니다)와 活动都不参加(활동은 모두 참여하지 않고)를 듣고, 31번 보기 C 非常配合老师(선생님에게 잘 협조한다), D 积极参加活动(적극적으로 활동에 참여한다)은 지문과 다른 내용으로 체크해둔다.
단문 후반에 화자가 请问这样的孩子应该怎么办? (실례지만 이런 아이는 어떻게 해야 하나요?)이라고 한 말을 듣고 32번의 C 咨询(의견을 구한다)에 체크해둔다.

질문 듣고 정답 선택하기

31. 질문이 화자의 아들은 학교에서의 태도가 어떤지 물었으므로, B 不爱跟人沟通(사람과 소통하는 것을 좋아하지 않는다)이 정답이다.
32. 질문이 화자는 아마도 무엇을 하고 있는지 물었으므로, C 咨询(의견을 구한다)이 정답이다.

✔ **고득점 노하우** 사람의 상황, 상태, 태도와 관련된 문제가 제시된 경우, 특정 인물에 대한 이야기가 나올 것을 예상하고, 이야기의 전개에 맞춰 문제지에 제시된 순서대로 문제를 풀어 간다.

33-35

33 중	A 是一本很流行的小说 B 讲的是怎么成为明星 C 是个关于戒酒的故事 D 故事是在梦里发生的	流行 liúxíng 동 유행하다　明星 míngxīng 명 스타　戒酒 jièjiǔ 동 술을 끊다 梦 mèng 명 꿈　发生 fāshēng 동 발생하다

A 매우 유행하는 소설이다 　　　　　　　　　B 말하는 것은 어떻게 스타가 되는지에 대해서다.
C 술을 끊는 것에 관한 이야기이다 　　　　　D 이야기는 꿈속에서 발생한 것이다

34 중	A 很失败　　　B 很幸福 C 是个明星　　D 热爱家庭	失败 shībài 동 실패하다　明星 míngxīng 명 스타 热爱 rè'ài 동 열렬히 사랑하다　家庭 jiātíng 명 가정

A 실패하다 　　　　B 행복하다 　　　　C 스타이다 　　　　D 가정을 열렬히 사랑한다

35 중	A 如何获得幸福　　B 怎么成为明星 C 失败有什么意义　D 人生有什么价值	如何 rúhé 대 어떻게　获得 huòdé 동 얻다　幸福 xìngfú 동 행복하다 明星 míngxīng 명 스타　失败 shībài 동 실패하다　意义 yìyì 명 의의 价值 jiàzhí 명 가치　人生 rénshēng 명 인생

A 어떻게 행복을 얻는가 　　B 어떻게 스타가 되는가 　　C 실패는 어떤 의의가 있는가 　D 인생에 어떤 가치가 있는가

---

³³《夏洛特烦恼》是2015年特别流行的一部电影，³³讲的是一个叫夏洛的男人喝醉以后在梦里发生的故事。在梦里，³⁴夏洛不像现实中那么失败，他勇敢地追求自己喜欢的女孩儿，热爱唱歌并³⁴实现了自己的明星梦想。然而事业成功并没有给他带来快乐和幸福感。电影结束的时候，夏洛又回到现实，发现身边的妻子是自己真正爱的人，生活虽然简单却很真实。³⁵电影引起了观众对于成功的意义、人生的价值的热烈讨论。

33. 问：关于《夏洛特烦恼》，可以知道什么？

34. 问：关于梦中的夏洛，可以知道什么？

35. 问：观众讨论的内容包括什么？

烦恼 fánnǎo 형 걱정스럽다　流行 liúxíng 동 유행하다
喝醉 hēzuì 동 (술에) 취하다　梦 mèng 명 꿈
发生 fāshēng 동 일어나다, 발생하다　现实 xiànshí 명 현실
失败 shībài 동 실패하다　勇敢 yǒnggǎn 형 용감하다
追求 zhuīqiú 동 (이성을) 따라다니다　热爱 rè'ài 동 열렬히 사랑하다
实现 shíxiàn 동 실현하다　明星 míngxīng 명 스타　梦想 mèngxiǎng 명 꿈
然而 rán'ér 접 그러나　事业 shìyè 명 사업　幸福感 xìngfúgǎn 행복감
结束 jiéshù 동 끝나다　身边 shēnbiān 명 곁　妻子 qīzi 명 아내
真实 zhēnshí 형 진실하다　引起 yǐnqǐ 동 불러일으키다
观众 guānzhòng 명 관중　意义 yìyì 명 의의　人生 rénshēng 명 인생
价值 jiàzhí 명 가치　热烈 rèliè 형 열렬하다　讨论 tǎolùn 동 토론하다
包括 bāokuò 동 포함하다

³³<하락특번뇌>는 2015년에 아주 유행한 영화인데, ³³말하는 것은 샤뤄라고 불리는 남자가 술에 취한 이후 꿈 속에서 일어난 이야기이다. 꿈 속에서, ³⁴샤뤄는 현실에서처럼 그렇게 실패하지 않았다, 그는 용감하게 자신이 좋아하는 여자 아이를 따라다니고, 노래 부르는 것을 열렬히 좋아하며 ³⁴자신의 스타의 꿈을 실현했다. 그러나 사업 성공은 결코 그에게 즐거움과 행복감을 가져다 주지 않았다. 영화가 끝날 때, 샤뤄는 또 현실로 돌아와, 곁에 있는 아내가 자신이 진정으로 사랑하는 사람이고, 생활이 비록 평범하지만 도리어 진실하다는 것을 발견했다. ³⁵영화는 관중들에게 성공의 의의, 인생의 가치에 대한 열렬한 토론을 불러일으켰다.

33. 질문: <하락특번뇌>에 관해, 알 수 있는 것은 무엇인가?   정답 D
34. 질문: 꿈 속의 샤뤄에 관해, 알 수 있는 것은 무엇인가?   정답 C
35. 질문: 관중이 토론한 내용은 무엇을 포함하고 있는가?   정답 D

해설 보기 읽기

33번은 A의 流行的小说(유행하는 소설), B의 成为明星(스타가 되다), C의 戒酒的故事(술을 끊는 이야기), D의 在梦里发生的(꿈속에서 발생한 것)를 핵심어구로 체크해둔다.
34번은 A의 失败(실패하다), B의 幸福(행복하다), C의 明星(스타), D의 家庭(가정)을 핵심어구로 체크해둔다.
35번은 A의 获得幸福(행복을 얻는다), B의 成为明星(스타가 되다), C의 失败 …… 意义(실패 의의), D 人生 …… 价值(인생 가치)을 핵심어구로 체크해둔다.
33번 보기 A의 是一小   小说(소설이다), B의 讲的是(말하는 것은), C의 是个关于 …… 故事(~에 관한 이야기이다), D의 故事是(이야기는 ~이다)이 특정 대상에 대해 설명하는 내용이므로, 설명문이 나올 것임을 예상할 수 있다. 따라서, 특정 대상의 세부 내용을 주의 깊게 듣는다.

단문 듣기

단문 초반의《夏洛特烦恼》……, 讲的是一个叫夏洛的男人喝醉以后在梦里发生的故事(<하락특번뇌>는 ……, 말하는 것은 샤뤄라고 불리는 남자가 술에 취한 이후 꿈 속에서 일어난 이야기이다)를 듣고, 33번의 D 故事是在梦里发生的(이야기는 꿈속에서 발생한 것이다)를 체크해둔다.
단문 중반의 夏洛不像现实中那么失败, …… 实现了自己的明星梦想(샤뤄는 현실에서처럼 그렇게 실패하지 않았다, …… 자신의 스타의 꿈을 실현했다)이라고 한 것을 듣고, 34번의 C 是个明星(스타이다)을 체크해둔다.
단문 후반의 电影引起了观众对于成功的意义、人生的价值的热烈讨论.(영화는 관중들에게 성공의 의의, 인생의 가치에 대한 열렬한 토론을 불러일으켰다.)을 듣고, 35번의 D 人生有什么价值(인생에 어떤 가치가 있는가)을 체크해둔다.

질문 듣고 정답 선택하기

33. 질문이 <하락특번뇌>에 관해 알 수 있는 것은 무엇인지 물었으므로, D 故事是在梦里发生的(이야기는 꿈속에서 발생한 것이다)가 정답이다.
34. 질문이 꿈 속의 샤뤄에 관해 알 수 있는 것은 무엇인지 물었으므로, C 是个明星(스타이다)가 정답이다.
35. 질문이 관중이 토론한 내용은 무엇을 포함하고 있는지 물었으므로, D 人生有什么价值(인생에 어떤 가치가 있는가)가 정답이다.

✔ **고득점 노하우** 특정 사물이나 대상이 언급된 문제나 어떤 대상의 특징과 관련된 문제가 제시된 경우, 설명문이 나올 것임을 예상하고, 특정 대상의 세부 내용을 주의 깊게 듣는다.

36-38

36 중	A 聪明又敏感 B 是一种宠物 C 很喜欢表演 D 很容易生病	敏感 mǐngǎn 동 감각이 예민하다 种 zhǒng 양 종류 宠物 chǒngwù 명 애완 동물 表演 biǎoyǎn 동 공연하다
	A 똑똑하고 감각이 예민하다 C 공연하는 것을 매우 좋아한다	B 애완동물이다 D 병이 나기 쉽다

37 중	A 食物不干净 B 温度不合适 C 音乐声太大 D 表演太辛苦	食物 shíwù 명 먹이, 음식물 温度 wēndù 명 온도 合适 héshì 형 적합하다 表演 biǎoyǎn 명 공연 辛苦 xīnkǔ 형 고생스럽다
	A 먹이가 깨끗하지 않다 B 온도가 적합하지 않다 C 음악 소리가 너무 크다 D 공연이 너무 고생스럽다

제1회

제2회
듣기

제3회

제4회

제5회

해커스 HSK 5급 실전모의고사

38
상

A 提高了海豚表演水平
B 帮助海豚回到大海里
C 改善了海洋馆的环境
D 带生病的海豚看医生

海豚 hǎitún 圓 돌고래　表演 biǎoyǎn 圓 공연　改善 gǎishàn 圄 개선하다
海洋馆 hǎiyángguǎn 圓 아쿠아리움

A 돌고래 공연 수준을 끌어올렸다
C 아쿠아리움의 환경을 개선했다

B 돌고래가 바닷속으로 돌아가는 것을 도왔다
D 병이 난 돌고래를 데리고 진료를 받았다

---

　³⁶海豚是一种既聪明又敏感的海洋动物，很容易通过训练做出优美的跳跃动作，是海洋馆里的明星，每天都有无数的孩子跑到海洋馆看海豚表演。然而，我们几乎不知道海豚在给我们带来快乐的同时，承受着多大的痛苦：海洋馆的空间太小，没办法满足海豚每天的运动量；³⁷海洋馆的音乐声和掌声太大，给海豚造成了很大的压力，³⁷很多海豚因此生病而死去。为了保护海豚，一个叫瑞察的美国人建立了海豚保护组织，从1970年至今，他已经救出了30只海豚，³⁸把它们放回到海洋。他告诉我们"停止去海洋馆买票，是保护海豚最有效的方式。"

海豚 hǎitún 圓 돌고래　种 zhǒng 圓 종류
既…又… jì…yòu… 圂 ~하고 또 ~하다　敏感 mǐngǎn 圈 감각이 예민하다
海洋 hǎiyáng 圓 바다　通过 tōngguò 꺄 ~를 통해
训练 xùnliàn 圄 훈련시키다　优美 yōuměi 圈 우아하고 아름답다
跳跃 tiàoyuè 圄 뛰어오르다　海洋馆 hǎiyángguǎn 圓 아쿠아리움
明星 míngxīng 圓 스타　无数 wúshù 圈 무수하다　表演 biǎoyǎn 圓 공연
然而 ránér 圂 그러나　几乎 jīhū 冏 거의　同时 tóngshí 圓 동시
承受 chéngshòu 圄 견뎌 내다　痛苦 tòngkǔ 圓 고통
空间 kōngjiān 圓 공간　满足 mǎnzú 圄 만족시키다
运动量 yùndòngliàng 圓 운동량　掌声 zhǎngshēng 圓 박수 소리
造成 zàochéng 圄 야기하다, 초래하다　保护 bǎohù 圄 보호하다
建立 jiànlì 圄 만들다　组织 zǔzhī 圓 조직　救 jiù 圄 구하다
停止 tíngzhǐ 圄 멈추다, 정지하다　有效 yǒuxiào 圈 효과가 있다
方式 fāngshì 圓 방법, 방식　威胁 wēixié 圄 위협하다

36. 问：关于海豚，下列哪项正确？

37. 问：什么威胁着海豚的健康？

38. 问：关于海豚保护组织，可以知道什么？

　³⁶돌고래는 똑똑하고 감각이 예민한 바다 동물인데, 훈련을 통해 쉽게 우아하고 아름다운 뛰어오르기 동작을 해낼 수 있어, 아쿠아리움 안의 스타이며, 매일 무수한 아이들이 아쿠아리움으로 달려와 돌고래 공연을 본다. 그러나, 우리는 돌고래가 우리에게 즐거움을 가져다주는 동시에, 얼마나 큰 고통을 견뎌내고 있는지 거의 모른다. 아쿠아리움의 공간은 너무 작아서, 돌고래의 하루 운동량을 만족시켜줄 방법이 없다. ³⁷아쿠아리움의 음악 소리와 박수 소리가 너무 커서, 돌고래에게 매우 큰 스트레스를 야기하며, ³⁷수많은 돌고래가 이 때문에 병에 걸려 죽는다. 돌고래를 보호하기 위해, 루이차라고 불리는 미국인이 돌고래 보호 조직을 만들었고, 1970년부터 지금에 이르기까지, 그는 이미 30마리의 돌고래를 구해냈으며, ³⁸그들을 바다로 돌려보내 주었다. 그는 우리에게 "아쿠아리움에 가서 표 사는 것을 멈추는 것이, 돌고래를 보호하는 가장 효과적인 방법이다"라고 알려주었다.

36. 질문: 돌고래에 관해, 다음 중 옳은 것은 무엇인가？　　　　　　　　　　　　　　　　　　정답 A
37. 질문: 무엇이 돌고래의 건강을 위협하고 있는가？　　　　　　　　　　　　　　　　　　정답 C
38. 질문: 돌고래 보호 조직에 관해, 알 수 있는 것은 무엇인가？　　　　　　　　　　　　정답 B

해설 보기 읽기

　36번은 A의 聪明又敏感(똑똑하고 감각이 예민하다), B의 宠物(애완동물), C의 很喜欢表演(공연하는 것을 매우 좋아한다), D의 容易生病(병이 나기 쉽다)을 핵심어구로 체크해둔다.

　37번은 A의 食物(먹이), B의 温度(온도), C의 音乐(음악), D의 表演(공연)을 핵심어구로 체크해둔다.

　38번은 A의 提高 …… 水平(수준을 끌어올리다), B의 帮助 …… 回到大海里(바닷속으로 돌아가는 것을 돕다), C의 改善 …… 环境(환경을 개선하다), D의 看医生(진료를 받다)을 핵심어구로 체크해둔다.

　36번 보기 A의 聪明又敏感(똑똑하고 감각이 예민하다), B의 是一种宠物(애완동물이다), C의 很喜欢表演(공연하는 것을 매우 좋아한다), D의 容易生病(병이 나기 쉽다)이 특정 대상의 특징에 대해 설명하는 내용이고, 38번 보기 A, B, D에서 海豚(돌고래)이 언급되었으므로, 돌고래와 관련된 설명문이 나올 것임을 예상할 수 있다. 따라서 특정 대상의 세부 내용을 주의 깊게 듣는다.

　단문 듣기

　단문 첫 문장의 海豚是一种既聪明又敏感的海洋动物(돌고래는 똑똑하고 감각이 예민한 바다 동물인데)를 듣고, 36번의 A 聪明又敏感(똑똑하고 감각이 예민하다)을 체크해둔다.

　단문 중반에 海洋馆的音乐声和掌声太大，…… 很多海豚因此生病而死去(아쿠아리움의 음악 소리와 박수 소리가 너무 커서, …… 수많

은 돌고래가 이 때문에 병에 걸려 죽는다)를 듣고, 37번의 C 音乐声太大(음악 소리가 너무 크다)를 체크해둔다.

단문 후반에 돌고래를 보호하기 위해 돌고래 보호 조직이 만들어졌고 이들이 把它们放到海洋(그들을 바다로 돌려보내 주었다)을 듣고, 38번의 B 帮助海豚回到大海里(돌고래가 바닷속으로 돌아가는 것을 도왔다)를 체크해둔다.

질문 듣고 정답 선택하기

36. 질문이 돌고래에 관해 옳은 것을 물었으므로, A 聪明又敏感(똑똑하고 감각이 예민하다)가 정답이다.
37. 질문이 무엇이 돌고래의 건강을 위협하고 있는지 물었으므로, C 音乐声太大(음악 소리가 너무 크다)가 정답이다.
38. 질문이 돌고래 보호 조직에 관해 알 수 있는 것을 물었으므로, B 帮助海豚回到大海里(돌고래가 바닷속으로 돌아가는 것을 도왔다)가 정답이다.

☑ **고득점 노하우** 특정 사물이나 대상이 언급된 문제나 어떤 대상의 특징과 관련된 문제가 제시된 경우, 설명문이 나올 것임을 예상하고, 특정 대상의 세부 내용을 주의 깊게 듣는다.

39-41

39
중

A 可以让人获得自由
B 能够交到新的朋友
C 能体验不同的生活
D 有利于提高竞争力

获得 huòdé 동 얻다　自由 zìyóu 명 자유　能够 nénggòu 조동 ~할 수 있다
交 jiāo 동 사귀다　体验 tǐyàn 동 체험하다　有利 yǒulì 형 이롭다
竞争力 jìngzhēnglì 명 경쟁력

A 사람이 자유를 얻게 할 수 있다　B 새로운 친구를 사귈 수 있다
C 다른 생활을 체험할 수 있다　D 경쟁력을 높이는 데 이롭다

40
중

A 比我独立　　B 喜欢拍照
C 朋友很多　　D 热爱旅行

独立 dúlì 동 독립하다　热爱 rè'ài 동 열렬히 사랑하다

A 나보다 독립적이다　B 사진 찍는 것을 좋아한다　C 친구가 많다　D 여행을 열렬히 사랑한다

41
중

A 节约很多的费用　B 自由选择目的地
C 认识更多新朋友　D 不容易感到寂寞

节约 jiéyuē 동 절약하다　费用 fèiyòng 명 비용　自由 zìyóu 형 자유롭다
选择 xuǎnzé 동 선택하다　目的地 mùdìdì 명 목적지　寂寞 jìmò 형 외롭다

A 많은 비용을 절약한다　B 자유롭게 목적지를 선택한다
C 더 많은 새로운 친구를 안다　D 외로움을 쉽게 느끼지 않는다

---

⁴⁰我和小米都很爱旅行。我们认为，³⁹旅行可以改变自己的生活状态，让我们暂时躲开竞争，离开现实，³⁹去体验不一样的生活。在旅行方式上，我和小米则完全不同。小米喜欢叫上几个朋友一起去，有说有笑，既看了风景，又增进了友谊。而我喜欢一个人旅行：⁴¹自由地选择出发的时间、到达的地点。一切都可以按照自己的兴趣来，还能培养自己的独立精神，唯一的缺点就是偶尔会感到寂寞。

改变 gǎibiàn 동 바꾸다　状态 zhuàngtài 명 상태　暂时 zànshí 명 잠시
躲开 duǒkāi 동 피하다, 물러서다　竞争 jìngzhēng 명 경쟁하다
现实 xiànshí 명 현실　体验 tǐyàn 동 체험하다　方式 fāngshì 명 방식
则 zé 부 오히려　完全 wánquán 부 완전히　不同 bùtóng 형 다르다
有说有笑 yǒushuō yǒuxiào 이야기로 웃음꽃을 피우다, 말하다 웃다 하다
既…又… jì…yòu… ~하고 또 ~하다　风景 fēngjǐng 명 풍경
增进 zēngjìn 동 증진하다　友谊 yǒuyì 명 우정　自由 zìyóu 형 자유롭다
选择 xuǎnzé 동 선택하다　出发 chūfā 동 출발하다
到达 dàodá 동 도착하다　地点 dìdiǎn 명 지점
一切 yíqiè 명 모든 것, 전부, 일체　按照 ànzhào 개 ~에 따라
兴趣 xìngqù 명 흥미　培养 péiyǎng 동 키우다　独立 dúlì 동 독립하다
精神 jīngshén 명 정신　唯一 wéiyī 형 유일한　缺点 quēdiǎn 명 단점
偶尔 ǒu'ěr 부 가끔　寂寞 jìmò 형 외롭다　作用 zuòyòng 명 작용
好处 hǎochù 명 장점

39. 问: 我和小米都认为旅行有什么作用?

40. 问: 关于小米，下列哪项正确?

41. 问: 一个人旅行有什么好处?

제1회

제2회
듣기

제3회

제4회

제5회

해커스 HSK 5급 실전모의고사

⁴⁰나와 샤오미는 모두 여행을 매우 좋아한다. 우리가 생각하기에, ³⁹여행은 자신의 생활 상태를 바꿀 수 있어, 우리가 잠시 경쟁을 피하고, 현실을 떠나서, ³⁹다른 생활을 체험하러 가게 한다. 여행 방식에서, 나와 샤오미는 오히려 완전히 다르다. 샤오미는 친구 몇 명을 불러 함께 가는 것을 좋아하는데, 이야기로 웃음꽃을 피우고, 풍경을 보면서, 또 우정도 돈독히 한다. 그러나 나는 혼자 여행하는 것을 좋아한다. ⁴¹출발 시간과 도착 지점을 자유롭게 선택할 수 있기 때문이다. 모든 것을 자신의 흥미에 따라 할 수 있고, 게다가 자신의 독립심을 키울 수 있지만, 유일한 단점은 바로 가끔 외로움을 느낄 수 있다는 것이다.

39. 질문: 나와 샤오미는 모두 여행하는 것이 어떤 작용을 한다고 생각하는가?   정답 C
40. 질문: 샤오미에 관해, 다음 중 옳은 것은 무엇인가?   정답 D
41. 질문: 혼자 여행가는 것은 어떤 장점이 있는가?   정답 B

해설 보기 읽기

39번은 A의 获得自由(자유를 얻다), B의 交 …… 新的朋友(새로운 친구를 사귀다), C의 能体验不同的生活(다른 생활을 체험할 수 있다), D의 提高竞争力(경쟁력을 높이다)를 핵심어구로 체크해둔다.

40번은 A 独立(독립하다), B 拍照(사진을 찍다), C 朋友很多(친구가 매우 많다), D 热爱旅行(여행을 열렬히 사랑한다)을 핵심어구로 체크해둔다.

41번은 A의 节约 …… 费用(비용을 절약하다), B의 选择目的地(목적지를 선택하다), C의 认识 …… 新朋友(새로운 친구를 알다), D의 感到寂寞(외로움을 느끼다)를 핵심어구로 체크해둔다.

40번 보기 A의 我(나)가 특정 인물이므로, 이야기가 나올 것임을 예상할 수 있다. 따라서, 이야기를 들으며 질문의 순서대로 정답 후보와 오답 후보를 체크한다.

단문 듣기

단문 초반에 我和小米都很爱旅行。(나와 샤오미는 모두 여행을 매우 좋아한다.)을 듣고 40번의 D 热爱旅行(여행을 열렬히 사랑한다)을 체크해둔다.

이어서 나와 샤오미가 생각하기에, 旅行 ……, 去体验不一样的生活(여행은 ……, 다른 생활을 체험하러 가게 한다)라고 한 내용을 듣고 39번의 C 能体验不同的生活(다른 생활을 체험할 수 있다)를 체크해둔다.

단문 후반에 화자가 좋아하는 여행 방식은 혼자 하는 여행이며, 自由地选择出发的时间、到达的地点(출발 시간과 도착 지점을 자유롭게 선택할 수 있기 때문이다)이라고 한 것을 듣고 41번의 B 自由选择目的地(자유롭게 목적지를 선택한다)를 체크해둔다.

질문 듣고 정답 선택하기

39. 질문이 나와 샤오미는 여행이 어떤 작용을 한다고 생각하는지 물었으므로, C 能体验不同的生活(다른 생활을 체험할 수 있다)가 정답이다.
40. 질문이 샤오미에 관해 옳은 것을 물었으므로, D 热爱旅行(여행을 열렬히 사랑한다)이 정답이다.
41. 질문이 혼자 여행가는 것은 어떤 장점이 있는지 물었으므로, B 自由选择目的地(자유롭게 목적지를 선택한다)가 정답이다.

☑ **고득점 노하우** 사람 명사나 특정 인물의 이름이 있는 문제가 제시된 경우, 특정 인물에 대한 이야기가 나올 것을 예상하고, 이야기의 전개에 맞춰 문제지에 제시된 순서대로 문제를 풀어 간다.

42-43

42
중

| A 时间很自由 | B 知识很丰富 |
| C 个性化教学 | D 态度更认真 |

自由 zìyóu 📗 자유롭다　个性化 gèxìnghuà 📗 개성화하다
教学 jiàoxué 📗 수업　态度 tàidu 📗 태도　认真 rènzhēn 📗 성실하다

| A 시간이 매우 자유롭다 | B 지식이 매우 풍부하다 | C 개성화된 수업 | D 태도가 더 성실하다 |

43
중

| A 私人教练的训练更有针对性 |
| B 现代人很愿意在学习上花钱 |
| C 很多人都无法坚持一直锻炼 |
| D 健身房的设备越来越先进了 |

私人教练 sīrén jiàoliàn 퍼스널 트레이너, 퍼스널 트레이닝
训练 xùnliàn 📗 훈련　针对性 zhēnduìxìng 📗 맞춤형
花 huā 📗 쓰다　无法 wúfǎ 📗 ~할 수 없다　坚持 jiānchí 📗 계속 유지하다
健身房 jiànshēnfáng 📗 헬스장　设备 shèbèi 📗 시설
先进 xiānjìn 📗 선진적이다

| A 퍼스널 트레이너의 훈련은 더 맞춤형이다 | B 현대인은 학습에 돈을 쓰는 것을 원한다 |
| C 많은 사람은 꾸준히 단련하는 것을 유지할 수 없다 | D 헬스장의 시설은 갈수록 선진적이다 |

很多人到健身房都会找一位私人教练，帮助自己减肥，以提高健康水平。⁴²/⁴³私人教练的特点是一对一教学，工作更加个性化，能够根据健身者的特点，⁴³进行有针对性的训练。优秀的私人教练不仅仅需要运动方面的能力，还应该有不断提升专业知识的学习能力，此外，还必须有良好的沟通能力。一位沟通能力强的教练，可以更好地了解健身者的需要，从而帮助他们真正达到训练目标。

健身房 jiànshēnfáng 몡 헬스장
私人教练 sīrén jiàoliàn 퍼스널 트레이너, 퍼스널 트레이닝
减肥 jiǎnféi 통 다이어트하다　特点 tèdiǎn 몡 특징　一对一 yīduìyī 일대일
个性化 gèxìnghuà 통 개성화하다　能够 nénggòu 조동 ~할 수 있다
根据 gēnjù 통 따르다　进行 jìnxíng 통 진행하다
针对性 zhēnduìxìng 몡 맞춤형　训练 xùnliàn 통 훈련하다
优秀 yōuxiù 혱 우수하다　不仅仅 bùjǐnjǐn ~뿐만 아니라
方面 fāngmiàn 몡 분야, 방면　能力 nénglì 몡 능력
不断 búduàn 틘 끊임없이　提升 tíshēng 통 끌어올리다, 향상시키다
专业 zhuānyè 몡 전문　此外 cǐwài 이 밖에
必须 bìxū 틘 반드시 ~해야 한다　良好 liánghǎo 훌륭하다
沟通 gōutōng 통 소통하다　从而 cóngér 그리하여
真正 zhēnzhèng 틘 진정으로, 확실히　达到 dádào 통 이르다, 도달하다
训练 xùnliàn 통 훈련하다　目标 mùbiāo 몡 목표

42. 问：私人教练的特点是什么？
43. 问：根据本文，下面哪一项是正确的？

많은 사람은 헬스장에 가서 퍼스널 트레이너를 찾으려고 하고, 스스로 다이어트하는 것을 도와, 건강 수준을 향상하고자 한다. ⁴²/⁴³퍼스널 트레이닝의 특징은 일대일 수업으로, 업무가 더 개성화되어, 헬스 회원의 특징에 근거해, ⁴³맞춤형 훈련을 진행할 수 있다. 우수한 퍼스널 트레이너는 운동 분야의 능력이 필요할 뿐만 아니라, 게다가 전문지식을 끊임없이 끌어올리는 학습 능력이 마땅히 있어야 하며, 이 밖에, 또 반드시 훌륭한 소통 능력이 있어야 한다. 소통 능력이 강한 트레이너는, 헬스 회원의 수요를 더 잘 이해할 수 있고, 그리하여 그들이 진정으로 훈련 목표에 도달하도록 돕는다.

42. 질문: 퍼스널 트레이너의 특징은 무엇인가?　정답 C
43. 질문: 본문에 근거하여, 다음 중 옳은 것은 무엇인가?　정답 A

해설 보기 읽기
42번은 A의 时间(시간), B의 知识(지식), C의 个性化(개성화하다), D의 态度(태도)를 핵심어구로 체크해둔다.
43번은 A의 更有针对性(더 맞춤형이다), B의 学习上花钱(학습에 돈을 쓰다), C의 一直锻炼(계속 단련하다), D의 越来越先进了(갈수록 진보하다)를 핵심어구로 체크해둔다.
42번 보기 A 时间很自由(시간이 매우 자유롭다), B 知识很丰富(지식이 매우 풍부하다), C 个性化教学(개성화된 수업), D 态度更认真(태도가 더 성실하다)이 특정 대상에 대한 설명이므로, 설명문이 나올 것임을 예상할 수 있다. 따라서, 특정 대상의 세부 내용을 주의 깊게 듣는다.

단문 듣기
단문 초반에 私人教练的特点是一对一教学, 工作更加个性化(퍼스널 트레이닝의 특징은 일대일 수업으로, 업무가 더 개성화되어)를 듣고 42번의 C 个性化教学(개성화된 수업)를 체크해둔다.
이어서 私人教练……, 进行有针对性的训练(퍼스널 트레이닝……, 맞춤형 훈련을 진행할 수 있다)을 듣고 43번의 A 私人教练的训练更有针对性(퍼스널 트레이너의 훈련은 더 맞춤형이다)을 체크해둔다.

질문 듣고 정답 선택하기
42. 질문이 퍼스널 트레이너의 특징이 무엇인지 물었으므로, C 个性化教学(개성화된 수업)가 정답이다.
43. 질문이 본문에 근거하여 옳은 것은 무엇인지 물었으므로, A 私人教练的训练更有针对性(퍼스널 트레이너의 훈련은 더 맞춤형이다)이 정답이다.

✔ **고득점 노하우** 특정 사물이나 대상이 언급된 문제나 어떤 대상의 특징과 관련된 문제가 제시된 경우, 설명문이 나올 것임을 예상하고, 특정 대상의 세부 내용을 주의 깊게 듣는다.

44 - 45

44
중

A 牛奶的销量非常高
B 牛奶的价格比饮料便宜
C 饮料和牛奶包装形状不同
D 饮料常常摆在最下面的货架上

销量 xiāoliàng 몡 (상품의) 판매량　价格 jiàgé 몡 가격　饮料 yǐnliào 몡 음료
包装 bāozhuāng 몡 포장 통 포장하다　形状 xíngzhuàng 몡 형태, 생김새
摆 bǎi 통 진열하다, 놓다　货架 huòjià 몡 상품 진열장

A 우유의 판매량이 매우 높다
C 음료와 우유의 포장 형태가 다르다
B 우유의 가격이 음료보다 싸다
D 음료는 종종 상품 진열장 맨 아래쪽에 진열된다

제1회

제2회
듣기

제3회

제4회

제5회

해커스 HSK 5급 실전모의고사

45 중

A 比较美观	B 更容易生产	美观 měiguān 혱 보기 좋다, 예쁘다　生产 shēngchǎn 동 생산하다
C 便于当场消费	D 能节省货架空间	便于 biànyú 동 (~하기에) 쉽다　当场 dāngchǎng 명 즉석에서
		消费 xiāofèi 동 소비하다　节省 jiéshěng 동 아끼다, 절약하다
		货架 huòjià 명 상품 진열장　空间 kōngjiān 명 공간

A 비교적 보기 좋다　　　　　　　　　　　　　　　　　　 B 더 쉽게 생산한다
C 즉석에서 소비하기가 쉽다　　　　　　　　　　　　　　　 D 상품 진열장의 공간을 아낄 수 있다

　　如果你常去超市就会发现一个有趣的现象，⁴⁴大部分牛奶装在方盒子里卖，而饮料却装在圆瓶子里卖，这是为什么呢？

　　牛奶包装被设计成方形的原因有两点：第一：⁴⁵方形不占地方，在超市有限的货架上能摆放更多。第二：牛奶买回家需要放入冰箱冷藏，方形的结构也可以充分利用冰箱内的空间。圆形的饮料瓶虽然摆放时会浪费一点儿货架空间，但圆形容器不但比方形更美观，而且拿着方便，喝起来也方便，便于当场、即时消费。

44. 问：在超市可以发现什么有趣的现象？

45. 问：方形的包装有什么好处？

有趣 yǒuqù 혱 재미있다　现象 xiànxiàng 명 현상
装 zhuāng 동 담다, 포장하다　方 fāng 명 사각형, 쪽　盒子 hézi 명 곽, 상자
圆 yuán 혱 둥글다　瓶子 píngzi 명 병
包装 bāozhuāng 명 포장 동 포장하다
设计 shèjì 동 디자인하다, 설계하다 명 설계　方形 fāngxíng 명 사각형
占 zhàn 동 (장소를) 차지하다　有限 yǒuxiàn 혱 제한되다, 한계가 있다
货架 huòjià 명 상품 진열장　摆放 bǎifàng 동 진열하다
冰箱 bīngxiāng 명 냉장고　冷藏 lěngcáng 동 냉장하다
结构 jiégòu 명 구조　充分 chōngfèn 혱 충분히　利用 lìyòng 동 이용하다
空间 kōngjiān 명 공간　圆形 yuánxíng 명 원형　浪费 làngfèi 동 낭비하다
容器 róngqì 명 용기　美观 měiguān 혱 보기 좋다, 예쁘다
便于 biànyú 동 편하다, (~하기에) 쉽다　当场 dāngchǎng 부 현장에서
即时 jíshí 부 바로, 당장　消费 xiāofèi 동 소비하다　有趣 yǒuqù 혱 재미있다
好处 hǎochù 명 장점

　　만약 당신이 슈퍼마켓에 자주 간다면 한 가지 재미있는 현상을 발견할 수 있는데, ⁴⁴대부분 우유는 사각형 곽 안에 담아서 팔지만, 음료는 오히려 둥근 병 안에 담아서 파는데, 이것은 왜 그런 걸까?

　　우유 포장이 사각형으로 디자인 된 이유는 두 가지가 있다. 첫 번째는, ⁴⁵사각형이 공간을 차지하지 않아서, 슈퍼마켓에 있는 제한된 상품 진열장 위에 더 많이 진열할 수 있다는 점이다. 두 번째는, 우유를 사서 집으로 돌아오면 냉장고에 넣어 두어 냉장 보관해야 하는데, 사각형의 구조도 냉장고 안의 공간을 충분히 이용할 수 있다는 점이다. 원형의 음료병은 비록 진열할 때 상품 진열장의 공간을 조금 낭비할 수 있지만, 그러나 원형 용기는 사각형보다 더 보기 좋을 뿐만 아니라, 게다가 들고 있기 편리하고, 마시기에도 편리하여, 현장에서 바로 소비하기 편하다.

44. 질문: 슈퍼마켓에서 어떤 재미있는 현상을 발견할 수 있는가?　　　　　　　　　　　　　　　　정답 C

45. 질문: 사각형의 포장은 어떤 장점이 있는가?　　　　　　　　　　　　　　　　　　　　　　　정답 D

해설 보기 읽기

　　44번은 A의 销量 …… 高(판매량이 높다), B의 价格 …… 便宜(가격이 싸다), C의 包装形状不同(포장 형태가 다르다), D의 摆在 …… 货架上(상품 진열장에 진열하다)을 핵심어구로 체크해둔다.

　　45번은 A의 美观(보기 좋다), B의 生产(생산하다), C의 消费(소비하다), D의 节省 …… 空间(공간을 아끼다)을 핵심어구로 체크해둔다.

　　44번 보기 A의 销量非常高(판매량이 매우 높다), B의 价格 …… 便宜(가격이 싸다), C의 包装形状不同(포장 형태가 다르다), D의 摆在 …… 货架上(상품 진열장에 진열하다)이 특정 대상의 상태에 대해 설명하는 단어이므로, 설명문이 나올 것임을 예상할 수 있다. 따라서, 특정 대상의 세부 내용을 주의 깊게 듣는다.

단문 듣기

　　단문 초반에서의 大部分牛奶装在方盒子里卖，而饮料却装在圆瓶子里卖(대부분 우유는 사각형 곽 안에 담아서 팔지만, 음료는 오히려 둥근 병 안에 담아서 파는데)라는 것을 듣고 44번의 C 饮料和牛奶包装形状不同(음료와 우유의 포장 형태가 다르다)을 체크해둔다.

　　단문 중반에서 方形不占地方，在超市有限的货架上能摆放更多(사각형이 공간을 차지하지 않아서, 슈퍼마켓에 있는 제한된 상품 진열장 위에 더 많이 진열할 수 있다)를 듣고 45번의 D 能节省货架空间(상품 진열장의 공간을 아낄 수 있다)을 체크해둔다.

　　단문 후반에서 圆形容器不但比方形更美观，而且拿着方便，喝起来也方便，便于当场、即时消费(원형 용기는 사각형보다 더 보기 좋을 뿐만 아니라, 게다가 들고 있기 편리하고, 마시기에도 편리하여, 현장에서 바로 소비하기 편하다)라고 한 것을 듣고 45번의 C 便于当场消费(즉석에서 소비하기가 쉽다)를 체크해둔다.

질문 듣고 정답 선택하기

44. 질문이 슈퍼마켓에서 어떤 재미있는 현상을 발견할 수 있는지 물었으므로, C 饮料和牛奶包装形状不同(음료와 우유의 포장 형태가 다르다)이 정답이다.

45. 질문이 사각형의 포장은 어떤 장점이 있는지를 물었으므로, D 能节省货架空间(상품 진열장의 공간을 아낄 수 있다)이 정답이다. 참고로, 보기 C는 원형 용기에 대한 설명이므로, C를 정답으로 선택하지 않도록 주의한다.

✅ **고득점 노하우** 특정 사물이나 대상이 언급된 문제나 어떤 대상의 특징과 관련된 문제가 제시된 경우, 설명문이 나올 것을 예상하고, 특정 대상의 세부 내용을 주의 깊게 듣는다.

二、阅读 독해

46-48

在英国有一只羊，虽然它是羊，但是特别像狗。这只羊[46]像狗一样跳，也像狗一样闻东西，玩累了，居然也[46]像狗一样蹲在地上，所有的 46. B 姿势 跟狗完全一样。这真是一只努力想做狗的羊啊！[47]你是不是还很 47. A 好奇 ，它的叫声是什么样的？这只羊之所以把自己当成狗，[48]是因为从小跟狗一起生活、成长。可见，环境的影响多么 48. A 巨大 ！

闻 wén[동] 냄새를 맡다 居然 jūrán[부] 놀랍게도
蹲 dūn[동] 웅크리고 앉다 所有 suǒyǒu[형] 모든 姿势 zīshì[명] 자세
好奇 hàoqí[형] 궁금하다 叫声 jiàoshēng[명] 울음 소리
什么样 shénmeyàng[대] 어떠한 之所以 zhīsuǒyǐ[접] ~의 이유
成长 chéngzhǎng[동] 성장하다 可见 kějiàn[접] ~라는 것을 알 수 있다
巨大 jùdà[형] 어마어마하다, 아주 크다

영국에 양 한 마리가 있다, 그것은 비록 양이지만, 하지만 유달리 개를 닮았다. 이 양은 [46]개처럼 뛰고, 개처럼 물건 냄새도 맡고, 놀다 지치면, 놀랍게도 [46]개처럼 땅에 웅크리고 앉기도 해서, 모든 B 자세가 개와 완전히 똑같다. 이는 정말 개가 되려고 노력하는 양이구나! [47]당신은 여전히 A 궁금하지 않는가, 양의 울음소리는 어떠한지? 이 양이 자신을 개로 여기는 이유는, [48]왜냐하면 어렸을 때부터 개와 같이 생활했고, 성장했기 때문이다. 환경의 영향이 얼마나 A 어마어마한지를 알 수 있다!

46
하

A 秩序　B 姿势　C 细节　D 表面

秩序 zhìxù[명] 질서 姿势 zīshì[명] 자세 细节 xìjié[명] 자세한 부분
表面 biǎomiàn[명] 표면

A 질서　B 자세　C 자세한 부분　D 표면　정답 B

해설 보기를 읽고 단문의 빈칸에 문맥상 어떤 명사가 필요할지를 파악한 후, 빈칸 주변을 읽는다. 빈칸이 있는 부분은 '개처럼 뛰고, 개처럼 …… 냄새 맡고, …… 개처럼 땅에 웅크리고 앉기도 해서, 모든 ___가 개와 완전히 똑같다'라는 의미이므로, 빈칸에는 개의 뛰고, 냄새 맡고, 웅크리며 앉는 행동을 나타낼 수 있는 어휘가 들어가야 한다. 따라서 B 姿势(자세)이 정답이다.

✅ **고득점 노하우** 보기가 모두 명사인 경우에는, 단문을 읽을 때 빈칸의 앞 구절과 뒷 구절의 의미를 정확히 파악하여, 문맥에 맞는 보기를 먼저 찾는다.

47
중

A 好奇　B 糊涂　C 乐观　D 熟练

好奇 hàoqí[형] 궁금하다 糊涂 hútu[형] 어리석다
乐观 lèguān[형] 낙관적이다 熟练 shúliàn[형] 능숙하다, 숙련되어 있다

A 궁금하다　B 어리석다　C 낙관적이다　D 능숙하다　정답 A

해설 보기를 읽고 단문의 빈칸에 문맥상 어떤 상태를 나타내는 어휘가 필요할지를 파악한 후, 빈칸 주변을 읽는다. 빈칸이 있는 부분은 '당신은 여전히 ___(지) 않은가, 양의 울음소리는 어떠한지?'라는 의미이므로, 문맥상 A 好奇(궁금하다)가 정답이다.

✅ **고득점 노하우** 보기가 모두 형용사인 경우에는, 단문의 빈칸 주변에서 형용사가 꾸며주는 대상이나 주어를 먼저 찾아 문맥에 적합한지 확인한다.

48
중

A 巨大　B 神秘　C 完美　D 完整

巨大 jùdà[형] 어마어마하다, 아주 크다 神秘 shénmì[형] 신비하다
完美 wánměi[형] 완벽하다, 매우 훌륭하다
完整 wánzhěng[형] 완전하다

A 어마어마하다　B 신비하다　C 완벽하다　D 완전하다　정답 A

해설 보기를 읽고 단문의 빈칸에 문맥상 어떤 상태를 나타내는 어휘가 필요할지를 파악한 후, 빈칸 주변을 읽는다. 빈칸이 있는 부분은 '환경의 영향이 얼마나 ___(지)를 알 수 있다!'라는 의미이다. 빈칸 앞에서 **是因为从小跟狗一起生活、成长**(왜냐하면 어렸을 때부터 개와 같이 생활했고, 성장했기 때문이다)이라고 했으므로, 빈칸에는 환경의 영향이 큼을 강조하는 내용이 들어가야 함을 알 수 있다. 따라서 A 巨大(어마어마하다)가 정답이다.

✅ **고득점 노하우** 보기가 모두 형용사인 경우에는, 단문의 빈칸 주변에서 형용사가 꾸며주는 대상이나 주어를 먼저 찾아 문맥에 적합한지 확인한다.

49-52

一天，[49]某著名主持人 49. B 采访 一名小朋友，问他说："你长大以后想做什么工作？"小朋友认真地回答："我想开飞机。"主持人接着问："如果一天，你的飞机突然没有油了，你怎么办？"小朋友考虑了一会儿说："我会让乘客们都系好安全带，然后我跳伞出去。"观众们大笑起来，[50]主持人注意到孩子吃惊的 50. B 表情 和快要流出的眼泪，于是，继续问他："你为什么要这么做？"孩子说："我要去借油，我还会回来的！"

[51/52]认真地听， 51. D虚心 地听。听完别人的话，然后再下结论，而不是用自己的逻辑去判断别人的想法， 52. A 这就是听的艺术 。

著名 zhùmíng[형] 유명하다 主持人 zhǔchírén[명] 사회자
采访 cǎifǎng[동] 인터뷰하다 接着 jiēzhe[동] 뒤이어 油 yóu[명] 기름
考虑 kǎolǜ[동] 생각하다 乘客 chéngkè[명] 승객 系 jì[동] 매다
安全带 ānquándài[명] 안전벨트
跳伞 tiàosǎn[동] 낙하산으로 뛰어내리다 观众 guānzhòng[명] 관중
吃惊 chījīng[동] 놀라다 表情 biǎoqíng[명] 표정
流出 liúchū[동] 흘리다 眼泪 yǎnlèi[명] 눈물
于是 yúshì[접] 그래서, 그리하여 继续 jìxù[명] 계속
虚心 xūxīn[형] 겸허하다 结论 jiélùn[명] 결론 逻辑 luójí[명] 논리
判断 pànduàn[동] 판단하다 想法 xiǎngfǎ[명] 생각
艺术 yìshù[명] 기술, 예술

어느 날, [49]어떤 유명한 사회자가 아이를 B 인터뷰하며, 그에게 물었다. "너는 커서 어떤 일을 하고 싶니?" 아이는 진지하게 대답했다. "저는 비행기를 조종하고 싶어요." 사회자가 뒤이어 물었다. "만약 어느 날, 너의 비행기가 갑자기 기름이 없어지면, 너는 어떻게 할 거니?" 아이가 잠시 생각하고 말했다. "저는 승객들이 모두 안전벨트를 잘 매게 하고, 그런 후에 제가 낙하산을 타고 뛰어내릴 거예요." 관중들이 크게 웃기 시작했고, [50]사회자는 아이의 놀란 B 표정과 곧 나올 것 같은 눈물을 알아차리고, 그래서, 계속 그에게 물었다. "너는 왜 이렇게 하려고 하니?" 아이가 말하길 "저는 기름을 빌리러 갔다가, 다시 돌아올 거예요!"

[51/52]진지하게 듣고, D 겸허하게 듣는다. 다른 사람의 말을 다 듣고, 그런 후에 다시 결론을 내리는 것이지, 자신의 논리로 다른 사람의 생각을 판단하는 것이 아니다, A 이것이 바로 듣는 기술이다.

49 하

A 安慰　B 采访　C 答应　D 打听

安慰 ānwèi[동] 위로하다 采访 cǎifǎng[동] 인터뷰하다
答应 dāying[동] 대답하다 打听 dǎting[동] 물어보다

A 위로하다　B 인터뷰하다　C 대답하다　D 물어보다　정답 B

해설 보기를 읽고 단문의 빈칸에 문맥상 어떤 동작 또는 행동을 나타내는 어휘가 필요할지를 파악한 후, 빈칸 주변을 읽는다. 빈칸이 있는 문장은 '어떤 유명한 사회자가 아이를 ____(하며), 그에게 물었다'라는 의미이므로, 사회자가 아이를 인터뷰하고 있음을 알 수 있다. 따라서 B 采访(인터뷰하다)이 정답이다.
D 打听(물어보다)은 빈칸 뒤의 问(묻다)과 의미가 중복되므로 오답이다.

✅ **고득점 노하우** 보기가 모두 동사인 경우에는, 빈칸 주변에서 주어와 목적어를 먼저 찾아 문맥에 맞는 보기를 정답으로 선택한다.

50 중

A 态度　B 表情　C 情景　D 微笑

态度 tàidu[명] 태도 表情 biǎoqíng[명] 표정
情景 qíngjǐng[명] 장면 微笑 wēixiào[명] 미소

A 태도　B 표정　C 장면　D 미소　정답 B

해설 보기를 읽고 단문의 빈칸에 문맥상 어떤 명사가 필요할지를 파악한 후, 빈칸 주변을 읽는다. 빈칸이 있는 문장은 '사회자는 아이의 놀란 ____과 곧 나올 것 같은 눈물을 알아차리고'라는 의미이므로, 문맥상 B 表情(표정)이 정답이다.
A 态度(태도)는 어떤 일이나 상황 따위를 대하는 마음가짐 또는 그 마음가짐이 드러난 자세를 의미하므로 오답이다.

✅ **고득점 노하우** 보기가 모두 명사인 경우에는, 단문을 읽을 때 빈칸의 앞 구절과 뒷 구절의 의미를 정확히 파악하여, 문맥에 맞는 보기를 먼저 찾는다.

51 중

A 热烈　B 迅速　C 当心　D 虚心

热烈 rèliè[형] 열렬하다 迅速 xùnsù[형] 신속하다
当心 dāngxīn[동] 조심하다 虚心 xūxīn[형] 겸허하다

A 열렬하다　B 신속하다　C 조심하다　D 겸허하다　정답 D

해설 보기를 읽고 단문의 빈칸에 문맥상 어떤 감정 또는 상태를 나타내는 어휘가 필요할지를 파악한 후, 빈칸 주변을 읽는다. 빈칸이 있는 문장은 '진지하게 듣고, ____(하게) 듣는다'는 의미이다. 빈칸 뒤에서 而不是用自己的逻辑去判断别人的想法(자신의 논리로 다른 사람의 생각을 판단하는 것이 아니다)라고 했으므로, 아는 체나 잘난 체를 하지 않는다는 의미를 가진 D 虚心(겸허하다)이 정답이다.
C 当心(조심하다)은 잘못 또는 실수가 없도록 말이나 행동에 마음 쓰는 것을 의미하므로 오답이다.

✅ **고득점 노하우** 보기가 각기 다른 품사인 경우에는, 각 보기의 의미를 재빨리 확인하여 단문의 빈칸 주변을 읽을 때에 어떤 문맥을 파악해야 할지 미리 준비한다.

52 상

A 这就是听的艺术	B 不要随便笑话别人
C 孩子比成人聪明	D 要懂得跟别人相处

艺术 yìshù 圐 기술, 예술　随便 suíbiàn 圐 마음대로
笑话 xiàohua 圐 비웃다 圐 농담　懂得 dǒngde 圐 알다
相处 xiāngchǔ 圐 함께 지내다

A 이것이 바로 듣는 기술이다	B 마음대로 다른 사람을 비웃지 말아라
C 아이가 성인보다 똑똑하다	D 다른 사람과 함께 지내는 것을 알아야 한다

정답 A

해설 보기가 모두 문장 형태이고 빈칸이 단문 맨 마지막에 있으므로, 빈칸 앞부분 문맥을 정확히 파악한 후, 빈칸에 들어갈 문장을 선택한다. 빈칸이 있는 부분은 '다른 사람의 말을 다 듣고, 그런 후에 다시 결론을 내리는 것이지, 자신의 논리로 다른 사람의 생각을 판단하는 것이 아니다. ___'라는 의미이므로, 빈칸에는 듣는 자세에 대한 내용이 올 것임을 알 수 있다. 따라서 A 这就是听的艺术(이것이 바로 듣는 기술이다)가 정답이다.

☑ **고득점 노하우** 문장 채우기 문제가 마지막 문제인 경우, 앞 문제들을 풀면서 읽었던 단문 내용을 토대로 단문 전체의 문맥에 적합한 보기를 정답으로 선택한다.

53-56

人们常说："沉默是金，开口是银"。意思是沉默的人容易取得成功。实际上，[53]沉默并不代表不说话，[53]而是一个 53. **A** 观察 、等待、准备的过程。沉默也不是不思考，相反，[55]很多深刻的思想都来自沉默的思考。[54/55]如果过早说出不 54. **C** 成熟 的看法，反而会失去进一步思考和提高的机会。[55/56] 55. **D** 难怪 有人说：你要了解一个人的思想，不是与他谈话，56. **B** 而是去读他的文章 ，因为那是仔细思考过的。

沉默 chénmò 圐 침묵 圐 묵묵히 하다　开口 kāikǒu 圐 말을 하다
取得 qǔdé 圐 얻다　实际上 shíjì shang 圐 사실상
代表 dàibiǎo 圐 나타내다, 대표하다　观察 guānchá 圐 관찰하다
过程 guòchéng 圐 과정　思考 sīkǎo 圐 사고하다 圐 사고
相反 xiāngfǎn 圐 오히려　深刻 shēnkè 圐 깊이가 있다
思想 sīxiǎng 圐 생각　来自 láizì 圐 ~로 부터 오다
过早 guòzǎo 圐 매우 빠르다, 너무 이르다
成熟 chéngshú 圐 성숙하다　看法 kànfǎ 圐 생각, 견해
反而 fǎn'ér 圐 반대로　失去 shīqù 圐 잃어버리다
难怪 nánguài 圐 그러기에, 어쩐지　谈话 tánhuà 圐 이야기 하다
文章 wénzhāng 圐 글, 문장　仔细 zǐxì 圐 자세하다, 꼼꼼하다

사람들은 자주 말한다. "침묵은 금이고, 말을 하는 것은 은이다." 이 말의 뜻은 과묵한 사람이 쉽게 성공을 얻을 수 있다는 것이다. 사실, [53]침묵은 결코 말을 하지 않는 것을 나타내는 것이 아니라, [53]A 관찰하고, 기다리고, 준비하는 과정이다. 침묵은 또한 사고하지 않는 것이 아니고, 오히려, [55]깊이 있는 많은 생각은 모두 침묵의 사고로부터 오는 것이다. [54/55]만약 너무 빨리 C 성숙하지 않은 생각을 말한다면, 오히려 반대로 한발 더 나아가 생각하고 향상하는 기회를 잃어버릴 수 있다. [55/56]D 그러기에 어떤 사람이 말하길, 당신이 한 사람의 생각을 이해하려고 하면, 그와 이야기를 나누는 것이 아니라, B 그의 글을 읽어보라고 했다, 왜냐하면 그것은 자세히 생각한 적이 있는 것이기 때문이다.

---

53 중

A 观察	B 盼望	C 幻想	D 集中

观察 guānchá 圐 관찰하다　盼望 pànwàng 圐 간절히 바라다
幻想 huànxiǎng 圐 상상하다　集中 jízhōng 圐 집중하다

A 관찰하다	B 간절히 바라다	C 상상하다	D 집중하다

정답 A

해설 보기를 읽고 단문의 빈칸에 문맥상 어떤 동작 또는 상태를 나타내는 어휘가 필요할지를 파악한 후, 빈칸 주변을 읽는다. 빈칸이 있는 문장은 '침묵은 ……, ___(고), 기다리고, 준비하는 과정이다'라는 의미이므로, 빈칸에도 과정의 일부분이 될 수 있는 어휘가 들어가야 한다. 따라서 문맥상 과정의 첫 순서로 가장 어울리는 A 观察(관찰하다)가 정답이다.

☑ **고득점 노하우** 보기가 동사로 이루어진 경우에는, 단문 빈칸 주변을 꼼꼼히 읽어 문맥과 가장 어울리는 동작을 나타내는 보기를 찾는다.

---

54 중

A 相关	B 强烈	C 成熟	D 严肃

相关 xiāngguān 圐 상관되다　强烈 qiángliè 圐 강렬하다
成熟 chéngshú 圐 성숙하다　严肃 yánsù 圐 엄격하다

A 상관되다	B 강렬하다	C 성숙하다	D 엄격하다

정답 C

해설 보기를 읽고 단문의 빈칸에 문맥상 어떤 동작 또는 상태를 나타내는 어휘가 필요할지를 파악한 후, 빈칸 주변을 읽는다. 빈칸이 있는 문장은 '만약 너무 이르게 ___(지) 않은 생각을 말한다면, 오히려 반대로 한발 더 나아가 생각하고 향상하는 기회를 잃어버릴 수 있다.'는 의미이므로, 빈칸에는 한발 더 나아가고, 향상된 것을 의미하는 어휘가 들어가야 한다. 따라서 C 成熟(성숙하다)가 정답이다.
A 相关(상관되다)는 서로 관련을 가지는 경우에 쓰인다.
D 严肃(엄격하다)는 표정, 태도 등을 형용하는데 쓰인다.

☑ **고득점 노하우** 보기가 각기 다른 품사인 경우에는, 각 보기의 의미를 재빨리 확인하여 단문의 빈칸 주변을 읽을 때에 어떤 문맥을 파악해야 할지 미리 준비한다.

제1회

제2회

독해

제3회

제4회

제5회

해커스 HSK 5급 실전모의고사

55 중	A 反正 B 或许 C 似乎 D 难怪	反正 fǎnzhèng 뷔 어쨌든 或许 huòxǔ 뷔 어쩌면 似乎 sìhū 뷔 마치 难怪 nánguài 뷔 그러기에, 어쩐지

A 어쨌든	B 어쩌면	C 마치	D 그러기에	정답 D

해설 보기를 읽고 단문의 빈칸에 문맥상 어떤 의미의 부사가 필요할지를 파악한 후, 빈칸 주변을 읽는다. 빈칸 앞에서 '만약 너무 빨리 성숙
하지 않은 생각을 말한다면, 오히려 반대로 한발 더 나아가 생각하고 향상하는 기회를 잃어버릴 수 있다'라고 했고, 빈칸 뒤에서 '당신
이 한 사람의 생각을 이해하려고 하면, 그와 이야기를 나누는 것이 아니라'라고 했으므로, 문맥상 빈칸 앞과 뒤는 인과관계가 있음을
알 수 있다. 따라서 D 难怪(그러기에)가 정답이다.

✅ **고득점 노하우** 보기가 모두 부사인 경우에는, 단문의 빈칸 주변에서 술어나 자주 호응하는 어휘를 먼저 찾아 문맥에 맞는 보기를 정답의 후보로 선택한다.

56 상	A 最好能够保持沉默 B 而是去读他的文章 C 可以模仿他的行为 D 应该了解他的秘密	保持 bǎochí 통 유지하다 沉默 chénmò 통 침묵 文章 wénzhāng 명 글, 문장 模仿 mófǎng 통 모방하다 行为 xíngwéi 명 행동 秘密 mìmì 명 비밀

A 가장 바람직한 것은 침묵을 유지할 수 있는 것이다	B 그의 글을 읽어보는 것이다
C 그의 행동을 모방해도 된다	D 그의 비밀을 이해해야 한다 정답 B

해설 보기가 모두 문장 형태인데, A에는 最好(가장 바람직한 것은), B에는 而是(~이다), C에는 可以(~해도 된다), D에는 应该(~해야 한다)
가 있으므로, 빈칸 주변에서 호응이 가능한 어휘나 연결어를 먼저 찾는다. 빈칸 앞 不是与他谈话(그와 이야기를 나누는 것이 아니라)
에 不是(~가 아니다)가 있으므로 이와 호응하는 어휘 而是(~이다)을 포함한 B 而是去读他的文章(그의 글을 읽어보는 것이다)이 정
답이다.

✅ **고득점 노하우** 문장으로 구성된 보기에 연결어가 있을 경우, 단문의 빈칸 주변에서 짝꿍 연결어를 찾아 함께 쓰이는 연결어가 있는 보기를 정답으로
선택한다.

57-60

大人们常常觉得孩子的生活中没有烦恼，⁵⁷整天
无忧无虑的，可 57. A 事实 上孩子也要承受各种压
力。^{58/59/60}很多孩子最终能够克服困难， 58. D 成为
自信和坚强的人 ，这是因为他们得到了社会的支持。
这样的支持可能来自家人、老师、小伙伴。⁵⁹他们的
鼓励、安慰会促使孩子尽快从坏心情中走出来，积极
地迎接新 59. C 挑战 。支持可能是一段话，也可能只
是一条温暖的围巾、一只伸过来的手、一个热情的拥
抱。⁶⁰看起来简单，却会让孩子 60. A 充满 力量。

大人 dàren 명 어른   烦恼 fánnǎo 명 걱정
整天 zhěngtiān 명 온종일
无忧无虑 wúyōuwúlǜ 아무런 근심이 없다   事实 shìshí 명 사실
承受 chéngshòu 통 견디다, 감당하다
最终 zuìzhōng 명 결국, 맨 마지막
克服 kèfú 통 극복하다, 참고 견디다   自信 zìxìn 자신감 있다
坚强 jiānqiáng 형 꿋꿋하다   支持 zhīchí 명 지지
来自 láizì 통 ~로부터 오다   伙伴 huǒbàn 명 친구, 동료
鼓励 gǔlì 통 격려하다   安慰 ānwèi 통 위로하다
促使 cùshǐ 통 ~하도록 하다   尽快 jǐnkuài 뷔 되도록 빨리
心情 xīnqíng 명 기분   积极 jījí 형 적극적이다
迎接 yíngjiē 통 맞이하다   挑战 tiǎozhàn 통 도전
温暖 wēnnuǎn 형 따뜻하다   围巾 wéijīn 명 목도리
伸 shēn 통 내밀다   拥抱 yōngbào 통 포옹
却 què 뷔 하지만, 오히려   充满 chōngmǎn 통 가득 차다, 넘치다
力量 lìliang 명 힘

어른들은 항상 아이들의 생활에는 걱정이 없고, ⁵⁷온종일 아무런 근심이 없다고 생각하는데, 그러나 A 사실상 아이들도 각종의
스트레스를 견뎌내야 한다. ^{58/59/60}많은 아이들은 결국 어려움을 극복할 수 있고, D 자신감 있고 꿋꿋한 사람이 되는데, 이는 그들이
사회의 지지를 얻었기 때문이다. 이러한 지지는 아마도 가족, 선생님, 친구에게서 온다. ⁵⁹그들의 격려, 위로는 아이들이 되도록 빨
리 좋지 않은 기분에서 빠져나오고, 적극적으로 새로운 C 도전을 맞이할 수 있게 한다. 지지는 아마도 한 마디의 말일 수 있고, 그저
따뜻한 목도리, 내밀었던 손, 다정한 포옹일 수도 있다. ⁶⁰보기에는 간단해 보이지만, 하지만 아이들이 힘이 A 가득 차게 할 수 있다.

57 중	A 事实 B 道理 C 主观 D 逻辑	事实 shìshí 명 사실 道理 dàolǐ 명 도리 主观 zhǔguān 명 주관 逻辑 luójí 명 논리

A 사실	B 도리	C 주관	D 논리	정답 A

해설 보기를 읽고 단문의 빈칸에 문맥상 어떤 명사가 필요할지를 파악한 후, 빈칸 주변을 읽는다. 빈칸이 있는 문장은 '온종일 아무런 근심
이 없다고 생각하는데, 그러나 _____ 상 아이들도 각종의 스트레스를 견뎌내야 한다'라는 의미이므로, 문맥상 앞의 내용과 반대되는 실
제 상태를 의미하는 어휘가 들어가야 한다. 따라서 A 事实(사실)이 정답이다.

✅ **고득점 노하우** 보기가 모두 명사인 경우에는, 단문을 읽을 때 빈칸의 앞 구절과 뒷 구절의 의미를 정확히 파악하여, 문맥에 맞는 보기를 먼저 찾는다.

58 상

A 再也没有什么压力　B 认识到自己的缺点
C 开始考虑事情的后果 D 成为自信和坚强的人

缺点 quēdiǎn 똉 단점　考虑 kǎolǜ 동 생각하다
后果 hòuguǒ 똉 결과　自信 zìxìn 똉 자신감 있다
坚强 jiānqiáng 똉 꿋꿋하다

A 더는 어떠한 스트레스가 없다　　　　　　　　B 자신의 단점을 알게 된다
C 일의 결과를 생각하기 시작한다　　　　　　　D 자신감 있고 꿋꿋한 사람이 된다　　정답 D

해설 보기가 모두 문장 형태이고 긴 문장의 가운데 구절이므로, 빈칸 주변의 문맥을 주의 깊게 파악한 후, 빈칸에 들어갈 문장을 선택한다. 빈칸이 있는 부분은 '많은 아이들은 결국 어려움을 극복할 수 있고, ___ 이는 그들이 사회의 지지를 얻었기 때문이다'라는 의미이므로, 빈칸 앞과 빈칸이 빈칸 뒷부분과 서로 인과 관계임을 알 수 있다. 따라서 문맥상 D 成为自信和坚强的人(자신감 있고 꿋꿋한 사람이 된다)이 정답이다.

☑ **고득점 노하우** 문장 채우기 문제에서 빈칸이 긴 문장의 가운데 구절인 경우에는, 빈칸 앞뒤를 문맥상 자연스럽게 연결하는 보기를 정답으로 선택한다.

59 중

A 未来　　　B 理论　　　C 挑战　　　D 形势

未来 wèilái 똉 미래　理论 lǐlùn 똉 이론　挑战 tiǎozhàn 똉 도전
形势 xíngshì 똉 상황

A 미래　　　　　　　B 이론　　　　　　　C 도전　　　　　　　D 상황　　정답 C

해설 보기를 읽고 단문의 빈칸에 문맥상 어떤 명사가 필요할지를 파악한 후, 빈칸 앞을 읽는다. 빈칸이 있는 부분은 '그들의 격려, 위로는 아이들이 되도록 빨리 좋지 않은 기분에서 빠져 나오고, 적극적으로 새로운 ___ 을 맞이할 수 있게 한다'라는 의미이다. 빈칸 앞 문장에서 很多孩子最终能够克服困难, …… 这是因为他们得到了社会的支持(많은 아이들은 결국 어려움을 극복할 수 있고, …… 이는 그들이 사회의 지지를 얻었기 때문이다)이라고 했으므로, 사회의 지지를 통해 아이들이 어려움을 극복할 수 있다는 것을 알 수 있다. 따라서 정답은 아이들이 격려를 통해 좋지 않은 기분에서 빨리 빠져 나와 맞이하는 것에 가장 어울리는 의미인 C 挑战(도전)이다.

☑ **고득점 노하우** 보기가 모두 명사인 경우에는, 단문 빈칸 주변을 꼼꼼히 읽어 문맥과 가장 어울리는 동작을 나타내는 보기를 찾는다.

60 중

A 充满　　　B 包含　　　C 贡献　　　D 保持

充满 chōngmǎn 동 가득 차다, 넘치다　包含 bāohán 동 포함하다
贡献 gòngxiàn 동 공헌하다　保持 bǎochí 동 유지하다

A 가득 차다　　　　　B 포함하다　　　　　C 공헌하다　　　　　D 유지하다　　정답 A

해설 보기를 읽고 단문의 빈칸에 문맥상 어떤 동작 또는 상태를 나타내는 어휘가 필요할지를 파악한 후, 빈칸 앞을 읽는다. 빈칸이 있는 부분은 '보기에는 간단해 보이지만, 하지만 아이들이 힘이 ___ (게) 할 수 있다'라는 의미이다. 빈칸 앞에서 很多孩子最终能够克服困难, …… 这是因为他们得到了社会的支持(많은 아이는 결국 어려움을 극복할 수 있고, …… 이는 그들이 사회의 지지를 얻었기 때문이다)이라고 했으므로, 사회적 지지를 통해 아이들이 힘을 얻었음을 유추할 수 있다. 따라서 문맥상 가장 자연스럽게 어울리는 의미인 A 充满(가득 차다)이 정답이다.

☑ **고득점 노하우** 보기가 모두 동사인 경우에는, 빈칸 주변에서 주어와 목적어를 먼저 찾아 문맥에 맞는 보기를 정답으로 선택한다.

61 중

2008年6月1日起, 中国开始限制塑料袋的使用, ᴰ大型超市不再免费提供塑料袋, 而是鼓励大家使用环保袋, 或者再次利用塑料袋。ᴮ几年来, 这个规定的效果很明显, ᶜ很多人去超市结账时都会主动拿出袋子装东西。

A 这个规定给顾客带来很多麻烦
B 这个规定对保护环境没有帮助
C 现在很多人去超市会自带袋子
D 大型超市已经不再提供塑料袋

限制 xiànzhì 동 제한하다　塑料袋 sùliàodài 비닐봉지
免费 miǎnfèi 동 무료로 하다　提供 tígōng 동 제공하다
鼓励 gǔlì 동 장려하다　环保袋 huánbǎodài 에코백
再次 zàicì 똉 다시　利用 lìyòng 동 이용하다　规定 guīdìng 똉 규정
效果 xiàoguǒ 똉 효과　明显 míngxiǎn 똉 확연히 드러나다
结账 jiézhàng 동 계산하다　主动 zhǔdòng 똉 자발적인, 능동적인
袋子 dàizi 똉 봉지, 주머니　装 zhuāng 동 담다, 포장하다
规定 guīdìng 똉 규정　顾客 gùkè 똉 손님

2008년 6월 1일부터, 중국은 비닐봉지의 사용을 제한하기 시작했는데, ᴰ대형 슈퍼마켓은 더 이상 무료로 비닐봉지를 제공하지 않고, 모두가 에코백을 사용하거나 혹은 비닐봉지를 다시 사용하는 것을 장려했다. ᴮ몇 해 동안, 이 규정의 효과는 매우 확연히 드러났고, ᶜ많은 사람이 슈퍼마켓에 가서 계산할 때 모두 자발적으로 봉지를 꺼내서 물건을 담는다.

A 이 규정은 손님에게 많은 번거로움을 가져다 주었다　　B 이 규정은 환경을 보호하는 데에 도움이 안 된다
C 현재 많은 사람들이 슈퍼마켓에 스스로 봉지를 들고 간다　　D 대형 슈퍼마켓은 이미 더 이상 비닐봉지를 제공하지 않는다　　정답 C

해설 단문의 앞부분을 읽으면 塑料袋(비닐봉지)와 관련된 설명문임을 알 수 있다. 따라서, 이와 관련하여 설명하는 세부 내용을 정확히 파악하며 단문을 읽고, 오답 보기를 소거하거나 정답을 고른다.

제1회

제2회
독해

제3회

제4회

제5회

해커스 HSK 5급 실전모의고사

단문의 초반에서 大型超市不再免费提供塑料袋(대형 슈퍼마켓은 더 이상 무료로 비닐봉지를 제공하지 않고)라고 했는데, D는 不再提供塑料袋(더 이상 비닐봉지를 제공하지 않는다)라고 했으므로, D를 오답으로 소거한다. 특히, 단문의 免费提供(무료로 제공하다) 대신 보기에서 提供(제공하다)이 쓰여 의미가 달라져 오답이 되었으므로, 보기를 읽을 때 提供(제공하다)을 놓치지 않는다. → D (X)

그 다음 문장에서 几年来, 这个规定的效果很明显(몇 해 동안, 이 규정의 효과는 매우 확연히 드러났고)이라고 했는데, B는 这个规定 …… 没有帮助(이 규정은 …… 도움이 안 된다)라고 했으므로, B를 오답으로 소거한다. → B (X)

이어지는 부분에서 很多人去超市结账时都会主动拿出袋子装东西(많은 사람이 슈퍼마켓에 가서 계산할 때 모두 자발적으로 봉지를 꺼내서 물건을 담는다)라고 했는데, C는 很多人去超市会自带袋子(많은 사람들이 슈퍼마켓에 스스로 봉지를 들고 간다)라고 했으므로, C가 정답이다. → C (O)

A는 지문에서 언급되지 않았으므로 오답이다. → A (X)

✅ **고득점 노하우** 설명문에서는 설명 대상의 세부 특징이 중요하므로, 단문을 읽을 때 대상의 특징을 꾸며 주거나 강조하는 표현을 특히 꼼꼼하게 해석한다.

62
중

ᴬ萝卜是一种常见蔬菜, 一到冬天, ᴬ便成为每家饭桌上的常客。ᶜ早在4500年前, 萝卜已经成为埃及的重要食品。萝卜的生长需要充足的阳光, ᴮ在气候合适的地区, 一年四季都可以种萝卜。ᴰ萝卜营养丰富, 但要避免和水果一起吃。

A 人们经常用萝卜招待客人
B 任何地方四季都能种萝卜
C 埃及人食用萝卜历史悠久
D 萝卜的营养比水果还丰富

萝卜 luóbo 몡 무	常见 chángjiàn 톙 흔한	蔬菜 shūcài 몡 채소
饭桌 fànzhuō 몡 식탁	常客 chángkè 몡 단골손님
埃及 Āijí 고유 이집트	食品 shípǐn 몡 식품
生长 shēngzhǎng 통 성장하다	充足 chōngzú 톙 충분하다
气候 qìhòu 몡 기후	合适 héshì 톙 적합하다	地区 dìqū 몡 지역
四季 sìjì 사계절	种 zhòng 통 심다	营养 yíngyǎng 몡 영양
丰富 fēngfù 톙 풍부하다	避免 bìmiǎn 통 피하다
招待 zhāodài 통 대접하다	客人 kèrén 몡 손님
食用 shíyòng 통 먹다	悠久 yōujiǔ 톙 유구하다

ᴬ무는 흔한 채소인데, 겨울이 되면, ᴬ바로 모든 집 식탁 위의 단골손님이 된다. ᶜ일찍이 4500년 전, 무는 이미 이집트의 중요한 식품이 되었다. 무의 성장에는 충분한 햇빛이 필요하고, ᴮ기후가 적합한 지역에서는, 일 년 사계절 모두 무를 심을 수 있다. ᴰ무는 영양이 풍부한데, 하지만 과일과 함께 먹는 것은 피해야 한다.

A 사람들은 종종 무를 이용해서 손님을 대접한다
B 아무 데나 사계절 모두 무를 심을 수 있다
C 이집트 사람들이 무를 먹은 역사는 유구하다
D 무의 영양은 과일보다 풍부하다

정답 C

해설 단문의 앞부분을 읽으면 萝卜(무)와 관련된 설명문임을 알 수 있다. 따라서, 이와 관련하여 설명하는 세부 내용을 정확히 파악하며 단문을 읽고, 오답 보기를 소거하거나 정답을 고른다.

단문의 초반에서 萝卜……, 便成为每家饭桌上的常客(무는……, 바로 모든 집 식탁 위의 단골손님이 된다)라고 했는데, A는 用萝卜招待客人(무를 이용해서 손님을 대접한다)이라고 했으므로, A를 오답으로 소거한다. → A (X)

그 다음 문장에서 早在4500年前, 萝卜已经成为埃及的重要食品。(일찍이 4500년 전, 무는 이미 이집트의 중요한 식품이 되었다.)이라고 했는데, C는 历史悠久(역사가 유구하다)라고 했으므로, C가 정답이다. → C (O)

*C를 정답으로 답안지에 표시한 후, 바로 다음 문제로 넘어가서 시간을 절약한다.

그 다음 문장에서 在气候合适的地区, 一年四季都可以种萝卜(기후가 적합한 지역에서는, 일 년 사계절 모두 무를 심을 수 있다)라고 했는데, B는 任何地方四季都能种(아무데나 사계절 모두 심을 수 있다)이라고 했으므로, B를 오답으로 소거한다. → B (X)

그 다음 문장에서 萝卜营养丰富, 但要避免和水果一起吃。(무는 영양이 풍부한데, 하지만 과일과 함께 먹는 것은 피해야 한다.)이라고 했는데, D는 萝卜的营养比水果还丰富(무의 영양은 과일보다 풍부하다)라고 했으므로, D를 오답으로 소거한다. → D (X)

✅ **고득점 노하우** 설명문에서는 설명 대상의 세부 특징이 중요하므로, 단문을 읽을 때 대상의 특징을 꾸며 주거나 강조하는 표현을 특히 꼼꼼하게 해석한다.

63
중

ᴰ人类从古代开始就懂得如何利用太阳能, 比如, 利用太阳晒干粮食、制盐、晒干咸鱼。现在, 人们利用ᴮ光热转换和光电转换两种方式利用太阳能, 前者的表现是为热水器提供能源, ᴮ后者表现为发电。ᴬ/ᶜ太阳能是可再生能源, 还不用运输, ᴬ是非常环保的。

A 使用太阳能有利于环保
B 发电运用光热转换方式
C 太阳能是不可再生的能源
D 人类从现代开始使用太阳能

人类 rénlèi 圐 인류　古代 gǔdài 圐 고대　懂得 dǒngde 圐 알다
如何 rúhé 어떻게　利用 lìyòng 圐 이용하다
太阳能 tàiyángnéng 圐 태양 에너지
晒干 shàigān 圐 햇볕에 말리다　粮食 liángshi 圐 식량
制盐 zhìyán 圐 소금을 만들다　咸鱼 xiányú 圐 소금에 절인 생선
光热转换 guāngrè zhuǎnhuàn 圐 광열전환
光电转换 guāngdiàn zhuǎnhuàn 圐 광에너지전환
方式 fāngshì 圐 방식　前者 qiánzhě 圐 전자
表现 biǎoxiàn 圐 나타나다　热水器 rèshuǐqì 圐 온수기
发电 fādiàn 圐 전기를 일으키다　再生 zàishēng 圐 재생하다
能源 néngyuán 圐 에너지　运输 yùnshū 圐 운송하다
环保 huánbǎo 圐 환경보호('环境保护'의 줄임말)
有利 yǒulì 圐 이롭다, 유리하다　运用 yùnyòng 圐 활용하다
现代 xiàndài 圐 현대

ᴰ인류는 고대에서부터 시작하여 어떻게 태양 에너지를 이용해야 하는지 알고 있었는데, 예를 들어, 태양을 이용하여 식량을 햇볕에 말리는 것, 소금을 만드는 것, 소금에 절인 생선을 햇볕에 말리는 것이었다. 현재, 사람들은 ᴮ광열전환과 광에너지전환 두 가지 방식으로 태양 에너지를 이용하고 있는데, 전자는 온수기에 에너지를 제공하는 것으로 나타나고, ᴮ후자는 전기를 일으키는 것으로 나타난다. ᴬ/ᶜ태양 에너지는 재생 가능한 에너지이고, 운송할 필요도 없으며, ᴬ매우 친환경적인 것이다.

A 태양 에너지를 사용하는 것은 환경보호에 이롭다　　B 전기를 일으키는 것은 광열전환 방식을 활용한다
C 태양 에너지는 재생이 불가능한 에너지이다　　D 인류는 현대부터 태양 에너지를 사용하기 시작했다

정답 A

해설 단문의 앞부분을 읽으면 太阳能(태양 에너지)과 관련된 설명문임을 알 수 있다. 따라서, 이와 관련하여 설명하는 세부 내용을 정확히 파악하며 단문을 읽고, 오답 보기를 소거하거나 정답을 고른다.

단문의 초반에서 人类从古代开始就懂得如何利用太阳能(인류는 고대에서부터 시작하여 어떻게 태양 에너지를 이용해야 하는지 알고 있었는데)이라고 했는데, D는 从现代开始(현대부터 시작했다)이라고 했으므로, D를 오답으로 소거한다. 특히 단문의 古代(고대) 대신 보기에서는 现代(현대)가 쓰여 의미가 달라져 오답이 되었으므로, 보기를 읽을 때 现代(현대)를 놓치지 않는다. → D (X)

그 다음 문장에서 光热转换和光电转换……, 后者表现为发电(광열전환과 광에너지전환……, 후자는 전기를 일으키는 것으로 나타낸다)라고 했는데, B는 发电运用光热转换方式(전기를 일으키는 것은 광열전환 방식을 활용한다)이라고 했으므로, B를 오답으로 소거한다. → B (X)

그 다음 문장에서 太阳能是可再生能源(태양 에너지는 재생 가능한 에너지이고)이라고 했는데, C는 不可再生的能源(재생이 불가능한 에너지이다)이라고 했으므로, C를 오답으로 소거한다. → C (X)

그 다음 문장에서 太阳能……, 是非常环保的(태양 에너지는 …… 아주 친환경적인 것이다)라고 했는데, A는 使用太阳能有利于环保(태양 에너지를 사용하는 것은 환경보호에 이롭다)라고 했으므로, A가 정답이다. → A (O)

☑ **고득점 노하우** 설명문에서는 설명 대상의 세부 특징이 중요하므로, 단문을 읽을 때 대상의 특징을 꾸며 주거나 강조하는 표현을 특히 꼼꼼하게 해석한다.

64
하

4月23日是"世界读书日", 目的是让全社会走向阅读社会, ᶜ希望大家人人读书, 让读书成为日常生活中不可缺少的部分。人们在这一天纷纷走进图书馆、书店, ᴮ热情参与读书推广活动。也有作家表示, 读书不需要被提醒, 更应该成为一种习惯。

A "读书日"有很多新书出版
B "读书日"书店有打折活动
C "读书日"提醒大家多多看书
D "读书日"其实没有必要存在

不可 bùkě 圐 ~해서는 안 되다　缺少 quēshǎo 圐 부족하다
部分 bùfen 圐 부분　纷纷 fēnfēn 圐 잇달아
参与 cānyù 圐 참여하다　推广 tuīguǎng 圐 홍보, 널리 보급하다
作家 zuòjiā 圐 작가　表示 biǎoshì 圐 표명하다, 나타내다
提醒 tíxǐng 圐 일깨우다, 깨우치다　出版 chūbǎn 圐 출간하다
打折 dǎzhé 圐 할인, 할인하다　必要 bìyào 圐 필요하다
存在 cúnzài 圐 존재하다

4월 23일은 '세계 독서의 날'로, 온 사회가 책 읽는 사회로 나아가고, ᶜ모든 사람이 독서하기를 희망하고, 독서가 일상생활 중에서 없어서는 안 되는 부분이 되게 하는 것이 목적이다. 사람들은 이 날에 잇달아 도서관, 서점에 들어가서 ᴮ독서 홍보 행사에 열정적으로 참여한다. 또 어떤 작가는, 독서는 일깨워질 필요가 없으며, 하나의 습관이 되어야 한다고 표명했다.

A '독서의 날'에 많은 새 책들이 출간된다　　B '독서의 날'에 서점에서 할인 행사가 있다
C '독서의 날'은 책을 많이 읽으라고 모두를 일깨운다　　D '독서의 날'은 사실 존재할 필요가 없다

정답 C

제1회

제2회
독해

제3회

제4회

제5회

해커스 HSK 5급 실전모의고사

해설 모든 보기가 "读书日(독서의 날)"로 시작하므로, 读书日(독서의 날)에 관한 세부 내용에 유의하며 단문을 읽고, 오답 보기를 소거하거나 정답을 고른다.

단문의 초반에서 希望大家人人读书, 让读书成为日常生活中不可缺少的部分(모든 사람이 독서를 하기를 희망하고, 독서가 일상생활 중에서 없어서는 안 되는 부분이 되게 하는 것)이라고 했는데, C는 "读书日"提醒大家多多看书('독서의 날'은 책을 많이 읽으라고 모두를 일깨운다)라고 했으므로, C가 정답이다. → C (O)

*C를 정답으로 답안지에 표시한 후, 바로 다음 문제로 넘어가서 시간을 절약한다.

그 다음 문장에서 热情参与读书推广活动(독서 홍보 행사에 열정적으로 참여한다)이라고 했는데, B는 有打折活动(할인 행사가 있다)이라고 했으므로, B를 오답으로 소거한다. → B (X)

A, D는 지문에서 언급되지 않았으므로 오답이다. → A (X), D (X)

✅ **고득점 노하우** 보기의 주어가 모두 따옴표(" ")가 있는 같은 어휘인 경우에는, 단문의 내용과 보기의 주어 뒷부분의 내용을 대조하며 오답 보기를 소거하거나 정답을 고른다.

65
상

青海湖位于青海省, 是ᴮ中国最大的咸水湖。它的藏语名字是 "青色的湖"。湖中分布着五个岛屿, 其中海心山最大, 而ᶜ鸟岛上则生活着种类多样的鸟类。青海湖四季景色不同, 虽然ᴬ交通不方便, 但ᴰ每年的7、8月仍吸引着大量的游客前来欣赏美景。

A 到青海湖交通十分方便
B 青海湖是中国最大的湖
C 海心山上生活着很多鸟
D 青海湖夏季游客非常多

青海湖 Qīnghǎihú [고유] 칭하이호 (중국에서 면적이 가장 넓은 소금 호수)
位于 wèiyú [동] ~에 위치하다 咸水湖 xiánshuǐhú [명] 소금 호수
藏语 Zàngyǔ [고유] 티베트어 青色 qīngsè [명] 청색
分布 fēnbù [동] 분포하다 岛屿 dǎoyǔ [명] 섬 种类 zhǒnglèi [명] 종류
多样 duōyàng [형] 다양하다 鸟类 niǎolèi [명] 조류
四季 sìjì [명] 사계절 景色 jǐngsè [명] 풍경
吸引 xīyǐn [동] 매료시키다, 끌어당기다 大量 dàliàng [형] 많은, 대량의
欣赏 xīnshǎng [동] 감상하다 美景 měijǐng [명] 아름다운 경치
夏季 xiàjì [명] 여름, 하계

칭하이호는 칭하이성에 위치해 있고, ᴮ중국에서 가장 큰 소금 호수이다. 이것의 티베트어 이름은 '청색의 호수'이다. 호수 안에는 다섯 개의 섬이 분포해있는데, 그 중에 하이신산이 가장 크며, ᶜ냐오섬에는 다양한 종류의 조류가 서식하고 있다. 칭하이호는 사계절 풍경이 달라서, 비록 ᴬ교통은 편리하지 않지만, 그러나 ᴰ매년 7, 8월에 여전히 많은 여행객이 아름다운 경치를 감상하러 오도록 매료시킨다.

A 칭하이호에 도착하면 교통이 매우 편리하다
C 하이신산에는 많은 새가 서식하고 있다
B 칭하이호는 중국에서 가장 큰 호수이다
D 칭하이호에는 여름에 여행객이 아주 많다
정답 D

해설 단문의 앞부분을 읽으면 青海湖(칭하이호)와 관련된 설명문임을 알 수 있다. 따라서, 이와 관련하여 설명하는 세부 내용을 정확히 파악하며 단문을 읽고, 오답 보기를 소거하거나 정답을 고른다.

단문의 초반에서 中国最大的咸水湖(중국에서 가장 큰 소금 호수)라고 했는데, B는 最大的湖(가장 큰 호수)라고 했으므로, B를 오답으로 소거한다. 특히, 단문의 咸水湖(소금 호수)가 보기의 湖(호수)로 범위가 달라져 오답이 되었으므로, 보기를 읽을 때 湖(호수)를 놓치지 않는다. → B (X)

그 다음 문장에서 鸟岛上则生活着种类多样的鸟类(냐오섬에는 다양한 종류의 조류가 서식하고 있다)라고 했는데, C는 海心山上生活着很多鸟(하이신산에는 많은 새가 서식하고 있다)라고 했으므로, C를 오답으로 소거한다. → C (X)

그 다음 문장에서 交通不方便(교통이 편리하지 않지만)이라고 했는데, A는 交通十分方便(교통이 매우 편리하다)이라고 했으므로, A는 오답으로 소거한다. 특히 단문의 不(아니다) 대신 보기에서는 十分(매우)이 쓰여 의미가 달라져 오답이 되었으므로, 보기를 읽을 때 十分(매우)을 놓치지 않는다. → A (X)

이어지는 부분에서 每年的7、8月仍吸引着大量的游客前来欣赏美景(매년 7, 8월에 여전히 많은 여행객이 아름다운 경치를 감상하러 오도록 매료시킨다)이라고 했는데, D는 夏季游客非常多(여름에 여행객이 아주 많다)라고 했으므로, D가 정답이다. → D (O)

✅ **고득점 노하우** 설명문에서는 설명 대상의 세부 특징이 중요하므로, 단문을 읽을 때 대상의 특징을 꾸며 주거나 강조하는 표현을 특히 꼼꼼하게 해석한다.

66
중

^A明清以来，先有葡萄牙、荷兰，后有英国、美国，持续与中国开展瓷器贸易，瓷器将中国艺术之美传播到世界各地。而且，在按照欧洲和美洲顾客的要求制作的中国瓷器上，^C保留了欧美很多地区的历史故事和城市风景。因此，瓷器不仅包含着中国的艺术、文化、哲学，也^D促进了中外艺术的交流。

A 明清以后中国瓷器很有名
B 很多外国人学习制作瓷器
C 瓷器上有很多中国的风景
D 瓷器促进了中外艺术交流

以来 yǐlái 圆 이래 　葡萄牙 Pútáoyá 교유 포르투갈
荷兰 Hélán 교유 네덜란드 　持续 chíxù 圓 지속하다
开展 kāizhǎn 圓 확대시키다 　瓷器 cíqì 圓 자기
贸易 màoyì 圓 무역 　艺术 yìshù 圓 예술
传播 chuánbō 圓 널리 퍼뜨리다 　欧洲 Ōuzhōu 교유 유럽
美洲 Měizhōu 교유 미주 　顾客 gùkè 圓 고객
制作 zhìzuò 圓 제작하다 　保留 bǎoliú 圓 남기다, 보존하다
欧美 Ōuměi 교유 유럽과 미국 　地区 dìqū 圓 지역
风景 fēngjǐng 圓 풍경 　包含 bāohán 圓 포함하다
哲学 zhéxué 圓 철학 　促进 cùjìn 圓 촉진시키다
交流 jiāoliú 圓 교류

^A명청시대 이래로, 먼저 포르투갈, 네덜란드가, 이후에는 영국, 미국이, 중국과 자기 무역을 확대하는 것을 지속하면서, 자기는 중국 예술의 아름다움을 세계 각지에 널리 퍼뜨렸다. 게다가, 유럽과 미국 고객의 요구에 따라 제작한 중국 자기에, ^C유럽과 미국의 많은 지역의 역사 이야기와 도시 풍경을 남겼다. 이 때문에, 자기는 중국의 예술, 문화, 철학을 포함하고 있을 뿐만 아니라, ^D중국과 외국 예술의 교류를 촉진하기도 했다.

A 명청시대 이후 중국 자기는 매우 유명했다　　　　B 많은 외국인이 자기 만드는 것을 배운다
C 자기에는 많은 중국의 풍경이 있다　　　　　　　D 자기는 중국과 외국의 예술 교류를 촉진했다　　　정답 D

해설 단문의 앞부분을 읽으면 瓷器(자기)와 관련된 설명문임을 알 수 있다. 따라서, 이와 관련하여 설명하는 세부 내용을 정확히 파악하며 단문을 읽고, 오답 보기를 소거하거나 정답을 고른다.

단문의 초반에서 明清以来(명청시대 이래로)라고 했는데, A는 明清以后(명청시대 이후)라고 했으므로, A는 오답으로 소거한다. 특히, 지문의 以来(이래)는 과거의 어떤 시간에서부터 지금까지의 시기를 가리키고, 보기의 以后(이후)는 말하는 시점부터 일정한 시기 후를 가리키므로, 보기를 읽을 때 以后(이후)를 놓치지 않는다. → A (X)

그 다음 문장에서 保留了欧美很多地区的历史故事和城市风景(유럽과 미국의 많은 지역의 역사 이야기와 도시 풍경을 남겼다)이라고 했는데, C는 有很多中国的风景(많은 중국의 풍경이 있다)이라고 했으므로, C는 오답으로 소거한다. → C (X)

그 다음 문장에서 促进了中外艺术的交流(중국과 외국 예술의 교류를 촉진했다)라고 했는데, D는 促进了中外艺术交流(중국과 외국 예술 교류를 촉진했다)라고 했으므로, D가 정답이다. → D (O)

B는 단문에서 언급되지 않았으므로 오답이다. → B (X)

☑ **고득점 노하우** 설명문에서는 설명 대상의 세부 특징이 중요하므로, 단문을 읽을 때 대상의 특징을 꾸며 주거나 강조하는 표현을 특히 꼼꼼하게 해석한다.

67
중

声音污染又叫噪音。^A噪音的产生原因很复杂，随着经济发展，^B交通噪音、建筑噪音都是造成声音污染的主要原因。^C对省会城市的调查发现，哈尔滨、沈阳和济南的噪音污染严重，而^{C/D}银川、拉萨和南京都可以称为"安静之城"。

A 噪音产生的原因现在还不清楚
B 交通和建筑是噪音的主要来源
C 省会城市的噪音污染都很严重
D 银川、拉萨和南京都没有噪音

污染 wūrǎn 圓 오염 　噪音 zàoyīn 圓 소음
产生 chǎnshēng 圓 발생하다 　复杂 fùzá 圓 복잡하다
经济 jīngjì 圓 경제 　发展 fāzhǎn 圓 발전하다
建筑 jiànzhù 圓 건축하다
造成 zàochéng 圓 (좋지 않은 결과를) 발생시키다, 초래하다
省会 shěnghuì 圓 성 소재지 　调查 diàochá 圓 조사하다
哈尔滨 Hā'ěrbīn 교유 하얼빈(중국 지명)
沈阳 Shěnyáng 교유 선양(중국 지명, 심양)
济南 Jǐnán 교유 지난(중국 지명, 제남)
银川 Yínchuān 교유 인촨(중국 지명, 인천)
拉萨 Lāsà 교유 라싸(티베트 자치구의 최대의 도시)
南京 Nánjīng 교유 난징(중국 지명, 남경) 　来源 láiyuán 圓 근원
严重 yánzhòng 圓 심각하다

소리 오염은 소음이라고도 부른다. ^A소음의 발생 원인은 매우 복잡한데, 경제 발전에 따라, 교통 소음, 건축 소음 모두가 소리 오염을 발생시키는 주요 원인이다. ^C성 소재지 도시에 대한 조사로 발견한 것은, 하얼빈, 선양과 지난의 소음 오염이 심각하지만, ^{C/D}인촨, 라싸와 난징은 모두 '조용한 도시'로 불릴 수 있다는 것이다.

A 소음이 발생하는 원인은 현재 여전히 분명하지 않다　　B 교통과 건축은 소음의 주요 근원이다
C 성 소재지 도시의 소음 오염은 모두 심각하다　　　　　D 인촨, 라싸와 난징은 모두 소음이 없다　　　정답 B

해설 단문의 앞부분을 읽으면 噪音(소음)과 관련된 설명문임을 알 수 있다. 따라서, 이와 관련하여 설명하는 세부 내용을 정확히 파악하며 단문을 읽고, 오답 보기를 소거하거나 정답을 고른다.

제1회 독해

제2회 독해

제3회

제4회

제5회

해커스 HSK 5급 실전모의고사

단문의 초반에서 噪音的产生原因很复杂(소음의 발생 원인은 매우 복잡한데)라고 했는데, A는 现在还不清楚(현재 여전히 분명하지 않다)라고 했으므로, A는 오답으로 소거한다. 특히, 단문의 很复杂(매우 복잡하다) 대신 보기에서는 还不清楚(여전히 분명하지 않다)가 쓰여 의미가 달라져 오답이 되었으므로, 보기를 읽을 때 还不清楚(여전히 분명하지 않다)를 놓치지 않는다. → A (X)

이어지는 부분에서 交通噪音、建筑噪音都是造成声音污染的主要原因(교통 소음, 건축 소음 모두가 소리 오염을 발생시키는 주요 원인이다)이라고 했는데, B는 交通和建筑是噪音的主要来源(교통과 건축은 소음의 주요 근원이다)이라고 했으므로, B가 정답이다. → B (O)

*B를 정답으로 답안지에 표시한 후, 바로 다음 문제로 넘어가서 시간을 절약한다.

다음 문장에서 对省会城市的调查发现, …… 银川、拉萨和南京都可以称为"安静之城"(성 소재지 도시에 대한 조사로 발견한 것은, …… 인촨, 라싸와 난징은 모두 '조용한 도시'로 불릴 수 있다는 것이다)이라고 했는데, C는 省会城市的噪音污染都很严重(성 소재지 도시의 소음 오염은 모두 심각하다)이라고 했으므로, C는 오답으로 소거한다. 특히, 보기의 都(모두)로 인해 소음 오염이 심각한 도시의 범위가 달라져 오답이 되었으므로, 보기를 읽을 때 都(모두)를 놓치지 않는다. → C (X)

이어지는 부분에서 银川、拉萨和南京都可以称为"安静之城"(인촨, 라싸와 난징은 모두 '조용한 도시'로 불릴 수 있다)이라고 했는데, D는 银川、拉萨和南京都没有噪音(인촨, 라싸와 난징은 모두 소음이 없다)이라고 했으므로, D를 오답으로 소거한다. → D (X)

✔ **고득점 노하우** 설명문에서는 설명 대상의 세부 특징이 중요하므로, 단문을 읽을 때 대상의 특징을 꾸며 주거나 강조하는 표현을 특히 꼼꼼하게 해석한다.

68
중

ᶜ腿的力量和人的健康密切相关。大腿如果太细, 可能说明肌肉量不够, 这会影响心脏健康。一项研究显示, 如果中老年人的腿力强, 大脑功能就不太容易减退。ᴰ经常锻炼腿部, 会让大脑更健康。

A 腿细的人身体更健康
B 中年以后腿力会下降
C 腿力跟大脑功能无关
D 老年人应多锻炼腿部

力量 lìliang 명 힘	密切 mìqiè 형 밀접하다
相关 xiāngguān 동 관련되다, 상관되다	大腿 dàtuǐ 명 허벅지
细 xì 형 가늘다, 얇다	肌肉量 jīròuliàng 근육량
心脏 xīnzàng 명 심장	研究 yánjiū 명 연구
显示 xiǎnshì 동 나타내다	强 qiáng 형 강하다, 세다
大脑 dànǎo 명 대뇌	功能 gōngnéng 명 기능
减退 jiǎntuì 동 감퇴하다, 약해지다	下降 xiàjiàng 동 떨어지다
无关 wúguān 동 무관하다	

ᶜ다리의 힘과 사람의 건강은 밀접하게 관련되어 있다. 만약 허벅지가 너무 가늘면, 아마도 근육량이 충분하지 못하다는 것을 증명하며, 이것은 심장 건강에 영향을 줄 수 있다. 한 연구에서는, 만약 중년 노인의 다리 힘이 강하면, 대뇌 기능이 그다지 쉽게 감퇴하지 않는 것으로 나타났다. ᴰ다리를 자주 단련하면, 대뇌를 더 건강하게 할 것이다.

A 다리가 가는 사람의 신체가 더 건강하다
B 중년 이후에 다리 힘이 떨어진다
C 다리 힘은 대뇌 기능과 무관하다
D 노인은 다리를 많이 단련해야 한다

정답 D

해설 단문의 앞부분을 읽으면 腿的力量(다리의 힘)과 관련된 설명문임을 알 수 있다. 따라서, 이와 관련하여 설명하는 세부 내용을 정확히 파악하며 단문을 읽고, 오답 보기를 소거하거나 정답을 고른다.

단문의 초반에서 腿的力量和人的健康密切相关。(다리의 힘과 사람의 건강은 밀접하게 관련되어 있다.)이라고 했는데, C는 跟大脑功能无关(대뇌 기능과 무관하다)이라고 했으므로, C를 오답으로 소거한다. 특히, 단문의 密切相关(밀접하게 관련되어 있다) 대신 보기에서는 无关(무관하다)이 쓰여 의미가 달라져 오답이 되었으므로, 보기를 읽을 때 无关(무관하다)을 놓치지 않는다. → C (X)

그 다음 문장에서 经常锻炼腿部, 会让大脑更健康。(다리를 자주 단련하면, 대뇌를 더 건강하게 할 것이다.)이라고 했는데, D는 老年人应多锻炼腿部(노인은 다리를 많이 단련해야 한다)라고 했으므로, D가 정답이다. → D (O)

A, B는 단문에서 언급하지 않았으므로 오답이다. → A (X), B (X)

✔ **고득점 노하우** 설명문에서는 설명 대상의 세부 특징이 중요하므로, 단문을 읽을 때 대상의 특징을 꾸며 주거나 강조하는 표현을 특히 꼼꼼하게 해석한다.

灰雕是曾经流行于广东、福建的一种ᴬ建筑装饰艺术。ᴮ它显示出主人的财富，象征着地位。灰雕艺术中常出现人物、花鸟、动物等形象。它用料简单，制作容易，保存时间长。但随着新材料的大量出现，ᶜ这种艺术正在逐渐消失。

A 灰雕是家具装饰艺术
B 灰雕能代表社会地位
C 灰雕现在仍然很流行
D 灰雕不断使用新材料

灰雕 huīdiāo 圆 회조(석회 조각)　曾经 céngjīng 图 일찍이
广东 Guǎngdōng 교위 광둥성(중국 지명, 광동성)
福建 Fújiàn 교위 푸젠성(중국 지명, 복건성)　建筑 jiànzhù 圆 건축물
装饰 zhuāngshì 圆 장식　艺术 yìshù 圆 예술
显示 xiǎnshì 图 과시하다, 나타내다　财富 cáifù 圆 재산, 자산
象征 xiàngzhēng 图 상징하다　地位 dìwèi 圆 지위
形象 xíngxiàng 圆 형상, 이미지　用料 yòngliào 圆 재료를 사용하다
制作 zhìzuò 图 제작하다　保存 bǎocún 图 보존하다
材料 cáiliào 圆 재료　逐渐 zhújiàn 图 점차
消失 xiāoshī 图 사라지다　家具 jiājù 圆 가구
代表 dàibiǎo 图 대표하다　社会地位 shèhuì dìwèi 圆 사회적 지위
仍然 réngrán 图 여전히　不断 búduàn 图 끊임없이, 계속해서

회조는 일찍이 광둥성, 푸젠성에서 유행한 일종의 ᴬ건축물 장식 예술이다. ᴮ이것은 주인의 재산을 과시하고, 지위를 상징하고 있다. 회조 예술 중에는 인물, 꽃과 새, 동물 등 형상이 자주 나타난다. 이것은 재료를 사용하는 것이 간단하고, 제작하는 것이 쉬우며, 보존 기간이 길다. 그러나 새로운 재료가 대량 출현함에 따라, ᶜ이 예술은 점차 사라지고 있다.

A 회조는 가구 장식 예술이다　　　　　　　　B 회조는 사회적 지위를 대표할 수 있다
C 회조는 지금 여전히 유행하고 있다　　　　　D 회조는 끊임없이 새로운 재료를 사용한다　　　　정답 B

해설 단문의 앞부분을 읽으면 灰雕(회조)와 관련된 설명문임을 알 수 있다. 따라서, 이와 관련하여 설명하는 세부 내용을 정확히 파악하며 단문을 읽고, 오답 보기를 소거하거나 정답을 고른다.

단문의 초반에서 建筑装饰艺术(건축물 장식 예술)라고 했는데, A는 家具装饰艺术(가구 장식 예술)라고 했으므로, A는 오답으로 소거한다. → A (X)

그 다음 문장에서 它显示出主人的财富, 象征着地位.(이것은 주인의 재산을 과시하고, 지위를 상징하고 있다.)라고 했으므로, B 灰雕能代表社会地位(회조는 사회적 지위를 대표할 수 있다)가 정답이다. → B (O)

*B를 정답으로 답안지에 표시한 후, 바로 다음 문제로 넘어가서 시간을 절약한다.

그 다음 문장에서 这种艺术正在逐渐消失(이 예술은 점차 사라지고 있다)이라고 했는데, C는 仍然很流行(여전히 유행하고 있다)이라고 했으므로, C는 오답으로 소거한다. → C (X)

D는 단문에서 언급되지 않았으므로 오답이다. → D (X)

✅ **고득점 노하우** 설명문에서는 설명 대상의 세부 특징이 중요하므로, 단문을 읽을 때 대상의 특징을 꾸며 주거나 강조하는 표현을 특히 꼼꼼하게 해석한다.

六月飞雪听起来像是神话故事里的情节，而昨天哈尔滨气温突然下降，下起了大雪，有些地区降雪量达到了1厘米。哈尔滨市民们都说，这一天好像从夏天回到了冬天。ᴰ这次降温将持续一周，ᶜ降雪降水缓解了一直持续的干燥缺水状况。

A 哈尔滨的春天很短
B 哈尔滨六月常下雪
C 降水让空气变得湿润
D 降温已经持续一周了

飞雪 fēixuě 圆 흩날리는 눈　神话 shénhuà 圆 신화
情节 qíngjié 圆 줄거리　哈尔滨 Hāěrbīn 교위 하얼빈(중국 지명)
气温 qìwēn 圆 온도　下降 xiàjiàng 图 떨어지다, 낮아지다
降雪量 jiàngxuěliàng 圆 강설량　达到 dádào 图 이르다, 도달하다
厘米 límǐ 圆 센티미터(cm)　降温 jiàngwēn 图 기온이 떨어지다
缓解 huǎnjiě 图 완화시키다　持续 chíxù 图 지속하다
干燥 gānzào 圆 건조하다　缺水 quēshuǐ 图 물이 부족하다
状况 zhuàngkuàng 圆 상황　空气 kōngqì 圆 공기
湿润 shīrùn 圆 촉촉하다　持续 chíxù 图 지속하다

6월에 흩날리는 눈은 마치 신화 이야기 속의 줄거리인 것처럼 들린다. 그러나 어제 하얼빈의 기온이 갑자기 떨어져서 눈이 내리기 시작했고, 몇몇 지역은 강설량이 1센티미터에 이르렀다. 하얼빈 시민들은 모두 이날을 마치 여름에서 겨울로 돌아간 것 같다고 말했다. ᴰ이번에 기온이 떨어진 것은 한 주간 지속될 것이며, ᶜ눈이 내리고 비가 와서 줄곧 지속된 건조하고 물이 부족한 상황을 완화했다.

A 하얼빈의 봄은 매우 짧다　　　　　　　　　B 하얼빈 6월에는 눈이 자주 내린다
C 비가 내리는 것은 공기를 촉촉하게 했다　　　D 기온이 떨어진 것은 이미 한 주간 지속되었다　　　　정답 C

해설 단문의 앞부분을 읽으면 雪(눈)와 관련된 설명문임을 알 수 있다. 따라서, 이와 관련하여 설명하는 세부 내용을 정확히 파악하며 단문을 읽고, 오답 보기를 소거하거나 정답을 고른다.

단문의 후반에서 这次降温将持续一周(이번에 기온이 떨어진 것은 한 주간 지속될 것이며)라고 했는데, D는 已经持续一周了(이미 한 주간 지속되었다)라고 했으므로, D는 오답이다. 특히, 단문의 将(~할 것이다) 대신 보기에서는 已经(이미)이 쓰여 의미가 달라져 오답이 되었으므로, 보기를 읽을 때 已经(이미)을 놓치지 않는다. → D (X)

이어지는 부분에서 降雪降水缓解了一直持续的干燥缺水状况(눈이 내리고 비가 와서 줄곧 지속된 건조하고 물이 부족한 상황을 완화했다)이라고 했는데, C는 降水让空气变得湿润(비가 내리는 것은 공기를 촉촉하게 했다)이라고 했으므로, C가 정답이다. → C (O)

A, B는 지문에서 언급하지 않았으므로 오답이다. → A (X), B (X)

☑ **고득점 노하우** 설명문에서는 설명 대상의 세부 특징이 중요하므로, 단문을 읽을 때 대상의 특징을 꾸며 주거나 강조하는 표현을 특히 꼼꼼하게 해석한다.

제1회
제2회 독해
제3회
제4회
제5회
해커스 HSK 5급 실전모의고사

71-74

日本有一家餐厅，名叫"会上错菜的餐厅"。正如名字所说，⁷¹在这家餐厅，你点了一杯茶，很可能会给你上一杯咖啡。餐厅不仅允许这种情况存在，还把这作为卖点。这家餐厅几乎天天客满，这一切都跟几位老奶奶有关，她们是餐厅的兼职服务员。

这几位老奶奶都有一种老年病——⁷²阿尔兹海默病。这种病会导致记忆力下降，思考、判断能力减退，⁷²严重的病人甚至不能照顾自己。来到这个餐厅，时间好像都慢下来了。⁷³这些老奶奶慢慢地准备餐桌，慢慢地跟顾客聊天，慢慢地帮客人点菜，慢慢地送餐，有时候还会跟顾客确认好几遍。即使这样，最后还可能送错菜。

随着社会发展，日本人口的老龄化越来越严重，老人的生活、精神、健康、经济状况都需要得到大家的关注。⁷⁴餐厅的经理，同时也是社会活动家的小林士光先生认为：让这几位老奶奶多跟大家接触，可以让人们增加对这种疾病的了解。他说："改善制度和法律可以帮助这些老人，但如果让社会理解和关爱这些老人，也是解决老龄化社会问题的一种方法。"

餐厅 cāntīng 명 식당　正如 zhèngrú ~와 같다
点 diǎn 동 주문하다, 정하다　不仅 bùjǐn ~뿐만 아니라
允许 yǔnxǔ 동 허락하다　情况 qíngkuàng 명 상황
存在 cúnzài 동 존재하다 명 존재　作为 zuòwéi ~로 삼다
卖点 màidiǎn 소비자의 마음을 사로잡는 요소
客满 kèmǎn 손님이 만원이다　一切 yíqiè 대 모든 것
有关 yǒuguān 관계가 있다
兼职 jiānzhí 명 아르바이트, 겸직 동 겸직하다
阿尔茨海默病 Ā'ěrzīhǎimòbìng 명 알츠하이머병
导致 dǎozhì 동 초래하다, 야기하다　记忆力 jìyìlì 명 기억력
下降 xiàjiàng 동 떨어지다　思考 sīkǎo 동 깊이 생각하다
判断 pànduàn 동 판단하다 명 판단　减退 jiǎntuì 동 감퇴하다
严重 yánzhòng 형 심각하다　甚至 shènzhì 접 심지어
餐桌 cānzhuō 명 식탁　点菜 diǎncài 동 요리를 주문하다
确认 quèrèn 동 확인하다　即便 jíshǐ 접 설령~하더라도
人口 rénkǒu 명 인구　老龄化 lǎolínghuà 명 노령화
精神 jīngshén 명 정신　状况 zhuàngkuàng 명 상황
关注 guānzhù 명 관심　接触 jiēchù 동 접촉하다, 교류하다
增加 zēngjiā 동 증가하다, 늘리다　疾病 jíbìng 명 병
改善 gǎishàn 동 개선하다　制度 zhìdù 명 제도　法律 fǎlǜ 명 법률
理解 lǐjiě 동 이해하다　关爱 guān'ài 동 관심을 갖고 돌보다

일본에 한 식당이 있는데, 식당 이름은 '잘못된 요리가 나올 수 있는 식당'으로 불린다. 이름에서 말한 바와 같이, ⁷¹이 식당에서는, 당신이 차 한 잔을 주문해도, 당신에게 커피 한 잔을 줄 가능성이 크다. 식당에서는 이런 상황이 존재하는 것을 허락할 뿐만 아니라, 게다가 이것을 소비자의 마음을 사로잡는 요소로 삼는다. 이 식당은 거의 매일 손님이 가득한데, 이 모든 것은 몇 분의 할머니들과 관계가 있으며, 그녀들은 식당의 아르바이트 종업원이다.

이 몇 분의 할머니들은 모두 노인병의 일종인 ⁷²알츠하이머 병이 있다. 이 병은 기억력이 떨어지는 것을 초래할 수 있고, 사고, 판단 능력을 감퇴시키며, ⁷²심각한 환자는 심지어 스스로를 보살필 수 없다. 이 식당에 오면, 시간이 마치 느려지는 것 같다. ⁷³할머니들은 천천히 식탁을 준비하고, 천천히 손님들과 이야기를 나누고, 천천히 손님들 요리 주문을 받고, 천천히 음식을 나르며, 어떤 때는 손님에게 확인을 몇 번씩 한다. 설령 이렇더라도, 마지막에는 요리가 잘못 나올 수 있다.

사회의 발전에 따라, 일본 인구의 노령화가 점점 심각해지면서, 노인의 생활, 정신, 건강, 경제상황 전부가 모두의 관심이 필요하다. ⁷⁴식당의 사장이자, 동시에 사회 활동가인 코바야시 사다미츠씨는 이 몇 분의 할머니들이 여러 사람과 많이 접촉하면, 사람들에게 이러한 질병에 대한 이해를 증가하게 할 수 있을 것이라고 생각했다. 그는 이렇게 말했다. "제도와 법률을 개선하는 것은 이런 노인들을 도와줄 수 있지만, 하지만 만약 사회가 이런 노인들을 이해하고 관심을 갖고 돌본다면, 이것 또한 노령화 사회 문제를 해결하는 하나의 방법입니다."

71
중

第一段中画线词语"这"指的是：
A 允许服务员上错菜
B 餐厅里只有茶和咖啡
C 服务员都是老奶奶
D 来餐厅的顾客非常多

允许 yǔnxǔ 동 허락하다　餐厅 cāntīng 명 식당

첫 번째 단락 중 밑줄 친 단어 '이것(这)'이 가리키는 것은:
A 종업원이 요리를 잘못 내오는 것을 허락한다　　　B 식당 안에는 차와 커피 밖에 없다
C 종업원은 모두 할머니이다　　　D 식당에 오는 손님이 매우 많다　　　정답 A

해설 밑줄 친 어휘 这(이것)가 가리키는 의미를 묻는 문제이므로, 지문에서 这(이것)를 찾아 주변 내용을 주의 깊게 읽는다. 첫 번째 단락에서 这(이것)가 있는 문장인 餐厅不仅允许这种情况存在, 还把这作为卖点。(식당에서는 이런 상황이 존재하는 것을 허락할 뿐만 아니라, 게다가 이것을 소비자의 마음을 사로잡는 요소로 삼는다.)을 보면 这(이것)가 '식당에서 발생하는 어떠한 상황'을 가리킨다는 것을 알 수 있다. 바로 앞 문장에서 在这家餐厅, 你点了一杯茶, 很可能会给你上一杯咖啡(이 식당에서는, 당신이 차 한 잔을 주문해도, 당신에게 커피 한 잔을 줄 가능성이 크다)라고 했으므로, 식당에서 발생하는 특정 상황은 주문한 음식을 다른 음식으로 잘못 내오는 것임을 알 수 있다. 따라서 이 두 문장을 통해 这(이것)가 가리키는 의미로 A 允许服务员上错菜(종업원이 요리를 잘못 내오는 것을 허락한다)를 정답으로 선택한다.

☑ **고득점 노하우** 질문에 따옴표(" ")로 인용된 표현이 있으면, 이 표현을 핵심어구로 하여 지문에서 관련된 내용을 재빨리 찾는다.

---

72 하	"阿尔兹海默病" 病人最严重的会: A 记忆力降低　　　　B 判断力减退 C 思考能力变差　　　D 不能照顾自己	阿尔兹海默病 Ā'ěrzīhǎimòbìng 명 알츠하이머병 记忆力 jìyìlì 명 기억력　降低 jiàngdī 통 떨어지다, 내리다 判断 pànduàn 명 판단 통 판단하다　减退 jiǎntuì 통 약해지다 思考 sīkǎo 명 사고 통 깊이 생각하다

'알츠하이머병' 환자 중 가장 심각한 환자는:
A 기억력이 떨어지다　　　　B 판단력이 약해지다　　　C 사고 능력이 나빠지다　　　D 스스로를 보살필 수 없다　　　정답 D

해설 질문의 "阿尔兹海默病(알츠하이머병)"과 관련된 부분을 지문에서 찾아 주의 깊게 읽는다. 두 번째 단락에서 阿尔兹海默病。这种病……, 严重的病人甚至不能照顾自己(알츠하이머 병. 이 병은 ……, 심각한 환자는 심지어 스스로 보살필 수 없다)라고 했으므로, D 不能照顾自己(스스로를 보살필 수 없다)가 정답이다.

☑ **고득점 노하우** 질문에 따옴표(" ")로 인용된 표현이 있으면, 이 표현을 핵심어구로 하여 지문에서 관련된 내용을 재빨리 찾는다.

---

73 하	根据上文, 这几位老奶奶: A 工作效率较低　　　　B 无法照顾自己 C 是餐厅的老顾客　　　D 工作压力非常大	效率 xiàolù 명 능률　无法 wúfǎ 통 할 수 없다 老顾客 lǎogùkè 명 단골 손님

본문에 근거하여, 이 몇 분의 할머니들은:
A 업무 능률이 비교적 낮다　　　B 스스로를 보살필 수 없다　　　C 식당의 단골 손님이다　　　D 업무 스트레스가 매우 크다　　　정답 A

해설 질문의 这几位老奶奶(이 몇 분의 할머니들)와 관련된 부분을 지문에서 찾아 주의 깊게 읽는다. 두 번째 단락 후반에 这些老奶奶慢慢地准备餐桌, 慢慢地跟顾客聊天, 慢慢地帮客人点菜, 慢慢地送餐, 有时候还会跟顾客确认好几遍。(할머니들은 천천히 식탁을 준비하고, 천천히 손님들과 이야기를 나누고, 천천히 손님들 요리 주문을 받고, 천천히 음식을 나르며, 어떤 때는 손님에게 확인을 몇 번씩 한다.)이라고 했으므로, 이를 통해 이 몇 분의 할머니들의 일하는 속도가 매우 느리며, 업무의 정확도가 높지 않음을 알 수 있다. 따라서 A 工作效率较低(업무 능률이 비교적 낮다)를 정답으로 선택한다.

☑ **고득점 노하우** 질문에 根据上文(위 지문에 근거하여)이 있으면 뒷부분을 핵심어구로 하여 지문에서 관련된 내용을 재빨리 찾는다.

---

74 중	关于小林士光先生, 下面哪项正确? A 面临失业危险　　　　B 关心失智老人 C 决心改善制度　　　D 开了很多饭店	面临 miànlín 통 직면하다　失业 shīyè 통 실업하다 危险 wēixiǎn 명 위험 통 위험하다 失智老人 shīzhì lǎorén 명 치매 노인 决心 juéxīn 명 결심하다 명 결심　改善 gǎishàn 통 개선하다 制度 zhìdù 명 제도

코바야시 사다미츠씨에 관해, 다음 중 옳은 것은 무엇인가?
A 실업 위험에 직면했다　　　B 치매 노인에 관심을 가진다　　C 제도를 개선하는 것을 결심한다　　　D 많은 식당을 열었다　　　정답 B

해설 질문의 小林士光先生(코바야시 사다미츠씨)과 관련된 세부 내용을 지문에서 찾아 주의 깊게 읽고, 지문의 내용과 일치하는 보기가 어떤 것인지 잘 살펴본다. 세 번째 단락에서 餐厅的经理, 同时也是社会活动家的小林士光先生认为: 让这几位老奶奶多跟大家接触, 可以让人们增加对这种疾病的了解。(식당의 사장이자, 동시에 사회 활동가인 코바야시 사다미츠씨는 이 몇 분의 할머니들이 여러 사람과 많이 접촉하면, 사람들에게 이러한 질병에 대한 이해를 증가하게 할 수 있을 것이라고 생각했다.)라고 했으므로, 코바야시 사다미츠 씨는 본인의 식당에서 일하는 치매를 앓고 있는 할머니들에게 관심을 가지고 있으며, 그 분들에 대한 사람들의 인식 개선을 위해 노력하고 있음을 유추 할 수 있다. 따라서 B 关心失智老人(치매 노인에 관심을 가진다)을 정답으로 선택한다.

☑ **고득점 노하우** 질문에 关于(~에 관해)가 있으면 바로 다음의 표현을 핵심어구로 하여 지문에서 관련된 내용을 재빨리 찾는다.

75-78

[75]鹦鹉是一种可爱的鸟儿，羽毛颜色鲜艳。它们一般以水果、种子、花粉等为主要食物，[75]偶尔会吃一些昆虫。

很多爱鸟的[76]人会在家中养一只鹦鹉，因为它们喜欢模仿人类说话。鹦鹉的大脑功能不发达，因而没有思考能力，[76]只能重复它们听过的一些句子，不会创造新的句子。

鹦鹉聪明听话，善于学习。经过训练，很多鹦鹉都能表演新鲜有趣的节目，是鸟类中的"表演艺术家"。鹦鹉个性活泼、调皮，能给人们的生活带来很多欢乐，甚至能帮助人类调整情绪，治疗一些心理问题。

[77]鹦鹉不怕热，夏天温度再高对鹦鹉都没有什么威胁，但是它们[77]受不了潮湿的环境。如果碰上连续的阴雨天，鹦鹉的身体会感到非常不适应，甚至会因此而生病，死掉。

鹦鹉的平均寿命为50到60岁，大型鹦鹉可以活到100岁左右，[78]世界上最长寿的一只鹦鹉活了104岁，是鸟类中的"老寿星"。

鹦鹉 yīngwǔ [명] 앵무새 羽毛 yǔmáo [명] 깃털
鲜艳 xiānyàn [형] 화려하다 以…为 yǐ…wéi ~을 ~으로 삼다
种子 zhǒngzi [명] 씨앗 花粉 huāfěn [명] 꽃가루
食物 shíwù [명] 음식물 偶尔 ǒu'ěr [부] 때때로
昆虫 kūnchóng [명] 곤충 养 yǎng [동] 기르다, 양육하다
模仿 mófǎng [동] 흉내 내다 人类 rénlèi [명] 인간, 인류
大脑 dànǎo [명] 대뇌 功能 gōngnéng [명] 기능
发达 fādá [형] 발달하다 [동] 발전시키다
思考 sīkǎo [명] 사고 [동] 깊이 생각하다 重复 chóngfù [동] 반복하다
创造 chuàngzào [동] 만들다, 창조하다
听话 tīnghuà [형] 말을 잘 듣다, 순종하다 善于 shànyú [동] ~를 잘하다
训练 xùnliàn [동] 훈련하다 表演 biǎoyǎn [동] 공연하다, 연기하다
有趣(儿) yǒuqù(r) [형] 재미있다, 흥미가 있다 鸟类 niǎolèi [명] 조류
艺术家 yìshùjiā [명] 예술가 个性 gèxìng [명] 성격, 개성
活泼 huópō [형] 활발하다 调皮 tiáopí [형] 장난스럽다
欢乐 huānlè [형] 즐겁다 甚至 shènzhì [부] 심지어 [접] ~까지도
调整 tiáozhěng [동] 조절하다 情绪 qíngxù [명] 감정
治疗 zhìliáo [동] 치료하다 心理 xīnlǐ [명] 심리
怕热 pàrè [형] 더위를 견디지 못하다 威胁 wēixié [동] 위협하다
受不了 shòubuliǎo 견딜 수 없다 潮湿 cháoshī [형] 습기가 많다
碰 pèng [동] 마주치다 连续 liánxù [동] 연속하다
阴雨天 yīnyǔtiān 흐리고 비가 오는 날
感到 gǎndào [동] 느끼다, 여기다 适应 shìyìng [동] 적응하다
死掉 sǐdiào 죽어버리다 平均 píngjūn [형] 평균의 [동] 평균을 내다
寿命 shòumìng [명] 수명 长寿 chángshòu [형] 장수하다, 오래 살다
老寿星 lǎoshòuxing [명] 오래 산 노인, 장수한 노인

[75]앵무새는 일종의 귀여운 새인데, 깃털 색깔이 화려하다. 그것들은 보통 과일, 씨앗, 꽃가루 등을 주된 음식으로 삼고, [75]때때로 곤충을 조금 먹기도 한다.

새를 사랑하는 많은 [76]사람들은 집에서 앵무새 한 마리를 키우기도 하는데, 왜냐하면 앵무새들은 인간이 말하는 것을 흉내 내기를 좋아하기 때문이다. 앵무새의 뇌 기능은 발달하지 않아서, 그런 까닭에 사고 능력이 없고, [76]단지 그들이 들었던 몇 문장을 반복할 수 있으며, 새로운 문장을 만들어 낼 수는 없다.

앵무새는 똑똑하고 말을 잘 들으며, 학습을 잘한다. 훈련을 거쳐서, 많은 앵무새는 신기하고 재미있는 프로그램을 공연할 수 있어서, 조류 중의 '공연 예술가'이다. 앵무새 성격은 활발하고, 장난스러워서, 사람들의 생활에 많은 즐거움을 가져다줄 수 있으며, 심지어 인류가 감정 조절하는 것을 도와줄 수 있어, 여러 심리 문제를 치료할 수 있다.

[77]앵무새는 더위를 잘 견뎌서, 여름에 온도가 아무리 높아도 앵무새에게는 어떠한 위협이 되지 않는데, 하지만 그들은 [77]습한 환경을 견딜 수 없어 한다. 만약 연속된 흐리고 비가 오는 날을 마주하게 된다면, 앵무새의 몸은 매우 적응이 안 된다는 것을 느끼는데, 심지어는 이 때문에 병이 나고, 죽어버릴 수도 있다.

앵무새의 평균 수명은 50살에서 60살인데, 대형 앵무새는 100살가량까지 살 수 있다, [78]세계에서 가장 장수한 앵무새는 104살까지 살았는데, 조류 중에서의 '오래 산 노인'이다.

75
하

鹦鹉偶尔吃的食物是：

A 种子　　B 花粉
C 昆虫　　D 水果

鹦鹉 yīngwǔ [명] 앵무새 偶尔 ǒu'ěr [부] 때때로
食物 shíwù [명] 음식물 种子 zhǒngzi [명] 씨앗
花粉 huāfěn [명] 꽃가루 昆虫 kūnchóng [명] 곤충

앵무새가 때때로 먹는 음식은:
A 씨앗　B 꽃가루　C 곤충　D 과일　정답 C

해설 질문의 鹦鹉偶尔吃的食物(앵무새가 때때로 먹는 음식)와 관련된 내용을 지문에서 찾아 주의 깊게 읽는다. 첫 번째 단락에서 鹦鹉是……, 偶尔会吃一些昆虫(앵무새는 ……, 때때로 곤충을 조금 먹기도 한다)이라고 했으므로, C 昆虫(곤충)을 정답으로 선택한다. 참고로, 첫 번째 단락 중간에 它们一般以水果、种子、花粉等为主要食物(그것들은 보통 과일, 씨앗, 꽃가루 등을 주된 음식으로 삼고)라고 했으므로, A 种子(씨앗), B 花粉(꽃가루), D 水果(과일)는 모두 오답이다.

✅ **고득점 노하우** 질문의 끝에 是(~이다)이 있으면 앞부분을 핵심어구로 하여 지문에서 관련된 내용을 재빨리 찾는다.

76

상

关于鹦鹉说话，可以知道它们：
A 能创造出新句子
B 能思考语句的意义
C 只是在简单地模仿
D 可以表达自己的看法

鹦鹉 yīngwǔ 圆 앵무새 创造 chuàngzào 圄 만들다, 창조하다
思考 sīkǎo 圄 깊게 생각하다 圆 사고 语句 yǔjù 圆 구절
意义 yìyì 圆 의미, 뜻 模仿 mófǎng 圄 흉내 내다
表达 biǎodá 圄 표현하다

앵무새가 말하는 것에 관하여, 그들에 대해 알 수 있는 것은:
A 새로운 문장을 만들어낼 수 있다 　　　　　　　　　 B 구절의 의미를 깊게 생각할 수 있다
C 단지 간단하게 흉내 낸다 　　　　　　　　　　　　 D 자신의 견해를 표현할 수 있다 　　　　 정답 C

해설 질문의 鹦鹉说话(앵무새가 말하는 것)와 관련된 부분을 지문에서 찾아 주의 깊게 읽는다. 두 번째 단락에서 人会在家中养一只鹦鹉, 因为它们喜欢模仿人类说话。…… 只能重复它们听过的一些句子(사람들은 집에서 앵무새 한 마리를 키우기도 하는데, 왜냐하면 앵무새들은 인간이 말하는 것을 흉내 내기를 좋아하기 때문이다. …… 단지 그들이 들었던 몇 문장을 반복할 수 있으며)라고 했으므로, C 只是在简单地模仿(단지 간단하게 흉내 낸다)을 정답으로 선택한다.

✅ **고득점 노하우** 질문에 关于(~에 관해)가 있으면 바로 다음의 표현을 핵심어구로 하여 지문에서 관련된 내용을 재빨리 찾는다.

77

중

鹦鹉适合生活在：
A 干燥的地方　　　　　B 温暖的地方
C 空气新鲜的地方　　　D 常常下雨的地方

鹦鹉 yīngwǔ 圆 앵무새 适合 shìhé 圄 적합하다
干燥 gānzào 圄 건조하다 温暖 wēnnuǎn 圄 따뜻하다
空气 kōngqì 圆 공기

앵무새가 생활하기 적합한 곳은:
A 건조한 곳 　　　 B 따뜻한 곳 　　　 C 공기가 신선한 곳 　　　 D 비가 자주 내리는 곳 　　 정답 A

해설 질문의 鹦鹉适合生活(앵무새가 생활하기 적합한)와 관련된 부분을 지문에서 찾아 주의 깊게 읽는다. 네 번째 단락의 鹦鹉……, 受不了潮湿的环境(앵무새는 ……, 습한 환경을 견딜 수 없어 한다)을 통해, 앵무새는 습기가 많은 환경에서는 잘 적응하지 못하기 때문에 건조한 곳에서 생활하는 것이 적합하다는 것을 추론할 수 있다. 따라서 A 干燥的地方(건조한 곳)을 정답으로 선택한다. 참고로, 潮湿(습하다)의 반대말은 干燥(건조하다)이다.

✅ **고득점 노하우** 질문의 끝에 在(~에 있다)가 있으면, 앞부분을 핵심어구로하여 관련된 내용을 지문에서 재빨리 찾는다.

78

중

最后一段画线词语 "老寿星" 用来形容鹦鹉：
A 颜色鲜艳　　　　　　B 善于学习
C 个性活泼　　　　　　D 寿命很长

老寿星 lǎoshòuxing 圆 오래 산 노인, 장수한 노인
形容 xíngróng 圄 묘사하다 圆 형상 鲜艳 xiānyàn 圄 화려하다
善于 shànyú 圄 ~를 잘하다 个性 gèxìng 圆 성격, 개성
活泼 huópō 圄 활발하다 寿命 shòumìng 圆 수명

마지막 단락의 밑줄 친 단어 '오래 산 노인(老寿星)'이 묘사하는 앵무새는:
A 색깔이 화려하다 　　　 B 학습을 잘한다 　　　 C 성격이 활발하다 　　　 D 수명이 아주 길다 　　 정답 D

해설 밑줄 친 어휘 "老寿星(오래 산 노인)"이 묘사하는 앵무새가 무엇인지 물었으므로, 지문에서 "老寿星(오래 산 노인)"을 찾아 주변 내용을 주의 깊게 읽는다. 마지막 단락에서 世界上最长寿的一只鹦鹉活了104岁, 是鸟类中的"老寿星"(세계에서 가장 장수한 앵무새는 104살까지 살았는데, 조류 중에서의 '오래 산 노인'이다)이라고 했으므로, 老寿星(오래 산 노인)인 앵무새는 세계에서 가장 장수한 앵무새라는 것을 알 수 있다. 따라서 지문의 最长寿(가장 장수한)를 바꿔 표현한 D 寿命很长(수명이 아주 길다)이 정답이다.

✅ **고득점 노하우** 질문에 따옴표(" ")로 인용된 표현이 있으면, 이 표현을 핵심어구로 하여 지문에서 관련된 내용을 재빨리 찾는다.

[79]说到齐达内，足球爱好者们一定不陌生。[79/82]他曾三次获得"世界足球先生"的称号，曾经代表法国国家队赢得一个世界杯冠军和一个欧洲杯冠军，是世界足球史上的标志性人物。

1989年，17岁的齐达内开始把足球作为职业，并为多家足球俱乐部踢过球，其中包括意大利的尤文图斯俱乐部和西班牙的皇家马德里俱乐部。与其他伟大的足球运动员不同的是，[80]齐达内还在另一个领域创造了举世瞩目的新成就。2016年1月起，齐达内开始担任皇家马德里俱乐部的总教练，并领导球队获得了一场又一场比赛的胜利。

[81/82]在担任俱乐部教练期间，齐达内赢得了球员、球迷和老板的尊重。最重要的原因是球队赢得了很多比赛；其次，他也曾是伟大的球员，所以他了解足球运动员的心理，懂得怎么让球员发挥积极性，保持状态，渴望胜利。再次，[81]他改善了球员之间的关系，让球员更重视彼此的友谊和合作精神。

齐达内在走下球场六年后才有了当教练的想法，而现在，他最大的愿望是成为法国国家队的总教练。

齐达内 Qídá'nèi [고유] (축구선수) 지단　爱好者 àihàozhě [명] 애호가
陌生 mòshēng [형] 낯설다, 생소하다　获得 huòdé [동] 얻다, 획득하다
世界足球先生 Shìjiè zúqiú xiānshēng FIFA 올해의 선수
称号 chēnghào [명] 칭호　曾经 céngjīng [부] 일찍이, 이전에
代表 dàibiǎo [동] 대표하다 [명] 대표　赢得 yíngdé [동] 쟁취하다
世界杯 Shìjièbēi [고유] 월드컵　冠军 guànjūn [명] 챔피언
欧洲杯 Ōuzhōubēi [고유] 유럽컵　标志性 biāozhìxìng [명] 대표적
人物 rénwù [명] 인물　俱乐部 jùlèbù [명] 클럽
包括 bāokuò [동] 포함하다　尤文图斯 Yóuwéntúsī 유벤투스 FC
皇家马德里 Huángjiāmǎdélǐ 레알 마드리드
伟大 wěidà [형] 위대하다　领域 lǐngyù [명] 분야, 영역
创造 chuàngzào [동] 창조하다, 만들다
举世瞩目 jǔshìzhǔmù [성어] 전세계 사람들이 주목하다
担任 dānrèn [동] 맡다　总教练 zǒngjiàoliàn [명] 총 감독
领导 lǐngdǎo [동] 이끌고 나가다　教练 jiàoliàn [명] 감독, 코치
期间 qījiān [명] 기간　老板 lǎobǎn [명] 경영자
尊重 zūnzhòng [동] 존경하다, 존중하다 [형] (언행이) 정중하다
其次 qícì [대] 그 다음　心理 xīnlǐ [명] 심리　发挥 fāhuī [동] 발휘하다
积极性 jījíxìng [명] 적극성　保持 bǎochí [동] 유지하다
状态 zhuàngtài [명] 컨디션, 상태　渴望 kěwàng [동] 간절히 바라다
胜利 shènglì [명] 승리　改善 gǎishàn [동] 개선하다
重视 zhòngshì [동] 중요시하다　彼此 bǐcǐ [대] 서로
友谊 yǒuyì [명] 우정　合作 hézuò [동] 협력하다
精神 jīngshén [명] 정신　愿望 yuànwàng [명] 소망, 희망
国家队 guójiāduì [명] 국가대표팀

[79]지단을 언급하면, 축구 애호가들은 분명 낯설지 않을 것이다. [79/82]그는 일찍이 'FIFA 올해의 선수' 칭호를 세 번이나 얻었고, 일찍이 프랑스 국가 대표팀을 대표하여 한 번의 월드컵 챔피언과 한 번의 유럽컵 챔피언을 쟁취한, 세계 축구 역사상의 대표적인 인물이다.

1989년, 17살의 지단은 축구를 직업으로 삼기 시작했고, 또한 많은 축구 클럽을 위해 공을 차 봤으며, 그 중 이탈리아의 유벤투스 FC와 스페인의 레알 마드리드 클럽이 포함된다. 다른 위대한 축구 선수와 다른 것은, [80]지단은 또 다른 영역에서 전 세계 사람들이 주목하는 새로운 업적을 창조했다는 것이다. 2016년 1월부터, 지단은 레알 마드리드 클럽의 총 감독을 맡기 시작했고, 또한 축구팀이 한 경기 또 한 경기의 승리를 얻을 수 있도록 이끌고 나갔다.

[81/82]클럽 감독을 맡은 기간에, 지단은 축구 선수, 축구 팬, 경영자의 존경을 받았다. 가장 중요한 원인은 축구팀이 매우 많은 경기에서 이겼기 때문이고, 그 다음으로는, 그도 일찍이 위대한 선수여서, 그래서 그는 운동선수들의 마음을 이해하였고, 어떻게 축구 선수들의 적극성을 발휘하게 하는지, 컨디션을 유지 시키는지, 승리를 갈망하게 하는지 알았기 때문이다. 그 다음으로는, [81]그는 축구 선수 간의 관계를 개선하였고, 축구 선수들이 더욱 서로의 우정과 협력하는 정신을 중시하도록 했기 때문이다.

지단은 필드에서 내려오고 6년 후에야 감독이 되어야겠다는 생각을 가졌으며, 그리고 현재, 그의 가장 큰 소망은 프랑스 국가대표의 총 감독이 되는 것이다.

79
중

球员时期的齐达内：

A 只为法国队踢球
B 是球迷最喜欢的明星
C 17岁开始接触足球运动
D 获得过三次"世界足球先生"

时期 shíqī [명] 시기　齐达内 Qídá'nèi [고유] (축구선수) 지단
球迷 qiúmí [명] 축구 팬　明星 míngxīng [명] 스타
接触 jiēchù [동] 접촉하다, 교류하다　获得 huòdé [동] 얻다
世界足球先生 Shìjiè zúqiú xiānshēng FIFA 올해의 선수

축구선수 시기의 지단은:

A 프랑스 팀을 위해서만 축구를 했다　　　　　B 축구 팬이 가장 좋아하는 축구 스타이다
C 17살부터 축구 운동을 접하기 시작했다　　　D 세 번의 'FIFA 올해의 선수'를 얻었다　　정답 D

해설 질문의 球员时期的齐达内(축구선수 시기의 지단)와 관련된 부분을 지문에서 찾아 주의 깊게 읽는다. 첫 번째 단락에서 说到齐达内, …… 他曾三次获得"世界足球先生"的称号(지단을 언급하면, …… 그는 일찍이 'FIFA 올해의 선수' 칭호를 세 번이나 얻었고)라고 했으므로, D 获得过三次"世界足球先生"(세 번의 'FIFA 올해의 선수'를 얻었다)을 정답으로 선택한다.

☑ **고득점 노하우** 질문이 문장의 주어가 되는 부분이면, 질문 전체를 핵심어구로 하여 지문에서 관련된 내용을 재빨리 찾는다.

80 중

第二段画线词语“举世瞩目的新成就”表明齐达内是个：
A 著名的足球运动员
B 很伟大的足球教练
C 出色的俱乐部老板
D 了不起的心理医生

举世瞩目 jǔshìzhǔmù[성] 전 세계 사람들이 주목하다
成就 chéngjiù[명] 성과 **齐达内** Qídá'nèi[고유] (축구선수) 지단
著名 zhùmíng[형] 유명하다 **伟大** wěidà[형] 위대하다
教练 jiàoliàn[명] 감독, 코치 **出色** chūsè[형] 대단히 뛰어나다
俱乐部 jùlèbù[명] 클럽 **老板** lǎobǎn[명] 경영자
了不起 liǎobuqǐ[형] 대단하다 **心理** xīnlǐ[명] 심리

두 번째 단락의 밑줄 친 어휘 '전 세계 사람들이 주목하는 새로운 업적(举世瞩目的新成就)'은 지단이 어떤 사람이라고 나타내는가:
A 유명한 축구 선수이다　　B 위대한 축구 감독이다
C 대단히 뛰어난 클럽 경영자이다　　D 대단한 심리 의사이다　　정답 B

해설 밑줄 친 어휘 **举世瞩目的新成就**(전 세계 사람들이 주목하는 새로운 업적)와 관련된 내용을 지문에서 찾아 주변 내용을 주의 깊게 읽는다. 두 번째 단락에서 **齐达内还在另一个领域创造了举世瞩目的新成就。2016年1月起，齐达内开始担任皇家马德里俱乐部的总教练，并领导球队获得了一场又一场比赛的胜利。**(지단은 또 다른 영역에서 전 세계 사람들이 주목하는 새로운 업적을 창조했다는 것이다. 2016년 1월부터, 지단은 레알 마드리드 클럽의 총 감독을 맡기 시작했고, 또한 축구팀이 한 경기 또 한 경기의 승리를 얻을 수 있도록 이끌고 나갔다.)라고 했으므로, 이를 통해 지단은 축구 감독으로서 좋은 성적을 내는 새로운 업적을 달성했음을 알 수 있다. 따라서 이 문맥을 통해 알 수 있는 B **很伟大的足球教练**(위대한 축구 감독이다)을 정답으로 선택한다.

고득점 노하우 질문에 따옴표(“ ”)로 인용된 표현이 있으면, 이 표현을 핵심어구로 하여 지문에서 관련된 내용을 재빨리 찾는다.

81 상

担任教练期间，齐达内：
A 与球迷积极地交流
B 常向其他教练请教
C 改善了球员的关系
D 很尊重俱乐部老板

担任 dānrèn[동] 맡다 **教练** jiàoliàn[명] 감독, 코치
期间 qījiān[명] 기간 **齐达内** Qídá'nèi[고유] (축구선수) 지단
球迷 qiúmí[명] 축구 팬 **积极** jījí[형] 적극적이다
请教 qǐngjiào[동] 가르침을 청하다 **改善** gǎishàn[동] 개선하다
尊重 zūnzhòng[동] 존중하다 **俱乐部** jùlèbù[명] 클럽
老板 lǎobǎn[명] 경영자

감독을 맡은 기간에, 지단은:
A 축구 팬과 적극적으로 교류했다　　B 다른 감독들에게 자주 가르침을 청했다
C 축구 선수의 관계를 개선했다　　D 클럽 경영자를 매우 존중했다　　정답 C

해설 질문의 **担任教练期间，齐达内**(감독을 맡은 기간에, 지단은)와 관련된 부분을 지문에서 찾아 주의 깊게 읽는다. 세 번째 단락에서 **在担任俱乐部教练期间，……他改善了球员之间的关系**(클럽 감독을 맡은 기간에, …… 그는 축구 선수 간의 관계를 개선하였고)라고 했으므로, C **改善了球员的关系**(축구 선수의 관계를 개선했다)가 정답이다.

고득점 노하우 질문이 문장의 주어가 되는 부분이면, 질문 전체를 핵심어구로 하여 지문에서 관련된 내용을 재빨리 찾는다.

82 중

关于齐达内，下面哪项是正确的？
A 从小就想当足球教练
B 当球员和教练都很成功
C 成为了法国队总教练
D 梦想开设更多的俱乐部

教练 jiàoliàn[명] 감독, 코치 **总教练** zǒngjiàoliàn[명] 감독
梦想 mèngxiǎng[동] 간절히 바라다 **开设** kāishè[동] 개설하다
俱乐部 jùlèbù[명] 클럽

지단에 관해, 다음 중 옳은 것은 무엇인가?
A 어렸을 때부터 축구 감독이 되고 싶었다　　B 축구 선수와 감독이 되었을 때 모두 성공적이다
C 프랑스팀 총 감독이 되었다　　D 더 많은 클럽을 개설하는 것을 간절히 바란다　　정답 B

해설 질문의 **齐达内**(지단)와 관련된 세부 내용을 지문에서 찾아 주의 깊게 읽고, 지문의 내용과 일치하는 보기가 어떤 것인지 잘 살펴본다. 첫 번째 단락에서 **他曾三次获得“世界足球先生”的称号**(그는 일찍이 'FIFA 올해의 선수 칭호'를 세 번이나 얻었고)라고 하였고, 세 번째 단락에서 **在担任俱乐部教练期间，齐达内赢得了球员、球迷和老板的尊重。**(클럽 감독을 맡은 기간에, 지단은 축구 선수, 축구 팬, 경영자의 존경을 받았다.)이라고 했으므로, 이를 통해 지단은 선수와 감독 역할을 모두 잘 해냈다는 것을 알 수 있다. 따라서, B **当球员和教练都很成功**(축구 선수와 감독이 되었을 때 모두 성공적이다)을 정답으로 선택한다.

고득점 노하우 질문에 **关于**(~에 관해)가 있으면 바로 다음의 표현을 핵심어구로 하여 지문에서 관련된 내용을 재빨리 찾는다.

83-86

[86]生活的10%是由发生在你身上的事情组成的，而剩下的90％则是由你对所发生事情的反应所决定的，[83]这叫"费斯汀格法则"。换句话说，很多事情是我们没办法控制的，我们能控制的是我们的态度、情绪和处理方式。

小明高中三年一直是名优秀学生，老师、家长、包括他自己都认为考上重点大学完全没问题。高考前半年，学校举行了一次考试，结果小明考得很差。如果以这次成绩来看，小明只能上一般的大学。这以后，[84]小明像变了一个人，整天没有精神，对什么都提不起兴趣，恐惧学习和考试，也不愿跟别人交流，很容易跟同学产生误会，[84]常常朝周围的人发脾气，跟家人和朋友闹了不少矛盾。时间长了，[84]原来的好朋友都对他避而远之。这样一来，他连聊天、讨论题目的人都没有了。最后，小明没有考上大学。

我们在生活上也经常会碰到这样的事情，[85]很多人觉得倒霉的事情总是一个接着一个出现。这是因为，当事情突然发生时，很多人用消极的态度去处理，结果只会更糟糕。相反，[86]如果我们用积极的态度对待，采取合适的方式，就可能阻止事情变糟，让事情朝着你希望的方向发展。

组成 zǔchéng 图 구성하다　剩下 shèngxià 图 남다, 남기다
反应 fǎnyìng 图 반응
费斯汀格法则 Fèisītīnggé fǎzé [고유] 페스팅거 법칙(인지부조화 이론)
控制 kòngzhì 图 통제하다, 조절하다　态度 tàidu 图 태도
情绪 qíngxù 图 기분　处理 chǔlǐ 图 해결하다
方式 fāngshì 图 방식　优秀 yōuxiù 图 우수하다
家长 jiāzhǎng 图 부모님　包括 bāokuò 图 포함하다
重点大学 zhòngdiǎn dàxué 명문 대학교
高考 gāokǎo 图 (중국의) 대입 시험
举行 jǔxíng 图 진행하다, 개최하다　结果 jiéguǒ 图 결과
整天 zhěngtiān 图 온종일, 한참 동안　精神 jīngshén 图 기력
恐惧 kǒngjù 图 두려워하다　交流 jiāoliú 图 서로 소통하다, 교류하다
产生 chǎnshēng 图 생기다　误会 wùhuì 图 오해하다
朝 cháo 게 ~을 향하여　周围 zhōuwéi 图 주위, 주변
发脾气 fā píqi 图 성질 부리다　矛盾 máodùn 图 갈등
避 bì 图 피하다, 도망가다　这样一来 zhèyàng yìlái 이렇게 되니
讨论 tǎolùn 图 토론하다　题目 tímù 图 문제　碰 pèng 图 부딪치다
倒霉 dǎoméi 图 재수 없다　接着 jiēzhe 图 이어서
消极 xiāojí 图 소극적이다　处理 chǔlǐ 图 처리하다
糟糕 zāogāo 图 엉망이 되다　相反 xiāngfǎn 图 반대로
积极 jījí 图 적극적이다　对待 duìdài 图 대응하다, 다루다
采取 cǎiqǔ 图 취하다, 채택하다　合适 héshì 图 적합하다
阻止 zǔzhǐ 图 막다, 저지하다　糟 zāo 图 (일, 상황이) 엉망이다
方向 fāngxiàng 图 방향　发展 fāzhǎn 图 발전하다

[86]생활의 10%는 당신에게 발생하는 일로 구성되고, 나머지 90%는 당신이 발생한 일에 대해 보이는 반응으로 결정되는데, [83]이것을 '페스팅거 법칙'이라고 한다. 다시 말하자면, 많은 일은 우리가 통제할 방법이 없는 것이며, 우리가 통제할 수 있는 것은 우리의 태도, 감정 그리고 처리 방식이다.

샤오밍은 고등학교 3년 동안 줄곧 우등생이었으며, 선생님, 부모님, 자기 자신을 포함한 모두가 명문 대학교에 진학하는 것은 전혀 문제가 되지 않는다고 생각했다. 대입 시험 반년 전, 학교에서 한 번의 시험이 진행되었고, 결과는 샤오밍이 시험을 아주 못 봤다. 만약 이번 성적으로만 본다면, 샤오밍은 단지 일반 대학교에 진학할 수밖에 없었다. 이후, [84]샤오밍은 다른 사람인 것처럼 변했는데, 온종일 기력이 없고, 무엇에도 흥미를 끌어올리지 못했으며, 공부와 시험을 두려워했고, 또한 다른 사람과 교류하는 것을 원하지 않았고, 학급 친구들과 쉽게 오해가 생겼으며, [84]주위 사람들에게 자주 화를 내서, 가족, 친구들과 적지 않은 갈등이 있었다. 시간이 길어지면서, 기존의 친한 친구들은 모두 그를 피하고 멀리했다. 이렇게 되니, 그는 이야기를 하고, 문제를 토론할 사람조차 없어졌다. 마지막에, 샤오밍은 대학에 합격하지 못했다.

우리는 생활에서도 자주 이런 일에 부딪칠 수 있는데, [85]많은 사람은 재수 없는 일은 항상 하나에 이어서 또 하나가 나타난다고 생각한다. 이것은 왜냐하면, 일이 갑자기 발생했을 때, 많은 사람은 소극적인 태도로 처리하기 때문인데, 결과는 더욱 엉망이 될 뿐이다. 반대로, [86]만약 우리가 적극적인 태도로 대응하고, 적합한 방식을 취한다면, 일이 엉망이 되는 것을 막을지도 모르고, 일을 당신이 희망하는 방향으로 발전할 수 있게 한다.

83
하

"费斯汀格法则"建议人们努力控制:	
A 时间	B 数量
C 速度	D 情绪

费斯汀格法则 Fèisītīnggé fǎzé [고유] 페스팅거 법칙(인지부조화 이론)
建议 jiànyì 图 제안하다 图 제안　控制 kòngzhì 图 억제하다
数量 shùliàng 图 수량, 양　速度 sùdù 图 속도
情绪 qíngxù 图 감정

'페스팅거 법칙'이 사람들에게 열심히 억제하라고 제안하는 것은:

A 시간　　　　　B 수량　　　　　C 속도　　　　　D 감정　　　　　정답 D

해설 질문의 "费斯汀格法则(페스팅거 법칙)"과 관련된 부분을 지문에서 찾아 주의 깊게 읽는다. 첫 번째 단락에서 这叫"费斯汀格法则"。换句话说, 很多事情是我们没办法控制的, 我们能控制的是我们的态度、情绪和处理方式。(이것을 '페스팅거 법칙'이라고 한다. 다시 말하자면, 많은 일은 우리가 통제할 방법이 없는 것이며, 우리가 통제할 수 있는 것은 우리의 태도, 감정 그리고 처리 방식이다.)이라고 하였으므로, 이를 통해 페스팅거 법칙은 우리의 태도, 감정, 처리 방식을 억제할 것을 제안한다는 것을 알 수 있다. 따라서, D 情绪(감정)를 정답으로 선택한다.

✓ **고득점 노하우** 질문에 따옴표(" ")로 인용된 표현이 있으면, 이 표현을 핵심어구로 하여 지문에서 관련된 내용을 재빨리 찾는다.

84 하	好朋友躲避小明，是因为他： A 不会交流　　　　　B 成绩很差 C 容易发火　　　　　D 考不上大学	交流 jiāoliú 图 서로 소통하다　发火 fāhuǒ 图 화를 내다

친한 친구가 샤오밍을 피한 것은, 왜냐하면 그가:
A 교류를 할 줄 모른다　　　　B 성적이 매우 나쁘다　　　　C 쉽게 화를 낸다　　　　D 대학에 합격하지 못했다　　　정답 C

해설 질문의 好朋友躲避小明(친한 친구가 샤오밍을 피한 것은)과 관련된 내용을 지문에서 찾아 주의 깊게 읽는다. 두 번째 단락에서 小明像变了一个人(샤오밍은 다른 사람인 것처럼 변했는데)이라고 하면서, 常常朝周围的人发脾气, …… 原来的好朋友都对他避而远之(주위 사람들에게 자주 화를 내서, …… 기존의 친한 친구들은 모두 그를 피하고 멀리했다)이라고 했으므로, C 容易发火(쉽게 화를 낸다)를 정답으로 선택한다.

✔ **고득점 노하우** 질문에 是因为(~은 왜냐하면)가 있으면 앞부분을 핵심어구로 하여 지문에서 관련된 내용을 재빨리 찾는다.

85 중	生活中倒霉的事儿会连续出现，是因为缺乏： A 积极的态度　　　　B 丰富的经验 C 专业的态度　　　　D 有力的支持	倒霉 dǎoméi 图 재수 없다　连续 liánxù 图 연속하다 缺乏 quēfá 图 부족하다　积极 jījí 图 적극적이다 态度 tàidu 圆 태도　丰富 fēngfù 图 풍부하다　经验 jīngyàn 圆 경험 有力 yǒulì 图 힘이 있다　支持 zhīchí 图 지지하다

생활 중 재수 없는 일이 연속해서 일어나는 것은, 무엇이 부족하기 때문인가:
A 적극적인 태도　　　　B 풍부한 경험　　　　C 전문적인 태도　　　　D 힘이 있는 지지　　　정답 A

해설 질문의 倒霉的事儿会连续出现(재수없는 일이 연속해서 일어나는 것은)과 관련된 부분을 지문에서 찾아 주의 깊게 읽는다. 세 번째 단락에서 很多人觉得倒霉的事情总是一个接着一个出现。这是因为, 当事情突然发生时, 很多人用消极的态度去处理, 结果只会更糟糕。(많은 사람은 재수 없는 일은 항상 하나에 이어서 또 하나가 나타난다고 생각한다. 이것은 왜냐하면, 일이 갑자기 발생했을 때, 많은 사람은 소극적인 태도로 처리하기 때문인데, 결과는 더욱 엉망이 될 뿐이다.)라고 하였으므로, 이를 통해 많은 사람은 적극적인 태도가 부족하여 일의 결과가 안 좋게 나온다는 것을 알 수 있다. 따라서 A 积极的态度(적극적인 태도)를 정답으로 선택한다. 참고로, 消极(소극적이다)의 반대말은 积极(적극적이다)이다.

✔ **고득점 노하우** 질문에 是因为(~은 왜냐하면)가 있으면 앞부분을 핵심어구로 하여 지문에서 관련된 내용을 재빨리 찾는다.

86 상	最适合做上文标题的是： A 回忆中学生活　　　　B 记录高考故事 C 态度决定一切　　　　D 怎样面对失败	适合 shìhé 图 적합하다　回忆 huíyì 图 추억하다 记录 jìlù 图 기록하다　态度 tàidu 圆 태도 失败 shībài 图 실패하다

단문의 제목으로 가장 적합한 것은:
A 중학교 생활을 추억하다　　　　　　　　　　B 대입 시험 이야기를 기록하다
C 태도가 모든 것을 결정한다　　　　　　　　　D 어떻게 실패를 마주할 것인가　　　정답 C

해설 질문이 最适合做上文标题(단문의 제목으로 가장 적합한 것)라며 지문의 주제를 물었다. 지문의 주제는 대부분 첫 문장과 마지막 문장을 통해 파악할 수 있으므로 해당 부분을 주의 깊게 읽는다. 첫 번째 단락의 맨 앞에서 生活的10%是由发生在你身上的事情组成的, 而剩下的90%则是由你对所发生事情的反应所决定的(생활의 10%는 당신에게 발생한 일로 구성되고, 나머지 90%는 당신이 발생한 일에 대해 보이는 반응으로 결정되는데)라며, 어떤 일에 대한 반응이 생활의 대부분을 결정한다는 내용을 제시하였다. 그리고 지문의 마지막 문장에서 如果我们用积极的态度对待, 采取合适的方式, 就可能阻止事情变糟, 让事情朝着你希望的方向发展(만약 우리가 적극적인 태도로 대응하고, 적합한 방식을 취한다면, 일이 엉망이 되는 것을 막을지도 모르고, 일을 당신이 희망하는 방향으로 발전할 수 있게 한다)이라며, 적극적인 태도의 중요성을 언급하였다. 따라서, 지문의 처음과 마지막 문장을 통해 이 지문의 주제로 파악할 수 있는 C 态度决定一切(태도가 모든 것을 결정한다)를 정답으로 선택한다.

✔ **고득점 노하우** 지문의 중심 소재는 지문 전반에서 반복적으로 언급된 소재를 찾거나, 지문의 첫 문장이나 마지막 문장을 통해 파악한다.

秦腔是中国西北最古老的戏剧之一，距今已经有两千多年的历史了。秦腔流行于中国西北的陕西、甘肃、宁夏等地。在古代，这些地区被称为"秦"，秦腔也因此而得名。

[87]秦腔是从古代陕西的民间歌舞发展来的，[87]到唐朝时期完全成熟。这是因为唐代经济发达，人们的精神追求越来越丰富，[87]秦腔也得到了发展。如今，[88]有重大节日或者庆祝活动时，甘肃天水人都要组织秦腔演出。家里有喜事，[88]比如盖房子，也会邀请秦腔艺人来表演。

秦腔的内容非常丰富，包括神话、民间故事等。秦腔艺术除了说和唱以外，还有一些特别的表演形式：吹火、吹面灰、顶灯、打碗。这些技巧在秦腔中虽然只是偶尔出现，但是对演员的要求很高。"台上十分钟，台下十年功"，[89]学会一个技巧可能需要训练好几年。

因流行地区不同，[90]秦腔分为东、西、南、北、中五路。各路秦腔受各地方言和民间音乐的影响，[90]在语音、唱腔、音乐等方面都稍有差别。这些独特之处，都让秦腔显得更有魅力。

秦腔 qínqiāng 고유 진강(중국의 지방 전통극)　**古老** gǔlǎo 형 오래되다
戏剧 xìjù 명 희극　**距今** jùjīn 지금으로부터 (얼마간) 떨어져있다
陕西 Shǎnxī 고유 산시성(중국 지명, 산서성)
甘肃 Gānsù 고유 간쑤성(중국 지명, 감숙성)
宁夏 Níngxià 고유 닝샤후이족자치구(중국 지명, 닝샤)
古代 gǔdài 명 고대　**被称为** bèichēngwéi ~라고 불리다
因此 yīncǐ 접 이 때문에　**得名** démíng 통 이름을 얻다
民间歌舞 mínjiān gēwǔ 민간 노래와 춤　**时期** shíqī 명 시기
成熟 chéngshú 형 무르익다, 성숙하다　**唐代** Tángdài 당 왕조
经济 jīngjì 명 경제　**发达** fādá 형 발달하다　**精神** jīngshén 명 정신
追求 zhuīqiú 통 추구하다　**如今** rújīn 명 오늘날, 현재
重大 zhòngdà 형 중대하다　**庆祝** qìngzhù 통 축하하다
天水市 Tiānshuǐshì 고유 톈수이시(간쑤성 남동부에 위치)
组织 zǔzhī 통 기획하다, 구성하다　**演出** yǎnchū 명 공연
喜事 xǐshì 명 경사　**盖** gài 통 (건물, 가옥을) 짓다
邀请 yāoqǐng 통 초청하다　**艺人** yìrén 명 예능인
表演 biǎoyǎn 통 공연하다, 연기하다　**神话** shénhuà 명 신화
形式 xíngshì 명 형식, 형태　**技巧** jìqiǎo 명 기교, 테크닉
偶尔 ǒu'ěr 부 이따금 형 우연히 발생한　**训练** xùnliàn 통 훈련하다
分为 fēnwéi 통 ~로 나누어지다　**方言** fāngyán 명 방언
语音 yǔyīn 명 억양　**唱腔** chàngqiāng 명 중국 전통극의 노래 곡조
稍有 shāoyǒu ~가 약간 있다　**差别** chābié 명 차이
独特 dútè 형 독특하다　**显得** xiǎnde 통 ~하게 보이다
魅力 mèilì 명 매력

진강은 중국 서북부에서 가장 오래된 희극 중 하나인데, 이미 지금으로부터 이천여 년의 역사가 있다. 진강은 중국 서북부의 산시성, 간쑤성, 닝샤후이족자치구 등 지역에서 유행했다. 고대에는, 이 지역들은 '진'이라고 불렸고, 진강도 이 때문에 이름을 얻었다.

[87]진강은 고대 산시성의 민간 노래와 춤에서 발전한 것으로, [87]당 왕조 때 완전히 무르익었다. 이것은 당 왕조의 경제가 발달했기 때문인데, 사람들의 정신적인 추구가 더욱더 풍부해지면서, [87]진강 또한 발전할 수 있었다. 오늘날, [88]중대한 기념일 혹은 경축 행사가 있을 때, 간쑤성의 톈수이시 사람들은 모두 진강 공연을 기획하려 한다. 집 안에 경사가 있는데, [88]예를 들면 집을 짓는 경우에도, 진강 예술인을 초대해 공연하기도 한다.

진강의 내용은 아주 풍부하고, 신화, 민간 이야기 등을 포함한다. 진강 예술은 말하기와 노래하기를 제외하고, 또 몇몇 특별한 공연 형식들도 있다. 불을 입으로 불고, 검은 가루를 얼굴에 뿌리고, 등잔불을 머리에 올리며, 접시를 돌리는 것이다. 이러한 기교들은 진강 속에서 비록 가끔 나오는 것일 뿐이지만, 하지만 배우에 대한 요구가 높다. '무대 위 10분의 공연을 위해, 10년의 노고가 필요하다', [89]하나의 기교를 배워서 할 수 있게 되려면 아마 몇 년의 훈련이 필요할 것이다.

유행 지역이 다르기 때문에, [90]진강은 동, 서, 남, 북, 중앙 다섯 가지 분류로 나뉜다. 각 분류의 진강은 각 지역의 방언과 민간 음악의 영향을 받아, [90]억양, 중국 전통극의 노래 곡조, 음악 등 방면에서 모두 차이가 약간 있다. 이러한 독특한 점은, 모두 진강을 더욱 매력 있어 보이게 한다.

87
상

关于秦腔，下列哪项正确？
A 是中国最古老的戏剧
B 最早出现于唐朝时期
C 满足了人们的精神追求
D 唐朝的经济促进了秦腔的发展

秦腔 qínqiāng 고유 진강(중국의 지방 전통극)　**古老** gǔlǎo 형 오래되다
戏剧 xìjù 명 희극　**最早** zuìzǎo 부 최초　**唐朝** Tángcháo 명 당 왕조
时期 shíqī 명 시기　**满足** mǎnzú 통 만족시키다
精神 jīngshén 명 정신　**追求** zhuīqiú 통 추구하다
经济 jīngjì 명 경제

진강에 관해, 다음 중 옳은 것은 무엇인가?
A 중국에서 가장 오래된 희극이다　　　　　　B 당 왕조 시기에 최초로 출현하였다
C 사람들의 정신적인 추구를 만족시켰다　　　D 당 왕조의 경제가 진강의 발전을 촉진했다

해설 질문의 秦腔(진강)과 관련된 세부 내용을 지문에서 찾아 주의 깊게 읽고, 지문의 내용과 일치하는 보기가 어떤 것인지 잘 살펴본다. 두 번째 단락에서 秦腔是 …… 到唐朝时期完全成熟。这是因为唐代经济发达……秦腔也得到了发展(진강은 …… 당 왕조 때 완전히 무르익었다. 이것은 당 왕조의 경제가 발달했기 때문인데 …… 진강 또한 발전할 수 있었다)라고 했으므로, 이를 통해 당 왕조의 경제가 진강의 발전을 촉진했다는 것을 유추할 수 있다. 따라서, D 唐朝的经济促进了秦腔的发展(당 왕조의 경제가 진강의 발전을 촉진했다)을 정답으로 선택한다.

✔ 고득점 노하우 질문에 关于(~에 관해)가 있으면 바로 다음의 표현을 핵심어구로 하여 지문에서 관련된 내용을 재빨리 찾는다.

88
하

在甘肃天水，什么时候会有秦腔表演？
A 考大学
B 找工作
C 做生意
D 盖房子

甘肃 Gānsù [고유] 간쑤성(중국 지명, 감숙성)
天水市 Tiānshuǐ shì [고유] 톈수이시(간쑤성 남동부에 위치)
秦腔 qínqiāng [명] 진강(중국의 지방 전통극)
表演 biǎoyǎn [동] 공연하다, 연기하다
生意 shēngyi [명] 장사 盖 gài [동] (건물, 가옥을)짓다
房子 fángzi [명] 집

간쑤성 톈수이시에서, 언제 진강 공연이 있는가?
A 대입 시험을 볼 때　　B 일을 찾을 때　　C 장사를 할 때　　D 집을 지을 때　　정답 D

해설 질문의 什么时候会有秦腔表演?(언제 진강 공연이 있는가?)과 관련된 부분을 지문에서 찾아 주의 깊게 읽는다. 두 번째 단락에서 有重大节日或者庆祝活动时，甘肃天水人都要组织秦腔演出(중대한 기념일 혹은 경축 행사가 있을 때, 간쑤성의 톈수이시 사람들은 모두 진강 공연을 기획하려 한다)라고 한 뒤, 이어서 比如盖房子，也会邀请秦腔艺人来表演(예를 들면 집을 짓는 경우에도, 진강 예술인을 초대해 공연하기도 한다)이라고 했다. 따라서, D 盖房子(집을 지을 때)를 정답으로 선택한다.

☑ **고득점 노하우** 질문에 什么时候(언제)가 있으면, 뒷부분을 핵심어구로 하여 관련된 내용을 지문에서 재빨리 찾는다.

89
중

第三段中画线部分的"台上十分钟，台下十年功"意思是：
A 学好秦腔需要十年的时间
B 秦腔表演形式只有说和唱
C 精彩表演来自于刻苦练习
D 台上的表演需要台下配合

学好 xuéhǎo [동] 잘 배우다
秦腔 qínqiāng [명] 진강(중국의 지방 전통극)
表演 biǎoyǎn [동] 공연하다, 연기하다 形式 xíngshì [명] 형식
精彩 jīngcǎi [형] 훌륭하다 来自于 láizì yú ~에서 오다
刻苦 kèkǔ [형] 고생을 견디다 配合 pèihé [동] 협동하다

세 번째 단락 중 밑줄 친 부분의 '무대 위 10분의 공연을 위해, 10년의 노고가 필요하다(台上十分钟，台下十年功)'의 의미는:
A 진강을 잘 배우려면 십 년의 시간이 필요하다　　B 진강 공연 형식은 단지 말하기와 노래하기만 있다
C 훌륭한 공연은 고생을 견디는 연습에서 온다　　D 무대 위의 공연은 무대 아래에서의 협동이 필요하다　　정답 C

해설 밑줄 친 어휘 "台上十分钟，台下十年功(무대 위 10분의 공연을 위해, 10년의 노고가 필요하다)"의 의미를 묻는 문제이므로, 지문에서 이 어휘의 의미를 파악할 수 있는 부분을 찾아 주의 깊게 읽는다. 세 번째 단락에서 学会一个技巧可能需要训练好几年(하나의 기교를 배워서 할 수 있게 되려면 아마 몇 년의 훈련이 필요할 것이다)이라고 했으므로, 이를 통해 오랜 시간 힘든 훈련을 거쳐야 하나의 기교를 완성하여 비로소 무대 위에 오를 수 있다는 것을 알 수 있다. 따라서, C 精彩表演来自于刻苦练习(훌륭한 공연은 고생을 견디는 연습에서 온다)를 정답으로 선택한다.

☑ **고득점 노하우** 질문에 따옴표(" ")로 인용된 표현이 있으면, 이 표현을 핵심어구로 하여 지문에서 관련된 내용을 재빨리 찾는다.

90
중

"五路秦腔"在哪方面有区别？
A 音乐
B 服装
C 角色
D 内容

秦腔 qínqiāng [명] 진강(중국의 지방 전통극)
区别 qūbié [명] 차이, 구별 [동] 구분하다 服装 fúzhuāng [명] 복장
角色 juésè [명] 배역 内容 nèiróng [명] 내용

'진강 다섯 부류'는 어느 방면에서 차이가 있는가?
A 음악　　B 복장　　C 배역　　D 내용　　정답 A

해설 질문의 五路秦腔(진강 다섯 부류)과 관련된 부분을 지문에서 찾아 주의 깊게 읽는다. 네 번째 단락에서 秦腔分为东、西、南、北、中五路。…… 在语音、唱腔、音乐等方面都稍有差别(진강은 동, 서, 남, 북, 중앙 다섯 가지 부류로 나뉜다. …… 억양, 중국 전통극의 노래 곡조, 음악 등 방면에서 모두 차이가 약간 있다)라고 했으므로, A 音乐(음악)가 정답이다.

☑ **고득점 노하우** 질문에 따옴표(" ")로 인용된 표현이 있으면, 이 표현을 핵심어구로 하여 지문에서 관련된 내용을 재빨리 찾는다.

제1회

제2회
쓰기

제3회

제4회

제5회

해커스 HSK 5급 실전모의고사

三、书写 쓰기

91
하

主张　一致　赞成他的　大家

主张 zhǔzhāng 몡 주장　一致 yízhì 몡 함께
赞成 zànchéng 몡 동의하다, 찬성하다

대사	부사	동사+대사+조사	명사
大家	**一致**	**赞成他的**	**主张。**
주어	부사어	술어+관형어	목적어

모두가 그의 주장을 함께 찬성한다.

해설

술어 배치하기 동사 赞成(찬성하다)이 포함된 '동사+대사+조사' 형태인 赞成他的(그의~을 찬성한다)를 술어 자리에 배치한다. 참고로, 主张(주장)을 동사로 쓰려면, 뒤에 명사 혹은 주술구, 술목구가 목적어로 쓰여야 한다.

→ 赞成他的(그의 ~을 찬성한다)

주어와 목적어 배치하기 술어인 赞成(~을 찬성한다)과 문맥상 목적어로 어울리는 主张(주장)을 목적어 자리에 배치하고 남은 대사인 大家(모두)를 주어 자리에 배치한다.

→ 大家赞成他的主张(모두 그의 주장을 찬성한다)

문장 완성하기 남은 어휘인 부사 一致(함께)은 술어 앞 부사어 자리에 배치하여 문장을 완성한다.

→ 大家一致赞成他的主张。(모두가 그의 주장을 함께 찬성한다.)

☑ **고득점 노하우** 제시된 어휘 중 동사 또는 형용사가 1개이면 바로 술어 자리에 배치한다.

92
상

那么　昨天　看起来　怪不得他　不安

怪不得 guàibude 円 어쩐지　不安 bù'ān 몡 불안하다

부사+대사	명사	동사	대사	형용사
怪不得他	**昨天**	**看起来**	**那么**	**不安。**
부사어+주어	부사어	술어	목적어	

어쩐지 그는 어제 그토록 불안해 보였다.

해설

술어 배치하기 동사 看起来(~해 보인다)와 형용사 不安(불안하다) 중 看起来(~해 보인다)를 술어 자리에 배치한다. 看起来(~해 보인다)는 형용사나 주술구 혹은 술목구를 목적어로 취하므로, 다른 동사나 형용사와 함께 제시되더라도 바로 술어 자리에 배치한다.

→ 看起来(~해 보인다)

주어와 목적어 배치하기 대사 那么(그토록)와 형용사 不安(불안하다)을 '대사+형용사' 형태의 형용사구로 연결하여, 문맥상 술어 看起来(~해 보인다)의 목적어 자리에 배치하고, '부사+대사' 형태인 怪不得他(어쩐지 그는)를 주어 자리에 배치한다. 참고로, 怪不得(어쩐지)와 같은 어기부사는 문장 맨 앞에서 문장 전체를 수식하는 부사어가 되므로, '어기부사+대사' 형태의 제시어는 바로 주어 자리에 배치한다.

→ 怪不得他看起来那么不安(어쩐지 그는 그토록 불안해 보였다)

문장 완성하기 남은 어휘인 명사 昨天(어제)을 술어 看起来(보기에는) 앞 부사어로 배치하여 문장을 완성한다.

→ 怪不得他昨天看起来那么不安。(어쩐지 그는 어제 그토록 불안해 보였다.)

☑ **고득점 노하우** 동사 看起来(~해 보인다)는 다른 동사나 형용사와 함께 제시되더라도 바로 술어 자리에 배치한다.

93
중

比　他的观念　还传统　你

观念 guānniàn 몡 관념
传统 chuántǒng 톙 보수적이다, 전통적이다 몡 전통

대사+的+명사	比	대사	부사+형용사
他的观念	**比**	**你**	**还传统。**
관형어+주어	比	비교대상	부사어+술어

그의 관념은 너보다 더 보수적이다.

해설

比 ~술어 배치하기 제시된 어휘 중 比가 있으므로, 比자문을 완성해야 한다. '부사+형용사' 형태인 还传统(더 보수적이다)이 어휘 중 유일하게 형용사를 포함하여 술어가 될 수 있으므로 술어 자리에 배치하고, 比를 술어 앞 쪽에 배치한다.

→ 比~还传统(~보다 더 보수적이다)

주어와 비교대상 배치하기 남은 어휘 중 문맥상 주어로 어울리는 '대사+的+명사' 형태의 他的观念(그의 관념)을 주어 자리에 바로 배치하고, 주어 他的观念(그의 관념)의 비교 대상으로 자연스러운 你(너)를 比 뒤에 배치하여 문장을 완성한다. 참고로, 他的观念(그의 관념)에서 他的(그의)는 관형어이다.

→ 他的观念比你还传统。(그의 관념은 너보다 더 보수적이다.)

☑ **고득점 노하우** 제시된 어휘 중 比와 '부사+형용사' 형태의 어휘가 있으면 '比~+부사어+술어'의 형태로 배치한다.

94
중

可以提高　也　规模　扩大　利润

规模 guīmó 몡 규모　扩大 kuòdà 됭 확대하다
利润 lìrùn 몡 이윤

➡

동사	명사	부사	조동사+동사	명사
扩大	规模	也	可以提高	利润。
술어	목적어	부사어	술어	목적어
주어				

규모를 확대하는 것도 이윤을 향상시킬 수 있다.

해설

술어 배치하기 제시된 어휘 중 可以提高(향상시킬 수 있다)가 '조동사+동사' 형태이므로, 곧바로 술어 자리에 배치한다.
→ 可以提高(향상시킬 수 있다)
주어와 목적어 배치하기 문맥상 술어 可以提高(향상시킬 수 있다)의 목적어로 어울리는 명사 利润(이윤)을 목적어 자리에 배치하고, 동사 扩大(확대하다)와 짝꿍단어인 명사 规模(규모)를 연결하여 扩大规模(규모를 확대하다)라는 술목구 형태로 주어 자리에 배치한다.
→ 扩大规模可以提高利润(규모를 확대하는 것은 이윤을 향상시킬 수 있다)
문장 완성하기 남은 어휘 부사 也(~으로도)를 부사어로 술어 可以提高(향상시키다) 앞에 배치하여 문장을 완성한다.
→ 扩大规模也可以提高利润。(규모를 확대하는 것도 이윤을 향상시킬 수 있다.)

✅ **고득점 노하우** 제시된 어휘 중 '조동사+동사' 형태의 어휘가 있으면, 곧바로 술어 자리에 배치한다.

95
상

哭了　他　把孩子　给　逗

逗 dòu 됭 놀리다

➡

대사	把+명사	조사	동사	동사+了
他	把孩子	给	逗	哭了。
주어	把+목적어(행위의 대상)	부사어	술어	기타성분

그는 아이를 놀려 울게 했다.

해설

把~술어+기타성분 배치하기 제시된 어휘 중 把가 있으므로 把자문을 완성해야 한다. 동사 逗(놀리다)와 哭了(울었다)를 逗哭了(놀려 울게 했다)의 형태로 연결하여 술어+기타성분 자리에 배치한다.
→ 把~逗哭了(~를 놀려 울게 했다)
주어와 목적어(행위의 대상) 배치하기 대사 他(그)와 명사인 孩子(아이) 중에 술어 逗(놀리다)와 문맥상 주어로 어울리는 他(그)를 주어 자리에 배치하고, 孩子(아이)를 목적어 자리에 배치한다.
→ 他把孩子逗哭了(그는 아이를 놀려 울게 했다)
문장 완성하기 把자문에서 给는 동사 앞에서 조사로 사용되어 처치의 어기를 강화하는 용법으로 사용되므로, 동사 逗(놀리다) 앞에 부사어로 배치하여 문장을 완성한다.
→ 他把孩子给逗哭了。(그는 아이를 놀려 울게 했다.)

✅ **고득점 노하우** 제시된 어휘 중 '把+명사', 동사, '동사+了'가 있으면 '把+명사~+동사+결과보어+了'와 같이 '把+목적어(행위의 대상)~술어+결과보어+了'를 동시에 배치한다.

96
중

报到手续　还不　怎么　你　办理

报到 bàodào 됭 도착 보고　手续 shǒuxù 몡 수속
办理 bànlǐ 됭 (수속을) 밟다

➡

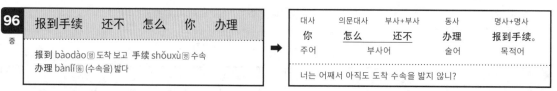

대사	의문대사	부사+부사	동사	명사+명사
你	怎么	还不	办理	报到手续。
주어	부사어		술어	목적어

너는 어째서 아직도 도착 수속을 밟지 않니?

해설

술어 배치하기 제시된 단어 중 유일한 동사인 办理(밟다)를 바로 술어 자리에 배치한다.
→ 办理(밟다)
주어와 목적어 배치하기 술어 办理(밟다)와 문맥상 목적어로 어울리는 报到手续(도착 수속)를 목적어 자리에 배치하고, 주어로 어울리는 你(너)를 주어 자리에 배치한다.
→ 你办理报到手续(너는 도착 수속을 밟다)
문장 완성하기 남은 어휘 대사 怎么(어째서)와 '부사+부사' 형태인 还不(아직도 ~아니다)를 怎么还不(어째서 아직도 ~아니다)로 연결하고, 술어 앞 부사어 자리에 배치하여 문장을 완성한다. 참고로 문장에 의문대사 怎么(어째서)가 있으므로 문장 끝에 물음표를 붙인다.
→ 你怎么还不办理报到手续?(너는 어째서 아직도 도착 수속을 밟지 않니?)

✅ **고득점 노하우** 제시된 어휘 중 동사 또는 형용사가 1개이면 바로 술어 자리에 배치한다.

97 하

第一印象	中	十分重要	人际交往

印象 yìnxiàng 몡 인상 十分 shífēn 핀 매우
人际 rénjì 사람과 사람 사이의 交往 jiāowǎng 동 왕래하다

➡

형용사+동사	명사	수사+명사	부사+형용사
人际交往	**中**	**第一印象**	**十分重要。**
부사어		주어	부사어+술어

사람과 사람 사이의 왕래 중 첫인상은 매우 중요하다.

해설

술어 배치하기 제시된 어휘 중 유일하게 술어가 될 수 있는 '부사+형용사' 형태인 十分重要(매우 중요하다)를 술어 자리에 배치한다.
→ 十分重要(매우 중요하다)
주어 배치하기 술어 十分重要(매우 중요하다)와 문맥상 주어에 어울리는 '수사+명사' 형태의 第一印象(첫인상)을 주어 자리에 배치한다.
→ 第一印象十分重要(첫인상은 매우 중요하다)
문장 완성하기 남은 어휘 中(~중)과 人际交往(사람과 사람 사이에 왕래하다)을 人际交往中(사람과 사람 사이의 왕래 중)으로 연결한 후,
주어 앞 부사어 자리에 배치하여 문장을 완성한다.
→ 人际交往中第一印象十分重要。(사람과 사람 사이의 왕래 중 첫인상은 매우 중요하다.)

☑ **고득점 노하우** 제시된 어휘 중 동사 또는 형용사가 1개이면 바로 술어 자리에 배치한다.

98 상

总裁	他用	说服了	事实

总裁 zǒngcái 몡 총재, 총수 说服 shuōfú 동 설득하다
事实 shìshí 몡 사실

➡

대사+동사	명사	동사+了	명사
他用	**事实**	**说服了**	**总裁。**
주어+술어1	목적어1	술어2	목적어2

그는 사실을 이용해 총재를 설득했다.

해설

주어와 술어1, 술어2 배치하기 술어가 될 수 있는 동사가 '대사+동사' 형태인 他用(그는 이용하다)과 '동사+了' 형태인 说服了(설득했다) 두
개이므로 연동문을 고려하여 문장을 완성해야 한다. 他用(그는 이용하다) 중의 동사 用(이용하다)은 说服了(설득했다)를 하기 위한 수단·방
식이 될 수 있으므로 他用(그는 이용하다)을 주어와 술어 1자리에, 说服了(설득했다)를 술어2자리에 배치한다.
→ 他用~说服了(그는~을 이용해 설득했다)
목적어1, 목적어2 배치하기 他用에서 술어1 用(이용하다)과 문맥상 목적어로 어울리는 事实(사실)을 목적어1 자리에 배치하고, 술어2 说
服了(설득하다)와 문맥상 목적어로 어울리는 总裁(총재)를 목적어2 자리에 배치하여 문장을 완성한다. 참고로, 说服는 주로 '说服+사람'
형식으로 쓴다.
→ 他用事实说服了总裁。(그는 사실을 이용해 총재를 설득했다.)

☑ **고득점 노하우** 제시된 어휘 중 술어가 될 수 있는 동사가 2개 이상이면 연동문을 고려하여 문장을 완성한다.

家庭	诚恳	养成	合理	忽视

家庭 jiātíng 圈 가정 诚恳 chéngkěn 圈 진실하다 养成 yǎngchéng 圈 기르다, 양성하다 合理 hélǐ 圈 합리적이다 忽视 hūshì 圈 소홀히 하다

해설 STEP 1 소재 정하고 아웃라인 잡기

소재　가정 교육의 중요성

아웃라인	도입	家庭是第一个学校(가정은 첫 번째 학교이다) 不能忽视家庭教育(가정 교육을 소홀히 할 수 없다)
	전개	对人诚恳(사람에게 진실하다) 养成生活习惯(생활 습관을 기르다) 学会合理安排时间(합리적으로 시간을 배분하는 것을 배우다) 在家庭中教给孩子的(가정에서 아이에게 교육하는 것이다)
	마무리	学校教育无法代替家庭教育(학교 교육은 가정 교육을 대신할 수 없다)

Step 2 원고지에 짧은 글 완성하기

[모범 답안]

가정은 아이의 첫 번째 학교이기에, 그래서 절대로 가정 교육을 소홀히 할 수 없다. 사람에게 진실한 것, 좋은 생활 습관을 기르는 것, 합리적으로 시간을 배분하는 것을 배우는 것, 이 모두가 가정생활에서 천천히 아이에게 교육하는 것이며, 학교 교육은 영원히 가정 교육을 대신할 수 없다.

家庭 jiātíng 圈 가정 千万 qiānwàn 圈 절대로 忽视 hūshì 圈 소홀히 하다 教育 jiàoyù 圈 교육
诚恳 chéngkěn 圈 진실하다 养成 yǎngchéng 圈 기르다, 양성하다 良好 liánghǎo 圈 좋다, 양호하다 生活 shēnghuó 圈 생활
习惯 xíguàn 圈 습관, 버릇 合理 hélǐ 圈 합리적이다 安排 ānpái 圈 배분하다 教 jiāo 圈 교육하다, 가르치다
永远 yǒngyuǎn 圈 영원히 无法 wúfǎ 圈 할 수 없다 代替 dàitì 圈 대신하다, 대체하다

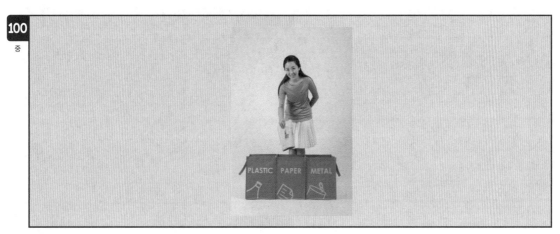

제1회

제2회
쓰기

제3회

제4회

제5회

해커스 HSK 5급 실전모의고사

해설 STEP 1 소재 정하고 아웃라인 잡기

소재	분리수거와 환경 보호

아웃라인	도입	有三个分类垃圾桶(분리수거함 3개가 있다)
	전개	姑娘站垃圾桶前(아가씨는 쓰레기통 앞에 서 있다) 把废旧报纸扔进垃圾桶里(폐신문지를 쓰레기통에 버리려고 한다)
	마무리	以便于多次使用(여러 번 사용하기 위함이다)

Step 2 원고지에 짧은 글 완성하기

[모범 답안]

		图	片	上	有	三	个	分	类	垃	圾	桶	，		这	个

도입

姑	娘	站	垃	圾	桶	前	，	准	备	把	废	旧	报	纸	扔

进	中	间	的	垃	圾	桶	里	。	为	了	节	约	资	源	，

전개

48

也	为	了	更	好	地	保	护	环	境	，	我	们	每	个	人

都	应	该	学	会	分	类	处	理	垃	圾	，	以	便	于	资

마무리

80

源	的	多	次	使	用	。									

사진에는 분리수거함 3개가 있다, 이 아가씨는 쓰레기통 앞에 서서, 낡은 신문지를 중간에 있는 쓰레기통에 버리려고 한다. 자원을 절약하기 위해서, 또 환경을 더 잘 보호하기 위해서, 우리 모두 마땅히 쓰레기를 분류하고 처리하는 것을 습득해야 하는데, 자원의 여러 번의 사용을 쉽게 하기 위함이다.

图片 túpiàn 몡 사진, 그림 分类垃圾桶 fēnlèi lājītǒng 분리수거함 姑娘 gūniang 몡 아가씨 垃圾桶 lājītǒng 몡 쓰레기통
废旧 fèijiù 囹 낡은, 오래된 扔 rēng 图 버리다 节约 jiéyuē 图 절약하다 资源 zīyuán 몡 자원 保护 bǎohù 图 보호하다
环境 huánjìng 몡 환경 学会 xuéhuì 图 습득하다 处理 chǔlǐ 图 처리하다 垃圾 lājī 몡 쓰레기 便于 biànyú 图 (~하기에) 쉽다
使用 shǐyòng 图 사용하다

**고사장 소음까지 대비하고
듣기 점수 올리려면?**

해커스중국어(china.Hackers.com)에서
고사장 소음 버전 MP3 무료 다운받기!

해커스 HSK 5급
실전모의고사
제3회

听力 듣기 / 어휘·해석·해설

阅读 독해 / 어휘·해석·해설

书写 쓰기 / 어휘·해석·해설

一、听力 듣기

문제별 분할 mp3
바로듣기

1 중

A 病快好了　　B 电脑丢了
C 资料快写完了　　D 电脑还没修好

女：小王，昨天你的电脑出了什么问题？
男：唉，中了病毒。不过幸亏修理得及时，现在资料已经恢复了百分之八十。

问：关于男的，可以知道什么？

丢 diū[동] 잃다 资料 zīliào[명] 자료 修 xiū[동] 수리하다
出 chū[동] 생기다, 나다 唉 āi[감탄] 어휴, 네 中 zhòng[동] 걸리다, 당하다
病毒 bìngdú[명] 바이러스, 병균 幸亏 xìngkuī[부] 다행히
修理 xiūlǐ[동] 수리하다 及时 jíshí[형] 때가 맞다
恢复 huīfù[동] 복구하다, 회복하다

A 병이 곧 나으려고 한다　　B 컴퓨터를 잃어버렸다　　C 자료를 거의 다 썼다　　D 컴퓨터 수리가 아직 덜 됐다

여: 샤오왕, 어제 당신의 컴퓨터는 무슨 문제가 생긴 거예요?
남: 어휴, 바이러스에 걸렸어요. 그러나 다행히 수리를 때맞춰 해서, 지금 자료가 이미 80% 정도 복구되었어요.

질문: 남자에 관해서, 무엇을 알 수 있는가?　　정답 D

해설 제시된 보기 A의 快好了(곧 나으려고 한다), B의 丢了(잃어버렸다), C의 写完了(다 썼다), D의 没修好(수리가 덜 됐다)를 핵심어구로 체크해두고, 대화를 들을 때 이와 관련하여 언급되는 상태나 상황을 주의 깊게 듣는다. 대화에서 여자가 남자에게 컴퓨터에 무슨 문제가 생긴 것인지 묻자, 남자가 **不过幸亏修理得及时，现在资料已经恢复了百分之八十。**(그러나 다행히 수리를 때맞춰 해서, 지금 자료가 이미 80% 정도 복구되었어요.)이라고 답했다. 이를 통해, 컴퓨터 수리가 완전히 다 끝나지는 않았다는 것을 알 수 있다. 질문이 남자에 관해 무엇을 알 수 있는지 물었으므로, D **电脑还没修好**(컴퓨터 수리가 아직 덜 됐다)가 정답이다.

✅ **고득점 노하우** 제시된 보기에 형용사 또는 了로 끝나는 문장이 있을 경우, 화자 또는 특정 대상의 상황이나 상태를 주의 깊게 듣는다.

2 하

A 商场　　B 饭店　　C 银行　　D 学校

男：服务员，结个账。
女：好的，先生。您点了五个菜和一瓶红酒，一共消费了352元。

问：对话最可能发生在哪里？

商场 shāngchǎng[명] 백화점, 쇼핑 센터 结账 jiézhàng[동] 계산하다
点 diǎn[동] 주문하다 瓶 píng[양] 병 红酒 hóngjiǔ[명] 와인
消费 xiāofèi[동] 소비하다

A 백화점　　B 식당　　C 은행　　D 학교

남: 종업원, 계산 좀 해 주세요.
여: 네네, 선생님. 당신은 요리 다섯 개와 와인 한 병을 주문하셨고, 모두 352위안을 소비하셨습니다.

질문: 대화는 어디에서 벌어질 가능성이 가장 큰가?　　정답 B

해설 제시된 보기 A 商场(백화점), B 饭店(식당), C 银行(은행), D 学校(학교)가 모두 장소이므로, 대화를 들을 때 화자 혹은 특정 인물이 있는 장소 혹은 가려고 하는 장소가 어디인지 주의 깊게 듣는다. 대화에서 남자가 **服务员，结个账。**(종업원, 계산 좀 해주세요.)이라고 하자, 여자가 **您点了五个菜和一瓶红酒**(당신은 요리 다섯 개와 와인 한 병을 주문하셨고)라고 말했다. 질문이 대화가 일어난 장소를 물었으므로, 남자가 주문한 음식에 대해 종업원이 계산하고 있는 내용으로 유추할 수 있는 B **饭店**(식당)이 정답이다.

✅ **고득점 노하우** 제시된 보기가 모두 장소 표현이면, 화자 혹은 특정 인물이 있는 장소 혹은 가려고 하는 장소가 어디인지를 주의 깊게 듣는다.

3 중

A 心理健康　　B 一位专家
C 听众的问题　　D 一场咨询会

女：上周的心理健康咨询会举行得怎么样？
男：挺成功的。请来了很多心理专家，听众们可以面对面向专家提问。

问：他们在谈论什么？

心理 xīnlǐ[명] 심리 专家 zhuānjiā[명] 전문가 听众 tīngzhòng[명] 청중
场 chǎng[양] 번, 차례 咨询会 zīxúnhuì[명] 상담회
举行 jǔxíng[동] 개최하다, 거행하다
面对面 miànduìmiàn[동] 얼굴을 맞대다, 대면하다
提问 tíwèn[동] 질문하다 谈论 tánlùn[동] 논의하다, 담론하다

A 심리 건강　　B 전문가 한 분　　C 청중의 문제　　D 한 차례 상담회

여: 지난주의 심리 건강 상담회는 어떻게 개최되었어요?
남: 매우 성공적이었어요. 많은 심리 상담가를 모셔와서, 청중들이 얼굴을 맞대고 전문가에게 질문할 수 있었어요.

질문: 그들은 무엇을 논의하고 있는가?　　정답 D

해설 제시된 보기 A의 心理健康(심리 건강), B의 专家(전문가), C의 听众的问题(청중의 문제), D의 咨询会(상담회)를 핵심어구로 체크해 두고, 대화를 들을 때 이와 관련하여 언급되는 내용을 주의 깊게 듣는다. 대화에서 여자가 남자에게 上周的心理健康咨询会举行得怎么样?(지난주의 심리 건강 상담회는 어떻게 개최되었어요?)이라고 묻자, 남자는 挺成功的。(매우 성공적이었어요.)라고 답했다. 질문이 그들은 무엇을 논의하고 있는지 물었으므로, D 一场咨询会(한 차례 상담회)가 정답이다.

☑ 고득점 노하우 제시된 보기가 서로 다른 특정 명사인 경우에는, 대화를 들을 때 각 명사들과 관련된 내용을 주의 깊게 듣는다.

4
중

A 送文件　B 回公司　C 签合同　D 发邮件

男: 王经理, 这份文件您让秘书发邮件给我们就行
　　了, 何必亲自送来呢?
女: 刚好今天有个合同要签, 就顺便带过来了。

问: 女的马上要做什么?

| 文件 wénjiàn 圀 서류, 파일　签 qiān 图 사인하다, 서명하다 |
| 合同 hétong 圀 계약서　邮件 yóujiàn 圀 우편, 이메일　份 fèn 圀 부, 권 |
| 秘书 mìshū 圀 비서　何必 hébì 图 ~할 필요가 있는가 |
| 亲自 qīnzì 图 직접, 손수　刚好 gānghǎo 图 때마침, 공교롭게 |
| 顺便 shùnbiàn 图 겸사겸사, ~하는 김에 |

A 서류를 보낸다　　　　　　　B 회사로 돌아간다　　　　　C 계약서에 사인한다　　　　D 이메일을 보낸다

남: 왕 매니저, 이 서류는 비서를 시켜 우리에게 우편으로 보내도록 하면 되는데, 꼭 직접 가져올 필요가 있었나요?
여: 때마침 오늘 사인해야 할 계약서가 있어서, 겸사겸사 가지고 왔어요.

문제: 여자는 곧 무엇을 하려 하는가?　　　　　　　　　　　　　　　　　　　　정답 C

해설 제시된 보기 A 送文件(서류를 보낸다), B 回公司(회사로 돌아간다), C 签合同(계약서에 사인한다), D 发邮件(이메일을 보낸다)이 모두 행동을 나타내므로, 대화를 들을 때 화자 또는 특정 인물이 하고 있거나 하려는 행동이 무엇인지 주의 깊게 듣는다. 대화에서 남자가 서류는 우편으로 보내면 되는데 직접 가져올 필요가 있었냐고 여자에게 묻자, 여자가 刚好今天有个合同要签(때마침 오늘 사인해야 할 계약서가 있어서)이라고 답했다. 질문이 여자가 곧 무엇을 하려 하는지 물었으므로, C 签合同(계약서에 사인한다)이 정답이다.

☑ 고득점 노하우 제시된 보기가 모두 행동 관련 표현인 경우, 대화를 들을 때 화자 또는 특정 인물이 하고 있거나 하려는 행동이 무엇인지를 주의 깊게 듣는다.

5
중

A 要多去健身房锻炼
B 应该换个健身教练
C 健身教练非常重要
D 健身不是为了减肥

女: 我是不是应该换个健身教练? 都一年了, 我的
　　身材还是老样子。
男: 一年才去五次健身房, 哪怕给你换最好的教练
　　也没用啊。

问: 男的是什么观点?

| 健身房 jiànshēnfáng 圀 헬스클럽 |
| 健身教练 jiànshēn jiàoliàn 헬스 트레이너 |
| 减肥 jiǎnféi 圀 살을 빼다, 다이어트를 하다　身材 shēncái 圀 몸매 |
| 老样子 lǎoyàngzi 圀 옛 모습, 옛 모양　哪怕 nǎpà 圙 설령 ~라 하더라도 |
| 没用 méiyòng 圀 소용없다, 효과가 없다　观点 guāndiǎn 圀 견해, 관점 |

A 헬스클럽에 자주 가서 단련해야 한다　　　　　　　B 헬스 트레이너를 바꿔야 한다
C 헬스 트레이너는 매우 중요하다　　　　　　　　　D 헬스를 하는 것은 살을 빼기 위해서가 아니다

여: 저는 헬스 트레이너를 바꿔야 할까요? 일 년이나 되었는데, 저의 몸매는 아직 옛 모습 그대로예요.
남: 일 년에 헬스장을 다섯 번밖에 가지 않으니, 설령 당신에게 가장 좋은 헬스 트레이너로 바꿔 준다 하더라도 소용이 없죠.

문제: 남자의 견해는 무엇인가?　　　　　　　　　　　　　　　　　　　　정답 A

해설 제시된 보기 A, D에 健身(헬스를 하다), B, C에 健身教练(헬스 트레이너)이 언급되었으므로, 대화를 들을 때 이와 관련된 내용을 주의 깊게 듣는다. 대화에서 여자가 헬스 트레이너를 바꿔야 하는지 물어보자, 남자가 一年才去五次健身房, 哪怕给你换最好的教练也没用啊。(일 년에 헬스장을 다섯 번밖에 가지 않으니, 설령 당신에게 가장 좋은 헬스 트레이너로 바꿔 준다 하더라도 소용이 없죠.)라고 답했다. 질문이 남자의 견해가 무엇인지 물었으므로, A 要多去健身房锻炼(헬스클럽에 자주 가서 단련해야 한다)이 정답이다.

☑ 고득점 노하우 보기가 모두 긴 문장인데 주어가 같거나 반복되는 어휘가 있으면 이들을 핵심어구로 체크하고, 대화를 들을 때 관련된 내용을 주의 깊게 듣는다.

6
중

A 美术　　B 时尚　　C 昆虫　　D 植物

男: 自然博物馆正在举办蝴蝶的展览, 要不要找时间一起去看?

女: 我听说过那个展览, 我对昆虫很有兴趣。据说这周就要结束了, 要去的话得抓紧时间。

问: 这是一个关于什么的展览?

美术 měishù 미술　时尚 shíshàng 패션　昆虫 kūnchóng 곤충
植物 zhíwù 식물　自然 zìrán 자연　博物馆 bówùguǎn 박물관
举办 jǔbàn 개최하다, 열다　蝴蝶 húdié 나비
展览 zhǎnlǎn 전시회, 전람하다
对…有兴趣 duì…yǒu xìngqù ~에 흥미가 있다
据说 jùshuō 들리는 말에 의하면 ~라 한다
抓紧 zhuājǐn 서둘러 하다, 꽉 쥐다

A 미술　　　　　B 패션　　　　　C 곤충　　　　　D 식물

남: 자연 박물관에서 나비 전시회를 개최 중이에요, 시간 내서 같이 가서 볼래요?

여: 저는 그 전시회를 들어 봤어요, 저는 곤충에 대해 매우 흥미가 있어요. 듣자 하니 이번 주에 끝난다는데, 갈 거면 서둘러야 해요.

질문: 이것은 무엇에 관한 전시회인가?
　　　　　　　　　　　　　　　　　　　　　정답 C

해설 대화를 들을 때 제시된 보기 A 美术(미술), B 时尚(패션), C 昆虫(곤충), D 植物(식물)와 관련된 내용을 주의 깊게 듣는다. 대화에서 남자가 自然博物馆正在举办蝴蝶的展览(자연 박물관에서 나비 전시회를 개최 중이에요)라고 말하자, 여자가 곤충에 대해 매우 흥미가 있다고 답했다. 질문이 이것은 무엇에 관한 전시회인지 불었으므로, C 昆虫(곤충)이 정답이다.

☑ **고득점 노하우** 제시된 보기가 서로 다른 특정 명사인 경우에는, 대화를 들을 때 각 명사들과 관련된 내용을 주의 깊게 듣는다.

7
중

A 心脏有毛病　　　　B 不再抽烟了
C 很喜欢晒太阳　　　D 没听医生的话

女: 爸爸又咳嗽了, 大夫让他戒烟, 他到底戒了没有?

男: 他要是能戒烟, 那可真是太阳从西边出来了。

问: 关于爸爸, 可以知道什么?

心脏 xīnzàng 심장　毛病 máobìng 문제, 고장, 결점
抽烟 chōuyān 담배를 피우다　晒 shài 햇볕을 쬐다
咳嗽 késou 기침하다　大夫 dàifu 의사　戒烟 jièyān 담배를 끊다
到底 dàodǐ 도대체　要是 yàoshi 만약 ~라면

A 심장에 문제가 있다　　　　　　　　B 다시는 담배를 피우지 않는다
C 햇볕 쬐는 것을 매우 좋아한다　　　 D 의사의 말을 듣지 않았다

여: 아버지께서 또 기침을 하셨어요, 의사 선생님이 아버지께 담배를 끊으라 했는데, 도대체 끊은 거예요 만 거예요?

남: 그가 만약 담배를 끊을 수 있다면, 그건 정말 태양이 서쪽에서 뜬 거예요.

문제: 아버지에 관해, 무엇을 알 수 있는가?
　　　　　　　　　　　　　　　　　　　　　정답 D

해설 제시된 보기 A의 有毛病(문제가 있다), B의 不再抽烟(다시는 담배를 안 피운다), C의 晒太阳(햇볕을 쬐다), D의 没听……话(말을 듣지 않았다)를 핵심어구로 체크해두고, 대화를 들을 때 이와 관련하여 언급되는 내용을 주의 깊게 듣는다. 대화에서 여자가 爸爸……, 大夫让他戒烟(아버지께서 ……, 의사 선생님이 아버지께 담배를 끊으라 했는데)이라고 말하자, 남자가 他要是能戒烟, 那可真的是太阳从西边出来了。(그가 만약 담배를 끊을 수 있다면, 그건 정말 태양이 서쪽에서 뜬 거예요.)라고 답했다. 질문이 아버지에 관해서 무엇을 알 수 있는지 물었으므로, D 没听医生的话(의사의 말을 듣지 않았다)가 정답이다. 참고로, 太阳从西边出来了는 '해가 서쪽에서 떴다'는 의미의 관용어이다.

☑ **고득점 노하우** 보기가 모두 공통점을 찾기 어려운 긴 문장인 경우, 각 보기에서 아는 단어를 신속히 체크해두고, 대화를 들을 때 이와 관련된 내용을 주의 깊게 듣는다.

8
중

A 开会　　B 开车　　C 骑车　　D 加油

男: 运气真不好, 又是红灯! 我们开会要迟到了。

女: 别着急, 慢慢开, 不管什么时候我们都要遵守交通规则, 不能拿生命开玩笑。

问: 男的可能在做什么?

加油 jiāyóu 기름을 넣다　运气 yùnqi 운, 운수
红灯 hóngdēng 빨간 불　迟到 chídào 지각하다
着急 zháojí 조급해하다　不管 bùguǎn ~에 상관없이, ~을 막론하고
遵守 zūnshǒu 지키다, 준수하다　交通 jiāotōng 교통
规则 guīzé 규칙, 규정　拿 ná 가지다, 잡다
生命 shēngmìng 목숨, 생명
开玩笑 kāiwánxiào 장난하다, 농담하다, 웃기다

A 회의를 한다　　　　　B 운전을 한다　　　　C 자전거를 탄다　　　D 기름을 넣는다

남: 운이 정말 안 좋네요, 또 빨간불이에요! 우리 회의 늦겠어요.

여: 조급해하지 마세요, 천천히 운전하세요, 언제든 간에 우리는 교통 규칙을 지켜야 해요, 목숨 가지고 장난치면 안 돼요.

질문: 남자는 아마 무엇을 하고 있는가?
　　　　　　　　　　　　　　　　　　　　　정답 B

해설 제시된 보기 A 开会(회의를 한다), B 开车(운전을 한다), C 骑车(자전거를 탄다), D 加油(기름을 넣는다)가 모두 행동을 나타내므로, 대화를 들을 때 화자 또는 특정 인물이 하고 있거나 하려는 행동이 무엇인지 주의 깊게 듣는다. 대화에서 남자가 또 빨간불이라며 회의에 늦겠다고 말하자, 여자가 慢慢开, 不管什么时候我们都要遵守交通规则(천천히 운전하세요, 언제든 간에 우리는 교통 규칙을 지켜야 해요)라고 답했다. 질문이 남자는 아마 무엇을 하고 있는지 물었으므로, 전반적인 대화 내용으로 유추할 수 있는 B 开车(운전을 한다)가 정답이다.

☑ **고득점 노하우** 제시된 보기가 모두 행동 관련 표현인 경우, 대화를 들을 때 화자 또는 특정 인물이 하고 있거나 하려는 행동이 무엇인지를 주의 깊게 듣는다.

9
중

A 参加晚会	B 举行婚礼
C 陪女的买礼物	D 和女的一起吃饭

女: 明天是我们的结婚纪念日, 你不会忘了吧?
男: 我怎么会忘? 早就在北京大饭店订好位子了,
　　还有神秘礼物呢!

问: 男的明天可能做什么?

晚会 wǎnhuì 📖 이브닝 파티, 야회　举行 jǔxíng 🔵 거행하다
婚礼 hūnlǐ 📖 결혼식　陪 péi 🔵 동반하다, 모시다　礼物 lǐwù 📖 선물
纪念 jìniàn 🔵 기념하다　忘 wàng 🔵 잊다　早就 zǎojiù 🔵 벌써, 일찌감치
订 dìng 🔵 예약하다, 주문하다　位子 wèizi 📖 자리
神秘 shénmì 🔵 신비하다

A 이브닝 파티에 참가한다　　　　　　　　B 결혼식을 거행한다
C 여자와 동행해 선물을 산다　　　　　　　D 여자와 같이 밥을 먹는다

여: 내일은 우리의 결혼기념일이에요, 당신 잊지 않았겠죠?
남: 내가 어떻게 잊을 수 있겠어요? 벌써 베이징호텔에 자리도 예약해 두었어요, 신비한 선물도 있는 걸요!

문제: 남자는 내일 아마 무엇을 하는가?　　　　　　　　　　　　　　　　　정답 D

해설 제시된 보기 A의 参加晚会(이브닝 파티에 참가한다), B의 举行婚礼(결혼식을 거행한다), C의 买礼物(선물을 사다), D의 吃饭(밥을 먹다)이 모두 행동을 나타내므로, 대화를 들을 때 특정 인물이 하고 있거나 하려는 행동이 무엇인지 주의 깊게 듣는다. 대화에서 여자가 내일이 결혼기념일인데 잊은 것은 아니냐고 묻자, 남자가 早就在北京大饭店订好位子了(벌써 베이징호텔에 자리도 예약해 두었어요)라고 답했다. 질문이 남자는 내일 아마 무엇을 하는지 물었으므로, 호텔을 예약해 두었다는 내용으로 유추할 수 있는 D 和女的一起吃饭(여자와 같이 밥을 먹는다)이 정답이다.

☑ **고득점 노하우** 제시된 보기가 모두 행동과 관련된 문장인 경우, 대화를 들을 때 화자 또는 특정 인물이 하고 있거나 하려는 행동이 무엇인지 주의 깊게 듣는다.

10
하

A 在医院加班	B 一直在备课
C 带孩子看病	D 去看望病人

男: 你今天上课时看起来状态不太好, 是不是哪里
　　不舒服?
女: 我有点儿困。昨天孩子生病了, 带他去医院看
　　急诊, 搞到半夜才回家, 只睡了五个小时。

问: 女的昨天晚上做什么了?

加班 jiābān 🔵 초과 근무하다　备课 bèikè 🔵 수업을 준비하다
看病 kànbìng 🔵 진찰 받다, 진찰하다　看望 kànwàng 🔵 방문하다, 문안하다
病人 bìngrén 📖 환자　状态 zhuàngtài 📖 상태
急诊 jízhěn 🔵 응급 진료, 급진　搞 gǎo 🔵 하다, 처리하다
半夜 bànyè 📖 한밤중, 심야

A 병원에서 초과 근무를 했다　　　　　　　B 줄곧 수업을 준비하고 있었다
C 아이를 데리고 진찰을 받았다　　　　　　D 환자를 방문하러 갔다

남: 당신 오늘 수업할 때 상태가 보기에 별로 안 좋아 보이던데, 어디가 불편한 것은 아닌가요?
여: 저는 조금 졸려요. 어제 아이가 병이 나서, 그를 데리고 병원에 가 응급 진료를 받았는데, 한밤중까지 처리하고 나서야 집에 돌아가서, 다섯 시간밖에 못 잤어요.

질문: 여자는 어제 밤에 무엇을 했는가?　　　　　　　　　　　　　　　　정답 C

해설 제시된 보기 A의 加班(초과 근무를 하다), B의 备课(수업을 준비하다), C의 看病(진찰을 받다), D의 看望(방문하다)이 모두 행동을 나타내므로, 대화를 들을 때 화자나 특정 인물이 했거나 하고 있는 행동이 무엇인지 주의 깊게 듣는다. 대화에서 남자가 어디가 불편한 것은 아닌지 묻자, 여자가 昨天孩子生病了, 带他去医院看急诊(어제 아이가 병이 나서, 그를 데리고 병원에 가 응급 진료를 받았는데)이라고 답했다. 질문이 여자가 어제 밤에 무엇을 했는지 물었으므로, C 带孩子看病(아이를 데리고 진찰을 받았다)이 정답이다.

☑ **고득점 노하우** 제시된 보기가 모두 행동과 관련된 문장인 경우, 대화를 들을 때 화자 또는 특정 인물이 하고 있거나 하려는 행동이 무엇인지 주의 깊게 듣는다.

11
하

A 演出票	B 汽车票
C 比赛门票	D 展览门票

女: 你快一点儿吧, 还有半小时演出就开始了, 从这儿到戏剧中心至少需要20分钟。
男: 票我随身带着呢, 我们马上就出发!

问: 男的带着什么票?

演出 yǎnchū 图 공연하다　门票 ménpiào 图 입장권
展览 zhǎnlǎn 图 전시회 图 전람하다　戏剧 xìjù 图 연극, 대본
中心 zhōngxīn 图 센터　至少 zhìshǎo 图 최소한
随身 suíshēn 图 몸에 지니는　出发 chūfā 图 출발하다

A 공연 표	B 차표	C 경기 입장권	D 전시회 입장권

여: 당신 조금 서둘러요, 30분 있으면 공연이 곧 시작해요, 여기에서 연극센터까지 최소한 20분은 필요해요.
남: 표는 제가 몸에 지니고 있어요, 우리 곧 출발해요!

질문: 남자는 무슨 표를 지니고 있는가?

정답 A

해설 제시된 보기 A 演出票(공연 표), B 汽车票(차표), C 比赛门票(경기 입장권), D 展览门票(전시회 입장권)가 모두 표의 종류이므로, 대화를 들을 때 표의 종류와 관련하여 언급되는 내용을 주의 깊게 듣는다. 여자가 남자에게 还有半小时演出就开始了, 从这儿到戏剧中心(30분 있으면 공연이 곧 시작해요, 여기에서 연극센터까지)이라고 말하자, 남자가 표는 자신의 몸에 지니고 있다고 말했다. 질문이 남자는 무슨 표를 지니고 있는지 물었으므로, 공연과 연극센터라는 단어로 유추할 수 있는 A 演出票(공연 표)가 정답이다.

✅ **고득점 노하우** 제시된 보기에 반복되는 어휘가 있으면 핵심어구로 체크해두고, 대화를 들을 때 관련된 내용을 주의 깊게 듣는다.

12
하

A 车站	B 飞机上
C 宴会厅里	D 公共汽车上

男: 真是对不起, 踩了您的脚。
女: 不要紧, 你也不是故意的。刚才那站上来的人多, 车里实在太拥挤了。

问: 他们最可能在哪儿?

宴会厅 yànhuìtīng 图 연회장　踩 cǎi 图 밟다　脚 jiǎo 图 발
紧 jǐn 图 긴박하다, 팽팽하다　不要紧 búyàojǐn 괜찮다, 문제없다
故意 gùyì 图 고의, 실은　实在 shízài 图 정말, 확실히
拥挤 yōngjǐ 图 붐비다, 혼잡하다

A 정류장	B 비행기 안	C 연회장 안	D 버스 안

남: 정말 죄송합니다, 당신의 발을 밟았어요.
여: 괜찮습니다, 당신도 고의가 아니었어요. 아까 그 정류장에서 올라탄 사람이 많아서, 차 안이 정말로 너무 붐볐어요.

질문: 그들은 어디에 있을 가능성이 가장 큰가?

정답 D

해설 제시된 보기 A 车站(정류장), B 飞机上(비행기 안), C 宴会厅里(연회장 안), D 公共汽车上(버스 안)이 모두 장소이므로, 대화를 들을 때 화자 또는 특정 인물이 있는 장소 혹은 가려고 하는 장소가 어디인지 주의 깊게 듣는다. 대화에서 남자가 발을 밟아 죄송하다고 사과하자, 여자가 刚才那站上来的人多, 车里实在太拥挤了。(아까 그 정류장에서 올라탄 사람이 많아서, 차 안이 정말로 너무 붐볐어요.)라고 답했다. 질문이 그들이 어디에 있을 가능성이 가장 큰지 물었으므로, D 公共汽车上(버스 안)이 정답이다.

✅ **고득점 노하우** 제시된 보기가 모두 장소 표현이면, 화자 혹은 특정 인물이 있는 장소 혹은 가려고 하는 장소가 어디인지를 주의 깊게 듣는다.

13
중

A 只有一条	B 样式特别
C 价格便宜	D 是国产的

女: 这条项链好是好, 就是太贵了, 便宜点儿行不行?
男: 这项链可是进口的, 你看看, 这样式, 非常独特, 我保证走遍全城你也找不到更漂亮的了。

问: 关于项链, 我们可以知道什么?

样式 yàngshì 图 모양, 양식　价格 jiàgé 图 가격　国产 guóchǎn 图 국산의
项链 xiàngliàn 图 목걸이　可是 kěshì 图 정말, 아무래도 접 그러나
进口 jìnkǒu 图 수입하다　独特 dútè 图 독특하다
保证 bǎozhèng 图 보증하다　走遍 zǒubiàn 图 돌아다니다
全城 quánchéng 图 도시 전체

A 한 벌만 있다	B 스타일이 특별하다	C 가격이 싸다	D 국산이다

여: 이 목걸이가 좋긴 좋은데, 너무 비싸요, 조금만 싸게 해주시면 안 될까요?
남: 이 목걸이는 정말 수입된 것이에요, 보세요, 이 스타일은, 매우 독특해요, 제가 보증하는데 도시 전체를 다 돌아도 당신은 더 예쁜 것을 찾지 못할 거예요.

질문: 목걸이에 관해, 우리는 무엇을 알 수 있는가?

정답 B

해설 제시된 보기 A 只有一条(한 벌만 있다), B 样式特别(스타일이 특별하다), C 价格便宜(가격이 싸다), D 是国产的(국산이다)가 특정 사물의 상태를 나타내므로, 대화를 들을 때 사물의 상태에 관련하여 언급되는 내용을 주의 깊게 듣는다. 대화에서 여자가 목걸이가 비싸니, 조금만 싸게 해달라고 말하자, 남자가 **这样式, 非常独特**(이 스타일은, 매우 독특해요)라고 답했다. 질문이 목걸이에 관해 알 수 있는 것은 무엇인지 물었으므로, B 样式特别(스타일이 특별하다)가 정답이다.

✅ **고득점 노하우** 제시된 보기가 모두 상황 또는 상태와 관련된 내용이면, 화자 또는 특정 대상의 상황이나 상태를 주의 깊게 듣는다.

14 중

A 不太习惯熬夜　　B 不喜欢太早睡觉
C 周末一定会加班　　D 尽量早点完成工作

男：都这么晚了，你怎么还不睡？
女：你先睡吧。与其周末加班，还不如今天熬夜把工作都做完。
问：女的是什么意思？

熬夜 áoyè[동] 밤을 새우다　加班 jiābān[동] 초과 근무하다
尽量 jǐnliàng[부] 되도록, 가능한 한
与其…不如 yǔqí…bùrú[접] (~하기 보다는) 차라리 ~하는 편이 낫다

A 밤을 새우는 것에 별로 익숙하지 않다　B 너무 일찍 자는 것을 좋아하지 않는다
C 주말에 반드시 초과 근무할 것이다　D 되도록 일찍 일을 끝낼 것이다

남: 이렇게나 늦었는데, 당신은 왜 아직도 안 자요?
여: 당신 먼저 주무세요. 주말에 초과 근무하느니, 차라리 오늘 밤을 새워서 일을 다 하는 편이 나아요.
질문: 여자의 말은 무슨 뜻인가?　정답 D

해설 제시된 보기 A의 熬夜(밤을 새우다), B의 睡觉(잠을 자다), C의 加班(초과 근무하다), D의 完成工作(일을 끝내다)를 핵심어구로 체크해두고, 대화를 들을 때 이와 관련하여 언급되는 내용을 주의 깊게 듣는다. 대화에서 남자가 시간이 늦었는데 왜 아직도 안 자는지 묻자, 여자가 **与其周末加班, 还不如今天熬夜把工作都做完。**(주말에 초과 근무하느니, 차라리 오늘 밤을 새워서 일을 다 하는 편이 나아요.)이라고 답했다. 질문이 여자의 말은 무슨 뜻인지 물었으므로, D 尽量早点完成工作(되도록 일찍 일을 끝낼 것이다)가 정답이다.

✅ **고득점 노하우** 보기가 모두 공통점을 찾기 어려운 긴 문장인 경우, 각 보기에서 아는 단어를 신속히 체크해두고, 대화를 들을 때 이와 관련된 내용을 주의 깊게 듣는다.

15 중

A 赶着去上班　　B 上课迟到了
C 没有看到女的　　D 不愿意打招呼

女：今天早上我和你打招呼，你怎么连头也不抬一下就过去了？
男：啊，不好意思，那会儿我正匆匆忙忙赶着去上课，根本没有注意到你。
问：关于男的，可以知道什么？

赶着 gǎnzhe[부] 서둘러서[동] 급히 ~하다　打招呼 dǎ zhāohu 인사하다
连 lián[개] ~조차도　抬 tái[동] 들어 올리다
匆匆忙忙 cōngcongmángmáng[형] 급하다　根本 gēnběn[부] 아예, 도무지

A 서둘러 출근한다　B 수업에 지각했다　C 여자를 보지 못했다　D 인사하고 싶어하지 않는다

여: 오늘 아침 저는 당신에게 인사를 했는데, 당신은 어떻게 머리조차도 들지 않고 휙 지나갔나요?
남: 아, 죄송합니다, 그때 저는 급하게 수업을 들으러 가고 있어서, 아예 당신을 주의하지 못했어요.
질문: 남자에 관해, 무엇을 알 수 있는가?　정답 C

해설 제시된 보기 A의 上班(출근하다), B의 上课迟到(수업에 지각하다), C의 看到女的(여자를 보다), D의 打招呼(인사하다)를 핵심어구로 체크해두고 대화를 들을 때 이와 관련하여 언급되는 내용을 주의 깊게 듣는다. 대화에서 여자가 아침에 남자에게 인사를 했는데 어떻게 머리조차도 들지 않고 지나갔냐고 묻자, 남자가 **根本没有注意到你**(아예 당신을 주의하지 못했어요)라고 답했다. 질문이 남자에 관해 무엇을 알 수 있는지 물었으므로, C 没有看到女的(여자를 보지 못했다)가 정답이다.

✅ **고득점 노하우** 보기가 모두 공통점을 찾기 어려운 긴 문장인 경우, 각 보기에서 아는 단어를 신속히 체크해두고, 대화를 들을 때 이와 관련된 내용을 주의 깊게 듣는다.

16
하

A 聚会　　B 结婚　　C 逛商场　D 买戒指

男：丽丽，你的婚礼准备得顺利吗？

女：嗯，还算顺利。但是有的事情太花时间了。比如，昨天整个一天只预订好了酒店，然后去商场买了一对戒指。

问：丽丽打算做什么？

聚会 jùhuì 圄 여럿이 모이다　逛 guàng 圄 거닐다, 산보하다
商场 shāngchǎng 圄 백화점, 상가　戒指 jièzhi 圄 반지
婚礼 hūnlǐ 圄 결혼식　顺利 shùnlì 圄 순조롭다　算 suàn 圄 ~인 셈이다
花 huā 圄 들이다, 쓰다　比如 bǐrú 圄 예를 들다　整个 zhěnggè 圄 모든
预订 yùdìng 圄 예약하다　酒店 jiǔdiàn 圄 호텔

A 모인다　　　　　　　　　B 결혼한다　　　　　　　　　C 백화점을 거닌다　　　　　　　D 반지를 산다

남: 리리, 당신의 결혼식은 순조롭게 준비되고 있나요?

여: 네, 순조로운 셈이에요. 하지만 어떤 일은 시간이 너무 걸려요. 예를 들어, 어제 하루 종일 호텔 예약만 하고, 그런 후에 백화점에 가서 반지 한 쌍을 샀어요.

질문: 리리는 무엇을 할 계획인가?

정답 B

해설 제시된 보기 A 聚会(모인다), B 结婚(결혼한다), C 逛商场(백화점을 거닌다), D 买戒指(반지를 산다)이 모두 행동을 나타내므로, 대화를 늘을 때 화자 또는 특정 인물이 하고 있거나 하려는 행동이 무엇인지를 주의 깊게 듣는다. 대화에서 남자가 丽丽, 你的婚礼准备得顺利吗?(리리, 당신의 결혼식은 순조롭게 준비되고 있나요?)라고 묻자, 여자가 그렇다고 답했다. 질문이 여자가 무엇을 할 계획인지 물었으므로, B 结婚(결혼한다)이 정답이다.

✅ **고득점 노하우** 제시된 보기가 모두 행동 관련 표현인 경우, 대화를 들을 때 화자 또는 특정 인물이 하고 있거나 하려는 행동이 무엇인지를 주의 깊게 듣는다.

17
중

A 想放弃计划　　　　　B 他带雨伞了
C 照常去爬山　　　　　D 彩虹很漂亮

女：天气预报说明天可能会下雨，我们要不要改天再去爬山？

男：下雨也不要紧，说不定还能看到彩虹呢。

问：男的是什么意思？

放弃 fàngqì 圄 포기하다　计划 jìhuà 圄 계획　雨伞 yǔsǎn 圄 우산
照常 zhàocháng 圄 평소와 같다　爬山 páshān 圄 등산하다, 산에 오르다
彩虹 cǎihóng 圄 무지개　预报 yùbào 圄 예보하다　改天 gǎitiān 圄 다음에
紧 jǐn 圄 긴박하다, 팽팽하다　不要紧 búyàojǐn 괜찮다, 문제없다
说不定 shuōbudìng 圄 ~일지도 모른다

A 계획을 포기하고 싶어 한다　B 그는 우산을 챙겼다　　　　C 평소와 같이 등산한다　　D 무지개가 매우 예쁘다

여: 날씨 예보에서 말하기를 내일 비가 내릴 수도 있어요, 우리 다음에 다시 등산을 가야 하지 않을까요?

남: 비가 내려도 괜찮아요, 무지개를 볼 수 있을지도 모르잖아요.

질문: 남자의 말은 무슨 뜻인가?

정답 C

해설 제시된 보기 A의 放弃计划(계획을 포기하다), B의 带雨伞(우산을 챙기다), C의 爬山(등산하다), D의 彩虹(무지개)을 핵심어구로 체크해두고, 대화를 들을 때 이와 관련하여 언급되는 내용을 주의 깊게 듣는다. 대화에서 여자가 明天可能会下雨, 我们要不要改天再去爬山?(내일 비가 내릴 수도 있어요, 우리 다음에 다시 등산을 가야 하지 않을까요?)이라고 묻자, 남자가 下雨也不要紧(비가 내려도 괜찮아요)이라고 답했다. 남자의 말은 무슨 뜻인지 물었으므로, C 照常去爬山(평소와 같이 등산한다)이 정답이다.

✅ **고득점 노하우** 보기가 모두 공통점을 찾기 어려운 긴 문장인 경우, 각 보기에서 아는 단어를 신속히 체크해두고, 대화를 들을 때 이와 관련된 내용을 주의 깊게 듣는다.

18
상

A 她不太喜欢逛博物馆
B 辩论赛的对手很厉害
C 上次比赛她得了冠军
D 她这周末要参加比赛

男：周末有时间吗？我们去博物馆逛逛怎么样？

女：不好意思，我下周要参加辩论赛。对手是上次比赛的冠军，我得好好准备一下。

问：女的是什么意思？

逛 guàng 圄 돌아다니다, 거닐다　博物馆 bówùguǎn 圄 박물관
辩论赛 biànlùnsài 圄 변론대회　对手 duìshǒu 圄 상대
厉害 lìhai 圄 대단하다　比赛 bǐsài 圄 시합, 경기
冠军 guànjūn 圄 1등, 챔피언

A 그녀는 박물관을 돌아다니는 것을 별로 좋아하지 않는다　　B 변론 대회의 상대는 매우 대단하다
C 저번 시합에서 그녀는 1등을 했다　　D 그녀는 이번 주말에 시합에 참가할 것이다

남: 주말에 시간 있어요? 우리 박물관 가서 돌아다니는 거 어때요?

여: 죄송해요, 저는 다음 주에 변론 대회에 참가해야 돼요. 상대는 저번 시합의 1등이어서, 저는 준비를 잘 해야 해요.

질문: 여자의 말은 무슨 뜻인가?　　정답 B

해설 제시된 보기 A의 逛博物馆(박물관을 돌아다니다), B의 辩论赛的对手(변론 대회의 상대), C의 比赛 …… 冠军(시합 1등), D의 参加比赛(시합에 참가하다)를 핵심어구로 체크해두고, 대화를 들을 때 이와 관련하여 언급되는 내용을 주의 깊게 듣는다. 대화에서 남자가 여자에게 주말에 시간 있으면 박물관에 가지 않겠냐고 묻자, 여자가 다음 주에 대회에 참가해야 한다며, 对手是上次比赛的冠军(상대는 저번 시합의 1등이어서)이라고 답했다. 질문이 여자의 말은 무슨 뜻인지 물었으므로, B 辩论赛的对手很厉害(변론 대회의 상대는 매우 대단하다)가 정답이다.

✔ **고득점 노하우** 보기가 모두 공통점을 찾기 어려운 긴 문장인 경우, 각 보기에서 아는 단어를 신속히 체크해두고, 대화를 들을 때 이와 관련된 내용을 주의 깊게 듣는다.

---

19 중

A 商场售货员　　B 公司销售员
C 海关工作人员　　D 银行工作人员

女: 先生您好! 请问您要办理什么业务?
男: 我看最近的汇率挺高的, 想把这些美元都兑换成人民币。

问: 女的是做什么工作的?

商场 shāngchǎng 뗑 백화점, 시장
售货员 shòuhuòyuán 뗑 판매 직원, 점원
销售员 xiāoshòuyuán 뗑 판매 직원　海关 hǎiguān 뗑 세관
办理 bànlǐ 동 처리하다, 수행하다　业务 yèwù 뗑 업무　汇率 huìlǜ 뗑 환율
挺 tǐng 児 매우　美元 měiyuán 뗑 달러　兑换 duìhuàn 동 환전하다
人民币 rénmínbì 뗑 인민폐(중국의 화폐)

A 백화점 판매 직원　　B 기업의 판매 직원　　C 세관 직원　　D 은행 직원

여: 선생님, 안녕하세요! 실례지만 무슨 업무를 처리하시겠어요?

남: 제가 보기에 최근의 환율이 매우 높아서, 이 달러들을 모두 인민폐로 환전하고 싶어요.

질문: 여자는 무슨 일을 하는가?　　정답 D

해설 제시된 보기 A 商场售货员(백화점 판매 직원), B 公司销售员(기업의 판매 직원), C 海关工作人员(세관 직원), D 银行工作人员(은행 직원)이 모두 직업이므로, 대화를 들을 때 특정 인물의 직업과 관련되어 언급하는 내용을 주의 깊게 듣는다. 대화에서 여자가 어떤 업무를 처리하고자 하는지 묻자, 남자가 想把这些美元都兑换成人民币(이 달러들을 모두 인민폐로 환전하고 싶어요)라고 답했다. 질문이 여자의 직업을 물었으므로, D 银行工作人员(은행 직원)이 정답이다.

✔ **고득점 노하우** 보기가 모두 직업을 나타내는 표현이면, 대화를 들을 때 화자 혹은 특정 인물의 직업과 관련하여 언급되는 내용을 주의 깊게 듣는다.

---

20 하

A 会议结束　　B 生日聚会
C 商业谈判　　D 机场告别

男: 姐, 已经广播通知登机了, 我得赶快上飞机了。
女: 登机牌给你, 记得到了给家里打电话, 别让爸妈操心。一路平安啊!

问: 对话最有可能发生在什么时候?

会议 huìyì 뗑 회의　聚会 jùhuì 뗑 모임, 집회　商业 shāngyè 뗑 상업
谈判 tánpàn 뗑동 협상, 담판, 회담　告别 gàobié 동 작별을 고하다
广播 guǎngbō 동 방송하다　通知 tōngzhī 동 통지하다
登机 dēngjī 동 탑승하다　赶快 gǎnkuài 児 서두르다, 빨리
登机牌 dēngjīpái 뗑 탑승권　操心 cāoxīn 동 신경 쓰다, 마음 쓰다
一路平安 yílùpíng'ān 젱 가시는 길 무사하길 빕니다

A 회의가 끝난 때　　B 생일 모임 때　　C 상업 협상 때　　D 공항에서 작별을 고할 때

남: 누나, 이미 방송에서 탑승을 통지했어, 나는 서둘러 비행기를 타야 돼.

여: 탑승권을 너에게 줄게, 집에 도착해서 전화하는 거 잊지 말고, 부모님 신경 쓰시게 하지 마. 가는 길 평안하길 빌어!

질문: 대화가 언제 일어났을 가능성이 가장 큰가?　　정답 D

해설 제시된 보기 A의 会议(회의), B의 生日聚会(생일 모임), C의 谈判(협상), D의 机场(공항)을 핵심어구로 체크해두고, 대화를 들을 때 이와 관련하여 언급되는 내용을 주의 깊게 듣는다. 대화에서 남자가 我得赶快上飞机了(나는 서둘러 비행기를 타야 돼)라고 말하자, 여자가 가는 길 평안하길 빈다고 말했다. 질문이 대화가 언제 일어났을 가능성이 큰지 물었으므로, D 机场告别(공항에서 작별을 고한다)가 정답이다.

✔ **고득점 노하우** 보기가 모두 공통점을 찾기 어려운 문장인 경우, 각 보기에서 아는 단어를 신속히 체크해두고, 대화를 들을 때 이와 관련된 내용을 주의 깊게 듣는다.

21
중

A 闯红灯被罚了　　B 忘带驾驶证了
C 生命非常危险　　D 是公司的老板

女：先生，您刚才闯红灯了，请出示一下您的驾驶证件。
男：哎呀，真抱歉。公司出了点儿事，我急着赶过去，没注意到红灯。
女：再着急也要注意安全啊，要罚款两百。
男：这的确是我的问题，下次一定注意。

问：关于男的，可以知道什么？

闯 chuǎng 图 (무시하고) 달리다, 뛰어들다, 돌진하다
红灯 hóngdēng 图 빨간불, 적신호　罚 fá 图 처벌하다　忘 wàng 图 잊다
驾驶证 jiàshǐzhèng 图 운전면허증　生命 shēngmìng 图 생명, 목숨
危险 wēixiǎn 图 위험하다 图 위험　老板 lǎobǎn 图 사장
出示 chūshì 图 제시하다, 꺼내어 보이다　哎呀 āiyā 아이고, 아차
抱歉 bàoqiàn 图 죄송합니다　急着 jízhe 급히 서두르다
赶 gǎn 图 서두르다　再…也… zài…yě… 설사~하더라도
罚款 fákuǎn 图 벌금을 부과하다　的确 díquè 图 분명히, 확실히

A 빨간불을 무시하고 달려 처벌을 받았다　　B 운전면허증을 가져오는 것을 잊었다
C 생명이 매우 위험하다　　D 회사의 사장이다

여: 선생님, 당신은 방금 빨간불을 무시하고 달렸습니다. 운전면허증을 제시해 주십시오.
남: 아이고, 정말 죄송합니다. 회사에 조금 일이 생겨서, 제가 급히 서둘러 가느라, 빨간불을 주의하지 못했습니다.
여: 설사 조금하더라도 안전을 주의하셨어야죠, 벌금 200위안을 부과하겠습니다.
남: 이것은 분명히 제 잘못입니다. 다음번에 반드시 주의하겠습니다.

질문: 남자에 관해, 알 수 있는 것은 무엇인가?

정답 A

해설 제시된 보기 A의 被罚了(처벌을 받았다), B의 忘带 …… 了(가져오는 것을 잊었다), C의 生命 …… 危险(생명이 위험하다), D의 是 …… 老板(사장이다)이 모두 상황 또는 상태를 나타내므로, 대화를 들을 때 화자 또는 특정 대상의 상황이나 상태를 주의 깊게 듣는다. 대화의 처음에 여자가 您刚才闯红灯了(당신은 방금 빨간불을 무시하고 달렸습니다)라고 말하자, 남자가 죄송하다고 답했다. 이어서 여자가 要罚款两百(벌금 200위안을 부과하겠습니다)라고 말했다. 질문이 남자에 관해 알 수 있는 것이 무엇인지 물었으므로, A 闯红灯被罚了(빨간불을 무시하고 달려 처벌을 받았다)가 정답이다.

☑ **고득점 노하우** 제시된 보기가 모두 상황 또는 상태와 관련된 내용이면, 화자 또는 특정 대상의 상황이나 상태를 주의 깊게 듣는다.

22
상

A 传统风俗不应发生变化
B 春节期间空气质量很好
C 小孩子玩火很容易受伤
D 禁止放鞭炮能保护环境

男：我发现，随着时代向前发展，一些传统的风俗习惯也在发生改变。
女：举个例子吧。
男：比如，为了保护空气质量，许多地方都禁止春节期间放鞭炮。
女：没错，昨天的报纸上还说，禁止放鞭炮以后，火灾大大减少了，也没有小孩子在放鞭炮时因为不小心而受伤了。
问：下面哪一个是对的？

传统 chuántǒng 图 전통　风俗 fēngsú 图 풍속　春节 Chūnjié 고유 춘절, 설
期间 qījiān 图 기간　空气 kōngqì 图 공기, 대기　质量 zhìliàng 图 질, 질량
受伤 shòushāng 图 부상을 입다　禁止 jìnzhǐ 图 금지하다
放鞭炮 fàng biānpào 폭죽을 터뜨리다　保护 bǎohù 图 보호하다
随着 suízhe 图 ~에 따라서　时代 shídài 图 시대
向前 xiàngqián 图 나아가다, 전진하다　传统 chuántǒng 图 전통
风俗习惯 fēngsú xíguàn 풍습, 풍속과 습관　改变 gǎibiàn 图 변하다
举 jǔ 图 들다, 제시하다　例子 lìzi 图 예, 보기　比如 bǐrú 图 ~이 그 예다
许多 xǔduō 图 매우 많다　火灾 huǒzāi 图 화재
减少 jiǎnshǎo 图 줄다, 감소하다

A 전통 풍속은 변화가 일어나서는 안 된다　　B 춘절 기간에 공기 질이 매우 좋다
C 어린 아이가 불을 가지고 노는 것은 부상 입기가 매우 쉽다　D 폭죽 터뜨리는 것을 금지하는 것은 환경을 보호할 수 있다

남: 저는 시대가 나아가고 발전함에 따라서, 몇몇 전통 풍습도 변화가 일어나고 있다는 것을 발견했어요.
여: 예를 들어 보세요.
남: 공기 질을 보호하기 위해서, 수많은 장소에서 모두 춘절 기간에 폭죽을 터뜨리는 것을 금지한 것이 그 예에요.
여: 맞아요. 어제 신문에서도 말하길, 폭죽 터뜨리는 것을 금지한 이후, 화재가 크게 줄었으며, 어린 아이들이 폭죽을 터뜨릴 때 조심하지 않아서 상처 입는 것도 없어졌다고 했어요.
질문: 아래에서 옳은 것은 무엇인가?

정답 D

해설 제시된 보기 A의 发生变化(변화가 일어나다), B의 空气质量(공기 질), C의 容易受伤(부상 입기가 쉽다), D의 保护环境(환경을 보호하다)을 핵심어구로 체크해두고, 대화를 들을 때 이와 관련하여 언급되는 내용을 주의 깊게 듣는다. 대화에서 남자가 为了保护空气质量，许多地方都禁止春节期间放鞭炮。(공기 질을 보호하기 위해서, 수많은 장소에서 모두 춘절 기간에 폭죽을 터뜨리는 것을 금지했다.)라고 말했다. 질문이 대화 내용에 관해 옳은 것은 무엇인지 물었으므로, D 禁止放鞭炮能保护环境(폭죽 터뜨리는 것을 금지하는 것은 환경을 보호할 수 있다)이 정답이다.

☑ **고득점 노하우** 보기가 모두 공통점을 찾기 어려운 긴 문장인 경우, 각 보기에서 아는 단어를 신속히 체크해두고, 이와 관련된 내용을 주의 깊게 듣는다.

23
중

A 女的不爱吃北方菜
B 男的很想吃东北菜
C 女的今天胃不太舒服
D 楼下的东北菜不地道

女: 中午想去哪儿吃饭呀?
男: 楼下新开了一家饭店, 听说东北菜做得很地道, 要不咱们今天去尝尝?
女: 算了吧。我一直吃不惯北方菜, 那家的菜不一定合我的胃口。
男: 好, 那我再想想吧。

问: 根据对话, 可以知道什么?

北方 běifāng ⓟ 북방, 북쪽	东北 dōngběi ⓟ 동북, 동북쪽
胃 wèi ⓟ 위	楼下 lóuxia ⓟ 건물 아래, 아래층
地道 dìdao ⓗ 전통의, 오리지널의	要不 yàobù ⓟ 아니면, 그렇지 않으면
尝 cháng ⓢ 먹어 보다, 맛보다	算了 suànle ⓢ 됐다, 충분하다
吃不惯 chībuguàn 음식이 입에 맞지 않다	
不一定 bùyídìng ⓟ ~한 것은 아니다	合胃口 hé wèikǒu 입맛에 맞다

A 여자는 북방 요리 먹는 것을 싫어한다
C 여자는 오늘 위가 그다지 편안하지 않다
B 남자는 동북 요리를 매우 먹고 싶어한다
D 건물 아래의 동북 요리는 전통적이지 않다

여: 점심에 어디 가서 밥 먹고 싶어요?
남: 건물 아래 식당을 새로 열었는데, 듣자 하니 동북 요리를 매우 전통적으로 한대요, 아니면 우리 오늘 가서 먹어 볼래요?
여: 됐어요. 저는 줄곧 북방 요리가 입에 맞지 않아요, 그 집의 음식도 제 입맛에 맞지는 않을 거예요.
남: 알겠어요, 그럼 제가 다시 생각해보죠.

질문: 대화에 근거하여, 알 수 있는 것은 무엇인가?

정답 A

해설 제시된 보기 A에서 北方菜(북방 요리), B, D에서 东北菜(동북 요리)가 언급되었으므로, 대화를 들을 때 北方菜(북방 요리)와 东北菜(동북 요리)에 관련된 내용을 주의 깊게 듣는다. 대화에서 남자가 동북 요리를 먹어 보면 어떻겠냐고 물어보자 여자가 我一直吃不惯 北方菜(저는 줄곧 북방 요리가 입에 맞지 않아요)라고 답했다. 질문이 대화에 근거하여 옳은 것이 무엇인지 물었으므로, A 女的不爱吃北方菜(여자는 북방 요리 먹는 것을 싫어한다)가 정답이다.

✅ **고득점 노하우** 보기가 모두 긴 문장인데 주어가 같거나 반복되는 어휘가 있으면 이들을 핵심어구로 체크하고, 대화를 들을 때 관련된 내용을 주의 깊게 듣는다.

24
하

A 天天加班   B 找新工作
C 出去旅行   D 和男的约会

男: 你最近在忙什么呢? 我们好久没见面了。
女: 别提了, 前段时间几乎天天加班, 压力很大, 不过我现在已经辞职了。
男: 真的? 你原来的那家公司待遇不错。找到新工作了没有?
女: 不着急, 我准备先去海边度个假, 让自己放松一段时间。

问: 女的打算做什么?

加班 jiābān ⓢ 초과 근무하다	
约会 yuēhuì ⓢ 데이트하다, 만날 약속을 하다 ⓟ 약속	
别提了 biétíle 말도 마	辞职 cízhí ⓢ 사직하다, 직장을 그만두다
待遇 dàiyù ⓟ 대우	不错 búcuò ⓗ 괜찮다, 좋다
海边 hǎibiān ⓟ 바닷가, 해변	度假 dùjià ⓢ 휴가를 보내다
放松 fàngsōng ⓢ 정신적 긴장을 풀다, 느슨하게 하다	

A 매일 초과 근무한다   B 새로운 직업을 찾는다   C 여행을 간다   D 남자와 데이트한다

남: 당신은 최근에 무엇이 그리 바쁘나요? 우리 못 만난 지 오래됐어요.
여: 말도 마세요. 한동안 거의 매일 초과 근무해서, 스트레스가 컸어요. 그런데 저는 지금 이미 사직했어요.
남: 진짜요? 당신의 이전 그 회사 대우는 괜찮았잖아요. 새로운 직업은 찾았나요?
여: 급하지 않아요. 저는 먼저 바닷가로 휴가 가는 것을 준비하고 있어요, 한동안 스스로의 정신적 긴장을 풀어주려고요.

질문: 여자는 무엇을 할 생각인가?

정답 C

해설 제시된 보기 A 天天加班(매일 초과 근무한다), B 找新工作(새로운 직업을 찾는다), C 出去旅行(여행을 간다), D 和男的约会(남자와 데이트한다)가 모두 행동을 나타내므로, 대화를 들을 때 화자 또는 특정 인물이 하고 있거나 하려는 행동이 무엇인지 주의 깊게 듣는다. 대화에서 남자가 새로운 직업을 찾았는지 물어보자, 여자가 我准备先去海边度个假(저는 먼저 바닷가로 휴가 가는 것을 준비하고 있어요)라고 답했다. 질문이 여자는 무엇을 할 생각인지 물었으므로, C 出去旅行(여행을 간다)이 정답이다.

✅ **고득점 노하우** 제시된 보기가 모두 행동과 관련된 짧은 문장인 경우, 대화를 들을 때 화자 또는 특정 인물이 하고 있거나 하려는 행동이 무엇인지를 주의 깊게 듣는다.

25
중

A 水跟以前一样清
B 能钓到很多小鱼
C 水被工厂污染了
D 没有记者报道过

女：这个池塘里的水怎么这么脏？
男：以前完全不是这样的，不但水清得很，还有很多小鱼。
女：那是怎么回事？
男：自从一年前附近开了一家工厂，池塘的水质就越来越差，记者都采访、报道过好几次了。

问：关于池塘，下面哪一个是正确的？

清 qīng 图 깨끗하다, 맑다　钓 diào 图 낚다 图 낚시, 낚싯바늘
工厂 gōngchǎng 图 공장　污染 wūrǎn 图 오염시키다　记者 jìzhě 图 기자
报道 bàodào 图 보도하다 图 보도　池塘 chítáng 图 연못
脏 zāng 图 더럽다　怎么回事 zěnmehuíshì 어떻게 된 거야?
自从 zìcóng 게 ~부터　水质 shuǐzhì 图 수질
采访 cǎifǎng 图 취재하다, 인터뷰하다

A 물이 예전과 같이 깨끗하다
C 물이 공장에 의해 오염됐다

B 작은 물고기를 많이 낚을 수 있다
D 기자가 보도를 한 적이 없다

여: 이 연못 안의 물은 어쩜 이리 더러운 거죠?
남: 예전에는 전혀 이렇지 않았어요, 물이 매우 깨끗했을 뿐만 아니라, 또 작은 물고기도 많이 있었어요.
여: 그럼 어떻게 된 거죠?
남: 일 년 전에 근처에 한 공장이 생기면서부터, 연못의 수질이 더욱더 나빠졌어요, 기자가 취재하고, 보도도 몇 번이나 했었어요.

질문: 연못에 관해서, 아래에서 옳은 것은 무엇인가?

정답 C

해설 제시된 보기 A, C에 水(물)가 언급되었으므로, 대화를 들을 때 水(물)와 관련된 내용을 주의 깊게 듣는다. 대화에서 여자가 연못이 너무 더럽다며 어떻게 된 일이냐고 묻자, 남자가 自从一年前附近开了一家工厂，池塘的水质就越来越差(일년 전에 근처에 한 공장이 생기면서부터, 연못의 수질이 더욱더 나빠졌어요)라고 답했다. 질문이 연못에 관해서 옳은 것은 무엇인지 물었으므로, C 水被工厂污染了(물이 공장에 의해 오염됐다)가 정답이다.

✔ **고득점 노하우** 보기가 모두 긴 문장인데 주어가 같거나 반복되는 어휘가 있으면 이들을 핵심어구로 체크하고, 대화를 들을 때 관련된 내용을 주의 깊게 듣는다.

26
중

A 资金很缺乏　　B 员工效率低
C 竞争很激烈　　D 产品质量差

男：这部作品下个月中旬一定要出版，能按时完成任务吗？
女：有点儿困难，上个月公司的资金相当紧张，很多工作不能正常进行。
男：忘记告诉你了，资金的问题已经解决了，银行同意给我们贷款了。
女：太好了！那我们一定抓紧时间，提高工作效率。你放心吧！

问：上个月公司遇到了什么问题？

资金 zījīn 图 자금　缺乏 quēfá 图 부족하다, 결핍되다
员工 yuángōng 图 직원　效率 xiàolǜ 图 (작업 등의) 능률
竞争 jìngzhēng 图 경쟁하다　激烈 jīliè 图 치열하다　产品 chǎnpǐn 图 제품
质量 zhìliàng 图 품질　作品 zuòpǐn 图 작품　中旬 zhōngxún 图 중순
出版 chūbǎn 图 (서적, 음반 등을) 출판하다, 발행하다　按时 ànshí 图 제때에
任务 rènwu 图 임무　相当 xiāngdāng 图 상당히, 무척
紧张 jǐnzhāng 图 빠듯하다, 긴장해 있다　告诉 gàosu 图 알리다, 말하다
解决 jiějué 图 해결하다　贷款 dàikuǎn 图 대출하다 图 대부금, 대여금
抓紧 zhuājǐn 图 서둘러 하다, 단단히 잡다　提高 tígāo 图 높이다, 제고하다

A 자금이 매우 부족하다　　B 직원의 효율이 낮다　　C 경쟁이 매우 치열하다　　D 제품의 품질이 나쁘다

남: 이번 작품은 다음 달 중순에 꼭 출판해야 하는데, 제때에 임무를 완수할 수 있나요?
여: 조금 곤란할 것 같아요, 지난달 회사의 자금이 상당히 빠듯했어서, 많은 업무를 정상적으로 진행할 수 없었습니다.
남: 당신에게 말하는 것을 잊어버렸는데, 자금의 문제는 이미 해결되었습니다. 은행이 우리에게 대출해 주는 것을 동의했습니다.
여: 잘됐군요! 그렇다면 우리는 반드시 서둘러서, 일의 능률을 높이겠습니다. 안심하세요!

질문: 지난달 회사는 어떤 문제에 부딪혔는가?

정답 A

해설 제시된 보기 A의 资金 …… 缺乏(자금이 부족하다), B의 员工效率低(직원의 효율이 낮다), C의 竞争 …… 激烈(경쟁이 치열하다), D의 产品质量差(제품의 품질이 나쁘다)를 핵심어구로 체크해두고, 대화를 들을 때 이와 관련하여 언급되는 내용을 주의 깊게 듣는다. 대화에서 남자가 제때에 임무를 완수할 수 있냐고 묻자, 여자가 上个月公司的资金相当紧张(지난달 회사의 자금이 상당히 빠듯했어서)이라고 답했다. 질문이 지난달 회사는 어떤 문제에 부딪혔는지 물었으므로, A 资金很缺乏(자금이 매우 부족하다)가 정답이다.

✔ **고득점 노하우** 보기가 모두 공통점을 찾기 어려운 긴 문장인 경우, 각 보기에서 아는 단어를 신속히 체크해두고, 대화를 들을 때 이와 관련된 내용을 주의 깊게 듣는다.

27
하

A 没有提前预订　　B 房间就在一楼
C 在宾馆住两晚　　D 马上去坐电梯

女：您好，欢迎光临！请问您之前预订房间了吗？
男：我提前预订过了，一个两人间，住三晚，这是我的身份证。
女：我看了一下，您的房间在七楼，这是您的钥匙，电梯在右手拐弯处。
男：好的，谢谢你！

问：关于男的，可以知道什么？

提前 tíqián [동] 사전에, (예정된 시간, 위치를) 앞당기다
预订 yùdìng [동] 예약하다　欢迎光临 huānyíngguānglín 어서 오세요
之前 zhīqián [명] ~이전　身份证 shēnfènzhèng [명] 신분증
钥匙 yàoshi [명] 열쇠　右手 yòushǒu [명] 우측, 오른손
拐弯 guǎiwān [명] 코너, 모퉁이 [동] 커브를 돌다

A 사전에 예약하지 않았다　　B 방은 바로 일층에 있다
C 호텔에서 이틀 밤을 숙박한다　　D 바로 엘리베이터를 타러 간다

여: 안녕하세요, 어서 오세요! 실례지만 이전에 방을 예약하셨습니까?
남: 저는 사전에 예약했습니다, 2인실 하나, 3박 숙박합니다, 이것은 저의 신분증입니다.
여: 제가 한번 보겠습니다. 당신의 방은 7층에 있습니다, 이것은 당신의 열쇠입니다, 엘리베이터는 우측 코너 쪽에 있습니다.
남: 알겠습니다. 감사합니다!

질문: 남자에 관해, 알 수 있는 것은?　　정답 D

해설 제시된 보기 A에서 **提前预订**(사전에 예약하다), B, C에서 **房间**(방)과 **宾馆**(호텔)이 언급되었으므로, 대화를 들을 때 **提前预订**(사전에 예약하다), **房间**(방)과 **宾馆**(호텔)에 관련된 내용을 주의 깊게 듣는다. 대화에서 남자가 방을 예약했다고 하자, 여자가 **您的房间在七楼，…… 电梯在右手拐弯处**(당신의 방은 7층에 있습니다, …… 엘리베이터는 우측 코너 쪽에 있습니다)라고 답했다. 질문이 남자에 관해서 알 수 있는 것은 무엇인지 물었으므로, D **马上去坐电梯**(바로 엘리베이터를 타러 간다)가 정답이다.

고득점 노하우 보기가 모두 공통점을 찾기 어려운 긴 문장인 경우, 각 보기에서 아는 단어를 신속히 체크해두고, 대화를 들을 때 이와 관련된 내용을 주의 깊게 듣는다.

28
하

A 取钱　B 吃饭　C 买衣服　D 看电影

男：怎么样？这件，还有那件，都不错吧？
女：好看是好看，可是还没到月底呢，工资就快花完了。
男：从明天开始，我一定节省着点用。
女：你上一次逛完街也是这么说的。

问：他们可能在做什么？

取 qǔ [동] 가지다, 찾다　不错 búcuò [형] 괜찮다, 좋다
好看 hǎokàn [형] 예쁘다, 보기 좋다　月底 yuèdǐ [명] 월말
工资 gōngzī [명] 월급　花 huā [동] (돈, 시간을) 쓰다 [명] 꽃
节省 jiéshěng [동] 절약하다, 아끼다 [형] 검소하다

A 돈을 찾는다　B 밥을 먹는다　C 옷을 산다　D 영화를 본다

남: 어때? 이것 그리고 저것, 모두 괜찮지?
여: 예쁘긴 예뻐, 그렇지만 아직 월말이 되지도 않았는데, 월급을 벌써 다 써버리겠어.
남: 내일부터, 나는 반드시 절약해서 쓸 거야.
여: 너는 지난번 쇼핑할 때도 그렇게 말했어.

질문: 그들이 무엇을 하고 있을 가능성이 있는가?　　정답 C

해설 제시된 보기 A **取钱**(돈을 찾는다), B **吃饭**(밥을 먹는다), C **买衣服**(옷을 산다), D **看电影**(영화를 본다)이 모두 행동과 관련되므로, 대화를 들을 때 화자 또는 특정 인물이 하고 있거나 하려는 행동이 무엇인지를 주의 깊게 듣는다. 대화에서 남자가 **怎么样？这件，还有那件，都不错吧？**(어때? 이것 그리고 저것, 모두 괜찮지?)라고 묻자, 여자가 **你上一次逛完街也是这么说的。**(너는 지난번 쇼핑할 때도 그렇게 말했어.)라고 답했다. 이를 통해, 그들은 쇼핑을 하고 있다는 것을 유추할 수 있다. 질문이 그들이 무엇을 하고 있는지 물었으므로, C **买衣服**(옷을 산다)가 정답이다.

고득점 노하우 제시된 보기가 모두 행동 관련 표현인 경우, 대화를 들을 때 화자 또는 특정 인물이 하고 있거나 하려는 행동이 무엇인지를 주의 깊게 듣는다.

29
상

A 女的熟悉小李　　B 小李业务熟练
C 男的不认识小李　　D 他们都在银行工作

女：下周一有一场大型的商务谈判会，你觉得我们
　　应该派谁出席？
男：我觉得市场部的小李不错。从事产品推广工作
　　多年，业务熟练。
女：那我们就推荐他去，我相信你的判断！
男：我和他打了好几年交道了，很了解他。他一定不
　　会让我们失望的。

问：根据对话，可以知道什么？

熟悉 shúxī 톱 잘 알다, 익숙하다　业务 yèwù 톱 업무
熟练 shúliàn 톱 능숙하다, 숙련되어 있다　大型 dàxíng 톱 대형의
商务 shāngwù 톱 비즈니스, 상무　谈判 tánpàn 톱 협상하다, 담판하다
派 pài 톱 파견하다　出席 chūxí 톱 참석하다, 출석하다
市场部 shìchǎngbù 톱 마케팅 부서　不错 búcuò 톱 괜찮다, 좋다
从事 cóngshì 톱 종사하다　推广 tuīguǎng 톱 보급하다, 일반화하다
推荐 tuījiàn 톱 추천하다　判断 pànduàn 톱 판단
打交道 dǎ jiāodao 톱 연락하다, 교제하다　失望 shīwàng 톱 실망하다

A 여자는 샤오리를 잘 안다
C 남자는 샤오리를 알지 못한다

B 샤오리는 업무에 숙련되어 있다
D 그들은 모두 은행에서 일한다

여 : 다음 주 월요일에 대형 비즈니스 협상 회담이 있어, 네 생각에는 우리 중에 마땅히 누구를 파견해서 참석해야 할 것 같니?
남 : 내 생각에는 마케팅 부서의 샤오리가 괜찮은 것 같아. 다년간 제품 보급 업무에 종사하였고, 업무에 숙련되어 있어.
여 : 그렇다면 우리는 바로 그가 가는 것을 추천하자. 나는 너의 판단을 믿어!
남 : 나와 그는 몇 년 동안이나 연락해서, 그를 매우 잘 알아. 그는 분명 우리를 실망하게 하지 않게 할 거야.
질문 : 대화에 근거하여, 알 수 있는 것은 무엇인가?

정답 B

해설 제시된 보기 A, B, C에 小李(샤오리)가 언급되었으므로, 대화를 들을 때 小李(샤오리)와 관련된 내용을 주의 깊게 듣는다. 대화에서 여자가 누구를 파견해야 하는지 묻자, 남자가 小李不错. 从事产品推广工作多年, 业务熟练(샤오리가 괜찮은 것 같아. 다년간 제품 보급 업무에 종사하였고, 업무에 숙련되어 있어)이라고 답했다. 질문이 대화에 근거하여 알 수 있는 것이 무엇인지 물었으므로, B 小李业务熟练(샤오리는 업무에 숙련되어 있다)이 정답이다.

✅ **고득점 노하우** 보기가 모두 긴 문장인데 주어가 같거나 반복되는 어휘가 있으면 이들을 핵심어구로 체크하고, 대화를 들을 때 관련된 내용을 주의 깊게 듣는다.

30
중

A 拍了结婚照　　B 是广告明星
C 拍照表情很自然　　D 对摄影师不满意

男：这些照片什么时候拍的？真漂亮！
女：你这么说，我都不好意思了。这是为了庆祝我
　　生日，请摄影师给拍的。
男：别谦虚！你的姿势很优美，表情也自然，像广
　　告里的明星似的。
女：看来我得好好感谢一下帮我拍照的人了。

问：关于女的，可以知道什么？

拍 pāi 톱 (사진을) 찍다, 촬영하다　结婚照 jiéhūnzhào 톱 결혼사진
广告 guǎnggào 톱 광고　明星 míngxīng 톱 스타　表情 biǎoqíng 톱 표정
自然 zìrán 톱 자연스럽다 톱 자연　摄影师 shèyǐngshī 톱 사진사
庆祝 qìngzhù 톱 축하하다　谦虚 qiānxū 톱 겸손하다
姿势 zīshì 톱 자세, 모양　优美 yōuměi 톱 우아하고 아름답다
似的 shìde 톱 ~와 같다

A 결혼사진을 찍었다
C 사진 찍는 표정이 매우 자연스럽다

B 광고 스타이다
D 사진사에 대해서 불만족스럽다

남 : 이 사진들은 언제 찍은 거야? 너무 아름답다!
여 : 네가 이렇게 말하니까, 내가 다 부끄러워진다. 이것은 나의 생일을 축하하기 위해서, 사진사에게 부탁해서 찍은 것이야.
남 : 겸손해하지 마! 너의 자세는 매우 우아하고 아름다워, 표정도 자연스럽고, 광고 속 스타 같아.
여 : 보아하니 사진 찍어준 사람에게 내가 제대로 감사해야겠네.
질문 : 여자에 관해, 알 수 있는 것은 무엇인가?

정답 C

해설 제시된 보기 B의 是广告明星(광고 스타이다), C의 自然(자연스럽다), D의 不满意(불만족스럽다)를 핵심어구로 체크해두고, 대화를 들을 때 이와 관련하여 언급되는 상태나 상황을 주의 깊게 듣는다. 남자가 여자의 사진을 보고 你的姿势很优美, 表情也自然(너의 자세는 매우 우아하고 아름다워, 표정도 자연스럽고)이라고 말했다. 질문이 여자에 관해 알 수 있는 것이 무엇인지 물었으므로, C 拍照表情很自然(사진 찍는 표정이 매우 자연스럽다)이 정답이다.

✅ **고득점 노하우** 제시된 보기가 모두 상황 또는 상태와 관련된 내용이면, 화자 또는 특정 대상의 상황이나 상태를 주의 깊게 듣는다.

31 中

A 不愿意回家乡工作
B 父母在家没人照顾
C 找不到合适的房子
D 离开家很长时间了

家乡 jiāxiāng 명 고향　合适 héshì 형 적당하다, 적합하다, 알맞다
房子 fángzi 명 집, 건물

A 고향으로 돌아가 일하는 것을 원하지 않는다
B 집에 계신 부모님을 보살필 사람이 없다
C 적당한 집을 찾을 수 없다
D 집을 떠난 지 긴 시간이 지났다

32 中

A 大学生活的意义
B 临近毕业的烦恼
C 怎样才能说服别人
D 什么是幸福的家庭

意义 yìyì 명 의미, 의의　临近 línjìn 동 (시간, 지역을) 앞두다, 임박하다, 근접하다
毕业 bìyè 동 졸업 졸업하다　烦恼 fánnǎo 명 고민, 고뇌
说服 shuōfú 동 설득하다

A 대학 생활의 의미
B 졸업을 앞둔 고민
C 어떻게 하면 타인을 설득하는가
D 무엇이 행복한 가정인가

---

³¹还有两个多月就要毕业了，我很喜欢上海这个城市，也应聘了几个单位，但前几天³¹我爸妈打电话说，他们³¹在家乡给我找了一份好工作，让我回去报到。他们总觉得上海离北京太远，没法儿照顾我。你说³²我都这么大了，哪儿需要他们照顾呢。简直没办法跟他们沟通。我决定下周回家再和我爸妈谈谈，³²希望他们能尊重我的想法。

毕业 bìyè 동 졸업하다　应聘 yìngpìn 동 지원하다
单位 dānwèi 명 회사, 직장, 기관　家乡 jiāxiāng 명 고향
报到 bàodào 동 (조직에) 등록하다, 도착했다고 보고하다
没法儿 méifǎr 동 방법이 없다　照顾 zhàogù 동 보살피다, 돌보다
简直 jiǎnzhí 부 정말로, 그야말로　沟通 gōutōng 동 소통하다, 교류하다
谈 tán 동 이야기하다　尊重 zūnzhòng 동 존중하다

31. 问: 说话人遇到了什么问题?

32. 问: 这段话主要谈了什么?

³¹두 달여 있으면 곧 졸업한다, 나는 상하이라는 이 도시가 너무 좋고, 몇몇 회사에도 지원했는데, 그러나 며칠 전 ³¹나의 부모님께서 전화로 말씀하시길, ³¹고향에서 내게 좋은 일자리를 하나 찾았으니, 나보고 돌아가서 등록하라고 하셨다. 부모님께서는 늘 상하이가 베이징에서 너무 멀어, 나를 보살필 방법이 없다고 생각하신다. ³²내가 이렇게 컸는데, 어째서 부모님의 보살핌이 필요할까. 정말로 부모님과 소통할 방법이 없다. 나는 다음 주에 집에 돌아가서 다시 부모님과 이야기를 나눠 보기로 결정했고, ³²부모님께서 내 생각을 존중해 주시기를 바란다.

31. 질문: 화자는 어떤 문제에 맞닥뜨렸는가?　　　　　　　　　　　　　　　　　　　　　　　정답 A
32. 질문: 이 단문에서 주로 무엇을 이야기했는가?　　　　　　　　　　　　　　　　　　　　정답 B

해설 보기 읽기

31번은 A의 回家乡工作(고향으로 돌아가 일하다), B의 照顾(보살피다), C의 房子(집), D의 离开家很长时间了(집을 떠난 지 긴 시간이 지났다)를 핵심어구로 체크해둔다.

32번은 A의 大学生活(대학 생활), B의 临近毕业(졸업을 앞두다), C의 说服别人(타인을 설득하다), D의 幸福的家庭(행복한 가정)을 핵심어구로 체크해둔다.

31번 보기 A의 回家乡(고향으로 돌아가다), C의 找不到(찾을 수 없다), D의 离开家(집을 떠나다)가 사람의 행동을 묘사한 내용이므로, 이야기 유형의 단문이 나올 것임을 예상할 수 있다. 따라서, 이야기를 들으면서 순서대로 보기를 보며 정답 후보와 오답 후보를 체크한다.

단문 듣기

단문 초반에 还有两个多月就要毕业了, 我很喜欢上海这个城市, 也应聘了几个单位, …… 我爸妈 …… 在家乡给我找了一份好工作, 让我回去报到(두 달여 있으면 곧 졸업한다, 나는 상하이라는 이 도시가 너무 좋고, 몇몇 회사에도 지원했는데 …… 나의 부모님께서 …… 고

향에서 내게 좋은 일자리를 하나 찾았으니, 나보고 돌아가서 등록하라고 하셨다)를 듣고, 31번 보기 A 不愿意回家乡工作(고향으로 돌아가 일하는 것을 원하지 않는다)를 체크해둔다.

질문 듣고 정답 선택하기

31. 질문이 화자가 어떤 문제에 맞닥뜨렸는지 물었으므로, A 不愿意回家乡工作(고향으로 돌아가 일하는 것을 원하지 않는다)가 정답이다.
32. 질문이 대화에서 주로 무엇을 얘기했는지 물었다. 단문에서 언급된 **还有两个多月就要毕业了**(두 달여 있으면 곧 졸업한다), **我都这么大了, 哪儿需要他们照顾呢**(내가 이렇게 컸는데, 어째서 부모님의 보살핌이 필요할까)와 **希望他们能尊重我的想法**(부모님께서 내 생각을 존중해 주시기를 바란다)를 통해 알 수 있는, B 临近毕业的烦恼(졸업을 앞둔 고민)가 정답이다.

✅ **고득점 노하우** 사람의 상황, 상태, 태도와 관련된 문제가 제시된 경우, 특정 인물에 대한 이야기가 나올 것을 예상하고, 이야기의 전개에 맞춰 문제지에 제시된 순서대로 문제를 풀어 간다.

33-35

33 중

A 谦虚　B 激动　C 怀疑　D 严肃

谦虚 qiānxū [형] 겸손하다, 겸허하다　激动 jīdòng [동] 감격하다
怀疑 huáiyí [동] 의심하다　严肃 yánsù [형] (표정·기분 등이) 엄숙하다

A 겸손하다　B 감격하다　C 의심하다　D 엄숙하다

34 중

A 挣了很多钱　B 掉进过河里
C 救过他的女儿　D 来公司应聘过

挣 zhèng [동] (돈이나 재산 등을) 벌다　掉 diào [동] 빠지다, 떨어지다
河里 hé li [명] 강물 속　救 jiù [동] 구하다, 막다
应聘 yìngpìn [동] 지원하다, 초빙에 응하다

A 돈을 많이 벌었다　B 강물 속에 빠진 적이 있다
C 그의 딸을 구해준 적이 있다　D 회사에 지원하러 온 적이 있다

35 상

A 在人事部工作　B 没有通过面试
C 认识老板的女儿　D 否认自己救了人

人事部 rénshìbù 인사과　通过 tōngguò [동] 통과하다
面试 miànshì [명] 면접시험　老板 lǎobǎn [명] (사유기업의) 사장, 경영자
否认 fǒurèn [동] 부인하다, 부정하다　救 jiù [동] 구하다, 막다

A 인사과에서 일한다　B 면접에 합격하지 못했다
C 사장의 딸을 안다　D 자신이 사람을 구한 것을 부인했다

小王毕业后去一家公司应聘。一进老板的办公室，老板就马上站起来，[33]握住他的手，感激地说："世界真小，居然让我在这儿又遇到了你！[34]上次我女儿掉进河里，多亏你救了她。我还没来得及感谢你，你就走了。这次我一定要给你一大笔钱表达感谢之情！"小王被弄糊涂了，他猜老板可能是认错了人，于是他说："先生，[35]我从来没救过你女儿，你大概认错人了！"但是老板依然一口咬定是他没错，而小王则坚决地否认。过了一会儿，老板满意地拍了拍小王的肩膀说："你的面试通过了，马上到人事部门报到吧！"

33. 问：老板看到小王以后是什么态度？

34. 问：老板认为小王做过什么？

35. 问：关于小王，下列哪项正确？

毕业 bìyè [동] 졸업하다 [명] 졸업　家 jiā [양] 집·점포·공장 등을 세는 단위
应聘 yìngpìn [동] 지원하다, 초빙에 응하다
一…就… yī…jiù… ~하자마자 ~하다　办公室 bàngōngshì [명] 사무실
老板 lǎobǎn [명] (사유 기업의) 사장, 경영자　站起来 zhàn qǐlai 일어서다
握住 wòzhù ~을 꼭 잡고 있다　感激 gǎnjī [동] 감격하다　世界 shìjiè [명] 세상
居然 jūrán [부] 뜻밖에, 놀랍게도　遇到 yùdào [동] 만나다, 마주치다
掉 diào [동] 빠지다, 떨어지다　河里 hé li [명] 강물 속
多亏 duōkuī [동] 덕분이다, 은혜를 입다　救 jiù [동] 구하다, 막다
来得及 láidejí [동] 늦지 않다　感谢 gǎnxiè [동] 감사하다
笔 bǐ [양] 몫, 건(돈과 관련된 것에 쓰임)
表达 biǎodá [동] 전하다, 표현하다, 나타내다
弄糊涂 nòng hútu 정신이 없다　猜 cāi [동] 추측하다, 의심하다
认错 rèncuò [동] 잘못 알다, 잘못 인식하다　于是 yúshì [접] 그래서
从来 cónglái [부] 여태껏, (과거부터) 지금까지
大概 dàgài [부] 아마(도), 대개 [형] 대략적인　依然 yīrán [부] 여전히
一口咬定 yìkǒu yǎodìng [성] 단언하다
坚决 jiānjué [형] (태도·행동 등이) 단호하다
否认 fǒurèn [동] 부인하다, 부정하다　拍 pāi [동] (손바닥이나 납작한 것으로) 치다
肩膀 jiānbǎng [명] 어깨　面试 miànshì [명] 면접시험
通过 tōngguò [동] 통과하다　人事部门 rénshì bùmén 인사과
报到 bàodào [동] (조직에게) 도착했다고 보고하다　态度 tàidu [명] 태도

제1회

제2회

제3회
듣기

제4회

제5회

해커스 HSK 5급 실전모의고사

　　샤오왕이 졸업 후 한 회사에 지원하러 갔다. 사장의 사무실에 들어가자마자, 사장이 바로 일어나, ³³그의 손을 꼭 잡으며, 감격하며 말했다. "세상이 정말 작네, 뜻밖에 내가 여기서 또 자네를 만날 줄이야! ³⁴지난번 내 딸이 강물 속에 빠졌을 때, 자네 덕분에 그녀를 구했지. 내가 자네에게 감사함을 전하기도 전에, 자네가 가 버렸네. 이번에는 내가 반드시 자네에게 큰돈으로 감사의 마음을 전하겠네!" 샤오왕은 정신이 없었다, 그는 사장이 아마도 사람을 잘못 알아본 것으로 추측했고, 그래서 그에게 말했다. "선생님, ³⁵저는 여태껏 선생님의 따님을 구한 적이 없습니다. 선생님께서 아마도 사람을 잘못 보신 것 같습니다!" 그러나 사장은 여전히 그가 틀림없다며 단언했고, 샤오왕도 단호하게 부인했다. 잠시 후, 사장은 만족한 듯이 샤오왕의 어깨를 치며 말했다. "자네의 면접시험은 통과되었네, 바로 인사과에 가서 보고하게나!"

33. 질문: 사장은 샤오왕을 본 이후 어떤 태도였는가?　　　　　　　　　　　　　　정답 B
34. 질문: 사장은 샤오왕이 무엇을 했다고 생각하는가?　　　　　　　　　　　　　정답 C
35. 질문: 샤오왕에 관해, 다음 중 옳은 것은?　　　　　　　　　　　　　　　　　정답 D

해설 보기 읽기

　　34번은 A의 挣 …… 钱(돈을 벌다), B의 掉进过河里(강물 속에 빠진 적이 있다), C의 救 …… 女儿(딸을 구하다), D의 应聘(지원하다)을 핵심어구로 체크해둔다.
　　35번은 A의 人事部(인사과), B의 通过面试(면접을 통과하다), C의 老板的女儿(사장의 딸), D의 否认(부인하다)을 핵심어구로 체크해둔다.
　　33번 보기 A 谦虚(겸손하다), B 激动(감격하다), C 怀疑(의심하다), D 严肃(엄숙하다)가 사람의 감정을 묘사한 내용이므로, 이야기 유형의 단문이 나올 것임을 예상할 수 있다. 따라서, 이야기를 들으면서 순서대로 보기를 보며 정답 후보와 오답 후보를 체크한다.

단문 듣기

　　단문 초반에 握住他的手, 感激地说(그의 손을 꼭 잡으며, 감격하며 말했다)를 듣고, 33번 보기 B 激动(감격하다)을 체크해둔다. 이어서 上次我女儿掉进河里, 多亏你救了她。(지난번 내 딸이 강물 속에 빠졌을 때, 자네 덕분에 그녀를 구했지.)를 듣고, 34번 보기 C. 救过他的女儿(그의 딸을 구해준 적이 있다)을 체크해둔다.
　　단문 후반에 我从来没救过你女儿, 你大概认错人了! (저는 여태껏 선생님의 따님을 구한 적이 없습니다. 선생님께서 아마도 사람을 잘못 보신 것 같습니다!)를 듣고, 35번 보기 D 否认自己救了人(자신이 사람을 구한 것을 부인했다)을 체크해둔다.

질문 듣고 정답 선택하기

33. 질문이 사장님이 샤오왕을 본 후 어떤 태도였는지 물었으므로, B 激动(감격하다)이 정답이다.
34. 질문이 사장님은 샤오왕이 무엇을 했다고 생각하는지 물었으므로, C 救过他的女儿(그의 딸을 구해준 적이 있다)이 정답이다.
35. 질문이 샤오왕에 관해서 옳은 것은 무엇인지 물었으므로, D 否认自己救了人(자신이 사람을 구한 것을 부인했다)이 정답이다.

✔ **고득점 노하우** 사람의 상황, 상태, 태도와 관련된 문제가 제시된 경우, 특정 인물에 대한 이야기가 나올 것을 예상하고, 이야기의 전개에 맞춰 문제지에 제시된 순서대로 문제를 풀어 간다.

36-38

36
하

A 追求个性　　B 用奶瓶喝水
C 太喜欢上网　　D 性格不成熟

追求 zhuīqiú 圖 추구하다　个性 gèxìng 圓 개성　奶瓶 nǎipíng 圓 우유병
性格 xìnggé 圓 성격　成熟 chéngshú 圓 성숙하다

A 개성을 추구한다　　B 우유병으로 물을 마신다　C 인터넷을 너무 좋아한다　D 성격이 성숙하지 못하다

37
하

A 增加父母的经济压力
B 可能造成疾病的传播
C 不符合大学生的形象
D 不应该过分追求时尚

增加 zēngjiā 圖 증가하다　经济压力 jīngjì yālì 경제적 부담
造成 zàochéng 圖 초래하다　疾病 jíbìng 圓 질병, 병
传播 chuánbō 圖 전파하다, 널리 퍼뜨리다　符合 fúhé 圖 부합하다
形象 xíngxiàng 圓 이미지, 인상　过分 guòfèn 圖 지나치다, 넘어서다
追求 zhuīqiú 圖 추구하다　时尚 shíshàng 圓 최신 유행

A 부모의 경제적 부담을 증가시킨다　　　　B 질병의 전파를 초래할 수 있다
C 대학생의 이미지와 부합하지 않는다　　　D 지나치게 최신 유행을 추구하면 안 된다

38
상

A 大学生的心理还不成熟
B 社会生活越来越复杂了
C 幼儿时期的幸福感很重要
D 人们遇到困难习惯于逃避

心理 xīnlǐ 심리　成熟 chéngshú 성숙하다
复杂 fùzá (사물의 종류나 두서가) 복잡하다　幼儿 yòu'ér 유아
时期 shíqī (특정한) 시절, 시기　幸福 xìngfú 행복
习惯于 xíguànyú ~에 습관이 되다, ~에 익숙하다　逃避 táobì 도피하다

A 대학생의 심리가 여전히 성숙하지 못하다
B 사회생활이 갈수록 복잡해졌다
C 유아 시절의 행복감이 매우 중요하다
D 사람들은 어려움을 맞닥뜨렸을 때 도피하는 것이 습관이 되었다

　　最近，³⁶一组大学女生用奶瓶喝水的照片在网上引起了大家的议论。有人觉得这纯粹就是为了好玩儿，而且也挺时尚的，是年轻人追求个性的体现，³⁷也有人批评说大人用一岁左右的孩子的奶瓶喝水，显得很奇怪，³⁷影响了大学生的形象。³⁸一位心理学家写文章指出，这既是大学生们对于幼儿时期的幸福回忆，同时³⁸又反映出他们的心理还没有完全成熟，多多少少想逃避复杂的社会生活。

36. 问：关于大学生的什么现象引起了大家的议论？

37. 问：批评的人的理由是什么？

38. 问：心理学家认为这反映了什么问题？

组 zǔ 그룹, 세트　奶瓶 nǎipíng 우유병
引起 yǐnqǐ 불러 일으키다, 야기하다　议论 yìlùn 의논, 의견
纯粹 chúncuì 순전히, 완전히　时尚 shíshàng 최신 유행
年轻人 niánqīngrén 젊은 사람　追求 zhuīqiú 추구하다
个性 gèxìng 개성　体现 tǐxiàn 구현하다, 구체적으로 드러내다
批评 pīpíng 비판하다, 지적하다　大人 dàren 성인
显得 xiǎnde ~하게 보이다　奇怪 qíguài 이상하다, 기이하다
形象 xíngxiàng 이미지, 인상　心理学家 xīnlǐxuéjiā 심리학자
文章 wénzhāng (독립된 한 편의) 글, 문장
指出 zhǐchū 지적하다, 가리키다　既… 又 jì… yòu… ~하고 (또) ~하다
对于 duìyú ~에 대하여　幼儿 yòu'ér 유아
时期 shíqī (특정한) 시절, 시기　幸福 xìngfú 행복
回忆 huíyì 추억, 회상　同时 tóngshí 동시에
反映 fǎnyìng 반영하다　心理 xīnlǐ 심리
完全 wánquán 완전히, 전적으로　成熟 chéngshú 성숙하다
多多少少 duōduōshǎoshǎo 다소, 얼마쯤, 많든 적든 간에
逃避 táobì 도피하다　复杂 fùzá (사물의 종류나 두서가) 복잡하다
现象 xiànxiàng 현상

　　최근, ³⁶한 그룹의 여대생이 우유병으로 물을 마시는 사진이 인터넷에서 사람들의 의논을 불러일으켰다. 어떤 사람은 이것은 순전히 재미를 위해서이며, 또한 제법 최신 유행이기도 해서, 젊은 사람이 개성을 추구하는 것을 구현한 것이라고 생각했다. ³⁷또 어떤 사람은 성인이 한 살 가량의 아이의 우유병을 사용해 물을 마시는 것은, 매우 이상해 보이며, ³⁷대학생의 이미지에 영향을 끼쳤다고 비판했다. ³⁸한 심리학자가 쓴 글에서, 이것은 대학생들이 유아 시절에 대한 행복한 추억인 것과, 동시에 ³⁸그들의 심리가 아직 완전히 성숙하지 않았다는 것을 반영하는 것이며, 복잡한 사회생활에서 얼마쯤 도피하고 싶어 하는 것이라고 지적했다.

36. 질문: 대학생의 어떤 현상에 관해 사람들의 의견을 불러 일으켰는가? 　　정답 B
37. 질문: 비판한 사람의 이유는 무엇인가? 　　정답 C
38. 질문: 심리학자는 이것이 어떤 문제를 반영했다고 생각하는가? 　　정답 A

해설 보기 읽기

36번은 A의 个性(개성), B의 用奶瓶喝水(우유병으로 물을 마신다), C의 上网(인터넷), D의 性格不成熟(성격이 성숙하지 못하다)를 핵심어구로 체크해둔다.

37번은 A의 经济压力(경제적 부담), B의 疾病的传播 (질병의 전파), C의 大学生的形象 (대학생의 이미지), D의 追求时尚(유행을 추구하다)을 핵심어구로 체크해둔다.

38번은 A의 成熟(성숙하다), B의 复杂(복잡하다), C의 重要(중요하다), D의 逃避(도피하다)를 핵심어구로 체크해둔다.

37번 보기 D의 不应该(~하면 안 된다)가 화자의 주장이나 의견을 제시하는 것을 나타내므로, 논설문 유형의 단문이 나올 것임을 예상할 수 있다. 따라서, 단문의 처음과 끝 부분을 주의 깊게 듣는다.

단문 듣기

단문 초반 一组大学女生用奶瓶喝水的照片在网上引起了大家的议论(한 그룹의 여대생이 우유병으로 물을 마시는 사진이 인터넷에서 사람들의 의논을 불러일으켰다)을 듣고, 36번 보기 B 用奶瓶喝水(우유병으로 물을 마신다)를 체크해둔다.

이어서 단문 중반의 也有人批评说……影响了大学生的形象(또 어떤 사람은 …… 대학생의 이미지에 영향을 끼쳤다고 비판했다)을 듣고, 37번 보기 C 不符合大学生的形象(대학생의 이미지와 부합하지 않는다)를 체크해둔다.

지문의 마지막에 一位心理学家写文章指出 …… 又反映出他们的心理还没完全成熟(한 심리학자가 쓴 글에서 …… 그들의 심리가 아직 완전히 성숙하지 않았다는 것을 반영하는 것이며)를 듣고, 38번 보기 A 大学生的心理还不成熟(대학생의 심리가 여전히 성숙하지 못하다)를 체크해둔다.

36. 질문이 대학생의 어떤 현상에 관해 사람들의 의견을 불러일으켰는지 물었으므로, B 用奶瓶喝水(우유병으로 물을 마신다)가 정답이다.
37. 질문이 비판한 사람의 이유는 무엇인지 물었으므로, C 不符合大学生的形象 (대학생의 이미지와 부합하지 않는다)이 정답이다.
38. 질문이 심리학자는 이것이 어떤 문제를 반영했다고 생각하는지 물었으므로, A 大学生的心理还不成熟(대학생의 심리가 여전히 성숙하지 못하다)가 정답이다.

✔ **고득점 노하우** 의견이나 주장과 관련된 문제가 제시된 경우, 논설문이 나올 것임을 예상하고, 특별히 단문의 처음과 끝부분을 주의 깊게 듣는다.

39 - 41

39 하	A 智慧　　 B 勇气　　 C 责任感 D 好奇心	智慧 zhìhuì 휑 지혜　勇气 yǒngqì 휑 용기　责任感 zérèngǎn 휑 책임감 好奇心 hàoqíxīn 휑 호기심
	A 지혜　　　　　　　 B 용기　　　　　　　　 C 책임감　　　　　　　 D 호기심	

40 중	A 被吓得不敢说话　 B 害怕得大哭起来 C 大部分往回走了　 D 选择继续向前走	吓 xià 휑 놀라다, 무서워하다　不敢 bùgǎn 조휑 감히 ~하지 못하다 害怕 hàipà 휑 겁내다　往回走 wǎng huí zǒu 원래 방향으로 돌아가다 继续 jìxù 휑 계속하다
	A 놀라서 감히 말조차 할 수 없다　　　　　 B 겁이 나서 크게 울기 시작한다 C 대부분 원점으로 돌아갔다　　　　　　　 D 계속 앞을 향해 걷는 것을 선택한다	

41 상	A 其实房间里并不危险 B 老师对结果非常满意 C 所有学生都顺利通过了 D 动物都受到了很大伤害	危险 wēixiǎn 휑 위험하다　所有 suǒyǒu 휑 모든, 전부의 顺利 shùnlì 휑 순조롭다　通过 tōngguò 휑 통과하다 受到 shòudào 휑 입다, 받다　伤害 shānghài 휑 상하게 하다, 손상시키다
	A 사실 방 안은 결코 위험하지 않다　　　　 B 선생님은 결과에 대해 매우 만족한다 C 모든 학생이 모두 순조롭게 통과했다　　 D 동물은 모두 아주 큰 상해를 입었다	

[39]一位老师带着一群学生做了一个关于勇气的实验。在一个灯光很暗的空间里，学生们面前有一座很窄的桥。老师问大家敢不敢走过去，大部分人都说敢。走了一小段路以后，灯光变亮了一些，大家才发现桥下有许多蛇。老师对大家说，不敢继续走的可以回头。[40]大部分人觉得害怕，纷纷往回走，只剩下小部分人继续向前。这时候，灯光又变亮了一些。大家看到桥下面不仅有蛇，还有几只狮子。这次，大家都沉默了，站在原地，一动也不动。这时候，整个房间的灯都被打开了，大家这才看清楚：[41]原来在桥的下面还有一张巨大的网，可以起到保护作用。	群 qún 휑 무리, 떼　勇气 yǒngqì 휑 용기　实验 shíyàn 휑 실험 灯光 dēngguāng 휑 불빛　暗 àn 휑 어둡다　空间 kōngjiān 휑 공간 座 zuò 휑 (도시, 산, 건축물 등의) 비교적 크거나 고정된 물체를 세는 단위 窄 zhǎi 휑 좁다, 협소하다　桥 qiáo 휑 다리, 교량 敢 gǎn 조휑 (과감히, 자신 있게) 할 수 있다　亮 liàng 휑 밝다 发现 fāxiàn 휑 발견하다　许多 xǔduō 휑 매우 많다　蛇 shé 휑 뱀 继续 jìxù 휑 계속하다　回头 huítóu 휑 되돌아오다　害怕 hàipà 휑 겁내다 纷纷 fēnfēn 휑 잇달아　往回走 wǎng huí zǒu 원래 방향으로 돌아가다 剩下 shèngxià 휑 남다　部分 bùfen 휑 부분　不仅 bùjǐn 휑 ~뿐만 아니라 狮子 shīzi 휑 사자　沉默 chénmò 휑 침묵하다　原地 yuándì 휑 제자리 一动不动 yídòng búdòng 꼼짝하지 않다　整个 zhěnggè 휑 모든 巨大 jùdà 휑 아주 크다　网 wǎng 휑 그물 起作用 qǐ zuòyòng 역할을 하다, 작용을 하다　保护 bǎohù 휑 보호하다 反应 fǎnyìng 휑 반응하다

39. 问：这个实验是关于什么的？

40. 问：发现有蛇后，大家有什么反应？

41. 问：关于这个实验，可以知道什么？

³⁹선생님 한 분이 한 무리의 학생을 데리고 용기에 관한 실험을 했다. 불빛이 매우 어두운 공간에, 학생들 앞에는 아주 좁은 다리 하나가 있었다. 선생님은 모두에게 지나갈 수 있겠느냐고 물었고, 대부분의 사람은 모두 할 수 있다고 말했다. 짧은 거리를 지나고 난 후, 불빛이 조금 밝아졌고, 모두가 비로소 다리 밑에 매우 많은 뱀이 있다는 것을 발견했다. 선생님은 모두에게 말하길, 계속 걸을 용기가 없는 사람은 되돌아와도 된다고 했다. ⁴⁰대부분의 사람은 겁이 나서, 잇달아 원래 방향으로 돌아갔고, 오직 소수의 사람만 남아 계속 앞으로 향했다. 이때, 불빛이 또 조금 밝아졌다. 모두가 다리 아래에 뱀뿐만 아니라, 사자도 몇 마리 있음을 보았다. 이번에는, 모두 침묵했고, 제자리에 서서 꼼짝하지 않았다. 이때, 모든 방의 등이 모두 켜졌고, 모두는 그때서야 분명히 보았다: ⁴¹알고 보니 다리 아래에는 아주 큰 그물도 한 장 있어서, 보호 역할을 할 수 있었다.

39. 질문: 이 실험은 무엇에 관한 것인가?   정답 B
40. 질문: 뱀이 있다는 것을 발견한 후, 모두 어떤 반응을 보였는가?   정답 C
41. 질문: 이 실험에 대해, 무엇을 알 수 있는가?   정답 A

해설 보기 읽기

40번은 A의 吓(놀라다), B의 害怕(겁내다), C의 往回走(원래 방향으로 돌아가다), D 继续向前走(계속 앞을 향해 걸어가다)를 핵심어구로 체크해둔다.

41번은 A의 房间 ······ 不危险 (방은 위험하지 않다), B의 老师 ······ 满意 (선생님은 만족하다), C의 顺利通过 (수조롭게 통과하다), D의 动物 ······ 受到 ······ 伤害 (동물이 상해를 입다)를 핵심어구로 체크해둔다.

41번 보기 B에서 老师(선생님), C에서 学生(학생)이 언급되었으므로, 특정 인물과 관련된 이야기가 나올 것임을 예상할 수 있다. 따라서, 이 야기를 들으면서 순서대로 보기를 보며 정답 후보와 오답 후보를 체크한다.

단문 듣기

단문 초반에 一位老师带着一群学生做了一个关于勇气的实验。(선생님 한 분이 한 무리의 학생을 데리고 용기에 관한 실험을 했다.)을 듣고, 39번 보기 B 勇气(용기)를 체크해둔다.

단문 중반에 大部分人觉得害怕，纷纷往回走(대부분의 사람은 겁이 나서, 잇달아 원래 방향으로 돌아갔고)를 듣고, 40번 보기 C 大部分往回走了(대부분 원래 방향으로 돌아갔다)를 체크해둔다.

단문 후반에 原来在桥的下面还有一张巨大的网，可以起到保护作用(알고 보니 다리 아래에는 아주 큰 그물도 한 장 있어서, 보호 역할을 할 수 있었다)을 듣고, 41번 보기 A 其实房间里并不危险(사실 방 안은 결코 위험하지 않다)을 체크해둔다.

질문 듣고 정답 선택하기

39. 질문이 이 실험은 무엇에 관한 것인지 물었으므로, B 勇气(용기)가 정답이다.
40. 질문이 뱀을 발견한 후, 모두 어떤 반응을 보였는지 물었으므로, C 大部分往回走了(대부분 원래 방향으로 돌아갔다)가 정답이다.
41. 질문이 이번 실험에 대해 무엇을 알 수 있는지 물었으므로, A 其实房间里并不危险(사실 방 안은 결코 위험하지 않다)이 정답이다.

☑ **고득점 노하우** 사람 명사나 특정 인물의 이름이 있는 문제가 제시된 경우, 특정 인물에 대한 이야기가 나올 것을 예상하고, 이야기의 전개에 맞춰 문제지에 제시된 순서대로 문제를 풀어 간다.

42-43

42 하	A 城市 B 公园 C 农村 D 网络上	农村 nóngcūn 圆 농촌 网络 wǎngluò 圆 네트워크, 인터넷
	A 도시 B 공원 C 농촌 D 네트워크 상	

43 중	A 宣传网站 B 节约用水 C 开发客户 D 预防疾病	宣传 xuānchuán 圆 홍보하다 圆 홍보 网站 wǎngzhàn 圆 웹사이트 节约 jiéyuē 圆 절약하다 圆 절약 开发 kāifā 圆 발굴하다, 개발하다 客户 kèhù 圆 고객, 거래처 预防 yùfáng 圆 예방하다 圆 예방 疾病 jíbìng 圆 질병
	A 웹사이트를 홍보한다 B 물을 절약한다 C 고객을 발굴한다 D 질병을 예방한다	

[42]最近有个网络公司组织了一个"线上植树"的活动，参与活动的人可以在网上免费领取一棵小树。如果在这个网站上购物、交电话费什么的，每次都可以得到一桶水。经常给小树浇水，它就会渐渐长大。等到小树成为大树时，这个网络公司就会送给干旱地区一棵真正的树。[43]他们用这种巧妙的方式，达到了既宣传网站又保护环境的目的。 42. 问：这个植树活动是在哪儿进行的？ 43. 问：这个活动的目的是什么？	网络公司 wǎngluò gōngsī 네트워크 회사 组织 zǔzhī 통 결성하다, 조직하다　线上 xiànshàng 온라인 植树 zhíshù 통 나무를 심다　参与 cānyù 통 참여하다, 참가하다 网上 wǎngshàng 통 온라인, 인터넷　免费 miǎnfèi 통 무료로 하다 领取 lǐngqǔ 통 받다, 수령하다　棵 kē 영 그루　网站 wǎngzhàn 명 웹사이트 购物 gòuwù 통 구매하다, 쇼핑하다　交 jiāo 통 내다, 건네다, 제출하다 电话费 diànhuàfèi 통화료　什么的 shénmede 등등, ~같은 것 得到 dédào 통 받아, 얻다, 획득하다　桶 tǒng 영 통 浇水 jiāoshuǐ (물을) 주다, 뿌리다　渐渐 jiànjiàn 영 점점 成为 chéngwéi 통 ~가 되다　干旱 gānhàn 통 가물다　地区 dìqū 명 지역 真正 zhēnzhèng 통 진짜의　巧妙 qiǎomiào 통 절묘하다, 교묘하다 方式 fāngshì 명 방식, 방법　达到 dádào 통 도달하다, 이르다 既…又… jì…yòu… ~하고 (또) ~하다　宣传 xuānchuán 통 홍보하다 保护 bǎohù 통 보호하다　环境 huánjìng 명 환경 目的 mùdì 명 목적　进行 jìnxíng 통 진행하다

[42]최근에 어떤 네트워크 회사가 '온라인 나무 심기'라는 활동을 결성했는데, 활동에 참여하는 사람들은 모두 인터넷에서 무료로 작은 나무 한 그루를 받을 수 있다. 만약 이 웹사이트에서 쇼핑, 통화료를 내는 것 등을 하면, 매번 무료로 물 한 통을 받을 수 있다. 작은 나무에 자주 물을 주면, 그것은 점점 자라난다. 작은 나무가 큰 나무가 될 때까지 기다리면, 이 네트워크 회사가 가뭄 지역에 진짜 나무 한 그루를 보내 준다. [43]그들은 이런 절묘한 방법을 이용해서, 웹사이트를 홍보하고 또 환경을 보호하는 목적에 도달했다.

42. 질문: 이 나무 심기 활동은 어디서 진행되었는가? 　　　　　　　　　　　　　　　　　　　　　　　정답 D
43. 질문: 이 활동의 목적은 무엇인가? 　　　　　　　　　　　　　　　　　　　　　　　　　　　　정답 A

해설 보기 읽기

42번의 보기가 모두 장소와 관련되므로, 단문을 들을 때 화자 또는 특정 인물이 있는 장소 혹은 가려고 하는 장소가 어디인지를 주의 깊게 듣는다.

43번은 A의 宣传(홍보하다), B의 节约(절약하다), C의 开发(발굴하다), D의 预防(예방하다)을 핵심어구로 체크해둔다.

단문 듣기

단문 초반에 最近有个网络公司组织了一个"线上植树"的活动(최근에 어떤 네트워크 회사가 '온라인 나무 심기'라는 활동을 결성했는데)을 듣고, 42번 보기 D 网络上(네트워크 상)을 체크해둔다.

단문 후반에 他们用这种巧妙的方式, 达到了既宣传网站又保护环境的目的.(그들은 이런 절묘한 방법을 이용해서, 웹사이트를 홍보하고 또 환경을 보호하는 목적을 달성했다.)를 듣고, 43번 보기 A 宣传网站(웹사이트를 홍보한다)을 체크해둔다.

질문 듣고 정답 선택하기

42. 질문이 이 나무 심기 활동은 어디서 진행되었는지 물었으므로, D 网络上(네트워크 상)이 정답이다.

43. 질문이 이 활동의 목적은 무엇인지 물었으므로, A 宣传网站(웹사이트를 홍보한다)이 정답이다.

☑ **고득점 노하우** 제시된 문제의 보기로 단문 유형을 파악할 수 없는 경우, 각 보기의 의미를 신속히 파악한 후 대화를 주의 깊게 듣는다.

44-45

44 중	A 嫩芽　　B 树叶　　C 果实　　D 青草	嫩芽 nènyá 명 새싹, 새순　树叶 shùyè 명 나뭇잎 果实 guǒshí 명 열매, 과실　青草 qīngcǎo 명 푸른 풀
	A 새싹　　　　　　　　B 나뭇잎	C 열매　　　　　　　　D 푸른 풀

45 중	A 没有脚　　　　　B 喜欢运动 C 动作很慢　　　　D 生活在树下	脚 jiǎo 명 발　动作 dòngzuò 명 동작, 행동
	A 발이 없다　　　　　B 운동을 좋아한다	C 동작이 느리다　　　　D 나무 아래에서 생활한다

树懒是一种生活在南美洲热带森林中的动物，它们一生不见阳光，从不下树。⁴⁴对于树懒来说最好的食物是树叶，它们也会吃果实和嫩芽，吃上一点儿要用好几个小时来消化，吃饱了就倒挂在树枝上睡懒觉。它们什么事都懒得做，甚至懒得去吃，懒得去玩耍，⁴⁵非活动不可的时候，动作也极其缓慢。树懒虽然有脚但是却不能走路，要靠拖动身体移动，速度每秒不超过0.2米。尽管如此，在水里它们却是游泳健将。

44. 问：树懒最爱吃的食物是什么？

45. 问：关于树懒，下面正确的是哪一项？

树懒 shùlǎn 圏 나무늘보	南美洲 Nánměizhōu 고유 남미, 남아메리카
热带 rèdài 圏 열대	森林 sēnlín 圏 숲, 삼림	阳光 yángguāng 圏 햇빛
从不 cóng bù 여태까지 ~하지 않다	食物 shíwù 圏 먹이, 음식물
树叶 shùyè 圏 나뭇잎	果实 guǒshí 圏 열매, 과실
嫩芽 nènyá 圏 새싹, 새순	消化 xiāohuà 圏 소화하다
倒挂 dàoguà 圏 거꾸로 매달다, 아래위를 뒤바꾸어 걸다
树枝 shùzhī 圏 나뭇가지	睡懒觉 shuìlǎnjiào 늦잠을 자다
懒得 lǎnde 圏 ~하기 귀찮아하다	甚至 shènzhì 圏 심지어
玩耍 wánshuǎ 圏 놀다, 장난하다	非…不可 fēi…bùkě ~하지 않으면 안 된다
动作 dòngzuò 圏 동작, 행동	极其 jíqí 圏 극히, 매우
缓慢 huǎnmàn 圏 느리다, 완만하다	脚 jiǎo 圏 발
靠 kào 圏 기대다, 의지하다	拖 tuō 圏 끌다, 잡아당기다
移动 yídòng 圏 이동하다, 움직이다	速度 sùdù 圏 속도
每秒 měimiǎo 초당	超过 chāoguò 圏 넘다, 초과하다
尽管如此 jǐnguǎn rúcǐ 그럼에도 불구하고	健将 jiànjiàng 圏 달인, 실력자

나무늘보는 남미 열대 숲에서 생활하는 동물이며, 그들은 평생 햇빛을 보지 않고, 나무에서 내려오지 않는다. ⁴⁴나무늘보에게 있어서 가장 좋은 먹이는 나뭇잎이고, 열매와 새싹도 먹을 수 있는데, 조금 먹기만 해도 몇 시간을 소화하는데 써야 하고, 배부르게 먹으면 나뭇가지에 거꾸로 매달려 잠을 잔다. 그들은 무슨 일이든 모두 하기 귀찮아하고, 심지어 먹으러 가는 것도 귀찮아하며, 놀기도 귀찮아하며, ⁴⁵움직이지 않으면 안 될 때는, 동작도 매우 느리다. 나무늘보는 비록 발이 있지만 그러나 걸을 수 없는데, 몸을 끌어 움직이는 것에 의존해 이동해야만 해서, 속도는 초당 0.2미터를 넘지 않는다. 그럼에도 불구하고, 물속에서 그들은 수영 달인이다.

44. 질문: 나무늘보가 가장 먹기 좋아하는 먹이는 무엇인가?   정답 B
45. 질문: 나무늘보에 대해서, 다음 중 옳은 것은 무엇인가?   정답 C

해설 보기 읽기

44번의 모든 보기가 식물과 관련된 단어이므로, 이와 관련된 내용을 주의 깊게 듣는다.

45번은 A의 脚(발), B의 运动(운동), C의 慢(느리다), D의 树下(나무 아래)를 핵심어구로 체크해둔다.

45번 보기 A 没有脚(발이 없다), B 喜欢运动(운동을 좋아한다), C 动作很慢(동작이 느리다), D 生活在树下(나무 아래에서 생활한다)가 어떤 대상의 특징을 묘사한 내용이므로, 설명문 유형의 단문이 나올 것임을 예상할 수 있다. 따라서, 특정 대상의 세부 내용을 주의 깊게 듣는다.

단문 듣기

단문 초반에 对于树懒来说最好的食物是树叶(나무늘보에게 있어서 가장 좋은 먹이는 나뭇잎이고)를 듣고, 44번 보기 B 树叶(나뭇잎)를 체크해둔다.

단문 중반에 非活动不可的时候, 动作也极其缓慢(움직이지 않으면 안 될 때는, 동작도 매우 느리다)을 듣고, 45번 보기 C 动作很慢(동작이 느리다)을 체크해둔다.

질문 듣고 정답 선택하기

44. 질문이 나무늘보가 가장 먹기 좋아하는 먹이는 무엇인지 물었으므로, B 树叶(나뭇잎)가 정답이다.

45. 질문이 나무늘보에 대해 옳은 것은 무엇인지 물었으므로, C 动作很慢(동작이 느리다)이 정답이다.

✅ **고득점 노하우** 특정 사물이나 대상이 언급된 문제나 어떤 대상의 특징과 관련된 문제가 제시된 경우, 설명문이 나올 것임을 예상하고, 특정 대상의 세부 내용을 주의 깊게 듣는다.

二、阅读 독해

46-48

書店在一个城市中的角色是普通而又特殊的。说它普通，是因为它只不过是城市里众多商店中的一种。而说它特殊，⁴⁶则是因为它能给人提供精神上的享受，_46. D 安慰_ 一颗颗疲劳的心。

然而，在如今这个信息时代，城市中的这些实体书店面临着来自网上书店、数字阅读等因素的巨大压力，⁴⁷一些小 _47. A 规模_ 的书店纷纷因为收入不足而倒闭。有的人甚至说，实体书店在不远的未来就会消失。

⁴⁸但是调查 _48. B 显示_ ，仍有39.85%的读者会选择去实体书店购书、阅读。其中的一个重要的原因就是，书店能给我们一种安定的阅读氛围，这是永远不可能被代替的。

角色 juésè 명 역할, 배역　普通 pǔtōng 형 평범하다
特殊 tèshū 형 특수하다　只不过 zhǐbúguò 부 단지 ~일 뿐이다
众多 zhòngduō 형 수많다, 아주 많다　精神 jīngshén 명 정신
享受 xiǎngshòu 동 즐기다
安慰 ānwèi 동 위로하다 형 (마음에) 위로가 되다
颗 kē 양 (둥글고 작은 알맹이 모양을 세는 단위) 알
疲劳 píláo 형 지치다, 피곤하다　然而 rán'ér 접 하지만
如今 rújīn 명 오늘날, 지금　信息 xìnxī 명 정보　时代 shídài 명 시대
实体书店 shítǐ shūdiàn 명 오프라인 서점
面临 miànlín 동 (문제, 상황에) 직면하다, 당면하다
来自 láizì 동 ~(로)부터 오다　数字阅读 shùzì yuèdú 명 디지털 리딩
因素 yīnsù 명 요소　巨大 jùdà 형 거대하다
规模 guīmó 명 규모, 형태　纷纷 fēnfēn 부 잇달아, 연달아
收入 shōurù 명 수입, 소득　倒闭 dǎobì 동 도산하다
甚至 shènzhì 부 심지어 ~까지도 접 ~까지도　未来 wèilái 명 미래
消失 xiāoshī 동 사라지다　调查 diàochá 동 조사하다
显示 xiǎnshì 동 나타내다　仍 réng 부 여전히, 아직도
读者 dúzhě 명 독자　阅读 yuèdú 동 (책이나 신문을) 읽다, 보다
安定 āndìng 형 안정되다　氛围 fēnwéi 명 분위기
代替 dàitì 동 대체하다

도시 내에서 서점의 역할은 평범한 것이고 또한 특수한 것이다. 그것이 평범하다는 것에 대해 말하자면, 그것은 단지 도시 안의 수많은 상점 중의 한 가지일 뿐이기 때문이다. 그런데 그것이 특수하다는 것에 대해 말하자면, ⁴⁶그것은 사람에게 정신상의 즐거움을 제공할 수 있고, 지친 마음을 D 위로할 수 있는 것이기 때문이다.

하지만, 오늘날 이 정보화 시대에서, 도시 내의 이러한 오프라인 서점들은 온라인 서점, 디지털 리딩 등의 요소로부터 오는 거대한 압박에 직면해 있으며, ⁴⁷여러 소 A 규모의 서점들은 잇달아 수입 부족으로 인하여 도산한다. 어떤 사람은 심지어 오프라인 서점은 멀지 않은 미래에 사라질 것이라고 말한다.

⁴⁸그러나 조사는, 39.85%의 독자가 오프라인 서점에 가서 책을 구매하고 읽는 것을 여전히 선택할 것이라고 B 나타낸다. 그중 하나의 중요한 원인은 바로, 서점은 우리에게 안정적인 독서 분위기를 줄 수 있기 때문인데, 이는 영원히 대체될 수 없는 것이다.

46
중

A 象征	B 欣赏	C 祝福	D 安慰

象征 xiàngzhēng 동 상징하다 명 상징
欣赏 xīnshǎng 동 감상하다, 좋아하다　祝福 zhùfú 동 축복하다 명 축복
安慰 ānwèi 동 위로하다 형 (마음에) 위로가 되다

A 상징하다	B 감상하다	C 축복하다	D 위로하다	정답 D

해설 보기를 읽고 단문의 빈칸에 문맥상 어떤 동작 또는 상태를 나타내는 어휘가 필요할지를 파악한 후, 빈칸 주변을 읽는다. 빈칸이 있는 부분은 '그것은 사람에게 정신상의 즐거움을 제공할 수 있고, 지친 마음을 ____(할) 수 있는 것이기 때문이다'라는 의미이므로, 문맥상 빈칸에는 지친 마음을 달래준다는 뜻을 가진 어휘가 들어가야 한다. 따라서 D 安慰(위로하다)가 정답이다.

✅ **고득점 노하우** 보기가 동사로 이루어진 경우, 빈칸 주변에서 주어와 목적어를 먼저 찾아 문맥에 맞는 보기를 정답으로 선택한다.

47
중

A 规模	B 面积	C 趋势	D 范围

规模 guīmó 명 규모, 형태　面积 miànjī 명 면적
趋势 qūshì 명 추세　范围 fànwéi 명 범위

A 규모	B 면적	C 추세	D 범위	정답 A

해설 보기를 읽고 단문의 빈칸에 문맥상 어떤 명사가 필요할지를 파악한 후, 빈칸 주변을 읽는다. 빈칸이 있는 부분은 '여러 소____의 서점들은 잇달아 수입 부족으로 인하여 도산한다'라는 의미이므로, 문맥상 빈칸에는 수입 부족으로 인하여 도산할 정도로, 사업이 갖추고 있는 크기가 작다는 뜻을 가진 어휘가 들어가야 한다. 따라서 A 规模(규모)가 정답이다.
D 范围(범위)는 어떤 것이 미치는 한계 혹은 테두리를 의미하므로 문맥상 오답이다. 참고로, 工作范围(업무 범위)나 活动范围(활동 범위)와 같은 형태로 자주 쓰인다.

✅ **고득점 노하우** 生产规模(생산 규모), 扩大规模(규모를 확대하다), 总面积(총면적)를 호응 어휘로 암기해둔다.

48 중	A 主张　B 显示　C 提倡　D 确认	主张 zhǔzhāng [동] 주장하다 [명] 주장 显示 xiǎnshì [동] 나타내다, 현시하다 提倡 tíchàng [동] ~하도록 장려하다　确认 quèrèn [동] 인정하다

A 주장하다　B 나타내다　C ~하도록 장려하다　D 인정하다　정답 B

해설 보기를 읽고 단문의 빈칸에 문맥상 어떤 동작을 나타내는 어휘가 필요할지를 파악한 후, 빈칸 주변을 읽는다. 빈칸이 있는 부분은 '그러나 조사는, 39.85%의 독자가 오프라인 서점에 가서 책을 구매하고 읽는 것을 여전히 선택할 것이라고 ____.'라는 의미이므로, 빈칸에는 '39.85%의 독자'라는 조사 데이터와 관련된 어휘가 들어가야 한다. 따라서 객관적인 사실을 보여준다는 뜻을 가진 B 显示(나타내다)이 정답이다.

✅ **고득점 노하우** '调查显示(조사가 나타내다)'을 호응 어휘로 암기해둔다.

49-52

从前有个女孩，[49]她十岁时得了一种病，49. B 失去 了走路的能力。一次，女孩一家人一起乘船去旅行。船长太太说船长有一只天堂鸟，特别漂亮，[50]女孩很想亲自去看一看，她要求服务员 50. A 立即 带她去看天堂鸟。那个服务生并不知道女孩的腿不能走路，没有去扶她，而只顾在前面带路。51. C 奇迹 [51]发生了，女孩因为太期待见到天堂鸟，竟然忘记了自己的残疾，慢慢地走了起来。从此，孩子的病就全好了。女孩长大以后，[52]开始了文学创作，52. D 写出了很多的作品，最后成了第一位获得诺贝尔文学奖的女性。

从前 cóngqián [명] 예전, 이전　得病 débìng [동] 병을 얻다
失去 shīqù [동] 잃다　乘 chéng [동] (교통수단·가축 등에) 타다
船长 chuánzhǎng [명] 선장　太太 tàitai [명] 부인, 아내
天堂鸟 tiāntángniǎo [명] 극락조　亲自 qīnzì [부] 직접 (하다)
立即 lìjí [부] 즉시, 곧　带 dài [동] 데리다, 인도하다
扶 fú [동] (손으로) 부축하다　顾 gù [동] 살피다, 돌보다
带路 dàilù [동] 길을 안내하다　奇迹 qíjì [명] 기적
期待 qīdài [동] 기대하다　竟然 jìngrán [부] 놀랍게도
忘记 wàngjì [동] 잊어버리다　残疾 cánjí [명] 장애
从此 cóngcǐ [부] 이 때부터, 지금부터　文学 wénxué [명] 문학
创作 chuàngzuò [명] 창작 [동] (문예 작품을) 창작하다
作品 zuòpǐn [명] (문학·예술의) 작품　获得 huòdé [동] 받다, 획득하다
诺贝尔文学奖 Nuòbèiěr Wénxuéjiǎng [고유] 노벨문학상
女性 nǚxìng [명] 여성

예전에 한 여자아이가 있었는데, [49]그녀는 10살 때 병을 하나 얻어서, 걷는 능력을 B 잃었다. 한 번은, 여자아이의 가족이 함께 배를 타고 여행을 갔다. 선장 부인은 선장이 극락조 한 마리를 갖고 있는데 매우 예쁘다고 말했다. [50]여자아이는 직접 가서 보고 싶었기에, 그녀는 승무원에게 A 즉시 그녀를 데리고 극락조를 보러 가달라고 요청했다. 그 승무원은 여자아이의 다리는 걸을 수 없다는 것을 몰라 그녀를 부축하러 가지 않았으며, 오직 앞에서 길을 안내하는 것만 살폈다. C 기적[51]이 일어났다, 여자아이는 극락조를 보는 것을 매우 기대했기 때문에, 놀랍게도 자신의 장애를 잊어버리고 천천히 걷기 시작했다. 이 때부터, 아이의 병은 완전히 나았다. 여자아이는 자란 후, [52]문학 창작을 시작했고, D 많은 작품을 써냈으며 마침내 노벨문학상을 받은 첫 번째 여성이 되었다.

49 중	A 恢复　B 失去　C 妨碍　D 消失	恢复 huīfù [동] 회복하다　失去 shīqù [동] 잃다 妨碍 fáng'ài [동] 방해하다　消失 xiāoshī [동] 사라지다

A 회복하다　B 잃다　C 방해하다　D 사라지다　정답 B

해설 보기를 읽고 단문의 빈칸에 문맥상 어떤 동작을 나타내는 어휘가 필요할지를 파악한 후, 빈칸 주변을 읽는다. 빈칸이 있는 부분은 '그녀는 10살 때 병을 하나 얻어서, 걷는 능력을 ____'라는 의미이므로, 문맥상 B 失去(잃다)가 정답이다.
D 消失(사라지다)는 어떤 사물이 소멸된다는 의미로, 뒤에 목적어가 올 수 없다.

✅ **고득점 노하우** 失去信心(자신감을 잃다), 逐渐消失(점점 사라지다)를 호응 어휘로 암기해둔다.

50 중	A 立即　B 连忙　C 陆续　D 纷纷	立即 lìjí [부] 즉시, 곧　连忙 liánmáng [부] 분주히 陆续 lùxù [부] 끊임없이　纷纷 fēnfēn [부] 잇달아

A 즉시　B 분주히　C 끊임없이　D 잇달아　정답 A

해설 보기를 읽고 단문의 빈칸에 문맥상 어떤 의미의 부사가 필요할지를 파악한 후, 빈칸 주변을 읽는다. 빈칸이 있는 부분은 '여자아이는 직접 가서 보고 싶었기에, 그녀는 승무원에게 ____ 그녀를 데리고 극락조를 보러 가달라고 요청했다'라는 의미이므로, 문맥상 빈칸에는 '빨리'라는 뜻을 가진 어휘가 들어가야 한다. 따라서 A 立即(즉시)가 정답이다.

✅ **고득점 노하우** 보기가 모두 부사인 경우에는, 단문의 빈칸 주변에서 술어나 자주 호응하는 어휘를 먼저 찾아 문맥에 맞는 보기를 정답의 후보로 선택한다.

제1회

제2회

제3회
독해

제4회

제5회

해커스 HSK 5급 실전모의고사

51 상	A 想象　　　B 神话　　　C 奇迹　　　D 情景	想象 xiǎngxiàng 동 상상　神话 shénhuà 명 신화 奇迹 qíjì 명 기적　情景 qíngjǐng 명 장면, 광경

A상상	B신화	C기적	D장면	정답 C

해설 보기를 읽고 단문의 빈칸에 문맥상 어떤 명사가 필요할지를 파악한 후, 빈칸 주변을 읽는다. 빈칸이 있는 부분은 '＿＿이 일어났다, 여자아이는 극락조를 보는 것을 매우 기대했기 때문에, 놀랍게도 자신의 장애를 잊어버리고 천천히 걷기 시작했다.'라는 의미이므로, 문맥상 C 奇迹(기적)가 정답이다.

✅ **고득점 노하우** 보기가 모두 명사인 경우에는, 단문을 읽을 때 빈칸의 앞 구절과 뒷 구절의 의미를 정확히 파악하여, 문맥에 맞는 보기를 먼저 찾는다.

52 중	A 挣到了一大笔钱　　　B 获得了大家的称赞 C 建立了美满的家庭　　　D 写出了很多的作品	挣 zhèng 동 (돈이나 재산을) 벌다　获得 huòdé 동 받다, 획득하다 称赞 chēngzàn 동 칭찬하다　建立 jiànlì 동 세우다, 구성하다 美满 měimǎn 형 아름답고 원만하다　家庭 jiātíng 명 가정 作品 zuòpǐn 명 작품

A거액의 돈을 벌었다	B모두의 칭찬을 받았다	C아름답고 원만한 가정을 세웠다	D많은 작품을 써냈다	정답 D

해설 보기가 모두 문장 형태이므로, 빈칸 주변의 문맥을 주의 깊게 파악한 후, 빈칸에 들어갈 문장을 선택한다. 빈칸이 있는 부분은 '문학 창작을 시작했고, ＿＿＿, 마침내 노벨문학상을 받은 첫 번째 여성이 되었다'라는 의미이므로, 선후관계가 있는 내용임을 알 수 있다. 따라서 문맥상 D 写出了很多的作品(많은 작품을 써냈다)이 정답이다.

✅ **고득점 노하우** 문장 채우기 문제가 마지막 문제인 경우, 앞 문제들을 풀면서 읽었던 단문 내용을 토대로 단문 전체의 문맥에 적합한 보기를 정답으로 선택한다.

53-56

对我们来说，54身体健康和心理健康都是非常重要的。53有了身体，生命才能 53. C 存在 ；有了良好的心理状态，其他的方面才能发展。54所以，一个人 54. D 身心都没问题 ，才得上是真正的健康。身体健康和心理健康还会互相影响，比如说，55身体生病了就可能 55. C 导致 心理问题，56而长期积累的心理问题，如果一直不想办法解决，肯定也会对身体健康造成 56. A 消极 的影响。

心理 xīnlǐ 명 심리　生命 shēngmìng 명 생명, 목숨
存在 cúnzài 동 존재하다　良好 liánghǎo 형 좋다
状态 zhuàngtài 명 상태
算得上 suàn de shàng ~라 할 수 있다, ~라고 여겨지다
真正 zhēnzhèng 형 진정한 부 정말로　互相 hùxiāng 부 서로
导致 dǎozhì 동 (어떤 사태를) 야기하다　长期 chángqī 명 장시간
积累 jīlěi 동 (조금씩) 누적되다　一直 yìzhí 부 계속, 줄곧
解决 jiějué 동 해결하다　肯定 kěndìng 부 틀림없이
造成 zàochéng 동 초래하다　消极 xiāojí 형 부정적이다

우리에게 있어서, 54신체 건강과 심리 건강은 모두 매우 중요한 것이다. 53신체가 있어야 생명이 비로소 C 존재할 수 있으며, 좋은 심리 상태가 있기에 나머지 부분이 비로소 발전할 수 있다. 54그래서, 한 사람의 D 몸과 마음에 모두 문제가 없어야, 비로소 진정한 건강이라고 할 수 있다. 신체 건강과 심리 건강은 서로 영향을 줄 수도 있다. 예를 들어, 55몸이 병에 걸린다면 심리적 문제를 C 야기할 수 있고, 56장시간 누적된 심리 문제를 만약 계속 해결할 방법을 생각하지 않는다면, 틀림없이 신체 건강에도 A 부정적인 영향을 초래할 것이다.

53 중	A 成长　　B 延长　　C 存在　　D 进步	成长 chéngzhǎng 동 성장하다　延长 yáncháng 동 연장하다 存在 cúnzài 동 존재하다　进步 jìnbù 동 진보하다

A성장하다	B연장하다	C존재하다	D진보하다	정답 C

해설 보기를 읽고 단문의 빈칸에 문맥상 어떤 동작이나 상태를 나타내는 어휘가 필요할지를 파악하며 빈칸 주변을 읽는다. 빈칸이 있는 부분은 '신체가 있어야 생명이 비로소 ＿＿＿(할) 수 있으며'라는 의미로, 문맥상 C 存在(존재하다)가 정답이다.

✅ **고득점 노하우** 보기가 동사로 이루어진 경우, 단문 빈칸 주변을 꼼꼼히 읽어 문맥과 가장 어울리는 동작을 나타내는 보기를 찾는다.

54 상	A 精神世界愉快　　　B 经常锻炼身体 C 适应能力较强　　　D 身心都没问题	精神 jīngshén 명 정신　愉快 yúkuài 형 즐겁다 适应 shìyìng 동 적응하다　能力 nénglì 명 능력 身心 shēnxīn 명 몸과 마음, 심신

A정신세계가 즐겁다	B자주 신체를 단련하다	C적응 능력이 비교적 강하다	D몸과 마음에 모두 문제가 없다	정답 D

해설 보기가 모두 문장 형태이므로, 빈칸 주변의 문맥을 주의 깊게 파악한 후, 빈칸에 들어갈 문장을 선택한다. 빈칸이 있는 부분은 '그래서, 한 사람의 ____(해야), 비로소 진정한 건강이라고 할 수 있다.'라는 의미이다. 지문 초반에 **身体健康和心理健康都是非常重要的**(신체 건강과 심리 건강은 모두 매우 중요한 것이다)라고 했으므로, D **身心都没问题**(몸과 마음에 모두 문제가 없다)가 정답이다.

고득점 노하우 문장 채우기 문제가 마지막 문제가 아닌 경우에는, 먼저 다른 문제를 풀며 단문의 문맥을 파악한 후 맨 마지막에 푼다.

55 중

A 构成 B 传播 C 导致 D 制造	构成 gòuchéng [동] 구성하다 传播 chuánbō [동] 전파하다 导致 dǎozhì [동] 야기하다 制造 zhìzào [동] 제조하다
A 구성하다 B 전파하다 C 야기하다 D 제조하다	정답 C

해설 보기를 읽고 단문의 빈칸에 문맥상 어떤 동작을 나타내는 어휘가 필요할지를 파악한 후, 빈칸 주변을 읽는다. 빈칸이 있는 부분은 '몸이 병에 걸린다면 심리적 문제를 ____(할) 수 있고'라는 의미이므로, 빈칸에는 어떤 결과를 일으키는 뜻을 가진 어휘가 들어가야 한다. 따라서 C **导致**(야기하다)이 정답이다.

A **构成**(구성하다)은 몇 가지 부분이나 요소들을 모아서 일정한 전체를 짜 이룬다는 것을 의미한다. 참고로 중국어에서 **构成问题**라는 표현은 쓰지 않는다.

D **制造**(제조하다)는 원료에 인공을 가하여 정교한 제품을 만드는 것을 의미한다.

고득점 노하우 导致问题(문제를 야기하다)를 호응 어휘로 암기해둔다.

56 중

A 消极 B 主观 C 真实 D 意外	消极 xiāojí [형] 부정적이다 主观 zhǔguān [형] 주관적이다 [명] 주관 真实 zhēnshí [형] 진실하다 意外 yìwài [형] 의외이다 [명] 의외의 사고
A 부정적이다 B 주관적이다 C 진실하다 D 의외이다	정답 A

해설 보기를 읽고 단문의 빈칸에 문맥상 어떤 상태를 나타내는 어휘가 필요할지를 파악한 후, 빈칸 주변을 읽는다. 빈칸이 있는 부분은 '장시간 누적된 심리 문제를 만약 계속 해결할 방법을 생각하지 않는다면, 틀림없이 신체 건강에도 ____(인) 영향을 초래할 것이다'라는 의미이므로, 문맥상 빈칸에 부정적인 뜻을 나타내는 어휘가 들어가야 한다. 따라서 A **消极**(부정적이다)가 정답이다.

고득점 노하우 보기가 모두 형용사인 경우에는, 단문의 빈칸 주변에서 형용사가 꾸며주는 대상이나 주어를 먼저 찾아 문맥에 적합한 보기를 먼저 찾는다.

57-60

[57]世界上最快而又最慢，最长而又最短，最平常而又最 57. A 宝贵 ，最易被忽视而又令人后悔的是什么呢？[57]对，就是时间。[58]时间是相当公平的，无论多么富有的人都无法 58. C 买到更多时间 ；而再怎么贫穷的人，一天也有24小时的时间供他使用。[59]有一句老话说："一寸光阴一寸金，寸金难买寸光阴。"这正 59. D 体现 了金钱是买不到时间的。[60]因此，珍惜时间应该成为每个人的生活 60. B 原则 。

平常 píngcháng [형] 평범하다 宝贵 bǎoguì [형] 귀중하다
忽视 hūshì [동] 소홀히 하다 令人 lìng rén 사람들로 하여금
后悔 hòuhuǐ [동] 후회하다 相当 xiāngdāng [부] 무척
公平 gōngpíng [형] 공평하다 无论 wúlùn [접] ~에 관계없이
富有 fùyǒu [형] 부유하다 无法 wúfǎ [동] ~할 수 없다
再 zài [부] 아무리 贫穷 pínqióng [형] 가난하다 供 gōng [동] 제공하다
使用 shǐyòng [동] 사용하다 老话 lǎohuà [명] 옛말 寸 cùn [양] 치, 촌
光阴 guāngyīn [명] 시간, 세월
体现 tǐxiàn [동] 나타내다, 구체적으로 드러내다 金钱 jīnqián [명] 돈
买不到 mǎi bu dào [동] 살 수 없다 珍惜 zhēnxī [동] 귀중히 여기다
原则 yuánzé [명] 원칙 [부] 원칙적으로

[57]세상에서 가장 빠르면서도 가장 느리고, 가장 길면서도 가장 짧고, 가장 평범하면서도 가장 A 귀중하고, 가장 쉽게 소홀히 되면서도 사람을 후회하게 하는 것은 무엇일까? [57]그렇다, 바로 시간이다. [58]시간은 무척 공평한 것이며, 얼마나 부유한 사람인지에 관계없이 C 더 많은 시간을 살 수 없다. 반대로 아무리 가난한 사람이더라도, 하루에 24시간의 시간이 그에게 사용하도록 제공된다. [59]'한 치의 세월은 한 치의 금이며, 한 치의 금으로도 한 치의 시간을 사기 어렵다.'라는 옛말이 있다. 이는 바로 돈은 시간을 살 수 없다는 것을 D 나타냈다. [60]이 때문에, 시간을 귀중히 여기는 것은 모두의 생활 B 원칙이 되어야 한다.

57 상

A 宝贵 B 完美 C 成熟 D 匆忙	宝贵 bǎoguì [형] 귀중하다 完美 wánměi [형] 완벽하다 成熟 chéngshú [형] 성숙하다 匆忙 cōngmáng [형] 매우 바쁘다
A 귀중하다 B 완벽하다 C 성숙하다 D 매우 바쁘다	정답 A

해설 보기를 읽고 단문의 빈칸에 문맥상 어떤 상태를 나타내는 어휘가 필요할지를 파악한 후, 빈칸 주변을 읽는다. 빈칸이 있는 부분은 '세상에서 가장 빠르면서도 가장 느리고, 가장 길면서도 가장 짧고, 가장 평범하면서도 가장 ____'라는 의미이다. 빈칸 뒤에서 **对，就是时间。**(그렇다, 바로 시간이다.)이라고 했으므로 이 문장은 시간에 대한 묘사임을 알 수 있다. **快**(빠르다)와 **慢**(느리다), 그리고 **长**(길다)과 **短**(짧다)은 반의어이므로, 빈칸에도 **平常**(평범하다)과 대비되는 어휘가 들어가야 한다. 따라서 A **宝贵**(귀중하다)가 정답이다.

고득점 노하우 보기가 모두 형용사인 경우에는, 단문의 빈칸 주변에서 형용사가 꾸며주는 대상이나 주어를 먼저 찾아 문맥에 적합한 보기를 먼저 찾는다.

58 상

A 保证永远健康　B 满足所有要求
C 买到更多时间　D 合理利用财产

保证 bǎozhèng [동] 보장하다, 보증하다　满足 mǎnzú [동] 만족시키다
合理 hélǐ [형] 합리적이다, 도리에 맞다　利用 lìyòng [동] 이용하다
财产 cáichǎn [명] 재산, 자산

A 영원한 건강을 보장하다　B 모든 요구를 만족시키다　C 더 많은 시간을 사다　D 재산을 합리적으로 이용하다　정답 C

해설 보기가 모두 문장 형태이므로, 빈칸 주변의 문맥을 주의 깊게 파악한 후, 빈칸에 들어갈 문장을 선택한다. 빈칸이 있는 문장은 '시간은 무척 공평한 것이며, 얼마나 부유한 사람인지에 관계없이 ____(할) 수 없다'라는 의미이다. 따라서 문맥상 C 买到更多时间(더 많은 시간을 사다)이 정답이다.

✅ **고득점 노하우** 문장 채우기 문제가 마지막 문제가 아닌 경우에는, 먼저 다른 문제를 풀며 단문의 문맥을 파악한 후 맨 마지막에 푼다.

59 상

A 分析　B 记录　C 假设　D 体现

分析 fēnxī [동] 분석하다　假设 jiǎshè [동] 가정하다
体现 tǐxiàn [동] 나타내다, 구체적으로 드러내다

A 분석하다　B 기록하다　C 가정하다　D 나타내다　정답 D

해설 보기를 읽고 단문의 빈칸에 문맥상 어떤 동작을 나타내는 어휘가 필요할지를 파악한 후, 빈칸 주변을 읽는다. 빈칸이 있는 문장은 '이는 바로 돈은 시간을 살 수 없다는 것을 ____'라는 의미이다. 빈칸 앞에서 有一句老话说："一寸光阴一寸金，寸金难买寸光阴。"('한 치의 세월은 한 치의 금이며, 한 치의 금으로도 한 치의 시간을 사기 어렵다.'라는 옛말이 있다.)이라고 했으므로, 옛말의 의미를 드러낸다는 뜻의 D 体现(나타내다)이 정답이다.

✅ **고득점 노하우** 보기가 모두 동사인 경우에는, 빈칸 주변에서 주어와 목적어를 먼저 찾아 문맥에 맞는 보기를 정답으로 선택한다.

60 중

A 成果　B 原则　C 思想　D 理由

成果 chéngguǒ [명] 성과, 결과　原则 yuánzé [명] 원칙
思想 sīxiǎng [명] 사상, 의식

A 성과　B 원칙　C 사상　D 이유　정답 B

해설 보기를 읽고 단문의 빈칸에 문맥상 어떤 명사가 필요할지를 파악한 후, 빈칸 주변을 읽는다. 빈칸이 있는 문장은 '이 때문에, 시간을 귀중히 여기는 것은 모두의 생활 ____(이) 되어야 한다.'라는 의미이므로, 문맥상 생활에서 '지켜야 하는 것'이라는 뜻을 가진 어휘가 들어가야 한다. 따라서 B 原则(원칙)가 정답이다.

✅ **고득점 노하우** 보기가 모두 명사인 경우에는, 단문을 읽을 때 빈칸의 앞 구절과 뒷 구절의 의미를 정확히 파악하여, 문맥에 맞는 보기를 먼저 찾는다.

61 하

张阿姨是一位普通的退休工人。她在自己住的居民区楼下散步，常常看到垃圾桶里有被丢掉的[C]书，有的还很新。张阿姨觉得这么多好书扔了太可惜了，于是她每天把这些书捡回家。半年之后，[B]张阿姨挑选了一千多本内容适合小学生读的[B]书，捐给了农村的一所[B]小学，帮他们建立起了自己的图书馆。

A 张阿姨退休后没有收入
B 张阿姨捐了一千多本书
C 被丢掉书都已经很旧了
D 农村小学买了很多新书

阿姨 āyí [명] 아주머니　普通 pǔtōng [형] 평범하다
退休 tuìxiū [동] 퇴직하다　工人 gōngrén [명] 근로자, 노동자
居民区 jūmínqū [명] 주택 단지
楼下 lóu xia [명] 건물 아래 (일층 바깥 주변)　散步 sànbù [동] 산책하다
垃圾桶 lājītǒng [명] 쓰레기통　丢掉 diūdiào [동] 버리다
扔 rēng [동] 버리다, 던지다　可惜 kěxī [형] 안타깝다, 아깝다
于是 yúshì [접] 그래서　捡 jiǎn [동] 줍다
挑选 tiāoxuǎn [동] 고르다, 선택하다　适合 shìhé [동] 적합하다
捐 juān [동] 기부하다　农村 nóngcūn [명] 농촌
所 suǒ [양] 개, 하나 (학교, 병원을 세는 단위)
建立 jiànlì [동] 세우다, 건립하다　收入 shōurù [명] 수입

장씨 아주머니는 평범한 퇴직 근로자이다. 그녀는 자신이 사는 주택 단지 건물 아래에서 산책하다, 쓰레기통 안에 버려진 [C]책이 있는 것을 자주 보았는데, [C]어떤 것은 아직도 새것이었다. 장씨 아주머니는 이렇게 많고 좋은 책이 버려지는 것이 너무 안타깝다고 생각하여, 그래서 그녀는 매일 이런 책들을 주워서 집으로 돌아갔다. 반년 후, [B]장씨 아주머니는 내용이 초등학생이 읽기에 적합한 [B]천 여권의 책을 골라, 농촌의 한 [B]초등학교에 기부했고, 그들을 도와 자신의 도서관을 세웠다.

A 장씨 아주머니는 퇴직 후 수입이 없다　B 장씨 아주머니는 천 여권의 책을 기부했다
C 버려진 책은 모두 이미 낡았다　D 농촌 초등학교는 많은 새 책을 샀다　정답 B

해설 단문의 앞부분을 읽으면 张阿姨(장씨 아주머니)와 관련된 이야기임을 알 수 있다. 따라서, 등장 인물의 특징이나 사건을 정확히 파악하며 단문을 읽고, 오답 보기를 소거하거나 정답을 고른다.

단문의 초반에서 书，有的还很新(책이 …… 어떤 것은 아직도 새것이었다)이라고 했는데, C는 书都 …… 旧了(책이 모두 …… 낡았

다)라고 했으므로, C를 오답으로 소거한다. 특히, 보기의 都(모두)로 인해 낡은 책을 가리키는 범위가 달라져 오답이 되었으므로, 보기를 읽을 때 都(모두)를 놓치지 않는다. → C (X)

그 다음 문장에서 张阿姨挑选了一千多本…… 书, 捐给了…… 小学(장씨 아주머니는…… 천 여권의 책을 골라,…… 초등학교에 기부했고)라고 했는데, B는 张阿姨捐了一千多本书(장씨 아주머니는 천 여권의 책을 기부했다)라고 했으므로, B가 정답이다. → B (O)

A, D는 단문에서 언급되지 않았으므로 오답이다. → A (X), D (X)

☑ 고득점 노하우 이야기에서는 등장인물과 관련된 사건이 중요하므로, 단문을 읽을 때 인물 간 발생한 일 또는 결과를 특히 꼼꼼히 해석한다.

---

62 중

你的身边是否存在这样的人? 对于别人的需求, 他们总会充分满足, 而A自己的想法, 却被摆在次要位置。C面对他人的请求, 他们不会拒绝, 通常选择自己吃亏, D仿佛是为了得到每个人的称赞与认可。我们称这类人为"老好人"。

A "老好人"从来不考虑自己
B "老好人"会帮人实现梦想
C "老好人"通常不拒绝别人
D "老好人"希望能得到赞美

身边 shēnbiān 몡 곁	是否 shìfǒu 튀 ~인지 아닌지
存在 cúnzài 통 존재하다	존재 对于 duìyú 게 ~에 대해
需求 xūqiú 몡 요구	总 zǒng 튀 항상, 늘
充分 chōngfèn 튀 충분히	충분하다
满足 mǎnzú 통 만족시키다, 만족하다	摆 bǎi 통 놓다, 배열하다
次要 cìyào 톙 부차적인, 다음으로 중요한	位置 wèizhi 몡 위치
请求 qǐngqiú 통 부탁하다 요청하다	拒绝 jùjué 통 거절하다
通常 tōngcháng 톙 보통의, 일반적인	吃亏 chīkuī 통 손해를 보다
仿佛 fǎngfú 튀 마치 ~인 것 같다	得到 dédào 통 받다, 얻다
称赞 chēngzàn 통 칭찬하다	认可 rènkě 통 인정하다
称为 chēngwéi 통 ~라고 부르다	
类 lèi 뗭 류(성질 또는 특징이 같거나 비슷한 사물을 셀 때 쓰임)	
老好人 lǎohǎorén 몡 예스맨	从来 cónglái 튀 여태껏
考虑 kǎolǜ 통 고려하다	实现 shíxiàn 통 실현하다
梦想 mèngxiǎng 몡 꿈	赞美 zànměi 통 칭찬하다, 찬양하다

당신 곁에 이러한 사람이 존재하는가 안 하는가? 타인의 요구에 대해, 그들은 항상 충분히 만족시킬 수 있지만, A자신의 생각은, 도리어 부차적인 위치에 놓는다. C타인의 부탁에 직면하면, 그들은 거절하지 못하며, 보통 자신이 손해 보는 것을 선택한다. D마치 모든 사람의 칭찬과 인정을 받기 위함인 것 같다. 우리는 이런 류의 사람을 '예스맨'이라고 부른다.

A '예스맨'은 여태껏 자신을 고려한 적이 없다   B '예스맨'은 사람들이 꿈을 실현하도록 도와줄 수 있다
C '예스맨'은 보통 타인을 거절하지 않는다   D '예스맨'은 칭찬받을 수 있기를 희망한다   정답 C

해설 모든 보기가 "老好人(예스맨)"으로 시작하므로, 老好人(예스맨)에 관한 세부 내용에 유의하며 단문을 읽고, 오답 보기를 소거하거나 정답을 고른다.

단문의 초반에서 自己的想法, 却被摆在次要位置(자신의 생각은, 도리어 부차적인 위치에 놓는다)이라고 했는데, A는 从来不考虑自己(여태껏 자신을 고려한 적이 없다)라고 했으므로, A를 오답으로 소거한다. 특히, 보기의 从来不(여태껏)로 인해 의미가 달라져 오답이 되었으므로, 보기를 읽을 때 从来不(여태껏)를 놓치지 않는다. → A (X)

그 다음 문장에서 面对他人的请求, 他们不会拒绝(타인의 부탁에 직면하면, 그들은 거절하지 못하며)라고 했는데, C는 通常不拒绝别人(보통 타인을 거절하지 않는다)이라고 했으므로, C가 정답이다. → C (O)
*C를 정답으로 답안지에 표시한 후, 바로 다음 문제로 넘어가서 시간을 절약한다.

이어지는 부분에서 仿佛是为了得到每个人的称赞与认可(마치 모든 사람의 칭찬과 인정을 받기 위함인 것 같다)라고 했는데, D는 希望能得到赞美(칭찬받을 수 있기를 희망한다)라고 했으므로, D를 오답으로 소거한다. → D (X)

B는 단문에서 언급되지 않았으므로 오답이다. → B (X)

☑ 고득점 노하우 보기의 주어가 모두 따옴표(" ")가 있는 같은 어휘인 경우에는, 단문의 내용과 보기의 주어 뒷부분의 내용을 대조하며 오답 보기를 소거하거나 정답을 고른다.

---

63 중

为了能在大自然中生存, 动物们都练出了一身本领。比如, 变色龙A为了躲藏敌人, 学会了随着周围环境的变化改变自己身体的颜色。它们可以长时间保持不动, 使自己成为大自然的一部分, 因此, 很难被其他动物发现。

A 变色龙可以改变颜色
B 变色龙奔跑速度很快
C 变色龙的数量比较少
D 变色龙的敌人非常多

大自然 dàzìrán 몡 대자연	生存 shēngcún 통 생존하다 생존
练 liàn 통 연습하다	身 shēn 냥 벌(옷을 세는 단위)
本领 běnlǐng 몡 능력	变色龙 biànsèlóng 몡 카멜레온
躲藏 duǒcáng 통 피하다	敌人 dírén 몡 적
学会 xuéhuì 통 습득하다	随着 suízhe ~에 따라서
周围 zhōuwéi 몡 주변	改变 gǎibiàn 통 바꾸다, 변하다
保持 bǎochí 통 (지속적으로) 유지하다	奔跑 bēnpǎo 통 달리다
速度 sùdù 몡 속도	数量 shùliàng 몡 수량

대자연에서 생존할 수 있기 위해서, 동물들은 모두 능력을 연마해냈다. 카멜레온이 ᴬ적을 피하기 위해, 주변 환경의 변화에 따라 자기 신체의 색깔을 바꾸는 것을 습득한 것이 그 예다. 그들은 장시간 움직이지 않는 것을 유지할 수 있고, 자신이 대자연의 일부분이 되게 한다. 이 때문에 다른 동물에게 발견되기 어렵다.

A 카멜레온은 색깔을 바꿀 수 있다
B 카멜레온은 달리는 속도가 빠르다
C 카멜레온의 수는 비교적 적다
D 카멜레온의 적은 매우 많다

정답 A

해설 단문의 앞부분을 읽으면 变色龙(카멜레온)과 관련된 설명문임을 알 수 있다. 따라서, 이와 관련하여 설명하는 세부 내용을 정확히 파악하며 단문을 읽고, 오답 보기를 소거하거나 정답을 고른다.

단문에서 为了躲藏敌人, 学会了随着周围环境的变化改变自己身体的颜色(적을 피하기 위해, 주변 환경의 변화에 따라 자기 신체의 색깔을 바꾸는 것을 습득했다)라고 했는데, A는 可以改变颜色(색깔을 바꿀 수 있다)라고 했으므로, A가 정답이다. → A (O)

*A를 정답으로 답안지에 표시한 후, 바로 다음 문제로 넘어가서 시간을 절약한다.

B, C, D는 단문에서 언급되지 않았으므로 오답이다. → B (X), C (X), D (X)

☑ **고득점 노하우** 설명문에서는 설명 대상의 세부 특징이 중요하므로, 단문을 읽을 때 대상의 특징을 꾸며 주거나 강조하는 표현을 특히 꼼꼼하게 해석한다.

---

64 중

ᴰ中医讲究用望、闻、问、切四种方法进行诊断, 被称为"四诊"。这不仅在古代十分流行, 即使在现代化检查手段迅速发展的ᴬ今天, 也仍然没有失去它的价值。因为ᶜ望、闻、问、切中的一些方法是无法被科学方式所代替的。随着中国文化在海外传播, 中医的ᴮ"四诊"在国外也越来越受欢迎。

A "四诊"已经失去了实用价值
B "四诊"只受到中国人的重视
C "四诊"被科学检查手段代替了
D "四诊"是中医传统的诊断方法

中医 zhōngyī 몡 중의학, 중의	讲究 jiǎngjiu 동 중요시하다
望 wàng 동 보다, 바라보다	闻 wén 동 듣다, (냄새를) 맡다
切 qiè 동 진맥하다	诊断 zhěnduàn 동 진단하다
被称为 bèi chēngwéi ~라고 불리다	四诊 sìzhěn 사진
不仅 bùjǐn 젭 ~뿐만 아니라	古代 gǔdài 몡 고대
流行 liúxíng 동 널리 퍼지다, 유행하다	即使 jíshǐ 젭 설령 ~하더라도
现代化 xiàndàihuà 현대화	检查 jiǎnchá 동 검사하다
手段 shǒuduàn 몡 방법, 수단	迅速 xùnsù 톙 빠르다, 신속하다
发展 fāzhǎn 동 발전하다	仍然 réngrán 분 여전히
失去 shīqù 동 잃다, 잃어버리다	价值 jiàzhí 몡 가치, 값
无法 wúfǎ 동 ~할 수 없다	方式 fāngshì 몡 방식, 방법
代替 dàitì 동 대체하다	随着 suízhe ~에 따라(서)
传播 chuánbō 동 전파하다	国外 guówài 몡 해외
实用 shíyòng 톙 실용적이다	重视 zhòngshì 동 중시하다, 중요시하다
传统 chuántǒng 톙 전통적이다, 진행하다	

ᴰ중의학은 보고, 듣고, 묻고, 진맥하는 네 가지 방법을 이용해 진단하는 것을 중요시하며, 이는 '사진'이라고 불린다. 이는 고대에 매우 널리 퍼졌을 뿐만 아니라, 설령 현대적인 검사 방법이 빠르게 발전하는 ᴬ오늘날이라 할지라도, ᴬ여전히 그것의 가치를 잃지 않았다. 왜냐하면 ᶜ보고, 듣고, 묻고, 진맥하는 것 중의 몇몇 방법은 과학적인 방식에 의해 대체될 수 없는 것이기 때문이다. 중국 문화가 해외에 전파됨에 따라, 중의학의 ᴮ사진'은 해외에서도 더욱더 환영받고 있다.

A '사진'은 이미 실용적 가치를 잃었다
B '사진'은 중국인의 중시만을 받는다
C '사진'은 과학적 검사 방법에 대체되었다
D '사진'은 중의학 전통의 진단 방법이다

정답 D

해설 모든 보기가 "四诊(사진)"으로 시작하므로, 四诊(사진)에 관한 세부 내용에 유의하며 단문을 읽고, 오답 보기를 소거하거나 정답을 고른다.

단문 초반에서 中医讲究用望、闻、问、切四种方法进行诊断, 被称为"四诊"。(중의학은 보고, 듣고, 묻고, 진맥하는 네 가지 방법을 이용해 진단하는 것을 중요시하며, 이는 '사진'이라고 불린다.)이라고 했는데, D는 "四诊"是中医传统的诊断方法('사진'은 중의학 전통의 진단 방법이다)라고 했으므로, D가 정답이다. → D (O)

*D를 정답으로 답안지에 표시한 후, 바로 다음 문제로 넘어가서 시간을 절약한다.

그 다음 문장에서 今天, 也仍然没有失去它的价值(오늘날, …… 여전히 그것의 가치를 잃지 않았다)이라고 했는데, A는 已经失去了实用价值(이미 실용적 가치를 잃었다)이라고 했으므로, A를 오답으로 소거한다. 특히, 단문의 没有失去(잃지 않았다) 대신 보기에서 已经失去(이미 잃었다)가 쓰여 의미가 달라져 오답이 되었으므로, 보기를 읽을 때 已经(이미)을 놓치지 않는다. → A (X)

그 다음 문장에서 望、闻、问、切中的一些方法是无法被科学方式所代替的(보고, 듣고, 묻고, 진맥하는 것 중의 몇몇 방법은 과학적인 방식에 의해 대체될 수 없는 것)라고 했는데, C는 被科学检查手段代替了(과학적 검사 방법에 대체되었다)라고 했으므로, C는 오답으로 소거한다. 특히 단문의 无法代替(대체될 수 없다) 대신 보기에서 代替(대체하다)가 쓰여 의미가 달라져 오답이 되었으므로, 보기를 읽을 때 代替(대체하다)를 놓치지 않는다. → C (X)

그 다음 문장에서 "四诊"在国外也越来越受欢迎('사진'은 해외에서도 더욱더 환영받고 있다)이라고 했는데, B는 只受到中国人的重视(중국인의 중시만을 받는다)이라고 했으므로, B를 오답으로 소거한다. 특히, 보기의 只(오직 ~만)로 인해 의미가 달라져 오답이 되었으므로, 보기를 읽을 때 只(오직 ~만)을 놓치지 않는다. → B (X)

☑ **고득점 노하우** 보기의 주어가 모두 따옴표(" ")가 있는 같은 어휘인 경우에는, 단문의 내용과 보기의 주어 뒷부분의 내용을 대조하며 오답 보기를 소거하거나 정답을 고른다.

65
중

ᴮ中国有句话叫："患难之中见真情"。这是中国人从古代到现代都ᴮ很欣赏的一种真正的友谊。ᴰ这种友谊是在感情上把自己和朋友的生活、前途、命运联系起来，ᴰ在朋友遇到危险的时候，主动伸出手帮助他。宁可损失自己的利益，也要保护朋友。

A 现代人不赞成这种观点
B 中国人欣赏真正的友谊
C 有的朋友会让你损失利益
D 主动帮助你的才算是朋友

患难 huànnàn 圈 우환과 재난	真情 zhēnqíng 圈 진심
古代 gǔdài 圈 고대	现代 xiàndài 圈 현대
欣赏 xīnshǎng 圄 좋아하다, 감상하다	真正 zhēnzhèng 圈 진정한
友谊 yǒuyì 圈 우정	感情 gǎnqíng 圈 감정
前途 qiántú 圈 장래, 미래	命运 mìngyùn 圈 운명
联系 liánxì 圄 연결하다, 연관 짓다	危险 wēixiǎn 圈 위험 圄 위험하다
主动 zhǔdòng 圈 자발적인, 주도적인	
伸 shēn 圄 (신체나 물체의 일부분을) 내밀다	
宁可 nìngkě 圄 설령~할지라도	损失 sǔnshī 圄 손해보다, 손실되다
利益 lìyì 圈 이익	保护 bǎohù 圄 보호하다
赞成 zànchéng 圄 동의하다, 찬성하다	
观点 guāndiǎn 圈 견해, 관점	友谊 yǒuyì 圈 우정
算是 suànshì 圄 ~라고 할 수 있다, ~라 할만하다	

ᴮ중국에 '우환과 재난 중에 진심을 본다'라는 말이 있다. 이는 중국인이 고대부터 현대까지 모두 ᴮ좋아하는 진정한 우정이다. ᴰ이러한 우정은 감정상 자신과 친구의 생활, 장래, 운명을 연결하여, ᴰ친구가 위험에 처했을 때, 자발적으로 손을 내밀어 그를 도와주는 것이다. 설령 자신의 이익을 손해 보더라도, 친구를 보호하려 한다.

A 현대인은 이러한 견해에 동의하지 않는다　　　　B 중국인은 진정한 우정을 좋아한다
C 어떤 친구는 당신의 이익을 손해 보게 할 수 있다　　D 자발적으로 당신을 돕는 사람이 비로소 친구라고 할 수 있다　　정답 B

해설 단문의 앞부분을 읽으면 "患难之中见真情(우환과 재난 중에 진심을 본다)"이라는 말과 관련된 설명문임을 알 수 있다. 따라서, 이와 관련하여 설명하는 세부 내용을 정확히 파악하며 단문을 읽고, 오답 보기를 소거하거나 정답을 고른다.

단문의 초반에서 中国有句话叫："患难之中见真情"。这是中国人 …… 很欣赏的一种真正的友谊(중국에 '우환과 재난 중에 진심을 본다'라는 말이 있다. 이는 중국인이 …… 좋아하는 진정한 우정이다)라고 했는데, B는 中国人欣赏真正的友谊(중국인은 진정한 우정을 좋아한다)라고 했으므로, B가 정답이다. → B (O)

*B를 정답으로 답안지에 표시한 후, 바로 다음 문제로 넘어가서 시간을 절약한다.

그 다음 문장에서 这种友谊是 ……, 在朋友遇到危险的时候, 主动伸出手帮助他(이러한 우정은 ……, 친구가 위험에 처했을 때, 자발적으로 손을 내밀어 그를 도와주는 것이다)라고 했는데, D는 主动帮助你的才算是朋友(자발적으로 당신을 돕는 사람이 비로소 친구라고 할 수 있다)라고 했으므로, D를 오답으로 소거한다. 특히, 보기의 才算是(비로소~라고 할 수 있다)로 의미가 달라져 오답이 되었으므로, 보기를 읽을 때 才算是(비로소~라고 할 수 있다)를 놓치지 않는다. → D (X)

A, C는 단문에서 언급되지 않았으므로 오답이다. → A (X), C (X)

☑ **고득점 노하우** 설명문에서는 설명 대상의 세부 특징이 중요하므로, 단문을 읽을 때 대상의 특징을 꾸며 주거나 강조하는 표현을 특히 꼼꼼하게 해석한다.

66
중

对于像我这样30岁以上的人来说，小人书并不陌生。ᴮ它曾经是我们那个时代的孩子ᴮ获得知识的一个重要来源。很多人都是ᴬ通过小人书了解到最基本的ᴬ历史常识、人物故事、传统风俗和名家名作的。ᶜ在没有电视的时代，小人书让我们的业余生活丰富了许多。

A 小人书是一种历史杂志
B 读小人书可以获得知识
C 小人书比电视节目更有趣
D 小人书里的角色都是孩子

小人书 xiǎorénshū 圈 그림책	并 bìng 圄 결코, 조금도
陌生 mòshēng 圈 낯설다, 생소하다	曾经 céngjīng 圄 일찍이, 이미
时代 shídài 圈 시절, 시대	知识 zhīshi 圈 지식
来源 láiyuán 圈 출처, 근원	通过 tōngguò 圄 ~를 통해 圄 통과하다
基本 jīběn 圈 기본적인 圄 기본적으로	常识 chángshí 圈 상식
人物 rénwù 圈 인물	传统 chuántǒng 圈 전통 圄 전통적이다
风俗 fēngsú 圈 풍속	名家 míngjiā 圈 명인, 명가
名作 míngzuò 圈 명작	业余 yèyú 圈 여가, 업무 외
丰富 fēngfù 圄 풍부하게 하다 圄 풍부하다	
许多 xǔduō 圄 매우 많다	杂志 zázhì 圈 잡지
节目 jiémù 圈 프로그램	有趣 yǒuqù 圄 재미있다
角色 juésè 圈 역할	

나 같은 30세 이상인 사람에 대해 말하자면, 그림책은 결코 낯설지 않다. ᴮ그것은 일찍이 우리 그 시절의 아이들이 ᴮ지식을 얻는 중요한 근원이었다. 많은 사람들은 모두 ᴬ그림책을 통해 가장 기본적인 ᴬ역사 상식, 인물 이야기, 전통 풍속과 명인 명작 등을 알게 됐다. ᶜ텔레비전이 없던 시대에, 그림책은 우리들의 여가 생활을 매우 풍부하게 했다.

A 그림책은 일종의 역사 잡지이다　　　　B 그림책 읽기는 지식을 얻을 수 있다
C 그림책은 텔레비전 프로그램보다 더 재미있다　　D 그림책 안의 역할은 모두 아이이다　　정답 B

해설 단문의 앞부분을 읽으면 小人书(그림책)와 관련된 이야기임을 알 수 있다. 따라서, 이와 관련하여 설명하는 세부 내용을 정확히 파악하며 단문을 읽고, 오답 보기를 소거하거나 정답을 고른다.

단문의 초반에서 它曾经是 …… 获得知识的一个重要来源(그것은 일찍이 …… 지식을 얻는 중요한 근원이었다)이라고 했는데, B는 读小人书可以获得知识(그림책 읽기는 지식을 얻을 수 있다)이라고 했으므로, B가 정답이다. → B (O)

*B를 정답으로 답안지에 표시한 후, 바로 다음 문제로 넘어가서 시간을 절약한다.

그 다음 문장에서 通过小人书了解到 …… 历史常识、人物故事、传统风俗和名家名作的(그림책을 통해 …… 역사 상식, 인물 이야기, 전통 풍속과 명인 명작 등을 알게 됐다)라고 했는데, A는 是一种历史杂志(일종의 역사 잡지이다)라고 했으므로, A를 오답으로 소거한다. → A (X)

그 다음 문장에서 在没有电视的时代, 小人书让我们的业余生活丰富了许多。(텔레비전이 없던 시대에, 그림책은 우리들의 여가 생활을 매우 풍부하게 했다.)라고 했는데, C는 比电视节目更有趣(텔레비전 프로그램보다 더 재미있다)라고 했으므로, C를 오답으로 소거한다. → C (X)

D는 단문에서 언급되지 않았으므로 오답이다. → D (X)

✅ **고득점 노하우** 이야기에서는 등장인물과 관련된 사건이 중요하므로, 단문을 읽을 때 인물 간 발생한 일 또는 결과를 특히 꼼꼼히 해석한다.

67
상

ᶜ有人说香港是"文化沙漠", 我并不赞成。香港的街头, ᴮ能看到各种各样的书店, 书的种类非常丰富, ᴮ顾客也并不少。ᴬ有些书店面积只有四五十平方米, 但是店里的书摆得很整齐, 有时还能找到一些很有特色的书籍。此外, 在报纸上也经常发表作家和普通市民的文章, 总之, ᶜ我感觉香港并不缺乏"文化"元素。 A 香港的书店规模都非常小 B 香港人不是很喜欢逛书店 C 香港的文化生活比较丰富 D 有特色的书籍特别受欢迎	香港 Xiānggǎng [고유] 홍콩　文化 wénhuà [명] 문화 沙漠 shāmò [명] 불모지, 사막　并 bìng [부] 결코, 전혀 赞成 zànchéng [동] 동의하다, 찬성하다　街头 jiētóu [명] 거리 各种各样 gè zhǒng gè yàng 각양각색, 다양한 种类 zhǒnglèi [명] 종류　丰富 fēngfù [형] 풍부하다 顾客 gùkè [명] 손님, 고객　面积 miànjī [명] 면적 平方米 píngfāngmǐ [명] 제곱미터(㎡)　摆 bǎi [동] 진열하다, 놓다 整齐 zhěngqí [형] 깔끔하다, 정연하다　有时 yǒushí [부] 때로는 特色 tèsè [명] 득색　书籍 shūjí [명] 서적, 책　此外 cǐwài [접] 이 밖에 发表 fābiǎo [동] 게재하다, 발표하다 普通 pǔtōng [형] 평범하다, 일반적이다　市民 shìmín [명] 시민 文章 wénzhāng [명] (독립된 한 편의) 글, 문장 总之 zǒngzhī [접] 아무튼, 총괄하면 缺乏 quēfá [동] 부족하다, 결핍되다　元素 yuánsù [명] 요소 规模 guīmó [명] 규모

ᶜ어떤 사람은 홍콩을 '문화 불모지'라고 말하는데, 나는 결코 동의하지 않는다. 홍콩의 거리에서는 ᴮ각양각색의 서점을 볼 수 있고, 책의 종류도 풍부하고, ᴮ손님도 결코 적지 않다. ᴬ일부 서점의 면적은 단지 사오십 제곱미터이지만, 가게 안의 책들은 매우 깔끔하게 진열되어 있으며, 때로는 특색 있는 서적을 찾을 수도 있다. 이 밖에 신문에도 작가와 평범한 시민의 글이 자주 게재된다. 아무튼, ᶜ나는 홍콩의 '문화' 요소가 결코 부족하지 않다고 생각한다.

A 홍콩의 서점 규모는 모두 매우 작다　　　　　　　B 홍콩 사람은 서점 돌아다니는 것을 좋아하지 않는다
C 홍콩의 문화생활은 비교적 풍부하다　　　　　　D 특색 있는 서적은 매우 환영받는다　　　　　　정답 C

해설 단문의 첫 문장을 읽으면 香港(홍콩)과 관련된 논설문임을 알 수 있다. 따라서, 홍콩과 관련된 글쓴이의 주장을 정확히 파악하며 단문을 읽고, 오답 보기를 소거하거나 정답을 고른다.

단문의 초반에서 有人说香港是"文化沙漠", 我并不赞成。(어떤 사람은 홍콩을 '문화 불모지'라고 말하는데, 나는 결코 동의하지 않는다.)이라고 했는데, C는 香港的文化生活比较丰富(홍콩의 문화생활은 비교적 풍부하다)라고 했다. 해당 내용으로는 홍콩의 문화생활이 풍부한지 알 수 없으므로, C를 정답의 후보로 체크해두고 지문을 계속 읽어 나간다. → C (△)

그 다음 문장에서 能看到各种各样的书店, …… 顾客也并不少(각양각색의 서점을 볼 수 있고, …… 손님도 결코 적지 않다)라고 했는데, B는 香港人不是很喜欢逛书店(홍콩 사람은 서점 돌아다니는 것을 좋아하지 않는다)이라고 했으므로, B를 오답으로 소거한다. → B (X)

그 다음 문장에서 有些书店面积只有四五十平方米(일부 서점의 면적은 단지 사오십 제곱미터이지만)라고 했는데, A는 香港的书店规模都非常小(홍콩의 서점 규모는 모두 매우 작다)라고 했으므로, A를 오답으로 소거한다. 특히, 보기의 都(모두)로 인해 의미가 달라져 오답이 되었으므로, 보기를 읽을 때 都(모두)를 놓치지 않는다. → A (X)

그 다음 문장에서 我感觉香港并不缺乏"文化"元素(나는 홍콩의 '문화' 요소가 결코 부족하지 않다고 생각한다)라고 했는데, C는 香港的文化生活比较丰富(홍콩의 문화생활은 비교적 풍부하다)라고 했으므로, C를 정답으로 확정한다. → C (O)

D는 단문에서 언급되지 않았으므로 오답이다. → D (X)

✅ **고득점 노하우** 논설문에서는 화자의 의견과 견해가 중요하므로, 단문을 읽을 때 주장을 나타내는 구절이나 표현을 특히 꼼꼼히 해석한다.

ᴮ广东人特别喜欢吃早茶，因此中国人一说起早茶就会想起广东。去广州旅游的人通常也会去茶楼尝一尝广州的早茶，ᴬ广东早茶除了茶以外，还有各种各样的点心。因为主要是吃，喝倒是次要的，所以广东人说"吃早茶"而不是"喝早茶"。有趣的是，ᶜ在广东人看来，中午去茶楼也叫"吃早茶"。

A 广东的早茶主要是喝茶
B 早茶是广东的饮食特色
C 吃早茶通常要在中午前
D 广东茶楼的服务很周到

广东 Guǎngdōng [고유] 광둥(중국 지명, 광동)
早茶 zǎochá [명] 아침 차   一…就… yī…jiù… ~하기만 하면 곧 ~하다
想起 xiǎngqǐ [동] 떠올리다, 생각해 내다
广州 Guǎngzhōu [고유] 광저우(중국 지명, 광주)
通常 tōngcháng [형] 보통의, 일반적인   茶楼 chálóu [명] 찻집, 다관
尝 cháng [동] 맛보다   各种各样 gè zhǒng gè yàng 각양각색의, 다양한
点心 diǎnxin [명] 간식   倒 dào [부] 도리어
次要 cìyào [형] 부차적인, 이차적인
有趣 yǒuqù [형] 흥미롭다, 재미있다
饮食 yǐnshí [명] 음식 [동] 음식을 먹고 마시다   特色 tèsè [명] 특징
周到 zhōudào [형] 세심하다, 꼼꼼하다

ᴮ광둥 사람들은 아침 차를 먹는 것을 매우 좋아하여, 이 때문에 중국인들은 아침 차를 말하면 광둥을 떠올릴 것이다. 광저우로 여행 가는 사람은 보통 찻집에 가서 광저우의 아침 차를 맛볼 것인데, ᴬ광둥 아침 차는 차 외에도, 각양각색의 간식이 있다. 주된 것은 먹는 것이고, 마시는 것은 도리어 부차적인 것이기 때문에 광둥 사람들은 '차를 마신다'고 말하지 않고 '차를 먹는다'고 말한다. 흥미로운 것은, ᶜ광둥 사람들이 보기에, 정오에 찻집에 가는 것도 '아침 차를 먹는다'라고 부른다는 것이다.

A 광둥의 아침 차는 주로 차를 마시는 것이다 　　B 아침 차는 광둥의 음식 특징이다
C 아침 차를 먹는 것은 일반적으로 정오 전이어야 한다 　　D 광둥 찻집의 서비스는 세심하다

정답 B

해설 단문의 앞부분을 읽으면 **早茶**(아침 차)와 관련된 설명문임을 알 수 있다. 따라서, 이와 관련하여 설명하는 세부 내용을 정확히 파악하며 단문을 읽고, 오답 보기를 소거하거나 정답을 고른다.

단문의 초반에서 **广东人特别喜欢吃早茶，因此中国人一说起早茶就会想起广东。**(광둥 사람들은 아침 차 먹는 것을 매우 좋아하여, 이 때문에 중국인들은 아침 차를 말하면 광둥을 떠올릴 것이다.)이라고 했는데, B는 **早茶是广东的饮食特色**(아침 차는 광둥의 음식 특징이다)라고 했으므로, B가 정답이다. → B (O)

*B를 정답으로 답안지에 표시한 후, 바로 다음 문제로 넘어가서 시간을 절약한다.

그 다음 문장에서 **广东早茶除了茶以外，还有各种各样的点心**(광둥 아침 차는 차 외에도, 각양각색의 간식이 있다)이라고 했는데, A는 **广东的早茶主要是喝茶**(광둥의 아침 차는 주로 차를 마시는 것이다)라고 했으므로, A를 오답으로 소거한다. → A (X)

그 다음 문장에서 **在广东人看来，中午去茶楼也叫"吃早茶"**(광둥 사람들이 보기에, 정오에 찻집에 가는 것도 '아침 차를 먹는다'라고 부른다는 것이다)라고 했는데, C는 **吃早茶通常要在中午前**(아침 차를 먹는 것은 일반적으로 정오 전이어야 한다)이라고 했으므로, C를 오답으로 소거한다. 특히, 보기의 前(전)으로 인해 범위가 달라져 오답이 되었으므로, 보기를 읽을 때 前(전)을 놓치지 않는다. → C (X)

D는 단문에서 언급되지 않았으므로 오답이다. → D (X)

☑ **고득점 노하우** 설명문에서는 설명 대상의 세부 특징이 중요하므로, 단문을 읽을 때 대상의 특징을 꾸며 주거나 강조하는 표현을 특히 꼼꼼하게 해석한다.

有科学家通过实验得出了一个结论：ᴮ一个人如果身体健康，他从中获得的快乐和每年挣300万元获得的快乐程度相当。也就是说，如果我们不生病，就应该是快乐的。可是ᶜ我们却总是认为自己过得不够好，ᶜ还不够快乐，因此还在不停地追求快乐。ᴰ结果却往往是自寻烦恼，把简单的问题变得复杂。

A 快乐其实是很简单的事情
B 挣钱多少对情绪产生影响
C 大部分人认为自己很快乐
D 简单的问题往往非常复杂

科学家 kēxuéjiā [명] 과학자   通过 tōngguò [개] ~을 통해 [동] 통과하다
实验 shíyàn [명] 실험 [동] 실험하다   得出 déchū 얻어 내다
结论 jiélùn [명] 결론   从中 cóngzhōng [부] 그 가운데서
获得 huòdé 얻다   挣 zhèng [동] (돈이나 재산을) 벌다
程度 chéngdù [명] 정도, 수준   相当 xiāngdāng [동] 비슷하다, 맞먹다
总是 zǒngshì [부] 늘, 줄곧   不停 bùtíng [부] 끊임없이, 계속해서
追求 zhuīqiú [동] 추구하다   往往 wǎngwǎng [부] 자주, 흔히
自寻烦恼 zìxún fánnǎo [성어] 스스로 걱정거리를 만들다
复杂 fùzá [형] 복잡하다   挣钱 zhèng qián [동] 돈을 벌다
情绪 qíngxù [명] 감정   产生 chǎnshēng [동] 일으키다, 발생시키다
大部分 dàbùfen [명] 대부분

어떤 과학자는 실험을 통해 하나의 결론을 얻어냈다. ᴮ사람이 만약 몸이 건강하다면, 그 가운데서 얻는 즐거움과 매년 300만 위안을 벌어서 얻는 즐거움의 정도는 비슷하다. 다시 말하자면, 만약 우리가 병에 걸리지 않는다면, 마땅히 즐거워해야 하는 것이다. ᶜ그러나 우리는 오히려 늘 자신이 잘 지내지 못하며, ᶜ여전히 즐겁지 않다고 생각한다. 그래서 여전히 끊임없이 즐거움을 추구하고 있다. ᴰ결과는 도리어 자주 스스로에게 걱정거리를 만들어 내고, 단순한 문제를 복잡하게 만든다.

A 즐거움은 사실 간단한 일이다　　　　　　　　　B 돈을 얼마나 버는지가 감정에 영향을 일으킨다
C 대부분 사람들은 자신이 매우 즐겁다고 생각한다　　D 간단한 문제는 흔히 매우 복잡하다　　　　정답 A

해설 단문의 첫 문장을 읽으면 身体健康(몸이 건강하다), 快乐(즐겁다)와 관련된 논설문임을 알 수 있다. 따라서, 글쓴이의 주장을 정확히 파악하며 단문을 읽고, 오답 보기를 소거하거나 정답을 고른다.

단문의 초반에서 一个人如果身体健康, 他从中获得的快乐和每年挣300万元获得的快乐程度相当。(사람이 만약 몸이 건강하다면, 그 가운데서 얻는 즐거움과 매년 300만 위안을 벌어서 얻는 즐거움의 정도는 비슷하다.)이라고 했는데, B는 挣钱多少对情绪产生影响(돈을 얼마나 버는지가 감정에 영향을 일으킨다)이라고 했으므로, B를 오답으로 소거한다. → B (X)

그 다음 문장에서 我们却总是认为 …… 还不够快乐(그러나 우리는 오히려 늘 …… 여전히 즐겁지 않다고 생각한다)라고 했는데, C는 大部分人认为自己很快乐(대부분 사람들은 자신이 매우 즐겁다고 생각한다)라고 했으므로, C를 오답으로 소거한다. 특히, 지문의 不够(~않다)가 보기의 很(매우)으로 의미가 달라져 오답이 되었으므로, 보기를 읽을 때 很(매우)을 놓치지 않는다. → C (X)

그 다음 문장에서 结果却往往是自寻烦恼, 把简单的问题变得复杂。(결과는 도리어 자주 스스로에게 걱정거리를 만들어 내고, 단순한 문제를 복잡하게 만든다.)라고 했는데, D는 简单的问题往往非常复杂(간단한 문제는 흔히 매우 복잡하다)라고 했으므로, D를 오답으로 소거한다. → D (X)

단문에서는 전반적으로 사람들의 행복에 대한 기준이 높다고 주장하므로, 이를 통해 유추할 수 있는 A 快乐其实是很简单的事情(즐거움은 사실 간단한 일이다)이 정답이다. → A (O)

✅ **고득점 노하우** 논설문에서는 화자의 의견과 견해가 중요하므로, 단문을 읽을 때 주장을 나타내는 구절이나 표현을 특히 꼼꼼히 해석한다.

70
중

ᴬ"能者多劳"是中国人ᴬ经常用来称赞别人的成语。ᴮ它的意思是有能力的人做的事情也相对比较多, 因此也就ᴮ比较辛苦。每当朋友说他最近工作很忙, 感觉最累的时候, 我们往往会用"能者多劳"来安慰他。意思是: 你这么辛苦, 正好说明了你是一个有能力的人, 这不但没有坏处, 反而还是件好事呢!

A 有能力的人常常受到表扬
B 有能力的人会比别人辛苦
C 有能力的人希望被人肯定
D 有能力的人收入会比较高

能者多劳 néngzhě duōláo 능자다로, 능력 있는 사람이 수고를 더 한다
用来 yònglái ~에 쓰다　称赞 chēngzàn 칭찬하다
成语 chéngyǔ 성어　能力 nénglì 능력
相对 xiāngduì 상대적으로　辛苦 xīnkǔ 고생스럽다
安慰 ānwèi 위로하다　正好 zhènghǎo 딱
坏处 huàichu 나쁜 점　反而 fǎn'ér 오히려, 도리어
受到 shòudào 받다　表扬 biǎoyáng 칭찬하다
肯定 kěndìng 인정하다, 긍정적으로 평가하다
收入 shōurù 수입, 소득

ᴬ'능자다로'는 중국인이 ᴬ타인을 칭찬하는 데 자주 쓰는 성어다. ᴮ그것의 의미는 능력 있는 사람이 하는 일도 상대적으로 많아서, 이 때문에 ᴮ비교적 고생스럽다는 것이다. 친구가 최근 일이 바빠서, 피곤하다 느낀다고 말할 때마다, 우리는 종종 '능력 있는 사람이 수고를 더 한다'를 사용함으로써 친구를 위로할 수 있다. 의미는 '네가 이렇게 고생하는 것은, 네가 능력 있는 사람이라는 것을 딱 증명하는 것이고, 이것은 나쁜 점이 없을 뿐 아니라, 오히려 좋은 일이다'라는 것이다.

A 능력 있는 사람은 자주 칭찬을 받는다　　　　B 능력 있는 사람은 다른 사람보다 고생스러울 수 있다
C 능력 있는 사람은 사람들에게 인정받기를 희망한다　D 능력 있는 사람의 수입은 비교적 높을 수 있다　　정답 B

해설 단문의 앞부분을 읽으면 "能者多劳(능자다로)"와 관련된 설명문임을 알 수 있다. 따라서, 이 성어를 설명하는 세부 사항을 정확히 파악하며 단문을 읽고, 오답 보기를 소거하거나 정답을 고른다.

단문의 초반에서 "能者多劳"是 …… 经常用来称赞别人的成语('능자다로'는 …… 타인을 칭찬하는 데 자주 쓰는 성어다)라고 했는데, A 有能力的人常常受到表扬(능력 있는 사람은 자주 칭찬을 받는다)이라고 했으므로, A를 오답으로 소거한다. → A (X)

그 다음 문장에서 它的意思是有能力的人 …… 比较辛苦(그것의 의미는 능력 있는 사람이 …… 비교적 고생스럽다는 것이다)라고 했는데, B는 有能力的人会比别人辛苦(능력 있는 사람은 다른 사람보다 고생스러울 수 있다)라고 했으므로, B가 정답이다. → B (O)
*B를 정답으로 답안지에 표시한 후, 바로 다음 문제로 넘어가서 시간을 절약한다.

C, D는 단문에서 언급되지 않았으므로 오답이다. → C (X), D (X)

✅ **고득점 노하우** 설명문에서는 설명 대상의 세부 특징이 중요하므로, 단문을 읽을 때 대상의 특징을 꾸며 주거나 강조하는 표현을 특히 꼼꼼하게 해석한다.

⁷¹本报记者3月6日报道，为迎接第18个"中国青年志愿者服务日"，⁷¹我市昨天举办了志愿服务活动。

昨天，我市的青年志愿者们在人民广场举办了一项大型的志愿服务活动。整个广场上到处都可以看到志愿者们忙碌的身影。在广场的东边，志愿者们给大家免费剪发、按摩；在广场的西边，志愿者们给大家介绍健康养生、心理健康等方面的相关知识。⁷²其中，由心理咨询志愿者们举办的免费心理咨询活动受到了大家的热烈欢迎。在广场的南边，卫生志愿者们举办了义务献血等活动。在义务献血车旁，⁷³一位刚献完血的大学生张伟接受了本报的采访。他说："这是我第一次献血，刚开始心里有点儿紧张，但是⁷³献完血以后，想到我可以帮助别人，⁷³我就充满了成就感。这样的活动很有意义，我以后每年都会参加。"

⁷⁴本次志愿服务活动的宗旨是传递温暖和爱心，感谢每一位青年志愿者用实际行动把爱传递给大家。

本 běn 떼 자기 쪽의, 이번의 报 bào 떼 신문
报道 bàodào 보도하다 (뉴스 등의) 보도
迎接 yíngjiē 떼 맞이하다, 영접하다
志愿者 zhìyuànzhě 떼 자원 봉사자, 지원자
服务 fúwù 떼 봉사하다, 서비스하다 举办 jǔbàn 떼 개최하다
志愿 zhìyuàn 떼 자원하다
项 xiàng 떼 회(체육 활동 등 행사를 세는 단위)
大型 dàxíng 떼 대형의 整个 zhěnggè 떼 온, 모든
到处 dàochù 떼 도처, 곳곳 忙碌 mánglù 떼 (정신없이) 바쁘다
身影 shēnyǐng 떼 모습(형체·형상)
剪发 jiǎnfà 떼 이발하다, 머리를 깎다
按摩 ànmó 떼 안마하다, 마사지하다
养生 yǎngshēng 떼 (병에 걸리지 않도록) 관리하다, 양생하다
心理 xīnlǐ 떼 심리 相关 xiāngguān 떼 서로 관련 [연관] 되다
知识 zhīshi 떼 지식 由 yóu 떼 ~이(가), ~(으)로부터
免费 miǎnfèi 떼 무료로 하다 咨询 zīxún 떼 상담하다, 자문하다
受到 shòudào 떼 받다, 얻다 热烈 rèliè 떼 열렬하다
卫生 wèishēng 떼 보건, 위생
义务献血 yìwù xiànxuè 의무로 헌혈하다 刚 gāng 떼 막, 방금
接受 jiēshòu 떼 응하다, 수락하다
采访 cǎifǎng 떼 인터뷰하다, 취재하다 献血 xiànxuè 떼 헌혈하다
充满 chōngmǎn 떼 가득 차다, 충만하다
成就感 chéngjiùgǎn 떼 성취감 意义 yìyì 떼 의미, 의의
宗旨 zōngzhǐ 떼 취지, 목적 传递 chuándì 떼 전달하다, 전하다
温暖 wēnnuǎn 떼 따뜻함, 포근함
爱心 àixīn 떼 (인간이나 환경에 대한) 사랑하는 마음
实际 shíjì 떼 실제적이다, 실제에 부합되다

⁷¹본지 기자는 3월 6일, 제18회 '중국 청년 자원 봉사자의 날'을 맞이하기 위해, ⁷¹우리 시에서 어제 자원봉사 활동을 개최했다고 보도했다.

어제, 우리 시의 청년 자원 봉사자들은 인민 광장에서 대형의 자원봉사 활동을 개최했다. 온 광장의 도처에서 모두 자원 봉사자의 바쁜 모습을 볼 수 있었다. 광장의 동쪽에서는, 자원 봉사자들이 시민들에게 무료 이발과 안마를 해주었고, 광장의 서쪽에서는, 자원 봉사자들이 시민들에게 건강 관리와 정신 건강 분야 등의 관련 지식을 소개했다. ⁷²그 중에서, 정신 상담의 자원 봉사자들이 개최한 무료 심리 상담 활동이 시민들의 열렬한 환영을 받았다. 광장의 남쪽에서는, 보건 자원 봉사자들이 의무 헌혈 등의 활동을 개최했다. 의무 헌혈 차 옆에서, ⁷³막 헌혈을 마친 대학생 장웨이가 본지의 인터뷰에 응했다. 그는 이렇게 말했다, "이것은 저의 첫 헌혈입니다, 막 시작할 때는 조금 긴장했는데, 그러나 ⁷³헌혈이 끝나고 난 후에는, 내가 다른 사람을 도울 수 있다는 생각에, ⁷³성취감으로 가득했습니다. 이러한 활동은 매우 의미가 있고, 저는 앞으로 매년 참석할 것입니다."

⁷⁴이번 자원봉사 활동의 <u>취지</u>는 따뜻함과 사랑하는 마음을 전달하는 것이며, 모든 청년 자원 봉사자들이 실제적인 행동으로 모두에게 사랑을 전달한 것에 감사한다.

71
하

这项活动是哪天举行的？

A 3月3日　　　　　　　B 3月4日
C 3月5日　　　　　　　D 3月6日

活动 huódòng 떼 활동, 행사 举行 jǔxíng 떼 개최하다, 거행하다

이 활동은 언제 개최되었는가?

A 3월 3일　　　　　　B 3월 4일　　　　　　C 3월 5일　　　　　　D 3월 6일　　　　　　정답 C

해설 질문의 这项活动是哪天举行的?(이 활동은 언제 개최되었는가?)와 관련된 부분을 지문에서 찾아 주의 깊게 읽는다. 첫 번째 단락에서 本报记者3月6日报道, …… 我市昨天举办了志愿服务活动(본지 기자는 3월 6일, …… 우리 시에서 어제 자원봉사 활동을 개최했다고 보도했다)이라고 했으므로, 이를 통해 자원봉사 활동은 기사가 보도된 3월 6일보다 하루 전에 개최되었음을 알 수 있다. 따라서 C 3月5日(3월 5일)을 정답으로 선택한다.

✔ **고득점 노하우** 질문에 哪天(언제)과 같이 특정 시점을 묻는 표현이 있다면, 시점과 관련된 내용을 지문에서 재빨리 찾는다.

제1회

제2회

제3회
독해

제4회

제5회

해커스 HSK 5급 실전모의고사

72
중

最受欢迎的服务是：

A 心理咨询　　　　　B 免费剪发
C 义务献血　　　　　D 修理电器

受 shòu 图 받다　心理 xīnlǐ 명 심리
咨询 zīxún 图 상담하다, 자문하다
免费 miǎnfèi 图 무료로 하다　剪发 jiǎn fà 图 이발하다, 머리를 깎다
义务献血 yìwù xiànxuè 의무로 헌혈하다　修理 xiūlǐ 图 수리하다
电器 diànqì 명 전자 제품, 가전 제품

가장 환영받은 서비스는:
A 심리 상담　　　　B 무료 이발　　　　C 의무 헌혈　　　　D 전자 제품 수리　　　정답 A

해설 질문의 最受欢迎的服务(가장 환영받은 서비스)와 관련된 부분을 지문에서 찾아 주의 깊게 읽는다. 두 번째 단락 중반에서 **其中, 由心理咨询志愿者们举办的免费心理咨询活动受到了大家的热烈欢迎.**(그 중에서, 정신 상담 자원 봉사자들이 개최한 무료 심리 상담 활동이 시민들의 열렬한 환영을 받았다.)이라고 했으므로, A 心理咨询(심리 상담)이 정답이다.

✅ **고득점 노하우** 질문의 끝에 是(~이다)이 있으면 앞부분을 핵심어구로 하여 지문에서 관련된 내용을 재빨리 찾는다.

73
중

大学生张伟献完血以后感觉：

A 又累又困　　　　　B 有点儿紧张
C 身体不太舒服　　　D 充满了成就感

献血 xiànxuè 图 헌혈하다　充满 chōngmǎn 图 충만하다, 가득 차다
成就感 chéngjiùgǎn 명 성취감

대학생 장웨이는 헌혈이 끝난 후 어떤 느낌을 받았는가:
A 힘들고 졸리다　　　B 조금 긴장되다　　C 몸이 편치 않다　　D 성취감이 충만했다　　정답 D

해설 질문의 张伟献完血以后感觉(장웨이는 헌혈이 끝난 후 어떤 느낌을 받았는가)와 관련된 부분을 지문에서 찾아 주의 깊게 읽는다. 두 번째 단락 후반에서 一位刚献完血的大学生张伟接受了本报的采访. 他说: "…… 献完血以后, …… 我就充满了成就感"(막 헌혈을 마친 대학생 장웨이가 본지의 인터뷰에 응했다. 그는 이렇게 말했다, "…… 헌혈이 끝난 후에는, …… 성취감으로 가득했습니다")이라고 했으므로, D 充满了成就感(성취감이 충만했다)이 정답이다.

✅ **고득점 노하우** 질문에 以后(~이후)가 있으면, 앞부분을 핵심어구로 하여 관련된 내용을 지문에서 재빨리 찾는다.

74
상

第三段的画线词语"宗旨"可以用哪个词来代替？

A 方式　　　　　　　B 业务
C 目的　　　　　　　D 道理

宗旨 zōngzhǐ 명 취지, 목적　代替 dàitì 图 대체하다, 대신하다
方式 fāngshì 명 방식, 방법　业务 yèwù 명 업무　目的 mùdì 명 목적
道理 dàolǐ 명 도리, 이치

세 번째 단락의 밑줄 친 어휘 '취지(宗旨)'는 어떤 단어로 대체 가능한가?
A 방식　　　　　　B 업무　　　　　C 목적　　　　　D 도리　　　　　정답 C

해설 밑줄 친 어휘 '宗旨(취지)'이 어떤 단어로 대체 가능한지 물었으므로, 지문에서 '宗旨(취지)'의 뜻을 파악할 수 있는 부분을 찾아 주의 깊게 읽는다. 마지막 단락에서 宗旨(취지)이 있는 문장인 本次志愿服务活动的宗旨是传递温暖和爱心(이번 자원봉사 활동의 취지는 따뜻함과 사랑하는 마음을 전달하는 것이며)에서 宗旨(취지)은 '목표, 목적' 등의 의미로 사용되었음을 알 수 있다. 따라서, 보기 중 이러한 뜻을 지닌 C 目的(목적)를 정답으로 선택한다. 참고로, 宗旨(취지)은 目的(목적)와 바꿔 쓸 수 있다.

✅ **고득점 노하우** 질문에 따옴표(" ")로 인용된 표현이 있으면, 이 표현을 핵심어구로 하여 지문에서 관련된 내용을 재빨리 찾는다.

端午节是流行于中国以及汉字文化圈各国的传统节日。端午节最早出现于中国。⁷⁸关于端午节的由来，比较流行的一种说法是为了纪念中国古代的一位爱国诗人——屈原。

屈原在楚国做官，他经常向楚国的国王推荐一些有智慧的人才，也总是会提出一些有利于国家发展的政治方案。然而，⁷⁶由于屈原的政治建议会使一些楚国贵族的利益受到损失，因此他的主张受到了强烈的反对，⁷⁵有人甚至在国王面前说一些假话诽谤屈原。后来国王相信了他们的话，就不让屈原当官了，并把屈原赶出了首都。在无奈中，他写出了《离骚》等作品来表达自己的难过与不安。

公元前278年，秦国对楚国发起战争。想到自己深爱的国家处在危险中，而自己却不能为国家做些什么，屈原十分痛苦。最后，⁷⁷屈原抱起石头跳入汨罗江，结束了自己的生命。听说了这个消息后，楚国的百姓纷纷划着船去江上寻找屈原。为了不让鱼吃掉屈原的身体，大家纷纷向江中投入米和鸡蛋。从那以后，每年的五月初五，人们都会通过包粽子、赛龙舟的方式来纪念爱国诗人屈原。⁷⁸这就是端午节的由来。

端午节 Duānwǔjié [고유] 단오　流行 liúxíng [동] 널리 퍼지다, 성행하다
以及 yǐjí [접] 및, 아울러　汉字文化圈 Hànzì wénhuàquān 한자 문화권
传统 chuántǒng [형] 전통적이다　节日 jiérì [명] 명절, 기념일
出现 chūxiàn [동] 생기다, 출현하다, 나타나다　由来 yóulái [명] 유래
纪念 jìniàn [동] 기념하다　古代 gǔdài [명] 고대　诗人 shīrén [명] 시인
屈原 Qū Yuán [고유] 굴원, 중국 전국 시대 초나라의 시인
楚国 Chǔguó [고유] 초나라　做官 zuò guān [관직을 지내다, 벼슬을 하다
国王 guówáng [명] 국왕　推荐 tuījiàn [동] 추천하다, 천거하다
智慧 zhìhuì [명] 지혜　人才 réncái [명] 인재　提出 tíchū [동] 제기하다
有利于 yǒulìyú ~에 이롭다, ~에 유리하다　政治 zhèngzhì [명] 정치
方案 fāng'àn [명] 방안　由于 yóuyú [접] ~때문에
建议 jiànyì [명] 제안, 제의 [동] 건의하다　贵族 guìzú [명] 귀족
利益 lìyì [명] 이익　受到 shòudào [동] 입다, 부딪치다
损失 sǔnshī [명] 손해　主张 zhǔzhāng [명] 주장, 의견
强烈 qiángliè [형] 맹렬하다 강렬하다　甚至 shènzhì [접] 심지어
假话 jiǎhuà [명] 거짓말　诽谤 fěibàng [동] 비방하다, 중상모략 하다
当官 dāng guān [명] 관직에 오르다　赶出 gǎnchū 내쫓다
首都 shǒudū [명] 수도　无奈 wúnài [형] 어찌 해 볼 도리가 없다
离骚 Lísāo [고유] 이소(초나라의 대표 장편 서사시)
作品 zuòpǐn [명] 작품　表达 biǎodá [동] 표현하다, 드러내다
不安 bù'ān [형] 불안하다　公元前 gōngyuán qián 기원전
秦国 Qínguó [고유] 진나라　发起 fāqǐ [동] 일으키다, 시작하다
战争 zhànzhēng [명] 전쟁　深爱 shēn'ài [동] 깊이 사랑하다
处在 chǔzài [동] (어떤 상태·환경)에 처하다, 놓이다
危险 wēixiǎn [명] 위험　痛苦 tòngkǔ [형] 고통스럽다
抱 bào [동] 껴안다　石头 shítou [명] 돌　跳入 tiàorù [동] 뛰어들다
汨罗江 Mìluó Jiāng [고유] 멱라강　生命 shēngmìng [명] 생명, 목숨
消息 xiāoxi [명] 소식　百姓 bǎixìng [명] 백성
纷纷 fēnfēn [부] 잇달아, 쉴 새 없이　划 huá [동] 배를 젓다
寻找 xúnzhǎo [동] 찾다　投入 tóurù [동] 던져 넣다, 투입하다
初五 chūwǔ [명] 초닷샛날　粽子 zòngzi [명] 쫑쯔
赛龙舟 sài lóngzhōu [용선 경주를 하다
方式 fāngshì [명] 방식, 방법

단오는 중국 및 한자 문화권 각국에 널리 퍼져 있는 전통 명절이다. 단오는 중국에서 최초로 생겼다. ⁷⁸단오의 유래에 관해서, 비교적 널리 알려져 있는 견해는 중국 고대의 애국 시인 굴원을 기념하기 위해서라는 것이다.

굴원은 초나라에서 관직을 지냈는데, 그는 자주 초나라의 국왕에게 몇몇 지혜로운 인재를 추천하고, 또 종종 나라 발전에 이로운 몇 가지 정치 방안도 제기했다. 그러나, ⁷⁶굴원의 정치적 제안이 몇몇 초나라 귀족의 이익으로 하여금 손해를 입게 할 수 있기 때문에, 그래서 그의 주장은 맹렬한 반대에 부딪혔고, ⁷⁵어떤 사람은 심지어 국왕의 면전에서 거짓말을 하고 굴원을 비방했다. 그 후에 국왕은 그들의 말을 믿어, 굴원이 관직에 오르지 못하게 했고, 게다가 굴원을 수도에서 내쫓았다. 어찌해 볼 도리가 없는 가운데, 그는 《이소》 등 작품을 써 냄으로써 자신의 괴로움과 불안함을 표현했다.

기원전 278년, 진나라가 초나라를 상대로 전쟁을 일으켰다. 자신이 깊이 사랑하는 나라가 위험 중에 처해 있음을 생각하였으나, 하지만 자신은 나라를 위해 뭔가 할 수 없어서, 굴원은 매우 고통스러웠다. ⁷⁷결국, 굴원은 돌을 껴안고 멱라강으로 뛰어들었고, 자신의 생명을 끝냈다. 이 소식을 전해 듣고, 초나라의 백성은 잇달아 배를 저어 강으로 가서 굴원을 찾았다. 물고기가 굴원의 몸을 먹어 치우지 못하게 하기 위해, 모두 쉴 새 없이 강으로 쌀과 달걀을 던져 넣었다. 그 이후로, 매년 오월 초닷샛날에, 사람들은 모두 쫑쯔를 빚고, 용선 경주를 하는 방식을 통해서 애국 시인 굴원을 기념했다. ⁷⁸이것이 바로 단오의 유래이다.

75
상

第二段画线词语"诽谤"的意思是：

A 开让别人生气的玩笑
B 强烈反对某人的主张
C 批评别人的政治方案
D 说假话让某人被误会

诽谤 fěibàng [동] 비방하다, 중상모략 하다　生气 shēngqì [동] 화내다
开玩笑 kāi wánxiào [농담하다, 놀리다
强烈 qiángliè [형] 맹렬하다, 강렬하다　主张 zhǔzhāng [명] 주장, 의견
批评 pīpíng [동] 비판하다　政治 zhèngzhì [명] 정치
方案 fāng'àn [명] 방안　假话 jiǎhuà [명] 거짓말
误会 wùhuì [동] 오해하다

두 번째 단락의 밑줄 친 어휘 '비방하다(诽谤)'의 의미는:

A 다른 사람을 화나게 하는 농담을 하다　　　　　　B 누군가의 주장에 맹렬히 반대하다
C 다른 사람의 정치 방안을 비판하다　　　　　　　D 거짓말을 해서 누군가로 하여금 오해를 사게 하다　　정답 D

해설 밑줄 친 어휘 诽谤(비방하다)의 의미를 묻는 문제이므로, 지문에서 诽谤(비방하다)의 뜻을 파악할 수 있는 부분을 찾아 주의 깊게 읽는다. 두 번째 단락에서 有人甚至在国王面前说一些假话诽谤屈原。后来国王相信了他们的话, 就不让屈原当官了(어떤 사람은 심지어 국왕의 면전에서 거짓말을 하고 굴원을 비방했다. 그 후에 국왕은 그들의 말을 믿어, 굴원이 관직에 오르지 못하게 했고)라고 했으므로, 이를 통해 诽谤(비방하다)은 남에 대해 거짓말을 해서 명예를 훼손시키는 행위임을 알 수 있다. 따라서 D 说假话让某人被误会(거짓말을 해서 누군가로 하여금 오해를 사게 하다)를 정답으로 선택한다.

✅ **고득점 노하우** 질문에 따옴표(" ")로 인용된 표현이 있으면, 이 표현을 핵심어구로 하여 지문에서 관련된 내용을 재빨리 찾는다.

---

76 중

屈原的主张为什么会受到反对？
A 不利于国家的发展
B 别人的主张更合理
C 影响了贵族的利益
D 国王很不相信屈原

屈原 Qū Yuán [고유] 굴원, 중국 전국 시대 초나라의 시인
主张 zhǔzhāng [명] 주장, 의견　不利于 bú lì yú ~에 해롭다
合理 hélǐ [형] 합리적이다　贵族 guìzú [명] 귀족
利益 lìyì [명] 이익, 이득

굴원의 주장은 왜 반대를 받았나?
A 나라 발전에 해로웠다　　　　　　　　　　　B 다른 사람의 주장이 더 합리적이었다
C 귀족의 이익에 영향을 끼쳤다　　　　　　　　D 국왕이 굴원을 매우 믿지 못했다　　　정답 C

해설 질문의 屈原的主张为什么会受到反对?(굴원의 주장은 왜 반대를 받았나?)와 관련된 부분을 지문에서 찾아 주의 깊게 읽는다. 두 번째 단락에서 由于屈原的政治建议会使一些楚国贵族的利益受到损失, 因此他的主张受到了强烈的反对(굴원의 정치적 제안이 몇몇 초나라 귀족의 이익으로 하여금 손해를 입게 할 수 있기 때문에, 그래서 그의 주장은 맹렬한 반대에 부딪혔고)라고 했으므로, 이를 통해 알 수 있는 C 影响了贵族的利益(귀족의 이익에 영향을 끼쳤다)를 정답으로 선택한다.

✅ **고득점 노하우** 질문에 为什么(왜)가 있으면 질문 전체를 핵심어구로 하여 지문에서 관련된 이유를 재빨리 찾는다.

---

77 중

听说屈原投江后, 楚国的百姓：
A 划船去寻找他
B 赛龙舟纪念他
C 送给他家人食物
D 把粽子投入江中

屈原 Qū Yuán [고유] 굴원,중국 전국 시대 초나라의 시인
投江 tóu jiāng (죽으려고) 강물에 투신하다
楚国 Chǔguó [고유] 초나라　百姓 bǎixìng [명] 백성
划船 huá chuán [동] 배를 젓다　寻找 xúnzhǎo [동] 찾다
赛龙舟 sài lóngzhōu 용선 경주를 하다　纪念 jìniàn [동] 기념하다
粽子 zòngzi [명] 쭝쯔　投入 tóurù [동] 던져 넣다

굴원이 강물에 투신했다는 것을 듣고, 초나라의 백성은:
A 배를 저어 그를 찾으러 갔다　　　B 용선 경주로 그를 기념했다　　C 그의 가족에게 음식을 주었다　　　D 쭝쯔를 강에 던져 넣었다　　정답 A

해설 질문의 听说屈原投江后(굴원이 강물에 투신했다는 것을 듣고)와 관련된 부분을 지문에서 찾아 주의 깊게 읽는다. 마지막 단락에서 屈原抱起石头跳入汨罗江, 结束了自己的生命。听说了这个消息后, 楚国的百姓纷纷划着船去江上寻找屈原。(결국, 굴원은 돌을 껴안고 멱라강으로 뛰어들었고, 자신의 생명을 끝냈다. 이 소식을 전해 듣고, 초나라의 백성은 잇달아 배를 저어 강으로 가서 굴원을 찾았다.)이라고 했으므로, A 划船去寻找他(배를 저어 그를 찾으러 갔다)가 정답이다.

✅ **고득점 노하우** 질문에 后(~이후)가 있으면, 앞부분을 핵심어구로 하여 관련된 내용을 지문에서 재빨리 찾는다.

---

78 중

短文主要讲的是：
A 楚国的政治经济
B 端午节的由来
C 屈原做官的经历
D 《离骚》的写作背景

楚国 Chǔguó [고유] 초나라　政治 zhèngzhì [명] 정치
经济 jīngjì [명] 경제　端午节 Duānwǔjié [고유] 단오
由来 yóulái [명] 유래
屈原 Qū Yuán [고유] 굴원,중국 전국 시대 초나라의 시인
做官 zuò guān 관직에 오르다　经历 jīnglì [명] 경험, 경력, 내력
离骚 Lísāo [고유] 이소(초나라의 대표 장편 서사시)
写作 xiězuò [동] 창작하다, 저작하다, 글을 짓다　背景 bèijǐng [명] 배경

지문에서 주로 말하는 것은:
A 초나라의 정치 경제　　　　B 단오의 유래　　　　　C 굴원이 관직에 오른 경험　　　D 〈이소〉의 창작 배경　　　정답 B

해설 질문이 主要讲的是(주로 말하는 것은)이라며 지문의 중심 소재를 물었다. 지문의 중심 소재는 대부분 첫 문장과 마지막 문장을 통해 파악할 수 있으므로 해당 부분을 주의 깊게 읽는다. 첫 번째 단락에서 关于端午节的由来, 比较流行的一种说法是为了纪念中国古代的一位爱国诗人——屈原。(단오의 유래에 관해서, 비교적 널리 알려져 있는 견해는 중국 고대의 애국 시인 굴원을 기념하기 위해서라는 것이다.)이라고 한 후, 이어진 단락에서 굴원과 단오에 관한 이야기가 전개되었다. 그리고 지문의 가장 마지막 문장에서 这就是端午节的由来。(이것이 바로 단오의 유래이다.)라고 했으므로, 이 지문에서 주로 말하는 것으로 알맞은 정답은 B 端午节的由来(단오의 유래)이다.

✅ **고득점 노하우** 지문의 중심 소재는 지문 전반에서 반복적으로 언급된 소재를 찾거나, 지문의 첫 문장이나 마지막 문장을 통해 파악한다.

罗森很富有，但是他的儿子杰克却每天吃喝玩乐，什么事儿也不干。后来[79]罗森不幸得了重病，死前对杰克说："我留下来的财产都锁在这个箱子里，而开箱子的密码存在电脑里。除非你解开这个密码，否则就得不到这些财产。"

[80]杰克请来了一位电脑高手哈利，希望他能帮自己解开密码，一个月过去之后，[80]哈利摇着头对他说："你父亲的设计非常巧妙，我已经尽力了，还是没有办法。"杰克拍着桌子说："我父亲不是神，他也是人，我要靠自己解开他的密码！"

[81]从此，杰克开始从最基本的知识学起，读完了一本又一本深奥的电脑书，过了五年，他觉得自己可以试着解开密码了。然而，事情却没有杰克想象的顺利。他试了很多办法，还是没能成功。当他快要失望的时候，[82]他看到了父亲留下来的一幅画，上面画着一座高高的大山，山顶上有奇花异草，景色美丽，[82]山腰上有人在努力地往上爬。

杰克看完画后，忽然明白了父亲想告诉他的道理，他又有了信心，最终解开了密码，打开了箱子。箱子里只有一张纸条，上面写着：恭喜你继承了我的财产，金钱只是一个数字，在打开这个箱子的过程中，你一定学到了很多知识，还有不断向前、不怕挫折的精神，这些才是一生享用不尽的财富。

富有 fùyǒu 🧑 부유하다
吃喝玩乐 chīhēwánlè 🧑 먹고 마시고 놀며 즐기다
不幸 búxìng 🧑 불행히도 重病 zhòngbìng 🧑 중병
留下 liúxià 🧑 남기다 财产 cáichǎn 🧑 (금전, 물가 등의) 재산
锁 suǒ 🧑 잠그다 箱子 xiāngzi 🧑 상자 密码 mìmǎ 🧑 비밀번호
存 cún 🧑 저장하다 除非 chúfēi 🧑 ~한다면 몰라도
否则 fǒuzé 🧑 그렇지 않으면 得到 dédào 🧑 얻다, 받다
请来 qǐnglái 🧑 데려오다 高手 gāoshǒu 🧑 고수
解开 jiěkāi 🧑 풀다 摇头 yáotóu 🧑 고개를 가로젓다
设计 shèjì 🧑 설계, 설계하다 巧妙 qiǎomiào 🧑 교묘하다
尽力 jìnlì 🧑 최선을 다하다 拍 pāi 🧑 (손바닥이나 납작한 것으로) 치다
神 shén 🧑 신 靠 kào 🧑 기대다 靠自己 kào zìjǐ 자신의 힘으로
从此 cóngcǐ 🧑 이후로 基本 jīběn 🧑 기본적인
知识 zhīshi 🧑 지식 深奥 shēn'ào 🧑 심오하다, 깊다
试着 shìzhe 🧑 한번 시도해보다 然而 rán'ér 🧑 그러나
想象 xiǎngxiàng 🧑 상상, 상상하다
顺利 shùnlì 🧑 순조롭다, 일이 잘 되어가다
失望 shīwàng 🧑 실망하다 留 liú 🧑 남기다, 전하다 幅 fú 🧑 폭
座 zuò 🧑 좌, 동, 채(부피가 크거나 고정된 물체를 세는 단위)
山顶 shāndǐng 🧑 산꼭대기 奇花异草 qíhuā yìcǎo 진귀한 화초
景色 jǐngsè 🧑 풍경 山腰 shānyāo 🧑 산 중턱, 산허리
忽然 hūrán 🧑 갑자기, 문득 道理 dàolǐ 🧑 이치, 도리
信心 xìnxīn 🧑 자신감
最终 zuìzhōng 🧑 맨 마지막, 최후에 最后 최후의 打开 dǎkāi 🧑 열다
纸条 zhǐtiáo 🧑 쪽지 恭喜 gōngxǐ 🧑 축하하다
继承 jìchéng 🧑 상속하다 金钱 jīnqián 🧑 돈, 금전
数字 shùzì 🧑 숫자 过程 guòchéng 🧑 과정
不断 búduàn 🧑 끊임없이
向前 xiàngqián 🧑 앞으로 나아가다, 전진하다
挫折 cuòzhé 🧑 좌절, 실패 精神 jīngshén 🧑 정신
享用 xiǎngyòng 🧑 누리다, 즐기다 尽 jìn 🧑 다하다, 다 없어지다
财富 cáifù 🧑 자산, 부

로손은 매우 부유했는데, 그러나 그의 아들 잭은 도리어 매일 먹고 마시고 놀고 즐기며, 아무 일도 하지 않았다. 그 후 [79]로손은 불행히도 중병에 걸려, 죽기 전 잭에게 말했다. "내가 남긴 재산은 모두 이 상자 안에 잠겨 있다, 그리고 상자를 여는 비밀번호는 컴퓨터에 저장되어 있다. 네가 이 비밀번호를 푼다면 몰라도, 그렇지 않으면 이 재산을 얻을 수 없다."

[80]잭은 컴퓨터 고수 해리를 데려와, 그가 자신을 도와 비밀번호를 풀기를 바랐는데, 한 달이 지난 후, [80]해리는 고개를 가로저으며 그에게 말했다. "네 아버지의 설계는 매우 교묘하여, 나는 이미 최선을 다했지만 그래도 방법이 없어." 잭은 책상을 치며 말했다. "우리 아버지는 신이 아니야, 그도 사람이야, 나는 내 힘으로 비밀번호를 풀 거야."

[81]이후로, 잭은 가장 기본적인 지식부터 배우기 시작했고, 한 권 또 한 권 심오한 컴퓨터 책을 다 읽었으며, 5년이 지난 뒤, 그는 자신이 비밀번호를 푸는 것을 한번 시도해 볼 수 있을 것이라고 생각했다. 그러나, 일은 오히려 잭의 상상만큼 순조롭지 않았다. 그는 많은 방법을 시도했지만, 그래도 성공하지 못했다. 그가 실망하려고 할 때, [82]아버지가 남긴 한 폭의 그림을 보았다, 그림 위에는 드높은 큰 산이 그려져 있는데, 산꼭대기에는 진귀한 화초가 있고, 풍경은 아름다웠으며, [82]산 중턱에는 어떤 사람이 열심히 위로 올라가고 있었다.

잭은 그림을 다 보고 나서, 갑자기 아버지가 그에게 알려 주려고 했던 이치를 깨달았고, 그는 다시 자신감이 생기면서, 맨 마지막에는 비밀번호를 풀고 상자를 열었다. 상자 안에는 종이쪽지 한 장만 있었고, 위에는 이렇게 적혀 있었다. '네가 나의 재산을 상속받은 것을 축하한다, 돈은 단지 숫자일 뿐이며, 이 상자를 여는 과정에서 너는 분명 많은 지식과, 그리고 끊임없이 앞으로 나아가고, 좌절을 두려워하지 않는 정신도 배웠을 것이야. 이런 것들이야말로 평생 다 누리지 못하는 자산이란다.'

79

하

罗森告诉杰克怎么才能得到他的财产？
A 成立一家公司　　　B 学会修理电脑
C 治好父亲的病　　　D 解开箱子的密码

财产 cáichǎn 🧑 (금전, 물가 등의) 재산 成立 chénglì 🧑 설립하다
修理 xiūlǐ 🧑 수리하다 治 zhì 🧑 치료하다 解开 jiěkāi 🧑 풀다
箱子 xiāngzi 🧑 상자 密码 mìmǎ 🧑 비밀번호

로손은 잭에게 어떻게 해야 비로소 그의 재산을 얻을 수 있다고 알려주었는가?
A 회사 하나를 설립한다　　　　　　B 컴퓨터 수리하는 것을 배운다
C 아버지의 병을 치료한다　　　　　D 상자의 비밀번호를 푼다　　　정답 D

해설 질문의 得到他的财产(그의 재산을 얻다)과 관련된 내용을 지문에서 찾아 주의 깊게 읽는다. 첫 번째 단락에서 罗森不幸得了重病, 死前对杰克说: "我留下来的财产都锁在这个箱子里, 而开箱子的密码存在电脑里。除非你解开这个密码, 否则就得不到这些财产。"(로손은 불행히도 중병에 걸려, 죽기 전 잭에게 말했다. "내가 남긴 재산은 모두 이 상자 안에 잠겨 있다, 그리고 상자를 여는 비밀번호는 컴퓨터에 저장되어 있다. 네가 이 비밀번호를 푼다면 몰라도, 그렇지 않으면 이 재산을 얻을 수 없다.")이라고 했으므로, D 解开箱子的密码(상자의 비밀번호를 푼다)가 정답이다.

☑ **고득점 노하우** 질문이 '怎么才能……?(어떻게 해야 비로소 ~할 수 있는가?)'과 같은 의문문이면 뒷부분을 핵심어구로 하여 지문에서 관련된 내용을 재빨리 찾는다.

80 상	哈利解不开密码是因为: A 他不懂电脑 B 箱子被弄坏了 C 密码设计得太难 D 他不愿意帮杰克	解开 jiěkāi 图 풀다 密码 mìmǎ 图 비밀번호 箱子 xiāngzi 图 상자 弄坏 nònghuài 图 망가뜨리다, 고장내다 设计 shèjì 图 설계하다 图 설계

해리가 비밀번호를 풀지 못한 것은 왜냐하면:
A 컴퓨터를 할 줄 몰랐다   B 상자가 망가졌다
C 비밀번호가 너무 어렵게 설계되어 있었다   D 잭을 도와주기 싫었다   정답 C

해설 질문의 哈利解不开密码(해리가 비밀번호를 풀지 못한 것은)와 관련된 내용을 지문에서 찾아 주의 깊게 읽는다. 두 번째 단락에서 杰克请来了一位电脑高手哈利, 希望他能帮自己解开密码, …… 哈利摇头对他说: "你父亲的设计非常巧妙, 我已经尽力了, 还是没有办法。"(잭은 컴퓨터 고수 해리를 데려와, 그가 자신을 도와 비밀번호를 풀기를 바랐는데, …… 해리는 고개를 가로저으며 그에게 말했다. "네 아버지의 설계는 매우 교묘하여, 나는 이미 최선을 다했지만 그래도 방법이 없어.")라고 했으므로, 아버지가 비밀번호를 어렵게 설계했냈는 것을 유추할 수 있다. 따라서 C 密码设计得人难(비밀번호기 너무 이렵게 설계되어 있었다)을 정답으로 선택한다.

☑ **고득점 노하우** 질문의 끝에 是因为(~은 왜냐하면)가 있으면 앞부분을 핵심어구로 하여 지문에서 관련된 내용을 재빨리 찾는다.

81 상	五年里杰克做了什么? A 吃喝玩乐 B 学习画画 C 爬上了山顶 D 学习电脑知识	吃喝玩乐 chīhēwánlè 图 먹고 마시고 놀며 즐기다 山顶 shāndǐng 图 산꼭대기 知识 zhīshi 图 지식

5년 동안 잭은 무엇을 했나?
A 먹고 마시고 놀며 즐겼다   B 그림 그리는 것을 배웠다   C 산꼭대기에 올랐다   D 컴퓨터 지식을 공부했다   정답 D

해설 질문의 五年里杰克做了(5년 동안 잭은 했다)와 관련된 부분을 지문에서 찾아 주의 깊게 읽는다. 세 번째 단락에서 从此, …… 读完了一本又一本深奥的电脑书, 过了五年, 他觉得自己可以试着解开密码了(이후로, …… 한 권 또 한 권 심오한 컴퓨터 책을 다 읽었으며, 5년이 지난 뒤, 그는 자신이 비밀번호를 푸는 것을 한번 시도해 볼 수 있을 것이라고 생각했다)라고 했으므로, 이를 통해 5년 동안 잭은 책을 읽으면서 컴퓨터와 관련된 내용을 공부한 것을 알 수 있다. 따라서, D 学习电脑知识(컴퓨터 지식을 공부했다)을 정답으로 선택한다.

☑ **고득점 노하우** 질문이 '……什么?(무엇을 ~하는가?)'와 같은 의문문이면 앞부분을 핵심어구로 하여 지문에서 관련된 내용을 재빨리 찾는다.

82 상	那幅画想告诉杰克: A 努力才能成功 B 解开密码不难 C 要坚持自己的想法 D 山顶的风景最美丽	幅 fú 图 폭 成功 chénggōng 图 성공하다 解开 jiěkāi 图 풀다 密码 mìmǎ 图 비밀번호 坚持 jiānchí 图 견지하다, 고수하다 想法 xiǎngfǎ 图 생각, 견해 山顶 shāndǐng 图 산꼭대기 风景 fēngjǐng 图 풍경

그 그림이 잭에게 말하고자 한 것은:
A 노력해야만 성공할 수 있다   B 비밀번호를 푸는 것은 어렵지 않다
C 자신의 생각을 견지해야 한다   D 산꼭대기의 풍경이 가장 아름답다   정답 A

해설 질문의 那幅画想告诉杰克(그 그림이 잭에게 말하고자 한 것은)와 관련된 부분을 지문에서 찾아 주의 깊게 읽는다. 세 번째 단락 후반에서 他看到了父亲留下来的一幅画, 上面画着一座高高的大山, …… 山腰上有人在努力地往上爬(아버지가 남긴 한 폭의 그림을 보았다, 그림 위에는 드높은 큰 산이 그려져 있는데, …… 산 중턱에는 어떤 사람이 열심히 위로 올라가고 있었다)라고 했으므로, 아버지는 잭에게 열심히 살아가는 정신을 가르쳐주고 싶음을 유추할 수 있다. 따라서 A 努力才能成功(노력해야만 성공할 수 있다)을 정답으로 선택한다.

☑ **고득점 노하우** 지문의 중심 소재는 지문 전반에서 반복적으로 언급된 소재를 찾거나, 지문의 첫 문장이나 마지막 문장을 통해 파악한다.

集市，也就是传统的市场，常常被人看成带有落后色彩的贸易形式。但在工商业如此发达的今天，它不但依然存在，反而显得很有生命力。这是个值得研究的问题。

有人说，集市之所以吸引人是因为它简单而随便。装饰漂亮的超级市场或百货公司，反而突出了顾客的渺小，再加上[83/84]购买商品后付款过程复杂，总难免给人一种心理上的压力，容易使人感到拘束和不快。在集市上，买卖双方彼此平等，在讨价还价中也能体会到一种快乐，因而交易时的心情是愉快的。

上面的说法虽然有一定的道理，但恐怕还不是最重要的方面，[85]集市最重要的作用在于它能活跃经济。它的这一功能是人类社会出现商品交换时就已经具备的，[85]而且一直到今天在世界各地还存在着。

在一些地区，集市还是人们获得信息、交流经验的场所。[86]一些文学艺术形式如诗歌、小说、戏剧等，它们的产生和发展也与集市有密切的联系，中外一些著名的长诗，也是依靠演员在集市表演才能流传到今天。[86]交易与娱乐并存是集市的一大特色，人们在这里既满足了购物的要求，又得到了精神上的享受。

集市 jíshì 图 재래시장　传统 chuántǒng 图 전통 图 전통적이다
看成 kànchéng 图 ~으로 여기다, ~이라 생각하다
落后 luòhòu 图 낙후되다, 뒤쳐지다　色彩 sècǎi 图 색깔, 색채
贸易 màoyì 图 거래, 무역　形式 xíngshì 图 형태, 형식
工商业 gōngshāngyè 图 상공업　如此 rúcǐ 団 이와 같다, 이러하다
发达 fādá 图 발달하다 图 발전시키다　依然 yīrán 图 여전히
存在 cúnzài 图 존재하다　反而 fǎn'ér 图 오히려, 반대로
显得 xiǎnde 图 ~인 것처럼 보이다
生命力 shēngmìnglì 图 활력, 생명력
值得 zhíde 图 ~할 만한 가치가 있다
吸引 xīyǐn 图 끌어당기다, 매료시키다
装饰 zhuāngshì 图 인테리어, 장식 图 장식하다
突出 tūchū 图 부각되다, 두드러지다　顾客 gùkè 图 고객
渺小 miǎoxiǎo 图 미미하다, 보잘것없다
再加上 zài jiā shang 게다가　购买 gòumǎi 图 구매하다
商品 shāngpǐn 图 상품　付款 fùkuǎn 图 돈을 지불하다
难免 nánmiǎn 图 아무래도 ~하기 마련이다, 피하기 어렵다
心理 xīnlǐ 图 심리　感到 gǎndào 图 느끼다, 여기다
拘束 jūshù 图 제약받다, 거북하다 图 구속하다
双方 shuāngfāng 图 쌍방　彼此 bǐcǐ 団 서로, 피차
平等 píngděng 图 평등하다
讨价还价 tǎojià huánjià 图 가격을 흥정하다
体会 tǐhuì 图 느끼다, 체득하다　交易 jiāoyì 图 거래하다
说法 shuōfa 图 견해, 의견　道理 dàolǐ 图 일리, 이치
活跃 huóyuè 图 활성화하다　功能 gōngnéng 图 기능, 효능
人类 rénlèi 图 인류　交换 jiāohuàn 图 교환하다
具备 jùbèi 图 갖추다, 구비하다　存在 cúnzài 图 존재하다
地区 dìqū 图 지역　获得 huòdé 图 얻다, 획득하다
信息 xìnxī 图 정보　场所 chǎngsuǒ 图 장소
文学艺术 wénxué yìshù 문학 예술　戏剧 xìjù 图 희극, 중국 전통극
产生 chǎnshēng 图 출현하다　密切 mìqiè 图 밀접하다
长诗 chángshī 图 (편폭이 긴) 장시　依靠 yīkào 图 의존하다, 기대다
演员 yǎnyuán 图 배우, 연기자　表演 biǎoyǎn 图 공연하다
流传 liúchuán 图 전해 내려오다　娱乐 yúlè 图 오락, 예능
并存 bìngcún 图 공존하다　满足 mǎnzú 图 만족하다, 만족시키다
购物 gòuwù 图 구매하다
享受 xiǎngshòu 图 즐거움 图 누리다, 즐기다

재래시장, 바로 전통 시장은, 종종 사람들에게 낙후된 색을 띤 거래 형태로 여겨진다. 그러나 상공업이 이와 같이 발달한 오늘날에도, 재래시장은 여전히 존재할 뿐만 아니라, 오히려 매우 활력 있는 것처럼 보인다. 이것은 연구할 만한 가치가 있는 문제이다.

어떤 사람은 말하기를, 재래시장이 사람들을 끌어당기는 이유는 그것이 간단하고 자유롭기 때문이라고 말한다. 인테리어가 예쁜 슈퍼마켓이나 백화점은, 오히려 고객이 매우 미미함을 부각시키고, 게다가 [83/84]상품을 구매한 후 돈을 지불하는 과정이 복잡해서, 아무래도 사람에게 일종의 심리적 부담을 주기 마련이고, 사람들에게 쉽게 제약받음을 느끼게 하고 불쾌함을 느끼게 한다. 재래시장에서는, 사고 파는 쌍방이 서로 평등하고, 가격 흥정을 할 때도 일종의 즐거움을 느낄 수 있어, 그래서 거래를 할 때 기분이 유쾌하다.

위의 견해는 비록 어느 정도 일리가 있지만, 그러나 아마 가장 중요한 부분은 아닐 것이다. [85]재래시장의 가장 중요한 역할은 그것이 경제를 활성화 시킬 수 있다는 것에 있다. 재래시장의 이 기능은 인류 사회에 물물 교환이 출현했을 때 이미 갖추고 있었고, [85]게다가 줄곧 오늘날까지 세계 각지에 여전히 존재하고 있다.

어떤 지역에서는, 재래시장은 아직도 사람들이 정보를 얻고, 경험을 교류하는 장소이다. [86]시가, 소설, 희극 등과 같은 몇몇 문학예술 형태는, 그들이 출현하고 발전한 것도 재래시장과 밀접한 관계가 있고, 중국과 외국 일부에서 저명한 장시는, 역시 배우가 재래시장에서 공연하는 것에 의존해 비로소 오늘까지 전해져 내려온 것이다. [86]거래와 오락이 공존하는 것은 재래시장의 큰 특색이고, 사람들은 여기서 구매 욕구를 만족시켰을 뿐만 아니라, 정신적인 즐거움도 얻었다.

83 상

第二段画线词语"拘束"的意思是：
A 不严肃　B 不自由
C 很神秘　D 很周到

拘束 jūshù [형] 제약받다, 거북하다 [동] 구속하다
严肃 yánsù [형] 엄숙하다 自由 zìyóu [형] 자유롭다
神秘 shénmì [형] 신비하다 周到 zhōudào [형] 꼼꼼하다, 세심하다

두 번째 단락의 밑줄 친 단어 '제약하다(拘束)'의 의미는:
A 엄숙하지 않다　B 자유롭지 않다　C 매우 신비하다　D 매우 꼼꼼하다　정답 B

해설 밑줄 친 어휘 拘束(제약하다)의 의미를 묻는 문제이므로, 지문에서 拘束(제약하다)의 의미를 파악할 수 있는 부분을 찾아 주의 깊게 읽는다. 두 번째 단락에서 **购买商品后付款过程复杂，总难免给人一种心理上的压力，容易使人感到拘束和不快**(상품을 구매한 후 돈을 지불하는 과정이 복잡해서, 아무래도 사람에게 일종의 심리적 부담을 주기 마련이고, 사람들에게 쉽게 제약받음을 느끼게 하고 불쾌함을 느끼게 한다)라고 했으므로, 보기 중 심리적 부담과 관련되면서 부정적 의미를 가진 B 不自由(자유롭지 않다)를 정답으로 선택한다. 참고로, **感到拘束**(제약받음을 느끼다)는 어떤 상황에 의해 속박받아서 자유롭지 못한 감정을 느낄 때 쓰는 표현이다.

고득점 노하우 질문에 따옴표(" ")로 인용된 표현이 있으면, 이 표현을 핵심어구로 하여 지문에서 관련된 내용을 재빨리 찾는다.

84 중

百货商场可能给客人带来不快是因为：
A 交易手续复杂　B 建筑装修粗糙
C 产品价格很高　D 服务态度恶劣

交易 jiāoyì [동] 거래하다 手续 shǒuxù [명] 절차, 수속
建筑 jiànzhù [명] 건축물 [동] 건축하다
装修 zhuāngxiū [명] 인테리어 [동] (가옥을) 장식하고 꾸미다
粗糙 cūcāo [형] 엉성하다, 거칠다 产品 chǎnpǐn [명] 상품, 제품
服务 fúwù [동] 서비스하다 恶劣 èliè [형] 아주 나쁘다, 열악하다

백화점이 고객에게 불쾌감을 줄 수 있는 이유는:
A 거래 절차가 복잡하다　B 건축 인테리어가 엉성하다　C 상품 가격이 높다　D 서비스 태도가 나쁘다　정답 A

해설 질문의 **百货商场可能给客人带来不快**(백화점이 고객에게 불쾌감을 줄 수 있는)와 관련된 내용을 지문에서 찾아 주의 깊게 읽는다. 지문에서 **购买商品后付款过程复杂，总难免给人一种心理上的压力，容易使人感到拘束和不快**(상품을 구매한 후 돈을 지불하는 과정이 복잡해서, 아무래도 사람에게 일종의 심리적 부담을 주기 마련이고, 사람들에게 쉽게 제약받음을 느끼게 하고 불쾌함을 느끼게 한다)라고 했으므로, 지문의 **付款过程复杂**(돈을 지불하는 과정이 복잡해서)를 바꾸어 표현한 A 交易手续复杂(거래 절차가 복잡하다)를 정답으로 선택한다.

고득점 노하우 질문의 끝에 是因为(~은 왜냐하면)가 있으면 앞부분을 핵심어구로 하여 지문에서 관련된 내용을 재빨리 찾는다.

85 하

作者认为集市今天依然存在的最重要的原因是：
A 使人心情愉快　B 能够活跃经济
C 使人获得信息　D 买卖方式简便

集市 jíshì [명] 재래시장 依然 yīrán [부] 여전히
存在 cúnzài [동] 존재하다 愉快 yúkuài [형] 유쾌하다, 기쁘다
活跃 huóyuè [동] 활성화하다 获得 huòdé [동] 얻다, 획득하다
信息 xìnxī [명] 정보 简便 jiǎnbiàn [형] 간편하다

작가가 생각하기에 재래시장이 지금까지 여전히 존재하는 가장 중요한 원인은:
A 사람의 기분을 즐겁게 한다　B 경제를 활성화시킬 수 있다　C 정보를 얻을 수 있다　D 매매 방식이 간편하다　정답 B

해설 질문의 **集市今天依然存在的最重要的原因**(재래시장이 지금까지 여전히 존재하는 가장 중요한 원인)과 관련된 부분을 지문에서 찾아 주의 깊게 읽는다. 세 번째 단락 후반에서 **集市最重要的作用在于它能活跃经济。…… 而且一直到今天在世界各地还存在着**(재래시장의 가장 중요한 역할은 그것이 경제를 활성화시킬 수 있다는 것에 있다. …… 게다가 줄곧 오늘날까지 세계 각지에 여전히 존재하고 있다)라고 했으므로, B 能够活跃经济(경제를 활성화시킬 수 있다)가 정답이다.

고득점 노하우 질문에 作者认为(글쓴이가 생각하기에)가 있으면 뒷부분을 핵심어구로 하여 지문에서 관련된 내용을 재빨리 찾는다.

86 중

人们在集市除了购物，还能获得什么？
A 商业的经验　B 文学的知识
C 艺术的享受　D 文化的体验

集市 jíshì [명] 재래시장 获得 huòdé [동] 얻다, 획득하다
商业 shāngyè [명] 상업, 비즈니스 艺术 yìshù [명] 예술
享受 xiǎngshòu [명] 향락 [동] (물질이나 정신적으로) 누리다, 즐기다
体验 tǐyàn [명] 체험 [동] 체험하다

사람들이 재래시장에서 구매하는 것 외에 얻을 수 있는 것은 무엇인가?
A 상업적 경험　B 문학적 지식　C 예술적인 향락　D 문화적 체험　정답 C

해설 질문의 **在集市除了购物，还能获得**(재래시장에서 구매하는 것 외에 얻을 수 있는 것)와 관련된 내용을 지문에서 찾아 주의 깊게 읽는다. 마지막 단락에서 **一些文学艺术形式如诗歌、小说、戏剧等，它们的产生和发展也与集市有密切的联系，…… 交易与娱乐并存是集市的一大特色，人们在这里既满足了购物的要求，又得到了精神上的享受。**(시가, 소설, 희극 등과 같은 몇몇 문학예술 형태는, 그들이 출현하고 발전한 것도 재래시장과 밀접한 관계가 있고, …… 거래와 오락이 공존하는 것은 재래시장의 큰 특색이고, 사람들은 여기서 구매 욕구를 만족시켰을 뿐만 아니라, 정신적인 즐거움도 얻었다.)라고 했다. 이를 통해 사람들은 재래시장에서 물

건을 거래할 뿐만 아니라, 시가, 소설, 희극, 장시와 같은 예술을 통해 정신적인 즐거움을 얻는 장소라는 것을 알 수 있다. 따라서 C 艺术的享受(예술적인 향락)를 정답으로 선택한다. 참고로, 享受(향락)은 물질이나 정신적인 만족을 얻는 것을 의미하는 단어이다. 이에 반해, 体验(체험하다)은 몸으로 겪는 경험을 의미하는 단어이다.

✅ **고득점 노하우** 질문이 '……什么?(무엇을 ~하는가?)'와 같은 의문문이면 앞부분을 핵심어구로 하여 지문에서 관련된 내용을 재빨리 찾는다.

87-90

⁹⁰"快速阅读"，也可以叫做"全脑速读"。人类在进行传统阅读时，主要使用左脑的功能；而用"速读"方式阅读时，则充分发挥左右脑的优势共同进行文字信息的形象辨识、意义记忆和理解。

^{87/88}传统阅读时大脑要把文字处理成声音，这是一个自己读给自己听的过程，即使是高水平的默读也是这样。所以，一般人在以传统方式阅读时，实际上是在"读书"，而不是真正"看书"，也可以说是通过"心声"读文章。

⁸⁷快速阅读则是一种"眼脑直映"式的阅读方法：省略了把文字处理成声音的步骤，文字信号直接进入大脑进行理解和记忆。这实际上是一种单纯运用视觉的阅读方式。所以说⁹⁰"眼脑直映"式的快速阅读，才是真正的"看书"，可以大大地提高速度。

研究人员在实验中，让有快速阅读经验的人读小说，同时，用一种特殊的设备观察阅读者大脑的血流量。结果发现，和正常的阅读相比，快速阅读的人负责理解语言和说话的部位血流量少，这个部位的血流量少就说明了这一部位的活动减少了。^{89/90}这一发现能够促进对相关技术的开发，以帮助机器理解人类语言。

快速 kuàisù 園 신속하다, 빠르다　阅读 yuèdú 園 읽다, 열독하다
快速阅读 kuàisù yuèdú 속독, 스피드 리딩
全脑 quánnǎo 전뇌, 뇌 전체를 이용한　速读 sùdú 園 속독
全脑速读 quánnǎo sùdú 전뇌속독, 뇌 전체를 사용하는 속독 방법
人类 rénlèi 園 인류　传统 chuántǒng 園 전통적이다
使用 shǐyòng 園 사용하다, 쓰다　左脑 zuǒnǎo 園 좌뇌
功能 gōngnéng 園 기능　方式 fāngshì 園 방식
充分 chōngfèn 園 충분히, 십분　发挥 fāhuī 園 발휘하다
优势 yōushì 園 장점, 우세　共同 gòngtóng 園 함께
文字 wénzì 園 문자, 글자　信息 xìnxī 園 정보
形象 xíngxiàng 園 형상　辨识 biànshí 園 식별하다
意义 yìyì 園 의미, 뜻　记忆 jìyì 園 기억하다, 떠올리다
理解 lǐjiě 園 이해하다, 알다　大脑 dànǎo 園 대뇌
处理 chǔlǐ 園 처리하다　过程 guòchéng 園 과정
即使 jíshǐ 園 설령 ~하더라도　默读 mòdú 園 묵독하다, 속으로 읽다
实际上 shíjishang 園 사실상　真正 zhēnzhèng 園 정말로, 진짜로
心声 xīnshēng 園 마음의 소리, 속말　则 zé 園 그러나, 오히려
直映 zhí yìng 직접 반사
眼脑直映 yǎn nǎo zhí yìng '안뇌직영', 속독 훈련법의 일종으로 눈으로 본 정보를 두뇌에 직접 반영하는 것　省略 shěnglüè 園 생략하다
步骤 bùzhòu 園 단계, 절차　信号 xìnhào 園 신호
直接 zhíjiē 園 직접적인　进入 jìnrù 園 들다, 진입하다
单纯 dānchún 園 단순히, 오로지　단순하다
运用 yùnyòng 園 활용하다, 운용하다　视觉 shìjué 園 시각
提高 tígāo 園 높이다, 향상시키다　速度 sùdù 園 속도
研究人员 yánjiū rényuán 園 연구원
实验 shíyàn 園 실험하다　실험　小说 xiǎoshuō 園 소설
特殊 tèshū 園 특수하다　设备 shèbèi 園 설비
观察 guānchá 園 관찰하다　血流量 xuèliúliàng 園 혈류량
结果 jiéguǒ 園 결과　和…相比 hé…xiāngbǐ…~와 비교하여
负责 fùzé 園 책임지다　部位 bùwèi 園 부위
减少 jiǎnshǎo 園 감소하다　促进 cùjìn 園 촉진시키다
相关 xiāngguān 園 서로 관련되다　技术 jìshù 園 기술
开发 kāifā 園 개발하다　机器 jīqì 園 기계

---

⁹⁰'속독'은, '전뇌 속독'이라고도 부를 수 있다. 인류는 전통적 읽기를 진행 할 때, 주로 좌뇌의 기능을 사용하지만, 그러나 '속독' 방식을 이용해 읽기를 할 때는, 오히려 좌우뇌의 장점을 충분히 발휘하여 함께 문자 정보의 형상을 식별하고, 의미를 기억하며 이해하는 것을 진행한다.

^{87/88}전통적 읽기를 할 때 대뇌는 문자를 소리로 처리해야 하는데, 이것은 자기가 읽어서 자신에게 들려주는 과정이고, 설령 높은 수준의 묵독이라도 이러하다. 그래서, 일반적인 사람이 전통적 방식으로 읽기를 할 때, 사실상 '책을 읽고' 있는 것이지, 정말로 '책을 보는' 것이 아니며, '마음의 소리'를 통해 글을 읽는 것이라고도 말할 수 있다.

⁸⁷그러나 속독은 '안뇌직영' 식의 읽기 방법으로, 문자를 소리로 처리하는 단계를 생략하고, 문자 신호가 직접 대뇌로 들어가 이해와 기억을 진행한다. 이것은 사실상 단순히 시각만 활용하는 읽기 방식이다. 그래서 ⁹⁰'안뇌직영' 식의 속독이, 비로소 진정한 '책 보기' 이며, 속도를 크게 높일 수 있다고 말한다.

연구원이 실험 중에, 속독 경험이 있는 사람에게 소설을 읽게 했다, 동시에, 일종의 특수한 설비를 사용하여 책을 읽는 사람의 대뇌 혈류량을 관찰했다. 그 결과, 정상적인 읽기와 비교하여, 속독을 하는 사람은 언어 이해와 말하기를 책임지는 부위의 혈류량이 적다는 것을 발견하였는데, 이 부위의 혈류량이 적다는 것은 바로 이 부위의 활동이 감소하였음을 증명한다. ^{89/90}이 발견은 관련 기술에 대한 개발을 촉진시킬 수 있고, 이로써 기계가 인류 언어를 이해하는 데 도움이 된다.

87 중

快速阅读和传统阅读相比有何不同?
A 主要是使用左脑的功能
B 是用"心声"来读文章
C 不需要把文字转换成声音
D 负责说话部位的血流增多

快速 kuàisù 图 신속하다, 빠르다　阅读 yuèdú 图 읽다, 열독하다
快速阅读 kuàisù yuèdú 속독, 스피드 리딩
传统 chuántǒng 图 전통적이다　左脑 zuǒnǎo 图 좌뇌
功能 gōngnéng 图 기능, 작용　心声 xīnshēng 图 마음의 소리, 속말
转换 zhuǎnhuàn 图 전환하다　负责 fùzé 图 책임지다
部位 bùwèi 图 부위　血流量 xuèliúliàng 图 혈류
增多 zēngduō 图 증가하다, 많아지다

속독을 전통적 읽기와 비교했을 때 무엇이 다른가?
A 주로 좌뇌의 기능을 사용한다　　　　　　　　B '마음의 소리'로 글을 읽는다
C 문자를 소리로 전환할 필요가 없다　　　　　　D 말하기를 책임지는 부위의 혈류가 증가한다　　정답 C

해설 질문의 快速阅读和传统阅读相比(속독을 전통적 읽기와 비교했을 때)와 관련된 부분을 지문에서 찾아 주의 깊게 읽는다. 두 번째 단락에서 传统阅读时大脑要把文字处理成声音, 这是一个自己读给自己听的过程(전통적 읽기를 할 때 대뇌는 문자를 소리로 처리해야 하는데, 이것은 자기가 읽어서 자신에게 들려주는 과정이고)이라고 했고, 세 번째 단락에서는 快速阅读则是一种"眼脑直映"式的阅读方法：省略了把文字处理成声音的步骤, 文字信号直接进入大脑进行理解和记忆。(그러나 속독은 '안뇌직영' 식의 읽기 방법으로, 문자를 소리로 처리하는 단계를 생략하고, 문자 신호가 직접 대뇌로 들어가 이해와 기억을 진행한다.)라고 했으므로, 이를 통해 전통적인 읽기를 할 때는 문자를 소리내어 읽는 것에 반해, 속독은 문자를 소리내어 읽는 과정을 생략한다는 것을 알 수 있다. 따라서, C 不需要把文字转换成声音(문자를 소리로 전환할 필요가 없다)을 정답으로 선택한다.

✔ **고득점 노하우** 질문이 有何不同?(무엇이 다른가?)과 같은 의문문으로 끝나면 앞부분을 핵심어구로 하여 지문에서 관련된 내용을 재빨리 찾는다.

88 중

第二段画线词语"这样"指的是:
A 通过声音来阅读　　　B 运用视觉来理解
C 发挥大脑的优势　　　D 速度很快地阅读

阅读 yuèdú 图 읽다, 열독하다　运用 yùnyòng 图 활용하다, 운용하다
视觉 shìjué 图 시각　理解 lǐjiě 图 이해하다　发挥 fāhuī 图 발휘하다
大脑 dànǎo 图 대뇌　优势 yōushì 图 장점, 우세
速度 sùdù 图 속도

두 번째 문단의 밑줄 친 단어 '이것(这样)'이 가리키는 것은:
A 소리를 통해서 읽는다　　B 시각을 활용해 이해한다　　C 대뇌의 장점을 발휘한다　　D 매우 빠른 속도로 읽는다　　정답 A

해설 밑줄 친 어휘 "这样(이것)"이 가리키는 것이 무엇인지 묻는 문제이므로, 지문에서 '这样(이것)'이 포함된 문장을 찾아 주의 깊게 읽는다. 두 번째 단락에서 传统阅读时大脑要把文字处理成声音, 这是一个自己读给自己听的过程, 即使是高水平的默读也是这样。(전통적 읽기를 할 때 대뇌는 문자를 소리로 처리해야 하는데, 이것은 자기가 읽어서 자신에게 들려주는 과정이고, 설령 높은 수준의 묵독이라도 이러하다)이라고 했으므로, 이를 통해 '这样(이것)'은 자기가 소리내어 읽어서 자신에게 들려주는 과정을 가리킨다는 것을 알 수 있다. 따라서, A 通过声音来阅读(소리를 통해서 읽는다)를 정답으로 선택한다.

✔ **고득점 노하우** 질문에 따옴표(" ")로 인용된 표현이 있으면, 이 표현을 핵심어구로 하여 지문에서 관련된 내용을 재빨리 찾는다.

89 상

文中的发现有利于:
A 提高阅读理解能力　　B 开发左右脑的功能
C 帮助机器理解语言　　D 促进信息技术开发

发现 fāxiàn 图 발견하다　提高 tígāo 图 향상시키다, 끌어올리다
阅读 yuèdú 图 읽다, 열독하다　开发 kāifā 图 개발하다
功能 gōngnéng 图 기능, 작용　机器 jīqì 图 기계, 기기
促进 cùjìn 图 촉진시키다　信息 xìnxī 图 정보　技术 jìshù 图 기술

지문 중의 발견이 이로움이 되는 것은:
A 읽기 이해 능력을 향상시킨다　　　　　　　　B 좌우뇌의 기능을 개발한다
C 기계가 언어를 이해하는 것을 돕는다　　　　　D 정보기술 개발을 촉진시킨다　　정답 C

해설 질문의 文中的发现(지문 중의 발견)과 관련된 부분을 찾아 주의 깊게 읽는다. 마지막 단락에서 这一发现能够促进对相关技术的开发, 以帮助机器理解人类语言。(이 발견은 관련 기술에 대한 개발을 촉진시킬 수 있고, 이로써 기계가 인류 언어를 이해하는 데 도움이 된다.)이라고 했으므로, C 帮助机器理解语言(기계가 언어를 이해하는 것을 돕는다)이 정답이다.

✔ **고득점 노하우** 질문의 끝에 有利于(~에 이롭다)가 있으면 앞부분을 핵심어구로 하여 지문에서 관련된 내용을 재빨리 찾는다.

90 상

下列哪项最适合做上文的标题?
A 传统阅读的重要性
B 快速阅读的好处
C 怎样体会阅读的快乐
D 机器人的开发与制造

适合 shìhé [동] 적합하다, 알맞다 **标题** biāotí [명] 제목
传统 chuántǒng [형] 전통적이다 **阅读** yuèdú [동] 읽다, 열독하다
快速 kuàisù [형] 신속하다, 빠르다
快速阅读 kuàisù yuèdú 속독, 스피드 리딩 **体会** tǐhuì [동] 체득하다
机器人 jīqìrén [명] 로봇 **开发** kāifā [동] 개발하다
制造 zhìzào [동] 제작하다, 만들다

★ 아래 중 위 지문의 제목으로 가장 적합한 것은?
A 전통적 읽기의 중요성　　B 속독의 장점
C 어떻게 읽기의 기쁨을 체득하는가　　D 로봇의 개발과 제작　　정답 B

해설 질문이 **最适合做上文的标题**(위 지문의 제목으로 가장 적합한 것)라며 지문의 중심 내용을 물었다. 지문의 중심 내용은 대부분 첫 문장과 마지막 문장을 통해 파악할 수 있으므로 해당 부분을 주의 깊게 읽는다. 첫 문장에서 **"快速阅读", 也可以叫做"全脑速读"。**('속독'은, '전뇌 속독'이라고도 부를 수 있다.)라며, 속독에 대해 언급하였다. 그리고 마지막 문장에서 **这一发现能够促进对相关技术的开发, 以帮助机器理解人类语言。**(이 발견은 관련 기술에 대한 개발을 촉진시킬 수 있고, 이로써 기계가 인류 언어를 이해하는 데 도움이 된다.)이라며 속독에 대한 연구를 통해 얻게된 장점을 언급하였다. 따라서, 지문의 처음과 마지막 문장을 통해 이 지문이 전반적으로 '속독'의 긍정적인 면을 설명하고 있다는 것을 알 수 있으므로, B **快速阅读的好处**(속독의 장점)를 정답으로 선택한다.

✅ **고득점 노하우** 지문의 중심 소재는 지문 전반에서 반복적으로 언급된 소재를 찾거나, 지문의 첫 문장이나 마지막 문장을 통해 파악한다.

제1회

제2회

제3회
쓰기

제4회

제5회

해커스 HSK 5급 실전모의고사

三、书写 쓰기

91
중

到南京　单位　我　出差　派

→

명사	동사	대사	개사+명사	동사
单位	**派**	**我**	**到南京**	**出差。**
주어	술어1	겸어	부사어	술어2
		목적어/주어		

南京 Nánjīng [고유] 난징(중국 지명, 남경)　单位 dānwèi [명] 회사
出差 chūchāi [동] 출장 가다　派 pài [동] ~하도록 파견하다

회사는 나를 난징에 출장 가도록 파견했다.

해설
술어1 배치하기 제시된 어휘 중 사역동사 派(~하도록 파견하다)가 있으므로 겸어문을 완성해야 한다. 따라서, 동사 派를 술어1 자리에 배치한다.
→ 派(~하도록 파견하다)
겸어와 술어2 배치하기 남은 동사 出差(출장 가다)를 술어2 자리에 배치하고, 술어1 派(~하도록 파견하다)의 대상이 되면서 문맥상 술어2 出差(출장 가다)의 주어로 쓰일 수 있는 대사 我(나)를 겸어로 배치한다.
→ 派我出差(나를 출장 가도록 파견하다)
문장 완성하기 남은 어휘인 到南京(난징에)와 单位(회사) 중, '개사+명사' 형태인 到南京(난징에)을 술어 出差(출장 가다) 앞에 부사어로 배치하고, 술어1 派(~하도록 파견하다)와 문맥상 주어로 어울리는 单位(회사)를 주어 자리에 배치하여 문장을 완성한다.
→ 单位派我到南京出差。(회사는 나를 난징에 출장 가도록 파견했다.)

✅ **고득점 노하우** 제시된 어휘 중 派(~하도록 파견하다)와 동사 또는 형용사가 1개 있으면, 派를 술어1 자리에, 동사 또는 형용사를 술어2 자리에 배치하여 겸어문을 완성한다.

92
상

多数外国人　为　京剧艺术　喜爱　所

→

명사+명사	개사	명사+명사	조사	동사
京剧艺术	**为**	**多数外国人**	**所**	**喜爱。**
주어	为	행위의 주체	所	술어

京剧 jīngjù [명] 경극　艺术 yìshù [명] 예술
喜爱 xǐ'ài [동] 좋아하다　所 suǒ [조] ~되다

경극 예술은 다수의 외국인에게 사랑을 받고 있다.

해설
为~所와 술어 배치하기 제시된 어휘 중 개사 为(~에게)와 조사 所(~되다)가 있으므로, '为+명사+所+동사'의 형태로 쓰여 피동을 나타내는 문장을 완성해야 한다. 제시된 어휘 중 유일한 동사 喜爱(좋아하다)를 곧바로 술어 자리에 배치한다.
→ 为~所喜爱(~에게 사랑 받다)
주어와 행위의 주체 배치하기 남은 어휘 '명사+명사' 형태인 多数外国人(다수의 외국인)과 '명사+명사' 형태인 京剧艺术(경극 예술) 중, 多数外国人(다수 외국인)은 행위의 주체가 되므로, 개사 为(~에게)와 조사 所(~되다) 사이에 배치하고, 京剧艺术(경극 예술)을 주어 자리에 배치하여 문장을 완성한다.
→ 京剧艺术为多数外国人所喜爱。(경극 예술은 다수 외국인에게 사랑을 받고 있다.)

✅ **고득점 노하우** 제시된 어휘 중 为(~에게)와 조사 所(~되다)가 있으면 '为+명사+所+동사'의 형태로 배치하여 피동을 나타내는 문장을 완성한다.

93
중

花　颜色鲜艳的　摆着　几盆　阳台上

→

명사+방위사	동사+着	수사+양사	명사+형용사+的	명사
阳台上	**摆着**	**几盆**	**颜色鲜艳的**	**花。**
주어	술어	관형어	관형어	목적어

鲜艳 xiānyàn [형] 화려하다　摆 bǎi [동] 놓다, 배열하다
盆 pén [양] 개(화분·대야를 세는 쓰임)　阳台 yángtái [명] 베란다

베란다 위에 색깔이 화려한 꽃 화분 몇 개가 놓여 있다.

해설
술어와 주어 배치하기 제시된 어휘 중 존재함을 나타내는 '동사+着'의 형태인 摆着(놓여 있다)와 장소를 나타내는 '명사+방위사' 형태인 阳台上(베란다 위에)이 있으므로 존현문을 완성해야 한다. 따라서 동사 摆着(놓여 있다)를 술어 자리에 배치하고 장소를 나타내는 阳台上(베란다 위에)을 주어 자리에 배치한다.
→ 阳台上摆着(베란다 위에 놓여 있다)
목적어 배치하기 술어 摆着(놓여 있다)와 문맥상 목적어로 어울리는 명사 花(꽃)를 목적어 자리에 배치한다.
→ 阳台上摆着花(베란다 위에 꽃이 놓여 있다)
문장 완성하기 남은 어휘 '명사+형용사+的' 형태인 颜色鲜艳的(색깔이 화려하다)를 목적어 花(꽃) 앞에 관형어로 배치하고, '수사+양사' 형태인 几盆(화분 몇 개)를 颜色鲜艳的(색깔이 화려하다) 앞에 花(꽃)을 꾸미는 또 다른 관형어로 배치하여 문장을 완성한다.
→ 阳台上摆着几盆颜色鲜艳的花。(베란다 위에 색깔이 화려한 꽃 화분 몇 개가 놓여 있다.)

✅ **고득점 노하우** 제시된 어휘 중 장소를 나타내는 어휘와 존재함을 나타내는 '동사+着'가 있으면 '장소+동사+着(~에서 ~하고 있다/~에 ~인 상태이다)'의 형태로 배치하여 존현문을 완성한다.

94 중

发现了	治疗方法	及时	幸亏他

发现 fāxiàn 图 발견하다　治疗 zhìliáo 图 치료 图 치료하다
及时 jíshí 뛰 즉시　幸亏 xìngkuī 뛰 다행히

→

부사+대사	부사	동사+了	명사+명사
幸亏他	**及时**	**发现了**	**治疗方法。**
부사어+주어	부사어	술어+了	목적어

다행히 그는 즉시 치료 방법을 발견했다.

해설
술어 배치하기 제시된 어휘 중 유일하게 동사가 포함된 '동사+了' 형태의 发现了(발견했다)를 술어 자리에 배치한다.
→ 发现了(발견했다)
주어와 목적어 배치하기 술어 发现了(발견했다)와 문맥상 목적어로 어울리는 '명사+명사' 형태인 治疗方法(치료 방법)를 목적어 자리에 배치하고, '부사+대사' 형태인 幸亏他(다행히 그는)를 문장 맨 앞에 배치한다. 참고로, 幸亏(다행히)와 같은 어기부사는 문장 맨 앞에서 문장 전체를 수식하는 부사어가 되므로, '어기부사+대사' 형태의 제시어는 바로 주어 자리에 배치한다.
→ 幸亏他发现了治疗方法(다행히 그는 치료 방법을 발견했다)
문장 완성하기 남은 어휘 부사 及时(즉시)을 술어 发现了(발견했다) 앞 부사어 자리에 배치하여 문장을 완성한다.
→ 幸亏他及时发现了治疗方法。(다행히 그는 즉시 치료 방법을 발견했다.)

✅ **고득점 노하우** 제시된 어휘 중 '동사+了'형태가 있으면 바로 술어 자리에 배치한다. 동태조사 了는 술어 뒤에서 동작 완료를 나타내기 때문이다.

95 중

地球	占	百分之七十	表面的	海洋

地球 dìqiú 图 지구　占 zhàn 图 차지하다　…分之… fēnzhī ~분의~
表面 biǎomiàn 图 표면　海洋 hǎiyáng 图 바다, 해양

→

명사	동사	명사	명사+的	수사+양사+조사+수사
海洋	**占**	**地球**	**表面的**	**百分之七十。**
주어	술어		관형어	목적어

바다는 지구 표면의 70%를 차지한다.

해설
술어 배치하기 제시된 어휘 중 유일한 동사 占(차지하다)을 술어 자리에 배치한다.
→ 占(차지하다)
주어와 목적어 배치하기 명사 地球(지구)와 海洋(바다), '수사+양사+조사+수사' 형태인 百分之七十(70%) 중, 술어 占(차지하다)과 문맥상 어울리는 百分之七十(70%)을 목적어 자리에 배치하고, 주어로 어울리는 海洋(바다)을 주어 자리에 배치한다.
→ 海洋占百分之七十(바다는 70%를 차지한다)
문장 완성하기 남은 어휘 명사 地球(지구)와 '명사+的' 형태인 表面的(표면의)를 地球表面的(지구 표면의)로 연결한다. 地球表面的(지구 표면의)는 문맥상 목적어의 관형어로 어울리므로 목적어 百分之七十(70%) 앞에 배치하여 문장을 완성한다.
→ 海洋占地球表面的百分之七十。(바다는 지구 표면의 70%를 차지한다.)

✅ **고득점 노하우** 제시된 어휘 중 동사 또는 형용사가 1개이면 바로 술어 자리에 배치한다.

96 상

汉语	辅导你	找人	我恐怕	得

辅导 fǔdǎo 图 지도하다　恐怕 kǒngpà 뛰 아마 ~일 것이다
得 děi 조동 ~해야 한다

→

대사+부사	조동사	동사+명사	동사+대사	명사
我恐怕	**得**	**找人**	**辅导你**	**汉语。**
주어　부사어		술어1+목적어1	술어2+목적어2	목적어3

나는 아마 너에게 중국어를 지도할 사람을 찾아야 할 것 같다.

해설
술어1과 술어2 배치하기 술어가 될 수 있는 동사가 '동사+대사' 형태인 辅导你(너를 지도하다)와 '동사+명사' 형태인 找人(사람을 찾다) 두 개이므로, 연동문을 고려하여 문장을 완성해야 한다. 找人(사람을 찾다)을 술어1+목적어1에 배치하고, '사람을 찾다'라는 행위의 목적이 되는 辅导你(너를 지도하다)를 술어2+목적어2 자리에 배치한다.
→ 找人辅导你(너에게 지도할 사람을 찾다)
주어와 목적어 배치하기 '대사+부사' 형태인 我恐怕(나는 아마 ~일 것이다)를 곧바로 주어 자리에 배치한다. 술어2 辅导(지도하다)는 목적어를 두 개 취하여 '~에게 ~을 가르치다'라는 뜻으로 사용되는 동사이므로, 명사 汉语(중국어)를 辅导你(너를 지도하다) 뒤 목적어3으로 배치한다.
→ 我恐怕找人辅导你汉语(나는 아마 너에게 중국어를 지도할 사람을 찾을 것 같다)
문장 완성하기 남은 어휘인 조동사 得(~해야 한다)를 술어1+목적어1 找人(사람을 찾다) 앞에 배치하여 문장을 완성한다. 참고로, 得는 정도나 가능을 나타내는 의미의 구조조사로 쓰일 수 있으나, 본 문장 구조상 조사로 쓰일 수 없다.
→ 我恐怕得找人辅导你汉语。(나는 아마 너에게 중국어를 지도할 사람을 찾아야 할 것 같다.)

✅ **고득점 노하우** 제시된 어휘 중 술어가 될 수 있는 동사가 2개 이상이면 연동문을 고려하여 문장을 완성한다.

97 상

不认为　你　很过分　吗　自己

过分 guòfèn [동] 지나치다

대사	부사+동사	대사	부사+동사	의문사
你	不认为	自己	很过分	吗?
주어1	술어1	주어2	술어2	吗
		목적어		

너는 스스로가 지나치다고 생각하지 않니?

해설

술어 배치하기　제시된 어휘 '부사+동사' 형태인 **不认为**(생각하지 않다)와 **很过分**(지나치다) 중, **不认为**(생각하지 않다)를 술어1 자리에 배치한다. 참고로 **认为**(생각하다)와 같은 심리동사는 주술구 혹은 술목구를 목적어로 가질 수 있다.

→ **不认为**(생각하지 않다)

주어와 목적어 배치하기　**不认为**(생각하지 않다)가 술어1이므로 주술구 또는 술목구 형태의 목적어를 완성해야 한다. 따라서, '부사+동사' 형태인 **很过分**(지나치다)를 술어2 자리에 배치하고, 문맥상 **很过分**(지나치다)의 주어로 어울리는 **自己**(자신)을 주어2 자리에 배치하여 주술구 형태의 목적어를 완성한다. 술어1 **不认为**(생각하지 않다)와 문맥상 주어에 어울리는 **你**(너)를 주어1 자리에 배치한다.

→ **你不认为自己很过分**(너는 스스로가 지나치다고 생각하지 않는다)

문장 완성하기　의문을 나타내는 조사 **吗**를 문장 맨 끝에 배치한 후, 물음표를 붙여 문장을 완성한다.

→ **你不认为自己很过分吗?**(너는 스스로가 지나치다고 생각하지 않니?)

✅ **고득점 노하우**　동사 认为(생각하다)는 주술구 또는 술목구 형태의 목적어를 취할 수 있다.

98 중

统治　被　这个民族　很多年　侵略者　了

统治 tǒngzhì [동] 지배하다, 통치하다　民族 mínzú [명] 민족
侵略者 qīnlüèzhě [명] 침략자

대사+양사+명사	被	명사	동사	了	부사+형용사+명사
这个民族	被	侵略者	统治	了	很多年。
주어	被	행위의 주체	술어+了		보어
			기타성분		

이 민족은 침략자에게 수년간 지배당했다.

해설

被 ~ 술어+기타성분 배치하기　제시된 어휘 중 **被**가 있으므로 **被**자문을 완성해야 한다. 따라서, 동사 **统治**(지배하다)과 **了**를 **统治了**(지배했다)로 연결하여, '술어+기타성분' 자리에 배치하고, **被**를 술어 앞에 배치한다.

→ **被~统治了**(~에게 지배당했다)

주어와 목적어(행위의 주체) 배치하기　제시된 어휘 '대사+양사+명사' 형태인 **这个民族**(이 민족), '부사+형용사+명사' 형태인 **很多年**(수년)과 명사 **侵略者**(침략자) 중, 술어 **统治了**(지배했다)의 주체가 되는 **侵略者**(침략자)를 **被**뒤 행위의 주체 자리에 배치하고, **这个民族**(이 민족)를 주어 자리에 배치한다.

→ **这个民族被侵略者统治了**(이 민족은 침략자에게 지배당했다)

문장 완성하기　남은 어휘인 '부사+형용사+명사' 형태인 **很多年**(수년)을 술어 **统治了**(지배했다) 뒤에 보어로 배치하여 문장을 완성한다.

→ **这个民族被侵略者统治了很多年。**(이 민족은 침략자에게 수년간 지배당했다.)

✅ **고득점 노하우**　被자문에서는 행위(술어)를 당하는 대상을 주어 자리에 배치한다.

能源　　汽油　　宝贵　　迟早　　措施

能源 néngyuán 圐 에너지, 에너지원　汽油 qìyóu 圐 휘발유, 가솔린　宝贵 bǎoguì 圐 소중한, 진귀한　迟早 chízǎo 凰 머지않아　措施 cuòshī 圐 조치

해설 STEP 1 소재 정하고 아웃라인 잡기

소재　에너지 절약에 관한 이야기

아웃라인

도입	生活水平的提高(생활 수준의 향상) 汽车的数量多(자동차의 수량이 많다) 汽油的需求量增加(휘발유의 수요가 증가한다)
전개	但汽油是不可再生的宝贵能源(그러나 휘발유는 재생할 수 없는 소중한 에너지이다) 迟早会有用完的一天(머지않아 다 쓸 날이 있을 것이다)
마무리	所以要采取措施节约汽油(그래서 휘발유를 절약하기 위해 조치를 취해야 한다) 也要开发新能源(신에너지도 개발해야 한다)

Step 2 원고지에 짧은 글 완성하기

[모범 답안]

생활 수준의 향상에 따라서, 자동차의 수량은 더욱더 많아지고, 휘발유에 대한 수요량도 신속하게 증가하고 있다. 그러나 휘발유는 재생할 수 없는 소중한 에너지이며, 머지않아 다 쓸 날이 있을 것이다. 그래서 우리는 한편으로 휘발유를 절약하기 위해 조치를 취해야 하며, 다른 한편으로 신에너지도 개발해야 한다.

随着 suízhe 冄 ~에 따라서　生活 shēnghuó 圐 생활　水平 shuǐpíng 圐 수준　提高 tígāo 图 향상시키다, 높이다
汽车 qìchē 圐 자동차　数量 shùliàng 圐 수량　越来越 yuèláiyuè 더욱더　汽油 qìyóu 圐 휘발유, 가솔린
需求量 xūqiúliàng 圐 수요량, 필요량　迅速 xùnsù 图 신속하다, 재빠르다　增加 zēngjiā 图 증가하다
再生 zàishēng 图 재생하다, 소생하다　宝贵 bǎoguì 图 소중한, 진귀한　能源 néngyuán 圐 에너지, 에너지원
迟早 chízǎo 凰 머지않아　一方面 yì fāngmiàn 圐 한편으로 ~하다　采取 cǎiqǔ 图 취하다, 채택하다　措施 cuòshī 圐 조치, 대책
节约 jiéyuē 图 절약하다　开发 kāifā 图 개발하다

제1회

제2회

제3회
쓰기

제4회

제5회

해커스 HSK 5급 실전모의고사

100
중

해설 STEP 1 소재 정하고 아웃라인 잡기

소재	젊은 사람과 스트레스

아웃라인		
도입	他看起来很疲劳(그는 매우 피곤해 보인다)	
전개	只有他还在工作(오직 그만 아직도 일하고 있다) 年轻人刚刚工作(젊은 사람이 이세 금방 일을 한다) 很多方面都不熟悉(많은 부분이 익숙하지 않다) 会面临很大的压力(큰 스트레스에 직면할 수 있다)	
마무리	学会放松, 缓解压力是非常重要的 (정신적 긴장을 푸는 것을 습득하며, 스트레스를 완화시키는 것은 매우 중요한 것이다)	

Step 2 원고지에 짧은 글 완성하기

[모범 답안]

도입

	他	一	个	人	面	对	着	电	脑	,		用	手	抱	着
头	,	看	起	来	很	疲	劳	。	其	他	人	都	下	班	了,
只	有	他	一	个	人	还	在	工	作	。	年	轻	人	刚	刚
参	加	工	作	,	很	多	方	面	都	不	熟	悉	,	会	面
临	很	大	的	压	力	,	学	会	放	松	,	缓	解	压	力
是	非	常	重	要	的	。									

전개

마무리

그는 혼자 컴퓨터를 마주 보고, 손으로 머리를 싸매고 있으며, 매우 피곤해 보인다. 다른 사람은 모두 퇴근했고, 오직 그만 혼자 아직도 일하고 있다. 젊은 사람은 이제 금방 일에 참여하여, 많은 부분이 익숙하지 않아, 큰 스트레스에 직면할 수 있으므로, 정신적 긴장을 푸는 것을 습득하여, 스트레스를 완화시키는 것은 매우 중요한 것이다.

面对 miànduì 통 마주 보다 **抱** bào 통 싸매다, 둘러싸다 **头** tóu 명 머리 **疲劳** píláo 형 피곤하다 **其他** qítā 데 다른 사람, 기타 **下班** xiàbān 통 퇴근하다 **年轻人** niánqīngrén 명 젊은 사람 **刚刚** gānggāng 부 금방, 막, 방금 **参加** cānjiā 통 참여하다 **方面** fāngmiàn 명 방면, 부분 **熟悉** shúxī 통 익숙하다, 잘 알다 **面临** miànlín 통 직면하다, 당면하다 **压力** yālì 명 스트레스 **学会** xuéhuì 통 습득하다 **放松** fàngsōng 통 정신적 긴장을 풀다, 이완시키다 **缓解** huǎnjiě 통 완화시키다, 누그러뜨리다 **重要** zhòngyào 형 중요하다

시험에 나올 어휘를
효과적으로 공부하려면?

해커스중국어(china.Hackers.com)에서
<HSK 5급 핵심&고난도 어휘 1000> 무료 다운받기!

해커스 HSK 5급
실전모의고사
제4회

听力 듣기 / 어휘·해석·해설

阅读 독해 / 어휘·해석·해설

书写 쓰기 / 어휘·해석·해설

一、听力 듣기

문제별 분할 mp3
바로듣기

1 하

A 参加考试　　B 听辩论赛
C 打羽毛球　　D 买录音机

男：下午我有个小测验，辩论赛去不了了，你能帮我录音吗？
女：没问题！不过这次是决赛，不去听有点儿可惜了。

问：女的下午要去干什么？

辩论赛 biànlùnsài [명] 웅변대회 **羽毛球** yǔmáoqiú [명] 배드민턴
录音机 lùyīnjī [명] 녹음기 **小测验** xiǎocèyàn [명] 쪽지시험
录音 lùyīn [동] 녹음하다 [명] 녹음 **决赛** juésài [명] 결승 **可惜** kěxī [형] 아쉽다

A 시험에 참가한다　　B 웅변대회를 듣는다　　C 배드민턴을 친다　　D 녹음기를 구입한다

남: 오후에 내가 쪽지시험이 있어서, 웅변대회에 갈 수 없게 되었어, 네가 나를 도와 녹음해줄 수 있니?
여: 문제없어! 하지만 이번에는 결승전인데, 가서 못 듣는다니 좀 아쉽다.

질문: 여자는 오후에 무엇을 할 것인가?　　정답 B

해설 제시된 보기 A 参加考试(시험에 참가한다), B 听辩论赛(웅변대회를 듣는다), C 打羽毛球(배드민턴을 친다), D 买录音机(녹음기를 구입한다)가 모두 행동을 나타내므로, 대화를 들을 때 화자 또는 특정 인물이 하고 있거나 하려는 행동이 무엇인지 주의 깊게 듣는다. 대화에서 남자가 **下午我有个小测验，辩论赛去不了了，你能帮我录音吗？**(오후에 내가 쪽지시험이 있어서, 웅변대회에 갈 수 없게 되었어, 네가 나를 도와 녹음해줄 수 있니?)라고 하자, 여자가 **没问题！**(문제없어!)라고 답했다. 이를 듣고, 여자는 오후에 웅변대회에 가서 남자를 도와 녹음해줄 것을 알 수 있다. 질문이 여자는 오후에 무엇을 할 것인지 물었으므로, B **听辩论赛**(웅변대회를 듣는다)가 정답이다.

✅ **고득점 노하우** 제시된 보기가 모두 행동 관련 표현인 경우, 대화를 들을 때 화자 또는 특정 인물이 하고 있거나 하려는 행동이 무엇인지를 주의 깊게 듣는다.

2 하

A 说明书写错了
B 玩具车功能很少
C 安装需要两个步骤
D 男的会帮女的重新安装

女：我按照说明书上的步骤把孩子的玩具车安装好了，却发现有的功能不能使用。
男：可能没装好，明天我去帮你看看哪里出问题了。

问：根据这段话，下面哪个是正确的？

说明书 shuōmíngshū [명] 설명서 **玩具** wánjù [명] 장난감
功能 gōngnéng [명] 기능 **安装** ānzhuāng [동] 조립하다, 설치하다
步骤 bùzhòu [명] 순서 **重新** chóngxīn [부] 다시 **却** què [부] 그런데, 오히려
使用 shǐyòng [동] 사용하다 **装** zhuāng [동] 조립하다, 설치하다

A 설명서가 잘못 적혔다　　B 장난감 자동차의 기능이 매우 적다
C 조립하는 것에는 두 가지 순서가 필요하다　　D 남자는 여자를 도와 다시 조립할 것이다

여: 내가 설명서의 순서에 따라 아이의 장난감 자동차를 조립했는데, 그런데 일부 기능을 사용할 수 없다는 것을 발견했어.
남: 아마 제대로 조립되지 않았을 거야, 내일 내가 너를 도와 어디에 문제가 있는지 봐 줄게.

질문: 대화에 근거하여, 아래 보기 중 맞는 것은?　　정답 D

해설 제시된 보기 A의 **说明书**(설명서), B의 **玩具车功能**(장난감 자동차 기능), C와 D의 **安装**(조립하다)을 핵심어구로 체크해두고, 대화를 들을 때 물건 조립과 관련하여 언급되는 내용을 주의 깊게 듣는다. 대화에서 여자가 장난감 자동차를 조립했는데 일부 기능을 사용할 수 없다고 말하자, 남자가 **明天我去帮你看看哪里出问题了**(내가 내일 너를 도와 어디에 문제가 있는지 봐 줄게)라고 답했다. 질문이 대화에 근거하여 맞는 것은 무엇인지 물었으므로, D **男的会帮女的重新安装**(남자는 여자를 도와 다시 조립할 것이다)이 정답이다.

✅ **고득점 노하우** 보기가 모두 공통점을 찾기 어려운 긴 문장인 경우, 각 보기에서 아는 단어를 신속히 체크해두고, 대화를 들을 때 이와 관련된 내용을 주의 깊게 듣는다.

3
중

A 保持冷静	B 赞成别人
C 稳定情绪	D 提出观点

男: 好好说话和情绪稳定, 这两点看起来容易, 做起来却相当困难。

女: 我赞成你的观点。显然, 现在很多人做不到这两点。

问: 男的觉得什么很困难?

保持 bǎochí 图 유지하다　冷静 lěngjìng 图 침착하다, 냉정하다
赞成 zànchéng 图 동의하다　稳定 wěndìng 图 가라앉히다 图 안정되다
情绪 qíngxù 图 기분, 정서　提出 tíchū 图 제기하다　观点 guāndiǎn 图 관점
却 què 图 오히려, 그런데　相当 xiāngdāng 图 상당히
困难 kùnnan 图 어렵다　显然 xiǎnrán 图 분명하다

A 침착함을 유지한다　　　B 다른 사람에게 동의한다　　　C 기분을 가라앉힌다　　　D 관점을 제기한다

남: 잘 말하는 것과 감정을 가라앉히는 것, 이 두 개는 보기에는 쉽지만, 해보면 오히려 상당히 어려워요.

여: 저도 당신의 관점에 동의합니다. 분명히, 현재 많은 사람들이 이 두 가지를 하지 못해요.

질문: 남자가 느끼기에 무엇이 매우 어려운가?

정답 C

해설 제시된 보기 A 保持冷静(침착함을 유지한다), B 赞成别人(다른 사람에게 동의한다), C 稳定情绪(기분을 가라앉힌다), D 提出观点
(관점을 제기한다)이 모두 상황 또는 상태를 나타내므로, 대화를 들을 때 화자 또는 특정 대상의 상황이나 상태와 관련된 내용을 주의 깊게 듣는다. 대화에서 남자가 好好说话和情绪稳定, 这两点看起来容易, 做起来却相当困难。(잘 말하는 것과 감정을 가라앉히는 것, 이 두 개는 보기에는 쉽지만, 해보면 오히려 상당히 어려워요.)이라고 말했다. 질문이 남자가 느끼기에 무엇이 매우 어려운지물었으므로, C 稳定情绪(기분을 가라앉힌다)가 정답이다.

☑ **고득점 노하우** 보기가 모두 상황 또는 상태와 관련된 내용이면, 대화를 들을 때 화자 또는 특정 대상의 상황이나 상태를 주의 깊게 듣는다.

4
중

A 服务很热情	B 海鲜做得好
C 客人不太多	D 男的很喜欢

女: 我朋友都说这家店的海鲜最地道, 口味也独特。

男: 怪不得生意这么好呢, 那我今天可要尝尝看是不是真的那么好吃。

问: 这家店怎么样?

热情 rèqíng 图 친절하다, 열정적이다　海鲜 hǎixiān 图 해산물
地道 dìdao 图 정통의, 본고장의　口味 kǒuwèi 图 맛, 풍미
独特 dútè 图 독특하다　怪不得 guàibude 图 어쩐지, 그러기에
尝 cháng 图 먹어 보다, 맛보다

A 서비스가 매우 친절하다　　　B 해산물을 잘 요리한다　　　C 손님이 그리 많지 않다　　　D 남자가 매우 좋아한다

여: 내 친구들이 모두 이 가게의 해산물이 매우 정통적이고, 맛 또한 독특하다고 말했어.

남: 어쩐지 장사가 이렇게 잘 되더라, 그럼 난 오늘 정말로 그렇게 맛있는지 먹어봐야겠어.

질문: 이 가게는 어떠한가?

정답 B

해설 제시된 보기 A의 热情(친절하다), B의 做得好(잘 요리한다), C의 不太多(그리 많지 않다), D의 喜欢(좋아하다)이 모두 상태를 나타내므로, 대화를 들을 때 화자 또는 특정 대상의 상황이나 상태와 관련된 내용을 주의 깊게 듣는다. 대화에서 여자가 我朋友都说这家店的海鲜最地道, 口味也独特。(내 친구들이 모두 이 가게의 해산물이 매우 정통적이고, 맛 또한 독특하다고 말했어.)라고 말하자, 남자가 어쩐지 장사가 그래서 잘 되는 것 같다고 답했다. 이를 통해, 남자와 여자는 이 가게의 해산물 요리에 대해 긍정적으로 평가한다는것을 알 수 있다. 질문이 이 가게는 어떠한지 물었으므로, B 海鲜做得好(해산물을 잘 요리한다)가 정답이다.

☑ **고득점 노하우** 보기가 모두 상황 또는 상태와 관련된 내용이면, 대화를 들을 때 화자 또는 특정 대상의 상황이나 상태를 주의 깊게 듣는다.

5 중

A 最近睡得很晚　　B 身体不太健康
C 已经大学毕业了　D 论文已经完成了

男: 女儿最近几天都在熬夜，身体受得了吗?
女: 没办法，她在写毕业论文，辛苦了四年，关键就看现在了。

问: 关于他们的女儿，我们可以知道什么?

毕业 bìyè [동] 졸업하다 论文 lùnwén [명] 논문
熬夜 áoyè [동] 철야하다, 밤새다 受得了 shòudeliǎo [동] 버틸 수 있다
辛苦 xīnkǔ [형] 고생스럽다 关键 guānjiàn [명] 관건 [형] 매우 중요한

A 최근에 늦게 잔다　B 몸이 별로 건강하지 않다　C 이미 대학교를 졸업했다　D 논문을 이미 완성했다

남: 딸이 최근 며칠간 철야 중인데, 몸이 버틸 수 있을까요?
여: 방법이 없어요, 그녀는 졸업 논문을 쓰고 있고, 4년간 고생했는데, 관건은 현재에 달려있어요.

질문: 그들의 딸에 관하여, 우리가 알 수 있는 것은 무엇인가?　정답 A

해설 제시된 보기 A의 晚(늦다), B의 不太健康(별로 건강하지 않다), C의 毕业了(졸업했다), D의 完成了(완성했다)를 핵심어구로 체크해두고, 대화를 들을 때 이와 관련하여 언급되는 상태나 상황을 주의 깊게 듣는다. 대화에서 남자가 女儿最近几天都在熬夜，身体受得了吗?(딸이 최근 며칠간 철야 중인데, 몸이 버틸 수 있을까요?)라고 묻자, 여자가 방법이 없다고 답했다. 질문이 그들의 딸에 관하여 알 수 있는 것이 무엇인지 물었으므로, A 最近睡得很晚(최근 늦게 잔다)이 정답이다.

✅ **고득점 노하우** 제시된 보기에 형용사 또는 了로 끝나는 문장이 있을 경우, 화자 또는 특정 대상의 상황이나 상태를 주의 깊게 듣는다.

6 중

A 刚找到工作　　B 考了第二名
C 放弃了竞争　　D 在杂志社当编辑

女: 听说你进了都市报社做编辑，恭喜你!
男: 说起来我运气比较好，这个职位只录取两个人，我考了第三名，结果第二名放弃了。

问: 关于男的，我们可以知道什么?

放弃 fàngqì [동] 포기하다 竞争 jìngzhēng [동] 경쟁하다
杂志社 zázhìshè [명] 잡지사 编辑 biānjí [명] 편집자 [동] 편집하다
报社 bàoshè [명] 신문사 恭喜 gōngxǐ [동] 축하하다
运气 yùnqi [명] 운 [형] 운이 좋다 职位 zhíwèi [명] 직위 录取 lùqǔ [동] 채용하다
结果 jiéguǒ [접] 결국 [명] 결과

A 이제 막 직업을 찾았다　B 시험에서 2등을 했다　C 경쟁을 포기했다　D 잡지사에서 편집자를 담당한다

여: 듣자니 당신이 도시 신문사에 들어가서 편집자가 됐다고 하던데, 축하해요!
남: 말하자면 저는 비교적 운이 좋았어요, 이 직위는 겨우 두 명만 채용하는데, 저는 3등을 했지만, 결국에는 2등이 포기했어요.

질문: 남자에 관하여, 우리가 알 수 있는 것은 무엇인가?　정답 A

해설 제시된 보기 A의 找到工作(직업을 찾았다), B의 第二名(2등), C의 放弃了竞争(경쟁을 포기했다), D 의 在杂志社当编辑(잡지사에서 편집자를 담당한다)를 핵심어구로 체크해두고, 대화를 들을 때 이와 관련하여 언급되는 내용을 주의 깊게 듣는다. 대화에서 여자가 听说你进了都市报社做编辑(듣자니 당신이 도시 신문사에 들어가서 편집자가 됐다고 하던데)라고 하자 남자가 비교적 운이 좋았다고 답했다. 질문이 남자에 관하여 알 수 있는 것이 무엇인지 물었으므로, A 刚找到工作(이제 막 직업을 찾았다)가 정답이다. 참고로, 대화에 언급되는 都市报社(도시 신문사)와 보기 D에서 언급되는 杂志社(잡지사)를 혼돈하지 않도록 유의한다.

✅ **고득점 노하우** 보기가 모두 공통점을 찾기 어려운 긴 문장인 경우, 각 보기에서 아는 단어를 신속히 체크해두고, 대화를 들을 때 이와 관련된 내용을 주의 깊게 듣는다.

7 중

A 出国留学　　B 办理护照
C 延长签证　　D 去大使馆

男: 你的签证快过期了吧，得赶紧去续签啊。
女: 我已经去办理过了，又延长了一年，谢谢你提醒我。

问: 男的提醒女的做什么?

办理 bànlǐ [동] (수속을) 밟다 延长 yáncháng [동] 연장하다
签证 qiānzhèng [명] 비자 大使馆 dàshǐguǎn [명] 대사관
过期 guòqī [동] 기한을 넘기다 赶紧 gǎnjǐn [부] 서둘러
续签 xùqiān [동] 갱신하다 提醒 tíxǐng [동] 상기시키다

A 출국하여 유학한다　B 여권 발급 수속을 밟는다　C 비자를 연장한다　D 대사관에 간다

남: 당신의 비자는 곧 기한을 넘기니, 서둘러 갱신을 해야 해요.
여: 전 이미 가서 수속을 밟았고, 또 1년을 연장했어요, 상기시켜줘서 고마워요.

질문: 남자는 여자에게 무엇을 할 것을 상기시켜줬는가?　정답 C

해설 제시된 보기 A 出国留学(출국하여 유학한다), B 办理护照(여권 발급 수속을 밟는다), C 延长签证(비자를 연장한다), D 去大使馆(대사관에 간다)이 모두 행동과 관련된 내용이므로, 대화를 들을 때 화자 혹은 특정 인물이 하고 있거나 하려는 행동이 무엇인지를 주의 깊게 듣는다. 대화에서 남자가 여자에게 **你的签证快过期了吧, 得赶紧去续签啊。**(당신의 비자는 곧 기한을 넘기니, 서둘러 갱신을 해야 해요.)라고 말했다. 질문이 남자가 여자에게 무엇을 할 것을 상기시켜줬는지를 물었으므로, C 延长签证(비자를 연장한다)이 정답이다.

✅ **고득점 노하우** 제시된 보기가 모두 행동 관련 표현인 경우, 대화를 들을 때 화자 또는 특정 인물이 하고 있거나 하려는 행동이 무엇인지를 주의 깊게 듣는다.

8 중

A 逃避学习　　B 证明自己
C 挣生活费　　D 锻炼能力

女：我真佩服你，学习那么紧张，每天下课还能去做兼职工作。
男：我并不觉得辛苦啊，工作能锻炼我的能力，让我更好地适应社会。

问：男的为什么要做兼职？

逃避 táobì[동] 도피하다 证明 zhèngmíng[동] 증명하다
挣 zhèng[동] (돈을) 벌다 生活费 shēnghuófèi[명] 생활비
能力 nénglì[명] 능력 佩服 pèifú[동] 감탄하다, 경탄하다
兼职工作 jiānzhígōngzuò[명] 아르바이트, 시간제 근무
辛苦 xīnkǔ[형] 고생스럽다 适应 shìyìng[동] 적응하다

A 공부를 도피한다　B 자신을 증명한다　C 생활비를 번다　D 능력을 단련한다

여: 나 정말 너에게 감탄했어, 공부도 그렇게 바쁜데, 매일 수업이 끝난 후 또 아르바이트를 하다니.
남: 난 결코 고생스럽다고 느끼지 않아, 일은 나의 능력을 단련할 수 있고, 내가 더욱 더 사회에 잘 적응할 수 있도록 해.

질문: 남자는 왜 아르바이트를 하는가?　정답 D

해설 제시된 보기 A 逃避学习(공부를 도피한다), B 证明自己(자신을 증명한다), C 挣生活费(생활비를 번다), D 锻炼能力(능력을 단련한다)가 모두 사람이 처한 상황과 관련되므로, 대화를 들을 때 화자 혹은 특정 인물의 상황과 관련된 내용을 주의 깊게 듣는다. 대화에서 여자가 남자에게 공부와 아르바이트를 병행하는 것이 감탄스럽다고 하자, 남자가 **工作能锻炼我的能力, 让我更好地适应社会**(일은 나의 능력을 단련할 수 있고, 내가 더욱 더 사회에 잘 적응할 수 있도록 해)라고 답했다. 질문이 남자는 왜 아르바이트를 하는지 물었으므로, D 锻炼能力(능력을 단련한다)가 정답이다.

✅ **고득점 노하우** 보기가 모두 상황 또는 상태와 관련된 내용이면, 대화를 들을 때 화자 또는 특정 대상의 상황이나 상태를 주의 깊게 듣는다.

9 중

A 味道很香　　B 叶子有毒
C 花的颜色很多　　D 长在温暖的地方

男：快来看，这个花好漂亮啊！我来闻一闻香不香。
女：哎，你可千万别碰！这是夹竹桃，毒性很大，不光花跟叶子，连气味都有毒。

问：关于夹竹桃，我们可以知道什么？

味道 wèidao[명] 냄새 香 xiāng[형] 향기롭다 叶子 yèzi[명] 잎
毒 dú[명] 독, 마약 温暖 wēnnuǎn[형] 따뜻하다 闻 wén[동] 냄새를 맡다
哎 āi[감탄] 어!, 야! 千万 qiānwàn[부] 절대로 碰 pèng[동] 만지다
夹竹桃 Jiāzhútáo[고유] 협죽도 毒性 dúxìng[명] 독성
不光 bùguāng[접] ~일 뿐만 아니라 连 lián[개] ~마저도
气味 qìwèi[명] 냄새

A 냄새가 매우 향기롭다　B 잎에 독이 있다　C 꽃의 색이 매우 많다　D 따뜻한 장소에서 자란다

남: 어서 와서 봐봐, 이 꽃 정말 예쁘다! 향기로운지 냄새를 맡아볼래.
여: 어, 절대로 만지지마! 이건 협죽도라고, 독성이 매우 강하고, 꽃과 잎뿐만 아니라, 냄새마저도 모두 독이 있어.

질문: 협죽도에 관하여, 우리가 알 수 있는 것은 무엇인가?　정답 B

해설 제시된 보기 A의 很香(매우 향기롭다), B의 有毒(독이 있다), C의 颜色很多(색이 매우 많다), D의 长在温暖的地方(따뜻한 장소에서 자란다)이 특정 사물의 상태를 나타내므로, 대화를 들을 때 사물의 상태에 관련하여 언급되는 내용을 주의 깊게 듣는다. 대화에서 남자가 꽃의 냄새를 맡아보려고 하자, 여자가 **这是夹竹桃, 毒性很大, 不光花跟叶子, 连气味都有毒。**(이건 협죽도라고, 독성이 매우 강하고, 꽃과 잎뿐만 아니라, 냄새마저도 모두 독이 있어.)라고 말했다. 질문이 협죽도에 관하여 알 수 있는 것은 무엇인지 물었으므로, B 叶子有毒(잎에 독이 있다)가 정답이다.

✅ **고득점 노하우** 보기가 모두 상황 또는 상태와 관련된 내용이면, 대화를 들을 때 화자 또는 특정 대상의 상황이나 상태를 주의 깊게 듣는다.

10
중

| A 搬家了 | B 辞职了 | C 生病了 | D 出差了 |

女：编辑部的小王跟合作方有些矛盾，所以不干了。

男：怪不得呢，我刚才看见他收拾了所有东西离开了。

问：小王怎么了？

辞职 cízhí 图 사직하다, 직장을 그만두다　编辑部 biānjíbù 图 편집부
合作方 hézuòfāng 협력 업체　矛盾 máodùn 图 갈등, 불화
怪不得 guàibude 图 어쩐지　收拾 shōushi 图 정리하다, 치우다
所有 suǒyǒu 图 모든

| A 이사했다 | B 사직했다 | C 병이 났다 | D 출장 갔다 |

여：편집부의 샤오왕이 협력 업체와 갈등이 조금 있어서, 그래서 일을 그만두었대.
남：어쩐지, 나는 방금 그가 모든 물건을 정리하고 떠나는 걸 봤어.

질문：샤오왕에게 어떤 일이 생겼는가?

정답 B

해설 제시된 보기 A 搬家了(이사갔다), B 辞职了(사직했다), C 生病了(병이 났다), D 出差了(출장 갔다)가 모두 상태를 나타내므로, 대화를 들을 때 화자 또는 특정 대상의 상태나 상황에 관해 주의 깊게 듣는다. 대화에서 여자가 小王 …… 不干了(샤오왕이 …… 일을 그만두었대)라고 말하자, 남자가 怪不得(어쩐지)라며 방금 샤오왕이 보는 물건을 정리하고 떠나는 것을 봤다고 했다. 질문이 샤오왕에게 무슨 일이 일어났는지 물었으므로, B 辞职了(사직했다)가 정답이다. 참고로, 不干了(그만두었다)가 辞职了(사직했다)로 바꿔 표현된 것에 유의한다.

✅ **고득점 노하우** 보기가 모두 상황 또는 상태와 관련된 표현이면, 대화를 들을 때 화자 또는 특정 대상의 상황이나 상태를 주의 깊게 듣는다.

11
중

| A 遗憾 | B 自豪 | C 犹豫 | D 满足 |

男：要是当时我多用功，现在说不定就在北京大学读书了。

女：你现在的学校也不差呀，多少人想考进来呢。

问：男的是什么语气？

遗憾 yíhàn 图 유감이다　自豪 zìháo 图 자랑스럽다, 우쭐하다
犹豫 yóuyù 图 주저하다　要是 yàoshi 图 만약
用功 yònggōng 图 열심히 공부하다　说不定 shuōbudìng 图 아마
北京大学 Běijīng Dàxué 고유 베이징대학　语气 yǔqì 图 말투, 어투

| A 유감이다 | B 자랑스럽다 | C 주저하다 | D 만족하다 |

남：만약 당시에 내가 더 열심히 공부했다면, 지금 아마 베이징대학에서 공부하고 있었을 텐데.
여：너 지금 학교도 나쁘지않잖아, 얼마나 많은 사람이 시험을 쳐서 들어오고 싶어 하는데.

질문：남자는 어떤 말투인가?

정답 A

해설 제시된 보기 A 遗憾(유감이다), B 自豪(자랑스럽다), C 犹豫(주저하다), D 满足(만족하다)가 모두 태도를 나타내므로, 대화를 들을 때 화자 또는 특정 인물이 어떤 태도인지 주의 깊게 듣는다. 대화에서 남자가 要是当时我多用功, 现在说不定就在北京大学读书了.(만약 당시에 내가 더 열심히 공부했다면, 지금 아마 베이징대학에서 공부하고 있었을 텐데.)라고 말했다. 이를 통해 남자는 열심히 공부하지 않은 것에 대해 후회한다는 것을 알 수 있다. 질문이 남자의 말투가 어떠한지 물었으므로, A 遗憾(유감이다)이 정답이다.

✅ **고득점 노하우** 보기가 모두 사람의 태도와 관련된 표현이면, 화자 또는 특정 대상의 태도가 어떤지 주의 깊게 듣는다.

12
중

| A 餐厅 | B 工厂 | C 医院 | D 车上 |

女：服务区还有多远？我没吃早饭，现在有点不舒服，头晕，还冒冷汗。

男：大约还有七八公里，再坚持一下就到。

问：这段对话最有可能发生在哪儿？

工厂 gōngchǎng 图 공장　服务区 fúwùqū 图 고속도로 휴게소
头晕 tóuyūn 图 머리가 어지럽다　冒 mào 图 나오다, 내뿜다
冷汗 lěnghàn 图 식은땀　大约 dàyuē 图 대략　公里 gōnglǐ 图 킬로미터(km)
坚持 jiānchí 图 끝까지 버티다, 고수하다

| A 식당 | B 공장 | C 병원 | D 차 안 |

여：고속도로 휴게소까지 얼마나 멀어? 난 아침밥을 못 먹었는데, 지금 몸이 조금 불편하고, 머리가 어지러워, 식은땀도 나.
남：대략 7, 8킬로미터 남았어, 조금만 더 버티면 도착해.

질문：이 대화는 어디에서 일어날 가능성이 가장 큰가?

정답 D

해설 제시된 보기 A 餐厅(식당), B 工厂(공장), C 医院(병원), D 车上(차 안)이 모두 장소이므로, 대화를 들을 때 화자나 특정 인물의 행동이 이루어지고 있는 장소가 어디인지 주의 깊게 듣는다. 대화에서 여자가 服务区还有多远?(고속도로 휴게소까지 얼마나 멀어?)이라고 묻자, 남자가 大约还有七八公里(대략 7, 8킬로미터 남았어)라고 답했다. 질문에서 이 대화는 어디에서 일어날 가능성이 가장 큰지 물었으므로, D 车上(차 안)이 정답이다. 참고로, 보통 대화자가 질문을 하면 답변에서 정답의 단서가 언급되는 경우가 많다.

✅ **고득점 노하우** 제시된 보기가 모두 장소 표현이면, 화자 혹은 특정 인물이 있는 장소 혹은 가려고 하는 장소가 어디인지 주의 깊게 듣는다.

13
하

A 演员　　B 老师　　C 主持人　　D 列车员

男: 下面我宣布，第一届校园歌手大赛的冠军是——李青！

女: 祝贺李青，现在我们请冠军上台，大家鼓掌欢迎！

问: 根据对话，说话者最可能是做什么工作的？

主持人 zhǔchírén 圐 사회자	列车员 lièchēyuán 圐 열차 승무원
宣布 xuānbù 圐 발표하다	届 jiè 정기회의, 졸업식 등을 세는 단위
冠军 guànjūn 圐 우승자	祝贺 zhùhè 圐 축하하다
上台 shàngtái 圐 무대에 오르다	鼓掌 gǔzhǎng 圐 박수하다

A 배우　　　　　　　B 선생님　　　　　　　C 사회자　　　　　　　D 열차 승무원

남: 다음은 제가 발표합니다, 제1회 캠퍼스 가수 대회의 우승자는 리칭입니다!

여: 리칭 축하드립니다, 지금 저희가 우승자를 초청해 무대 위로 모시겠습니다, 모두 박수로 환영해 주세요!

질문: 대화에 근거하여, 화자는 어떤 일을 하고 있을 가능성이 가장 큰가?　　　　　　　　정답 C

해설 제시된 보기 A 演员(배우), B 老师(선생님), C 主持人(사회자), D 列车员(열차 승무원)이 모두 직업이므로, 대화를 들을 때 화자 혹은 특정 인물의 직업과 관련된 내용을 주의 깊게 듣는다. 대화에서 남자가 대회의 우승자를 발표하자, 여자가 现在我们请冠军上台, 大家鼓掌欢迎(지금 저희가 우승자를 초청해 무대 위로 모시겠습니다, 모두 박수로 환영해 주세요)이라고 말했다. 이를 통해 두 사람은 현재 대회를 진행하고 있음을 파악할 수 있다. 질문이 대화에 근거하여 화자는 어떤 일을 하고 있을 가능성이 가장 큰지 물었으므로, C 主持人(사회자)이 정답이다.

✅ **고득점 노하우** 보기가 모두 직업을 나타내는 표현이면, 대화를 들을 때 화자 혹은 특정 인물의 직업과 관련하여 언급되는 내용을 주의 깊게 듣는다.

14
중

A 社会新闻　　　　B 交通意外
C 经济法规　　　　D 卡车销售

女: 张律师您好，我是新闻频道的记者。对于这次碰擦事件，您怎么看？

男: 根据我国《道路交通安全法》的相关规定，卡车司机需要承担全部责任。

问: 他们在谈论什么？

意外 yìwài 圐 뜻하지 않은 사고	经济 jīngjì 圐 경제	法规 fǎguī 圐 법규
卡车 kǎchē 圐 트럭	销售 xiāoshòu 圐 판매하다	
律师 lǜshī 圐 변호사	频道 píndào 圐 채널	
碰擦 pèngcā 圐 부딪쳐서 스치다	事件 shìjiàn 圐 사고, 사건	
碰擦事件 pèngcā shìjiàn 圐 접촉 사고	道路 dàolù 圐 도로, 길	
相关 xiāngguān 圐 관련되다, 상관되다	规定 guīdìng 圐 규정, 규칙	
承担 chéngdān 圐 부담하다	全部 quánbù 圐 모두의	责任 zérèn 圐 책임

A 사회 뉴스　　　　　B 교통 사고　　　　　C 경제 법규　　　　　D 트럭 판매

여: 장 변호사님 안녕하세요, 저는 뉴스 채널의 기자입니다. 이번 접촉 사고에 대해, 어떻게 보시나요?

남: 우리나라 <도로 교통 안전법>의 관련 규정에 의하면, 트럭 기사가 모든 책임을 부담해야 합니다.

질문: 그들은 무엇을 논의하고 있는가?　　　　　　　　정답 B

해설 대화를 들을 때 제시된 보기 A 社会新闻(사회 뉴스), B 交通意外(교통 사고), C 经济法规(경제 법규), D 卡车销售(트럭 판매)와 관련된 내용을 주의 깊게 듣는다. 대화에서 여자가 남자에게 对于这次碰擦事件, 您怎么看?(이번 접촉 사고에 대해, 어떻게 보시나요?)이라고 묻자, 남자가 卡车司机需要承担全部责任(트럭 기사가 모든 책임을 부담해야 합니다)이라고 답했다. 이를 통해 그들은 교통 사고와 관련된 대화를 하고 있음을 알 수 있다. 질문이 그들은 무엇을 논의하고 있는지 물었으므로, B 交通意外(교통 사고)가 정답이다.

✅ **고득점 노하우** 제시된 보기가 서로 다른 특정 명사인 경우에는, 대화를 들을 때 각 명사들과 관련된 내용을 주의 깊게 듣는다.

15
상

A 3月 6日　　　　　　B 4月 2日
C 4月 15日　　　　　D 5月 22日

男: 王秘书, 公司计划四月中旬成立"新闻中心",
　　要在员工中提前做好宣传工作, 吸引优秀的年
　　轻人加入。
女: 好的, 我马上给各部门发邮件。

问: "新闻中心"可能在什么时间成立?

秘书 mìshū 명 비서　计划 jìhuà 통 계획하다 명 계획
中旬 zhōngxún 명 중순　成立 chénglì 통 설립하다
中心 zhōngxīn 명 센터, 중심　员工 yuángōng 명 직원
提前 tíqián 통 앞당기다　宣传 xuānchuán 통 홍보하다
吸引 xīyǐn 통 유치하다, 끌어당기다　优秀 yōuxiù 형 우수하다
年轻人 niánqīngrén 명 젊은 사람　加入 jiārù 통 참가하다, 가입하다
部门 bùmén 명 부서　邮件 yóujiàn 명 이메일, 우편물

A 3월 6일　　　　　　B 4월 2일　　　　　　C 4월 15일　　　　　D 5월 22일

남: 왕 비서, 회사에서 4월 중순에 '뉴스 센터'를 설립하려고 계획 중인데, 직원들에게 홍보하는 작업을 앞당겨 하여, 우수한 젊은 사람이 참
　　가하도록 유치하세요.
여: 알겠습니다, 즉시 각 부서에 이메일을 보내겠습니다.

질문: '뉴스 센터'는 언제 설립이 될 것인가?

정답 C

해설 제시된 보기 A 3月 6日(3월 6일), B 4月 2日(4월 2일), C 4月 15日(4월 15일), D 5月 22日(5월 22일)가 모두 날짜이므로, 대화를 늘늘 때
특정 날짜와 관련된 내용을 주의 깊게 듣는다. 대화에서 남자가 公司计划四月中旬成立"新闻中心"(회사에서 4월 중순에 '뉴스 센
터'를 설립하려고 계획 중인데)이라고 말했다. 질문이 '뉴스 센터'가 언제 설립 되는지 물었으므로, C 4月15日(4월 15일)가 정답이다.

☑ **고득점 노하우** 제시된 보기들이 숫자 표현일 경우, 정답 보기가 단문에서 그대로 언급될 가능성이 높다는 것을 염두하며 단문을 듣는다.

16
중

A 旅行计划　　　　　B 广告方案
C 城市风景　　　　　D 工作安排

女: 你看光明旅行社的这条路线怎么样?
男: 我看看。"'海之恋'青岛三日游, 欣赏海岸风
　　景、入住高档酒店……" 嗯, 感觉不错。

问: 他们在谈论什么?

计划 jìhuà 명 계획　方案 fāng'àn 명 방안　风景 fēngjǐng 명 풍경
安排 ānpái 통 배정하다　工作安排 gōngzuò ānpái 업무 배정
旅行社 lǚxíngshè 명 여행사　路线 lùxiàn 명 노선
青岛 Qīngdǎo 고유 칭다오(중국 지명, 청도)　欣赏 xīnshǎng 통 감상하다
海岸 hǎi'àn 명 해안　入住 rùzhù 통 (호텔 등에서) 숙박하다, 입주하다
高档 gāodàng 형 고급의　酒店 jiǔdiàn 명 호텔
感觉 gǎnjué 명 느낌, 감각 통 ~라고 느끼다　谈论 tánlùn 통 논의하다

A 여행 계획　　　　　　B 광고 방안　　　　　　C 도시 풍경　　　　　　D 업무 배정

여: 당신이 보기에 광밍 여행사의 이 노선은 어떤가요?
남: 제가 볼게요. "바다의 사랑' 칭다오 3일 여행, 해안 풍경을 감상하고, 고급 호텔에 숙박하세요……' 음, 느낌이 괜찮네요.

질문: 그들은 무엇을 논의하고 있는가?

정답 A

해설 대화를 들을 때 제시된 보기 A 旅行计划(여행 계획), B 广告方案(광고 방안), C 城市风景(도시 풍경), D 工作安排(업무 배정)와 관
련된 내용을 주의 깊게 듣는다. 대화에서 여자가 남자에게 광밍 여행사의 노선이 어떠한지를 묻자, 남자가 "'海之恋'青岛三日游, 欣
赏海岸风景、入住高档酒店 ……"嗯, 感觉不错。('바다의 사랑' 칭다오 3일 여행, 해안 풍경을 감상하고, 고급 호텔에 숙박하세요
……' 음, 느낌이 괜찮네요.)라고 답했다. 질문이 그들은 무엇을 논의하고 있는지 물었으므로, A 旅行计划(여행 계획)가 정답이다. 참
고로, 보통 대화자가 질문을 하면 답변에서 정답의 단서가 언급되는 경우가 많다.

☑ **고득점 노하우** 제시된 보기가 서로 다른 특정 명사인 경우에는, 대화를 들을 때 각 명사들과 관련된 내용을 주의 깊게 듣는다.

17
중

A 参加培训　　　　　B 留下来实习
C 接待参会人员　　　D 组织妇女大会

男: 李总, 世界妇女大会的准备工作我也想参与。
女: 好的, 你和李平一起负责开幕式吧, 要有时
　　尚、现代的感觉。

问: 男的想做什么?

培训 péixùn 통 훈련하다　留 liú 통 남다, 머무르다　实习 shíxí 통 실습하다
接待 jiēdài 통 접대하다　参会人员 cānhuì rényuán 회의 참석자
组织 zǔzhī 통 조직하다　妇女 fùnǚ 명 성인 여성　参与 cānyù 통 참여하다
负责 fùzé 통 책임지다　开幕式 kāimùshì 명 개막식
时尚 shíshàng 형 스타일리시, 시대적 유행　现代 xiàndài 명 현대
感觉 gǎnjué 명 감각, 느낌 통 ~라고 느끼다

A 훈련에 참가한다　　　　B 남아서 실습한다　　　　C 회의 참석자를 접대한다　　　D 여성 총회를 조직한다

남: 이 사장님, 세계 여성 총회의 준비 작업에 저도 참여하고 싶습니다.
여: 알겠습니다, 당신과 리핑이 같이 개막식을 책임지세요, 스타일리시하고, 현대적인 감각이 있어야 합니다.

질문: 남자는 무엇을 하고 싶어 하는가?

정답 D

해설 제시된 보기 A의 参加培训(훈련에 참가한다), B의 留下来实习(남아서 실습한다), C의 接待 …… 人员(인원을 접대하다), D의 组织 …… 大会(총회를 조직하다)가 모두 행동을 나타내므로, 대화를 들을 때 화자 또는 특정 인물이 하고 있거나 하려는 행동이 무엇인지 주의 깊게 듣는다. 대화에서 남자가 世界妇女大会的准备工作我也想参与(세계 여성 총회의 준비 작업에 저도 참여하고 싶습니다)라고 말하자, 여자가 리핑과 같이 개막식을 책임지라고 답했다. 질문이 남자는 무엇을 하고 싶어 하는지 물었으므로, D 组织妇女大会(여성 총회를 조직한다)가 정답이다.

✅ **고득점 노하우** 제시된 보기가 모두 행동과 관련된 짧은 문장인 경우, 대화를 들을 때 화자 또는 특정 인물이 하고 있거나 하려는 행동이 무엇인지를 주의 깊게 듣는다.

18
하

| A 出去购物 | B 在家工作 |
| C 听天气预报 | D 去公司帮忙 |

女: 外面跟烤箱似的, 快晒死了! 下午不想去公司了。
男: 天气预报说今天有40度, 你就在家写方案吧。
问: 男的对女的有什么建议?

天气预报 tiānqì yùbào 몡 일기예보　烤箱 kǎoxiāng 몡 오븐
似的 shìde 죄 ~과 같다　晒 shài 동 햇볕에 말리다
方案 fāng'àn 몡 방안, 계획　建议 jiànyì 동 제안하다, 건의하다 몡 제안

| A 나가서 물건을 산다 | B 집에서 일한다 | C 일기예보를 듣는다 | D 회사에 가서 돕는다 |

여: 밖이 오븐 같아, 햇볕에 말라 죽겠어! 오후에 회사에 가고 싶지 않아.
남: 일기 예보에서 오늘 40도라고 했어, 집에서 방안을 써.
질문: 남자는 여자에게 무엇을 제안하는가?　정답 B

해설 제시된 보기 A의 购物(물건을 사다), B의 工作(일하다), C의 听(듣다), D 去公司(회사에 가다)가 모두 행동을 나타내므로, 대화를 들을 때 화자 혹은 특정 인물이 하고 있거나 하려는 행동이 무엇인지 주의 깊게 듣는다. 대화에서 여자가 남자에게 회사에 가고 싶지 않다고 말하자, 남자가 你就在家写方案吧(집에서 방안을 써)라고 답했다. 질문이 남자가 여자에게 무엇을 제안했는지 물었으므로, B 在家工作(집에서 일한다)가 정답이다.

✅ **고득점 노하우** 제시된 보기가 모두 행동과 관련된 짧은 문장인 경우, 대화를 들을 때 화자 또는 특정 인물이 하고 있거나 하려는 행동이 무엇인지를 주의 깊게 듣는다.

19
상

| A 一张发票 | B 一张信纸 |
| C 一张人民币 | D 一张老照片 |

男: 我在书房里找到一本书, 里面居然藏了一张一百元!
女: 啊, 我想起来了, 是我去年随手放在书里的, 后来就忘记这回事了。
问: 女的在书里放了什么?

发票 fāpiào 몡 영수증　信纸 xìnzhǐ 몡 편지지
人民币 rénmínbì 몡 인민폐, 위안화(중국의 화폐)　居然 jūrán 뷔 놀랍게도
藏 cáng 동 숨기다　随手 suíshǒu 동 손이 가는 대로 하다

| A 영수증 한 장 | B 편지지 한 장 | C 인민폐 한 장 | D 오래된 사진 한 장 |

남: 내가 서재에서 책 한 권을 찾았는데, 안에 놀랍게도 100위안 한 장이 숨겨져 있었어!
여: 아, 생각났어, 내가 작년에 손이 가는 대로 책에다 넣어두고, 그 뒤로 이 일을 잊어버렸어.
질문: 여자는 책에 무엇을 두었는가?　정답 C

해설 제시된 보기 A의 发票(영수증), B의 信纸(편지지), C의 人民币(인민폐), D의 老照片(오래된 사진)을 핵심어구로 체크해두고, 대화를 들을 때 이와 관련하여 언급되는 내용을 주의 깊게 듣는다. 대화에서 남자가 我在书房里找到一本书, 里面居然藏了一张一百元!(내가 서재에서 책 한 권을 찾았는데, 안에 놀랍게도 100위안 한 장이 숨겨져 있었어!)이라고 말하자, 여자가 是我去年随手放在书里的(내가 작년에 손이 가는 대로 책에다 넣어두고)라고 답했다. 질문이 여자가 책에 무엇을 두었는지 물었으므로, C 一张人民币(인민폐 한 장)가 정답이다.

✅ **고득점 노하우** 제시된 보기가 서로 다른 특정 명사인 경우에는, 대화를 들을 때 각 명사들과 관련된 내용을 주의 깊게 듣는다.

20
중

| A 参加会议 | B 外出拍照 |
| C 进行新闻采访 | D 整理采访记录 |

采访 cǎifǎng 图 인터뷰하다　整理 zhěnglǐ 图 정리하다
记录 jìlù 图 기록 图 기록하다　实习生 shíxíshēng 图 인턴, 실습생

女: 小李, 今天上午的新闻采访是你跟新来的实习生一起去的吗?
男: 不是的, 实习生请假了, 只有我和小王去了。

问: 男的和小王去干什么了?

A 회의에 참석한다　　　B 나가서 사진을 찍는다　　　C 뉴스 인터뷰를 진행한다　　D 인터뷰 기록을 정리한다

여: 샤오리, 오늘 오전의 뉴스 인터뷰는 당신과 새로 온 인턴이 같이 간 거죠?
남: 아뇨, 인턴은 휴가를 신청해서, 저와 샤오왕만 갔어요.

질문: 남자는 샤오왕과 무엇을 하러 갔는가?

정답 C

해설 제시된 보기 A의 **参加会议**(회의에 참석한다), B의 **外出拍照**(나가서 사진을 찍는다), C의 **进行 …… 采访**(인터뷰를 진행한다), D의 **整理 …… 记录**(기록을 정리한다)가 모두 행동을 나타내므로, 대화를 들을 때 화자 또는 특정 인물이 하고 있거나 하려는 행동이 무엇인지 주의 깊게 듣는다. 대화에서 여자가 남자에게 **今天上午的新闻采访是你跟新来的实习生一起去的吗!**(오늘 오전의 뉴스 인터뷰는 당신과 새로 온 인턴이 같이 간 거죠?)라고 묻자, 남자가 **只有我和小王去了**(저와 샤오왕만 갔어요)라고 답했다. 질문이 남자는 샤오왕과 무엇을 하러 갔는지 물었으므로, C **进行新闻采访**(뉴스 인터뷰를 진행한다)이 정답이다.

☑ **고득점 노하우** 제시된 보기가 모두 행동과 관련된 문장인 경우, 대화를 들을 때 화자 또는 특정 인물이 하고 있거나 하려는 행동이 무엇인지를 주의 깊게 듣는다.

21
하

| A 当摄影师 | B 办摄影展 |
| C 获得摄影奖 | D 出摄影方面的书 |

摄影师 shèyǐngshī 图 사진사　摄影展 shèyǐngzhǎn 图 사진전
获得 huòdé 图 얻다, 획득하다
摄影 shèyǐng 图 사진을 찍다, 영화를 촬영하다　方面 fāngmiàn 图 분야, 방면
专业 zhuānyè 图 전문, 전공　业余 yèyú 图 아마추어의
谦虚 qiānxū 图 겸손하다 图 겸손한 말을 하다
当作 dàngzuò 图 ~로 삼다, ~로 여기다
目标 mùbiāo 图 목표　继续 jìxù 图 계속하다

男: 你拍照拍得可真好, 像专业摄影师拍的!
女: 哪里, 我就是个业余水平。
男: 别谦虚了, 我觉得以你现在完全可以开个摄影展。
女: 谢谢你, 我会把这个当作目标, 继续努力的。

问: 根据对话, 可以知道女的有什么目标?

A 사진사가 된다　　　B 사진전을 연다　　　C 촬영상을 얻는다　　　D 촬영 분야의 서적을 낸다

남: 당신 사진 찍는 것을 정말 잘하네요, 전문 사진사가 찍은 것 같아요!
여: 천만에요, 저는 아마추어 수준이에요.
남: 겸손해하지 마세요, 제 생각에 당신은 지금 충분히 사진전을 열 수 있어요.
여: 감사합니다, 이걸 목표로 삼아서, 계속해서 열심히 노력할게요.

질문: 대화에 근거하여, 여자에게 어떤 목표가 있는지 알 수 있는가?

정답 B

해설 제시된 보기에서 모두 **摄影**(사진)이 언급되었으므로, 대화를 들을 때 이와 관련된 내용을 주의 깊게 듣는다. 대화에서 남자가 여자의 사진 실력을 칭찬하며 **你现在完全可以开个摄影展**(당신은 지금 충분히 사진전을 열 수 있어요)이라고 하자, 여자가 **我会把这个当作目标, 继续努力的**(이걸 목표로 삼아서, 계속해서 열심히 노력할게요)라고 답했다. 질문이 대화에 근거하여, 여자에게 어떤 목표가 있는지 물었으므로, B **办摄影展**(사진전을 연다)이 정답이다.

☑ **고득점 노하우** 제시된 보기에 반복되는 어휘가 있으면 핵심어구로 체크해두고, 대화를 들을 때 관련된 내용을 주의 깊게 듣는다.

22 중

A 女的想接受采访
B 李笑是电影明星
C 男的精神状态很好
D 电视台来采访李笑

女：据说，今天下午有电视台要来我们班采访。
男：采访什么？我们可以上电视了吗？
女：不是采访我们，你不知道吗？李笑在汉语大赛中获得了冠军，现在成明星了！
男：原来是这样，怪不得看他最近精神状态特别好呢！

问：从这段话，我们可以知道什么？

接受 jiēshòu [동] 받다, 수락하다 采访 cǎifǎng [동] 인터뷰하다
明星 míngxīng [명] 스타 精神 jīngshén [명] 정신
状态 zhuàngtài [명] 상태 电视台 diànshìtái [명] 방송국
据说 jùshuō [동] 전해지는 말에 의하면 ~라 한다
上 shàng [동] 나오다, 출연하다, 등장하다 获得 huòdé [동] 획득하다, 얻다
冠军 guànjūn [명] 우승 怪不得 guàibude [부] 어쩐지

A 여자는 인터뷰를 받고 싶어 한다
B 리샤오는 영화 스타이다
C 남자의 정신 상태는 매우 좋다
D 방송국에서 리샤오를 인터뷰하러 온다

여: 전해지는 말에 의하면, 오늘 오후에 방송국에서 우리 반을 인터뷰하러 온대.
남: 무엇을 인터뷰하는데? 우리 텔레비전에 나올 수 있는 거야?
여: 우리를 인터뷰하러 오는 것이 아니야, 너 모르니? 리샤오가 중국어 대회에서 우승을 획득해서, 지금은 스타가 되었어!
남: 그렇게 된 거구나, 어쩐지 그를 보면 최근 정신 상태가 매우 좋다고 했어!

질문: 이 대화를 통해, 우리는 무엇을 알 수 있는가?

정답 D

해설 제시된 보기 A의 **接受采访**(인터뷰를 받다), B의 **电影明星**(영화 스타), C의 **精神状态**(정신 상태), D의 **电视台 …… 采访**(방송국에서 인터뷰하다)을 핵심어구로 체크해두고, 대화를 들을 때 이와 관련하여 언급되는 내용을 주의 깊게 듣는다. 대화에서 여자가 **今天下午有电视台要来我们班采访**(오늘 오후에 방송국에서 우리 반을 인터뷰하러 온대)이라고 말한 후, **不是采访我们**(우리를 인터뷰하러 오는 것이 아니야)이라며, **李笑在汉语大赛中获得了冠军，现在成明星了！**(리샤오가 중국어 대회에서 우승을 획득해서, 지금은 스타가 되었어!)라고 말했다. 질문이 이 대화를 통해, 우리는 무엇을 알 수 있는지 물었으므로, D **电视台来采访李笑**(방송국에서 리샤오를 인터뷰하러 온다)가 정답이다. 참고로, **李笑**(리샤오)와 **明星**(스타)만 듣고, B **李笑是电影明星**(리샤오는 영화 스타이다)을 정답으로 선택하지 않도록 주의한다.

고득점 노하우 보기가 모두 공통점을 찾기 어려운 긴 문장인 경우, 각 보기에서 아는 단어를 신속히 체크해두고, 대화를 들을 때 이와 관련된 내용을 주의 깊게 듣는다.

23 중

A 学校通知有讲座
B 最近天气很不好
C 男的不注意安全
D 讲座已经取消了

男：听说学校发了一个紧急通知，什么内容啊？
女：说是明天有台风，希望学生这两天尽量不要出门。
男：啊，是吗？东南大学后天有个讲座，我打算去呢！
女：安全第一，还是别去了。讲座说不定会因为台风取消呢。

问：根据对话，哪一项是正确的？

通知 tōngzhī [동] 통지하다 [명] 통지 讲座 jiǎngzuò [명] 강좌
取消 qǔxiāo [동] 취소하다 紧急 jǐnjí [형] 긴급하다 台风 táifēng [명] 태풍
尽量 jǐnliàng [부] 가능한 한 东南大学 Dōngnán Dàxué [고유] 동난대학
说不定 shuōbudìng [부] 아마 [동] ~일지도 모른다

A 학교에서 강좌가 있다고 통지했다
B 최근 날씨가 매우 안 좋다
C 남자는 안전에 부주의했다
D 강좌는 이미 취소되었다

남: 듣자니 학교에서 긴급 통지를 하나 보냈다는데, 무슨 내용이야?
여: 내일 태풍이 있어서, 학생들이 요 이틀간 가능한 한 외출하지 않기를 희망한대.
남: 아, 그래? 동난대학에 모레 강좌가 하나 있어서, 갈 생각이었는데!
여: 안전이 우선이야, 가지 않는 편이 더 좋아. 강좌는 아마 태풍 때문에 취소될 거야.

질문: 대화에 근거하여, 아래에서 옳은 것은 무엇인가?

정답 B

해설 제시된 보기 A의 **学校 …… 有讲座**(학교에 강좌가 있다), B의 **天气 …… 不好**(날씨가 안 좋다), C의 **不注意安全**(안전에 부주의하다), D의 **讲座 …… 取消**(강좌를 취소하다)를 핵심어구로 체크해두고, 대화를 들을 때 이와 관련하여 언급되는 내용을 주의 깊게 듣는다. 대화에서 남자가 여자에게 학교에서 보낸 긴급 통지가 무슨 내용인지를 묻자, 여자가 **说是明天有台风，希望学生这两天尽量不要出**

门。(내일 태풍이 있어서, 학생들이 요 이틀간 가능한 한 외출하지 않기를 희망한다.)이라고 답했다. 질문이 대화에 근거하여, 옳은 것이 무엇인지 물었으므로, B 最近天气很不好(최근 날씨가 매우 안 좋다)가 정답이다. 참고로, 대화 처음의 学校(학교)와 通知(통지하다)만 듣고, A学校通知有讲座(학교에서 강좌가 있다고 통지했다)를 정답으로 선택하지 않도록 주의한다.

☑ **고득점 노하우** 보기가 모두 공통점을 찾기 어려운 긴 문장인 경우, 각 보기에서 아는 단어를 신속히 체크해두고, 대화를 들을 때 이와 관련된 내용을 주의 깊게 듣는다.

24
중

| A 胳膊被撞了 | B 肌肉有点酸 |
| C 肩膀受伤了 | D 突然摔倒了 |

女: 小刚, 帮我干点家务吧。
男: 我干不了, 今天肩膀特别疼。
女: 让我看看, 肩膀怎么忽然疼了?
男: 我昨天打篮球, 可能是打得太激烈, 肌肉拉伤了, 胳膊都抬不起来了。

问: 男的怎么了?

胳膊 gēbo 圀 팔　撞 zhuàng 圄 부딪치다　肌肉 jīròu 圀 근육
酸 suān 圄 시큰거리다　肩膀 jiānbǎng 圀 어깨
受伤 shòushāng 圄 부상을 당하다　摔倒 shuāidǎo 圄 넘어지다
家务 jiāwù 圀 집안일　忽然 hūrán 圄 갑자기　激烈 jīliè 圄 격렬하다
拉伤 lāshang 圄 찢다　抬 tái 圄 들어 올리다

A 팔을 부딪쳤다　　B 근육이 조금 시큰거린다　　C 어깨에 부상을 당했다　　D 갑자기 넘어졌다

여: 샤오강, 날 도와서 집안일 좀 해줘요.
남: 전 할 수 없어요, 오늘 어깨가 유달리 아파요.
여: 제가 한번 볼게요, 어깨가 어떻게 갑자기 아파요?
남: 어제 농구를 했는데, 아마도 너무 격렬하게 해서, 근육이 찢어졌나 봐요, 팔도 들어 올릴 수 없어요.

질문: 남자에게 무슨 일이 있는가?

정답 C

해설 제시된 보기 A 胳膊被撞了(팔을 부딪쳤다), B의 肌肉有点酸(근육이 조금 시큰거린다), C 肩膀受伤了(어깨에 부상을 당했다), D 突然摔倒了(갑자기 넘어졌다)가 모두 상태를 나타내므로, 대화를 들을 때 화자나 특정 대상의 상태를 주의 깊게 듣는다. 대화에서 여자가 남자에게 집안일 좀 도와달라고 부탁하자, 남자가 今天肩膀特别疼(오늘 어깨가 유달리 아파요)이라며, 肌肉拉伤了(근육이 찢어졌나 봐요)라고 말했다. 질문이 남자에게 무슨 일이 있는지 물었으므로, C 肩膀受伤了(어깨에 부상을 당했다)가 정답이다. 참고로, 胳膊(팔)와 肌肉(근육)만 듣고, A 胳膊被撞了(팔을 부딪쳤다)나 B 肌肉有点酸(근육이 조금 시큰거린다)을 정답으로 선택하지 않도록 주의한다.

☑ **고득점 노하우** 제시된 보기에 형용사 또는 了로 끝나는 문장이 있을 경우, 화자 또는 특정 대상의 상황이나 상태를 주의 깊게 듣는다.

25
중

A 她的新家正在装修
B 她今天打算买家具
C 她的丈夫常常出差
D 她这个月会搬新家

男: 你的新家装修得怎么样了?
女: 差不多结束了, 家具已经摆进去了, 今天打算去家居市场买些装饰品。
男: 效率很高啊, 那什么时候搬家呢?
女: 要下个月了, 我丈夫这个月末要出差。

问: 关于女的, 我们可以知道什么?

装修 zhuāngxiū 圄 인테리어를 하다　差不多 chàbuduō 圄 거의
结束 jiéshù 圄 끝내다　摆 bǎi 圄 배치하다　家居 jiājū 圀 리빙, 거실
市场 shìchǎng 圀 시장　装饰品 zhuāngshìpǐn 圀 장식품
效率 xiàolǜ 圀 능률

A 그녀의 새로운 집은 인테리어 중이다　　B 그녀는 오늘 가구를 살 생각이다
C 그녀의 남편은 자주 출장을 간다　　D 그녀는 이번 달에 새로운 집으로 이사한다

남: 너의 새로운 집 인테리어는 어떻게 되어가?
여: 거의 끝났어, 가구는 이미 배치했고, 오늘 리빙 시장에 가서 장식품을 조금 구입 할 생각이야.
남: 능률이 매우 높네, 그럼 언제 이사하려고?
여: 다음 달에, 남편이 이번 달 말에 출장을 가야 하거든.

질문: 여자에 대해서, 알 수 있는 것은 무엇인가?

정답 A

해설 제시된 보기 A의 在装修(인테리어 중이다), B의 买家具(가구를 사다), D의 搬新家(새로운 집으로 이사하다)를 핵심어로 체크해두고, 대화를 들을 때 이사나 인테리어와 관련된 내용을 주의 깊게 듣는다. 대화에서 남자가 여자에게 你的新家装修得怎么样了?(너의 새로운 집 인테리어는 어떻게 되어가?)라고 묻자, 여자가 差不多结束了, …… 今天打算去家居市场买些装饰品(거의 끝났어, …… 오늘 리빙 시장에 가서 장식품을 조금 구입 할 생각이야)이라고 답했다. 질문이 여자에 관하여, 알 수 있는 것은 무엇인지 물었으므로, A 她的新家正在装修(그녀의 새로운 집은 인테리어 중이다)가 정답이다. 참고로, 家居(리빙)와 家具(가구)의 발음이 유사하기 때문

에 B 她今天打算买家具(그녀는 오늘 가구를 살 생각이다)를 정답으로 선택하지 않도록 주의한다.

☑ **고득점 노하우** 보기가 모두 공통점을 찾기 어려운 긴 문장인 경우, 각 보기에서 아는 단어를 신속히 체크해두고, 대화를 들을 때 이와 관련된 내용을 주의 깊게 듣는다.

26
하

A 买错样式了	B 质量很不好
C 颜色不好看	D 大小不合适

女: 咱们公司附近有快递点吗?
男: 有啊, 怎么了, 你要寄快递吗?
女: 我在网络上买的衣服质量太糟糕了, 样式也不如照片好看, 我想退货。
男: 那我帮你打快递员的电话吧, 他们有上门取货的业务, 特别方便。

问: 女的为什么想退货?

样式 yàngshì 명 디자인　质量 zhìliàng 명 품질　合适 héshì 형 적합하다
网络 wǎngluò 명 인터넷　糟糕 zāogāo 형 엉망이 되다
不如 bùrú 동 ~만 못하다　退货 tuìhuò 동 반품하다
快递员 kuàidìyuán 명 택배 기사　上门 shàngmén 동 방문하다
取货 qǔhuò 동 물건을 넘겨받다　业务 yèwù 명 업무

A 디자인을 잘못 샀다　　　B 품질이 매우 안 좋다　　　C 색이 아름답지 않다　　　D 크기가 적합하지 않다

여: 저희 회사 주변에 택배점이 있나요?
남: 있죠, 무슨 일인데요, 택배 보내려고요?
여: 제가 인터넷에서 산 옷의 품질이 너무 엉망이고, 디자인도 사진만큼 예쁘지 않아서, 반품하고 싶어요.
남: 그럼 제가 당신을 도와 택배기사한테 전화해 줄게요, 그들은 방문 수령 업무가 있어서, 매우 편리해요.

질문: 여자는 왜 반품하려고 하는가?　　　　　　　　　　　　　　　정답 B

해설 제시된 보기 A의 买错(잘못 사다), B의 不好(안 좋다), C의 不好看(아름답지 않다), D의 不适合(적합하지 않다)를 핵심어구로 체크해두고, 대화를 들을 때 이와 관련하여 언급되는 상태나 상황을 주의 깊게 듣는다. 대화에서 남자가 여자에게 택배를 보내야 하는 일이 있는지 묻자, 여자가 我在网络上买的衣服质量太糟糕了, …… 我想退货(제가 인터넷에서 산 옷의 품질이 너무 엉망이고, …… 반품하고 싶어요)라고 답했다. 질문이 여자는 왜 반품하려고 하는지 물었으므로, B 质量很不好(품질이 매우 안 좋다)가 정답이다.

☑ **고득점 노하우** 제시된 보기에 형용사 또는 了로 끝나는 문장이 있을 경우, 화자 또는 특정 대상의 상황이나 상태를 주의 깊게 듣는다.

27
상

A 检查身体	B 看望外公
C 治疗心脏病	D 谈合作业务

男: 我得去趟医院, 能帮我向经理请个假吗?
女: 医院? 发生什么事了?
男: 我外公突然心脏不舒服, 现在在医院急诊室。
女: 那你快去吧, 至于请假的事就交给我。

问: 男的为什么要去医院?

看望 kànwàng 동 찾아가 뵙다　外公 wàigōng 명 외할아버지
治疗 zhìliáo 동 치료하다　心脏病 xīnzàngbìng 명 심장병
合作 hézuò 동 협력하다　业务 yèwù 명 업무
趟 tàng 양 번, 차례(왕래한 횟수를 세는 단위)　心脏 xīnzàng 명 심장
急诊室 jízhěnshì 명 응급실　至于 zhìyú 개 ~에 관해서는
交给 jiāogěi 동 ~에게 맡기다

A 신체를 검사한다　　　　　　　　　　　B 외할아버지를 찾아가 뵙는다
C 심장병을 치료한다　　　　　　　　　　D 협력 업무를 논의한다

남: 제가 병원에 가봐야 하는데, 저를 도와서 사장님께 조퇴를 신청해줄 수 있나요?
여: 병원이요? 무슨 일이 생겼나요?
남: 제 외할아버지가 갑자기 심장이 불편해지셔서, 지금 병원 응급실에 계세요.
여: 그럼 빨리 가세요, 조퇴에 관해서는 저에게 맡기세요.

질문: 남자는 왜 병원에 가야 하는가?　　　　　　　　　　　　　　정답 B

해설 제시된 보기 A의 检查(검사하다), B의 看望(찾아가 뵙는다), C의 治疗(치료하다), D의 谈(논의하다)이 모두 행동과 관련되므로, 대화를 들을 때 화자 또는 특정 인물이 하고 있거나 하려는 행동이 무엇인지 주의 깊게 듣는다. 대화에서 남자가 我得去趟医院(제가 병원에 가봐야 하는데)이라고 하면서, 여자에게 我外公 ……, 现在在医院急诊室(제 외할아버지가 ……, 지금 병원 응급실에 계세요)이라고 그 이유를 설명했다. 질문이 남자는 왜 병원에 가야하는지 물었으므로, B 看望外公(외할아버지를 찾아가 뵙는다)이 정답이다.

☑ **고득점 노하우** 제시된 보기가 모두 행동과 관련된 짧은 문장인 경우, 대화를 들을 때 화자 또는 특정 인물이 하고 있거나 하려는 행동이 무엇인지를 주의 깊게 듣는다.

28
중

A 位于市中心	B 价格比较贵
C 离公司很近	D 交通很方便

位于 wèiyú 통 ~에 위치하다 贷款 dàikuǎn 통 대출하다
套 tào 양 집, 세트 등을 세는 단위 实在 shízài 부 정말, 확실히
地理 dìlǐ 명 지리 位置 wèizhì 명 위치 决心 juéxīn 통 결심하다
恭喜 gōngxǐ 통 축하하다 属于 shǔyú 통 ~의 소유이다

女: 我准备向银行贷款把那套房子买下来。
男: 市中心的那套吗? 实在太贵了。
女: 但是地理位置好, 交通也特别方便, 所以还是
　　下决心买了。
男: 那恭喜你了, 以后就能有一套属于自己的房子
　　了。

问: 关于房子, 下列哪项不正确?

A 시내에 위치한다	B 가격이 비교적 비싸다	C 회사에서 매우 가깝다	D 교통이 매우 편리하다

여: 저는 은행에서 대출받아서 그 집을 사려고 준비 중이에요.
남: 시내의 그 집이요? 정말 너무 비싸죠.
여: 하지만 지리적 위치가 좋고, 교통 또한 매우 편리해서, 그래서 구입하기로 결심했어요.
남: 그럼 축하드려야겠네요, 이후에 자신 소유의 집 한 채가 생기니까요.

질문: 집과 관련하여, 아래 보기 중 맞지 않는 것은?

정답 C

해설 제시된 보기 A의 位于市中心(시내에 위치한다), B의 价格 …… 贵(가격이 비싸다), C의 离公司 …… 近(회사에서 가깝다), D의 交通 …… 方便(교통이 편리하다)을 핵심어구로 체크해두고, 대화를 들을 때 이와 관련하여 언급되는 내용을 주의 깊게 듣는다. 대화에서 여자가 집을 사려고 준비 중이라고 하자, 남자가 市中心的那套吗? 实在太贵了。(시내의 그 집이요? 정말 너무 비싸죠.)라고 답하는 것을 듣고, A 位于市中心(시내에 위치한다)와 B 价格比较贵(가격이 비교적 비싸다)를 체크해둔다. 이어서 여자가 但是地理位置好, 交通也特别方便(하지만 지리적 위치가 좋고, 교통 또한 매우 편리해서)이라고 말하는 것을 듣고, D 交通很方便(교통이 매우 편리하다)을 체크해둔다. 질문이 집과 관련하여, 맞지 않는 것을 물었으므로, 대화에서 언급되지 않은 C 离公司很近(회사에서 매우 가깝다)이 정답이다.

✅ **고득점 노하우** 보기가 모두 공통점을 찾기 어려운 긴 문장인 경우, 각 보기에서 아는 단어를 신속히 체크해두고, 대화를 들을 때 이와 관련된 내용을 주의 깊게 듣는다.

29
중

A 样子时髦	B 价格便宜
C 质保时间长	D 使用体验好

样子 yàngzi 명 형태 时髦 shímáo 형 최신식이다
质保 zhìbǎo 품질 보증(质量保证의 줄임말) 使用 shǐyòng 통 사용하다
体验 tǐyàn 명 경험, 체험 통 체험하다 推荐 tuījiàn 통 추천하다
重量 zhòngliàng 명 무게 反应 fǎnyìng 명 반응
顺手 shùnshǒu 형 편리하다 普通 pǔtōng 형 보통이다
绝对 juéduì 부 절대로 后悔 hòuhuǐ 통 후회하다

男: 我想换台电脑, 有什么推荐的吗?
女: 我推荐苹果电脑, 重量很轻, 但反应非常快,
　　用起来很顺手。
男: 那价格怎么样呢?
女: 比普通电脑贵一些, 但买了以后绝对不会后悔
　　的。

问: 女的为什么推荐苹果电脑?

A 형태가 최신식이다	B 가격이 저렴하다	C 품질 보증 기간이 길다	D 사용 경험이 좋다

남: 내가 컴퓨터를 바꾸고 싶은데, 추천해줄 만한 것이 있니?
여: 난 애플 컴퓨터를 추천해, 무게는 매우 가벼운데, 그러나 반응은 매우 빠르고, 사용함에 있어서도 몹시 편리해.
남: 그럼 가격은 어때?
여: 일반 컴퓨터보다 조금 비싸, 하지만 사고 난 뒤에는 절대 후회하지 않을 거야.

질문: 여자는 왜 애플 컴퓨터를 추천하는가?

정답 D

해설 제시된 보기 A의 样子时髦(형태가 최신식이다), B의 价格便宜(가격이 저렴하다), C의 质保时间长(품질 보증 기간이 길다), D의 使用体验好(사용 경험이 좋다)가 특정 사물의 상태를 나타내므로, 사물의 상태에 관련하여 언급되는 내용을 주의 깊게 듣는다. 대화에서 남자가 컴퓨터를 추천해달라고 하자, 여자가 我推荐苹果电脑, 重量很轻, 但反应非常快, 用起来很顺手。(난 애플 컴퓨터를 추천해, 무게가 매우 가벼운데, 그러나 반응은 매우 빠르고, 사용함에 있어서도 몹시 편리해.)라고 답했다. 질문이 여자는 왜 애플 컴퓨터를 추천하는지 물었으므로, D 使用体验好(사용 경험이 좋다)가 정답이다.

✅ **고득점 노하우** 보기가 모두 상황 또는 상태와 관련된 내용이면, 대화를 들을 때 화자 또는 특정 대상의 상황이나 상태를 주의 깊게 듣는다.

30
상

A 师傅非常热心　　B 包裹不是很重
C 电梯上周坏了　　D 女的住在一楼

女: 师傅, 这个包裹实在太重了, 您能帮我搬上楼吗?
男: 没问题, 不过你们这栋楼不是有电梯吗?
女: 唉, 电梯昨天坏了, 打了维修电话, 但是还没派人来。
男: 原来是这样, 没关系, 这包裹我帮你搬上去。

问: 根据对话, 我们可以知道什么?

师傅 shīfu 몡 아저씨, 스승　热心 rèxīn 톙 친절하다, 적극적이다
包裹 bāoguǒ 몡 보따리　实在 shízài 톆 정말, 확실히
栋 dòng 양 건물을 세는 단위　唉 āi 갑탄 휴우, 네　维修 wéixiū 동 수리하다
派 pài 동 파견하다 몡 파벌

A 아저씨는 매우 친절하다　　　　　　　　B 보따리가 그렇게 무겁지 않다
C 엘리베이터가 지난주에 고장 났다　　　D 여자는 1층에서 산다

여: 아저씨, 이 보따리가 정말 너무 무거워서 그런데, 저를 도와서 위층까지 옮겨주실 수 있나요?
남: 문제 없습니다, 하지만 이 건물에 엘리베이터가 있지 않나요?
여: 휴우, 엘리베이터는 어제 고장 나서, 수리 전화를 걸었는데, 아직도 사람을 파견하지 않았어요.
남: 그렇게 된 거군요, 괜찮아요, 이 보따리는 제가 도와서 옮길게요.

질문: 대화에 근거하여, 우리가 알 수 있는 것은 무엇인가?

정답 A

해설 제시된 보기 A의 师傅 …… 热心(아저씨는 친절하다), B의 包裹 …… 重(보따리가 무겁다), C의 电梯 …… 坏了(엘리베이터가 고장 났다), D의 住在一楼(1층에시 산다)를 핵심어구로 체크해두고, 대화를 들을 때 이와 관련하여 언급되는 내용을 주의 깊게 듣는다. 대화에서 여자가 남자에게 这个包裹实在太重了, 您能帮我搬上楼吗?(이 보따리가 정말 너무 무거워서 그런데, 저를 도와서 위층까지 옮겨주실 수 있나요?)라고 묻자, 남자가 没问题(문제 없습니다)라고 답했다. 이를 통해서 남자는 흔쾌히 여자의 짐을 들어줄 것을 알 수 있다. 질문이 대화에 근거하여 알 수 있는 것은 무엇인지 물었으므로, A 师傅非常热心(아저씨는 매우 친절하다)이 정답이다. 참고로, 본문에서 여자가 电梯昨天坏了(엘리베이터는 어제 고장 나서)라고 했으므로, C 电梯上周坏了(엘리베이터가 지난주에 고장 났다)를 정답으로 선택하지 않도록 유의한다.

✅ **고득점 노하우** 보기가 모두 공통점을 찾기 어려운 긴 문장인 경우, 각 보기에서 아는 단어를 신속히 체크해두고, 대화를 들을 때 이와 관련된 내용을 주의 깊게 듣는다.

31
중

A 逐渐忘记规则	B 用心学习规则	逐渐 zhújiàn 團 점차 规则 guīzé 圓 규칙
C 自觉遵守规则	D 认真思考规则	用心 yòngxīn 주의를 기울이다, 애쓰다 自觉 zìjué 圆 자발적인
		遵守 zūnshǒu 團 준수하다 思考 sīkǎo 團 깊이 생각하다

| A 점차 규칙을 잊는다 | B 주의를 기울여 규칙을 공부한다 |
| C 자발적으로 규칙을 준수한다 | D 규칙을 진지하게 깊이 생각한다 |

32
중

A 无条件遵守	B 可适当改变	无条件 wútiáojiàn 圆 아무런 조건이 없다 遵守 zūnshǒu 圆 준수하다
C 制定时要严格	D 尊重个人意见	适当 shìdàng 圆 적절하다 改变 gǎibiàn 圆 고치다
		制定 zhìdìng 圆 제정하다 严格 yángé 圆 엄격히 하다
		尊重 zūnzhòng 圆 존중하다 意见 yìjiàn 圆 의견

| A 아무런 소신 없이 준수한다 | B 적절히 고쳐도 좋다 | C 제정 시 엄격해야 한다 | D 개인의 의견을 존중한다 |

制定规则是为了保持社会的秩序，是为了限制人的行为，是为了保护大家的共同利益。规则对于社会来说十分必要，没有规矩，不成方圆。有的规则写在纸上，有的规则挂在嘴上，³¹但最好是把规则放在心里，自觉地遵守。在大多数情况下，规则是一定要遵守的，³²但有时候，也可以稍微对规则进行改变，以适应具体情况。

31. 问：根据这段话，"把规则放在心里"是什么意思？

32. 问：说话人对规则是什么态度？

制定 zhìdìng 圆 만들다, 제정하다   规则 guīzé 圆 규칙
保持 bǎochí 圆 유지하다   秩序 zhìxù 圆 질서   限制 xiànzhì 圆 제한하다
行为 xíngwéi 圆 행위   保护 bǎohù 圆 보호하다
共同 gòngtóng 圆 공동의   利益 lìyì 圆 이익   必要 bìyào 圆 필요로 하다
规矩 guīju 圆 규율   不成方圆 bùchéng fāngyuán 일을 이룰 수 없다
挂 guà 圆 오르다, 걸리다   自觉 zìjué 圆 자발적인
遵守 zūnshǒu 圆 준수하다   情况 qíngkuàng 圆 상황
稍微 shāowēi 圆 약간   改变 gǎibiàn 圆 변하다, 고치다
适应 shìyìng 圆 적응하다   具体 jùtǐ 圆 구체적이다

규칙을 만드는 것은 사회의 질서를 유지하기 위해서이며, 사람의 행위를 제한하기 위해서이고, 모두의 공동의 이익을 보호하기 위해서이다. 규칙은 사회에 있어 매우 필요하며, 규율이 없다면, 일을 이룰 수 없다. 일부 규칙은 종이 위에 적히며, 일부 규칙은 입에 오른다. ³¹하지만 가장 좋은 것은 규칙을 마음속에 두고, 자발적으로 준수하는 것이다. 대부분의 상황에서, 규칙은 반드시 준수해야 하는 것이지만, ³²그러나 간혹, 규칙에 대해 약간의 변화를 줄 수 있는데, 구체적인 상황에 적응하기 위해서이다.

31. 질문: 본문에 근거하여, '규칙을 마음속에 둔다'는 무슨 의미인가?　정답 C
32. 질문: 화자는 규칙에 대해 어떤 태도인가?　정답 B

해설 보기 읽기
31번은 A의 忘记规则(규칙을 잊는다), B의 学习规则(규칙을 공부하다), C의 遵守规则(규칙을 준수하다), D의 思考规则(규칙을 깊이 생각하다)를 핵심어구로 체크해둔다.
32번은 A의 遵守(준수하다), B의 改变(고치다), C의 制定(제정하다), D의 尊重(존중하다)을 핵심어구로 체크해둔다.
32번 보기 B에서 可(~해도 좋다), C에서 要(~해야 한다)가 의견을 나타내는 어휘이므로, 논설문이 나올 것임을 예상할 수 있다. 따라서, 단문의 처음과 끝 부분을 주의 깊게 듣는다.

단문 듣기
단문 중반에 但最好是把规则放在心里, 自觉地遵守(하지만 가장 좋은 것은 규칙을 마음속에 두고, 자발적으로 준수하는 것이다)를 듣고, 31번 보기 C 自觉遵守规则(자발적으로 규칙을 준수한다)를 체크해둔다.
단문 후반에 但有时候, 也可以稍微对规则进行改变(그러나 간혹, 규칙에 대해 약간의 변화를 줄 수 있는데)을 듣고, 32번 보기 B 可适当改变(적절히 고쳐도 좋다)을 체크해둔다.

질문 듣고 정답 선택하기

31. 질문이 본문에 근거하여 '규칙을 마음속에 둔다'는 무슨 의미인지 물었으므로, C 自觉遵守规则(자발적으로 규칙을 준수한다)가 정답이다

32. 질문이 화자는 규칙에 대해 어떤 태도인지 물었으므로, B 可适当改变(적절히 고쳐도 좋다)가 정답이다

☑ **고득점 노하우** 의견이나 주장과 관련된 문제가 제시된 경우, 논설문이 나올 것임을 예상하고, 특별히 단문의 처음과 끝부분을 주의 깊게 듣는다.

33-35

33 중

A 老师	B 会计	C 导游	D 演讲家	会计 kuàijì 圆 회계원, 회계 导游 dǎoyóu 圆 가이드 演讲家 yǎnjiǎngjiā 圆 연설가
A 선생님	B 회계원	C 가이드	D 연설가	

34 중

A 学习方法指导课　B 新进员工培训课 C 法律知识宣传课　D 电脑知识普及课	指导 zhǐdǎo 圄 지도하다　新进员工 xīnjìn yuángōng 圆 신입 사원 培训 péixùn 圄 양성하다, 육성하다　法律 fǎlǜ 圆 법률 知识 zhīshi 圆 지식　宣传 xuānchuán 圄 홍보하다 普及 pǔjí 圄 대중화시키다, 보급되다
A 학습 방법 지도 수업　B 신입 사원 양성 수업　C 법률 지식 홍보 수업　D 컴퓨터 지식 대중화 수업	

35 중

A 怎么提高学习效率 B 如何缩短学习时间 C 怎么正确使用课件 D 如何开发课程系统	效率 xiàolǜ 圆 능률　如何 rúhé 떼 어떻게　缩短 suōduǎn 圄 단축하다 使用 shǐyòng 圄 사용하다　课件 kèjiàn 圆 수업 자료 开发 kāifā 圄 개발하다　课程 kèchéng 圆 교육 과정　系统 xìtǒng 圆 시스템
A 어떻게 학습 능률을 높이는가　B 어떻게 학습 시간을 단축시키는가 C 어떻게 수업 자료를 올바르게 사용하는가　D 어떻게 교육 과정 시스템을 개발하는가	

大家好，³⁴欢迎你们来到课程指导课。³³这门课的目的主要有三个：首先，是要向各位介绍学习汉语的正确方法，³⁵好的方法不仅能缩短学习时间，还能提高学习效率；其次，是要向各位介绍我们中心的课程系统，方便各位全方位了解所有的课程情况；³⁵最后，是简单的课件使用方法指导，帮助同学们正确使用课件。好，³³那下面我们开始正式的内容。	课程 kèchéng 圆 교육 과정　指导 zhǐdǎo 圄 지도하다 门 mén 圀 과목, 가지　首先 shǒuxiān 떼 첫째로 不仅 bùjǐn 圀 ~뿐만 아니라　缩短 suōduǎn 圄 줄이다, 단축하다 效率 xiàolǜ 圆 능률　其次 qícì 떼 두 번째의 것　系统 xìtǒng 圆 시스템 全方位 quánfāngwèi 圆 전방위　所有 suǒyǒu 圆 모든, 전체의 情况 qíngkuàng 圆 상황　课件 kèjiàn 圆 수업 자료 使用 shǐyòng 圄 사용하다, 쓰다　正式 zhèngshì 圀 정식의

33. 问：说话人是做什么的？

34. 问：根据这段话，这是一门什么课？

35. 问：从这门课中，学习不到什么？

모두들 안녕하세요, ³⁴교육 과정 지도 수업에 오신 것을 환영합니다. ³³이 과목의 목적은 주로 세 가지가 있습니다. 첫째로, 여러분에게 중국어 학습의 정확한 방법을 소개하는 것입니다, ³⁵좋은 방법은 학습 시간을 줄일 수 있을 뿐만 아니라, 학습 능률도 높일 수 있습니다. 둘째로, 여러분에게 저희 센터의 교육 과정 시스템을 소개하여, 여러분이 전방위적으로 모든 교육 과정 상황을 이해하기 편하게 하기 위함입니다. ³⁵마지막은, 간단한 수업 자료의 사용 방법 지도입니다, 학생들이 정확하게 수업 자료를 사용하도록 돕습니다. 좋아요, ³³그럼 다음으로 정식 내용을 시작하겠습니다.

33. 질문: 화자는 무엇을 하는 사람인가? 정답 A
34. 질문: 본문에 근거하여, 이 수업은 어떤 수업인가? 정답 A
35. 질문: 이 수업에서, 배울 수 없는 것은? 정답 D

해설 보기 읽기
33번의 A 老师(선생님), B 会计(회계원), C 导游(가이드), D 演讲家(연설가)가 모두 직업이므로, 단문을 들을 때, 화자나 특정 대상의 직업과 관련된 내용을 주의 깊게 듣는다.
34번은 A의 指导课(지도 수업), B의 培训课(양성 수업), C의 宣传课(홍보 수업), D의 普及课(대중화 수업)를 핵심어구로 체크해둔다.
35번은 A의 提高 …… 效率(능률을 높이다), B의 缩短 …… 时间(시간을 단축하다), C의 使用课件(수업 자료를 사용하다), D의 开发 …… 系统(시스템을 개발하다)을 핵심어구로 체크해둔다.

단문 듣기
단문 초반에 欢迎你们来到课程指导课(교육 과정 지도 수업에 오신 것을 환영합니다)를 듣고, 34번 보기 A 学习方法指导课(학습 방법 지도 수업)를 체크해둔다.
단문 중반에 好的方法不仅能缩短学习时间, 还能提高学习效率(좋은 방법은 학습 시간을 줄일 수 있을 뿐만 아니라, 학습 능률도 높일 수 있습니다)를 듣고, 35번 보기 A 怎么提高学习效率(어떻게 학습 능률을 높이는가?)와 B 如何缩短学习时间(어떻게 학습 시간을 단축시키는가?)을 체크해둔다.
또한, 단문 후반에 最后, 是简单的课件使用方法指导(마지막은, 간단한 수업 자료의 사용 방법 지도입니다)를 듣고, C 怎么正确使用课件(어떻게 수업 자료를 올바르게 사용하는가?)을 체크해둔다.

질문 듣고 정답 선택하기
33. 질문이 화자는 무엇을 하는 사람인지를 물었다. 단문에서 언급된 这门课(이 과목)와 那下面我们开始正式的内容(그럼 다음으로 정식 내용을 시작하겠습니다)을 통해 화자의 직업이 선생님인 것을 알 수 있으므로 A 老师(선생님)가 정답이다.
34. 질문이 본문에 근거하여 이 수업은 어떤 수업인지를 물었으므로, A 学习方法指导课(학습 방법 지도 수업)가 정답이다.
35. 질문이 이 수업에서 배울 수 없는 것을 물었으므로, 단문에서 언급되지 않은 D 如何开发课程系统(어떻게 교육 과정 시스템을 개발하는가?)이 정답이다.

☑ **고득점 노하우** 제시된 문제의 보기로 단문 유형을 파악할 수 없는 경우, 각 보기의 의미를 신속히 파악한 후 대화를 주의 깊게 듣는다.

36-38

36 중	A 去山区做老师 B 照顾生病的孩子 C 替老师做家庭服务 D 给学校送教学资源	山区 shānqū 몡 산간 지역 替 tì 동 대신하다 家庭服务 jiātíng fúwù 가사 서비스 教学 jiàoxué 몡 교육, 수업 资源 zīyuán 몡 자원
	A 산간 지역에 가서 선생님이 된다	B 병든 아이를 돌본다
	C 선생님을 대신해 가사 서비스를 한다	D 학교에 교육 자원을 보낸다

37 중	A 给当地孩子上课 B 辅导孩子暑假作业 C 关注孩子心理健康 D 教授老师教育学知识	当地 dāngdì 몡 현지 辅导 fǔdǎo 동 도우며 지도하다 心理 xīnlǐ 몡 심리 教授 jiàoshòu 동 가르치다 教育学 jiàoyùxué 몡 교육학 知识 zhīshi 몡 지식
	A 현지 아이들에게 수업을 한다	B 아이들의 여름 방학 숙제를 도우며 지도한다
	C 아이들의 심리 건강에 관심을 가지다	D 선생님에게 교육학 지식을 가르친다

38
중

A 他们专业成绩更好	专业 zhuānyè 명 전공 教育学 jiàoyùxué 명 교육학 知识 zhīshi 명 지식
B 他们有教育学知识	教学 jiàoxué 명 교육, 수업 经验 jīngyàn 명 경험 更加 gèngjiā 튀 훨씬
C 他们教学经验丰富	自由 zìyóu 형 자유롭다
D 他们时间更加自由	

| A 그들은 전공 성적이 더 좋다 | B 그들은 교육학 지식이 있다 |
| C 그들은 교육 경험이 풍부하다 | D 그들은 시간이 훨씬 자유롭다 |

又到了一年一度的志愿者招募时间，³⁶本次任务是利用暑假的空闲时间，到落后地区当志愿者老师。山区的教学资源十分有限，留在山区的儿童很多，有能力教授课程的老师却很少。因此我们要求志愿者在活动期间，³⁷不仅要为孩子上课，帮助他们完成暑假作业，也要为那里的老师上课。把更加科学的教育方法教授给当地的老师，让他们能够更好地完成教学任务。³⁸由于任务对学生的教育学知识要求较高，本次志愿者活动³⁸只接受教育学专业的学生报名，希望同学们本着自由、自愿的原则，抓紧时间报名参加这次难得的活动，报名将在一周后结束。

36. 问：今年的志愿者活动主要是做什么？

37. 问：以下哪一项不是本次志愿者活动的内容？

38. 问：为什么只接受教育学专业的学生报名？

一度 yídù 명 한번 한때 志愿者 zhìyuànzhě 명 자원봉사자
招募 zhāomù 동 모집하다 任务 rènwu 명 임무 利用 lìyòng 동 이용하다
空闲 kòngxián 명 여가 落后 luòhòu 동 낙후되다 地区 dìqū 명 지역
山区 shānqū 명 산간 지역 教学 jiàoxué 명 수업, 교육
资源 zīyuán 명 자원 有限 yǒuxiàn 형 한계가 있다 留 liú 동 남다, 보존하다
教授 jiàoshòu 동 가르치다, 전하다 课程 kèchéng 명 교육 과정
却 què 튀 오히려, 그런데 期间 qījiān 명 기간 不仅 bùjǐn 접 ~뿐만 아니라
更加 gèngjiā 튀 더욱 科学 kēxué 형 과학적이다 教育 jiàoyù 명 교육
当地 dāngdì 명 현지 由于 yóuyú 개 ~때문에
教育学 jiàoyùxué 명 교육학 知识 zhīshi 명 지식
接受 jiēshòu 동 받아들이다 专业 zhuānyè 명 선공
报名 bàomíng 동 신청하다 自由 zìyóu 명 자유 自愿 zìyuàn 동 자원하다
原则 yuánzé 명 원칙 抓紧 zhuājǐn 동 서둘러 하다
难得 nándé 동 얻기 어렵다

1년에 한 번 있는 자원봉사자를 모집하는 시간이 다시 왔습니다, ³⁶이번 임무는 여름 방학의 여가 시간을 이용해, 낙후된 지역에 가서 자원봉사자 선생님이 되는 것입니다. 산간 지역의 교육 자원은 매우 한계가 있고, 산간 지역에 남겨진 아동은 많으나, 교육 과정을 가르칠 능력이 있는 선생님은 오히려 적습니다. 이 때문에 우리가 자원봉사자에게 활동 기간 중 요구하는 것은, ³⁷아이들에게 수업을 하고, 그들이 여름 방학 숙제를 완성하도록 돕는 것뿐만 아니라, 또 그곳의 선생님에게도 수업을 하는 것입니다. 더욱 과학적인 교육 방법을 현지의 선생님에게 전수하여, 그들이 교육 임무를 더욱 잘 완성할 수 있도록 합니다. ³⁸임무가 학생의 교육학 지식에 대해 요구하는 것이 비교적 높기 때문에, 이번 자원봉사자 활동은 ³⁸교육학을 전공으로 하는 학생의 신청만 받으니, 학생 여러분들이 자유와 자원의 원칙에 입각하여, 이번처럼 얻기 어려운 활동에 서둘러 신청하여 참가하기를 희망하며, 신청은 일주일 후 종료됩니다.

36. 질문: 올해의 자원봉사자 활동은 주로 무엇을 하는가?   정답 A
37. 질문: 다음 중 이번 자원봉사자 활동 내용이 아닌 것은 무엇인가?   정답 C
38. 질문: 어째서 교육학 전공의 학생의 신청만 접수받는가?   정답 B

해설 보기 읽기

36번은 A의 做老师(선생님이 되다), B의 照顾 …… 孩子(아이를 돌보다), C의 做家庭服务(가사 서비스를 하다), D의 送 …… 资源(자원을 보내다)을 핵심어구로 체크해둔다.

37번은 A의 上课(수업을 하다), B의 辅导 …… 作业(숙제를 지도하다), C의 关注 …… 心理健康(심리 건강에 관심을 가지다), D의 教授 …… 知识(지식을 가르치다)을 핵심어구로 체크해둔다.

38번은 A의 成绩 …… 好(성적이 좋다), B의 有 …… 知识(지식이 있다), C의 经验丰富(경험이 풍부하다), D의 时间 …… 自由(시간이 자유롭다)를 핵심어구로 체크해둔다.

단문 듣기

단문 초반에 本次任务是利用暑假的空闲时间, 到落后地区当志愿者老师。山区 ……(이번 임무는 여름 방학의 여가 시간을 이용해, 낙후된 지역에 가서 자원봉사자 선생님이 되는 것입니다. 산간 지역 ……)를 듣고, 36번 보기 A 去山区做老师(산간 지역에 가서 선생님이 된다)을 체크해둔다.

단문 중반에 不仅要为孩子上课, 帮助他们完成暑假作业, 也要为那里的老师上课。把更加科学的教育方法教授给当地的老师, 让他们能够更好地完成教学任务。(아이들에게 수업을 하고, 그들이 여름 방학 숙제를 완성하도록 돕는 것 뿐만 아니라, 또 그곳의 선생님에게도 수업을 하는 것입니다. 더욱 과학적인 교육 방법을 현지의 선생님에게 전수하여, 그들이 교육 임무를 더욱 잘 완성할 수 있도록 합니다.)를 듣고, 37번 보기 A 给当地孩子上课(현지 아이들에게 수업을 한다), B 辅导孩子暑假作业(아이들의 여름 방학 숙제를 도우며 지도한다), D 教授老师教育学知识(선생님에게 교육학 지식을 가르친다)을 체크해둔다.

단문 후반에 由于任务对学生的教育学知识要求较高, …… 只接受教育学专业的学生报名(임무가 학생의 교육학 지식에 대해 요구하는 것이 비교적 높기 때문에, …… 교육학을 전공으로 하는 학생의 신청만 받으니)을 듣고, 38번 보기 B 他们有教育学知识(그들은 교육학 지식이 있다)을 체크해둔다.

질문 듣고 정답 선택하기

36. 질문이 올해의 자원봉사자 활동은 주로 무엇을 하는지 물었으므로, A 去山区做老师(산간 지역에 가서 선생님이 된다)이 정답이다.
37. 질문이 이번 자원봉사자의 활동 내용이 아닌 것을 물었으므로, 단문에서 언급되지 않은 C 关注孩子心理健康(아이들의 심리 건강에 관심을 가지다)이 정답이다.
38. 질문이 어째서 교육학 전공의 학생의 신청만 접수받는지 물었으므로, B 他们有教育学知识(그들은 교육학 지식이 있다)이 정답이다.

☑ **고득점 노하우** 제시된 문제의 보기로 단문 유형을 파악할 수 없는 경우, 각 보기의 의미를 신속히 파악한 후 대화를 주의 깊게 듣는다.

39 - 41

39 하	A 一个瓶子	B 一袋大米	袋 dài 명 주머니 등에 담긴 물건을 세는 단위 堆 duī 명 무더기
	C 一堆石头	D 一杯牛奶	石头 shítou 명 돌
	A 병 한 개	B 쌀 한 자루	C 돌 한 무더기 D 우유 한 잔

40 중	A 瓶子太高	B 力量太小	力量 lìliang 명 힘 玻璃 bōli 명 유리 硬 yìng 형 단단하다
	C 玻璃太硬	D 石头太多	石头 shítou 명 돌
	A 병이 너무 높다	B 힘이 너무 약하다	C 유리가 너무 단단하다 D 돌이 너무 많다

41 중	A 做事情要专心	B 有困难要冷静	专心 zhuānxīn 형 열중하다 冷静 lěngjìng 형 냉정하다
	C 生活中困难多	D 换角度看问题	角度 jiǎodù 명 각도
	A 일할 때는 열중해야 한다		B 어려움이 있을 때 냉정해야 한다
	C 생활 중 어려움이 많다		D 각도를 바꾸어 문제를 본다

³⁹一只小老鼠正在外面寻找食物, ³⁹忽然发现在不远处的地上, ³⁹有一个装有米的玻璃瓶。看到米, 小老鼠开心得不得了, 迅速跑向瓶子, 却看到瓶口上放着一块石头。小老鼠爬上爬下地在瓶口又抓又咬, ⁴⁰想推掉石头, 无奈力量太小, 根本无法移动石头。但是它并没有放弃, 再试了无数次后, 它不再使劲儿去推石头, 而是去抓瓶底的泥土。它把泥土移动到一边, 慢慢地, 瓶子变斜了, 斜着斜着, 石头 "啪" 的一声掉下, 白色的米粒从瓶子里洒了出来。

其实我们在生活中也是这样, ⁴¹遇到困难的时候, 换一个角度再看一看, 说不定就能找到解决的办法了。

老鼠 lǎoshǔ 명 쥐 寻找 xúnzhǎo 동 찾다 食物 shíwù 명 음식물
忽然 hūrán 부 문득 装 zhuāng 동 (물품을) 담다 玻璃 bōli 명 유리
瓶 píng 명 병 不得了 bùdéliǎo (정도가) 매우 심하다
迅速 xùnsù 형 재빠르다, 신속하다 却 què 접 그런데, 오히려
石头 shítou 명 돌 爬 pá 동 오르다, 기다 抓 zhuā 동 할퀴다, 긁다
咬 yǎo 동 물다 推 tuī 동 밀다 掉 diào 동 떨어뜨리다
无奈 wúnài 형 안타깝게도 力量 lìliang 명 힘 根本 gēnběn 부 도무지
无法 wúfǎ 동 ~할 방법이 없다, ~할 수 없다 移动 yídòng 동 옮기다
放弃 fàngqì 동 포기하다 无数 wúshù 형 무수하다
使劲 shǐjìn 동 힘을 쓰다 底 dǐ 명 바닥 泥土 nítǔ 명 진흙 斜 xié 동 기울다
米粒 mǐlì 명 쌀알 洒 sǎ 동 뿌리다 遇到 yùdào 동 부딪히다
角度 jiǎodù 명 각도
说不定 shuōbudìng ~일지도 모른다, 아마 ~일 것이다
解决 jiějué 동 해결하다

제1회

제2회

제3회

제4회
듣기

제5회

해커스 HSK 5급 실전모의고사

39. 问: 小老鼠找到了什么?

40. 问: 小老鼠的第一种方法为什么失败了?

41. 问: 短文告诉我们什么道理?

³⁹작은 쥐 한 마리가 한창 밖에서 음식물을 찾던 중, ³⁹문득 멀지 않은 곳의 땅에, ³⁹쌀이 담겨 있는 유리병을 발견했다. 쌀을 보고, 작은 쥐는 너무나 기뻐, 재빠르게 병을 향해 달려갔으나, 병의 입구에 돌이 놓여 있는 것을 보았다. 작은 쥐는 오르락내리락 하며 병의 입구를 할퀴고 물며, ⁴⁰돌을 밀어서 떨어뜨리고 싶었으나, 안타깝게도 힘이 약해, 도무지 돌을 옮길 수 없었다. 하지만 작은 쥐는 포기하지 않고, 무수히 시도한 후, 더는 힘껏 돌을 밀지 않고, 병 바닥의 진흙을 긁었다. 작은 쥐가 진흙을 한쪽으로 옮기자, 천천히, 병은 기울어졌다, 기울고 기울어, 돌이 '퍽'하는 소리와 함께 떨어졌고, 하얀 쌀알이 병에서 뿌려져 나왔다.

사실 우리의 생활도 이러하다, ⁴¹난관에 부딪혔을 때, 다른 각도에서 다시 보면, 아마 해결 방법을 찾을 수 있을지도 모른다.

39. 질문: 작은 쥐는 무엇을 찾아냈는가? 정답 A

40. 질문: 작은 쥐의 첫 번째 방법은 왜 실패했는가? 정답 B

41. 질문: 이 단문은 우리에게 어떤 이치를 알려주는가? 정답 D

해설 보기 읽기

39번은 A의 瓶子(병), B의 大米(쌀), C의 石头(돌), D의 牛奶(우유)를 핵심어구로 체크해둔다.

40번은 A의 瓶子太高(병이 너무 높다), B의 力量太小(힘이 너무 약하다), C의 玻璃太硬(유리가 너무 단단하다), D의 石头太多(돌이 너무 많다)를 핵심어구로 체크해둔다.

41번은 A의 要专心(얼중해야 한다), B의 要冷静(냉정해야 한다), C의 困难多(어려움이 많다), D의 看问题(문제를 보다)를 핵심어구로 체크해둔다.

41번 보기가 모두 어떤 교훈을 알려주는 내용이므로, 이야기가 나올 것임을 예상할 수 있다. 따라서, 이야기를 들으며 질문의 순서대로 정답 후보와 오답 후보를 체크한다.

단문 듣기

단문 초반에 一只小老鼠……, 忽然发现 …… 有一个装有米的玻璃瓶(작은 쥐 한 마리가 ……, 문득 …… 쌀이 담겨 있는 유리병을 발견했다)을 듣고, 39번 보기 A 一个瓶子(병 한 개)를 체크해둔다.

단문 중반에 작은 쥐가 想推掉石头, 无奈力量太小, 根本无法移动石头(돌을 밀어서 떨어뜨리고 싶었으나, 안타깝게도 힘이 약해, 도무지 돌을 옮길 수 없었다)를 듣고, 40번 보기 B 力量太小(힘이 너무 약하다)를 체크해둔다.

단문 후반에 遇到困难的时候, 换一个角度再看一看, 说不定就能找到解决的办法了(난관에 부딪혔을 때, 다른 각도에서 다시 보면, 아마 해결 방법을 찾을 수 있을지도 모른다)를 듣고, 41번 보기 D 换角度看问题(각도를 바꾸어 문제를 본다)를 체크해둔다.

질문 듣고 정답 선택하기

39. 질문이 작은 쥐는 무엇을 찾아냈는지 물었으므로, A 一个瓶子(병 한 개) 가 정답이다.

40. 질문이 작은 쥐의 첫 번째 방법은 왜 실패했는지 물었으므로, B 力量太小(힘이 너무 약하다)가 정답이다.

41. 질문이 이 단문은 우리에게 어떤 이치를 알려주는지 물었으므로, D 换角度看问题(각도를 바꾸어 문제를 본다)가 정답이다.

☑ **고득점 노하우** 교훈과 관련된 문제가 제시된 경우, 이야기가 나올 것을 예상하고, 이야기의 전개에 맞춰 문제지에 제시된 순서대로 문제를 풀어 간다.

42-43

42 중	A 学生日记　　B 新闻报道 C 音乐广播　　D 演讲比赛	报道 bàodào 동 보도　广播 guǎngbō 명 방송 演讲 yǎnjiǎng 명 웅변, 강연
	A 학생 일기　　　　B 신문 보도　　　　C 음악 방송　　　　D 웅변 대회	

43 중	A 经济制度　　B 建筑设施 C 士兵服装　　D 人民生活	经济 jīngjì 명 경제　制度 zhìdù 명 제도　建筑 jiànzhù 명 건축물 设施 shèshī 명 시설　士兵 shìbīng 명 사병　服装 fúzhuāng 명 복장
	A 경제 제도　　　　B 건축물 시설　　　　C 사병 복장　　　　D 국민 생활	

[42]今天是星期天，天气格外好。爸爸带我去参观了兵马俑博物馆。讲解员阿姨告诉我们："兵马俑是我国的一个重大发现，[43]对于我们研究当时的军事制度和士兵的服装、装饰都有重大意义……" 她讲得很详细，我们都听得很认真。整个下午，我和爸爸都在参观博物馆，虽然有点累，但是收获很丰富，了解了许多历史知识。如果以后有机会，我还想再来一次兵马俑博物馆。

42. 问：这一段话可能出现在哪里？

43. 问：兵马俑可以帮助我们了解当时社会的哪个方面？

格外 géwài[부] 유난히, 아주 参观 cānguān[동] 견학하다
兵马俑 Bīngmǎyǒng[고유] 병마용 博物馆 bówùguǎn[명] 박물관
讲解员 jiǎngjiěyuán[명] 안내원 阿姨 āyí[명] 아주머니
重大 zhòngdà[형] 중대하다 研究 yánjiū[동] 연구하다
当时 dāngshí[명] 당시 军事 jūnshì[명] 군사 制度 zhìdù[명] 제도
士兵 shìbīng[명] 사병 服装 fúzhuāng[명] 복장
装饰 zhuāngshì[명] 장식품 意义 yìyì[명] 의의 详细 xiángxì[형] 자세하다
整个 zhěnggè[형] 내내, 모든 收获 shōuhuò[명] 성과 知识 zhīshi[명] 지식

[42]오늘은 일요일이고, 날씨가 유난히 좋다. 아버지는 나를 데리고 병마용 박물관에 견학하러 갔다. 안내원 아주머니가 우리에게 말하였다. "병마용은 우리나라의 중대한 발견으로, [43]우리가 당시의 군사 제도와 사병의 복장, 장식품을 연구하는 것에 대해 모두 중대한 의의가 있습니다……" 그녀는 자세히 설명했으며, 우리는 모두 열심히 들었다. 오후 내내, 나와 아버지는 박물관을 견학하면서, 비록 조금 힘들었지만, 하지만 성과가 매우 많았고, 많은 역사 지식을 이해했다. 만약 앞으로 기회가 있다면, 나는 다시 한번 병마용 박물관에 오고 싶다.

42. 질문: 이 단락의 말은 어디서 나타날 가능성이 있는가? 정답 A
43. 질문: 병마용은 우리가 당시 사회의 어떤 방면을 이해하는데 도움을 줄 수 있는가? 정답 C

해설 **보기 읽기**

42번은 A의 **日记**(일기), B의 **报道**(보도), C의 **广播**(방송), D의 **比赛**(대회)를 핵심어구로 체크해둔다.
43번은 A의 **制度**(제도), B의 **设施**(시설), C의 **服装**(복장), D의 **生活**(생활)를 핵심어구로 체크해둔다.

단문 듣기

단문 초반에 **今天是星期天，天气格外好。爸爸带我去参观了兵马俑博物馆。**(오늘은 일요일이고, 날씨가 유난히 좋다. 아버지는 나를 데리고 병마용 박물관에 견학하러 갔다.)을 듣고, 42번 보기 A **学生日记**(학생 일기)를 체크해둔다.
단문 중반에 **对于我们研究当时的军事制度和士兵的服装、装饰都有重大意义**(우리가 당시의 군사 제도와 사병의 복장, 장식품을 연구하는 것에 대해 모두 중대한 의의가 있습니다)를 듣고, 43번 보기 C **士兵服装**(사병 복장)을 체크해둔다.

질문 듣고 정답 선택하기

42. 질문이 이 단락의 말은 어디서 나타날 가능성이 있는지 물었으므로, A **学生日记**(학생 일기)가 정답이다.
43. 질문이 병마용은 우리가 당시 사회의 어떤 방면을 이해하는데 도움을 줄 수 있는지 물었으므로, C **士兵服装**(사병 복장)이 정답이다.

고득점 노하우 제시된 문제의 보기로 단문 유형을 파악할 수 없는 경우, 각 보기의 의미를 신속히 파악한 후 대화를 주의 깊게 듣는다.

44-45

44 하

A 25度 B 26度 C 27度 D 28度

度 dù[명] 도(온도의 단위)

A 25도 B 26도 C 27도 D 28도

45 상

A 为了提高速度 B 为了节约能源
C 为了锻炼肌肉 D 为了给人体散热

速度 sùdù[명] 속도 节约 jiéyuē[동] 절약하다 能源 néngyuán[명] 에너지
肌肉 jīròu[명] 근육 散热 sàn rè[동] 열을 발산하다

A 속도를 높이기 위해 B 에너지를 절약하기 위해 C 근육을 단련하기 위해 D 인체의 열을 발산하기 위해

一般来说，⁴⁴游泳池的水温在26度到28度之间，如果是比赛，泳池的温度会更低，⁴⁴大概在25度到27度之间。大家知道，人的体温基本都在37度左右，接近10度的温差会让游泳者刚入水时觉得冷，⁴⁵那泳池的水温为什么非要那么低呢？

⁴⁵这是因为运动在消耗能量的同时也会产生热量，让体温升高，⁴⁵这时就需要冷水来给人体降温，让你觉得舒服。如果水温不低于体温，那水这个热量散发器，就没办法发挥作用了。正确的做法是，游完泳再舒舒服服洗个热水澡，让你的肌肉放松一下。

44. 问：比赛时，游泳池的温度最高不能超过多少度？

45. 问：为什么游泳池的水温要低于人的体温？

游泳池 yóuyǒngchí 명 수영장　水温 shuǐwēn 명 수온
度 dù 양 도(온도의 단위)　温度 wēndù 명 온도　大概 dàgài 대개, 아마
体温 tǐwēn 명 체온　基本 jīběn 부 대체로
接近 jiējìn 동 가까이하다, 접근하다　温差 wēnchā 명 온도차
入水 rùshuǐ 동 입수하다, 물에 들어가다　泳池 yǒngchí 명 수영장
非要 fēiyào 부 반드시, 기어코　消耗 xiāohào 동 소모하다
能量 néngliàng 명 에너지　产生 chǎnshēng 동 생기다
热量 rèliàng 명 열량　升高 shēnggāo 동 높이 오르다　人体 réntǐ 명 인체
降温 jiàngwēn 동 온도를 낮추다　散发 sànfā 동 발산하다
散发器 sànfāqì 명 발산기　发挥 fāhuī 동 발휘하다　肌肉 jīròu 명 근육
放松 fàngsōng 동 이완시키다

일반적으로, ⁴⁴수영장의 수온은 26도에서 28도 사이인데, 만약 경기중이라면, 수영장의 온도는 더 낮아져, ⁴⁴대개 25도에서 27도 사이가 된다. 모두가 알다시피, 사람의 체온은 대체로 모두 37도 정도이기에, 10도에 가까운 온도차는 수영하려는 사람이 막 입수할 때 춥다고 느껴지게 하는데, ⁴⁵그렇다면 수영장의 수온은 왜 반드시 그렇게 낮아야 할까?

⁴⁵이것은 왜냐하면 운동은 에너지를 소모하는 동시에 열량을 발생시켜서, 체온을 상승하게 하는데, ⁴⁵이 때 차가운 물로 인체의 온도를 낮추어서, 당신이 편안함을 느끼게 하는 것이 필요하다. 만약 수온이 체온보다 낮지 않다면, 물이라는 이 열량 발산기는, 제 역할을 발휘할 방법이 없다. 올바른 방법은, 수영이 끝나고 나면 편안하게 따뜻한 물로 목욕하여, 당신의 근육을 이완시키는 것이다.

44. 질문: 경기 시 수영장의 온도는 최고 몇 도를 넘지 말아야 하는가?　　　　정답 C
45. 질문: 왜 수영장의 수온이 사람의 체온보다 낮아야 하는가?　　　　정답 D

해설 보기 읽기
44번의 모든 보기에 度(도)가 언급되었으므로, 온도와 관련된 내용을 주의 깊게 듣는다.
45번은 A의 提高速度(속도를 높이다), B의 节约能源(에너지를 절약하다), C의 锻炼肌肉(근육을 단련하다), D의 散热(열을 발산하다)를 핵심어구로 체크해둔다.
44번 보기의 度(도)는 세부 단위를 나타내는 어휘이므로, 설명문 유형의 단문이 나올 것임을 예상할 수 있다. 따라서, 度(도)와 관련된 세부 내용을 주의 깊게 듣는다.

단문 듣기
단문 초반에 游泳池的水温在26度到28度之间(수영장의 수온은 26도에서 28도 사이인데)을 듣고, 44번 보기 B 26度(26도), D 28度(28도)를 각각 일반 수영장의 최저, 최고 수온으로 체크해둔다. 이어서, 如果是比赛, …… 大概在25度到27度之间(만약 경기중이라면, …… 대개 25도에서 27도 사이가 된다)을 듣고, 44번 보기 A 25度(25도), C 27度(27도)를 각각 경기 시 최저, 최고 수온으로 체크해둔다.
단문 중반에 那泳池的水温为什么非要那么低呢? 这是因为运动在消耗能量的同时也会产生热量, …… 这时就需要冷水来给人体降温, 让你觉得舒服(그렇다면 수영장의 수온은 왜 반드시 그렇게 낮아야 할까? 이것은 왜냐하면 운동은 에너지를 소모하는 동시에 열량을 발생시켜서, …… 이 때 차가운 물로 인체의 온도를 낮추어서, 당신이 편안함을 느끼게 하는 것이 필요하다)를 듣고, 45번 보기 D 为了给人体散热(인체의 열을 발산하기 위해)를 체크해둔다.

질문 듣고 정답 선택하기
44. 질문이 경기 시 수영장의 온도는 최고 몇 도를 넘지 말아야 하는지 물었으므로, 경기 시 최고 수온으로 체크해두었던 C 27度(27도)가 정답이다.
45. 질문이 왜 수영장의 수온이 사람의 체온보다 낮아야 하는지 물었으므로, D 为了给人体散热(인체의 열을 발산하기 위해)가 정답이다.

✅ 고득점 노하우 특정 사물이나 대상이 언급된 문제나 어떤 대상의 특징과 관련된 문제가 제시된 경우, 설명문이 나올 것임을 예상하고, 특정 대상의 세부 내용을 주의 깊게 듣는다.

46-48

越来越多的人不坐出租车，而选择网约车出行，不住酒店，而是住进当地人的家里，不去餐馆而是到私人厨房就餐。⁴⁶共享经济正在从一个新鲜 46. A 事物 变成我们生活的一部分。共享经济最初的功能是给人们提供赚钱和省钱的方法，⁴⁷但这种新型经济形式 47. D 利用 互联网降低成本，提高效率，减少资源浪费，同时又体现了合作和个性化的精神，⁴⁸十分符合现代社会的需求， 48. C 因而 属于它的时代到来了。

网约车 wǎngyuēchē 圆 인터넷 예약 차량	当地 dāngdì 圆 현지
私人 sīrén 圆 개인의	就餐 jiùcān 圆 밥을 먹다
共享经济 gòngxiǎng jīngjì 圆 공유 경제	事物 shìwù 圆 현상, 사물
最初 zuìchū 圆 최초	功能 gōngnéng 圆 기능
提供 tígōng 圆 제공하다	赚钱 zhuànqián 圆 돈을 벌다
省钱 shěngqián 圆 돈을 절약하다	形式 xíngshì 圆 형식
利用 lìyòng 圆 이용하다	互联网 hùliánwǎng 圆 인터넷
降低 jiàngdī 圆 낮추다	成本 chéngběn 圆 원가
效率 xiàolǜ 圆 효율, 능률	减少 jiǎnshǎo 圆 감소하다
资源 zīyuán 圆 자원	浪费 làngfèi 圆 낭비하다
体现 tǐxiàn 圆 구현하다	合作 hézuò 圆 협력
个性化 gèxìnghuà 圆 개성화하다	精神 jīngshén 圆 정신
符合 fúhé 圆 부합하다	现代 xiàndài 圆 현대 需求 xūqiú 圆 수요
因而 yīn'ér 圆 따라서	属于 shǔyú 圆 ~에 속하다 时代 shídài 圆 시대

갈수록 많은 사람이 택시를 타지 않고, 인터넷 예약 차량을 선택해서 외출하며, 호텔에 숙박하지 않고, 현지인의 집에서 묵으며, 식당에 가지 않고 개인 주방에서 밥을 먹는다. ⁴⁶공유 경제는 현재 새로운 A 현상에서 우리 생활의 일부분으로 변하였다. 공유 경제의 최초 기능은 사람들에게 돈을 벌고 절약하는 방법을 제공하는 것이었으나, ⁴⁷그러나 이런 새로운 형태의 경제 형식은 인터넷을 D 이용해 원가를 낮추고, 효율을 높이며, 자원 낭비를 감소시키고, 동시에 협력과 개성화된 정신 또한 구현하여, ⁴⁸현대 사회의 수요에 매우 부합했다. C 따라서 공유 경제에 속한 시대가 도래했다.

46 중	A 事物 B 事实 C 工具 D 对象	事物 shìwù 圆 현상, 사물 事实 shìshí 圆 사실 工具 gōngjù 圆 도구 对象 duìxiàng 圆 대상
	A현상 　　　 B사실 　　　 C도구 　　　 D대상 　　　 정답 A	

해설 보기를 읽고 단문의 빈칸에 문맥상 어떤 명사가 필요할지를 파악한 후, 빈칸 주변을 읽는다. 빈칸이 있는 부분은 '공유 경제는 현재 새로운 ＿＿＿ 에서 우리 생활의 일부분으로 변하였다.'라는 의미이다. 따라서 문맥상 객관적으로 존재하는 현상을 의미하는 어휘인 A 事物(현상)가 정답이다.
C 工具(도구)는 생산 활동에 쓰이는 기구를 나타낸다.
D 对象(대상)은 행동이나 사고할 때 목표가 되는 사람이나 사물을 나타낸다.

✓ **고득점 노하우** 보기가 모두 명사인 경우에는, 단문을 읽을 때 빈칸의 앞 구절과 뒷 구절의 의미를 정확히 파악하여, 문맥에 맞는 보기를 먼저 찾는다.

47 중	A 采取 B 吸取 C 应用 D 利用	采取 cǎiqǔ 圆 채택하다 吸取 xīqǔ 圆 흡수하다 应用 yìngyòng 圆 응용하다 利用 lìyòng 圆 이용하다
	A채택하다 　　 B흡수하다 　　 C응용하다 　　 D이용하다 　　 정답 D	

해설 보기를 읽고 단문의 빈칸에 문맥상 어떤 동작을 나타내는 어휘가 필요할지를 파악한 후, 빈칸 주변을 읽는다. 빈칸이 있는 부분은 '그러나 이런 새로운 형태의 경제 형식은 인터넷을 ＿＿＿(해) 원가를 낮추고, 효율을 높이며, 자원 낭비를 감소시키고'라는 의미이므로, 문맥상 D 利用(이용하다)이 정답이다.
A 采取(채택하다)는 조치, 수단, 정책 등을 선택하여 실행하거나 채택한다는 의미이다.
C 应用(응용하다)은 어떤 이론이나 지식을 다른 분야의 일에 적용한다는 의미이다.

✓ **고득점 노하우** 利用时间(시간을 이용하다), 利用资源(자원을 이용하다)을 호응 어휘로 암기해 둔다.

48 중	A 总之 B 反正 C 因而 D 仿佛	总之 zǒngzhī 圆 요컨대 反正 fǎnzhèng 圆 아무튼 因而 yīn'ér 圆 따라서 仿佛 fǎngfú 圆 마치 ~인 듯하다
	A요컨대 　　 B아무튼 　　 C따라서 　　 D마치 ~인 듯하다 　　 정답 C	

해설 보기를 읽고 단문의 빈칸에 문맥상 어떤 연결어가 필요할지를 파악한 후, 빈칸 주변을 읽는다. 빈칸이 있는 부분은 '현대 사회의 수요에 매우 부합했다. ＿＿＿ 공유 경제에 속한 시대가 도래했다'라는 의미이므로, 문맥상 인과관계가 있음을 알 수 있다. 따라서 정답은

인과관계를 나타내는 연결어인 C 因而(따라서)이다.

✅ **고득점 노하우** 보기가 연결어로 구성된 경우, 단문에서 빈칸의 앞 부분과 뒷 부분을 꼼꼼히 해석한 후 문맥을 자연스럽게 이어주는 보기를 정답으로 선택한다.

49-52

⁴⁹著名的希尔顿酒店开始于 49. B 家庭 旅馆。事实上，希尔顿酒店的创造者，希尔顿家的二儿子，⁵⁰最初的梦想并不是开旅馆，而是 50. C 担任银行经理，每天能坐在市里最高的银行大厦内工作。母亲找来儿子谈话，她希望没有任何金融知识的儿子能够诚恳做事，⁵¹不要抱有不现实的 51. A 幻想。听了母亲的话后，希尔顿思考了很久。他注意到每年镇上都会有许多人来挖煤，因此⁴⁹旅馆总是不够住。⁵²他想到家里二楼有很多空 52. D 卧室，于是将这些房间改造了一下，变成客房，供客人入住。于是，一个巨大的商业帝国就此诞生。

著名 zhùmíng [형] 유명하다 希尔顿 Xī'ěrdùn [고유] 힐튼
家庭 jiātíng [명] 가정집, 가정 创造者 chuàngzàozhě [명] 창시자
最初 zuìchū [명] 최초 梦想 mèngxiǎng [명] 꿈 担任 dānrèn [동] 맡다
大厦 dàshà [명] (고층, 대형) 건물 任何 rènhé [대] 어떠한
金融 jīnróng [명] 금융 诚恳 chéngkěn [형] 성실하다
抱有 bàoyǒu [동] 품다 现实 xiànshí [형] 현실적이다 [명] 현실
幻想 huànxiǎng [명] 환상 思考 sīkǎo [동] 깊이 생각했다
镇 zhèn [명] 읍, 비교적 큰 마을 挖 wā [동] 캐다, 파다 煤 méi [명] 석탄
因此 yīncǐ [접] 이로 인하여 卧室 wòshì [명] 침실 于是 yúshì [접] 그래서
改造 gǎizào [동] 개조하다 变成 biànchéng [동] ~으로 변경하다
入住 rùzhù [동] 숙박하다 巨大 jùdà [형] 거대 商业 shāngyè [명] 상업
帝国 dìguó [명] 제국 就此 jiùcǐ [부] 이곳에서
诞生 dànshēng [동] 탄생하다

⁴⁹유명한 힐튼 호텔은 B 가정집 여관에서부터 시작했다. 사실상, 힐튼 호텔의 창시자이자, 힐튼가의 둘째 아들의, ⁵⁰최초의 꿈은 여관을 여는 것이 아닌, C 은행 매니저를 맡아, 매일 도시에서 최고 높은 은행 건물에 앉아 일을 하는 것이었다. 어머니는 아들을 찾아와 대화를 나누었는데, 그녀는 어떠한 금융 지식도 없는 아들이 성실하게 일할 수 있기를 희망하며, ⁵¹비현실적인 A 환상을 품지 않기를 원했다. 어머니의 말을 들은 후, 힐튼은 오랫동안 깊이 생각했다. 그는 매년 읍에 많은 사람이 석탄을 캐러 오는 것을 알아차리고, 이로 인해 ⁴⁹여관이 항상 부족하다는 것을 알아냈다. ⁵²그는 집 2층에 비어 있는 D 침실이 많이 있다는 것을 생각해내고, 그래서 이 방들을 개조해, 객실로 변경하여, 손님이 숙박할 수 있도록 제공했다. 이리하여, 거대한 상업 제국은 이곳에서 탄생하였다.

49 중	A 家务	B 家庭	C 家乡	D 家常	家务 jiāwù [명] 집안일 家庭 jiātíng [명] 가정집 家乡 jiāxiāng [명] 고향 家常 jiācháng [명] 일상적인 일
	A 집안일		B 가정집		C 고향 D 일상적인 일 정답 B

해설 보기를 읽고 단문의 빈칸에 문맥상 어떤 명사가 필요할지를 파악한 후, 빈칸 주변을 읽는다. 빈칸이 있는 문장은 '유명한 힐튼 호텔은 _____ 여관에서부터 시작했다.'라는 의미이다. 단문 중반에서 旅馆总是不够住。他想到家里二楼有很多空……，于是将这些房间改造了一下，变成客房，供客人入住(여관이 항상 부족하다는 것을 알아냈다. 그는 집 2층에 비어 있는 …… 이 많이 있다는 것을 생각해내고, 그래서 이 방들을 개조해, 객실로 변경하여, 손님이 숙박할 수 있도록 제공했다)라고 했으므로, 문맥상 정답은 B 家庭(가정집)이다.

✅ **고득점 노하우** 보기가 모두 명사인 경우에는, 단문을 읽을 때 빈칸의 앞 구절과 뒷 구절의 의미를 정확히 파악하여, 문맥에 맞는 보기를 먼저 찾는다.

50 중	A 成为一名医生	B 做一名老师	担任 dānrèn [동] 맡다 拥有 yōngyǒu [동] 가지다
	C 担任银行经理	D 拥有一家餐厅	
	A 의사가 된다 B 선생님이 된다	C 은행 매니저를 맡는다 D 식당을 가진다	정답 C

해설 보기가 모두 문장 형태이고 빈칸이 문장의 가운데 구절이므로, 빈칸 주변의 문맥을 주의 깊게 파악한 후, 빈칸에 들어갈 문장을 선택한다. 빈칸이 있는 부분은 '최초의 꿈은 여관을 여는 것이 아닌, _____ 매일 도시에서 최고 높은 은행 건물에 앉아 일을 하는 것이었다'라는 의미이므로, 문맥상 빈칸에는 은행에서 일한다는 내용이 들어가야 한다. 따라서 정답은 C 担任银行经理(은행 매니저를 맡는다)이다.

✅ **고득점 노하우** 문장 채우기 문제에서 빈칸이 긴 문장의 가운데 구절인 경우에는, 빈칸 앞뒤를 문맥상 자연스럽게 연결하는 보기를 정답으로 선택한다.

51 중	A 幻想	B 主意	C 想象	D 想念	幻想 huànxiǎng [명] 환상 想象 xiǎngxiàng [명] 상상 想念 xiǎngniàn [동] 그리워하다
	A 환상		B 아이디어	C 상상	D 그리워하다 정답 A

해설 보기를 읽고 단문의 빈칸에 문맥상 어떤 어휘가 필요할지를 파악한 후, 빈칸 주변을 읽는다. 빈칸이 있는 부분은 '비현실적인 _____ 을 품지 않기를 원했다.'라는 의미이므로, 抱有(품다)와 호응하며, 비현실적인 것과 관련된 명사가 들어가야 한다. 따라서 현실적인 가능성이 없는 헛된 생각이나 공상을 의미하는 A 幻想(환상)이 정답이다.

✅ **고득점 노하우** 抱有幻想(환상을 품다)을 호응 어휘로 암기해 둔다.

<table>
<tr><td>**52**
하</td><td>A 厨房　　B 客厅　　C 卫生间　D 卧室</td><td>厨房 chúfáng 圆 주방　客厅 kètīng 圆 거실
卫生间 wèishēngjiān 圆 화장실　卧室 wòshì 圆 침실</td></tr>
<tr><td></td><td>A 주방　　　　　B 거실　　　　　C 화장실　　　　　D 침실</td><td>정답 D</td></tr>
</table>

해설 보기를 읽고 단문의 빈칸에 문맥상 어떤 명사가 필요할지를 파악한 후, 빈칸 주변을 읽는다. 빈칸이 있는 문장은 '그는 집 2층에 비어 있는 ____이 많이 있다는 것을 생각해내고, 그래서 이 방들을 개조해, 객실로 변경하여, 손님이 숙박할 수 있도록 제공했다'라는 의미이므로, 빈칸에는 객실로 변경하여 숙박이 가능한 방의 명칭이 들어가야 한다. 따라서 정답은 D 卧室(침실)이다.

✅ **고득점 노하우** 보기가 모두 명사인 경우에는, 단문을 읽을 때 빈칸의 앞 구절과 뒷 구절의 의미를 정확히 파악하여, 문맥에 맞는 보기를 먼저 찾는다.

53-56

<table>
<tr><td>　　 53"春运", 即 "春节运输", 指的是中国春节前后的一种特殊交通现象, 53以春节为中心, <u>53. B 持续四十天左右</u>。改革开放以来, 越来越多的人选择离乡外出打工、上学。54这些人都会 <u>54. B 集中</u> 在春节期间返乡。因此, 54/55每年春节前后, 都会造成大规模的高交通运输压力的 <u>55. C 现象</u>。近30年来, 春运大军从1亿人56增加到2015年的37亿人, <u>56. D 相当</u> 于让非洲、欧洲、美洲、大洋洲的总人口搬一次家。</td><td>即 jí 圓 즉, 바로　春节 Chūnjié 고유 춘절
运输 yùnshū 圓 운송 圄 운송하다　特殊 tèshū 휑 특수하다
现象 xiànxiàng 圓 현상　持续 chíxù 圄 지속하다
改革开放 gǎigé kāifàng 圓 개혁 개방　以来 yǐlái 圓 이래
选择 xuǎnzé 圄 선택하다　离乡 líxiāng 圄 고향을 떠나다
打工 dǎgōng 圄 일하다　集中 jízhōng 圄 집중하다
期间 qījiān 圓 기간　返乡 fǎnxiāng 圄 고향으로 돌아가다
因此 yīncǐ 圓 이로 인하여　造成 zàochéng 圄 초래하다
规模 guīmó 圓 규모　交通压力 jiāotōng yālì 교통 체증
增加 zēngjiā 圄 증가하다　相当于 xiāngdāngyú 圄 ~와 맞먹다
非洲 Fēizhōu 고유 아프리카　欧洲 Ōuzhōu 고유 유럽
美洲 Měizhōu 고유 아메리카　大洋洲 Dàyángzhōu 고유 오세아니아
人口 rénkǒu 圓 인구</td></tr>
</table>

　　53'춘윈', 즉 '춘절 운송'은, 중국 춘절 전후의 일종의 특수한 교통 현상을 말하며, 53춘절을 중심으로, <u>B 40일간 지속된다</u>. 개혁 개방 이래, 점점 많은 사람들이 고향을 떠나 밖으로 나가 일하고, 공부하는 것을 선택했다. 54이러한 사람들은 춘절 기간에 <u>B 집중되</u>어 고향으로 돌아간다. 이로 인하여, 54/55매년 춘절 전후로, 대규모의 높은 교통 운송 체증 <u>C 현상</u>이 초래된다. 근 30년간, 춘윈 인파는 1억 명에서 562015년 37억 명까지 증가했으며, 이는 아프리카, 유럽, 아메리카, 오세아니아의 전체 인구가 한번 이사하는 것 <u>D과 맞먹는다</u>.

<table>
<tr><td>**53**
중</td><td>A 人流量特别大　　　B 持续四十天左右
C 造成很大问题　　　D 给人们带来方便</td><td>流量 liúliàng 圓 유동량　持续 chíxù 圄 지속하다
造成 zàochéng 圄 만들다, 초래하다　带来 dàilái 圄 가져오다</td></tr>
<tr><td></td><td>A 인구 유동량이 매우 크다　　B 40일간 지속된다　　　C 큰 문제를 만든다　　　D 사람들에게 편리함을 가져온다</td><td>정답 B</td></tr>
</table>

해설 보기가 모두 문장 형태이고 빈칸이 문장의 끝에 있으므로, 빈칸 앞의 문맥을 주의 깊게 파악한 후, 문맥상 어울리는 보기를 선택한다. 빈칸이 있는 부분은 "춘윈", 즉 '춘절 운송'은, …… 춘절을 중심으로, ____'라는 의미이므로, 문맥상 빈칸에는 춘절을 중심으로 춘절 기간 전후로 발생하는 '춘윈'의 현상이나 특징이 들어가야 한다. 따라서 정답은 B 持续四十天左右(40일간 지속된다)이다.

✅ **고득점 노하우** 문장 채우기 문제에서 빈칸이 문장의 끝에 있으면, 빈칸 앞의 내용과 문맥상 어울리는 보기를 먼저 찾는다.

<table>
<tr><td>**54**
중</td><td>A 集合　　B 集中　　C 聚会　　D 合作</td><td>集合 jíhé 圄 집합하다　集中 jízhōng 圄 집중되다, 집중하다
聚会 jùhuì 圄 모이다　合作 hézuò 圄 협력하다</td></tr>
<tr><td></td><td>A 집합하다　　　　　B 집중되다　　　　　C 모이다　　　　　D 협력하다</td><td>정답 B</td></tr>
</table>

해설 보기를 읽고 단문의 빈칸에 문맥상 어떤 동작 또는 상태를 나타내는 어휘가 필요할지를 파악한 후, 빈칸 주변을 읽는다. 빈칸이 있는 문장은 '이러한 사람들은 춘절 기간에 ____(하여) 고향으로 돌아간다.'라는 의미이다. 빈칸 뒤에서 **造成大规模的高交通运输压力**(대규모의 높은 교통 운송 체증 …… 초래된다)라고 했으므로, 춘절 기간에 특히나 많은 사람들이 한꺼번에 고향으로 돌아가는 것을 알 수 있다. 따라서 B 集中(집중되다)이 정답이다.

✅ **고득점 노하우** 보기가 모두 동사인 경우에는, 빈칸 주변에서 주어와 목적어를 먼저 찾아 문맥에 맞는 보기를 정답으로 선택한다.

제1회

제2회

제3회

제4회
독해

제5회

해커스 HSK 5급 실전모의고사

55 중	A 资格	B 规律	C 现象	D 时期	资格 zīgé 圆 자격 规律 guīlǜ 圆 규율 现象 xiànxiàng 圆 현상 时期 shíqī 圆 시기
	A 자격	B 규율	C 현상	D 시기	정답 C

해설 보기를 읽고 단문의 빈칸에 문맥상 어떤 명사가 필요할지를 파악한 후, 빈칸 주변을 읽는다. 빈칸이 있는 부분은 '매년 춘절 전후로, 대규모의 높은 교통 운송 체증 ____(이) 초래된다.'는 의미이므로, '초래되다'와 호응하는 어휘가 들어가야 한다. 따라서 정답은 C 现象(현상)이다.

✔ **고득점 노하우** 造成现象(현상을 초래하다)을 호응 어휘로 암기해 둔다.

56 중	A 简直	B 几乎	C 相似	D 相当	简直 jiǎnzhí 图 그야말로 相似 xiāngsì 图 비슷하다 相当 xiāngdāng 图 대등하다 图 적당하다, 알맞다
	A 그야말로	B 거의	C 비슷하다	D 대등하다	정답 D

해설 보기를 읽고 단문의 빈칸에 문맥상 어떤 어휘가 필요할지를 파악한 후, 빈칸 주변을 읽는다. 빈칸이 있는 문장은 '2015년 37억 명까지 증가했으며, 이는 아프리카, 유럽, 아메리카, 오세아니아의 전체 인구가 한번 이사하는 것 ____'라는 의미이므로, 37억 명과 유럽, 아메리카, 오세아니아의 전체 인구가 한번 이사하는 것의 관계를 나타내는 어휘가 들어가야 한다. 따라서 정답은 D 相当(대등하다)이다.
A, B는 부사이므로 뒤에 개사 于(~에 비해)가 올 수 없다.
C 相似(비슷하다)는 사람 또는 사물이 서로 비슷한 생김새나 성질을 지닌 것을 나타낸다. 참고로, 개사 于(~에 비해)와 거의 호응 되지 않으므로 주의한다.

✔ **고득점 노하우** 보기가 각기 다른 품사인 경우에는, 각 보기의 의미를 재빨리 확인하여 단문의 빈칸 주변을 읽을 때에 어떤 문맥을 파악해야 할지 미리 준비한다.

57-60

忙完最后的工作，我离开公司时，已经是夜里十一点钟了，⁵⁸室外不知什么时候下起了雪。　57. C 由于住在郊区，⁵⁷我每天都要先乘地铁到最后一站，再换乘一辆公交。⁵⁸/⁵⁹出了地铁口，雪 58. C 依然 在下，大片大片的雪花映着暗黄色的路灯灯光⁵⁸/⁵⁹纷纷 59. D 洒 下来，大地仿佛铺上了一层地毯，显得格外好看，⁶⁰使这个寒冬似乎也有了一些暖意，可惜在这样的深夜并没有人有心情欣赏这种 60. A 独特 的美。	郊区 jiāoqū 圆 시외, 변두리 乘 chéng 图 타다 换成 huànchéng 图 갈아타다 依然 yīrán 图 여전히 映 yìng 图 비추다 路灯 lùdēng 圆 가로등 灯光 dēngguāng 圆 불빛 纷纷 fēnfēn 图 쉴 새 없이 洒 sǎ 图 뿌리다 仿佛 fǎngfú 图 마치 ~인 것 같다 铺 pū 图 깔다 地毯 dìtǎn 圆 양탄자 显得 xiǎnde 图 ~인 것처럼 보이다 格外 géwài 图 유달리 寒冬 hándōng 圆 추운 겨울 似乎 sìhū 图 마치 欣赏 xīnshǎng 圆 감상하다 独特 dútè 图 독특하다

마지막 업무를 바쁘게 마치고, 내가 회사를 떠날 때는, 이미 밤 11시였는데, ⁵⁸밖은 언제부턴지 모르게 눈이 내리고 있었다. C 시외에서 살고 있기 때문에, ⁵⁷난 매일 지하철을 종점까지 탄 후, 다시 버스로 갈아타야 한다. ⁵⁸/⁵⁹지하철 입구를 나오니, 눈은 C 여전히 내리고 있어, 커다란 눈송이들이 암황색의 가로등 불빛을 비추며 ⁵⁸/⁵⁹쉴 새 없이 D 뿌려져 내리고, 땅은 마치 양탄자를 하나 깐 것처럼, 유달리 보기 좋아, ⁶⁰이 추운 겨울을 마치 조금의 따스한 기운이 생긴 것처럼 보이게 하지만, 아쉽게도 이러한 심야에는 이처럼 A 독특한 아름다움을 감상할 마음을 가진 사람은 없다.

57 중	A 雪越下越大 　 B 居然没有带伞 C 由于住在郊区 　 D 坐地铁的人很少	居然 jūrán 图 뜻밖에, 의외로 郊区 jiāoqū 圆 시외, 변두리
	A 눈이 내릴수록 점점 굵어진다 　 B 뜻밖에 우산이 없다 　　 C 시외에 살고 있기 때문이다 　 D 지하철을 타는 사람이 매우 적다	정답 C

해설 보기가 모두 문장 형태이고 빈칸이 문장의 맨 앞에 있으므로, 빈칸 뒤의 문맥을 주의 깊게 파악한 후, 문맥상 어울리는 보기를 선택한다. 빈칸이 있는 문장은 '____, 난 매일 지하철을 종점까지 탄 후, 다시 버스로 갈아타야 한다.'라는 의미이다. 문맥상 빈칸에는 종점까지 간 후 다시 버스로 갈아타는 이유가 들어가야 한다. 따라서 정답은 C 由于住在郊区(시외에 살고 있기 때문이다)이다.

✔ **고득점 노하우** 문장 채우기 문제에서 빈칸이 문장의 맨 앞에 있으면, 빈칸 뒤의 내용과 문맥상 어울리는 보기를 먼저 찾는다.

58 중

A 显然　　B 果然　　C 依然　　D 居然

显然 xiǎnrán (형) 명백하다　果然 guǒrán (부) 아니나 다를까
依然 yīrán (부) 여전히　居然 jūrán (부) 의외로

A 명백하다　　B 아니나 다를까　　C 여전히　　D 의외로　　정답 C

해설 보기를 읽고 단문의 빈칸에 문맥상 어떤 어휘가 필요할지를 파악한 후, 빈칸 주변을 읽는다. 빈칸이 있는 부분은 '지하철 입구를 나오니, 눈은 ____ 내리고 있어, 커다란 눈송이들이 …… 쉴 새 없이 …… 내리고'라는 의미이다. 빈칸 앞에서 **室外不知什么时候下起了雪**(밖은 언제부터인지 모르게 눈이 내리고 있었다)라며, 눈이 내리고 있었다고 했고, 지하철 입구에서 나왔을 때도 커다란 눈송이들이 흩날린다고 했다. 따라서 정답은 C **依然**(여전히)이다.

✅ 고득점 노하우 보기가 각기 다른 품사인 경우에는, 각 보기의 의미를 재빨리 확인하여 단문의 빈칸 주변을 읽을 때에 어떤 문맥을 파악해야 할지 미리 준비한다.

59 중

A 翻　　B 吹　　C 滚　　D 洒

翻 fān (동) 뒤집다　吹 chuī (동) 불다　滚 gǔn (동) 구르다　洒 sǎ (동) 뿌리다

A 뒤집다　　B 불다　　C 구르다　　D 뿌리다　　정답 D

해설 보기를 읽고 단문의 빈칸에 문맥상 어떤 동작을 나타내는 어휘가 필요할지를 파악한 후, 빈칸 주변을 읽는다. 빈칸이 있는 부분은 '커다란 눈송이들이 …… 쉴 새 없이 ____ 내리고'라는 의미이므로, 빈칸에는 눈이 내리는 장면을 표현할 수 있는 어휘가 들어가야 한다. 따라서 정답은 D **洒**(뿌리다)이다.

✅ 고득점 노하우 보기가 모두 동사인 경우에는, 빈칸 주변에서 주어와 목적어를 먼저 찾아 문맥에 맞는 보기를 정답으로 선택한다.

60 중

A 独特　　B 熟练　　C 粗糙　　D 巨大

独特 dútè (형) 독특하다　熟练 shúliàn (동) 능숙하다
粗糙 cūcāo (형) (질감이) 거칠다　巨大 jùdà (형) 거대하다

A 독특하다　　B 능숙하다　　C 거칠다　　D 거대하다　　정답 A

해설 보기를 읽고 단문의 빈칸에 문맥상 어떤 상태를 나타내는 어휘가 필요할지를 파악한 후, 빈칸 주변을 읽는다. 빈칸이 있는 문장은 '이 추운 겨울을 마치 조금의 따스한 기운이 생긴 것처럼 보이게 하지만, 아쉽게도 이러한 심야에는 이처럼 ____(한) 아름다움을 감상할 마음을 가진 사람은 없다.'라는 의미이므로, 문맥상 어울리는 A **独特**(독특하다)가 정답이다.

✅ 고득점 노하우 보기가 각기 다른 품사인 경우에는, 각 보기의 의미를 재빨리 확인하여 단문의 빈칸 주변을 읽을 때에 어떤 문맥을 파악해야 할지 미리 준비한다.

61 중

[B]梵高是荷兰著名画家，[B]后期印象画派的代表人物，19世纪最出色的画家之一。他的画特点鲜明，在广泛学习西方画家的基础上，[D]他还受到了东方艺术的影响，最终形成了自己的艺术风格。[A/C]他的一生尝遍生活的艰苦，但在他的画笔下仍然充满了对生活和艺术的热爱。

A 梵高的人生之路非常顺利
B 梵高是印象画派的创始人
C 梵高的画反映了他的真实生活
D 梵高受到了东西方艺术的影响

梵高 Fàngāo (고유) 반 고흐　荷兰 Hélán (고유) 네덜란드
著名 zhùmíng (형) 유명하다
后期印象画派 hòuqī yìnxiàng huàpài (명) 후기 인상파
代表 dàibiǎo (명) 대표 (동) 대표하다　人物 rénwù (명) 인물
出色 chūsè (형) 대단히 뛰어나다　鲜明 xiānmíng (형) 뚜렷하다
广泛 guǎngfàn (형) 폭넓다　基础 jīchǔ (명) 토대, 기초
艺术 yìshù (명) 예술　形成 xíngchéng (동) 형성되다
风格 fēnggé (명) 스타일　艰苦 jiānkǔ (형) 어렵고 고달프다
仍然 réngrán (부) 여전히　充满 chōngmǎn (동) 가득 차다
热爱 rè'ài (동) 열렬히 사랑하다　人生 rénshēng (명) 인생
顺利 shùnlì (형) 순조롭다　创始人 chuàngshǐrén (명) 창시자
反映 fǎnyìng (동) 반영하다　真实 zhēnshí (형) 진실하다

[B]반 고흐는 네덜란드의 유명한 화가로, [B]후기 인상파의 대표 인물이자, 19세기 대단히 뛰어난 화가 중 한 명이다. 그의 그림 특징은 뚜렷한데, 폭넓게 공부한 서양화가를 토대로, [D]그는 또한 동양 예술의 영향을 받아, 최종적으로 자신만의 예술 스타일을 형성했다. [A/C]그의 일생은 생활의 어려움과 고달픔을 경험하였지만, 그러나 그의 화필에는 여전히 생활과 예술에 대한 열렬한 사랑이 가득 차있다.

A 반 고흐의 인생은 매우 순조로웠다　　B 반 고흐는 인상파의 창시자이다
C 반 고흐의 그림은 그의 진실된 생활을 반영하였다　　D 반 고흐는 동서양 예술의 영향을 받았다　　정답 D

해설 단문 앞부분을 읽으면 **梵高**(반 고흐)와 관련된 설명문임을 알 수 있다. 따라서, 이와 관련하여 설명하는 세부 내용을 정확히 파악하며 단문을 읽고, 오답 보기를 소거하거나 정답을 고른다.

단문의 초반에서 **梵高是……，后期印象画派的代表人物**(반 고흐는 ……, 후기 인상파의 대표 인물이자)라고 했는데, B는 **梵高是印象画派的创始人**(반 고흐는 인상파의 창시자이다)이라고 했으므로, B를 오답으로 소거한다. → B (X)

그 다음 문장에서 他还受到了东方艺术的影响, 最终形成了自己的艺术风格(그는 또한 동양 예술의 영향을 받아, 최종적으로 자신만의 예술 스타일을 형성했다)라고 했는데, D는 梵高受到了东西方艺术的影响(반 고흐는 동서양 예술의 영향을 받았다)이라고 했으므로, D가 정답이다. → D (O)

*D를 정답으로 답안지에 표시한 후, 바로 다음 문제로 넘어가서 시간을 절약한다.

이어지는 부분에서 他的一生尝遍生活的艰苦(그의 일생은 생활의 어려움과 고달픔을 경험하였지만)라고 했는데, A는 梵高的人生之路非常顺利(반 고흐의 인생은 매우 순조로웠다)라고 했으므로, A를 오답으로 소거한다. → A (X)

또한, 같은 문장에서 他的一生尝遍生活的艰苦, 但在他的画笔下仍然充满了对生活和艺术的热爱.(그의 일생은 생활의 어려움과 고달픔을 경험하였지만, 그러나 그의 화필에는 여전히 생활과 예술에 대한 열렬한 사랑이 가득 차있다.)라고 했는데, C는 梵高的画反映了他的真实生活(반 고흐의 그림은 그의 진실된 생활을 반영하였다)라고 했으므로, C를 오답으로 소거한다. → C (X)

☑ **고득점 노하우** 설명문에서는 설명 대상의 세부 특징이 중요하므로, 단문을 읽을 때 대상의 특징을 꾸며 주거나 강조하는 표현을 특히 꼼꼼히 해석한다.

62
상

ᴬ昆曲是一个历史悠久的戏剧种类, ᶜ产生于江苏地区。ᴮ昆曲表演最大的特点是能充分表现感情, 动作细节吸引人, 而且声音和动作的配合很巧妙。ᴰ后来因为京剧的兴起, 昆曲的影响力大大降低, 但近年来由于文化界的提倡, 它又出现在大家眼前。

A 昆曲是新的戏剧种类
B 昆曲能充分表现感情
C 昆曲产生于浙江地区
D 喜欢昆曲的人比京剧多

昆曲 Kūnqǔ 고유 곤곡	悠久 yōujiǔ 형 유구하다	戏剧 xìjù 명 희극
种类 zhǒnglèi 명 종류	产生 chǎnshēng 통 생기다	
江苏 Jiāngsū 고유 장쑤성(중국 지명, 강소성)	地区 dìqū 명 지역	
表演 biǎoyǎn 통 연출	特点 tèdiǎn 명 특징	
充分 chōngfèn 형 충분히	表现 biǎoxiàn 통 표현하다	
感情 gǎnqíng 명 감정	细节 xìjié 명 세부 묘사	
吸引 xīyǐn 통 매혹시키다	配合 pèihé 통 조화	
巧妙 qiǎomiào 형 절묘하다	京剧 jīngjù 명 경극	
影响力 yǐngxiǎnglì 영향력	降低 jiàngdī 통 낮추다, 내려가다	
提倡 tíchàng 통 장려하다, 제창하다	产生 chǎnshēng 통 생기다	
浙江 Zhèjiāng 고유 저장성(중국 지명, 절강성)		

ᴬ곤곡은 역사가 유구한 희극 종류 중 하나로, ᶜ장쑤성 지역에서 생겼다. ᴮ곤곡 연출의 가장 큰 특징은 감정을 충분히 표현할 수 있고, 동작의 세부 묘사는 사람을 매혹시키며, 그리고 소리와 동작의 조화가 매우 절묘하다는 것이다. ᴰ그 후 경극이 발전하기 시작하면서, 곤곡의 영향력은 크게 낮아졌지만, 하지만 근 몇 년간 문화계의 장려 덕택에, 곤곡은 모두의 눈 앞에 다시 나타났다.

A 곤곡은 새로운 희극의 종류이다
B 곤곡은 충분히 감정을 표현할 수 있다
C 곤곡은 저장성 지역에서 생겼다
D 곤곡을 좋아하는 사람이 경극보다 많다

정답 B

해설 단문의 앞부분을 읽으면 昆曲(곤곡)와 관련된 설명문임을 알 수 있다. 따라서, 이와 관련하여 설명하는 세부 내용을 정확히 파악하며 단문을 읽고, 오답 보기를 소거하거나 정답을 고른다.

단문의 초반에서 昆曲是一个历史悠久的戏剧种类(곤곡은 역사가 유구한 희극 종류 중 하나로)라고 했는데, A는 昆曲是新的戏剧种类(곤곡은 새로운 희극의 종류이다)라고 했으므로, A를 오답으로 소거한다. 특히, 단문의 悠久(유구하다) 대신 보기에서 新(새롭다)이 쓰여 의미가 달라져 오답이 되었으므로, 보기를 읽을 때 新(새롭다)을 놓치지 않는다. → A (X)

이어지는 부분에서 产生于江苏地区(장쑤성 지역에서 생겼다)라고 했는데, C는 昆曲产生于浙江地区(곤곡은 저장성 지역에서 생겼다)라고 했으므로, C를 오답으로 소거한다. → C (X)

그 다음 문장에서 昆曲表演最大的特点是能充分表现感情(곤곡 연출의 가장 큰 특징은 감정을 충분히 표현할 수 있고)이라고 했는데, B는 昆曲能充分表现感情(곤곡은 충분히 감정을 표현할 수 있다)이라고 했으므로, B가 정답이다. → B (O)

*B를 정답으로 답안지에 표시한 후, 바로 다음 문제로 넘어가서 시간을 절약한다.

그 다음 문장에서 后来因为京剧的兴起, 昆曲的影响力大大降低(그 후 경극이 발전하기 시작하면서, 곤곡의 영향력은 크게 낮아졌지만)라고 했는데, D는 喜欢昆曲的人比京剧多(곤곡을 좋아하는 사람이 경극보다 많다)라고 했으므로, D를 오답으로 소거한다. → D (X)

☑ **고득점 노하우** 설명문에서는 설명 대상의 세부 특징이 중요하므로, 단문을 읽을 때 대상의 특징을 꾸며 주거나 강조하는 표현을 특히 꼼꼼히 해석한다.

63
중

A为了保护环境，减少空气污染，政府A出台了禁止放鞭炮的规定，违反者会被罚款。一开始，很多人不理解这项规定，觉得不放鞭炮就没有过春节的气氛了。然而春节期间糟糕的空气状况让C越来越多的人开始接受这一规定。D这两年，很少能在除夕的晚上听见鞭炮的声音了。

A 禁放鞭炮是因为声音太吵了
B 空气污染主要是鞭炮引起的
C 人们不接受禁放鞭炮的规定
D 放鞭炮的人已经越来越少了

保护 bǎohù 동 보호하다	减少 jiǎnshǎo 동 줄이다
空气 kōngqì 명 공기	污染 wūrǎn 명 오염	政府 zhèngfǔ 명 정부

保护 bǎohù 동 보호하다　减少 jiǎnshǎo 동 줄이다
空气 kōngqì 명 공기　污染 wūrǎn 명 오염　政府 zhèngfǔ 명 정부
出台 chūtái 동 정식으로 시행하다　禁止 jìnzhǐ 동 금지하다
鞭炮 biānpào 명 폭죽　规定 guīdìng 명 규정
违反者 wéifǎnzhě 명 위반자　罚款 fákuǎn 동 벌금을 부과하다
项 xiàng 양 항, 조목　规定 guīdìng 명 규정　春节 Chūnjié 고유 춘절
气氛 qìfēn 명 기분　然而 rán'ér 접 그러나　期间 qījiān 명 기간
糟糕 zāogāo 형 엉망이 되다　状况 zhuàngkuàng 명 상태
除夕 chúxī 명 섣달 그믐날　吵 chǎo 형 시끄럽다
引起 yǐnqǐ 동 야기하다

A환경을 보호하고, 공기 오염을 줄이기 위하여, 정부는 A폭죽 터뜨리는 것을 금지하는 규정을 정식으로 시행했으며, 위반자는 벌금을 내야 할 수 있다. 처음에는, 많은 사람이 이 규정을 이해하지 못했으며, 폭죽을 터뜨리지 않는 것은 춘절을 지내는 기분이 아니라고 생각했다. 그러나 춘절 기간 엉망이 된 공기 상태에 C점점 더 많은 사람이 이 규정을 받아들이기 시작했다. D최근 2년간, 섣달 그믐날 밤에 폭죽 소리를 거의 들을 수 없게 되었다.

A폭죽 터뜨리는 것을 금지한 이유는 소리가 너무 시끄럽기 때문이다
B공기 오염은 주로 폭죽이 야기한 것이다
C사람들은 폭죽 터뜨리는 것을 금지하는 규정을 받아들이지 않는다
D폭죽을 터뜨리는 사람들은 이미 더욱더 줄고 있다

정답 D

해설 단문의 앞부분을 읽으면 禁止放鞭炮的规定(폭죽 터뜨리는 것을 금지하는 규정)과 관련된 설명문임을 알 수 있다. 따라서, 이와 관련하여 설명하는 세부 내용을 정확히 파악하며 단문을 읽고, 오답 보기를 소거하거나 정답을 고른다.

단문의 초반에서 为了保护环境，减少空气污染，…… 出台了禁止放鞭炮的规定(환경을 보호하고, 공기 오염을 줄이기 위하여, …… 폭죽 터뜨리는 것을 금지하는 규정을 정식으로 시행했으며)이라고 했는데, A는 禁放鞭炮是因为声音太吵了(폭죽 터뜨리는 것을 금지한 이유는 소리가 너무 시끄럽기 때문이다)라고 했으므로, A를 오답으로 소거한다. → A (X)

그 다음 문장에서 越来越多的人开始接受这一规定(점점 더 많은 사람이 이 규정을 받아들이기 시작했다)이라고 했는데, C는 人们不接受禁放鞭炮的规定(사람들은 폭죽 터뜨리는 것을 금지하는 규정을 받아들이지 않는다)이라고 했으므로, C를 오답으로 소거한다. 특히, 단문의 接受(받아들이다)가 보기의 不接受(받아들이지 않는다)로 인해 의미가 달라져 오답이 되었으므로, 보기를 읽을 때 不接受(받아들이지 않는다)를 놓치지 않는다. → C (X)

이어서 这两年，很少能在除夕的晚上听见鞭炮的声音了.(최근 2년간, 섣달 그믐날 밤에 폭죽 소리를 거의 들을 수 없게 되었다.)라고 했는데, D는 放鞭炮的人已经越来越少了(폭죽을 터뜨리는 사람들은 이미 더욱더 줄고 있다)라고 했으므로, D가 정답이다. → D (O)
B는 단문에서 언급되지 않았으므로 오답이다. → B (X)

✔ **고득점 노하우** 설명문에서는 설명 대상의 세부 특징이 중요하므로, 단문을 읽을 때 대상의 특징을 꾸며 주거나 강조하는 표현을 특히 꼼꼼히 해석한다.

64
중

A在语言学习中，有经验的老师经常会A使用小组合作的方式，这样既能锻炼语言能力，又能锻炼交际能力。B有些学生不喜欢这种方式，认为其他同学发生的错误会影响自己。其实，C在小组学习中，更容易发现自己的错误与不足，并及时改正。

A 小组合作很适合语言学习
B 所有学生都喜欢小组合作
C 小组合作时容易出现错误
D 小组合作能提高写作能力

使用 shǐyòng 동 사용하다　合作 hézuò 동 협력하다
既…又… jì…yòu… ~하고 (또) ~하다　交际 jiāojì 명 사교
错误 cuòwù 명 잘못　不足 bùzú 명 부족하다　及时 jíshí 부 즉시
改正 gǎizhèng 동 바르게 고치다, 개정하다　适合 shìhé 동 적합하다
所有 suǒyǒu 형 모든　写作 xiězuò 동 글을 짓다

A언어 학습 중, 경험이 있는 선생님은 종종 A소그룹 협력 방식을 사용하는데, 이 방식은 언어 능력을 단련하면서도, 또 사교 능력을 단련할 수 있다. B일부 학생은 이러한 종류의 방식을 좋아하지 않으며, 다른 학생에게서 발생된 잘못이 자신에게 영향을 줄 수 있다고 생각한다. 사실, C소그룹 학습 중, 자신의 잘못과 부족함을 더욱 쉽게 발견하고, 또한 즉시 바르게 고칠 수 있다.

A소그룹 협력은 언어 학습에 매우 적합하다　　　　　B모든 학생이 소그룹 협력을 좋아한다
C소그룹 협력 시 잘못이 쉽게 나타난다　　　　　　　D소그룹 협력은 글을 짓는 능력을 높일 수 있다

정답 A

해설 단문의 앞부분을 읽으면 小组合作(소그룹 협력 방식)와 관련된 설명문임을 알 수 있다. 따라서, 이와 관련하여 설명하는 세부 내용을 정확히 파악하며 단문을 읽고, 오답 보기를 소거하거나 정답을 고른다.

단문의 초반에서 **在语言学习中, …… 使用小组合作的方式, 这样既能锻炼语言能力, 又能锻炼交际能力**(언어 학습 중, …… 소그룹 협력 방식을 사용하는데, 이 방식은 언어 능력을 단련하면서도, 또 사교 능력을 단련할 수 있다)라고 했는데, A는 **小组合作很适合语言学习**(소그룹 협력은 언어 학습에 매우 적합하다)라고 했으므로, A가 정답이다. → A (O)

*A를 정답으로 답안지에 표시한 후, 바로 다음 문제로 넘어가서 시간을 절약한다.

그 다음 문장에서 **有些学生不喜欢这种方式**(일부 학생은 이러한 종류의 방식을 좋아하지 않으며)이라고 했는데, B는 **所有学生都喜欢小组合作**(모든 학생이 소그룹 협력을 좋아한다)라고 했으므로, B를 오답으로 소거한다. 특히, 단문의 **不喜欢**(좋아하지 않는다)이 보기의 **喜欢**(좋아하다)으로 인해 의미가 달라져 오답이 되었으므로, 보기를 읽을 때 **喜欢**(좋아하다)을 놓치지 않는다. → B (X)

그 다음 문장에서 **在小组学习中, 更容易发现自己的错误与不足**(소그룹 학습 중, 자신의 잘못과 부족함을 더욱 쉽게 발견하고)라고 했는데, C는 **小组合作时容易出现错误**(소그룹 협력 시 잘못이 쉽게 나타난다)라고 했으므로, C를 오답으로 소거한다. → C (X)

D는 단문에서 언급되지 않았으므로 오답이다. → D (X)

고득점 노하우 설명문에서는 설명 대상의 세부 특징이 중요하므로, 단문을 읽을 때 대상의 특징을 꾸며 주거나 강조하는 표현을 특히 꼼꼼히 해석한다.

65 중

沉默是一种智慧，中国有句古话“沉默是金”。在与人交谈时，ᶜ适当的沉默不仅可以体现出一个人良好的修养，也能显示对他人的尊重。夫妻吵架时，ᴬ沉默可以让双方冷静下来，思考自身存在的问题，ᴬ从而使矛盾最小化，促进家人之间的幸福感。

A 沉默可能引起矛盾
B 沉默的人比较孤独
C 适当沉默很有必要
D 经常沉默影响感情

沉默 chénmò 명 침묵 智慧 zhìhuì 명 지혜
句 jù 양 구, 마디(말의 도막을 세는 단위) 适当 shìdàng 형 적당하다
体现 tǐxiàn 동 구현하다 良好 liánghǎo 형 수준 있다, 양호하다
修养 xiūyǎng 명 교양 显示 xiǎnshì 동 보여 주다
尊重 zūnzhòng 동 존중하다 吵架 chǎojià 동 말다툼하다
双方 shuāngfāng 명 쌍방 冷静 lěngjìng 형 냉정하다
思考 sīkǎo 동 깊이 생각하다 存在 cúnzài 동 존재하다
从而 cóng'ér 접 그리하여 矛盾 máodùn 명 갈등
促进 cùjìn 동 촉진시키다 引起 yǐnqǐ 동 야기하다
孤独 gūdú 형 고독하다 必要 bìyào 형 필요로 하다

침묵은 일종의 지혜로, 중국에는 '침묵은 금이다'라는 옛말이 있다. 사람과 이야기를 나눌 때, ᶜ적당한 침묵은 한 사람의 수준 있는 교양을 드러낼 수 있을 뿐만 아니라, 타인에 대한 존중을 보여 줄 수 있다. 부부가 말다툼 할 때, ᴬ침묵은 쌍방이 냉정해지도록 하여, 자신에게 존재하는 문제를 깊이 생각할 수 있게 하고, ᴬ그리하여 갈등을 최소화시켜, 가족간의 행복감을 촉진한다.

A 침묵은 갈등을 야기할 수 있다
B 침묵한 사람은 비교적 고독하다
C 적당한 침묵은 매우 필요하다
D 침묵은 자주 감정에 영향을 준다

정답 C

해설 단문의 첫 문장을 읽으면 沉默(침묵)와 관련된 논설문임을 알 수 있다. 따라서, 글쓴이의 주장을 정확히 파악하며 단문을 읽고, 오답 보기를 소거하거나 정답을 고른다.

단문의 초반에서 **适当的沉默不仅可以体现出一个人良好的修养, 也能显示对他人的尊重**(적당한 침묵은 한 사람의 수준 있는 교양을 드러낼 수 있을 뿐만 아니라, 타인에 대한 존중을 보여 줄 수 있다)이라고 했는데, C는 **适当沉默很有必要**(적당한 침묵은 매우 필요하다)라고 했으므로, C가 정답이다. → C (O)

*C를 정답으로 답안지에 표시한 후, 바로 다음 문제로 넘어가서 시간을 절약한다.

그 다음 문장에서 **沉默可以让双方冷静下来, …… 从而使矛盾最小化**(침묵은 쌍방이 냉정해지도록 하여, …… 그리하여 갈등을 최소화시켜)라고 했는데, A는 **沉默可能引起矛盾**(침묵은 갈등을 야기할 수 있다)이라고 했으므로, A를 오답으로 소거한다. → A (X)

B, D는 단문에서 언급되지 않았으므로 오답이다. → B (X), D (X)

고득점 노하우 논설문에서는 화자의 의견과 견해가 중요하므로, 단문을 읽을 때 주장을 나타내는 구절이나 표현을 특히 꼼꼼히 해석한다.

66
하

胜者为王，这是很多人的观念。但我认为，成功者是英雄，^A/D失败者也可以是英雄，坚持到底的精神有的时候比胜利更让人尊敬。在运动场上，^C带着伤痛参加比赛的运动员们，尽管没有赢得金牌，但他们坚持奋斗的精神，也能获得人生的一块金牌，成为我们心中的"无冕之王"。

A 成败是判断英雄的标准
B 传统观念很难突然改变
C 运动员都带着伤痛比赛
D 比赛失败了也值得尊敬

观念 guānniàn 몡 생각, 관념　成功 chénggōng 동 성공하다
英雄 yīngxióng 몡 영웅　坚持 jiānchí 동 견지하다, 유지하다
到底 dàodǐ 끝까지 ~하다　精神 jīngshén 몡 정신
胜利 shènglì 승리　尊敬 zūnjìng 존경받을 만한
伤痛 shāngtòng 몡 통증　尽管 jǐnguǎn 젭 비록 ~라 하더라도
奋斗 fèndòu 동 분투하다　获得 huòdé 동 얻다
人生 rénshēng 몡 인생　成为 chéngwéi 동 ~가 되다
无冕之王 wúmiǎnzhīwáng 몡 무관의 왕, 별 볼 일 없는 지위지만 영향이나 작용이 큰 사람　判断 pànduàn 판단하다
标准 biāozhǔn 몡 기준, 표준　传统 chuántǒng 몡 전통
改变 gǎibiàn 변하다　失败 shībài 동 패배하다, 실패하다
值得 zhídé 동 ~할 만한 가치가 있다

승자가 왕이다, 이는 많은 사람들의 생각이다. 하지만 내가 생각하기에, 성공한 자도 영웅이고, ^A/D실패한 자 또한 영웅일 수 있는데, 끝까지 견지하는 정신은 때로는 승리보다 더 사람들의 존경을 받을 만하다. 운동장에서, ^C통증을 가지고 시합에 참가한 운동선수들은, 비록 금메달을 얻지 못하더라도, 하지만 그들은 끝까지 분투하는 정신을 굳게 지켜서, 인생의 금메달을 얻기도 하며, 우리 마음 속의 '무관의 왕'이 된다.

A 성공과 실패는 영웅의 기준을 판단한다　　　　B 전통 관념은 갑자기 변하기가 매우 어렵다
C 운동선수는 모두 통증을 가진 상태로 시합한다　　D 시합에서 패배해도 존경받을 가치가 있다　　　정답 D

해설 단문의 앞부분을 읽으면 "胜者为王(승자가 왕이다)"라는 개념과 관련된 논설문임을 알 수 있다. 따라서, 글쓴이의 주장을 정확히 파악하며 단문을 읽고, 오답 보기를 소거하거나 정답을 고른다.

단문의 초반에서 失败者也可以是英雄, 坚持到底的精神有的时候比胜利更让人尊敬(실패한 자 또한 영웅일 수 있는데, 끝까지 견지하는 정신은 때로는 승리보다 더 사람들의 존경을 받을 만하다)이라고 했는데, D는 比赛失败了也值得尊敬(시합에서 패배해도 존경받을 가치가 있다)이라고 했으므로, D가 정답이다. → D (O)

*D를 정답으로 답안지에 표시한 후, 바로 다음 문제로 넘어가서 시간을 절약한다.

또한, 같은 문장에서 失败者也可以是英雄(실패한 자 또한 영웅일 수 있는데)이라고 했는데, A는 成败是判断英雄的标准(성공과 실패는 영웅의 기준을 판단한다)이라고 했으므로, A를 오답으로 소거한다. → A (X)

그 다음 문장에서 带着伤痛参加比赛的运动员们(통증을 가지고 시합에 참가한 운동선수들은)이라고 했는데, C는 运动员都带着伤痛比赛(운동선수는 모두 통증을 가진 상태로 시합한다)라고 했으므로, C를 오답으로 소거한다. 특히, 보기의 都(모두)로 인해 의미가 달라져 오답이 되었으므로, 보기를 읽을 때 都(모두)를 놓치지 않는다. → C (X)

B는 단문에서 언급되지 않은 내용이므로 오답이다. → B (X)

☑ **고득점 노하우** 논설문에서는 화자의 의견과 견해가 중요하므로, 단문을 읽을 때 주장을 나타내는 구절이나 표현을 특히 꼼꼼히 해석한다.

67
중

^A大象鼻子两旁长长的^A牙齿并不是平平常常的装饰，^B而是长期以来适应环境的结果。大象常常^C用它们的牙齿来弄断树木、挖出树根。它们也会把^D牙齿插入地面，来确定地面能否承受自己身体的重量。

A 大象的牙齿只是装饰
B 象牙是适应环境的结果
C 大象常用鼻子弄断树木
D 象牙可以用来确定体重

大象 dàxiàng 몡 코끼리　牙齿 yáchǐ 몡 치아
平常 píngcháng 형 평범하다　装饰 zhuāngshì 장식
适应 shìyìng 동 적응하다　结果 jiéguǒ 몡 결과
弄断 nòngduàn 동 부러뜨리다　挖出 wāchū 동 파내다
树根 shùgēn 몡 나무 뿌리　插入 chārù 꽂다
确定 quèdìng 동 확인하다, 확정하다
能否 néngfǒu ~할 수 있을까?　承受 chéngshòu 견뎌 내다
重量 zhòngliàng 몡 중량　象牙 xiàngyá 몡 상아

^A코끼리 코 옆 두 개의 기다란 ^A치아는 결코 평범한 장식이 아니라, ^B오랜 시간 환경에 적응한 결과이다. 코끼리는 자주 ^C그들의 치아를 이용해 나무를 부러뜨리고, 나무 뿌리를 파낸다. 코끼리들은 또한 ^D치아를 지면에 꽂고, 지면이 자신의 신체 중량을 견딜 수 있는지 확인하기도 한다.

A 코끼리의 치아는 단지 장식이다　　　　　　B 상아는 환경에 적응한 결과이다
C 코끼리는 자주 코를 이용해 나무를 부러뜨린다　D 상아는 체중을 확인하는데 쓸 수 있다　　　정답 B

해설 단문의 앞부분을 읽으면 大象牙齿(코끼리의 치아)과 관련된 설명문임을 알 수 있다. 따라서, 이와 관련하여 설명하는 세부 내용을 정확히 파악하며 단문을 읽고, 오답 보기를 소거하거나 정답을 고른다.

단문의 초반에서 大象 …… 牙齿并不是平平常常的装饰(코끼리 …… 치아는 결코 평범한 장식이 아니라)이라고 했는데, A는 大象的牙齿只是装饰(코끼리의 치아는 단지 장식이다)이라고 했으므로, A를 오답으로 소거한다. 특히, 단문의 并不是(결코 ~아니다) 대신 보기에서는 只是(단지)가 쓰여 의미가 달라져 오답이 되었으므로, 보기를 읽을 때 只是(단지)을 놓치지 않는다. → A (X)

이어지는 부분에서 而是长期以来适应环境的结果(오랜 시간 환경에 적응한 결과이다)라고 했는데, B는 象牙是适应环境的结果(상아는 환경에 적응한 결과이다)라고 했으므로, B가 정답이다. → B (O)

*B를 정답으로 답안지에 표시한 후, 바로 다음 문제로 넘어가서 시간을 절약한다.

그 다음 문장에서 用它们的牙齿来弄断树木(그들의 치아를 이용해 나무를 부러뜨리고)라고 했는데, C는 大象常用鼻子弄断树木(코끼리는 자주 코를 이용해 나무를 부러뜨린다)라고 했으므로, C를 오답으로 소거한다. → C (X)

이어지는 부분에서 牙齿插入地面, 来确定地面能否承受自己身体的重量(치아를 지면에 꽂고, 지면이 자신의 신체 중량을 견딜 수 있는지 확인하기도 한다)이라고 했는데, D는 象牙可以用来确定体重(상아는 체중을 확인하는데 쓸 수 있다)이라고 했으므로, D를 오답으로 소거한다. → D (X)

☑ **고득점 노하우** 설명문에서는 설명 대상의 세부 특징이 중요하므로, 단문을 읽을 때 대상의 특징을 꾸며 주거나 강조하는 표현을 특히 꼼꼼히 해석한다.

68
중

"己所不欲, 勿施于人"是处理人与人之间关系的重要原则。意思是说, 在与人交往的过程中, ^C应该充分尊重对方的选择和方向, ^B学会换位思考, 自己都不愿意去做的事情, 更不应该勉强别人去做。

A 处理人际关系时要谨慎
B 应该学会赞美鼓励别人
C 与人交往时要尊重对方
D 换位思考不是容易的事

己所不欲, 勿施于人 jǐsuǒbúyù, wùshīyúrén [성] 자신이 싫은 것은, 남에게 강요하지 마라   处理 chǔlǐ [동] 처리하다   原则 yuánzé [명] 원칙
交往 jiāowǎng [동] 왕래하다   充分 chōngfèn [형] 충분하다
尊重 zūnzhòng [동] 존중하다   对方 duìfāng [명] 상대방
换位思考 huànwèi sīkǎo [구] 상대방의 입장과 관점에서 고려하다
勉强 miǎnqiǎng [동] 강제하다, 강요하다
人际关系 rénjì guānxì [구] 대인 관계   谨慎 jǐnshèn [형] 신중하다
要求 yāoqiú [명] 요구 [동] 요구하다

'자신이 싫은 것은, 남에게 강요하지 마라'는 사람과 사람 사이의 관계를 처리하는 중요한 원칙이다. 그 뜻은, 사람과 왕래하는 과정에서, ^C충분히 상대방의 선택과 방향을 존중해야 하며, ^B상대방의 입장과 관점에서 고려하는 것을 배우고, 자신조차 하는 것을 원하지 않는 일은, 더욱 다른 사람이 강제로 하게 해서는 안 된다는 것이다.

A 대인 관계를 해결할 때 신중해야 한다   B 다른 사람을 칭찬하고 격려하는 것을 배워야 한다
C 사람과 왕래 시 상대방을 존중해야 한다   D 상대방의 입장과 관점에서 고려하는 것은 쉬운 일이 아니다   정답 C

해설 단문의 맨 앞부분을 읽으면 성어 "己所不欲, 勿施于人(자신이 싫은 것은, 남에게 강요하지 마라)"과 관련된 논설문임을 알 수 있다. 따라서, 이 성어에 대한 글쓴이의 주장을 정확히 파악하며 단문을 읽고, 오답 보기를 소거하거나 정답을 고른다.

단문의 초반에서 应该充分尊重对方的选择和方向(충분히 상대방의 선택과 방향을 존중해야 하며)이라고 했는데, C는 与人交往时要尊重对方(사람과 왕래 시 상대방을 존중해야 한다)이라고 했으므로, C가 정답이다. → C (O)

*C를 정답으로 답안지에 표시한 후, 바로 다음 문제로 넘어가서 시간을 절약한다.

이어지는 부분에서 学会换位思考(상대방의 입장과 관점에서 고려하는 것을 배우고)라고 했는데, B는 应该学会赞美鼓励别人(다른 사람을 칭찬하고 격려하는 것을 배워야 한다)이라고 했으므로, B를 오답으로 소거한다. → B (X)

A, D는 단문에서 언급되지 않았으므로 오답이다. → A (X), D (X)

☑ **고득점 노하우** 논설문에서는 화자의 의견과 견해가 중요하므로, 단문을 읽을 때 주장을 나타내는 구절이나 표현을 특히 꼼꼼히 해석한다.

69
중

在中国古代，罗盘没有发明之前，人们在大海上航行只能通过看星星认方向。ᶜ其中，北极星看起来又大又亮，位置也十分稳定。在大海上分不清方向的人，ᴬ只要找到北极星，就能找到北方。所以ᴮ北极星在人们心中象征着永恒。

A 北极星具有指北的作用
B 北极星象征着勇敢坚强
C 北极星的位置经常会变
D 北极星是最亮的一颗星

罗盘 luópán 몡 나침반	发明 fāmíng 됭 발명하다
航行 hángxíng 됭 항해하다	北极星 Běijíxīng 고유 북극성
亮 liàng 휑 빛나다	位置 wèizhi 몡 위치
稳定 wěndìng 휑 안정되다	分清 fēnqīng 됭 분명히 하다
只要 zhǐyào 젭 ~하기만 하면	象征 xiàngzhēng 됭 상징하다
永恒 yǒnghéng 휑 영원하다	具有 jùyǒu 됭 있다, 가지다
作用 zuòyòng 몡 역할, 작용	勇敢 yǒnggǎn 휑 용감하다
坚强 jiānqiáng 휑 굳세다	颗 kē 먱 알맹이 모양 같은 것을 세는 단위

중국 고대에, 나침반이 발명되기 이전에, 사람들은 바다에서 항해할 때 별을 보는 것을 통해 방향을 식별할 수밖에 없었다. ᶜ그 중, 북극성은 보기에 크고 빛나며, 위치도 매우 안정되어 있었다. 바다에서 방향을 분명히 못 하는 사람은, ᴬ북극성만 찾는다면 북쪽 방향을 찾을 수 있다. 그래서 ᴮ북극성은 사람들의 마음에서 영원함을 상징한다.

A 북극성은 북쪽을 가리키는 역할이 있다
B 북극성은 용감하고 굳셈을 상징한다
C 북극성의 위치는 자주 바뀐다
D 북극성은 가장 빛나는 별이다

정답 A

해설 단문의 앞부분을 읽으면 北极星(북극성)과 관련된 설명문임을 알 수 있다. 따라서, 이와 관련하여 설명하는 세부 내용을 정확히 파악하며 단문을 읽고, 오답 보기를 소거하거나 정답을 고른다.

단문의 초반에서 其中, 北极星看起来又大又亮, 位置也十分稳定.(그 중, 북극성은 보기에 크고 빛나며, 위치도 매우 안정되어 있었다.)이라고 했는데, C는 北极星的位置经常会变(북극성의 위치는 자주 바뀐다)이라고 했으므로, C를 오답으로 소거한다. → C (X)

그 다음 문장에서 只要找到北极星, 就能找到北方(북극성만 찾는다면, 북쪽 방향을 찾을 수 있다)이라고 했는데, A는 北极星具有指北的作用(북극성은 북쪽을 가리키는 역할이 있다)이라고 했으므로, A가 정답이다. → A (O)

＊A를 정답으로 답안지에 표시한 후, 바로 다음 문제로 넘어가서 시간을 절약한다.

그 다음 문장에서 北极星在人们心中象征着永恒(북극성은 사람들의 마음에서 영원함을 상징한다)이라고 했는데, B는 象征着勇敢坚强(용감하고 굳셈을 상징한다)이라고 했으므로, B를 오답으로 소거한다. → B (X)

D는 단문에서 언급되지 않았으므로 오답이다. → D (X)

✅ **고득점 노하우** 설명문에서는 설명 대상의 세부 특징이 중요하므로, 단문을 읽을 때 대상의 특징을 꾸며 주거나 강조하는 표현을 특히 꼼꼼히 해석한다.

70
상

ᴬ/ᴮ梅雨是持续时间较长的阴沉多雨ᴮ天气，ᴬ经常出现在6、7月的ᴬ长江中下游、台湾、日本、韩国等地。ᴰ由于那个时候正是长江以南地区ᴰ梅子成熟的时期，所以被称为"梅雨"，这个时间段便被称作梅雨季节。

A 梅雨只发生在同一个地方
B 梅雨季节通常持续两个月
C 梅雨季节是四季之外的季节
D "梅雨"的称呼和梅子有关

梅雨 méiyǔ 몡 장마	持续 chíxù 됭 지속하다
阴沉 yīnchén 휑 흐리다	出现 chūxiàn 됭 나타나다, 출현하다
长江 Cháng Jiāng 고유 창장(중국의 강, 양쯔강)	
中下游 zhōngxiàyóu 몡 중류와 하류	台湾 Táiwān 고유 대만
地区 dìqū 몡 지역	梅子 méizi 몡 매실
成熟 chéngshú 됭 성숙하다	时期 shíqī 몡 시기
称为 chēngwéi 됭 ~라고 부르다	便 biàn 휜 곧, 바로
称作 chēngzuò 됭 ~라고 부르다	通常 tōngcháng 휜 통상, 보통
持续 chíxù 됭 지속하다	称呼 chēnghu 몡 호칭

ᴬ/ᴮ장마는 지속되는 시간이 비교적 긴 흐리고 비가 많은 ᴮ날씨이며, 6, 7월의 ᴬ창장 중류와 하류, 대만, 일본, 한국 등 지역에서 자주 나타난다. ᴰ그 때는 마침 창장 남쪽 지역에서 매실이 성숙해지는 시기이기 때문에, 그래서 '매우(梅雨)'라고 불리며, 이 기간을 장마철이라고 부른다.

A 장마는 오직 동일한 지역에서만 발생한다
B 장마철은 통상 2개월간 지속된다
C 장마철은 사계절 외의 계절이다
D '매우(梅雨)'의 호칭은 매실과 관계가 있다

정답 D

해설 단문의 앞부분을 읽으면 梅雨(장마)와 관련된 설명문임을 알 수 있다. 따라서, 이와 관련하여 설명하는 세부 내용을 정확히 파악하며 단문을 읽고, 오답 보기를 소거하거나 정답을 고른다.

단문의 초반에서 梅雨是持续时间较长的 …… 天气(장마는 지속되는 시간이 비교적 긴 …… 날씨이며)라고 했는데, B는 梅雨季节通常持续两个月(장마철은 통상 2개월간 지속된다)라고 했으므로, B를 오답으로 소거한다. → B (X)

또한, 같은 문장에서 梅雨 ……, 经常出现 …… 长江中下游、台湾、日本、韩国等地(장마는 …… 창장 중류와 하류, 대만, 일본, 한국 등 지역에서 자주 나타난다)라고 했는데, A는 梅雨只发生在同一个地方(장마는 오직 동일한 지역에서만 발생한다)이라고 했으므로,

A를 오답으로 소거한다. 특히, 단문의 等地(등 지역)가 보기의 同一个地方(동일한 지역)으로 의미가 달라져서 오답이 되었으므로, 보기를 읽을 때 同一个地方(동일한 지역)을 놓치지 않는다. → A (X)

이어지는 문장에서 由于那个时候正是 …… 梅子成熟的时期, 所以被称为"梅雨"(그 때는 마침 …… 매실이 성숙해지는 시기이기 때문에, 그래서 '매우(梅雨)'라고 불리며)라고 했는데, D는 "梅雨"的称呼和梅子有关('매우(梅雨)'의 호칭은 매실과 관계가 있다)이라고 했으므로, D가 정답이다. → D (O)

C는 단문에서 언급되지 않았으므로 오답이다. → C (X)

☑ **고득점 노하우** 설명문에서는 설명 대상의 세부 특징이 중요하므로, 단문을 읽을 때 대상의 특징을 꾸며 주거나 강조하는 표현을 특히 꼼꼼히 해석한다.

71-74

⁷¹人类是唯一会脸红的动物，达尔文把这一行为称作"最独特和最具备人类特征的表情"。他发现，不论是哪个国家、哪个民族的人，⁷²在感到难为情时都会脸红，为什么我们会有这种表达感情的信号呢？

^{72/73}科学家认为，脸红可能是人为自己的错误行为而后悔的标志。通过脸红，我们可以告诉别人我们认识到了自己做得不对，而且正为此感到惭愧，而看到我们脸红的人则可以了解我们在那一刻所经历的不愉快感受。

当然，对人类来说，语言才是最主要的交流方式。但是语言是可以控制的，而无法控制的脸红却能显示真实的感想，这些感想有时正是你想用语言掩饰的。所以脸红发出的信号有时甚至比语言还要准确，因此⁷⁴脸红可以让人觉得你诚实可信，促进人与人之间的信任。

人类 rénlèi 🟦 인류	唯一 wéiyī 🟦 유일한
脸红 liǎnhóng 🟦 얼굴이 붉어지다	达尔文 Dáěrwén 고유 다윈
行为 xíngwéi 🟦 행위	称作 chēngzuò 🟦 ~라고 부르다
独特 dútè 🟦 독특하다	具备 jùbèi 🟦 갖추다, 구비하다
特征 tèzhēng 🟦 특징	表情 biǎoqíng 🟦 표정
不论 búlùn 🟦 ~을 막론하고	民族 mínzú 🟦 민족
感到 gǎndào 🟦 느끼다, 생각하다	
难为情 nánwéiqíng 🟦 쑥스럽다	表达 biǎodá 🟦 표현하다
信号 xìnhào 🟦 신호	错误 cuòwù 🟦 잘못되다
后悔 hòuhuǐ 🟦 후회하다	标志 biāozhì 🟦 상징
惭愧 cánkuì 🟦 부끄럽다	经历 jīnglì 🟦 몸소 겪다
愉快 yúkuài 🟦 유쾌하다	感受 gǎnshòu 🟦 느낌
方式 fāngshì 🟦 방식	控制 kòngzhì 🟦 통제하다
显示 xiǎnshì 🟦 보여 주다	真实 zhēnshí 🟦 진실하다
感想 gǎnxiǎng 🟦 느낌, 감상	掩饰 yǎnshì 🟦 숨기다
信号 xìnhào 🟦 신호	甚至 shènzhì 🟦 심지어
准确 zhǔnquè 🟦 정확하다	诚实 chéngshí 🟦 진실되다
促进 cùjìn 🟦 촉진시키다	信任 xìnrèn 🟦 신뢰하다

⁷¹인류는 얼굴이 붉어질 수 있는 유일한 동물로, 다윈은 이 행위를 '가장 독특하며 가장 인류의 특징을 갖춘 표정'이라고 부른다. 그는 어느 국가, 어느 민족의 사람이든지를 막론하고, ⁷²쑥스러움을 느낄 때 모두 얼굴이 붉어지는 것을 발견하는데, 어째서 우리는 이러한 종류의 감정을 표현하는 신호가 있는 것인가?

^{72/73}과학자는 얼굴이 붉어지는 것은 아마도 사람이 자신의 잘못된 행위에 대해 후회하는 상징일 수 있다고 생각한다. 얼굴이 붉어지는 것을 통해, 우리는 다른 사람에게 자신이 잘못했다는 걸 인식했다는 것을 알릴 수 있으며, 또한 이 때문에 부끄러움을 느낀다, 우리의 붉어진 얼굴을 본 사람은 우리가 그 순간 몸소 겪은 유쾌하지 않은 느낌을 이해할 수 있다.

당연히, 인류에게 있어, 언어야말로 가장 주된 교류 방식이다. 그러나 언어는 통제가 가능하나, 통제할 수 없는 얼굴의 붉어짐은 도리어 진실된 느낌을 보여 주는데, 이러한 느낌은 가끔씩 바로 당신이 언어로 숨기고 싶어 하는 것이다. 그래서 얼굴이 붉어지며 내는 신호는 간혹 심지어 언어보다 더욱 정확하여, 이 때문에 ⁷⁴얼굴의 붉어짐은 사람들이 당신은 진실되며 믿을 수 있다고 생각할 수 있게 하여, 사람과 사람 간의 신뢰를 촉진시킨다.

71 중

达尔文对脸红这种行为的评价是：

A 可以表达愤怒　　　　B 最具人类特征
C 不是人类独有　　　　D 一般不会出现

达尔文 Dáěrwén 고유 다윈	脸红 liǎnhóng 🟦 얼굴이 붉어지다
行为 xíngwéi 🟦 행위	评价 píngjià 🟦 평가
表达 biǎodá 🟦 표현하다	愤怒 fènnù 🟦 분노
具 jù 🟦 갖추다, 구비하다	人类 rénlèi 🟦 인류
特征 tèzhēng 🟦 특징	独有 dúyǒu 🟦 혼자서 가지고 있다, 독점하다

얼굴이 붉어지는 이러한 종류의 행위에 대한 다윈의 평가는:
A 분노를 표현할 수 있다　　　　　　B 인류의 특징을 가장 갖추고 있다
C 인류만 가지고 있는 것이 아니다　　D 일반적으로 나타나지 않는다　　　　정답 B

해설 질문의 达尔文对脸红这种行为的评价(다윈의 얼굴이 붉어지는 이러한 종류의 행위에 대한 평가)와 관련된 부분을 지문에서 찾아 주의 깊게 읽는다. 첫 번째 단락에서 人类是唯一会脸红的动物, 达尔文把这一行为称作"最独特和最具备人类特征的表情。"(인류는 얼굴이 붉어질 수 있는 유일한 동물로, 다윈은 이 행위를 '가장 독특하며 가장 인류의 특징을 갖춘 표정'이라고 부른다.)이라고 했으므로, B 最具人类特征(인류의 특징을 가장 갖추고 있다)이 정답이다.

☑ **고득점 노하우** 질문의 끝에 是(~이다)이 있으면 앞부분을 핵심어구로 하여 지문에서 관련된 내용을 재빨리 찾는다.

72 중

第一段画线词语 "难为情" 的意思是：

A 好奇　　　　　　　　B 慌张

C 不耐烦　　　　　　　D 不好意思

难为情 nánwéiqíng 圈 쑥스럽다　好奇 hàoqí 圈 호기심을 갖다
慌张 huāngzhāng 圈 당황하다　耐烦 nàifán 圈 잘 참다

첫 번째 단락에 줄 친 단어 '쑥스럽다(难为情)'는 무슨 뜻인가:

A 호기심을 갖다　　　　B 당황하다　　　　C 잘 참지 못한다　　　　D 부끄럽다　　　　정답 D

해설 밑줄 친 어휘 难为情(쑥스럽다)의 의미를 묻는 문제이므로, 지문에서 难为情(쑥스럽다)의 뜻을 파악할 수 있는 부분을 찾아 주의 깊게 읽는다. 첫 번째 단락에서 在感到难为情时都会脸红(쑥스러움을 느낄 때 모두 얼굴이 붉어지는 것)이라고 하였고, 두 번째 단락에서 脸红可能是人为自己的错误行为而后悔的标志(얼굴이 붉어지는 것은 아마도 사람이 자신의 잘못된 행위에 대해 후회하는 상징일 수 있다)이라고 했다. 이를 통해 难为情(쑥스럽다)은 얼굴이 붉어지고, 잘못된 행위를 해서 후회하는 것과 관련된 어휘임을 알 수 있다. 따라서, 보기 중 이와 비슷한 뜻을 가진 D 不好意思(부끄럽다)가 정답이다.

✔ **고득점 노하우** 질문에 따옴표(" ")로 인용된 표현이 있으면, 이 표현을 핵심어구로 하여 지문에서 관련된 내용을 재빨리 찾는다.

---

73 중

根据上文，人为什么会脸红.

A 情绪激动　　　　　　B 感情丰富

C 感到惭愧　　　　　　D 受到责备

脸红 liǎnhóng 圈 얼굴이 붉어지다　情绪 qíngxù 圈 정서
激动 jīdòng 圈 격동되다　惭愧 cánkuì 圈 부끄럽다
受到 shòudào 圈 받다, 얻다　责备 zébèi 圈 질책, 꾸짖다

위 지문에 근거해, 사람은 얼굴이 왜 붉어지는가:

A 정서가 격동되기 때문에　　　　　　　　B 감정이 풍부하기 때문에
C 부끄러움을 느끼기 때문에　　　　　　　D 질책을 받기 때문에　　　　정답 C

해설 질문의 人为什么会脸红(사람은 얼굴이 왜 붉어지는가)과 관련된 부분을 지문에서 찾아 주의 깊게 읽는다. 두 번째 단락에서 科学家认为, 脸红可能是人为自己的错误行为而后悔的标志。通过脸红, 我们可以告诉别人我们认识到了自己做得不对, 而且正为此感到惭愧(과학자는 얼굴이 붉어지는 것은 아마도 사람이 자신의 잘못된 행위에 대해 후회하는 상징일 수 있다고 생각한다. 얼굴이 붉어지는 것을 통해, 우리는 다른 사람에게 자신이 잘못했다는 걸 인식했다는 것을 알릴 수 있으며, 또한 이 때문에 부끄러움을 느낀다)라고 했으므로, 얼굴이 붉어지는 것은 부끄러움을 느끼는 행위와 관련되었음을 알 수 있다. 따라서, 지문의 표현이 그대로 언급된 C 感到惭愧(부끄러움을 느끼기 때문이다)가 정답이다.

✔ **고득점 노하우** 질문에 根据上文(위 지문에 근거해)이 있으면 뒷부분을 핵심어구로 하여 지문에서 관련된 내용을 재빨리 찾는다.

---

74 중

脸红的好处是：

A 促进信任关系　　　　B 帮助传播信息

C 容易控制感情　　　　D 比语言更有效

脸红 liǎnhóng 圈 얼굴이 붉어지다　好处 hǎochù 圈 좋은 점
促进 cùjìn 圈 촉진시키다　信任 xìnrèn 圈 신뢰하다
传播 chuánbō 圈 널리 퍼뜨리다　控制 kòngzhì 圈 통제하다
有效 yǒuxiào 圈 유용하다

얼굴이 붉어지는 것의 좋은 점은 무엇인가:

A 신뢰 관계를 촉진시킨다　　　　　　　　B 정보를 널리 퍼뜨리는 것을 도와준다
C 감정을 쉽게 통제할 수 있다　　　　　　D 언어보다 더욱 유용하다　　　　정답 A

해설 질문의 脸红的好处(얼굴이 붉어지는 것의 좋은 점)와 관련된 부분을 지문에서 찾아 주의 깊게 읽는다. 마지막 단락에서 脸红可以让人觉得你诚实可信, 促进人与人之间的信任(얼굴의 붉어짐은 사람들이 당신이 진실되며 믿을 수 있다고 생각할 수 있게 하여, 사람과 사람 간의 신뢰를 촉진시킨다)이라고 했으므로, A 促进信任关系(신뢰 관계를 촉진시킨다)가 정답이다.

✔ **고득점 노하우** 질문의 끝에 是(~이다)이 있으면 앞부분을 핵심어구로 하여 지문에서 관련된 내용을 재빨리 찾는다.

魏源是近代史上著名的思想家、文学家, 与他同时代的还有另一位不为人们熟悉的优秀人才, 他的名字叫石昌化。

魏源15岁在县里的考试中, 认识了大他一岁的竞争对手石昌化。考官发现这两人年龄虽小, 文章却都写得很好。由于文章类型相似, 都是谈论当时的政治状况, 并且观点都很独特, 76考官很难分出谁的文章更好一些, 便将他们两个都定为第一名。第二年, 魏源和石昌化又同时参加了府试, 分别获得第一、第二名。

75魏源能成功, 靠的绝对是勤奋。他最大的爱好就是读书, 甚至因为在书房里待得太久, 连家人都认不出来了。石昌化感到自己的学问与魏源还有一段差距, 为了赶上魏源, 他不断给自己加压: 魏源读书读到夜里三点, 那他就读到五点。魏源读到五点, 那他就一整夜都不睡。然而由于过分刻苦, 他患上了严重的疾病, 最后发展到吐血。77身体垮了, 学业也无法继续, 这个早年与魏源站在同一起跑线的神童, 因为过分严格要求自己, 失去了获得更高成就的机会。

78魏源如果不努力, 绝对成不了魏源; 而石昌化过于努力, 最终只成为历史上的一个无名的小人物。

魏源 Wèi Yuán [고유] 위원(사람 이름)	近代史 jìndàishǐ [명] 근대사
著名 zhùmíng [형] 유명하다	思想家 sīxiǎngjiā [명] 사상가
文学家 wénxuéjiā [명] 문학가	时代 shídài [명] 시대
不为 bùwéi [개] ~하지 않다, ~때문에 ~하지 않다	
熟悉 shúxī [동] 익숙하다	优秀 yōuxiù [형] 우수하다
人才 réncái [명] 인재	石昌化 Shí Chānghuà [고유] 석창화(사람 이름)
县 xiàn [명] 현(중국 행정 구획 단위의 하나)	
竞争 jìngzhēng [명] 경쟁 [동] 경쟁하다	对手 duìshǒu [명] 상대
考官 kǎoguān [명] 시험관	却 què [부] 오히려	类型 lèixíng [명] 유형
相似 xiāngsì [형] 비슷하다	谈论 tánlùn [동] 논의하다
政治 zhèngzhì [명] 정치	状况 zhuàngkuàng [명] 상황
观点 guāndiǎn [명] 관점	独特 dútè [형] 독특하다
便 biàn [부] 곧, 즉시, 바로	府 fǔ [명] 관청
获得 huòdé [동] 얻다, 획득하다	成功 chénggōng [동] 성공하다
靠 kào [동] 의존하다, 의거하다	绝对 juéduì [부] 절대로
勤奋 qínfèn [형] 부지런하다	甚至 shènzhì [부] 심지어
连 lián [부] ~조차도	学问 xuéwen [명] 학문	差距 chājù [명] 격차
赶 gǎn [동] 따라잡다, 뒤쫓다	不断 búduàn [부] 끊임없이
加压 jiāyā [동] 압력을 가하다	然而 rán'ér [접] 그러나
过分 guòfèn [형] 지나치다	刻苦 kèkǔ [동] 애를 쓰다
患 huàn [동] 걸리다, 앓다	严重 yánzhòng [형] 심각하다
疾病 jíbìng [명] 질병	发展 fāzhǎn [동] 발전하다
吐血 tùxiě [동] 피를 토하다	垮 kuǎ [동] 무너지다
继续 jìxù [동] 계속하다	起跑线 qǐpǎoxiàn [명] 출발점
神童 shéntóng [명] 신동	严格 yángé [동] 엄격히 하다
失去 shīqù [동] 잃다	成就 chéngjiù [명] 성취
过于 guòyú [부] 지나치게	最终 zuìzhōng [명] 최종의
无名 wúmíng [형] 무명하다, 이름 없다	人物 rénwù [명] 인물

위원은 근대사에서 유명한 사상가이자, 문학가이다. 그와 동시대의 또 다른, 사람들에게 익숙하지 않은 우수한 인재가 있었는데, 그의 이름은 석창화이다.

위원은 15살에 현에서 시험을 보던 중, 그보다 한 살 많은 경쟁 상대 석창화를 알게 되었다. 시험관은 두 사람이 나이는 비록 어리지만, 글은 오히려 매우 잘 쓴다는 것을 발견하였다. 글 유형이 비슷하고, 모두 당시의 정치 상황을 논의하며, 그리고 관점이 모두 매우 독특했기 때문에, 76시험관은 누구의 글이 더욱 좋은지 가리기가 매우 어려워, 두 사람을 모두 1등으로 정하였다. 이듬해, 위원과 석창화는 또 동시에 관청 시험에 참가하였으며, 각각 1등과 2등을 얻었다.

75위원이 성공하기 위해 절대적으로 의존한 것은 부지런함이다. 그의 가장 큰 취미는 책을 읽는 것으로, 심지어 서재에 너무 오랫동안 있어, 가족조차도 알아볼 수 없었다. 석창화는 자신의 학문이 위원과 여전히 얼마 간의 격차가 있다고 느껴, 위원을 따라잡기 위해, 그는 자신에게 끊임없이 압력을 가했다. 위원이 새벽 3시까지 책을 읽으면, 그러면 그는 새벽 5시까지 읽었다. 위원이 5시까지 읽으면, 그러면 그는 밤새 잠을 안 잤다. 그러나 지나치게 애씀으로 인하여, 그는 심각한 질병에 걸리고, 최후에는 피를 토하는 지경까지 발전하였다. 77건강은 무너지고, 학업도 지속할 방법이 없어, 젊은 시절 위원과 같은 출발점에 섰던 신동은, 지나치게 엄격함을 자신에게 요구하여, 더욱 높은 성취를 얻는 기회를 잃었다.

78위원이 만약 노력하지 않았다면, 절대 위원이 될 수 없었으나, 석창화는 지나친 노력으로 인해, 최종적으로 역사에서 무명의 변변찮은 인물이 되었다.

75
중

关于魏源, 我们可以知道他:

A 学习非常勤奋　　　　B 比石昌化大一岁
C 是现代著名文学家　　D 在县试中得了第二名

魏源 Wèi Yuán [고유] 위원(사람 이름)	勤奋 qínfèn [형] 부지런하다
石昌化 Shí Chānghuà [고유] 석창화(사람 이름)	现代 xiàndài [명] 현대
著名 zhùmíng [형] 유명하다	文学家 wénxuéjiā [명] 문학가
县 xiàn [명] 현(중국 행정 구획 단위의 하나)	

위원과 관련하여, 우리가 알 수 있는 것은:

A 학습을 매우 부지런히 했다　　　　　　　B 석창화보다 한 살 많다
C 현대의 유명한 문학가이다　　　　　　　　D 현 내의 시험에서 2등을 했다　　　　정답 A

해설 질문의 魏源(위원)과 관련된 세부 내용을 지문에서 찾아 주의 깊게 읽는다. 세 번째 단락에서 魏源能成功, 靠的绝对是勤奋。(위원이 성공하기 위해 절대적으로 의존한 것은 부지런함이다.)이라고 했으므로, A 学习非常勤奋(학습을 매우 부지런히 했다)이 정답이다.

✔ **고득점 노하우** 질문에 关于(~에 관련하여)가 있으면 뒷부분을 핵심어구로 하여 지문에서 관련된 내용을 재빨리 찾는다.

76
中

在县里的考试中，魏源和石昌化的文章：

A 内容十分相似	B 观点基本一致
C 谈论经济问题	D 无法分出高低

县 xiàn 몡 현(중국 행정 구획 단위의 하나)
魏源 Wèi Yuán 고유 위원(사람 이름)
石昌化 Shí Chānghuà 고유 석창화(사람 이름)
相似 xiāngsì 톙 비슷하다　观点 guāndiǎn 몡 관점
基本 jīběn 児 대체로　一致 yízhì 톙 일치하다
谈论 tánlùn 동 논의하다　经济 jīngjì 몡 경제
无法 wúfǎ 동 ~할 방법이 없다　高低 gāodī 몡 우열, 높이

현 내의 시험에서, 위원과 석창화의 글은:

A 내용이 매우 비슷하다　　B 관점이 대체로 일치한다　　C 경제 문제를 담론했다　　D 우열을 가릴 방법이 없었다　　정답 D

해설 질문의 魏源和石昌化的文章(위원과 석창화의 글은)과 관련된 부분을 지문에서 찾아 주의 깊게 읽는다. 두 번째 단락에서 考官很难分出谁的文章更好一些，便将他们两个都定为第一名(시험관은 누구의 글이 더욱 좋은지 가리기가 매우 어려워, 두 사람을 모두 1등으로 정하였다)이라고 했으므로, D 无法分出高低(우열을 가릴 방법이 없었다)가 정답이다.

✔ **고득점 노하우** 질문의 중간에 中(~ 중)이 있으면, 뒷부분을 핵심어구로 하여 지문에서 관련된 내용을 지문에서 재빨리 찾는다.

77
中

石昌化为什么没能获得成就？

A 文章不受欢迎	B 身体不好无法继续
C 没有信心放弃了	D 没有能力无法发展

石昌化 Shí Chānghuà 고유 석창화(사람 이름)　获得 huòdé 동 얻다
成就 chéngjiù 몡 성취　无法 wúfǎ 동 ~할 방법이 없다
继续 jìxù 동 계속하다　放弃 fàngqì 동 포기하다
发展 fāzhǎn 동 발전하다

석창화는 어째서 성취를 얻을 수 없었는가?

A 글이 환영받지 못했다　　　　　　　　　B 몸이 좋지 않아 계속할 수 없었다
C 신념이 없어 포기했다　　　　　　　　　D 능력이 없어 발전할 방법이 없었다　　정답 B

해설 질문의 石昌化为什么没能获得成就?(석창화는 어째서 성취를 얻을 수 없었는가?)와 관련된 부분을 지문에서 찾아 주의 깊게 읽는다. 세 번째 단락에서 身体垮了，学业也无法继续，…… 失去了获得更高成就的机会。(건강은 무너지고, 학업도 지속할 방법이 없어, …… 더욱 높은 성취를 얻는 기회를 잃었다.)라고 했으므로, B 身体不好无法继续(몸이 좋지 않아 계속할 수 없었다)가 정답이다.

✔ **고득점 노하우** 질문에 为什么(어째서)가 있으면 문장 전체를 핵심어구로 하여 지문에서 관련된 이유를 재빨리 찾는다.

78
中

这篇文章主要谈的是：

A 不要骄傲	B 要尊重对手
C 做事要勤奋刻苦	D 平衡学习与休息

骄傲 jiāo'ào 톙 거만하다　尊重 zūnzhòng 동 존중하다
对手 duìshǒu 몡 상대　勤奋 qínfèn 톙 꾸준하다
刻苦 kèkǔ 톙 몹시 애를 쓰다　平衡 pínghéng 동 균형을 맞추다

이 글이 주로 이야기하는 것은:

A 거만하면 안 된다　　　　　　　　　　　B 상대를 존중해야 한다
C 일을 할 때는 꾸준하며 애를 써야 한다　　D 학습과 휴식의 균형을 맞춘다　　정답 D

해설 질문이 这篇文章主要谈的是(이 글이 주로 이야기하는 것은)이라며 지문의 주제를 물었다. 지문의 중심 소재는 대부분 첫 문장과 마지막 문장을 통해 파악할 수 있으므로 해당 부분을 주의 깊게 읽는다. 마지막 문장에서 魏源如果不努力，绝对成不了魏源；而石昌化过于努力，最终只成为历史上的一个无名的小人物。(위원이 만약 노력하지 않았다면, 절대 위원이 될 수 없었으나, 석창화는 지나친 노력으로 인해, 최종적으로 역사에서 무명의 변변찮은 인물이 되었다.)라고 하였다. 이를 통해 석창화처럼 우수한 인재가 학습을 지나치게 하여 결국 역사에 남지 못했음을 파악할 수 있다. 따라서, 이 지문의 주제로 D 平衡学习与休息(학습과 휴식의 균형을 맞춘다)를 정답으로 선택한다.

✔ **고득점 노하우** 지문의 중심 소재는 지문 전반에서 반복적으로 언급된 소재를 찾거나, 지문의 첫 문장이나 마지막 문장을 통해 파악한다.

⁷⁹心理健康是现代人健康不可缺少的重要部分, ⁷⁹它指的是一种持续且积极发展的心理状态。在这样的状态下，一个人能充分发挥自己的身心能力，并且对外部环境作出良好的适应。

心理健康受到多种因素的影响。童年便是其中很重要的影响因素，⁸²成年人的心理健康很大一部分都与儿童时期的经历有密切关系。很多心理学家都认为，心理疾病是由童年时期的某段经历所引起的。

与身体健康有一定标准一样，心理健康也是有标准的。不过人的心理健康标准不及身体健康的标准具体、客观。⁸⁰心理健康标准包括自尊心、有安全感、具备自我批评能力、具有主动性等。了解心理健康的标准对于增强与保持人们的健康有很大的意义。

当人们掌握了心理健康标准，就可以以此为根据对比自己，进行心理健康的自我诊断。如果发现自己的心理状况某一个或几个方面与心理健康标准有一定距离，就可以有针对性地加强心理锻炼，以达到心理健康水平。如果发现自己的心理状态严重地偏离心理健康标准，就要及时地求医，以便早期诊断与早期治疗。

⁸¹除了采取心理辅导与治疗外，撰写日记、阅读书籍和玩游戏也是辅助治疗心理疾病的有效方法。

现代 xiàndài 몧 현대 缺少 quēshǎo 몧 결핍되다, 부족하다
持续 chíxù 몧 지속하다 积极 jījí 몧 적극적이다
发展 fāzhǎn 몧 발전하다 状态 zhuàngtài 몧 상태
充分 chōngfèn 몧 충분히 发挥 fāhuī 몧 발휘하다
良好 liánghǎo 몧 훌륭하다 适应 shìyìng 몧 적응하다
受到 shòudao 몧 ~을 받다 因素 yīnsù 몧 요소
童年 tóngnián 몧 어린 시절 便 biàn 몧 곧, 즉시, 바로
儿童 értóng 몧 아동, 유년 时期 shíqī 몧 (특정한) 시기
经历 jīnglì 몧 경험 密切 mìqiè 몧 밀접하게
心理学家 xīnlǐ xuéjiā 몧 심리학자 疾病 jíbìng 몧 질병
某 mǒu 몧 어느 引起 yǐnqǐ 몧 야기하다
不及 bùjí 몧 ~하지 못하다, ~만 못하다 标准 biāozhǔn 몧 표준
具体 jùtǐ 몧 구체적이다 客观 kèguān 몧 객관적이다
包括 bāokuò 몧 포함하다 自尊心 zìzūnxīn 몧 자존심
安全感 ānquángǎn 몧 안도감 具备 jùbèi 몧 갖추다
批评 pīpíng 몧 비판하다 具有 jùyǒu 몧 가지다, 구비하다
主动性 zhǔdòngxìng 몧 적극성 对于 duìyú 몧 ~에 대해서
保持 bǎochí 몧 유지하다 意义 yìyì 몧 의미
掌握 zhǎngwò 몧 파악하다 对比 duìbǐ 몧 대조하다
诊断 zhěnduàn 몧 진단되다 状况 zhuàngkuàng 몧 상태
距离 jùlí 몧 거리 针对 zhēnduì 몧 초점을 맞추다
加强 jiāqiáng 몧 강화하다 达到 dádào 몧 도달하다
严重 yánzhòng 몧 심각하다 偏离 piānlí 몧 벗어나다
及时 jíshí 몧 즉시 求医 qiúyī 몧 의사를 찾아 진료를 받다
以便 yǐbiàn 몧 ~하기 위하여 治疗 zhìliáo 몧 치료하다
采取 cǎiqǔ 몧 취하다, 채택하다 辅导 fǔdǎo 몧 (도우며) 지도하다
撰写 zhuànxiě 몧 (문장을) 쓰다 书籍 shūjí 몧 서적
辅助 fǔzhù 몧 돕다 有效 yǒuxiào 몧 유효하다

⁷⁹심리 건강은 현대인의 건강에서 결핍돼서는 안되는 중요한 부분으로, ⁷⁹이것은 일종의 지속적이며 적극적으로 발전하는 심리 상태를 가리킨다. 이러한 상태에서, 사람은 자신의 몸과 마음의 능력을 충분히 발휘할 수 있으며, 그리고 외부 환경에 대해 훌륭하게 적응을 해낸다.

심리 건강은 다양한 요소의 영향을 받는다. 어린 시절은 그 중 매우 중요한 영향 요소이며, ⁸²성인의 심리 건강은 매우 큰 부분이 모두 유년기의 경험과 밀접한 관계가 있다. 많은 심리 학자는, 심리 질병은 유년 시기의 어떠한 경험으로 인해 야기된다고 생각한다.

신체 건강에 일정한 표준이 있는 것처럼, 심리 건강 또한 표준이 있다. 그러나 사람의 심리 건강 표준은 신체 건강의 표준처럼 구체적이고, 객관적이지 못하다. ⁸⁰심리 건강의 표준은 자존심, 안도감이 있고, 자아비판 능력을 갖추고, 적극성을 가지는 것 등이 포함된다. 심리 건강 표준을 이해하는 것은 사람들의 건강을 증강하고 유지하는 것에 대해서 매우 큰 의미가 있다.

사람들이 심리 건강의 표준을 파악하게 되면, 이에 근거해 자신을 대조하여, 심리 건강의 자가 진단을 진행할 수 있다. 만약 자신의 심리 상태의 어떤 하나 혹은 여러 방면이 심리 건강 표준과 일정한 거리가 있다고 발견하게 되면, 이에 초점을 맞추어 심리 단련을 강화하여, 심리 건강 수준에 도달한다. 만약 자신의 심리 상태가 심각하게 심리 건강의 표준에 벗어난다면, 즉시 의사를 찾아 진료를 받아야 하는데, 이는 조기에 진단을 받고 조기에 치료를 받기 위함이다.

⁸¹심리 지도와 치료를 취하는 것 외에, 일기를 쓰고, 서적을 보고, 게임을 하는 것도 심리 질병의 치료를 돕는 유효한 방법이다.

79
중

关于心理健康，下面哪个说法是正确的？
A 是身体健康的一个部分
B 童年是其决定性因素
C 跟身体健康有一样的标准
D 有利于发挥自己的能力

心理 xīnlǐ 몧 심리 童年 tóngnián 몧 어린 시절
决定性 juédìngxìng 몧 결정적 작용을 일으키는 성질
因素 yīnsù 몧 요소 标准 biāozhǔn 몧 표준
发挥 fāhuī 몧 발휘하다

심리 건강에 관하여, 아래 보기 중 올바른 보기는 무엇인가?
A 신체 건강의 한 부분이다
B 어린 시절은 결정적인 요소이다
C 신체 건강과 같은 표준이 있다
D 자신의 능력을 발휘하는 것에 유리하다   정답 D

해설 질문의 心理健康(심리 건강)과 관련된 세부 내용을 지문에서 찾아 주의 깊게 읽고, 지문의 내용과 일치하는 보기가 어떤 것인지 잘 살펴본다. 첫 번째 단락에서 心理健康……, 它指的是一种持续且积极发展的心理状态。在这样的状态下，一个人能充分发挥自己的身心能力(심리 건강은 ……, 이것은 일종의 지속적이며 적극적으로 발전하는 심리 상태를 가리킨다. 이러한 상태에서, 사람은 자

신의 몸과 마음의 능력을 충분히 발휘할 수 있으며)라고 했으므로, 이를 통해서 심리 상태가 건강한 사람은 자신의 능력을 잘 발휘할 수 있다는 것을 알 수 있다. 따라서 D 有利于发挥自己的能力(자신의 능력을 발휘하는 것에 유리하다)가 정답이다.

☑ **고득점 노하우** 질문에 关于(~에 관련하여)가 있으면 뒷부분을 핵심구로 하여 지문에서 관련된 내용을 재빨리 찾는다.

80
중

下面哪个不是心理健康的标准?
A 保持自尊心　　　　B 具有安全感
C 态度比较主观　　　D 有自我批评能力

心理 xīnlǐ 명 심리　标准 biāozhǔn 명 표준
保持 bǎochí 동 유지하다　自尊心 zìzūnxīn 명 자존심
具有 jùyǒu 동 가지다, 구비하다　安全感 ānquángǎn 명 안도감
态度 tàidu 명 태도　主观 zhǔguān 명 주관적인
批评 pīpíng 동 비판하다

아래 보기 중 심리 건강의 표준이 아닌 것은?
A 자존심을 유지한다　　B 안도감이 있다　　C 태도가 비교적 주관적이다　　D 자아비판 능력이 있다　　　정답 C

해설 질문의 心理健康的标准(심리 건강의 표준)과 관련된 부분을 지문에서 찾아 주의 깊게 읽는다. 세 번째 단락에서 心理健康标准包括自尊心、有安全感、具备自我批评能力、具有主动性等.(심리 건강의 표준은 자존심, 안도감이 있고, 자아비판 능력을 갖추고, 적극성을 가지는 것 등이 포함된다.)이라고 했으므로, 지문에서 심리 건강의 표준으로 언급되지 않은 C 态度比较主观(태도가 비교적 주관적이다)이 정답이다.

☑ **고득점 노하우** 질문에 不是(~이 아닌 것은)이 있으면 뒷부분의 내용을 핵심구로 하여 지문에서 관련된 내용을 재빨리 찾아, 언급된 내용의 보기를 하나씩 제거하고 정답을 선택한다.

81
상

除了就医外, 还有什么解决心理疾病的方法?
A 写小说　　　　　B 阅读日记
C 玩游戏　　　　　D 参加社会活动

就医 jiùyī 동 (의사에게 가서) 진찰을 받다　心理 xīnlǐ 명 심리
疾病 jíbìng 명 질병

진찰을 받는 것 이외에, 또 어떠한 방법으로 심리 질병을 해결할 수 있는가?
A 소설을 쓴다　　B 일기를 읽는다　　C 게임을 한다　　D 사회 활동에 참가한다　　　정답 C

해설 질문의 还有什么解决心理疾病的方法(또 어떠한 방법으로 심리 질병을 해결할 수 있는가)와 관련된 부분을 지문에서 찾아 주의 깊게 읽는다. 마지막 단락에서 除了采取心理辅导与治疗外, 撰写日记、阅读书籍和玩游戏也是辅助治疗心理疾病的有效方法.(심리 지도와 치료를 취하는 것 외에, 일기를 쓰고, 서적을 보고, 게임을 하는 것도 심리 질병의 치료를 돕는 유효한 방법이다.)라고 했으므로, 지문에서 언급한 C 玩游戏(게임을 한다)가 정답이다.

☑ **고득점 노하우** 질문 앞에 除了……外(~ 이외에)가 있으면, 뒷부분의 내용을 핵심구로 하여 지문에서 관련된 내용을 재빨리 찾는다.

82
중

关于心理健康, 下列叙述正确的是:
A 与身体健康互相独立
B 和童年经历有密切关系
C 可以通过锻炼身体达到
D 心理伤害多来自于青年期

心理 xīnlǐ 명 심리　叙述 xùshù 동 서술하다　互相 hùxiāng 부 서로
独立 dúlì 동 독립해 나가다　童年 tóngnián 명 어린 시절
经历 jīnglì 명 경험　密切 mìqiè 형 밀접하게
达到 dádào 동 도달하다　伤害 shānghài 동 상처를 입다, 해치다
来自 láizì 동 ~에서 생겨나다　青年期 qīngniánqī 명 청년기

심리 건강에 대하여, 아래 서술 중 올바른 것은:
A 신체 건강과 서로 독립적이다　　　　　　B 어린 시절의 경험과 밀접한 관계가 있다
C 신체 단련을 통해 도달할 수 있다　　　　D 마음에 상처를 입는 것은 청년기에 많이 생겨난다　　　정답 B

해설 질문의 心理健康(심리 건강)과 관련된 내용을 지문에서 찾아 주의 깊게 읽고, 지문의 내용과 일치하는 보기가 어떤 것인지 잘 살펴본다. 두 번째 단락에서 成年人的心理健康很大一部分都与儿童时期的经历有密切关系(성인의 심리 건강은 매우 큰 부분이 모두 유년기의 경험과 밀접한 관계가 있다)라고 했으므로, B 和童年经历有密切关系(어린 시절의 경험과 밀접한 관계가 있다)가 정답이다.

☑ **고득점 노하우** 질문에 关于(~에 관련하여)가 있으면 뒷부분을 핵심구로 하여 지문에서 관련된 내용을 재빨리 찾는다.

제1회
제2회
제3회
제4회 독해
제5회
해커스 HSK 5급 실전모의고사

83-86

^{84/86}35岁以后，我每年都要求自己学习一项新技能。⁸³有些技能我学了好几年，还是没能取得十分理想的成果，甚至半途而废了。比如，我几年前学习过民族乐器，但现在已经很少练习，忘了许多。我不得不承认，过了一定的年纪之后，⁸⁵我再怎么认真学习一样东西也很难做到完全专业，然而它们的确为我的生活带来了许多乐趣，而不仅仅是空闲时找点事情做。

当某一阶段，你只想找点事情补充一下自己无聊的状态时，那表明你的生命开始表现出下滑趋势，⁸⁴我们有责任不断为自己的人生增加活力，学习一些新事物。⁸⁶只要曾经体会过学习的快乐，哪怕半途而废也是有意义的。所以，为了让自己的生活更加丰富，勇敢去学习吧。

项 xiàng 명 항목	技能 jìnéng 명 기술, 기능
取得 qǔdé 통 얻다, 취득하다	理想 lǐxiǎng 형 이상적이다
成果 chéngguǒ 명 성과	甚至 shènzhì 부 심지어
半途而废 bàntú'érfèi 통 도중에 포기하다	民族 mínzú 명 민족
乐器 yuèqì 명 악기	许多 xǔduō 형 매우 많다
不得不 bùdébù 어쩔 수 없이	承认 chéngrèn 통 인정하다
专业 zhuānyè 명 전문의	然而 rán'ér 접 그러나
	的确 díquè 부 확실히, 정말 乐趣 lèqù 명 즐거움
不仅仅 bùjǐnjǐn ~뿐만 아니라	空闲 kòngxián 형 한가하다
某 mǒu 대 어느	阶段 jiēduàn 명 단계 补充 bǔchōng 통 보충하다
无聊 wúliáo 형 무료하다	状态 zhuàngtài 명 상태
表明 biǎomíng 통 표명하다	生命 shēngmìng 명 생명
表现 biǎoxiàn 통 나타내다	下滑 xiàhuá 하향하다
趋势 qūshì 명 추세	责任 zérèn 명 책임 不断 búduàn 부 끊임없이
活力 huólì 명 활력	事物 shìwù 명 사물
只要 zhǐyào ~하기만 하면	曾经 céngjīng 부 일찍이
体会 tǐhuì 통 경험하여 알다	哪怕 nǎpà 접 설령 ~더라도
意义 yìyì 명 의미	更加 gèngjiā 부 더욱 丰富 fēngfù 형 풍부하다
勇敢 yǒnggǎn 형 용감하다	

^{84/86}35살 이후, 난 매년 자신에게 하나의 새로운 기술을 공부하도록 요구한다. ⁸³일부 기술은 내가 몇 년간 공부했지만, 여전히 매우 이상적인 성과를 얻지 못했으며, 심지어 도중에 포기했다. 예를 들어, 난 몇 년 전 민족 악기를 공부했었는데, 하지만 지금은 이미 아주 적게 연습하여, 많이 잊어버렸다. 내가 어쩔 수 없이 인정하는 것은, 일정한 나이가 지난 후, ⁸⁵내가 아무리 열심히 같은 것을 공부하여도 완전히 전문적으로 할 수 없으나, 그러나 그것들은 확실히 나의 생활에 많은 즐거움을 가져왔고, 한가할 때 일을 찾아서 하는 것만은 아니라는 것이다.

어느 단계에서, 당신이 그저 자신의 무료한 상태를 보충할 일을 찾기만을 생각할 때, 그것은 당신의 생명이 하향세를 나타내기 시작했다는 것을 표명하는 것이기에, ⁸⁴우리는 끊임없이 자신의 인생에 활력을 늘리고, 새로운 사물을 공부할 책임이 있다. ⁸⁶일찍이 배움의 즐거움을 경험하기만 한다면, 설령 도중에 포기하더라도 의미가 있다. 그래서, 자신의 생활을 더욱 풍부하게 하기 위해, 용감하게 공부하러 가라.

83
중

第一段画线词语"半途而废"的意思是：

A 做事时马虎、粗心
B 不愿接触新鲜事物
C 做事没有坚持到底
D 不能做到完全专业

半途而废 bàntú'érfèi 통 도중에 포기하다	
马虎 mǎhu 형 부주의하다	粗心 cūxīn 세심하지 못하다
接触 jiēchù 통 접촉하다	事物 shìwù 명 사물
坚持 jiānchí 끝까지 버티다, 견지하다	
到底 dàodǐ 부 끝까지 ~하다 도대체, 마침내	
专业 zhuānyè 형 전문의	

첫 번째 문단에 줄친 어휘 '도중에 포기하다(半途而废)'의 뜻은:

A 일을 할 때 부주의하며, 세심하지 못하다
B 새로운 사물을 접촉하기를 바라지 않는다
C 일을 할 때 끝까지 하지 않는다
D 완전히 전문적으로 할 수 없다

정답 C

해설 밑줄 친 어휘 半途而废(도중에 포기하다)의 의미를 묻는 문제이므로, 지문에서 半途而废(도중에 포기하다)의 뜻을 파악할 수 있는 부분을 찾아 주의 깊게 읽는다. 첫 번째 단락에서 半途而废(도중에 포기하다)가 있는 문장인 有些技能我学了好几年，还是没能取得十分理想的成果，甚至半途而废了.(일부 기술은 내가 몇 년간 공부했지만, 여전히 매우 이상적인 성과를 얻지 못했으며, 심지어 도중에 포기했다.)라고 했다. 이 때, 半途而废(도중에 포기하다)의 의미를 좀 더 정확히 파악하기 위해 바로 다음 문장을 살펴본다. 이어진 문장에서 比如，我几年前学习过民族乐器，但现在已经很少练习，忘了许多.(예를 들어, 난 몇 년 전 민족 악기를 공부했었는데, 하지만 지금은 이미 아주 적게 연습하여, 많이 잊어버렸다.)라고 했으므로, 이 두 문장을 통해서 半途而废(도중에 포기하다)는 성과를 얻기도 전에 포기해 버림을 뜻한다는 것을 유추할 수 있다. 따라서, 문맥상 의미가 비슷한 C 做事没有坚持到底(일을 할 때 끝까지 하지 않는다)를 정답으로 선택한다.

✔ **고득점 노하우** 질문에 따옴표(" ")로 인용된 표현이 있으면, 이 표현을 핵심어구로 하여 지문에서 관련된 내용을 재빨리 찾는다.

84
중

作者为什么35岁后要每年学习一个技能?

A 在别人面前表演
B 空闲时间太多了
C 为人生增加活力
D 补充自己的无聊状态

技能 jìnéng 圆 기술, 기능　表演 biǎoyǎn 圐 공연하다
空闲 kòngxián 圐 여가　人生 rénshēng 圐 인생
增加 zēngjiā 圐 늘리다　活力 huólì 圐 활력
补充 bǔchōng 圐 보충하다　无聊 wúliáo 圐 무료하다
状态 zhuàngtài 圐 상태

저자는 어째서 35살 후 매년 한 개의 기술을 공부해야 한다고 하는가?

A 다른 사람 앞에서 공연하기 위하여
B 여가 시간이 너무 많아서
C 인생에 활력을 늘리기 위하여
D 자신의 무료한 상태를 보충하기 위하여

정답 C

해설 질문의 作者为什么35岁后要每年学习一个技能?(저자는 어째서 35살 후 매년 한 개의 기술을 공부해야 한다고 하는가?)과 관련된 부분을 지문에서 찾아 주의 깊게 읽는다. 첫 번째 단락에서 35岁以后, 我每年都要求自己学习一项新技能。(35살 이후, 난 매년 자신에게 하나의 새로운 기술을 공부하도록 요구한다.)이라고 하면서, 두 번째 단락 중반에 我们有责任不断为自己的人生增加活力, 学习一些新事物(우리는 끊임없이 자신의 인생에 활력을 늘리고, 새로운 사물을 공부할 책임이 있다)라고 했다. 두 문장을 통해서 글 쓴이는 공부하는 것은 인생에 활력을 불어 넣는 일이기 때문에, 35살 이후에 매년 한 개의 새로운 기능을 공부하기로 했다는 것을 알 수 있다. 따라서, C 为人生增加活力(인생에 활력을 늘리기 위하여)가 정답이다.

✅ **고득점 노하우** 질문에 为什么(어째서)가 있으면 문장 전체를 핵심어구로 하여 지문에서 관련된 이유를 재빨리 찾는다.

85
중

关于作者, 我们可以知道?

A 仍然是个在校的学生
B 因为学习而感到快乐
C 每年掌握一个新的技能
D 学习乐器达到了专业水平

仍然 réngrán 圐 여전히　掌握 zhǎngwò 圐 숙달하다
技能 jìnéng 圐 기술, 기능　乐器 yuèqì 圐 악기
达到 dádào 圐 이르다, 도달하다　专业 zhuānyè 圐 전문의

저자에 대하여, 우리가 알 수 있는 것은 무엇인가?

A 여전히 학교에 다니는 학생이다
B 학습 때문에 즐거움을 느낀다
C 매년 하나의 새로운 기술을 숙달한다
D 악기 공부를 전문적인 수준까지 이르렀다

정답 B

해설 질문의 作者(저자)와 관련된 부분을 지문에서 찾아 주의 깊게 읽는다. 첫 번째 단락에서 我再怎么认真学习一样东西也很难做到完全专业, 然而它们的确为我的生活带来了许多乐趣(내가 아무리 열심히 같은 것을 공부하여도 완전히 전문적으로 할 수 없으나, 그러나 그것들은 확실히 나의 생활에 많은 즐거움을 가져왔고)라고 했으므로, 이를 통해 저자는 공부를 하면서 즐거움을 느끼는 사람임을 알 수 있다. 따라서, B 因为学习而感到快乐(학습 때문에 즐거움을 느낀다)가 정답이다.

✅ **고득점 노하우** 질문에 关于(~에 관련하여)가 있으면 뒷부분을 핵심어구로 하여 지문에서 관련된 내용을 재빨리 찾는다.

86
중

这篇文章主要想说什么?

A 生活中有很多乐趣
B 无聊时应该找事做
C 学习是一辈子的事
D 学习不能半途而废

乐趣 lèqù 圐 즐거움　无聊 wúliáo 圐 무료하다
一辈子 yíbèizi 圐 한평생
半途而废 bàntú'érfèi 圐 도중에 포기하다

이 글에서 주로 말하고 싶은 것은 무엇인가?

A 생활 속 많은 즐거움이 있다
B 무료할 때 일을 찾아서 해야 한다
C 학습은 한평생의 일이다
D 학습은 도중에 포기하면 안 된다

정답 C

해설 질문이 主要想说什么(주로 말하고 싶은 것은 무엇인가)라며, 지문의 주제를 물었다. 지문의 주제는 대부분 첫 문장과 마지막 문장을 통해 파악할 수 있으므로 해당 부분을 주의 깊게 읽는다. 첫 문장에서 35岁以后, 我每年都要求自己学习一项新技能。(35살 이후, 난 매년 자신에게 하나의 새로운 기술을 공부하도록 요구한다.)이라며 화자는 자신의 사례를 통해 일생 동안 공부해 왔음을 이야기했다. 그리고 마지막 단락의 후반에 只要曾经体会过学习的快乐, 哪怕半途而废也是有意义的。所以, 为了让自己的生活更加丰富, 勇敢去学习吧。(일찍이 배움의 즐거움을 경험하기만 한다면, 설령 도중에 포기하더라도 의미가 있다. 그래서, 자신의 생활을 더욱 풍부하게 하기 위해, 용감하게 공부하러 가라.)라고 했다. 따라서, 지문의 첫 문장과 마지막 문장을 통해 이 지문의 주제로 파악할 수 있는 C 学习是一辈子的事(학습은 한평생의 일이다)를 정답으로 선택한다.

✅ **고득점 노하우** 지문의 중심 소재는 지문 전반에서 반복적으로 언급된 소재를 찾거나, 지문의 첫 문장이나 마지막 문장을 통해 파악한다.

제1회

제2회

제3회

제4회
독해

제5회

해커스 HSK 5급 실전모의고사

⁸⁷正当三月，长江上起了层薄薄的雾，岸两旁也都开满了花，年轻的李白正在黄鹤楼上为大诗人孟浩然送别。

李白和浩然远远欣赏着江上的景色，谁都不去提马上要分别的事，避免触动藏在心底的不忍分别的情绪。终于，⁸⁸李白举起了酒杯说："孟夫子，您的作品名满天下，我非常尊敬您。自从我认识了您，就一直把您当作我的兄弟和老师。今天您就要顺江东下前往扬州，这一分别，不知什么时候才能再见面，就请您喝下这杯酒吧！"孟浩然接过酒杯一饮而尽，然后说道："只要思想相通，距离多远都不是问题。⁸⁹我们虽然暂时分别了，但我们的友谊却像这长江水永远不断。"

不久，孟浩然就告别了李白，乘船离去。李白站在岸边，看着帆船随着江风逐渐远去，消失在天地之间。他的心情就像眼前的江水一样无法平静，激动地⁹⁰写下了《黄鹤楼送孟浩然之广陵》。从此，这首诗就成为了送别友人的代表作品。

正当 zhèngdāng [동] 딱 ~하는 때에 놓이다
长江 Cháng Jiāng [고유] 창장(중국의 강, 양쯔강)
起雾 qǐwù [동] 안개가 끼다　薄 báo [형] 옅다, 얇다　岸 àn [명] 물가
李白 Lǐ Bái [고유] 이백(사람 이름)
黄鹤楼 Huánghèlóu [고유] 황학루(중국 3대 명루)
孟浩然 Mèng Hàorán [고유] 맹호연(사람 이름)
送别 sòngbié [동] 배웅하다, 송별하다　远远 yuǎnyuǎn [부] 멀리
欣赏 xīnshǎng [동] 감상하다　景色 jǐngsè [명] 풍경　提 tí [동] 거론하다
分别 fēnbié [동] 이별하다, 헤어지다　避免 bìmiǎn [동] 피하다
触动 chùdòng [동] (감정을) 불러일으키다　藏 cáng [동] 숨기다, 피하다
不忍 bùrěn [동] 참지 못하다　情绪 qíngxù [명] 감정
举起 jǔqǐ [동] 들어 올리다　夫子 fūzǐ [명] 선생님　作品 zuòpǐn [명] 작품
名满天下 míngmǎntiānxià [명] 명성이 뛰어나 천하에 널리 알려지다
尊敬 zūnjìng [동] 존경하다　自从 zìcóng [개] ~부터
江东 Jiāngdōng [고유] 장둥(중국의 지명, 강동)
顺 shùn [동] 흐름에 따르다
扬州 Yángzhōu [고유] 양저우(중국의 지명, 양주)
一饮而尽 yìyǐn'érjìn 단숨에 마셔 버리다　思想 sīxiǎng [명] 마음
相通 xiāngtōng [동] 서로 같다, 통하다　距离 jùlí [명] 거리
暂时 zànshí [명] 잠시　友谊 yǒuyì [명] 우정　却 què [부] 오히려
永远 yǒngyuǎn [부] 영원히　不断 búduàn [형] 끊임없다
告别 gàobié [동] 작별 인사하다　乘 chéng [동] 타다
帆船 fānchuán [명] 범선　随着 suízhe [개] ~따라서
逐渐 zhújiàn [부] 점차　消失 xiāoshī [동] 사라지다
心情 xīnqíng [명] 마음　平静 píngjìng [형] 차분하다
激动 jīdòng [형] 충동적이다 [동] 흥분하다, 감동하다
从此 cóngcǐ [부] 이후로　诗 shī [명] 시　友人 yǒurén [명] 벗, 친구
代表 dàibiǎo [명] 대표

⁸⁷딱 3월, 창장에 옅은 안개가 피어나며, 물가의 양 옆에도 꽃도 만개할 때, 젊은 이백은 황학루에서 대시인인 맹호연을 배웅하고 있었다.

이백과 맹호연은 멀리 강의 풍경을 감상하며, 누구도 곧 이별해야 한다는 일을 거론하지 않은 채, 마음 속에 숨겨둔 이별을 견디지 못하는 감정을 불러일으키는 것을 피하고 있었다. 마침내, ⁸⁸이백이 술잔을 들어 올리며 말했다. "맹 선생님, 당신의 작품은 명성이 뛰어나 천하에 널리 알려져 있으며, 전 당신을 매우 존경합니다. 제가 당신을 알게 된 후부터, 줄곧 당신을 나의 형제이자 선생님으로 여겨 왔습니다. 오늘 당신은 곧 강의 동쪽을 따라 양저우를 향해 가야 하는데, 이번에 헤어지면, 언제 다시 뵐 수 있을지 모르니, 부디 이 술을 마셔 주시기 바랍니다!" 맹호연은 술잔을 받아 단숨에 마셔 버렸고, 그리고 말하였다. "마음이 서로 같기만 하다면, 거리가 멀다 한들 문제가 되지 않습니다. ⁸⁹우린 비록 잠시 이별하지만, 하지만 우리의 우정은 오히려 이 창장처럼 영원히 끊임없을 겁니다."

얼마 후, 맹호연은 이백과 작별 인사를 하고, 범선을 타고 떠나갔다. 이백은 물가에 서서, 범선이 강바람을 따라 점차 멀어지고, 하늘과 땅 사이에서 사라질 때까지 바라봤다. 그의 마음은 눈 앞의 강물처럼 차분할 수 없었으며, 충동적으로 ⁹⁰<황학루송맹호연지광릉(黄鹤楼送孟浩然之广陵)>을 썼다. 이후로, 이 시는 벗을 배웅하는 대표 작품이 되었다.

87
중

这段故事发生在？

A 初春　　　　　　B 夏末
C 秋日　　　　　　D 寒冬

初春 chūchūn [명] 초봄　夏末 xiàmò [명] 늦여름　秋日 qiūrì [명] 가을
寒冬 hándōng [명] 추운 겨울

이 이야기가 일어난 시점은?

A 초봄　　　　　　B 늦여름　　　　　C 가을　　　　　D 추운 겨울　　　　정답 A

해설 질문의 故事发生在(이야기가 일어난 시점)와 관련된 부분을 지문에서 찾아 주의 깊게 읽는다. 첫 번째 단락에서 正当三月, 长江上起了层薄薄的雾, 岸两旁也都开满了花(딱 3월, 창장에 옅은 안개가 피어나며, 물가의 양 옆에 꽃이 만개할 때)라고 했으므로, 3월과 관련된 A 初春(초봄)을 정답으로 선택한다.

✅ **고득점 노하우** 질문이 시점을 묻는 경우, 지문에서 특정 시점과 관련된 내용을 재빨리 찾는다.

88
중

关于孟浩然，我们可以知道他：

A 为人非常谦虚 　　　B 勇于承担责任
C 非常尊敬李白 　　　D 作品非常有名

孟浩然 Mèng Hàorán [고유] 맹호연(사람 이름)
谦虚 qiānxū [형] 겸손하다　勇于 yǒngyú [용감하게 ~하다
承担 chéngdān [동] 맡다, 책임지다　责任 zérèn [명] 책임
尊敬 zūnjìng [동] 존경하다　作品 zuòpǐn [명] 작품

맹호연과 관련하여 우리가 알 수 있는 것은:

A 사람에게 매우 겸손하다　　B 용감히 책임을 떠맡는다　　C 이백을 매우 존경한다　　D 작품이 매우 유명하다　　정답 D

해설 질문의 孟浩然(맹호연)과 관련된 세부 내용을 지문에서 찾아 주의 깊게 읽고, 지문의 내용과 일치하는 보기가 어떤 것인지 잘 살펴본다. 두 번째 단락에서 李白举起了酒杯说：“孟夫子，您的作品名满天下，……。”(이백이 술잔을 들어 올리며 말했다. “맹 선생님, 당신의 작품은 명성이 뛰어나 천하에 널리 알려져 있으며 ……。”)라고 말했으므로, 맹호연의 작품이 유명하고 뛰어나다는 것을 알 수 있다. 따라서 맹호연과 관련하여, D 作品非常有名(작품이 매우 유명하다)을 정답으로 선택한다. 참고로, 첫 번째 단락에서 이백이 맹호연을 배웅하는 장면임을 언급하였으므로, 두 번째 단락에서 이백이 언급한 “孟夫子(맹 선생님)”가 맹호연이라는 것을 알 수 있다.

☑ **고득점 노하우** 질문에 关于(~에 관련하여)가 있으면 뒷부분을 핵심어구로 하여 지문에서 관련된 내용을 재빨리 찾는다.

89
중

孟浩然认为他和李白的友谊会怎么发展？

A 从此断了联系 　　　B 随时间而变淡
C 深厚而且长久 　　　D 跟现在完全一样

孟浩然 Mèng Hàorán [고유] 맹호연(사람 이름)
李白 Lǐ Bái [고유] 이백(사람 이름)　友谊 yǒuyì [명] 우정
从此 cóngcǐ [부] 이후로　断 duàn [동] 단절하다
联系 liánxì [동] 연락하다　变淡 biàndàn [동] 옅어지다
长久 chángjiǔ [형] 매우 길고 오래다

맹호연은 그와 이백의 우정이 어떻게 발전할 것이라고 생각하는가?

A 이후로 연락을 단절한다　　B 시간에 따라 옅어진다　　C 두텁고 매우 길고 오래간다　　D 지금과 완전히 같다　　정답 C

해설 질문의 孟浩然认为他和李白的友谊会怎么发展？(맹호연은 그와 이백의 우정이 어떻게 발전할 것이라고 생각하는가?)과 관련된 부분을 지문에서 찾아 주의 깊게 읽는다. 두 번째 단락 후반에서 맹호연이 我们虽然暂时分别了，但我们的友谊却像这长江水永远不断。(우린 비록 잠시 이별하지만, 우리의 우정은 오히려 이 창장처럼 영원히 끊임없을 겁니다.)이라고 했으므로, 맹호연은 그와 이백의 우정이 오래도록 이어질 것이라고 생각한다는 것을 알 수 있다. 따라서, 永远不断(영원히 끊임없다)과 의미가 비슷한 C 深厚而且长久(두텁고 매우 길고 오래간다)를 정답으로 선택한다.

☑ **고득점 노하우** 질문에 认为(~라고 생각하다)가 있으면 문장 전체를 핵심어구로 하여 지문에서 관련된 이유를 재빨리 찾는다.

90
하

李白的《黄鹤楼送孟浩然之广陵》大概是什么内容？

A 描写景色 　　　B 表达爱情
C 赞美他人 　　　D 送别友人

李白 Lǐ Bái [고유] 이백(사람 이름)　大概 dàgài [형] 대략적인
描写 miáoxiě [동] 묘사하다　景色 jǐngsè [명] 풍경
表达 biǎodá [동] 표현하다　赞美 zànměi [동] 칭송하다
送别 sòngbié [동] 배웅하다, 송별하다

이백의 <황학루송맹호연지광릉(黄鹤楼送孟浩然之广陵)>은 대략 어떠한 내용인가?

A 풍경을 묘사했다　　B 애정을 표현했다　　C 타인을 칭송한다　　D 벗을 배웅한다　　정답 D

해설 질문의《黄鹤楼送孟浩然之广陵》(황학루송맹호연지광릉)과 관련된 내용을 지문에서 찾아 주의 깊게 읽고, 지문의 내용과 일치하는 보기가 어떤 것인지 잘 살펴본다. 마지막 단락의 후반에서 写下了《黄鹤楼送孟浩然之广陵》。从此，这首诗就成为了送别友人的代表作品。(<황학루송맹호연지광릉(黄鹤楼送孟浩然之广陵)>을 썼다. 이후로, 이 시는 벗을 배웅하는 대표 작품이 되었다.)이라고 했으므로, 지문의 送别友人(벗을 배웅한다)을 그대로 언급한 D 送别友人(벗을 배웅한다)을 정답으로 선택한다.

☑ **고득점 노하우** 질문에 책 이름표(《 》)가 있으면, 책 이름표 안의 내용을 핵심어구로 하여 지문에서 관련된 내용을 재빨리 찾는다.

제1회
제2회
제3회
제4회 쓰기
제5회

해커스 HSK 5급 실전모의고사

三、书写 쓰기

91 중

就像	这些书	他的宝贝	似的

宝贝 bǎobèi圓 보물, 귀여운 아이 似的 shìde丞 ~과 같다

➡️

대사+양사+명사	부사+동사	대사+的+명사	조사
这些书	就像	他的宝贝	似的。
주어	술어	관형어+목적어	似的

이 책들은 마치 그의 보물과 같다.

해설
술어 배치하기 제시된 어휘 중 유일한 동사를 포함한 '부사+동사' 형태인 就像(마치 ~과 같다)을 곧바로 술어 자리에 배치한다. 제시된 어휘 중 像(마치 ~과 같다)과 자주 함께 쓰이는 조사 似的(~과 같다)를 문장 맨 끝에 배치한다. 참고로 似的(~과 같다)는 어떤 사물이나 상황이 서로 비슷함을 나타내며, 就像~似的(마치 ~과 같다)의 형태로 자주 사용된다.
→ 就像~似的(마치 ~과 같다)

주어와 목적어 배치하기 '대사+양사+명사' 형태인 这些书(이 책들)와 '대사+的+명사' 형태인 他的宝贝(그의 보물) 중, 문맥상 술어 就像(마치 ~과 같다)의 목적어로 어울리는 他的宝贝(그의 보물)를 목적어 자리에 배치하고, 주어로 어울리는 这些书(이 책들)를 주어 자리에 배치하여 문장을 완성한다.
→ 这些书就像他的宝贝似的。(이 책들은 마치 그의 보물과 같다.)

☑️ **고득점 노하우** 제시된 어휘 중 就像과 似的가 있으면 就像~似的(마치 ~과 같다)의 형태로 바로 배치한다.

92 중

推广	政府决定	新能源	逐步	汽车

推广 tuīguǎng圓 널리 보급하다 政府 zhèngfǔ圓 정부
决定 juédìng圓 결정하다 新能源 xīnnéngyuán圓 신에너지
逐步 zhúbù圓 점차

➡️

정부는 점차 신에너지 자동차를 널리 보급하기로 결정했다.

해설
주어와 술어 배치하기 제시된 어휘에 '명사+동사' 형태인 政府决定(정부는 결정하다)이 있으므로 문장 맨 앞 주어와 술어 자리에 배치한다. 술어인 决定(결정하다)은 주술구 혹은 술목구를 목적어로 취하므로, 다른 동사와 함께 제시되더라도 바로 술어 자리에 배치한다.
→ 政府决定(정부는 결정하다)

목적어 배치하기 决定(결정하다)이 술어이므로 주술구 또는 술목구 형태의 목적어를 완성한다. 동사 推广(널리 보급하다)을 술목구의 술어 자리에 배치하고, 문맥상 목적어에 어울리는 명사 新能源(신에너지)과 汽车(자동차)를 新能源汽车(신에너지 자동차)로 연결하여 목적어 자리에 배치한다.
→ 政府决定推广新能源汽车(정부는 신에너지 자동차를 널리 보급하기로 결정했다)

문장 완성하기 남은 어휘인 부사 逐步(점차)를 술어 推广(널리 보급하다) 앞에 부사어로 배치하여 문장을 완성한다.
→ 政府决定逐步推广新能源汽车。(정부는 점차 신에너지 자동차를 널리 보급하기로 결정했다.)

☑️ **고득점 노하우** 동사 决定(결정하다)은 주술구 또는 술목구 형태의 목적어를 취할 수 있다.

93 중

递给我	您	把	桌子上的笔	请

递 dì圓 건네다, 넘겨주다

➡️

请	대사	把	명사+방위사+的+명사	동사+개사+대사
请	您	把	桌子上的笔	递给我。
请	주어	把	목적어(행위의 대상)	술어+결과보어 기타성분

책상 위의 펜을 저에게 건네주시기 바랍니다.

해설
请 배치하기 제시된 어휘 중 문장 맨 앞에서 '~해주세요'의 의미를 나타내는 동사 '请'이 있으므로, 请(~해주세요)과 대사 您(당신)을 '请+대사' 형태인 请您(당신 ~해주세요)으로 연결한 후 문장 맨 앞에 배치한다.
→ 请您(당신 ~해주세요)

把~술어+기타성분 배치하기 제시된 어휘 중 把가 있으므로 把자문을 완성해야 한다. '동사+개사+대사' 형태인 递给我(나에게 건네주다)의 给我(나에게)가 동사 递(건네다)의 결과보어가 되므로 递给我(나에게 건네주다)를 '술어+기타성분' 자리에 배치하고, 把를 술어 앞에 배치한다.
→ 请您~把~递给我(당신 ~을 저에게 건네주세요)

주어와 목적어(행위의 대상) 배치하기 남은 어휘인 '명사+방위사+的+명사' 형태의 桌子上的笔(책상 위의 펜)를 把 뒤 목적어(행위의 대상) 자리에 배치하여 문장을 완성한다.
→ 请您把桌子上的笔递给我。(책상 위의 펜을 저에게 건네주시기 바랍니다.)

☑️ **고득점 노하우** 제시된 어휘 중 有(있다)가 있으면 바로 술어 자리에 배치하고 有자문을 완성한다.

94 하

一套	我和同事	合租了	公寓

套 tào 圆 채 (집이나 가구 등 사물의 전체를 세는 단위)
合租 hézū 圄 공동 임대하다 公寓 gōngyù 圆 아파트

➡️

대사+和+명사	동사+了	수사+양사	명사
我和同事	**合租了**	**一套**	**公寓。**
주어	술어	관형어	목적어

나와 동료는 아파트 한 채를 공동 임대했다.

해설

술어 배치하기 제시된 어휘 중 '동사+了' 형태인 合租了(공동 임대했다)를 바로 술어 자리에 배치한다.
→ 合租了(공동 임대했다)
주어와 목적어 배치하기 문맥상 술어 合租了(공동 임대했다)의 목적어로 어울리는 명사 公寓(아파트)를 목적어 자리에 배치하고, 주어로 어울리는 '대사+和+명사' 형태인 我和同事(나와 동료)을 주어 자리에 배치한다.
→ 我和同事合租了公寓(나와 동료는 아파트를 공동 임대했다)
문장 완성하기 남은 어휘인 一套(한 채)의 套(채)는 아파트, 집 등을 세는 양사이므로, 목적어 公寓(아파트) 앞에 관형어로 배치하여 문장을 완성한다.
→ 我和同事合租了一套公寓。(나와 동료는 아파트 한 채를 공동 임대했다.)

☑ **고득점 노하우** 제시된 어휘 중 '농사+了' 형태가 있으면 바로 술어 사리에 배시한다. 통태소사 了는 술어 뒤에서 통직 완료를 나타내기 때문이디.

95 중

的事情	两家为了	吵得	婚礼	没完

吵 chǎo 圄 말다툼하다 婚礼 hūnlǐ 圆 결혼식

➡️

명사+양사+개사	명사	的+명사	동사+得	동사
两家为了	**婚礼**	**的事情**	**吵得**	**没完。**
주어	부사어		술어	보어

양가는 결혼식 일 때문에 말다툼하는 것이 끝나지 않는다.

해설

술어와 보어 배치하기 제시된 어휘 중 吵得(말다툼하는 것이)에 정도보어를 이끄는 구조조사 得이 있으므로 '술어+得+보어' 형태의 문장을 완성해야 한다. 따라서 '동사+得' 형태인 吵得(말다툼하는 것이)를 '술어+得' 자리에, 동사 没完(끝나지 않다)을 보어 자리에 배치한다.
→ 吵得没完(말다툼하는 것이 끝나지 않다)
주어 배치하기 '명사+양사+개사' 형태인 两家为了(양가는 ~때문에)를 주어 자리에 배치한다.
→ 两家为了~吵得没完(양가는 ~때문에 말다툼하는 것이 끝나지 않다)
문장 완성하기 남은 어휘 중 婚礼(결혼식)와 的事情(~의 일)을 婚礼的事情(결혼식 일)으로 연결한 후, 개사 뒤 부사어 자리에 배치해 문장을 완성한다.
→ 两家为了婚礼的事情吵得没完。(양가는 결혼식 일 때문에 말다툼하는 것이 끝나지 않는다.)

☑ **고득점 노하우** '~명사/대사+개사' 형태의 어휘는 바로 주어 자리에 배치한다. 개사구는 주어와 술어 사이에서 부사어로 쓰이기 때문이다.

96 상

玩具	不可	这个孩子	非要带着

玩具 wánjù 圆 장난감 不可 bùkě 조 ~하지 않으면 안 된다
非 fēi 圄 ~ 않으면

➡️

대사+양사+명사	부사+조동사+동사+着	명사	조사
这个孩子	**非要带着**	**玩具**	**不可。**
관형어+주어	부사어+술어	목적어	불가

이 아이는 장난감을 지니고 있지 않으면 안 된다.

해설

술어 배치하기 제시된 어휘 중 유일한 동사를 포함한 '부사+조동사+동사+着' 형태인 非要带着(지니고 있지 않으면)를 곧바로 술어 자리에 배치하고, 부사 非(~ 않으면)와 짝꿍 연결어로 사용되는 不可(~하지 않으면 안 된다)를 어기조사로 문장의 맨 끝에 배치한다. 참고로, 非(~ 않으면)는 非~不可(~하지 않으면 안 된다)의 형태로 자주 사용된다.
→ 非要带着~不可(지니고 있지 않으면 안 된다)
주어와 목적어 배치하기 술어 带着(지니고 있다)의 문맥상 목적어에 어울리는 명사 玩具(장난감)를 목적어 자리에 배치하고, 주어에 어울리는 '대사+양사+명사' 형태인 这个孩子(이 아이)를 주어 자리에 배치하여 문장을 완성한다.
→ 这个孩子非要带着玩具不可。(이 아이는 장난감을 지니고 있지 않으면 안 된다.)

☑ **고득점 노하우** 제시된 어휘 중 부사 非(부정을 나타냄)와 조사 不可(안 된다)가 있으면 '非~不可(~하지 않으면 안 된다)' 형태로 배치한다.

97 중

被	绳子	了	那个工人	断	砍

绳子 shéngzi 圐 밧줄 工人 gōngrén 圐 노동자
断 duàn 圄 자르다 砍 kǎn 圄 찍다

➡

명사	被	대사+양사+명사	동사	동사	了
绳子	被	那个工人	砍	断	了。
주어	被	행위의 주체	술어	결과보어 기타성분	

밧줄이 그 노동자에 의해 찍혀 잘렸다.

해설

被 ~술어+기타성분 배치하기 제시된 어휘에 被, 동사 断(자르다), 동사 砍(찍다), 了가 있으므로, 被~砍断了(~에 의해 찍혀 잘렸다)로 연결하여 '被~술어+기타성분'을 배치한다.

→ 被~砍断了(~에 의해 찍혀 잘렸다)

주어와 행위의 주체 배치하기 명사 绳子(밧줄)와 '대사+양사+명사' 형태인 那个工人(그 노동자) 중, 문맥상 술어 砍(찍다)의 주체가 되는 那个工人(그 노동자)을 被 뒤 행위의 주체 자리에 배치하고, 명사 绳子(밧줄)를 주어 자리에 배치하여 문장을 완성한다.

→ 绳子被那个工人砍断了。(밧줄이 그 노동자에 의해 찍혀 잘렸다.)

☑ **고득점 노하우** 제시된 어휘 중 被, 동사, '동사/형용사+了' 형태의 어휘가 있으면 '被~동사+동사/형용사+了'와 같이 '被~술어+기타성분'을 동시에 배치한다.

98 중

安全风险	仍然	手机结账	面临着

风险 fēngxiǎn 圐 위험 仍然 réngrán 圄 여전히
结账 jiézhàng 圐 결제, 계산 圄 결제하다, 계산하다
面临 miànlín 圄 직면하다

➡

명사+명사	부사	동사+着	형용사+명사
手机结账	仍然	面临着	安全风险。
관형어+주어	부사어	술어	목적어

휴대폰 결제는 여전히 보안 위협에 직면하고 있디.

해설

술어 배치하기 제시된 어휘 중 面临着(직면하고 있다)가 '동사+着' 형태이므로 곧바로 술어 자리에 배치한다.

→ 面临着(직면하고 있다)

주어와 목적어 배치하기 술어 面临着(직면하고 있다)와 문맥상 목적어에 어울리는 '형용사+명사' 형태인 安全风险(보안 위험)을 목적어 자리에 배치하고, 주어에 어울리는 '명사+명사' 형태인 手机结账(휴대폰 결제)을 주어 자리에 배치한다.

→ 手机结账面临着安全风险(휴대폰 결제는 보안 위험에 직면하고 있다)

문장 완성하기 남은 어휘인 仍然(여전히)을 술어 앞 부사어 자리에 배치하여 문장을 완성한다.

→ 手机结账仍然面临着安全风险。(휴대폰 결제는 여전히 보안 위험에 직면하고 있다.)

☑ **고득점 노하우** 제시된 어휘 중 '동사+着' 형태가 있으면 바로 술어 자리에 배치한다. 동태조사 着는 술어 뒤에서 동작의 지속이나 진행을 나타내기 때문이다.

99 중

发愁	吵架	分手	观念	难免

发愁 fāchóu [동] 걱정하다 **吵架** chǎojià [동] 말다툼을 하다 **分手** fēnshǒu [동] 헤어지다 **观念** guānniàn [명] 생각 **难免** nánmiǎn [동] 피하기 어렵다

해설 STEP 1 소재 정하고 아웃라인 잡기

소재 내 룸메이트와 그녀의 남자 친구

아웃라인

도입	**我同屋跟男朋友吵架**(내 룸메이트는 남자 친구와 말다툼을 한다)
전개	**两个人的关系时好时坏，我替她发愁** (두 사람의 관계는 좋았다가 나빴다 하여, 나는 그녀 때문에 걱정이 된다) **谈恋爱难免争论**(연애를 할 때 논쟁은 피하기 어렵다) **但两个人的观念要基本一致**(하지만 두 사람의 생각은 대체로 일치해야 한다)
마무리	**要是真没办法接受彼此**(만약 서로를 받아들일 방법이 정말 없다면) **选择分手**(헤어짐을 선택한다)

Step 2 원고지에 짧은 글 완성하기

[모범 답안]

도입			我	同	屋	常	常	会	跟	男	朋	友	吵	架	，	而	
전개	且	吵	得	很	厉	害	，	两	个	人	的	关	系	时	好	时	
	坏	，	我	都	替	她	发	愁	。	我	认	为	谈	恋	爱	难	48
	免	会	有	争	论	，	但	两	个	人	的	观	念	要	基	本	
	一	致	。	要	是	真	没	办	法	接	受	彼	此	，	那	就	80
마무리	选	择	分	手	吧	。											

내 룸메이트는 종종 남자 친구와 말다툼을 할 뿐만 아니라, 말다툼이 매우 심각한데, 두 사람의 관계는 좋았다가 나빴다 하여, 나조차도 그녀 때문에 걱정이 된다. 내가 생각하기에 연애를 할 때 논쟁이 생기는 것은 피하기 어렵지만, 하지만 두 사람의 생각은 대체로 일치해야 한다. 만약 서로를 받아들일 방법이 정말 없다면, 그렇다면 헤어짐을 선택해라.

同屋 tóngwū [명] 룸메이트 **吵架** chǎojià [동] 말다툼을 하다 **吵** chǎo [동] 말다툼하다 **厉害** lìhai [형] 심각하다, 극심하다
关系 guānxì [명] 관계 **时好时坏** shíhǎo shíhuài 좋았다가 나빴다 한다 **替** tì [개] ~때문에 **发愁** fāchóu [동] 걱정하다
认为 rènwéi [동] 생각하다 **谈恋爱** tánliàn'ài [동] 연애하다 **难免** nánmiǎn [동] 피하기 어렵다 **争论** zhēnglùn [동] 논쟁하다
观念 guānniàn [명] 생각 **基本** jīběn [부] 대체로 **一致** yízhì [동] 일치하다 **要是** yàoshi [접] 만약 **办法** bànfǎ [명] 방법
接受 jiēshòu [동] 받아들이다 **彼此** bǐcǐ [대] 서로 **选择** xuǎnzé [동] 선택하다 **分手** fēnshǒu [동] 헤어지다

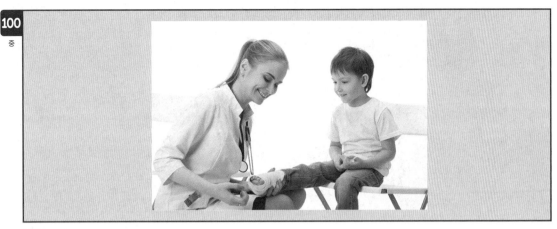

해설 STEP 1 소재 정하고 아웃라인 잡기

소재	나의 남동생이 다친 이야기

아웃라인	도입	我弟弟是小孩子(내 남동생은 어린 아이다)
	전개	他弄伤了自己的脚(그는 자신의 발에 상처를 냈다) 妈妈把他送到医院(어머니는 그를 병원으로 데려갔나) 医生帮他处理受伤的地方(의사 선생님은 그를 도와 다친 곳을 해결했다) 弟弟没有哭(그러나 남동생은 울지 않았다)
	마무리	医生表扬他(의사 선생님은 그를 칭찬했다)

Step 2 원고지에 짧은 글 완성하기

[모범 답안]

내 남동생은 매우 짓궂은 어린 아이다. 그는 또 실수로 자신의 발에 상처를 냈다. 어머니는 서둘러 그를 병원으로 데려갔다. 의사 선생님은 참을성 있게 그를 도와 다친 곳을 해결했다. 비록 조금 아프지만, 그러나 남동생은 울지 않았다. 의사 선생님은 그가 용감한 아이라고 칭찬했다.

调皮 tiáopí 동 짓궂다 又 yòu 부 또, 다시 小心 xiǎoxīn 동 조심하다, 주의하다 弄伤 nòngshāng 동 상처를 주다 脚 jiǎo 명 발
赶紧 gǎnjǐn 부 서둘러 耐心 nàixīn 형 참을성이 있다 处理 chǔlǐ 동 (문제를) 해결하다 受伤 shòushāng 동 부상당하다
地方 dìfang 명 곳, 장소 疼 téng 동 아프다 哭 kū 동 울다 表扬 biǎoyáng 동 칭찬하다 勇敢 yǒnggǎn 형 용감하다
小伙子 xiǎohuǒzi 명 아이, 젊은이

제1회

제2회

제3회

제4회
쓰기

제5회

해커스 HSK 5급 실전모의고사

고사장 소음까지 대비하고
듣기 점수 올리려면?

해커스중국어(china.Hackers.com)에서
고사장 소음 버전 MP3 무료 다운받기!

해커스 HSK 5급
실전모의고사

제5회

听力 듣기   /   어휘·해석·해설

阅读 독해   /   어휘·해석·해설

书写 쓰기   /   어휘·해석·해설

문제별 분할 mp3
바로듣기

1 하

A 比平时贵	B 味道不好
C 快过期了	D 买一送一

女: 今天牛奶的价格比平时优惠很多啊, 要不要多拿两袋?
男: 你看上面的生产日期, 后天就过期了。

问: 今天的牛奶怎么样?

平时 píngshí 평상시　味道 wèidao 맛
过期 guòqī 기한이 지나다
买一送一 mǎi yī sòng yī 하나를 사면 하나를 끼워 준다, 원 플러스 원
价格 jiàgé 가격　优惠 yōuhuì 할인의, 우대의
袋 dài 주머니 등에 넣는 물건을 세는 단위　生产 shēngchǎn 생산하다
日期 rìqī 날짜, 기간

A 평상시보다 비싸다	B 맛이 없다	C 곧 기한이 지난다	D 하나를 사면 하나를 끼워 준다

여: 오늘 우유의 가격이 평상시보다 할인이 많이 되었는데, 두 봉지 더 가져갈까?
남: 너 위에 생산 날짜글 봐, 모레면 기한이 지나.

질문: 오늘의 우유는 어떠한가?

정답 C

해설 대화를 들을 때 제시된 보기 A 比平时贵(평상시보다 비싸다), B 味道不好(맛이 없다), C 快过期了(곧 기한이 지나다), D 买一送一(하나를 사면 하나를 끼워 준다)가 모두 사물의 상태를 나타내므로, 대화를 들을 때 특정 사물의 상태와 관련하여 언급되는 내용을 주의 깊게 듣는다. 대화에서 여자가 남자에게 오늘 우유가 평소보다 할인이 많이 되었다고 하자, 남자가 后天就过期了(모레면 기한이 지나)라고 말했다. 질문이 오늘의 우유는 어떤지 물었으므로, C 快过期了(곧 기한이 지난다)가 정답이다. 참고로, 后天就 …… 了(모레면 …… 한다)가 快 …… 了(곧 …… 한다)로 바꿔 표현된 것에 유의한다.

☑ **고득점 노하우** 보기가 모두 상황 또는 상태와 관련된 내용이면, 대화를 들을 때 화자 또는 특정 대상의 상황이나 상태를 주의 깊게 듣는다.

2 중

A 兄妹	B 师生	C 父女	D 夫妻

男: 你决定要报考哪个专业了吗?
女: 我想报市场营销, 但我对自己的成绩没把握, 所以我想找您咨询一下。

问: 男的和女的可能是什么关系?

报考 bào kǎo (시험에) 응시하다　专业 zhuānyè 전공
市场营销 shìchǎng yíngxiāo 마케팅
没把握 méi bǎwò 자신이 없다
咨询 zīxún 자문을 구하다, 의견을 구하다

A 남매	B 사제	C 부녀	D 부부

남: 너 어느 전공에 응시할지 결정했니?
여: 저는 마케팅 전공에 응시하고 싶은데, 하지만 제 성적에 자신이 없어서, 당신을 찾아 뵙고 의견을 좀 구하고 싶습니다.

질문: 남자와 여자는 아마도 어떤 관계인가?

정답 B

해설 제시된 보기 A 兄妹(남매), B 师生(사제), C 父女(부녀), D 夫妻(부부)가 모두 인물 관계를 나타내는 어휘이므로, 대화를 들을 때 화자나 특정 인물이 어떤 관계인지 주의 깊게 듣는다. 대화에서 남자가 여자에게 어느 전공에 응시할지 결정했냐고 묻자, 여자가 我对自己的成绩没把握, 所以我想找您咨询一下(제 성적에 자신이 없어서, 당신을 찾아 뵙고 의견을 좀 구하고 싶습니다)라고 답했다. 이를 통해, 남자는 여자의 성적을 토대로 진로 상담을 해 줄 수 있는 사람이라는 것을 알 수 있다. 질문이 남자와 여자는 아마도 어떤 관계인지 물었으므로, B 师生(사제)이 정답이다. 참고로, 보통 대화자가 질문을 하면 답변에서 정답의 단서가 언급되는 경우가 많다.

☑ **고득점 노하우** 보기가 모두 인물 관계를 나타내는 표현이면, 대화를 들을 때 화자 혹은 특정 인물 간의 관계와 관련된 내용을 주의 깊게 듣는다.

3 중

A 体育设施太少	B 餐厅面积很小
C 教学楼不够用	D 学生宿舍不足

女: 操场南边正在建一座学生公寓, 据说年底就能建好。
男: 太棒了, 明年的新同学终于可以都住学校里边了。

问: 现在学校存在什么问题?

设施 shèshī 시설　餐厅 cāntīng 식당　面积 miànjī 면적
教学楼 jiàoxuélóu 강의실 건물　宿舍 sùshè 기숙사
不足 bùzú 부족하다　操场 cāochǎng 운동장
建 jiàn 짓다, 건설하다　座 zuò 고정된 물체를 세는 단위
公寓 gōngyù 기숙사, 아파트　据说 jùshuō 들리는 말에 의하면 ~라 한다
年底 niándǐ 연말　棒 bàng 좋다
终于 zhōngyú 드디어, 마침내, 결국　存在 cúnzài 존재하다

A 체육 시설이 너무 적다　　　　　　　　B 식당 면적이 매우 작다
C 강의실 건물이 사용하기에 부족하다　　　D 학생 기숙사가 부족하다

여: 운동장 남쪽에 학생 기숙사를 하나 짓고 있는데, 들리는 말에 의하면 연말에 다 지을 수 있다고 해.
남: 정말 잘 됐다, 내년의 신입생은 마침내 모두 학교 안에서 살 수 있겠네!

질문: 지금 학교에는 어떠한 문제가 존재하는가?　　　　　　　　　　　　　정답 D

해설 제시된 보기 A의 太少(너무 적다), B의 很小(매우 작다), C의 不够用(사용하기에 부족하다), D의 不足(부족하다)를 핵심어구로 체크해두고, 대화를 들을 때 이와 관련하여 언급되는 상태나 상황을 주의 깊게 듣는다. 대화에서 여자가 学生公寓(학생 기숙사)가 연말에 다 지어진다고 말하자, 남자가 终于可以都住学校里边了(마침내 모두 학교 안에서 살 수 있겠네)라고 답했다. 이를 통해, 연말에 기숙사 하나가 다 지어져야만 내년의 신입생들이 모두 학교 안에서 살 수 있다는 것을 알 수 있다. 질문이 지금 학교에는 어떤 문제가 존재하는지 물었으므로, D 学生宿舍不足(학생 기숙사가 부족하다)가 정답이다. 참고로, 公寓(기숙사, 아파트)가 宿舍(기숙사)로 바뀌 표현된 것에 유의한다.

✔ **고득점 노하우** 보기가 모두 상황 또는 상태와 관련된 내용이면, 대화를 들을 때 화자 또는 특정 대상의 상황이나 상태를 주의 깊게 듣는다.

4
중

A 样式很大方　　　B 大小不合适
C 颜色太鲜艳了　　D 摸起来不舒服

男: 你看这条围巾怎么样? 丝绸做的, 颜色也不算太鲜艳, 很适合你。
女: 嗯, 摸起来光滑柔软, 样式也很大方。我戴ㅏ试试。

问: 女的觉得那条围巾怎么样?

样式 yàngshì 몡 스타일	大方 dàfang 톙 세련되다, 대범하다, 인색하지 않다
合适 héshì 톙 알맞다, 어울리다	鲜艳 xiānyàn 톙 화려하다
摸 mō 동 만지다, 더듬다	围巾 wéijīn 몡 스카프, 목도리
丝绸 sīchóu 몡 실크 适合 shìhé 동 어울리다, 알맞다	嗯 èng 감탄 음, 으음
摸 mō 동 만지다, 더듬다	光滑 guānghuá 톙 매끄럽다
柔软 róuruǎn 톙 보들보들하다, 부드럽다	戴 dài 두르다, 쓰다

A 스타일이 매우 세련되었다　B 크기가 알맞지 않다　　C 색이 너무 화려하다　　D 만져보니 불쾌하다

남: 네가 보기에 이 스카프 어떤 거 같아? 실크로 만들었고, 색도 너무 화려한 편이 아니라서, 너한테 매우 어울려.
여자: 음, 만져 보니 매끄럽고 보들보들하고, 스타일도 매우 세련되었네! 한번 둘러볼게.

질문: 여자는 그 스카프가 어떻다고 생각하는가?　　　　　　　　　　　　정답 A

해설 제시된 보기 A 样式很大方(스타일이 매우 세련되었다), B 大小不合适(크기가 알맞지 않다), C 颜色太鲜艳了(색이 너무 화려하다), D 摸起来不舒服(만져 보니 불쾌하다)가 모두 사물의 상태를 나타내므로, 대화를 들을 때 특정 사물의 상태와 관련하여 언급되는 내용을 주의 깊게 듣는다. 대화에서 남자가 여자에게 这条围巾(이 스카프)이 어떠냐고 묻자, 여자가 样式也很大方(스타일도 매우 세련되었네)이라고 답했다. 질문이 여자는 그 스카프를 어떻게 생각하는지 물었으므로, A 样式很大方(스타일이 매우 세련되었다)이 정답이다. 참고로, 보통 대화자가 질문을 하면 답변에서 정답의 단서가 언급되는 경우가 많다.

✔ **고득점 노하우** 보기가 모두 상황 또는 상태와 관련된 내용이면, 대화를 들을 때 화자 또는 특정 대상의 상황이나 상태를 주의 깊게 듣는다.

5
중

A 着凉了　B 发烧了　C 过敏了　D 生气了

女: 你怎么打起喷嚏来了? 是不是着凉了? 我把空调关掉吧。
男: 不需要, 我不冷。可能是屋子里灰尘太多, 我鼻子过敏。

问: 男的为什么打喷嚏了?

着凉 zháoliáng 동 감기에 걸리다	发烧 fāshāo 동 열이 나다
过敏 guòmǐn 동 알레르기 반응을 보이다	打喷嚏 dǎ pēntì 재채기를 하다
关掉 guāndiào 동 꺼 버리다	屋子 wūzi 몡 방 灰尘 huīchén 몡 먼지

A 감기에 걸렸다　　　　　B 열이 났다　　　　　C 알레르기 반응을 보였다　　　D 화가 났다

여: 너 왜 재채기를 하고 있니? 감기에 걸린 것 아냐? 내가 에어컨을 꺼 버릴게.
남: 그럴 필요 없어, 난 춥지 않아. 아마도 방에 먼지가 많아서, 내 코가 알레르기 반응을 보였나 봐.

질문: 남자는 왜 재채기를 하였는가?　　　　　　　　　　　　　　　　　　정답 C

해설 제시된 보기 A 着凉了(감기에 걸렸다), B 发烧了(열이 났다), C 过敏了(알레르기 반응을 보였다), D 生气了(화가 났다)가 모두 상태를 나타내므로, 대화를 들을 때 화자 또는 특정 대상의 상태와 관련된 내용을 주의 깊게 듣는다. 대화에서 여자가 남자에게 你怎么打起喷嚏来了?(너 왜 재채기를 하고 있니?)라고 묻자, 남자가 我鼻子过敏(내 코가 알레르기 반응을 보였나 봐)이라고 답했다. 질문이 남자는 왜 재채기를 하였는지 물었으므로, C 过敏了(알레르기 반응을 보였다)가 정답이다.

✔ **고득점 노하우** 보기가 모두 상황 또는 상태와 관련된 표현이면, 대화를 들을 때 화자 또는 특정 대상의 상황이나 상태를 주의 깊게 듣는다.

6
중

A 表演　B 骑车　C 打球　D 购物

男: 小言说演出需要黑色牛仔裤, 咱们去服装市场帮她买一条吧!

女: 嗯, 她这两天骑自行车说手冷, 正好想给她买副手套。

问: 他们打算去做什么?

表演 biǎoyǎn 图 공연하다	购物 gòuwù 图 물건을 사다
演出 yǎnchū 图 공연 图 공연하다	黑色 hēisè 图 검은색
牛仔裤 niúzǎikù 图 청바지	服装 fúzhuāng 图 의류
市场 shìchǎng 图 시장	嗯 èng 图 그래, 응　正好 zhènghǎo 图 마침
副 fù 图 짝으로 된 물건을 세는 단위　手套 shǒutào 图 장갑	

A 공연한다　　　　　　B 자전거를 탄다　　　　　　C 공을 친다　　　　　　D 물건을 산다

남: 샤오옌이 공연에 검은색 청바지가 필요하다고 말했어, 우리 의류 시장에 가서 그녀를 위해 한 벌 사자!

여: 그래, 그녀가 요 며칠 자전거를 타면서 손이 시리다 말해서, 마침 그녀에게 장갑 한 켤레를 사 줄 생각이었어.

질문: 그들은 무엇을 하러 갈 예정인가?

정답 D

해설 제시된 보기 A 表演(공연한다), B 骑车(자전거를 탄다), C 打球(공을 친다), D 购物(물건을 산다)가 모두 행동을 나타내므로, 대화를 들을 때 화자 또는 특정 인물이 하고 있거나 하려는 행동이 무엇인지 주의 깊게 듣는다. 대화에서 남자가 咱们去服装市场帮她买一条吧!(우리 의류 시장에 가서 그녀를 위해 한 벌 사자!)라고 말하자, 여자가 그러자고 답했다. 이를 통해, 두 사람은 샤오옌에게 줄 물건을 사기 위해 의류 시장에 갈 것임을 알 수 있다. 질문이 그들은 무엇을 하러 갈 예정인지 물었으므로, D 购物(물건을 산다)가 정답이다. 참고로, 买(사다)가 购物(물건을 산다)로 바꿔 표현된 것에 유의한다.

☑ **고득점 노하우** 제시된 보기가 모두 행동 관련 표현인 경우, 대화를 들을 때 화자 또는 특정 인물이 하고 있거나 하려는 행동이 무엇인지를 주의 깊게 듣는다.

7
중

A 遗憾　　B 委屈　　C 舍不得　D 无所谓

女: 昨天晚上的决赛太精彩了, 你没看真可惜。

男: 公司每天那么多业务要处理, 我觉都不够睡了, 哪儿还有什么心情看比赛啊。

问: 没有看到比赛, 男的觉得怎么样?

遗憾 yíhàn 图 유감이다	委屈 wěiqu 图 억울하다
舍不得 shěbude 图 미련이 남다	无所谓 wúsuǒwèi 图 상관없다
决赛 juésài 图 결승전　精彩 jīngcǎi 图 훌륭하다	可惜 kěxī 图 아쉽다
业务 yèwù 图 업무　处理 chǔlǐ 图 처리하다	心情 xīnqíng 图 마음

A 유감이다　　　　　　B 억울하다　　　　　　C 미련이 남는다　　　　　　D 상관없다

여: 어제 저녁의 결승전은 정말 훌륭했어, 네가 못 봐서 정말 아쉽다.

남: 회사에서 매일 그 많은 업무를 처리해야 해서, 나는 잠도 부족하다고 생각하는데, 경기를 볼 마음이 또 어디 있겠니.

질문: 시합을 보지 못해서, 남자는 어떻게 느끼는가?

정답 D

해설 제시된 보기 A 遗憾(유감이다), B 委屈(억울하다), C 舍不得(미련이 남는다), D 无所谓(상관없다)가 모두 감정이나 기분을 나타내므로, 대화를 들을 때 화자 또는 특정 인물의 감정이나 기분이 어떠한지 주의 깊게 듣는다. 대화에서 여자가 어제 저녁의 결승전을 남자가 못 봐서 아쉽다고 하자, 남자가 我觉都不够睡了, 哪儿还有什么心情看比赛啊(나는 잠도 부족하다고 생각하는데, 경기를 볼 마음이 또 어디 있겠니)라고 답했다. 이를 통해, 남자는 딱히 결승전을 볼 마음이 없었음을 알 수 있다. 질문이 시합을 보지 못해서 남자는 어떻게 느끼는지 물었으므로, D 无所谓(상관없다)가 정답이다.

☑ **고득점 노하우** 보기가 모두 사람의 감정과 관련된 표현이면, 대화를 들을 때 화자의 상태와 관련된 표현을 주의 깊게 듣는다.

8
하

A 交完费以后　　　　B 做完检查后
C 拿到报告后　　　　D 做完手术后

男: 您好! 我前天摔了一下, 腿一直很疼, 想确定骨头有没有受伤。

女: 我给你开个单子, 你先做检查, 拿到报告以后再回来给我看。

问: 男的应该什么时候回到女的这儿来?

交费 jiāofèi 图 비용을 내다	检查 jiǎnchá 图 검사하다
报告 bàogào 图 보고서 图 보고하다	手术 shǒushù 图 수술
摔 shuāi 图 넘어지다, 내던지다	腿 tuǐ 图 다리
确定 quèdìng 图 확인하다, 확정하다	骨头 gǔtou 图 뼈
受伤 shòushāng 图 다치다, 상처를 입다	开 kāi 图 (영수증을) 작성하다, 열다
单子 dānzi 图 접수증, 리스트, 명세서	

A 비용을 낸 후　　　　　B 검사를 끝낸 후　　　　　C 보고서를 받은 후　　　　　D 수술을 끝낸 후

남: 안녕하세요! 그저께 제가 넘어졌는데, 다리가 계속 아파서, 뼈를 다쳤는지 확인하고 싶습니다.

여: 제가 접수증을 작성해 드릴게요, 우선 검사를 하고, 검사 보고서를 받은 후 다시 돌아오셔서 저에게 보여주세요.

질문: 남자는 언제 여자에게 돌아와야 하는가?

정답 C

해설 제시된 보기가 모두 后(~한 후)로 끝나므로 A의 交完费(비용을 내다), B의 做完检查(검사를 끝내다), C의 拿到报告(보고서를 받다), D의 做完手术(수술을 끝내다)를 핵심어구로 체크해두고 관련된 내용을 주의 깊게 듣는다. 대화에서 남자가 여자에게 뼈를 다쳤는지 확인하고 싶다고 말하자, 여자가 우선 검사를 하고 拿到报告以后再回来给我看(검사 보고서를 받은 후 다시 돌아오셔서 저에게 보여주세요)이라고 답했다. 질문이 남자가 언제 여자에게 돌아와야 하는지 물었으므로, C 拿到报告后(보고서를 받은 후)가 정답이다.

☑ **고득점 노하우** 보기가 모두 같은 형태이면서 반복되는 어휘를 포함하고 있으면, 각 보기를 구별해주는 표현을 핵심어구로 체크하고 이와 관련된 내용을 주의 깊게 듣는다.

9
중

| A 觉得待遇不好 | B 个人能力不够 |
| C 做项目失败了 | D 老板不欣赏他 |

待遇 dàiyù 圆 (급료·보수·권리·지위 등의) 대우 圆 대우하다
项目 xiàngmù 圆 프로젝트 失败 shībài 圆 실패하다 老板 lǎobǎn 圆 사장
欣赏 xīnshǎng 圆 좋아하다, 감상하다 辞职 cízhí 圆 사직하다
能干 nénggàn 圆 일을 잘하다, 유능하다 可靠 kěkào 圆 믿음직하다
涨 zhǎng 圆 (물가가) 오르다 工资 gōngzī 圆 월급 同意 tóngyì 圆 동의하다

女: 小王怎么辞职了? 像他这么又能干又可靠的, 以后难找第二个了。
男: 据说是让老板给他涨工资, 老板没同意。

问: 小王为什么辞职?

A 대우가 좋지 않다고 느꼈다　　　　　　　　　 B 개인 능력이 부족하다
C 추진한 프로젝트가 실패했다　　　　　　　　　 D 사장이 그를 좋아하지 않는다

여: 샤오왕은 어째서 사직한 거죠? 그와 같이 이렇게 일 잘하고 믿음직한 사람을, 이후 두 번째는 찾기 힘들 거예요.
남: 들리는 말에 의하면 사장에게 그의 월급을 올려 달라고 했는데, 사장이 동의하지 않았다고 해요.

질문: 샤오왕은 왜 사직을 했는가?

정답 A

해설 제시된 보기 A의 待遇(대우), B의 能力(능력), C의 项目(프로젝트), D의 欣赏(좋아하다)을 핵심어구로 체크해두고, 대화를 들을 때 이와 관련하여 언급되는 내용을 주의 깊게 듣는다. 대화에서 여자가 小王怎么辞职了?(샤오왕은 어째서 사직한 거죠?)라고 묻자, 남자가 让老板给他涨工资, 老板没同意(사장에게 그의 월급을 올려 달라고 했는데, 사장이 동의하지 않았다고 해요)라고 답했다. 이를 통해, 샤오왕은 월급 인상이 받아들여지지 않아서 사직했다는 것을 알 수 있다. 질문이 샤오왕은 왜 사직을 했는지 물었으므로, 남자의 말을 통해 유추할 수 있는 A 觉得待遇不好(대우가 좋지 않다고 느꼈다)가 정답이다. 참고로, 工资(월급)가 待遇(대우)로 바꿔 표현된 것에 유의한다.

☑ **고득점 노하우** 보기가 모두 공통점을 찾기 어려운 긴 문장인 경우, 각 보기에서 아는 단어를 신속히 체크해두고, 대화를 들을 때 이와 관련된 내용을 주의 깊게 듣는다.

10
중

| A 主持节目 | B 兑换奖金 |
| C 换人民币 | D 接待客人 |

主持 zhǔchí 圆 사회를 보다 兑换 duìhuàn 圆 현금으로 바꾸다, 환전하다
奖金 jiǎngjīn 圆 상금 人民币 rénmínbì 圆 인민폐 (중국의 화폐 단위)
接待 jiēdài 圆 접대하다 抽 chōu 圆 뽑다 中 zhòng 圆 당첨되다, 맞히다
奖 jiǎng 圆 상 恭喜 gōngxǐ 圆 축하하다 登记 dēngjì 圆 서명하다, 등기하다
领取 lǐngqǔ 圆 수령하다

男: 请问, 我刚抽中了四等奖, 是在这里兑换吗?
女: 对, 恭喜您! 四等奖是奖金100元, 您登记一下就可以领取了。

问: 男的正在做什么?

A 프로그램 사회를 본다　　 B 상금을 현금으로 바꾼다　　 C 인민폐를 바꾼다　　　　 D 손님을 접대한다

남: 실례합니다, 제가 방금 4등상을 뽑아 당첨되었는데, 여기서 현금으로 바꾸는 것이 맞나요?
여: 네, 축하드립니다! 4등상은 상금 100위안이며, 서명하시면 바로 수령하실 수 있습니다.

질문: 남자는 무엇을 하고 있는가?

정답 B

해설 제시된 보기 A 主持节目(프로그램 사회를 본다), B 兑换奖金(상금을 현금으로 바꾼다), C 换人民币(인민폐를 바꾼다), D 接待客人(손님을 접대한다)이 모두 행동을 나타내므로, 대화를 들을 때 화자 또는 특정 인물이 하고 있거나 하려는 행동이 무엇인지 주의 깊게 듣는다. 대화에서 남자가 我刚抽中了四等奖, 是在这里兑换吗?(제가 방금 4등상을 뽑아 당첨되었는데, 여기서 현금으로 바꾸는 것이 맞나요?)라고 묻자, 여자가 맞다고 답했다. 질문이 남자는 무엇을 하고 있는지 물었으므로, B 兑换奖金(상금을 현금으로 바꾼다)이 정답이다. 참고로, 中은 zhōng으로 발음될 때는 '가운데, 중심'이라는 뜻을 가지지만, zhòng으로 발음될 때에는 '당첨되다, 맞히다'라는 뜻을 가지고 있다.

☑ **고득점 노하우** 제시된 보기가 모두 행동과 관련된 짧은 문장인 경우, 대화를 들을 때 화자 또는 특정 인물이 하고 있거나 하려는 행동이 무엇인지를 주의 깊게 듣는다.

A 他们兴趣爱好不同
B 他们教育观念不同
C 他们消费习惯不同
D 他们生活习惯不同

女: 听说你们单位老王离婚了?
男: 是啊, 他和他老婆总是为孩子的教育问题吵架, 时间一长就没感情了。

问: 老王为什么和爱人离婚了?

兴趣爱好 xìngqù àihào 흥미와 취미 教育 jiàoyù 圈 교육 图 교육하다
观念 guānniàn 관념 消费 xiāofèi 图 소비하다 单位 dānwèi 직장
离婚 líhūn 图 이혼하다 老婆 lǎopo 아내 总是 zǒngshì 줄곧, 언제나
吵架 chǎojià 말다툼하다 感情 gǎnqíng 애정, 감정
爱人 àiren 남편 혹은 아내, 애인

A 그들의 흥미와 취미가 다르다   B 그들의 교육 관념이 다르다
C 그들의 소비 습관이 다르다   D 그들의 생활 습관이 다르다

여: 듣자니 너희 직장의 라오왕이 이혼했다며?
남: 맞아, 그와 그의 아내는 줄곧 아이의 교육 문제 때문에 말다툼을 했는데, 시간이 지나자 애정이 없어졌어.

질문: 라오왕은 왜 아내와 이혼했는가?

정답 B

해설 제시된 보기가 모두 他们~不同의 형태이므로 A의 兴趣爱好(흥미와 취미), B의 教育观念(교육 관념), C의 消费习惯(소비 습관), D의 生活习惯(생활 습관)을 핵심어구로 체크해두고, 대화를 들을 때 이와 관련하여 언급되는 내용을 주의 깊게 듣는다. 대화에서 여자가 남자에게 라오왕이 이혼했다는 것을 들었다고 하자, 남자가 他和他老婆总是为孩子的教育问题吵架, …… 就没感情了(그와 그의 아내는 줄곧 아이의 교육 문제 때문에 말다툼을 했는데, …… 애정이 없어졌어)라며 라오왕이 이혼한 이유를 설명했다. 질문이 라오 왕은 왜 아내와 이혼했는지 물었으므로, 교육 문제 때문에 말다툼을 했다는 내용을 통해 유추할 수 있는 B 他们教育观念不同(그들 의 교육 관념이 다르다)이 정답이다. 참고로, 보통 대화자가 질문을 하면 답변에서 정답의 단서가 언급되는 경우가 많다.

☑ **고득점 노하우** 보기가 모두 같은 형태이면서 반복되는 어휘를 포함하고 있으면, 각 보기를 구별해주는 표현을 핵심어구로 체크하고 이와 관련된 내용을 주의 깊게 듣는다.

A 贷款买车了   B 开车闯红灯了
C 车乱停乱放了   D 发生交通事故了

男: 你为什么又要去银行交罚款?
女: 别提了, 我没把车停在指定位置, 又被罚了。

问: 女的怎么了?

贷款 dàikuǎn 图 대출하다 闯 chuǎng 图 무시하고 뛰어들다, 달리다
红灯 hóngdēng 图 빨간불 闯红灯 chuǎng hóngdēng 신호를 무시하고 지나가다
乱 luàn 图 제멋대로, 함부로 停 tíng 图 정차하다, 멈추다
交通事故 jiāotōng shìgù 圈 교통사고 交 jiāo 图 내다, 제출하다
罚款 fákuǎn 图 벌금 图 벌금을 물리다 别提了 biétíle 말도 마
指定 zhǐdìng 图 지정하다 位置 wèizhi 圈 위치 罚 fá 처벌하다

A 대출해서 차를 샀다   B 운전 중 빨간불을 무시하고 지나갔다
C 차를 아무 곳에 제멋대로 세워 두었다   D 교통사고가 발생했다

남: 너 왜 또 은행에 가서 벌금을 내야 하니?
여: 말도 마, 내가 차를 지정된 위치에 정차하지 않아서 또 처벌 받았어.

질문: 여자는 어떻게 된 일인가?

정답 C

해설 제시된 보기 A의 买车了(차를 샀다), B의 闯红灯了(빨간불을 무시하고 지나갔다), C의 乱停乱放了(아무 곳에 제멋대로 세워 두었다), D의 发生 …… 了(발생했다)를 핵심어구로 체크해두고, 대화를 들을 때 이와 관련하여 언급되는 상태나 상황을 주의 깊게 듣는다. 대 화에서 남자가 여자에게 왜 또 벌금을 내냐고 묻자, 여자가 我没把车停在指定位置(내가 차를 지정된 위치에 정차하지 않아서)이라 고 답했다. 질문이 여자는 어떻게 된 일인지 물었으므로, C 车乱停乱放了(차를 아무 곳에 제멋대로 세워 두었다)가 정답이다. 참고로, 没把车停在指定位置(차를 지정된 위치에 정차하지 않았다)이 车乱停乱放了(차를 아무 곳에 제멋대로 세워 두었다)로 바꿔 표현된 것에 유의한다.

☑ **고득점 노하우** 제시된 보기에 형용사 또는 了로 끝나는 문장이 있을 경우, 화자 또는 특정 대상의 상황이나 상태를 주의 깊게 듣는다.

A 安装软件   B 翻译字幕
C 播放节目   D 下载资源

女: 学校网上有很多可以播放的影视资源, 但大部分没有中文字幕。
男: 你可以安装一个软件, 它可以帮你自动搜索字幕。

问: 男的建议女的做什么?

安装 ānzhuāng 图 설치하다 软件 ruǎnjiàn 圈 소프트웨어
翻译 fānyì 图 번역하다 字幕 zìmù 圈 자막 播放 bōfàng 图 방영하다
下载 xiàzài 图 다운로드하다 资源 zīyuán 圈 리소스(IT 용어), 자원
影视 yǐngshì 圈 영상 大部分 dàbùfen 图 대부분
自动 zìdòng 图 자동으로
搜索 sōusuǒ 图 (인터넷을) 검색하다, (숨겨 둔 사람이나 물건을) 수색하다
建议 jiànyì 图 제안하다

A 소프트웨어를 설치한다　　 B 자막을 번역한다　　　 C 프로그램을 방영한다　　 D 리소스를 다운로드한다

여: 학교 인터넷에는 방영이 가능한 영상 리소스가 많아, 하지만 대부분 중국어 자막이 없어.

남: 너 소프트웨어를 하나 설치해 보면 될 것 같아, 그것이 네가 자동으로 자막을 검색하는 것을 도와줄 수 있을 거야.

질문: 남자는 여자에게 무엇을 하라고 제안하는가?　　　　　　　　　　　　　　　　　　　　　　　　　　　　　　정답 A

해설 제시된 보기 A의 安装(설치하다), B의 翻译(번역하다), C의 播放(방영하다), D의 下载(다운로드 하다)가 모두 행동을 나타내므로, 대화를 들을 때 화자 또는 특정 인물이 하고 있거나 하려는 행동이 무엇인지 주의 깊게 듣는다. 대화에서 여자가 학교 인터넷에 영상 리소스가 많지만 대부분 중국어 자막이 없다고 하자, 남자가 你可以安装一个软件(너 소프트웨어를 하나 설치해 보면 될 것 같아)이라고 제안했다. 질문이 남자는 여자에게 무엇을 하라고 제안했는지 물었으므로, A 安装软件(소프트웨어를 설치한다)이 정답이다.

☑ **고득점 노하우** 제시된 보기가 모두 행동과 관련된 짧은 문장인 경우, 대화를 들을 때 화자 또는 특정 인물이 하고 있거나 하려는 행동이 무엇인지를 주의 깊게 듣는다.

14
하

| A 演讲录音 | B 设计方案 |
| C 毕业论文 | D 工作报告 |

男: 你要爱惜身体, 别再熬夜了。

女: 导师已经催过我好几次了, 我答应明天一定交
　　论文, 不然就毕不了业了。

问: 女的明天要交什么?

演讲 yǎnjiǎng 몡 강연 됭 강연하다　录音 lùyīn 몡 녹음 됭 녹음하다
设计 shèjì 몡 설계 됭 설계하다　方案 fāng'àn 몡 방안
毕业 bìyè 몡 졸업 됭 졸업하다　论文 lùnwén 몡 논문
报告 bàogào 몡 보고서 됭 보고하다　爱惜 àixī 됭 아끼다
熬夜 áoyè 됭 밤을 새다　导师 dǎoshī 몡 지도 교수　催 cuī 됭 재촉하다
答应 dāying 됭 대답하다　交 jiāo 됭 제출하다　不然 bùrán 젭 그렇지 않으면

A 강연 녹음　　　　　 B 설계 방안　　　　　 C 졸업 논문　　　　　 D 업무 보고서

남: 너 몸을 아껴야 해, 더는 밤을 새지 마.

여: 지도 교수님이 이미 여러 차례 날 재촉하셨고, 나는 내일 반드시 논문을 제출하겠다고 대답했어, 그렇지 않으면 졸업을 할 수 없어.

질문: 여자는 내일 무엇을 제출해야 하는가?　　　　　　　　　　　　　　　　　　　　　　　　　　　　　　정답 C

해설 제시된 보기 A의 录音(녹음), B 方案(방안), C 论文(논문), D 报告(보고서)를 핵심어구로 체크해두고, 대화를 들을 때 이와 관련하여 언급되는 내용을 주의 깊게 듣는다. 대화에서 남자가 여자에게 밤을 새우지 말라고 하자, 여자가 我答应明天一定交论文, 不然就毕不了业(나는 내일 반드시 논문을 제출하겠다고 대답했어, 그렇지 않으면 졸업을 할 수 없어)라고 답했다. 질문이 여자는 내일 무엇을 제출해야 하는지 물었으므로, 논문을 제출하지 않으면 졸업할 수 없다는 내용으로 알 수 있는 C 毕业论文(졸업 논문)이 정답이다.

☑ **고득점 노하우** 제시된 보기가 서로 다른 특정 명사인 경우에는, 대화를 들을 때 각 명사들과 관련된 내용을 주의 깊게 듣는다.

15
중

| A 他们常常加班 | B 培训非常成功 |
| C 女的负责销售 | D 项目已经结束 |

女: 这个培训项目总算结束了, 没想到在这么艰苦
　　的地方住了这么久。

男: 是啊, 已经连续三周没回家了, 终于可以回去
　　啦。

问: 根据对话, 可以知道什么?

加班 jiābān 됭 초과 근무를 하다　培训 péixùn 됭 훈련하다, 육성하다
负责 fùzé 됭 책임지다　销售 xiāoshòu 됭 판매하다
项目 xiàngmù 몡 프로그램, 프로젝트　结束 jiéshù 됭 끝나다, 종료하다
总算 zǒngsuàn 囝 마침내, 겨우, 간신히　艰苦 jiānkǔ 휑 힘들다, 고달프다
地方 dìfang 몡 곳, 장소, 자리　连续 liánxù 됭 연속하다
终于 zhōngyú 囝 드디어, 마침내

A 그들은 자주 초과 근무를 한다　　　　　　　　　　 B 훈련은 매우 성공적이다

C 여자는 판매를 책임진다　　　　　　　　　　　　　 D 프로그램이 이미 끝났다

여: 이 훈련 프로그램이 마침내 끝났어, 이렇게 힘든 곳에서 이토록 오랫동안 머물 거라고는 생각지도 못했어.

남: 맞아, 이미 연속해서 3주간 집에 못 돌아갔는데, 드디어 돌아갈 수 있겠어.

질문: 대화를 통해, 무엇을 알 수 있는가?　　　　　　　　　　　　　　　　　　　　　　　　　　　　　　정답 D

해설 제시된 보기 A의 加班(초과 근무를 하다), B의 培训(훈련하다), C의 销售(판매), D의 项目(프로그램)를 핵심어구로 체크해두고, 대화를 들을 때 이와 관련하여 언급되는 내용을 주의 깊게 듣는다. 대화에서 여자가 这个培训项目总算结束了(이 훈련 프로그램이 마침내 끝났어)라고 말했다. 질문이 대화를 통해 무엇을 알 수 있는지 물었으므로, D 项目已经结束(프로그램이 이미 끝났다)가 정답이다. 참고로, 总算结束了(마침내 끝났다)가 已经结束(이미 끝났다)로 바꿔 표현된 것에 유의한다.

☑ **고득점 노하우** 보기가 모두 공통점을 찾기 어려운 긴 문장인 경우, 각 보기에서 아는 단어를 신속히 체크해두고, 대화를 들을 때 이와 관련된 내용을 주의 깊게 듣는다.

16
중

A 学费比较贵　　　　B 儿子不想学
C 会耽误学习　　　　D 怕儿子吃苦

男: 既然儿子对武术感兴趣, 我们给他报个武术的学习班吧。
女: 学武术太苦了, 他年纪还太小了, 我舍不得。

问: 女的为什么不想让儿子学武术?

学费 xuéfèi 🏷 학비, 수업료　耽误 dānwu 🏷 일을 그르치다
怕 pà 🏷 걱정이 되다, 두려워하다　吃苦 chīkǔ 🏷 고생하다
既然 jìrán 🏷 ~만큼, ~된 바에야　武术 wǔshù 🏷 무술
苦 kǔ 🏷 힘들다　年纪 niánjì 🏷 나이
舍不得 shěbude 🏷 선뜻 ~하지 못 하다, 아쉽다, 미련이 남다

A 학비가 비교적 비싸다　　　　　　　　B 아들이 배우기 싫어한다
C 학습을 그르칠 수 있다　　　　　　　　D 아들이 고생하는 것이 걱정된다

남: 아들이 무술에 흥미를 느끼고 있는 만큼, 우리가 그에게 무술 학습반을 신청해 줍시다.
여: 무술을 배우는 건 너무 힘들잖아요, 그의 나이는 아직 너무 어리고요, 전 선뜻 못 하겠어요.

질문: 여자는 어째서 아들에게 무술을 배우게 하는 것을 원하지 않는가?

정답 D

해설 제시된 보기 A의 学费(학비), B의 学(배우다), C의 学习(학습하다), D의 吃苦(고생하다)를 핵심어구로 체크해두고, 대화를 들을 때 이와 관련하여 언급되는 내용을 주의 깊게 듣는다. 대화에서 남자가 아들에게 무술 학습반을 신청해 주자고 하자, 여자가 学武术太苦了, …… 我舍不得(무술을 배우는 건 너무 힘들잖아요, …… 전 선뜻 못 하겠어요)라고 말했다. 이를 통해, 여자는 어린 아들이 힘들어 할까봐 무술 수업을 신청해 주고 싶지 않다는 것을 알 수 있다. 질문이 여자는 어째서 아들에게 무술을 배우게 하는 것을 원하지 않는지 물었으므로, D 怕儿子吃苦(아들이 고생하는 것이 걱정된다)가 정답이다.

✅ **고득점 노하우** 보기가 모두 공통점을 찾기 어려운 긴 문장인 경우, 각 보기에서 아는 단어를 신속히 체크해두고, 대화를 들을 때 이와 관련된 내용을 주의 깊게 듣는다.

17
상

A 尽量参加30号的咨询会
B 跟负责人协调一下时间
C 坐1号晚上的飞机回家
D 把咨询会的时间推迟几天

女: 咨询会调整到30号下午了? 哎呀, 我刚买了上午回家的机票。
男: 还是把机票换成1号的吧, 不然你就参加不了了。

问: 根据对话, 男的建议女的做什么?

尽量 jǐnliàng 🏷 가능한 한, 되도록　咨询会 zīxúnhuì 🏷 상담회
负责人 fùzérén 🏷 책임자　协调 xiétiáo 🏷 조정하다
推迟 tuīchí 🏷 뒤로 미루다, 연기하다　调整 tiáozhěng 🏷 조정하다
哎呀 āiyā 🏷 아이고!(유감을 나타내며)　换成 huànchéng 🏷 ~으로 바꾸다
不然 bùrán 🏷 그렇지 않으면, 아니면
建议 jiànyì 🏷 (자신의 주장이나 의견을) 제안하다, 건의하다

A 가능한 30일의 상담회에 참가한다　　　　B 책임자와 시간을 조정한다
C 1일 저녁 비행기를 타고 집에 돌아간다　　D 상담회의 시간을 며칠 뒤로 미룬다

여: 상담회가 30일 오후에 조정됐다고? 아이고, 내가 방금 오전에 집으로 돌아가는 비행기 표를 샀어.
남: 비행기 표를 1일 것으로 바꾸는 편이 더 좋겠어, 그렇지 않으면 넌 참석할 수 없을 거야.

질문: 대화에 근거하여, 남자는 여자에게 무엇을 하라고 제안하는가?

정답 A

해설 제시된 보기 A의 30号(30일), B의 协调 …… 时间(시간을 조정하다), C의 1号晚上(1일 저녁), D의 时间推迟(시간을 미루다)을 핵심어구로 체크해두고, 대화를 들을 때 이와 관련하여 언급되는 내용을 주의 깊게 듣는다. 대화에서 여자가 咨询会调整到30号下午了?(상담회가 30일 오후로 조정됐다고?)라며 상담회의 조정된 날짜가 본인이 구입한 비행기 표 일정과 겹친다고 하자, 남자는 还是把机票换成1号的吧(비행기 표를 1일 것으로 바꾸는 편이 더 좋겠어)라며, 표를 바꾸지 않으면 상담회에 참석할 수 없을 것이라고 말했다. 질문이 남자는 여자에게 무엇을 하라고 제안했는지 물었으므로, 비행기 표의 일정을 1일로 바꾸라는 남자의 말을 통해 유추할 수 있는 A 尽量参加30号的咨询会(가능한 30일의 상담회에 참가한다)가 정답이다.

✅ **고득점 노하우** 보기가 모두 공통점을 찾기 어려운 긴 문장인 경우, 각 보기에서 아는 단어를 신속히 체크해두고, 대화를 들을 때 이와 관련된 내용을 주의 깊게 듣는다.

제1회

제2회

제3회

제4회

제5회
듣기

해커스 HSK 5급 실전모의고사

18
중

A 抽屉里东西太多
B 保险的发票丢了
C 男的要学会整理
D 男的应该去看病

男：你看到我的保险单了吗？我找不到了。
女：我帮你放在抽屉里了，你乱放东西的毛病真得改改，你看，发票、剪刀都放在键盘上了。

问：女的是什么意思？

抽屉 chōuti 폥 서랍　保险 bǎoxiǎn 폥 보험　发票 fāpiào 폥 영수증
丢 diū 종 잃어버리다　整理 zhěnglǐ 종 정리하다
保险单 bǎoxiǎndān 폥 보험 증권
乱 luàn 쀠 함부로, 제멋대로
毛病 máobìng 폥 나쁜 버릇　改 gǎi 종 고치다, 바로잡다
剪刀 jiǎndāo 폥 가위　键盘 jiànpán 폥 키보드

A 서랍에 물건이 너무 많다　　　　　　　　　B 보험 영수증을 잃어버렸다
C 남자는 정리하는 것을 배워야 한다　　　　　D 남자는 진찰 받으러 가야 한다

남：너 내 보험 증권 봤니? 난 찾을 수가 없어.
여：내가 서랍 안에 넣어뒀어, 넌 물건을 함부로 두는 나쁜 버릇을 정말 고쳐야 해, 봐봐, 영수증, 가위 모두 키보드 위에 놓아두었잖아.
질문：여자의 말은 무슨 의미인가?

정답 C

해설 제시된 보기 A의 东西太多(물건이 너무 많다), B의 发票丢了(영수증을 잃어버리다), C의 学会整理(정리하는 것을 배우다), D의 看病(진찰을 받다)을 핵심어구로 체크해두고, 대화를 들을 때 이와 관련하여 언급되는 내용을 주의 깊게 듣는다. 대화에서 남자가 자신의 보험 증권을 찾을 수 없다고 하자, 여자가 你乱放东西的毛病真得改改(넌 물건을 함부로 두는 나쁜 버릇을 정말 고쳐야 해)라고 답했다. 질문이 여자의 말은 무슨 의미인지 물었으므로, C 男的要学会整理(남자는 정리하는 것을 배워야 한다)가 정답이다.

✅ **고득점 노하우** 보기가 모두 공통점을 찾기 어려운 긴 문장인 경우, 각 보기에서 아는 단어를 신속히 체크해두고, 대화를 들을 때 이와 관련된 내용을 주의 깊게 듣는다.

19
중

A 有虫子了　　　　B 浇水过多
C 营养不够　　　　D 阳光不足

女：你又要给花儿浇水吗？阴雨天没必要浇，否则根会烂的。
男：怪不得这几天叶子有点黄了，幸亏你提醒我。

问：花的叶子为什么黄了？

虫子 chóngzi 폥 벌레　浇 jiāo 종 뿌리다　营养 yíngyǎng 폥 영양
阳光 yángguāng 폥 햇빛　不足 bùzú 폥 부족하다
阴雨天 yīnyǔtiān 흐리고 비가 오는 날　必要 bìyào 폥 필요로 하다
否则 fǒuzé 쩐 만약 그렇지 않으면　根 gēn 폥 뿌리　烂 làn 폥 썩다
怪不得 guàibude 쀠 어쩐지　叶子 yèzi 폥 잎
黄 huáng 폥 노랗다, 누렇다　幸亏 xìngkuī 쀠 다행히
提醒 tíxǐng 종 일깨우다

A 벌레가 생겼다　　　　B 물을 과하게 많이 뿌렸다　　　C 영양이 부족하다　　　　D 햇빛이 부족하다

여：너 또 꽃에 물을 뿌리려고? 흐리고 비가 오는 날에는 뿌릴 필요가 없어, 만약 그렇지 않으면 뿌리가 썩을 수도 있어.
남：어쩐지 이 며칠간 잎이 약간 노래졌더라고, 다행히 네가 날 일깨워줬어.

질문：꽃의 잎은 어째서 노래졌는가?

정답 B

해설 제시된 보기 A 有虫子了(벌레가 생겼다), B 浇水过多(물을 과하게 많이 뿌렸다), C 营养不足(영양이 부족하다), D 阳光不足(햇빛이 부족하다)가 모두 상태를 나타내므로, 대화를 들을 때 화자 또는 특정 대상의 상태를 주의 깊게 듣는다. 대화에서 여자가 你又要给花儿浇水吗？…… 根会烂的(너 또 꽃에 물을 뿌리려고? …… 뿌리가 썩을 수도 있어)라고 하자, 남자가 怪不得这几天叶子有点黄了(어쩐지 이 며칠간 잎이 약간 노래졌더라고)라고 답했다. 이를 통해, 남자는 며칠 동안 꽃에 물을 불필요하게 계속 주었다는 것을 알 수 있다. 질문이 꽃의 잎은 어째서 노랗게 되었는지 물었으므로, B 浇水过多(물을 과하게 많이 뿌렸다)가 정답이다. 참고로, 又 …… 吗?(또 ~하려고?)는 해당 동작을 더 이상 하지 않아도 된다는 뉘앙스를 가진 표현이다.

✅ **고득점 노하우** 보기가 모두 상황 또는 상태와 관련된 내용이면, 대화를 들을 때 화자 또는 특정 대상의 상황이나 상태를 주의 깊게 듣는다.

20
중

A 很刺激　B 很危险　C 很轻松　D 很无聊

男: 看别人骑摩托车那么刺激, 我真想去体验一下。

女: 的确挺酷的, 要不咱们也去试试吧, 那边可以租的。

问: 他们觉得别人骑摩托车怎么样?

刺激 cìjī 圐 짜릿하다, 자극적이다 圀 자극하다	危险 wēixiǎn 圐 위험하다
轻松 qīngsōng 圐 수월하다, 가볍다	无聊 wúliáo 圐 무료하다
摩托车 mótuōchē 圐 오토바이	体验 tǐyàn 圀 경험하다
的确 díquè 圀 확실히	酷 kù 圐 멋지다
要不 yàobù 圀 아니면, 그렇지 않으면	租 zū 圀 빌리다

A 매우 자극적이다　　　　B 매우 위험하다　　　　C 매우 수월하다　　　　D 매우 무료하다

남: 다른 사람이 오토바이를 타는 걸 보면 그렇게 짜릿할 수가 없어, 난 정말 경험해보고 싶어.

여: 확실히 꽤 멋있지, 아니면 우리도 가서 해보자, 저쪽에서 빌릴 수 있어.

질문: 그들은 다른 사람이 오토바이를 타면 어떻다고 생각하는가?

정답 A

해설 제시된 보기 A의 刺激(자극적이다), B의 危险(위험하다), C의 轻松(수월하다), D의 无聊(무료하다)가 모두 상황 또는 상태를 나타내므로, 대화를 들을 때 화자 또는 특정 대상의 상황이나 상태를 주의 깊게 듣는다. 대화에서 남자가 看别人骑摩托车那么刺激(다른 사람이 오토바이를 타는 걸 보면 그렇게 짜릿할 수가 없어)라고 하자, 여자가 的确挺酷的(확실히 꽤 멋있지)라며 동의했다. 질문이 그들은 다른 사람이 오토바이를 타면 어떻다고 생각하는지 물었으므로, A 很刺激(매우 자극적이다)가 정답이다.

☑ **고득점 노하우** 보기가 모두 상황 또는 상태와 관련된 표현이면, 대화를 들을 때 화자 또는 특정 대상의 상황이나 상태를 주의 깊게 듣는다.

21
하

A 调整打印机　　　　B 重新写合同
C 联系维修人员　　　D 用别的打印机

女: 打印机是不是坏了? 合同上的文字打得很模糊。

男: 你是用这台打印的吗?

女: 对, 就是这台。

男: 这台确实有问题, 维修人员明天会来修理, 你用隔壁那台重新打印吧。

问: 男的对女的有什么建议?

调整 tiáozhěng 圀 조정하다	打印机 dǎyìnjī 圐 프린터
重新 chóngxīn 圀 다시	合同 hétong 圐 계약서 联系 liánxì 圀 연락하다
维修 wéixiū 圀 수리하다	人员 rényuán 圐 요원 别的 biéde 圐 다른 것
文字 wénzì 圐 글자	模糊 móhu 圐 희미하다, 모호하다
台 tái 圐 기계, 차량 등을 세는 단위	打印 dǎyìn 圀 인쇄하다, 프린트하다
确实 quèshí 圀 확실히	修理 xiūlǐ 圀 수리하다 隔壁 gébì 圐 옆방, 이웃
建议 jiànyì 圀 제안하다 圐 제안	

A 프린터를 조정한다　　　　B 계약서를 다시 쓴다　　　　C 수리 요원에게 연락한다　　　　D 다른 프린터를 사용한다

여: 프린터가 고장 난 게 아닐까요? 계약서의 글자가 희미하게 인쇄되었어요.

남: 당신 이 프린터를 사용해 인쇄한 건가요?

여: 네, 바로 이거예요.

남: 이것은 확실히 문제가 있네요, 수리 요원이 내일 와서 수리할 테니, 당신은 옆방의 것을 사용해서 다시 인쇄하세요.

질문: 남자는 여자에게 무엇을 제안하는가?

정답 D

해설 제시된 보기 A의 调整(조정하다), B의 写(쓰다), C의 联系(연락하다), D의 用(사용하다)이 모두 행동을 나타내므로, 대화를 들을 때 화자나 특정 인물이 하고 있거나 하려는 행동이 무엇인지 주의 깊게 듣는다. 대화에서 여자가 프린터가 고장 난 게 아닌지 묻자, 남자가 문제가 있는 것 같다며 你用隔壁那台重新打印吧(당신은 옆방의 것을 사용해서 다시 인쇄하세요)라고 답했다. 질문이 남자는 여자에게 무엇을 제안하는지 물었으므로, D 用别的打印机(다른 프린터를 사용한다)가 정답이다. 참고로, 隔壁那台(옆방의 것)를 别的打印机(다른 프린터)로 바꿔 표현한 것에 유의한다.

☑ **고득점 노하우** 제시된 보기가 모두 행동과 관련된 짧은 문장인 경우, 대화를 들을 때 화자 또는 특정 인물이 하고 있거나 하려는 행동이 무엇인지를 주의 깊게 듣는다.

해커스 HSK 5급 실전모의고사

22
중

| A 称赞小张 | B 责备小张 |
| C 安慰小张 | D 鼓励小张 |

男: 小张最近看起来精神不太好, 刚才还朝我发脾气, 他怎么了?
女: 听说他跟交往了三年的女朋友分手了。
男: 怪不得呢, 可以理解。
女: 他情绪不好, 你跟他在一个办公室, 尽量多安慰安慰他吧。

问: 女的让男的做什么?

称赞 chēngzàn 图 칭찬하다 责备 zébèi 图 꾸짖다
安慰 ānwèi 图 위로하다 鼓励 gǔlì 图 격려하다
精神 jīngshén 명 기력, 정신 朝 cháo 게 ~를 향해서
发脾气 fā píqi 화내다, 성질을 내다 交往 jiāowǎng 图 교제하다
分手 fēnshǒu 图 헤어지다 怪不得 guàibude 图 어쩐지
理解 lǐjiě 图 이해하다 情绪 qíngxù 명 기분
尽量 jǐnliàng 图 되도록, 가능한 한

A 샤오장을 칭찬한다   B 샤오장을 꾸짖는다   C 샤오장을 위로한다   D 샤오장을 격려한다

남: 샤오장이 최근 기력이 좋지 않아 보이던데, 방금도 절 향해서 화를 내고요, 그가 무슨 일이죠?
여: 듣자 하니 그가 3년간 교제했던 여자 친구랑 헤어졌다고 해요.
남: 어쩐지, 이해할 수 있어요.
여: 그의 기분이 안 좋은데, 당신이 그와 같은 사무실에 있으니, 되도록 그를 많이 위로해주세요.

질문: 여자는 남자에게 무엇을 하라고 하는가?

정답 C

해설 제시된 보기가 모두 小张(샤오장)을 포함하고 있으므로, A의 称赞(칭찬하다), B의 责备(꾸짖다), C의 安慰(위로하다), D의 鼓励(격려하다)를 핵심어구로 체크해두고, 대화를 들을 때 관련된 내용을 주의 깊게 듣는다. 대화에서 남자가 여자에게 샤오장에게 무슨 일이 있는지 묻자, 여자가 샤오장이 3년 사귄 여자 친구와 헤어졌다며, 尽量多安慰他吧(되도록 그를 많이 위로해주세요)라고 답했다. 질문이 여자는 남자에게 무엇을 하라고 했는지 물었으므로, 安慰(위로하다)가 언급된 C 安慰小张(샤오장을 위로한다)가 정답이다.

☑ **고득점 노하우** 보기가 모두 같은 형태이면서 반복되는 어휘를 포함하고 있으면, 각 보기를 구별해주는 표현을 핵심어구로 체크하고 이와 관련된 내용을 주의 깊게 듣는다.

23
중

| A 这个月底 | B 今年夏天 |
| C 下个月上旬 | D 下个月中旬 |

女: 家对面的那个新公园马上就要建好了!
男: 我听说下个月中旬正式开放。
女: 这样我们以后饭后散步又多了一个可以去的地方。
男: 是啊, 听说里面还配了很多健身设施呢。

问: 那个公园什么时候开放?

月底 yuèdǐ 명 월말 上旬 shàngxún 명 초순 中旬 zhōngxún 명 중순
建 jiàn 图 짓다, 건설하다 正式 zhèngshì 图 정식의
开放 kāifàng 图 개방하다 配 pèi 图 배치하다 设施 shèshī 명 시설

A 이번 달 말   B 올해 여름   C 다음 달 초순   D 다음 달 중순

여: 집 건너편의 그 새로운 공원이 곧 다 지어진대!
남: 내가 듣자 하니 다음 달 중순에 정식으로 개방한대.
여: 이렇게 우린 앞으로 식후에 산책 갈 수 있는 장소가 하나 더 늘었네.
남: 맞아, 듣자 하니 안에 헬스 시설도 많이 배치했다고 해.

질문: 그 공원은 언제 개방하는가?

정답 D

해설 제시된 보기 A 这个月底(이번 달 말), B 今年夏天(올해 여름), C 下个月上旬(다음 달 초순), D 下个月中旬(다음 달 중순)이 모두 시기와 관련되므로, 대화를 들을 때 특정 시기와 관련된 내용을 주의 깊게 듣는다. 대화 처음에 여자가 새로운 공원이 곧 지어진다고 하자, 남자가 下个月中旬正式开放(다음 달 중순에 정식으로 개방한대)이라고 말한 내용을 듣고, D 下个月中旬(다음 달 중순)을 체크해둔다. 질문이 그 공원은 언제부터 개방하는지 물었으므로, D 下个月中旬(다음 달 중순)이 정답이다.

☑ **고득점 노하우** 제시된 보기가 모두 특정 시점인 경우, 단문에 그대로 언급될 가능성이 높다는 것을 염두하고 대화를 듣는다.

24 중

A 阳台面积很大　B 男的正在租房
C 卧室没有家具　D 女的就是房东

男：这间卧室面积多大？
女：二十五平方米，您一个人住绝对够了。
男：嗯，就是这个床太占地方了，能换张单人床吗？
女：没问题，等您签了合同，我们会请房东立即帮您换。

问：根据对话，下列哪项是正确的？

阳台 yángtái [명] 베란다　面积 miànjī [명] 면적　租 zū [동] 임차하다, 임대하다
卧室 wòshì [명] 침실　家具 jiājù [명] 가구　房东 fángdōng [명] 집주인
平方米 píngfāngmǐ [명] 제곱미터(㎡)　绝对 juéduì [부] 반드시, 절대로
嗯 èng [감탄] 응, 그래　占 zhàn [동] 차지하다, 점용하다
单人床 dānrénchuáng [명] 싱글 침대　签 qiān [동] 서명하다
合同 hétong [명] 계약서　立即 lìjí [부] 바로

A 베란다 면적이 매우 크다　B 남자는 방을 임차하고 있다　C 침실에 가구가 없다　D 여자가 바로 집주인이다

남: 이 침실 면적은 얼마나 큰가요?
여: 25제곱미터이고, 당신 혼자서 사는 데는 틀림없이 충분할 거예요.
남: 으음, 바로 이 침대가 자리를 많이 차지하는데, 싱글 침대로 바꿔주실 수 있나요?
여: 문제없습니다, 계약서에 서명하시면, 저희가 집주인에게 바로 바꿔 달라고 하겠습니다.

질문: 대화에 근거하여, 다음 중 옳은 것은 무엇인가?　정답 B

해설 제시된 보기 A의 阳台(베란다), B의 租房(임차하다), C의 卧室(침실), D의 房东(집주인)을 핵심어구로 체크해두고, 대화를 들을 때 이와 관련하여 언급되는 내용을 주의 깊게 듣는다. 대화 초반에 남자가 침실 면적을 묻고 침대를 바꿔달라고 하자, 여자는 **等您签了合同，我们会请房东立即帮您换**(계약서에 서명하시면, 저희가 집주인에게 바로 바꿔 달라고 하겠습니다)이라고 답했다. 이를 통해, 여자는 현재 남자가 집을 계약하는 것을 도와주고 있는 상황임을 알 수 있다. 질문이 대화에 근거하여 올바른 것은 무엇인지 물었으므로, 房东(집주인)을 통해 알 수 있는 B 男的正在租房(남자는 방을 임차하고 있다)이 정답이다.

✅ **고득점 노하우** 보기가 모두 공통점을 찾기 어려운 긴 문장인 경우, 각 보기에서 아는 단어를 신속히 체크해두고, 대화를 들을 때 이와 관련된 내용을 주의 깊게 듣는다.

25 중

A 沙滩　B 海边　C 滑冰场　D 游泳馆

女：高温已经持续两个多礼拜了，怎么还不下雨？
男：是啊。今年夏天格外热。
女：你知道有什么躲避高温的好地方吗？
男：要不要去室内滑冰场滑冰？里面既凉快又好玩。

问：男的推荐女的去哪儿？

沙滩 shātān [명] 모래사장　海边 hǎibian [명] 해변
滑冰场 huábīngchǎng [명] 스케이트장　游泳馆 yóuyǒngguǎn [명] 수영장
高温 gāowēn [명] 폭염, 고온　持续 chíxù [동] 지속하다　礼拜 lǐbài [명] 주(周)
格外 géwài [부] 유달리　躲避 duǒbì [동] 피하다　室内 shìnèi [명] 실내
滑冰 huábīng [동] 스케이트를 타다　既 jì [접] ~하고, ~할 뿐만 아니라
凉快 liángkuai [형] 시원하다　推荐 tuījiàn [동] 추천하다

A 모래사장　B 해변　C 스케이트장　D 수영장

여: 이미 2주간 폭염이 지속되었는데, 왜 아직도 비가 안 내리는 거야?
남: 맞아. 올해 여름은 유달리 더워.
여: 너 폭염을 피할 수 있는 좋은 곳 알고 있니?
남: 실내 스케이트장에 가서 스케이트를 타는 건 어때? 안에는 시원하기도 하고 재미있어.

질문: 남자는 여자에게 어디에 가는 것을 추천하였는가?　정답 C

해설 제시된 보기 A 沙滩(모래사장), B 海边(해변), C 滑冰场(스케이트장), D 游泳馆(수영장)이 모두 장소와 관련된 어휘이므로, 대화를 들을 때 화자나 특정 인물이 있는 장소 혹은 가려고 하는 장소가 어디인지 주의 깊게 듣는다. 대화 중반에 여자가 남자에게 폭염을 피할 수 있는 좋은 곳을 알고 있냐고 묻자, 남자가 **要不要去室内滑冰场滑冰?**(실내 스케이트장에 가서 스케이트를 타는 건 어때?)이라고 답했다. 질문이 남자는 여자에게 어디에 가는 것을 추천하는지 물었으므로, C 滑冰场(스케이트장)이 정답이다.

✅ **고득점 노하우** 제시된 보기가 모두 장소 표현이면, 화자 혹은 특정 인물이 있는 장소 혹은 가려고 하는 장소가 어디인지를 주의 깊게 듣는다.

26 중

A 犹豫　B 反对　C 支持　D 无所谓

男：有报道说最近房价涨得厉害，咱们也买一套投资吧？
女：我也这么想过，但哪能一下子拿出这么多钱啊？
男：可以向银行贷款啊！咱们工作很稳定，估计贷个七成应该没问题。
女：这么做是不是有点儿冒险呢？

问：女的对买房是什么态度？

犹豫 yóuyù [형] 망설이다, 주저하다 反对 fǎnduì [동] 반대하다
支持 zhīchí [동] 지지하다 无所谓 wúsuǒwèi [동] 상관없다
报道 bàodào [명] 보도 [동] 보도하다 房价 fángjià [명] 집값
涨 zhǎng [동] (물가가) 오르다 厉害 lìhai [형] 극심하다, 심각하다, 대단하다
套 tào [양] 세트를 세는 단위 投资 tóuzī [동] 투자하다
哪能 nǎnéng 어떻게 ~할 수 있겠는가 贷款 dàikuǎn [동] 대출하다
稳定 wěndìng [형] 안정되다 估计 gūjì [동] 어림잡다, 추측하다
成 chéng [양] 10분의 1 冒险 màoxiǎn [형] 위험하다 [동] 위험을 무릅쓰다
态度 tàidu [명] 태도

A 망설이다　B 반대하다　C 지지하다　D 상관없다

남: 어느 보도에서 말하길 최근 집값이 극심하게 오르고 있다는데, 우리도 한 채 사서 투자하는 게 어때?
여: 나도 그렇게 생각한 적 있어, 하지만 어떻게 갑자기 그렇게 많은 돈을 낼 수 있겠어?
남: 은행에서 대출을 받으면 되지! 우린 직장도 안정적이라, 어림잡아 70%만 대출받으면 문제없을 거야.
여: 그렇게 하면 조금 위험하지 않아?

질문: 여자는 집 구매에 어떠한 태도인가?　정답 A

해설 제시된 보기 A 犹豫(망설이다), B 反对(반대하다), C 支持(지지하다), D 无所谓(상관없다)가 모두 태도와 관련된 어휘이므로, 대화를 들을 때 화자나 특정 인물이 어떤 태도인지 주의 깊게 듣는다. 대화 초반에서 남자는 여자에게 주택을 한 채 사서 투자하는 것을 제안하자, 여자가 **我也这么想过，但**……(나도 그렇게 생각한 적이 있어, 하지만……)이라며 갑자기 많은 돈을 어떻게 구하냐고 했다. 이에 남자가 은행에서 대출을 받자고 하자, 여자가 **这么做是不是有点儿冒险呢?**(그렇게 하면 조금 위험하지 않아?)라고 답했다. 질문이 여자는 집 구매에 어떠한 태도인지 물었으므로, 여자의 마지막 말을 통해 추측할 수 있는 A 犹豫(망설이다)가 정답이다. 참고로, 여자 역시 집을 구입하는 것에 대해서는 동의를 하고 있기 때문에 B 反对(반대하다)는 오답이다.

✅ **고득점 노하우** 보기가 모두 사람의 태도와 관련된 표현이면, 화자 또는 특정 대상의 태도가 어떤지 주의 깊게 듣는다.

27 중

A 复印材料　B 寄宣传册
C 付款给对方　D 联系印刷厂

女：公司的宣传资料拿回来了吗？
男：还没有，印刷厂那边说周五才能印好。
女：周五就来不及了，你打电话催一下他们吧，请他们周四前做好。
男：好的，我立刻就打。

问：女的让男的做什么？

复印 fùyìn [동] 복사하다 材料 cáiliào [명] 자료 寄 jì [동] (우편으로) 보내다
宣传册 xuānchuáncè [명] 전단지 付款 fùkuǎn [동] 지불하다
对方 duìfāng [명] 상대방 联系 liánxì [동] 연락하다
印刷厂 yìnshuāchǎng [명] 인쇄 공장 宣传 xuānchuán [동] 홍보하다
资料 zīliào [명] 자료 印 yìn [동] 인쇄하다, 복사하다
来不及 láibují [동] (시간이 촉박하여) 늦었다, 겨를이 없다 催 cuī [동] 재촉하다
立刻 lìkè [부] 바로

A 자료를 복사한다　B 전단지를 보낸다　C 상대방에게 지불한다　D 인쇄 공장에 연락한다

여: 회사의 홍보 자료를 가지고 돌아왔나요?
남: 아직이요, 인쇄 공장 쪽에서 말하길 금요일에야 인쇄가 끝날 수 있대요.
여: 금요일이면 늦어요, 당신이 전화해서 그들을 재촉해주세요, 그들에게 목요일 전까지 완성해달라고 하세요.
남: 네, 바로 연락하겠습니다.

질문: 여자는 남자에게 무엇을 하게 했는가?　정답 D

해설 제시된 보기 A의 **复印**(복사하다), B의 **寄**(보내다), C의 **付款**(지불하다), D의 **联系**(연락하다)가 모두 행동을 나타내므로, 대화를 들을 때 화자 또는 특정 인물이 하고 있거나 하려는 행동이 무엇인지 주의 깊게 듣는다. 대화의 중반에 남자가 회사의 홍보 자료 인쇄가 금요일에야 끝난다고 하자, 여자가 **你打电话催一下他们吧**(당신이 전화해서 그들을 재촉해주세요)라고 말했다. 질문이 여자는 남자에게 무엇을 하게 했는지 물었으므로, D **联系印刷厂**(인쇄 공장에 연락한다)이 정답이다. 참고로, **联系**(연락하다)가 지문의 **打电话**(전화하다)와 바꿔 표현된 것에 유의한다.

✅ **고득점 노하우** 제시된 보기가 모두 행동과 관련된 짧은 문장인 경우, 대화를 들을 때 화자 또는 특정 인물이 하고 있거나 하려는 행동이 무엇인지 주의 깊게 듣는다.

28
중

A 结构很乱	B 证据充分
C 逻辑清楚	D 结论夸张

男: 赵老师, 您觉得这篇文章怎么样?
女: 写得不错, 结构合理, 逻辑清楚, 观点也挺新的。
男: 谢谢您, 那我可以联系杂志社发表吗?
女: 可以, 如果有需要, 我可以帮你推荐。

问: 女的认为那篇文章怎么样?

结构 jiégòu 圀 구조　乱 luàn 圀 무질서하다 圀 함부로, 제멋대로
证据 zhèngjù 圀 증거　充分 chōngfèn 圀 충분하다　逻辑 luójí 圀 논리
结论 jiélùn 圀 결론　夸张 kuāzhāng 圀 과장하다 圀 과장하여 말하다
篇 piān 圀 문장, 종이 등을 세는 단위　不错 búcuò 圀 괜찮다, 좋다
合理 hélǐ 圀 알맞다, 합리적이다　观点 guāndiǎn 圀 관점
联系 liánxì 圀 연락하다　杂志社 zázhìshè 圀 잡지사
发表 fābiǎo 圀 발표하다　推荐 tuījiàn 圀 추천하다

A 구조가 매우 무질서하다　　B 증거가 충분하다　　C 논리가 분명하다　　D 결론이 과장되었다

남: 짜오 선생님, 당신은 이 글을 어떻게 생각하시나요?
여: 잘 썼어요, 구조가 알맞고, 논리도 분명하고, 관점 또한 꽤 새로워요.
남: 감사합니다, 그러면 제가 잡지사에 연락해서 발표해도 될까요?
여: 네, 만약 필요하다면, 제가 당신을 도와 추천할 수 있어요.

질문: 여자는 그 글을 어떻게 생각하는가?
정답 C

해설 제시된 보기 A의 乱(무질서하다), B의 充分(충분하다), C의 清楚(분명하다), D의 夸张(과장하다)이 모두 상태를 나타내므로, 대화를 들을 때 화자 또는 특정 대상의 상태와 관련된 내용을 주의 깊게 듣는다. 대화의 초반에 남자가 글을 어떻게 생각하냐고 묻자, 여자가 逻辑清楚(논리도 분명하고)라고 답한 내용을 듣고, C 逻辑清楚(논리가 분명하다)를 정답의 후보로 체크해둔다. 질문이 여자는 그 글을 어떻게 생각했는지 물었으므로, C 逻辑清楚(논리가 분명하다)가 정답이다.

✅ **고득점 노하우** 보기가 모두 상황 또는 상태와 관련된 내용이면, 대화를 들을 때 화자 또는 특정 대상의 상황이나 상태를 주의 깊게 듣는다.

29
중

A 宠物　B 手机　C 相册　D 照相机

女: 咱爸生日快到了, 要不给他买部好相机? 我看他退休后迷上了摄影。
男: 相机带起来不方便, 还不如买个拍照功能好点儿的手机。
女: 还是你想得周到, 那么你来选个好点儿的吧。
男: 好的, 我先到网上搜索一下, 挑几个好的咱们再决定。

问: 他们决定买什么礼物给爸爸?

宠物 chǒngwù 圀 애완동물　相册 xiàngcè 圀 앨범　要不 yàobù 圀 아니면
部 bù 圀 기계를 세는 단위　退休 tuìxiū 圀 은퇴하다　迷 mí 圀 빠지다
摄影 shèyǐng 圀 사진을 찍다　不如 bùrú 圀 ~만 못하다
功能 gōngnéng 圀 기능　周到 zhōudào 圀 세심하다, 꼼꼼하다
搜索 sōusuǒ 圀 (인터넷) 검색하다, (숨겨 둔 사람이나 물건을) 수색하다
挑 tiāo 圀 고르다, 선택하다

A 애완동물　　B 휴대폰　　C 앨범　　D 카메라

여: 곧 아버지 생신인데, 좋은 카메라를 사 드리는 건 어때? 내가 봤을 때 그는 은퇴 후 사진을 찍는 것에 빠지셨어.
남: 카메라는 가지고 다니기 불편해서, 촬영 기능이 좋은 휴대폰을 사 드리는 것만 못해.
여: 역시 네가 세심하게 생각하네, 그럼 네가 괜찮은 걸 골라봐.
남: 알았어, 내가 우선 인터넷에서 검색해보고, 좋은 것 몇 개를 골라 우리 다시 결정하자.

질문: 그들은 아버지에게 어떤 선물을 사 드리기로 결정했는가?
정답 B

해설 대화를 들을 때 제시된 보기 A 宠物(애완동물), B 手机(휴대폰), C 相册(앨범), D 照相机(카메라)와 관련하여 언급되는 내용을 주의 깊게 듣는다. 대화의 처음에 여자가 곧 아버지 생신이니 좋은 카메라를 사 드리자고 제안하자, 남자가 相机带起来不方便, 还不如买个拍照功能好点儿的手机.(카메라는 가지고 다니기 불편해서, 촬영 기능이 좋은 휴대폰을 사 드리는 것만 못해.)라고 말한 것을 듣고, B 手机(휴대폰)에 체크해둔다. 이어서 여자가 你来选个好点儿的吧(네가 괜찮은 걸 골라봐)라고 답했으므로, 두 사람이 아버지의 생신 선물로 휴대폰을 사 드리기로 한 것을 알 수 있다. 질문이 그들은 어떤 선물을 사 드리기로 결정했는지 물었으므로, 대화를 통해 알 수 있는 B 手机(휴대폰)가 정답이다.

✅ **고득점 노하우** 제시된 보기가 서로 다른 특정 명사인 경우에는, 대화를 들을 때 각 명사들과 관련된 내용을 주의 깊게 듣는다.

30 중

A 回家吃	B 出去吃
C 自己做饭	D 手机点餐

男：你中午吃什么呀？
女：我想用手机点外卖，跑出去太累了，要不你也试试？
男：这么时髦啊！这种方式可靠吗？
女：你可以看完评价再点，送餐很迅速，而且是网上付款，不需要准备现金。

问：女的打算怎么解决午餐？

点餐 diǎncān 식사를 주문하다, 시키다
外卖 wàimài 圈 배달 圄 포장 판매하다
时髦 shímáo 圄 트랜디하다, 최신식이다, 스타일리쉬하다
方式 fāngshì 圄 방법, 방식　可靠 kěkào 圄 믿을만 하다
评价 píngjià 圄 후기, 평가 圄 평가하다　迅速 xùnsù 圄 신속하다
网上 wǎngshàng 圄 온라인, 인터넷　付款 fùkuǎn 圄 돈을 지불하다
现金 xiànjīn 圄 현금　解决 jiějué 圄 해결하다, 풀다

A 집으로 돌아가서 먹는다　　　B 나가서 먹는다　　　　　C 스스로 밥을 해서 먹는다　　D 휴대폰으로 식사를 주문한다

남：너 점심 뭐 먹을 거야?
여：난 휴대폰으로 배달 주문을 하려고, 뛰어나가기에는 너무 힘들어, 아니면 너도 해볼래?
남：이렇게나 트랜디 할 수가! 이런 방법은 믿을 만해?
여：너는 후기를 다 보고 나서 주문할 수 있어, 음식 배달이 신속하고, 게다가 온라인으로 지불하니, 현금을 준비할 필요가 없어.

질문：여자는 어떻게 점심을 해결하려고 하는가?

정답 D

해설　제시된 보기 A의 回家(집으로 돌아가다), B의 出去(나가다), C의 做饭(밥을 하다), D의 点餐(식사를 주문하다)이 모두 행동을 나타내므로, 대화를 들을 때 화자 또는 특정 인물이 하고 있거나 하려는 행동이 무엇인지 주의 깊게 듣는다. 대화의 처음에 남자가 여자에게 점심에 무엇을 먹을 거냐고 묻자, 여자가 我想用手机点外卖(난 휴대폰으로 배달 주문을 하려고)라고 답한 것을 듣고, 点餐(식사를 주문하다)이 언급된 D 手机点餐(휴대폰으로 식사를 주문한다)에 체크해둔다. 질문이 여자는 어떻게 점심을 해결하려고 하는지 물었으므로, D 手机点餐(휴대폰으로 식사를 주문한다)이 정답이다. 참고로, 点餐(주문하다)이 지문의 点外卖(배달 주문을 하다)와 바꿔 표현된 것에 유의한다.

☑ **고득점 노하우**　제시된 보기가 모두 행동과 관련된 짧은 문장인 경우, 대화를 들을 때 화자 또는 특정 인물이 하고 있거나 하려는 행동이 무엇인지를 주의 깊게 듣는다.

31
하

A 风景很美	B 比较危险
C 距离最长	D 车辆不多

风景 fēngjǐng뗑 풍경　危险 wēixiǎn뗑 위험하다뗑 위험
距离 jùlí뗑 거리　车辆 chēliàng뗑 차량

A 풍경이 매우 아름답다	B 비교적 위험하다	C 거리가 가장 길다	D 차량이 많지 않다

32
중

A 及时换钱	B 风俗习惯
C 靠左行驶	D 大型动物

及时 jíshí뗑 즉시　换钱 huànqián뗑 환전하다
风俗习惯 fēngsú xíguàn뗑 풍속 습관　靠 kào뗑 붙다, 접근하다
行驶 xíngshǐ뗑 통행하다　大型 dàxíng뗑 대형의

A 즉시 환전한다	B 풍속 습관	C 왼쪽에 붙어 통행한다	D 대형 동물

昆曼高速是中国第一条国际高速公路，从中国昆明到泰国曼谷，全程一共1880公里。这条公路大大缩短了中国到东南亚的陆地距离，促进了东南亚地区的经济合作与开发。昆曼高速公路经过的地区，气候温暖湿润，³¹一路上的景色也很美，被称为最有魅力的高速公路。近几年来，去泰国旅游的人越来越多，每年仅仅从昆曼公路出境到泰国的游客已经有几十万。如果你也想从昆曼高速去泰国，有一个细节需要注意，在中国开车是靠马路右边的，但是³²进入泰国以后，就要按照泰国的交通规则³²靠左行驶了。

昆曼 Kūnmàn고유 쿤만(쿤밍과 방콕)　高速 gāosù뗑 고속의
昆曼高速 Kūnmàn gāosù뗑 쿤만 고속도로　国际 guójì뗑 국제
高速公路 gāosù gōnglù뗑 고속도로
昆明 Kūnmíng고유 쿤밍 (중국 지명, 곤명)　泰国 Tàiguó고유 태국
曼谷 Màngǔ고유 방콕　全程 quánchéng뗑 전체의 노정
公里 gōnglǐ뗑 킬로미터(km)　缩短 suōduǎn뗑 단축하다
东南亚 Dōngnányà고유 동남아　陆地 lùdì뗑 육지　距离 jùlí뗑 거리
促进 cùjìn뗑 촉진시키다　地区 dìqū뗑 지역　经济 jīngjì뗑 경제
合作 hézuò뗑 협력하다　开发 kāifā뗑 개발하다　气候 qìhòu뗑 기후
温暖 wēnnuǎn뗑 온난하다　湿润 shīrùn뗑 습윤하다　景色 jǐngsè뗑 풍경
称为 chēngwéi뗑 ~라고 부르다　魅力 mèilì뗑 매력
仅仅 jǐnjǐn뗑 ~만, 단지　出境 chūjìng뗑 출국하다　细节 xìjié뗑 세부 사항
靠 kào뗑 붙다, 접근하다　马路 mǎlù뗑 도로　进入 jìnrù뗑 진입하다, 들다
就要 jiùyào뗑 ~해야 한다　按照 ànzhào뗑 ~에 따르다, 의거하다
规则 guīzé뗑 규칙　行驶 xíngshǐ뗑 통행하다　特色 tèsè뗑 특징

31. 问: 昆曼高速公路有什么特色？

32. 问: 中国游客开车进入泰国后要注意什么？

　　쿤만 고속도로는 중국 최초의 국제 고속도로로, 중국 쿤밍부터 태국의 방콕까지, 전체 노정은 총 1880킬로미터이다. 이 도로는 중국에서 동남아까지의 육지 거리를 크게 단축했으며, 동남아 지역의 경제 협력과 개발을 촉진했다. 쿤만 고속도로가 지나는 지역은, 기후가 온난하고 습윤하며, ³¹길에서의 풍경 또한 매우 아름다워, 가장 매력 있는 고속도로라고 불린다. 최근 몇 년간, 태국에 여행을 가는 사람이 점점 많아지고 있어, 매년 쿤만 고속도로를 이용해 태국으로 출국하는 관광객만 이미 몇 십만이 있다. 만약 당신 또한 쿤만 고속도로를 통해 태국으로 갈 생각이 있다면, 주의가 필요한 한 가지 세부 사항이 있는데, 중국에서의 운전은 도로의 오른쪽에 붙어 다니지만 ³²태국에 진입한 이후에는, 태국의 교통 규칙에 따라서 ³²왼쪽으로 붙어 통행해야 한다.

31. 질문: 쿤만 고속도로는 어떠한 특징이 있는가?　　　　　　　　　　　　　　　　　　　　　　　　정답 A
32. 질문: 중국 관광객이 운전해서 태국에 진입한 후 무엇을 주의해야 하는가?　　　　　　　　　　정답 C

해설 보기 읽기

31번은 A의 风景(풍경), B의 危险(위험하다), C 距离(거리), D의 车辆(차량)을 핵심어구로 체크해둔다.
32번은 A의 换钱(환전하다), B의 风俗习惯(풍속 습관), C의 行驶(통행하다), D의 动物(동물)를 핵심어구로 체크해둔다.
31번 보기 A 风景很美(풍경이 매우 아름답다), B 比较危险(비교적 위험하다), C 距离最长(거리가 가장 길다), D 车辆不多(차량이 많지 않다)가 특정 대상에 대해 설명하는 내용이므로, 설명문이 나올 것임을 예상할 수 있다. 따라서, 특정 대상의 세부 내용을 주의 깊게 듣는다.

단문 듣기

단문 중반에 쿤만 고속도로에 대해서 **一路上的景色也很美**(길에서의 풍경 또한 매우 아름다워)라고 한 내용을 듣고, 31번 보기 A 风景很美(풍경이 매우 아름답다)에 체크해둔다.
단문 후반에 쿤만 고속도로를 이용하여 **进入泰国以后, 就要……靠左行驶了**(태국에 진입한 이후에는, …… 왼쪽으로 붙어 통행해야 한다)라고 한 내용을 듣고, 그대로 언급된 32번 보기 C 靠左行驶(왼쪽에 붙어 통행한다)에 체크해둔다.

31. 질문이 쿤만 고속도로는 어떠한 특징이 있는지를 물었으므로, A 风景很美(풍경이 매우 아름답다)가 정답이다. 참고로, 景色(풍경)가 风景(풍경)으로 바꿔 표현한 것에 유의한다.

32. 질문이 중국 관광객이 운전해서 태국으로 진입한 후 무엇을 주의해야 하는지 물었으므로, C 靠左行驶(왼쪽에 붙어 통행한다)이 정답이다.

✓ **고득점 노하우** 특정 사물이나 대상이 언급된 문제 또는 어떤 대상의 특징과 관련된 문제가 제시된 경우, 설명문이 나올 것임을 예상하고, 특정 대상의 세부 내용을 주의 깊게 듣는다.

33-35

33 하	A 用的材料不好 B 距离市区很远 C 服务员的态度很差 D 顾客觉得咖啡太淡	材料 cáiliào 몡 재료　距离 jùlí 동 (~로부터) 떨어지다 몡 거리 市区 shìqū 몡 시내 지역　态度 tàidu 몡 태도　顾客 gùkè 몡 손님, 고객 淡 dàn 휑 (맛이) 약하다, (색이) 연하다
	A 사용하는 재료가 안 좋다 C 종업원의 태도가 매우 나쁘다	B 시내 지역으로부터 멀리 떨어져 있다 D 손님이 커피 맛이 너무 약하다고 느낀다

34 중	A 室内的温度　　B 材料的质量 C 杯子的颜色　　D 店里的装修	室内 shìnèi 몡 실내　温度 wēndù 몡 온도　材料 cáiliào 몡 재료 质量 zhìliàng 몡 품질　装修 zhuāngxiū 몡 인테리어, 내장 설비
	A 실내의 온도　　　　B 재료의 품질　　　　C 컵의 색깔　　　　D 가게 안의 인테리어

35 중	A 换了红色的杯子　　B 对员工进行培训 C 延长了营业时间　　D 开发了新的口味	员工 yuángōng 몡 종업원　进行 jìnxíng 동 진행하다 培训 péixùn 동 훈련하다　延长 yáncháng 동 연장하다 营业 yíngyè 동 영업하다　开发 kāifā 동 개발하다　口味 kǒuwèi 몡 맛
	A 빨간색 컵으로 바꾸었다 C 영업시간을 연장했다	B 종업원에게 훈련을 진행한다 D 새로운 맛을 개발했다

　　一家咖啡店的生意越来越清淡，³³顾客都反映咖啡的味道太淡了，老板觉得很委屈。同样价格的咖啡，他们店所用的材料并不比其他咖啡店少，为什么顾客会有这种感受呢？老板仔细观察后发现，原来³⁴问题出在咖啡杯上。他们店里一直用的是黄色的杯子。由于色彩搭配的关系，用这种杯子装咖啡后，咖啡看上去颜色很淡，因此顾客会觉得咖啡不够浓。后来，³⁵这家咖啡店做了改进，用了红色的杯子。尽管咖啡的浓度还是原来一样，但顾客却明显增加了。

生意 shēngyi 몡 장사
清淡 qīngdàn 휑 (장사가) 잘 되지 않다, 불경기이다, 담백하다
顾客 gùkè 몡 손님　反映 fǎnyìng 동 알리다, 반영하다
味道 wèidao 몡 맛　淡 dàn 휑 (맛이) 약하다, (색이) 연하다
老板 lǎobǎn 몡 사장　委屈 wěiqu 동 억울하다　材料 cáiliào 몡 재료
并不 bìngbù 튀 결코 ~하지 않다　感受 gǎnshòu 몡 느낌 동 느끼다
仔细 zǐxì 휑 세심하다　观察 guānchá 동 관찰하다　由于 yóuyú 개 ~때문에
色彩 sècǎi 몡 색깔　搭配 dāpèi 동 조합하다　装 zhuāng 동 담다, 포장하다
浓 nóng 휑 진하다　改进 gǎijìn 동 개선하다
尽管 jǐnguǎn 젭 비록 ~라 하더라도　浓度 nóngdù 몡 농도
却 què 튀 오히려　明显 míngxiǎn 휑 뚜렷하다　增加 zēngjiā 동 증가하다
采取 cǎiqǔ 동 취하다　措施 cuòshī 몡 조치

33. 问：咖啡店为什么生意很清淡？

34. 问：老板后来发现问题出在哪里？

35. 问：老板最后采取了什么措施？

제1회　제2회　제3회　제4회　제5회 듣기　해커스 HSK 5급 실전모의고사

한 카페의 장사가 점점 잘 되지 않고, [33]손님들이 모두 커피의 맛이 너무 약하다고 알려와서, 사장은 매우 억울함을 느꼈다. 같은 가격의 커피이지만, 그들의 가게에서 사용하는 재료는 결코 다른 카페보다 적지 않은데, 어째서 손님은 이러한 느낌이 있는 것일까? 사장은 세심히 관찰 후 발견했는데, 알고 보니 [34]문제는 커피 잔에서 나왔다. 그들의 가게에서 지금까지 계속 사용해온 것은 노란색의 컵이었다. 색깔의 조합 관계 때문에, 이러한 컵을 이용해 커피를 담은 후, 커피는 색이 매우 연하게 보였고, 이로 인해 손님은 커피가 충분히 진하지 않다고 느낀 것이다. 그 후, [35]이 카페는 개선해서, 빨간색 컵을 사용했다. 비록 커피의 농도는 여전히 원래와 같더라도, 그러나 고객은 오히려 뚜렷이 증가했다.

33. 질문: 카페는 어째서 장사가 잘 안 되는가? 정답 D
34. 질문: 사장은 그 뒤 어디에서 문제가 나온 것을 발견했는가? 정답 C
35. 질문: 사장은 마지막으로 어떠한 조치를 취했는가? 정답 A

해설 **보기 읽기**

33번은 A의 **材料**(재료), B의 **远**(멀다), C의 **态度**(태도), D의 **咖啡**(커피)를 핵심어구로 체크해둔다.
34번은 A의 **温度**(온도), B의 **质量**(품질), C의 **颜色**(색깔), D의 **装修**(인테리어)를 핵심어구로 체크해둔다.
35번은 A의 **换了**(바꾸었다), B의 **进行培训**(훈련을 진행하다), C의 **延长了**(연장했다), D의 **开发了**(개발했다)를 핵심어구로 체크해둔다.
33번 보기 A의 **材料不好**(재료가 안 좋다), B의 **距离 …… 很远**(멀리 떨어져 있다)가 특정 대상의 상태를 묘사하는 내용이고, C의 **态度很差**(태도가 매우 나쁘다), D의 **觉得**(~라고 느끼다)가 사람의 상태를 묘사하는 내용이므로, 이야기가 나올 것임을 예상할 수 있다. 따라서, 이야기를 들으며 질문의 순서대로 정답 후보와 오답 후보를 체크한다.

단문 듣기

단문 초반에 **顾客都反映咖啡的味道太淡了**(손님들이 모두 커피의 맛이 너무 약하다고 알려와서)라고 한 내용을 듣고, 33번 보기 D **顾客觉得咖啡太淡**(손님이 커피 맛이 너무 약하다고 느낀다)을 체크해둔다.
단문 중반에 **问题出在咖啡杯上。他们店里一直用的是黄色的杯子。**(문제는 커피 잔에서 나왔다. 그들의 가게에서 지금까지 계속 사용해온 것은 노란색의 컵이었다.)를 듣고, 34번 보기 C **杯子的颜色**(컵의 색깔)를 체크해둔다.
단문 후반에 **这家咖啡店做了改进，用了红色的杯子**(이 카페는 개선해서, 빨간색 컵을 사용했다)를 듣고, 35번 보기 A **换了红色的杯子**(빨간색 컵으로 바꾸었다)를 체크해둔다.

질문 듣고 정답 선택하기

33. 질문이 카페는 어째서 장사가 잘 안 되는지 물었으므로, D **顾客觉得咖啡太淡**(손님이 커피 맛이 너무 약하다고 느낀다)이 정답이다.
34. 질문이 사장은 그 뒤 어디에서 문제가 나온 것을 발견했는지 물었으므로, C **杯子的颜色**(컵의 색깔)가 정답이다.
35. 질문이 사장은 마지막으로 어떠한 조치를 취했는지 물었으므로, A **换了红色的杯子**(빨간색 컵으로 바꾸었다)가 정답이다.

✅ **고득점 노하우** 사람 명사나 특정 인물의 이름 또는 인물의 상태와 관련된 문제가 제시된 경우, 특정 인물에 대한 이야기가 나올 것을 예상하고, 이야기의 전개에 맞춰 문제지에 제시된 순서대로 문제를 풀어간다.

36-38

36 중

A 写日记 B 看小说 C 玩游戏 D 谈恋爱

日记 rìjì [명] 일기 **谈恋爱** tán liàn'ài [동] 연애를 하다

A 일기를 적는다 B 소설을 본다 C 게임을 한다 D 연애를 한다

37 중

A 想跟他聊聊天儿 B 想让他休息一下
C 想看他在写什么 D 想打扫一下房间

聊天儿 liáotiānr [동] 이야기하다, 잡담하다

A 그와 이야기를 하고 싶다 B 그를 쉬게 하고 싶다 C 그가 무엇을 쓰는지 보고 싶다 D 방을 청소하고 싶다

38 상

A 回忆小学生活 B 写妈妈的名字
C 给小强打电话 D 偷偷地写日记

回忆 huíyì [동] 회상하다 **偷偷** tōutōu [부] 몰래 **日记** rìjì [명] 일기

A 초등학생 생활을 회상한다 B 어머니의 이름을 적는다 C 샤오창에게 전화한다 D 몰래 일기를 적는다

제1회

제2회

제3회

제4회

제5회
듣기

해커스 HSK 5급 실전모의고사

儿子躲在自己房间里有一个多小时了，我从他房间路过，见他一直在本子上写着什么。回到客厅，我跟丈夫说："³⁶儿子不会是谈恋爱了，在写情书吧？"丈夫笑着说："不可能，他还小呢。"我摇摇头说："我必须看看，³⁷你去把他叫出来，我偷偷进去看看。"丈夫喊了一声："儿子，过来，咱俩下盘棋。"见儿子出来，我打算行动，可他手里居然拿着那个本子。我只好直接说："你到底在写什么？"儿子大笑道："看吧！"我接过本子，³⁸只见上面写满了我的名字。我问："这是什么意思？"儿子回答："小强说他写日记，他妈妈不出十分钟就会找各种借口来偷看。我跟小强说，我妈妈比他妈妈强，他还不信。看，你已经忍了一个小时十分钟了。"

躲 duǒ 图 숨다　路过 lùguò 图 지나다　客厅 kètīng 图 거실
谈恋爱 tánliàn'ài 연애를 하다　情书 qíngshū 图 연애편지
摇摇 yáoyáo 图 흔들흔들하다　偷偷 tōutōu 图 몰래　喊 hǎn 图 외치다
盘 pán 図 장기나 바둑의 시합을 세는 단위　棋 qí 図 장기, 바둑
行动 xíngdòng 图 행동하다　居然 jūrán 图 뜻밖에
只好 zhǐhǎo 图 어쩔 수 없이　直接 zhíjiē 園 직접적인
到底 dàodǐ 图 도대체　道 dào 图 말하다　满 mǎn 图 가득하다
日记 rìjì 図 일기　借口 jièkǒu 図 핑계　偷看 tōukàn 图 훔쳐보다
强 qiáng 園 (감정이나 의지 등이) 강하다, 꿋꿋하다, (힘이) 세다
忍 rěn 图 참다

36. 问：说话人担心儿子做什么？

37. 说话人为什么让丈夫把儿子叫出来？

38. 儿子在自己房间里做什么了？

아들이 자신의 방으로 숨은 지 한 시간 정도 되었는데, 나는 그의 방을 지나며, 그가 공책 위에 줄곧 무언가를 적고 있는 것을 보았다. 거실로 돌아와서, 나는 남편에게 말했다. "³⁶아들이 연애해서, 연애편지를 적고 있는 것은 아니겠죠?" 남편은 웃으며 말했다. "그럴리가요, 그는 아직 어려요." 나는 머리를 흔들며 말했다. "전 반드시 봐야겠어요, ³⁷당신이 가서 그를 밖으로 불러내면, 제가 몰래 들어가서 볼게요." 남편은 한 번 외쳤다. "아들, 와보렴, 우리 둘이 장기를 두자꾸나." 아들이 나오는 것을 보고, 난 행동하려고 했지만, 그의 손에 뜻밖에 그 공책이 들려있었다. 난 어쩔 수 없이 직접 말했다. "도대체 무엇을 적고 있니?" 아들은 크게 웃으며 말했다. "보세요!" 나는 공책을 받았는데, ³⁸위에 내 이름이 가득 적힌 것만 보였다. 나는 물어봤다. "이건 무슨 뜻이니?" 아들이 대답했다. "샤오창이 말하길 그가 일기를 적을 때, 그의 어머니가 10분이 안 되어 각종 핑계를 찾아 훔쳐본다고 했어요. 제가 샤오창에게 말했죠, 우리 어머니는 그의 어머니보다 강하시다고, 그는 여전히 안 믿었죠. 보세요, 엄마는 이미 한 시간 10분이나 참으셨어요."

36. 질문: 화자는 아들이 무엇을 하는 것을 걱정하는가?　정답 D
37. 질문: 화자는 왜 남편에게 아들을 불러 내라고 했는가?　정답 C
38. 질문: 아들은 자신의 방에서 무엇을 했는가?　정답 B

해설 보기 읽기
36번은 A의 日记(일기), B의 小说(소설), C의 游戏(게임), D의 恋爱(연애)를 핵심어구로 체크해둔다.
37번은 A의 聊聊天儿(이야기하다), B의 休息(쉬다), D의 打扫(청소하다)를 핵심어구로 체크해둔다.
38번은 A의 回忆(회상하다), B의 写……名字(이름을 적다), C의 打电话(전화하다), D의 写日记(일기를 적다)를 핵심어구로 체크해둔다.
36번 보기 A 写日记(일기를 적는다), B 看小说(소설을 본다), C 玩游戏(게임을 한다), D 谈恋爱(연애를 한다)가 사람의 행동과 관련된 내용이고, 38번 보기 B에서 妈妈(엄마)라는 특정 인물이 언급되었으므로, 이야기가 나올 것임을 예상할 수 있다. 따라서, 이야기를 들으며 질문의 순서대로 정답 후보와 오답 후보를 체크한다.

단문 듣기
단문 초반에 화자가 자신의 남편에게 儿子不会是谈恋爱了，在写情书吧?(아들이 연애해서, 연애편지를 적고 있는 것은 아니겠죠?)라고 한 내용을 듣고, 그대로 언급된 36번 보기 D 谈恋爱(연애를 한다)에 체크해둔다.
이어서 화자가 你去把他叫出来，我偷偷进去看看(당신이 가서 그를 밖으로 불러내면, 제가 몰래 들어가서 볼게요)이라고 한 내용을 듣고, 37번 보기 C 想看他在写什么(그가 무엇을 쓰는지 보고 싶다)에 체크해둔다.
단문 중반에 只见上面写满了我的名字(위에 내 이름이 가득 적힌 것만 보였다)라고 한 내용을 듣고, 写……的名字(~의 이름을 적다)라는 표현이 언급된 38번 보기 B 写妈妈的名字(어머니의 이름을 적는다)에 체크해둔다.

질문 듣고 정답 선택하기
36. 질문이 화자는 아들이 무엇을 하는 것을 걱정하는지 물었으므로, D 谈恋爱(연애를 한다)가 정답이다.
37. 질문이 화자는 왜 남편에게 아들을 불러 내라고 했는지 물었으므로, C 想看他在写什么(그가 무엇을 쓰는지 보고 싶다)가 정답이다.
38. 질문이 아들은 자신의 방에서 무엇을 했는지 물었으므로, 엄마인 화자의 입장에서 아들이 건넨 노트에 자신의 이름이 적힌 것을 보았다는 내용을 통해 추론할 수 있는 B 写妈妈的名字(어머니의 이름을 적는다)가 정답이다.

✔ **고득점 노하우** 사람의 상황, 상태, 태도와 관련된 문제가 제시된 경우, 특정 인물에 대한 이야기가 나올 것을 예상하고, 이야기의 전개에 맞춰 문제지에 제시된 순서대로 문제를 풀어간다.

39-41

39 중

A 信任父母　B 尊敬老师 C 爱玩游戏　D 有好奇心	信任 xìnrèn[동] 신뢰하다 尊敬 zūnjìng[동] 존경하다 好奇心 hàoqíxīn[명] 호기심

A 부모를 신뢰한다　B 선생님을 존경한다　C 게임을 좋아한다　D 호기심이 있다

40 중

A 共同讨论　B 不够重视 C 诚恳表扬　D 咨询专家	共同 gòngtóng[부] 함께[형] 공통의 讨论 tǎolùn[동] 토론하다 重视 zhòngshì[동] 중시하다 诚恳 chéngkěn[형] 진실하다, 간절하다 表扬 biǎoyáng[동] 칭찬하다 咨询 zīxún[동] 상의하다, 자문하다 专家 zhuānjiā[명] 전문가

A 함께 토론한다　B 중시하지 않는다　C 진실하게 칭찬한다　D 전문가에게 상의한다

41 중

A 让孩子学会自己解决 B 可以请老师帮忙回答 C 等孩子长大了就会明白 D 是帮助孩子成长的机会	学会 xuéhuì[동] 배워서 알다 解决 jiějué[동] 해결하다, 풀다 成长 chéngzhǎng[동] 성장하다

A 아이가 혼자 해결하는 것을 배우게 한다　B 선생님께 도움을 요청하여 대답할 수 있다
C 아이가 자랄 때까지 기다리면 이해한다　D 아이의 성장을 돕는 기회이다

思考和提问是孩子们的一种天性。但[39]有些孩子到了上学的年龄，却变得不爱学习，[39]失去了好奇心，这是为什么呢？恐怕这与父母对孩子的提问采取的错误回答有关。一个孩子刚能用语言表达自己的观点、感受时，常常会问一些大人觉得很傻的问题，比如“天空为什么是蓝的？”、“树叶为什么是绿的？”也许父母会说“这些问题孩子理解起来太难了，没办法回答。”也有些父母[40]感觉不耐烦，就常常对孩子说：“别烦我了！自己玩一会儿，我忙着呢！”更多的父母常常会[40]随随便便给个答案。可是父母是否明白，当孩子提出的问题总是被忽视，或得不到合理的解释时，他就会慢慢失去提问的兴趣，因而[41]也失去了成长的最好机会。

39. 问：这段话强调了孩子的什么特点？

40. 问：多数父母是怎么样对待孩子提问的？

41. 问：对于孩子们的傻问题，说话人有什么看法？

思考 sīkǎo[동] 깊이 생각하다 提问 tíwèn[동] 질문하다
天性 tiānxìng[명] 천성 年龄 niánlíng[명] 나이 却 què[부] 도리어
失去 shīqù[동] 잃다 好奇心 hàoqíxīn[명] 호기심
恐怕 kǒngpà[부] 아마 ~일 것이다 采取 cǎiqǔ[동] 취하다
错误 cuòwù[명] 잘못된 사물이나 행위, 잘못 表达 biǎodá[동] 나타내다
观点 guāndiǎn[명] 관점 感受 gǎnshòu[명] 느낌 傻 shǎ[형] 어리석다
比如 bǐrú[동] 예를 들어 ~이다 天空 tiānkōng[명] 하늘 树叶 shùyè[명] 나뭇잎
也许 yěxǔ[부] 어쩌면 理解 lǐjiě[동] 이해하다 感觉 gǎnjué[동] 느끼다
不耐烦 búnàifán[형] 귀찮다, 견디지 못하다 随便 suíbiàn[부] 마음대로
答案 dá'àn[명] 답 是否 shìfǒu[부] ~인지 아닌지
提出 tíchū[동] 제기하다, 제출하다 忽视 hūshì[동] 등한시하다
合理 hélǐ[형] 합리적이다 解释 jiěshì[동] 설명하다
成长 chéngzhǎng[동] 성장하다 强调 qiángdiào[동] 강조하다
特点 tèdiǎn[명] 특징 对待 duìdài[동] 대처하다 看法 kànfǎ[명] 견해

제1회

제2회

제3회

제4회

제5회
듣기

해커스 HSK 5급 실전모의고사

깊이 생각하고 질문하는 것은 아이들의 일종의 천성이다. 하지만 ³⁹일부 아이들은 학교에 다닐 나이가 되면, 도리어 공부하기 싫어하게 되며, ³⁹호기심을 잃어버리는데, 이는 왜 그런 것인가? 아마 이것은 부모가 아이의 질문에 대해 취했던 잘못된 대답과 관련이 있을 것이다. 한 아이가 막 언어로 자신의 관점과 느낌을 나타낼 수 있을 때, 종종 성인이 느끼기에 매우 어리석은 질문을 물을 때도 있다, 예를 들어 "하늘은 어째서 파란 거예요?", "나뭇잎은 어째서 초록색이에요?"이다. 어쩌면 부모는 "이 문제는 아이가 이해하기에는 너무 어려워서, 대답할 방법이 없구나"라고 말할 수 있다. 일부 부모는 ⁴⁰귀찮다고 느끼고, 종종 아이에게 이렇게 말한다. "귀찮게 하지 마렴! 혼자 좀 놀고 있으렴, 난 바쁘단다!" 더 많은 부모는 종종 ⁴⁰마음대로 답을 주기도 한다. 하지만 부모는 알고 있을지 모르지만, 아이들이 제기한 문제가 늘 등한시되거나, 혹은 합리적인 설명을 얻지 못할 때, 아이는 천천히 질문하는 흥미를 잃을 수 있고, 따라서 ⁴¹성장의 가장 좋은 기회도 잃게 된다.

39. 질문: 이 단문은 아이의 어떤 특징을 강조하였는가?   정답 D
40. 질문: 다수의 부모는 아이의 질문에 어떻게 대처하는가?   정답 B
41. 질문: 아이들의 어리석은 질문에 대하여, 화자는 어떤 견해를 가지고 있는가?   정답 D

해설 보기 읽기

39번은 A의 父母(부모), B의 老师(선생님), C의 游戏(게임), D의 好奇心(호기심)을 핵심어구로 체크해둔다.
40번은 A의 讨论(토론하다), B의 重视(중시하다), C의 表扬(칭찬하다), D의 咨询(상의하다)을 핵심어구로 체크해둔다.
41번은 A의 自己解决(혼자 해결하다), B의 请老师帮忙(선생님께 도움을 요청하다), C의 等孩子长大(아이가 자랄 때까지 기다린다), D의 成长的机会(성장의 기회)를 핵심어구로 체크해둔다.
41번 보기 B의 可以(~할 수 있다)가 의견을 나타내는 단어이므로, 논설문이 나올 것임을 예상할 수 있다. 따라서, 단문의 처음과 끝부분을 주의 깊게 듣는다.

단문 듣기

단문 초반에 有些孩子到了上学的年龄, …… 失去了好奇心, 这是为什么呢? (일부 아이들은 학교에 다닐 나이가 되면, …… 호기심을 잃어버리는데, 이는 왜 그런 것인가?)라는 내용을 듣고, 39번 보기 D 有好奇心(호기심이 있다)에 체크해둔다.
단문 후반에 也失去了成长的最好机会(성장의 가장 좋은 기회도 잃게 된다)를 듣고, 成长的机会(성장의 기회)라는 표현이 언급된 41번 보기 D 是帮助孩子成长的机会(아이의 성장을 돕는 기회이다)에 체크해둔다.

질문 듣고 정답 선택하기

39. 질문이 이 단문은 아이의 어떤 특징을 강조하였는지 물었으므로, 이 단문의 핵심어구인 好奇心(호기심)이 언급된 D 有好奇心(호기심이 있다)이 정답이다.
40. 질문이 다수의 부모는 아이의 질문에 어떻게 대처하는지 물었으므로, 단문 중반에 언급된 感觉不耐烦(귀찮다고 느끼고)과 随随便便给个答案(마음대로 답을 주기도 한다)을 통해 추론할 수 있는 B 不够重视(중시하지 않는다)이 정답이다.
41. 질문이 아이들의 어리석은 질문에 대하여, 화자는 어떤 견해를 가지고 있는지 물었으므로, D 是帮助孩子成长的机会(아이의 성장을 돕는 기회이다)가 정답이다.

✔ **고득점 노하우** 의견이나 주장과 관련된 문제가 제시된 경우, 논설문이 나올 것임을 예상하고, 특별히 단문의 처음과 끝부분을 주의 깊게 듣는다.

42-43

42 하	A 没有牙齿 B 喜欢晒太阳 C 常在海底找吃的 D 可以在陆地上生活	牙齿 yáchǐ 몡 이빨, 치아 晒 shài 통 햇볕을 쬐다 海底 hǎidǐ 몡 해저 陆地 lùdì 몡 육지
	A 이빨이 없다 C 자주 해저에서 먹을 것을 찾는다	B 햇볕을 쬐는 것을 좋아한다 D 육지에서 생활할 수 있다

43 중	A 弄碎食物外壳 B 在岸上建房子 C 增加自身重量 D 用来打跑敌人	弄碎 nòngsuì 통 깨트리다 食物 shíwù 몡 먹이, 음식물 外壳 wàiké 몡 껍데기 岸 àn 몡 물가 建 jiàn 통 짓다, 건설하다 增加 zēngjiā 늘리다 自身 zìshēn 떼 자신, 본인 重量 zhòngliàng 몡 무게 打跑 dǎpǎo 때려 쫓다 敌人 dírén 몡 적
	A 먹이의 껍데기를 깨트린다 C 자신의 무게를 늘린다	B 물가에서 집을 짓는다 D 적을 때려 쫓아내는 데 사용한다

海獭是一种常年生活在海洋里的动物，⁴²大部分时间它们都在海底寻找食物。海獭找到食物后，一般还会从海底找一块石头。这是为什么呢？原来海獭喜欢吃的食物一般都有很硬的外壳，光靠牙齿根本咬不开，于是它们想到了一个聪明的办法，⁴³找块石头把那些食物往石头上砸，等把外壳砸破以后，就可以愉快地享受美食了。

42. 问：关于海獭，我们可以知道什么？

43. 问：海獭为什么要找一块石头？

海獭 hǎitǎ 圏 해달　常年 chángnián 圏 일 년 내내　海洋 hǎiyáng 圏 바다
大部分 dàbùfen 圏 대부분　海底 hǎidǐ 圏 해저　寻找 xúnzhǎo 圏 찾다
食物 shíwù 圏 먹이, 음식물　石头 shítou 圏 돌, 바위　硬 yìng 圏 단단하다
外壳 wàiké 圏 껍데기　光 guāng 圏 오로지 빛　靠 kào 圏 의지하다
牙齿 yáchǐ 圏 이빨, 치아　根本 gēnběn 圏 도무지 근본　咬 yǎo 圏 깨물다
于是 yúshì 圏 그래서　砸 zá 圏 내리치다　破 pò 圏 깨트리다
愉快 yúkuài 圏 즐겁다　享受 xiǎngshòu 圏 즐기다

　해달은 일 년 내내 바다에서 생활하는 동물로, ⁴²대부분의 시간에 그들은 해저에서 먹이를 찾는다. 해달은 먹이를 찾아낸 후, 보통 해저에서 다시 돌 한 덩어리를 찾는다. 이는 어째서인가? 알고 보니 해달이 먹기 좋아하는 먹이는 보통 모두 매우 단단한 껍데기가 있는데, 오로지 이빨에만 의지해서는 도무지 깨물어 열 수 없다, 그래서 그들은 한 가지 영리한 방법을 생각해냈는데, ⁴³돌을 찾아 그 먹이들을 돌 위를 향해 내려치는 것으로, 껍데기를 내리쳐 깨뜨린 후에, 즐겁게 맛있는 음식을 즐길 수 있게 된다.

42. 질문: 해달에 관하여, 우리는 무엇을 알 수 있는가?　　　　　　　　　　　　　　　　　　　　　정답 C
43. 질문: 해달은 어째서 돌 한 덩어리를 찾는가?　　　　　　　　　　　　　　　　　　　　　　　정답 A

해설 보기 읽기

42번은 A의 牙齿(이빨), B의 晒太阳(햇볕을 쬐다), C의 海底(해저), D의 陆地(육지)를 핵심어구로 체크해둔다.
43번은 A의 外壳(껍데기), B의 房子(집), C의 重量(무게), D의 敌人(적)을 핵심어구로 체크해둔다.
42번 보기 A 没有牙齿(이빨이 없다), B 喜欢晒太阳(햇볕을 쬐는 것을 좋아한다), C 常在海底找吃的(자주 해저에서 먹을 것을 찾는다), D의 在陆地上生活(육지에서 생활하다)가 특정 대상의 특징을 설명하므로, 설명문이 나올 것임을 예상할 수 있다. 따라서, 특정 대상의 세부 내용을 주의 깊게 듣는다.

단문 듣기

단문 초반의 大部分时间它们都在海底寻找食物(대부분 시간에 그들은 해저에서 먹이를 찾는다)라는 내용을 듣고, 42번 보기 C 常在海底找吃的(자주 해저에서 먹을 것을 찾는다)를 체크해둔다.
단문 후반의 找块石头把那些食物往石头上砸, 等把外壳砸破以后(돌을 찾아 그 먹이들을 돌 위를 향해 내려치는 것으로, 껍데기를 내리쳐 깨뜨린 후에)라고 한 내용을 듣고, 43번 보기 A 弄碎食物外壳(먹이의 껍데기를 깨트린다)를 체크해둔다.

질문 듣고 정답 선택하기

42. 질문이 해달에 관하여 우리는 무엇을 알 수 있는지 물었으므로, C 常在海底找吃的(자주 해저에서 먹을 것을 찾는다)가 정답이다. 참고로, 食物(먹이)를 吃的(먹을 것)로 바꿔 표현된 것에 유의한다.
43. 질문이 해달은 어째서 돌 한 덩어리를 찾는지 물었으므로, A 弄碎食物外壳(먹이의 껍데기를 깨트린다)가 정답이다. 참고로, 砸破(내리쳐 깨뜨리다)가 弄碎(깨뜨리다)로 바꿔 표현된 것에 유의한다.

☑ **고득점 노하우** 특정 사물이나 대상이 언급된 문제나 어떤 대상의 특징과 관련된 문제가 제시된 경우, 설명문이 나올 것을 예상하고, 특정 대상의 세부 내용을 주의 깊게 듣는다.

44-45

44
중
A 读书要有效率
B 读书一定要用功
C 一本书不读第二遍
D 看完一本再看另一本

效率 xiàolù 圏 능률　用功 yònggōng 圏 노력하다
遍 biàn 圏 한 동작의 모든 과정을 가리키는 단위

A 독서에는 능률이 있어야 한다　　　　　　　　B 독서는 반드시 노력해야 한다
C 한 권의 책을 두 번 읽지 않는다　　　　　　　D 한 권의 책을 다 읽고 다른 책을 본다

제1회

제2회

제3회

제4회

제5회
듣기

해커스 HSK 5급 실전모의고사

45
상

A 深处的水好喝
B 要爱护水资源
C 深入阅读才有收获
D 书中的知识不全面

深处 shēnchù 몡 깊숙한 곳　爱护 àihù 통 소중히 하다
水资源 shuǐzīyuán 몡 수자원　深入 shēnrù 통 깊다
阅读 yuèdú 통 열독하다　收获 shōuhuò 몡 수확 통 수확하다
知识 zhīshi 몡 지식　全面 quánmiàn 톙 전면적이다

A 깊숙한 곳의 물이 맛있다
C 깊이 열독해야 비로소 수확이 있다

B 수자원을 소중히 해야 한다
D 책 속의 지식은 전면적이지 않다

曾国藩是中国近代著名的政治家，他一生
勤奋读书，并给自己定下了十二条读书的规矩。
其中⁴⁴一条是"读书不二"。就是说一本书没读
完读懂时就不要忙着去看别的书。⁴⁵他认为，读
书就像挖井一样，有的人虽然挖了许多井，但是
每一口井都很浅，这样当然喝不到水。⁴⁵只有那
些专心打一口深井的人，才有水喝。

44. 问："读书不二"是什么意思？

45. 问：曾国藩举了挖井的例子是为了说明什
么？

曾国藩 Zēng Guófān 고유 증국번(사람 이름)　近代 jìndài 몡 근대
著名 zhùmíng 톙 저명하다　政治家 zhèngzhìjiā 몡 정치가
勤奋 qínfèn 톙 열심히 하다　定下 dìngxia 정하여 두다
规矩 guīju 몡 규율　挖 wā 통 파다　井 jǐng 몡 우물
许多 xǔduō 톙 수많다, 허다하다　口 kǒu 냥 입구가 있거나 날이 있는 물건을 세는 단위　浅 qiǎn 톙 얕다
专心 zhuānxīn 톙 열중하다　深 shēn 톙 깊다　举 jǔ 통 제시하다
例子 lìzi 몡 예시, 보기

증국번은 중국 근대의 저명한 정치가인데, 그는 일생 동안 열심히 책을 읽으면서, 동시에 자신에게 20항목의 독서 규율을 정했
다. 그중 ⁴⁴하나의 항목은 '독서불이'이다. 바로 한 권의 책을 다 읽지 않고 이해하지 못했을 때 서둘러 다른 책을 보지 말라고 말하
는 것이다. ⁴⁵그가 생각하기에, 독서는 우물을 파는 것과 같아서, 어떤 사람이 비록 수많은 우물을 팠더라도, 그러나 각 우물이 모두
얕다면, 이렇게 되면 당연히 물을 마실 수 없다. ⁴⁵열중하여 하나의 깊은 우물을 파는 사람만이, 물을 마실 수 있다.

44. 질문: '독서불이'는 무슨 뜻인가?　　　　　　　　　　　　　　　　　　　　　　　　　　　　　　　　　정답 D
45. 질문: 증국번이 우물을 파는 것을 예시로 제시한 것은 무엇을 설명하기 위함인가?　　　　　　　　　　정답 C

해설 보기 읽기
44번은 A의 效率(능률), B의 用功(노력하다), C의 二遍(두 번), D의 另一本(다른 책)을 핵심어구로 체크해둔다.
45번은 A의 好喝(맛있다), B의 要爱护(소중히 해야 한다), C의 深入阅读(깊이 열독하다), D의 不全面(전면적이지 않다)을 핵심어구로 체
크해둔다.
44번 보기 A, B의 要(~해야 한다)가 주장을 나타내므로, 논설문이 나올 것임을 예상할 수 있다. 따라서, 단문의 처음과 끝 부분을 주의 깊
게 듣는다.

단문 듣기
단문 초·중반에 一条是"读书不二"。就是说一本书没读完读懂时就不要忙着去看别的书。(하나의 항목은 '독서불이'이다. 바로 한 권의
책을 다 읽지 않고 이해하지 못했을 때 서둘러 다른 책을 보지 말라고 말하는 것이다.)를 듣고, 같은 뜻을 다르게 표현한 44번 보기 D 看完
一本再看另一本(한 권의 책을 다 읽고 다른 책을 본다)을 체크해둔다.
단문 후반에 他认为，读书就像挖井一样，…… 只有那些专心打一口深井的人，才有水喝。(그가 생각하기에, 독서는 우물을 파는 것과 같
아서, …… 열중하여 하나의 깊은 우물을 파는 사람만이, 물을 마실 수 있다.)라고 한 내용을 듣고, 이를 통해 유추할 수 있는 45번 보기 C
深入阅读才有收获(깊이 열독해야 비로소 수확이 있다)에 체크해둔다.

질문 듣고 정답 선택하기
44. 질문이 '독서불이'는 무슨 뜻인지 물었으므로, D 看完一本再看另一本(한 권의 책을 다 읽고 다른 책을 본다)이 정답이다.
45. 질문이 증국번이 우물을 파는 것을 예시로 제시한 것은 무엇을 설명하기 위함인지 물었으므로, C 深入阅读才有收获(깊이 열독해야
　　비로소 수확이 있다)가 정답이다.

✅ **고득점 노하우** 의견이나 주장과 관련된 문제가 제시된 경우, 논설문이 나올 것임을 예상하고, 특별히 단문의 처음과 끝부분을 주의 깊게 듣는다.

46-48

几千年来，[46]汉字的书写 46. A 方式 都是从上到下、从右向左的。但是到了近代，随着中西文化的交流，在用汉字写成的文章及各类文件中，[47]经常要引用外文原文，原来的书写形式就成为一种限制，需要进行 47. B 改革 。第一次提出汉字应该从左向右写的人，是中国著名的学者钱玄同。他在1917年提出这一建议，但由于一些人的反对，改革的建议并没有被接受。1956年1月，[48]中国政府决定将报纸、杂志 48. C 一律 从左向右排版。

书写 shūxiě 图 필기하다, 적다　方式 fāngshì 图 방식
近代 jìndài 图 근대　随着 suízhe ~에 따라
中西 zhōngxī 图 중국과 서양　交流 jiāoliú 图 교류하다
及 jí 젭 및　类 lèi 图 종류　文件 wénjiàn 图 문건
引用 yǐnyòng 图 인용하다　外文 wàiwén 图 외국어
原文 yuánwén 图 원문　形式 xíngshì 图 형식
限制 xiànzhì 图 제약, 제한 图 제한하다
改革 gǎigé 图 개혁하다 图 개혁　提出 tíchū 图 제기하다
著名 zhùmíng 图 저명하다　学者 xuézhě 图 학자
钱玄同 Qián Xuántóng 고유 첸쉬엔퉁(사람 이름)
建议 jiànyì 图 건의안 图 건의하다　接受 jiēshòu 图 받아들이다
政府 zhèngfǔ 图 정부　将 jiāng 깨 ~을, 를　杂志 zázhì 图 잡지
一律 yílǜ 見 일률적으로, 예외 없이　排版 páibǎn 图 조판하다

수천 년간, [46]한자의 필기 A방식은 모두 위에서 아래로, 오른쪽에서 왼쪽으로였다. 그러나 근대에 이르러서, 중국과 서양 문화의 교류에 따라, 한자를 사용해 적은 문장 및 각종 문건에서, [47]종종 외국어 원문을 인용해야 하는데, 원래의 필기 형식은 제약이 되어, B 개혁을 진행하는 것이 필요했다. 최초로 한자를 왼쪽에서 오른쪽으로 적어야 한다고 제기한 사람은, 중국의 저명한 학자인 첸쉬엔퉁이다. 그는 1917년 이 건의안을 제기했는데, 그러나 일부 사람들의 반대로 인하여, 개혁 건의안은 결코 받아들여지지 않았다. 1956년 1월, [48]중국 정부는 신문, 잡지를 C 일률적으로 왼쪽에서 오른쪽으로 조판하도록 결정했다.

46
중

A 方式	B 系统	C 细节	D 特征	方式 fāngshì 图 방식　系统 xìtǒng 图 체계　细节 xìjié 图 세부 사항　特征 tèzhēng 图 특징
A방식	B체계	C세부 사항	D특징	정답 A

해설 보기를 읽고 단문의 빈칸에 문맥상 어떤 명사가 필요할지를 파악한 후, 빈칸 주변을 읽는다. 빈칸이 있는 부분은 '한자의 필기 ____은 모두 위에서 아래로, 오른쪽에서 왼쪽으로였다'라는 의미이므로, 빈칸에는 방식이나 방법을 나타내는 어휘가 들어가야 한다. 따라서 정답은 A 方式(방식)이다.
D 特征(특징)은 사람 혹은 사물의 고유한 성격이나 성질을 나타낸다.

☑ **고득점 노하우** 보기가 모두 명사인 경우에는, 단문을 읽을 때 빈칸의 앞 구절과 뒷 구절의 의미를 정확히 파악하여, 문맥에 맞는 보기를 먼저 찾는다.

47
중

A 发明	B 改革	C 沟通	D 克服	发明 fāmíng 图 발명하다 图 발명　改革 gǎigé 图 개혁하다 图 개혁　沟通 gōutōng 图 소통하다　克服 kèfú 图 극복하다
A발명하다	B개혁하다	C소통하다	D극복하다	정답 B

해설 보기를 읽고 단문의 빈칸에 문맥상 어떤 동작을 나타내는 어휘가 필요할지를 파악한 후, 빈칸 주변을 읽는다. 빈칸이 있는 부분은 '종종 외국어 원문을 인용해야 하는데, 원래의 필기 형식은 제약이 되어, ____을 진행하는 것이 필요로 했다'라는 의미이므로, 문맥상 빈칸에는 변화 혹은 수정을 나타내는 어휘가 들어가야 한다. 따라서 정답은 B 改革(개혁하다)이다.
A 发明(발명하다)은 무엇이 발명되어야 하는지 언급되지 않았다.
D 克服(극복하다)는 결점, 실수 등을 이겨내고 넘어선다는 의미이다.

☑ **고득점 노하우** 보기가 동사로 이루어진 경우, 단문 빈칸 주변을 꼼꼼히 읽어 문맥과 가장 어울리는 동작을 나타내는 보기를 찾는다.

48
중

A 依然	B 随手	C 一律	D 陆续	依然 yīrán 見 여전히　随手 suíshǒu 見 ~하는 김에, 겸해서　一律 yílǜ 見 일률적으로, 예외 없이　陆续 lùxù 見 끊임없이
A여전히	B~하는 김에	C일률적으로	D끊임없이	정답 C

해설 보기를 읽고 단문의 빈칸에 문맥상 어떤 어휘가 필요할지를 파악한 후, 빈칸 뒤를 읽는다. 빈칸이 있는 부분은 '중국 정부는 신문, 잡지를 ____ 왼쪽에서 오른쪽으로 조판하도록 결정했다'라는 의미이므로, 문맥상 빈칸에는 '모두, 함께'라는 뜻의 어휘가 들어가야 한다. 따라서 정답은 C 一律(일률적으로)이다.

☑ **고득점 노하우** 보기가 모두 부사인 경우에는, 단문의 빈칸 주변에서 술어와 자주 호응하는 어휘를 먼저 찾아 문맥에 맞는 보기를 정답의 후보로 선택한다.

49-52

"丁克"家庭的夫妻都有正常的生育能力, 但是他们更愿意过自由的"二人世界"。⁴⁹养孩子不但要花费大量的时间、 **49. B 精力** 和金钱, 而且还要懂得怎么教育孩子, ⁵⁰很多年轻人都担心承担不了这个责任, ⁵⁰所以, 中国的"丁克"家庭在 **50. D 不断** 增加。

　　与"丁克"相比, "丁宠家庭"这个词的流行比较晚, ⁵¹它被用来 **51. B 形容** 那些养宠物、不养孩子的家庭。⁵²"丁宠"家庭中的宠物尽管不是孩子, 但它们在家庭中的地位, 以及它们享受的待遇, 其实不比孩子差, **52. C 有的甚至还更好** 。总之, "丁宠"家庭每月花费在"儿女"身上的钱不比养一个孩子花钱少。

丁克 dīngkè 딩크(DINK, 부부가 맞벌이하여 수입은 많지만 아이는 낳지 않으려는 생활 방식을 말함) 家庭 jiātíng 가정
夫妻 fūqī 부부 生育 shēngyù 출산하다
能力 nénglì 능력 自由 zìyóu 자유롭다 养 yǎng 양육하다
花费 huāfèi 소모하다, 소비하다 大量 dàliàng 대량의
精力 jīnglì 정신과 체력 懂得 dǒngde (방법·뜻 등을) 알다
教育 jiàoyù 교육하다 承担 chéngdān 감당하다
责任 zérèn 책임 不断 búduàn 계속해서
增加 zēngjiā 증가하다 与…相比 yǔ…xiāngbǐ ~와 비교하여
丁宠家庭 dīngchǒng jiātíng 딩펫족(Dinkpet)
流行 liúxíng 유행하다 形容 xíngróng 묘사하다
养 yǎng 키우다, 기르다 宠物 chǒngwù 애완동물
尽管 jǐnguǎn 비록~에도 불구하고 地位 dìwèi 지위
以及 yǐjí 및 享受 xiǎngshòu 누리다
待遇 dàiyù 대우 대우하다 甚至 shènzhì 심지어
总之 zǒngzhī 요컨대 花钱 huāqián 소비하다

　　'딩크'가정의 부부는 정상적인 출산 능력이 있으나, 그들은 자유로운 '두 사람의 세계'를 보내기를 더욱 원한다. ⁴⁹아이를 양육하는 것은 대량의 시간, B정신과 체력 그리고 금전을 소모할 뿐만 아니라, 어떻게 아이를 교육해야 하는지도 알아야 해서, ⁵⁰많은 젊은 사람들이 이 책임을 감당할 수 없을 것이라고 걱정하여, 그래서, ⁵⁰중국의 '딩크'가정은 D 계속해서 증가하고 있다.
　　'딩크'와 비교해, '딩펫족'이란 단어는 비교적 늦게 유행했는데, ⁵¹이 단어는 애완동물을 키우고 아이를 양육하지 않는 가정을 B묘사하는 데 사용된다. ⁵²'딩펫'가정의 애완동물은 비록 아이가 아님에도 불구하고, 그들의 가정에서의 지위 및 그들이 누리는 대우는, 사실 아이보다 나쁘지 않으며, C 일부는 심지어 더 좋다. 요컨대, '딩펫'가정이 매달 '자녀'에게 소비하는 돈은 아이 한 명을 양육하는 데 소비되는 돈보다 적지 않다.

49
하

A 经历	B 精力	C 理由	D 学问

经历 jīnglì 경력 精力 jīnglì 정신과 체력 理由 lǐyóu 이유
学问 xuéwen 학문

A 경력	B 정신과 체력	C 이유	D 학문	정답 B

해설 보기를 읽고 단문의 빈칸에 문맥상 어떤 명사가 필요할지를 파악한 후, 빈칸 주변을 읽는다. 빈칸이 있는 부분은 '아이를 양육하는 것은 대량의 시간, ____ 그리고 금전을 소모할 뿐만 아니라'라는 의미이므로, 빈칸에는 아이를 양육할 때 필요한 것이면서 '소모하다'와 호응하여 쓸 수 있는 어휘가 들어가야 한다. 따라서 정답은 B 精力(정신과 체력)이다.

☑**고득점 노하우** 보기가 모두 명사인 경우에는, 단문을 읽을 때 빈칸의 앞 구절과 뒷 구절의 의미를 정확히 파악하여, 문맥에 맞는 보기를 먼저 찾는다.

50
중

A 纷纷	B 自动	C 迟早	D 不断

纷纷 fēnfēn 연달아 自动 zìdòng 자동으로 자동의
迟早 chízǎo 조만간 不断 búduàn 계속해서

A 연달아	B 자동으로	C 조만간	D 계속해서	정답 D

해설 보기를 읽고 단문의 빈칸에 문맥상 어떤 어휘가 필요할지를 파악한 후, 빈칸 뒤를 읽는다. 빈칸이 있는 부분은 '많은 젊은 사람들이 이 책임을 감당할 수 없을 것이라고 걱정하여, 그래서, 중국의 '딩크'가정은 ____ 증가하고 있다'라는 의미이므로, 빈칸에는 '딩크'가정이 점점 더 늘어나고 있음을 나타내는 어휘가 들어가야 한다. 따라서 정답은 D 不断(계속해서)이다.
A는 纷纷(연달아)은 한 동작 후 또 다음 동작이 연이어 발생함을 나타낸다.
C는 迟早(조만간)는 미래를 나타낸다. 참고로 迟早(조만간)는 현재 진행을 나타내는 在와 함께 쓰일 수 없다.

☑**고득점 노하우** 보기가 모두 부사인 경우에는, 단문의 빈칸 주변에서 술어와 자주 호응하는 어휘를 먼저 찾아 문맥에 맞는 보기를 정답의 후보로 선택한다.

51
중

A 表明	B 形容	C 反映	D 归纳

表明 biǎomíng 표명하다, 분명하게 나타내다
形容 xíngróng 묘사하다, 형용하다 反映 fǎnyìng 반영하다
归纳 guīnà 귀납하다

A 표명하다	B 묘사하다	C 반영하다	D 귀납하다	정답 B

해설 보기를 읽고 단문의 빈칸에 문맥상 어떤 동작 또는 행동을 나타내는 어휘가 필요할지를 파악한 후, 빈칸 주변을 읽는다. 빈칸이 있는 부분은 '이 단어는 애완동물을 키우고 아이를 양육하지 않는 가정을 ____(는 데) 사용된다'라는 의미이므로, 문맥상 빈칸에는 '뜻을 나타내다'라는 의미를 가지고 있는 어휘가 들어가야 한다. 따라서 B 形容(묘사하다)이 정답이다.
A 表明(표명하다)은 태도나 입장을 분명하게 드러낸다는 의미이다.
C 反映(반영하다)은 객관적 상황이나 의견을 반영한다는 의미이다.

☑ **고득점 노하우** 보기가 모두 동사인 경우에는, 빈칸 주변의 주어와 목적어를 먼저 찾아 문맥에 맞는 보기를 정답으로 선택한다.

52 중	A 哪怕保持沉默　　　B 更何况受到疼爱 C 有的甚至还更好　　　D 除非训练很长时间	哪怕 nǎpà 웹 설령 ~라 해도　保持 bǎochí 웹 유지하다 沉默 chénmò 웹 침묵하다　何况 hékuàng 웹 하물며, 더군다나 疼爱 téng'ài 웹 매우 사랑하다　除非 chúfēi 웹 오직 ~하여야 训练 xùnliàn 웹 훈련하다
	A 설령 침묵하는 것을 유지한다고 해도　　　B 하물며 매우 사랑을 받는 것은 말할 것도 없다 C 일부는 심지어 더 좋다　　　D 오직 오랜 시간 훈련을 해야만	정답 C

해설 보기가 모두 문장 형태이므로, 빈칸 주변의 문맥을 주의 깊게 파악한 후, 빈칸에 들어갈 문장을 선택한다. 빈칸이 있는 부분은 "'딩펫' 가정의 애완동물은 비록 아이가 아님에도 불구하고, 그들의 가정에서의 지위 및 그들이 누리는 대우는, 사실 아이보다 나쁘지 않으며, ____'라는 의미이므로, 문맥상 빈칸에는 아이들이 누리는 대우보다 애완동물들이 누리는 대우가 나쁘지 않다는 것과 관련된 내용이 들어가야 한다. 따라서 정답은 C 有的甚至还更好(일부는 심지어 더 좋다)이다.

☑ **고득점 노하우** 문장 채우기 문제가 마지막 문제인 경우, 앞서 나온 문제들을 토대로 단문 전체의 문맥을 파악하여 정답을 선택한다

53-56

暑假是每个孩子盼望的好日子，不用上课，不用天天做作业，可以想吃就吃，想睡就睡。但是一家健康组织对400名学生做了一 53. B 项 53调查，对比他们假期前后的健康状况。调查结果显示， 54. A 懒散的暑假过后，54学生们在前一学期通过锻炼积累的体能会下降80%，几乎只跑一小段路就会累得气喘吁吁。 　　根据调查，55经济条件最差的家庭，孩子暑期的健康状况下降得最 55. D 明显，下降程度是最富家庭孩子的18倍。调查表明，56贫穷家庭的孩子更容易在电视机前 56. B 连续 56坐好几个小时，因此，该组织呼吁政府从国家税收中拿出部分资金用于举办更多的假期体育活动。	暑假 shǔjià 웹 여름 방학　盼望 pànwàng 웹 간절히 바라다 日子 rìzi 웹 날, 날짜　健康 jiànkāng 웹 보건, 건강 웹 건강하다 组织 zǔzhī 웹 기구, 조직 웹 조직하다 项 xiàng 웹 항목(서류, 조목 등을 세는 단위) 对比 duìbǐ 웹 대조하다, 대비하다　假期 jiàqī 웹 방학 기간 状况 zhuàngkuàng 웹 상태, 상황　显示 xiǎnshì 웹 나타내다 懒散 lǎnsǎn 웹 게으르다　积累 jīlěi 웹 축적하다 体能 tǐnéng 웹 운동 능력　下降 xiàjiàng 웹 떨어지다 气喘吁吁 qìchuǎn xūxū 웹 호흡을 가쁘게 몰아쉬다 经济 jīngjì 웹 경제　条件 tiáojiàn 웹 조건　家庭 jiātíng 웹 가정 明显 míngxiǎn 웹 확연히 드러나다　程度 chéngdù 웹 정도 富 fù 웹 부유하다　倍 bèi 웹 배, 곱절 表明 biǎomíng 웹 표명하다, 분명하게 나타내다 贫穷 pínqióng 웹 가난하다　连续 liánxù 웹 연속하다 该 gāi 웹 이　마땅히 ~해야 한다　呼吁 hūyù 웹 호소하다 政府 zhèngfǔ 웹 정부　税收 shuìshōu 웹 세금 수입 部分 bùfen 웹 일부, 부분　资金 zījīn 웹 자금 举办 jǔbàn 웹 개최하다, 거행하다
여름 방학은 모든 아이들이 간절히 바라는 좋은 날로, 수업을 안 들어도 되며, 매일 숙제를 안 해도 되고, 먹고 싶으면 먹고, 자고 싶으면 잘 수 있다. 하지만 한 보건 기구에서 400명 학생을 대상으로 한 B 항목의 53조사를 하여, 그들의 방학 전후의 건강 상태를 대조했다. 조사 결과가 나타낸 것은, A 게으른 여름 방학이 지난 후, 54학생들은 이전 학기에 단련을 통해 축적한 운동 능력이 80% 떨어졌으며, 짧은 구간만 달렸을 뿐인데도 지쳐서 호흡을 가쁘게 몰아쉬었다. 　　조사에 따르면, 55경제 조건이 가장 나쁜 가정에서, 아이가 여름 방학 기간에 건강 상태가 떨어지는 것이 가장 D 확연히 드러나며, 떨어진 정도는 가장 부유한 가정의 아이의 18배이다. 조사에서 표명하길, 56가난한 가정의 아이는 더 쉽게 TV 앞에 B 연속해서 몇 시간을 앉아있는데, 이 때문에, 이 기구는 정부에게 국가의 세금 수입 중 일부 자금을 더욱 많은 방학 중 체육 활동의 개최에 사용해달라고 호소했다.	

53 중	A 批　　　B 项　　　C 组　　　D 套	批 pī 웹 무리, 무더기　项 xiàng 웹 항목(서류, 조목 등을 세는 단위) 组 zǔ 웹 조, 짝, 세트　套 tào 웹 세트, 벌
	A 무리　　　B 항목　　　C 조　　　D 세트	정답 B

해설 보기 중 빈칸 바로 다음의 명사 调查(조사) 앞에서 쓰이는 양사 B 项(항목)이 정답이다.
A 批(무리)는 대량의 물건이나 다수의 사람을 세는데 쓰이는 단위이다.
C 组(조)는 사물의 집합체를 세는 데 쓰이는 단위이다. 주로 건축물을 세는 데 쓰인다.

D 套(세트)는 사물의 집합체를 세는 데 쓰이는 단위이다. 주로 옷, 가구, 집을 세는 데 쓰인다.

✅ **고득점 노하우** 보기가 양사일 경우, 빈칸 바로 다음 명사를 확인하여 이와 호응하는 보기를 바로 정답으로 선택한다.

54
중

A 懒散的暑假过后
B 孩子们积极锻炼
C 假期因为休息得很好
D 这样的生活没有意义

懒散 lǎnsǎn 휑 게으르다 暑假 shǔjià 휑 여름 방학
积极 jījí 휑 적극적이다 假期 jiàqī 휑 방학 기간 意义 yìyì 휑 의미

A 게으른 여름 방학이 지난 후   B 아이들이 적극적으로 단련한다
C 방학 기간은 휴식을 잘 하기 때문이다   D 이러한 생활은 의미가 없다   정답 A

해설 보기가 모두 문장 형태이고 빈칸이 가운데 구절이므로, 빈칸 앞뒤의 문맥을 주의 깊게 파악한 후, 빈칸에 들어갈 보기를 선택한다. 빈칸이 있는 부분은 '＿＿, 학생들은 이전 학기에 단련을 통해 축적한 운동 능력이 80% 떨어졌으며'라는 의미이므로, 빈칸에는 이전 학기에 비해 학생들의 운동 능력이 떨어진 이유나 상황이 언급되어야 한다. 따라서 정답은 A 懒散的暑假过后(게으른 여름 방학이 지난 후)이다.

✅ **고득점 노하우** 문장 채우기 문제에서 빈칸이 긴 문장의 가운데 구절인 경우에는, 빈칸 앞뒤를 문맥상 자연스럽게 연결하는 보기를 정답으로 선택한다.

55
중

A 模糊   B 显然   C 明确   D 明显

模糊 móhu 휑 분명하지 않다
显然 xiǎnrán 휑 (상황이나 이치가) 명백하다
明确 míngquè 휑 명확하다 明显 míngxiǎn 휑 확연히 드러나다

A 분명하지 않다   B 명백하다   C 명확하다   D 확연히 드러난다   정답 D

해설 보기를 읽고 단문의 빈칸에 문맥상 어떤 상태를 나타내는 어휘가 필요할지를 파악한 후, 빈칸 주변을 읽는다. 빈칸이 있는 부분은 '경제 조건이 가장 나쁜 가정에서, 아이가 여름 방학 기간에 건강 상태가 떨어지는 것이 가장 ＿＿, 떨어진 정도는 가장 부유한 가정의 아이의 18배이다.'라는 의미이므로, 문맥상 경제 조건이 가장 나쁜 아이의 건강 상태가 떨어지는 것이 가장 눈에 띈다는 의미의 어휘가 들어가야 한다. 따라서 정답은 D 明显(확연히 드러나다)이다.

✅ **고득점 노하우** 보기가 모두 형용사인 경우에는, 단문의 빈칸 주변에서 형용사가 꾸며주는 대상이나 주어를 먼저 찾아 문맥에 적합한지 확인한다.

56
중

A 通常   B 连续   C 持续   D 接近

通常 tōngcháng 휑 보통이다 휑 통상 连续 liánxù 휑 연속하다
持续 chíxù 휑 지속하다 接近 jiējìn 휑 가깝다 휑 접근하다

A 보통이다   B 연속하다   C 지속하다   D 가깝다   정답 B

해설 보기를 읽고 단문의 빈칸에 문맥상 어떤 상태를 나타내는 어휘가 필요할지를 파악한 후, 빈칸 주변을 읽는다. 빈칸이 있는 부분은 '가난한 가정의 아이는 더 쉽게 TV 앞에 ＿＿ 몇 시간을 앉아있는데'라는 의미이므로, 정답은 문맥상 어울리는 B 连续(연속하다)이다. 참고로, B 连续(연속하다)는 움직이는 상태나 정지된 상태가 변화 없이 같은 동작을 반복한다는 의미이다.
C 持续(지속하다)는 일정 시기 동안 한 상태를 유지하며 변함이 없다는 의미이다. 참고로 发展(발전하다), 上升(상승하다), 高温(고온) 등과 함께 쓰인다.

✅ **고득점 노하우** 보기가 각기 다른 품사로 구성되었을 경우, 각 보기의 의미를 재빨리 확인하여 단문의 빈칸 주변을 읽을 때에 어떤 문맥을 파악해야 할지 미리 준비한다.

제1회
제2회
제3회
제4회
제5회
독해
해커스 HSK 5급 실전모의고사

有位年轻人带着自己的文章去见某杂志主编，主编看后很欣赏，⁵⁷不仅发表了他的文章，还留他当了编辑，年轻人很 57. C 感激 主编。可逐渐地，两人在文章选择标准上意见不一。一次，主编要去出差，⁵⁸年轻人在没有征求主编意见的情况下，删除了两篇已 58. B 确定 的文章，还写了一篇文章批评主编称赞过的作家。大家都觉得年轻人自作主张，会被辞退。⁵⁹年轻人也认识到了错误，59. A 主动 向主编道歉。没想到主编却说："我看了你编的杂志，60. C 刚开始的确很生气，⁶⁰可后来我发现很多人都说你编得好，看来你是对的！"从那之后，主编在工作上经常征求年轻人的意见，杂志也办得越来越好了。

杂志 zázhì 圆 잡지	主编 zhǔbiān 圆 편집장 圆 편집을 주관하다
欣赏 xīnshǎng 圆 마음에 들다	不仅 bùjǐn 圙 ~뿐만 아니라
发表 fābiǎo 圆 발표하다	留 liú 圆 물려 주다, 남기다
编辑 biānjí 圆 편집자 圆 편집하다	感激 gǎnjī 圆 감격하다
逐渐 zhújiàn 圙 점차	标准 biāozhǔn 圆 기준
出差 chūchāi 圆 출장 가다	征求 zhēngqiú 圆 구하다, 묻다
情况 qíngkuàng 圆 상황	删除 shānchú 圆 삭제하다
篇 piān 圆 편(문장을 세는 단위)	
确定 quèdìng 圆 확정하다 圙 확실하다	批评 pīpíng 圆 비평하다
称赞 chēngzàn 圆 칭찬하다	作家 zuòjiā 圆 작가
自作主张 zìzuò zhǔzhāng 圆 제멋대로 결정하다	
辞退 cítuì 圆 해고하다	错误 cuòwù 圆 잘못
主动 zhǔdòng 圆 자발적이다	道歉 dàoqiàn 圆 사죄하다, 사과하다
却 què 圙 오히려, 도리어	编 biān 圆 편집하다
的确 díquè 圙 확실히	征求 zhēngqiú 圆 널리 구하다
办 bàn 圆 운영하다, 창설하다	

한 젊은이가 자신의 글을 가지고 한 잡지 편집장을 보러 갔는데, 편집장이 보고 난 후 마음에 들어, ⁵⁷그의 글을 발표했을 뿐만 아니라, 그를 남겨 편집자가 되게 해서, 젊은이는 편집장에게 매우 C 감격했다. 그러나 점차, 두 사람의 문장 선택 기준에 있어서 의견이 불일치하게 되었다. 한번은, 편집장이 출장을 가게 되어, ⁵⁸젊은이는 편집장의 의견을 구하지 않은 상황에서, 이미 B 확정된 글 두 편을 삭제했고, 게다가 편집장이 칭찬했던 작가를 비평하는 글을 한 편 적었다. 모두가 다 젊은이가 제멋대로 결정해서, 해고될 것이라 여겼다. ⁵⁹젊은이 또한 잘못을 인식하여, 편집장에게 A 자발적으로 사죄했다. 뜻밖에도 편집장은 오히려 이렇게 말했다. "제가 당신이 편집한 잡지를 봤는데, C 바로 처음에는 확실히 화가 났으나, ⁶⁰그러나 그 후 많은 사람들이 당신이 편집을 잘 했다고 말하는 것을 발견했으니, 보아하니 당신이 옳았습니다!" 그 후로, 편집장은 업무에 있어서 종종 젊은이의 의견을 구했으며, 잡지 또한 운영이 점점 잘 되었다.

---

57 중 A 热爱   B 纪念   C 感激   D 珍惜

热爱 rè'ài 圆 뜨겁게 사랑하다 纪念 jìniàn 圆 기념하다
感激 gǎnjī 圆 감격하다 珍惜 zhēnxī 圆 소중히 여기다

A 뜨겁게 사랑하다   B 기념하다   C 감격하다   D 소중히 여기다   정답 C

해설 보기를 읽고 단문의 빈칸에 문맥상 어떤 동작 또는 행동을 나타내는 어휘가 필요할지를 파악한 후, 빈칸 주변을 읽는다. 빈칸이 있는 부분은 '그의 글을 발표했을 뿐만 아니라, 그를 남겨 편집자가 되게 해서, 젊은이는 편집장에게 매우 ___'라는 의미이므로, 빈칸에는 젊은이가 편집장에게 가진 고마운 감정이 들어가야 한다. 따라서 정답은 C 感激(감격하다)이다.

✓ **고득점 노하우** 보기가 모두 동사인 경우에는, 빈칸 주변의 주어와 목적어를 먼저 찾아 문맥에 맞는 보기를 정답으로 선택한다.

---

58 중 A 集中   B 确定   C 成立   D 宣布

集中 jízhōng 圆 집중하다 圙 집중된
确定 quèdìng 圆 확정하다 圙 확실하다
成立 chénglì 圆 성립되다, 설립하다 宣布 xuānbù 圆 선언하다

A 집중하다   B 확정하다   C 성립되다   D 선언하다   정답 B

해설 보기를 읽고 단문의 빈칸에 문맥상 어떤 동작 또는 행동을 나타내는 어휘가 필요할지를 파악한 후, 빈칸 주변을 읽는다. 빈칸이 있는 부분은 '젊은이는 편집장의 의견을 구하지 않은 상태에서 이미 ___(된) 글 두 편을 삭제했고'라는 의미이므로, 문맥상 마음대로 삭제하면 안 되는 글을 삭제했다는 내용이 나와야 한다. 따라서 정답은 B 确定(확정하다)이다.

✓ **고득점 노하우** 보기가 동사로 이루어진 경우, 단문 빈칸 주변을 꼼꼼히 읽어 문맥과 가장 어울리는 동작을 나타내는 보기를 찾는다.

---

59 중 A 主动   B 热心   C 谨慎   D 虚心

主动 zhǔdòng 圙 자발적이다 热心 rèxīn 圙 열렬하다
谨慎 jǐnshèn 圙 신중하다 虚心 xūxīn 圙 겸손하다

A 자발적이다   B 열렬하다   C 신중하다   D 겸손하다   정답 A

해설 보기를 읽고 단문의 빈칸에 문맥상 어떤 상태 또는 성격을 나타내는 어휘가 필요할지를 파악한 후, 빈칸 주변을 읽는다. 빈칸이 있는 부분은 '젊은이 또한 잘못을 인식하여, 편집장에게 ___ 사죄했다.'라는 의미이므로, 빈칸에는 젊은이가 스스로 자신의 잘못에 대해 행동함과 관련된 어휘가 들어가야 한다. 따라서 문맥상 정답은 A 主动(자발적이다)이다.

✓ **고득점 노하우** 보기가 모두 형용사인 경우에는, 단문의 빈칸 주변에서 형용사가 꾸며주는 대상이나 주어를 먼저 찾아 문맥에 적합한지 확인한다.

60 중

A 正打算发表　　　　B 内容非常有趣
C 刚开始的确很生气　　D 里面没有语法错误

正 zhèng 團 마침　发表 fābiǎo 图 발표하다
有趣 yǒuqù 圈 재미있다, 흥미롭다　的确 díquè 圈 확실히
语法 yǔfǎ 團 어법　错误 cuòwù 圈 잘못

A 마침 발표 할 생각이다
C 바로 처음에는 확실히 화가 났다
B 내용이 매우 재미있다
D 안에는 어법이 잘못된 곳이 없다

정답 C

해설 보기가 모두 문장 형태이므로, 빈칸 주변의 문맥을 주의 깊게 파악한 후, 빈칸에 들어갈 문장을 선택한다. 빈칸 뒤 문장 可后来我发现很多人都说你编得好(그러나 그 후 많은 사람들이 당신이 편집을 잘 했다고 말하는 것을 발견했으니)를 통해 빈칸과 빈칸 뒤 문장이 서로 상반되는 내용임을 알 수 있으므로, 빈칸에는 부정적인 내용이 들어가야 한다. 따라서 문맥상 가장 자연스럽게 이어지는 C 刚开始的确很生气(바로 처음에는 확실히 화가 났다)가 정답이다.

✅ **고득점 노하우** 문장 채우기 문제가 마지막인 경우, 앞서 나온 문제들을 토대로 단문 전체의 문맥을 파악하여 정답을 선택한다.

61 중

在中国传统文化中, ᴮ龙无处不在, 只要是有水的地方总有龙王庙。在众多传说中, ᴰ龙王通常是最主要的形象。而每当传统节日时, ᴬ龙舞、龙灯、龙舟赛都不可缺少; ᶜ假如没有龙的形象, 人们就很难充分感受到喜庆气氛。

A 龙舞、龙灯不太常见
B 龙只出现在有水的地方
C 龙可以为节日增加喜庆气氛
D 传说中的龙王都是最重要的形象

传统 chuántǒng 團 전통　龙 lóng 團 용
无处 wúchù 團 ~할 곳이 없다　无处不在 wúchù búzài 어디에나 있다
只要 zhǐyào 圈 ~하기만 하면　龙王庙 Lóngwángmiào 교육 용왕묘
众多 zhòngduō 圈 수많은　传说 chuánshuō 團 전설
龙王 lóngwáng 團 용왕　通常 tōngcháng 圈 일반적이다
形象 xíngxiàng 團 형상, 이미지　而 ér 圈 그래서, 그러나
每当 měi dāng ~할 때마다　龙舞 lóngwǔ 團 용춤(민간 무용의 하나)
龙灯 lóngdēng 團 용등(용 모양의 등)
龙舟 lóngzhōu 團 용선(용처럼 장식한 배)
不可缺少 bùkěquēshǎo 없어서는 안 된다　假如 jiǎrú 圈 만약
充分 chōngfèn 圈 충분히　感受 gǎnshòu 느끼다
喜庆 xǐqìng 圈 즐겁고 경사스럽다　气氛 qìfēn 團 분위기
常见 chángjiàn 圈 자주 보다 圈 흔히 보는
增加 zēngjiā 圈 증가하다

중국 전통 문화 중, ᴮ용은 어디에나 있으며, 물이 있는 곳이라면 용왕묘가 늘 있다. 수많은 전설 중, ᴰ용왕은 일반적으로 가장 주요한 형상이다. 그래서 매 전통 명절 때마다, ᴬ용춤, 용등, 용선 시합은 모두 없어서는 안 된다, ᶜ만약 용의 형상이 없다면, 사람들은 즐겁고 경사스러운 분위기를 충분히 느끼기 어렵다.

A 용춤, 용등은 자주 볼 수 없다
C 용은 명절에 축제 분위기를 증가시킬 수 있다
B 용은 물이 있는 곳에서만 출현한다
D 전설 중의 용왕은 모두 가장 중요한 형상이다

정답 C

해설 단문의 앞부분을 읽으면 龙(용)에 관련된 설명문임을 알 수 있다. 따라서, 이와 관련하여 설명하는 세부 내용을 정확히 파악하며 단문을 읽고, 오답 보기를 소거하거나 정답을 고른다.

단문의 초반에서 중국 전통 문화 중 龙无处不在(용은 어디에나 있으며)라고 했는데, B는 龙只出现在有水的地方(용은 물이 있는 곳에서만 출현한다)이라고 했으므로, B를 오답으로 소거한다. 특히, 보기의 只(~만)로 인해 용이 있는 곳의 범위가 달라져 오답이 되었으므로, 보기를 읽을 때 只(~만)을 놓치지 않는다. → B (X)

그 다음 문장에서 龙王通常是最主要的形象(용왕은 일반적으로 가장 주요한 형상이다)이라고 했는데, D는 龙王都是最重要的形象(용왕은 모두 가장 중요한 형상이다)이라고 했으므로, D를 오답으로 소거한다. 특히, 단문의 主要(주요한) 대신 보기에서 都(모두)가 쓰여 의미가 달라져 오답이 되었으므로, 보기를 읽을 때 都(모두)를 놓치지 않는다. → D (X)

그 다음 문장에서 전통 명절 때마다 龙舞、龙灯、龙舟赛都不可缺少(용춤, 용등, 용선 시합은 모두 없어서는 안 된다)라고 했는데, A는 龙舞、龙灯不太常见(용춤, 용등은 자주 볼 수 없다)이라고 했으므로, A를 오답으로 소거한다. → A (X)

이어서 假如没有龙的形象, 人们就很难充分感受到喜庆气氛(만약 용의 형상이 없다면, 사람들은 즐겁고 경사스러운 분위기를 충분히 느끼기 어렵다)이라고 했는데, C는 龙可以为节日增加喜庆气氛(용은 명절에 축제 분위기를 증가시킬 수 있다)이라고 했으므로, C가 정답이다. → C (O)

✅ **고득점 노하우** 설명문에서는 설명 대상의 세부 특징이 중요하므로, 단문을 읽을 때 대상의 특징을 꾸며 주거나 강조하는 표현을 특히 꼼꼼히 해석한다.

62
중

一般来说，企业家是为了获得利润才创办企业的。而有些企业家成立企业却是为了解决社会问题，这些人被称为"社会企业家"。ᴮ社会企业家有着美好的理想，承担着企业责任、行业责任与社会责任，ᴮ为建设一个更好的社会而努力。

A 小企业的成长空间受到限制
B 社会企业家想为社会做贡献
C 优秀企业家的创造力都很强
D 企业家们应该尽力帮助穷人

企业家 qǐyèjiā 명 기업가　获得 huòdé 동 얻다　利润 lìrùn 명 이윤
创办 chuàngbàn 동 설립하다, 창설하다　企业 qǐyè 명 기업
成立 chénglì 동 설립하다　却 què 부 오히려
称 chēng 동 ~라고 부르다, 칭하다　美好 měihǎo 형 훌륭하다
理想 lǐxiǎng 명 이상 형 이상적이다
承担 chéngdān 동 맡다, 책임지다　责任 zérèn 명 책임
行业 hángyè 명 업무　建设 jiànshè 동 세우다
空间 kōngjiān 명 공간　受到 shòudào 동 받다
限制 xiànzhì 동 제한　贡献 gòngxiàn 동 공헌하다
优秀 yōuxiù 형 우수하다　创造力 chuàngzàolì 명 창조력
尽力 jìnlì 동 온 힘을 다하다　穷人 qióngrén 명 가난한 사람

일반적으로, 기업가는 이윤을 얻기 위해 비로소 기업을 설립한다. 그러나 일부 기업가들이 기업을 설립하는 것은 오히려 사회 문제를 해결하기 위해서인데, 이러한 사람들은 '사회 기업가'라 불린다. ᴮ사회 기업가는 훌륭한 이상을 가지고 있으며, 기업 책임, 업무 책임과 사회적 책임을 맡으면서, ᴮ더욱 좋은 사회를 세우기 위해 노력한다.

A 소기업의 성장 공간이 제한을 받는다
B 사회 기업가는 사회를 위해 공헌하길 원한다
C 우수한 기업가의 창조력은 모두 매우 강하다
D 기업가들은 온 힘을 다하여 가난한 사람을 도와야 한다　　정답 B

해설 단문의 앞부분을 읽으면 企业家(기업가)와 관련된 설명문임을 알 수 있다. 따라서, 이와 관련하여 설명하는 세부 내용을 정확히 파악하며 단문을 읽고, 오답 보기를 소거하거나 정답을 고른다.

단문의 중반에서 社会企业家 ……，为建设一个更好的社会而努力(사회 기업가는 ……, 더욱 좋은 사회를 세우기 위해 노력한다)라고 했는데, B는 社会企业家想为社会做贡献(사회 기업가는 사회를 위해 공헌하길 원한다)이라고 했으므로, B가 정답이다. → B (O)
A, C, D는 지문에서 언급되지 않았으므로 오답이다. → A (X), C (X), D (X)

☑ **고득점 노하우** 설명문에서는 설명 대상의 세부 특징이 중요하므로, 단문을 읽을 때 대상의 특징을 꾸며 주거나 강조하는 표현을 특히 꼼꼼히 해석한다.

63
하

ᴬ四季桂是桂花中的一个种类，与其他桂花不同的是，ᴮ它一年四季都开花，也被称为"月月桂"。ᴰ四季桂的花刚开时为淡黄色，后来变为白色，香气很浓。四季桂比较矮，ᶜ叶片宽大而常绿，比较适合种在院子里。

A 桂花有很多种类
B 四季桂冬天不开花
C 四季桂的叶片细而长
D 四季桂的花会由白变黄

四季桂 Sìjìguì 고유 사계목서　桂花 Guìhuā 고유 금목서
种类 zhǒnglèi 명 종류　四季 sìjì 명 사계절
开花 kāihuā 동 꽃이 피다, 개화하다　称 chēng 동 ~라고 부르다
月月桂 Yuèyuèguì 고유 월월계
淡黄色 dànhuángsè 명 옅은 노란색　香气 xiāngqì 명 향기
浓 nóng 형 진하다, 짙다　叶片 yèpiàn 명 잎사귀
宽大 kuāndà 형 넓다　常绿 chánglǜ 형 사시사철 푸르다
适合 shìhé 동 적합하다　种 zhòng 동 심다　院子 yuànzi 명 정원
细 xì 형 가늘다　由 yóu 개 ~에서

ᴬ사계목서는 금목서 중의 한 종류로, 다른 금목서와 다른 점은, ᴮ일 년 사계절 모두 꽃을 피운다는 것이어서, '월월계'라고도 불린다. ᴰ사계목서의 꽃은 막 피었을 때 옅은 노란색이나, 그 후 흰색으로 변하며, 향기는 진해진다. 사계목서는 비교적 낮으며, ᶜ잎사귀는 넓고 사시사철 푸르며, 정원에서 심는 것이 비교적 적합하다.

A 금목서는 많은 종류가 있다
B 사계목서는 겨울에 꽃을 피우지 않는다
C 사계목서의 잎사귀는 가늘고 길다
D 사계목서의 꽃은 흰색에서 노란색으로 변한다　　정답 A

해설 단문의 앞부분을 읽으면 四季桂(사계목서)와 관련된 설명문임을 알 수 있다. 따라서, 이와 관련하여 설명하는 세부 내용을 정확히 파악하며 단문을 읽고, 오답 보기를 소거하거나 정답을 고른다.

단문의 초반에서 四季桂是桂花中的一个种类(사계목서는 금목서 중의 한 종류로)라고 했는데, A는 桂花有很多种类(금목서는 많은 종류가 있다)라고 했으므로, A가 정답이다. → A (O)
*A를 정답으로 답안지에 표시한 후, 바로 다음 문제로 넘어가서 시간을 절약한다.

이어지는 부분에서 它一年四季都开花(일 년 사계절 모두 꽃을 피운다는 것이어서)라고 했는데, B는 四季桂冬天不开花(사계목서는 겨울에 꽃을 피우지 않는다)라고 했으므로, B를 오답으로 소거한다. → B (X)

그 다음 문장에서 四季桂的花刚开时为淡黄色，后来变为白色(사계목서의 꽃은 막 피었을 때 옅은 노란색이나, 그 후 흰색으로 변하며)라고 했는데, D는 四季桂的花会由白变黄(사계목서의 꽃은 흰색에서 노란색으로 변한다)이라고 했으므로, D를 오답으로 소거한다. → D (X)

그 다음 문장에서 叶片宽大(잎사귀는 넓고)라고 했는데, C는 叶片细而长(잎사귀는 가늘고 길다)이라고 했으므로, C를 오답으로 소거한다. → C (X)

✅ **고득점 노하우** 설명문에서는 설명 대상의 세부 특징이 중요하므로, 단문을 읽을 때 대상의 특징을 꾸며 주거나 강조하는 표현을 특히 꼼꼼히 해석한다.

64
중

ᴰ兄弟俩在同一个班学习，哥哥很勤奋，所以成绩很好。ᴮ可弟弟学习不用功，作业总是抄哥哥的。有一次，老师让学生们写一篇作文，题目是《我的妈妈》。第二天，老师问弟弟："为什么你写的作文跟你哥哥的一样啊"，弟弟回答说："我们的妈妈是一个人，当然作文也一样了。"

A 哥哥比弟弟大一岁
B 弟弟学习非常努力
C 老师们不喜欢弟弟
D 兄弟俩是同班同学

俩 liǎ 🔢 둘　勤奋 qínfèn 📖 열심히 하다　成绩 chéngjì 📖 성적
可 kě 🔗 그러나　用功 yònggōng 📖 열심히 공부하다
抄 chāo 📖 베끼다　篇 piān 📖 편 (문장 등을 세는 단위)
作文 zuòwén 📖 글, 작문　题目 tímù 📖 제목

ᴰ형제 둘은 같은 반에서 공부하는데, 형은 매우 열심히 하여, 성적이 좋다. ᴮ그러나 동생은 공부를 열심히 하지 않으며, 숙제는 늘 형의 것을 베낀다. 한번은, 선생님께서 학생들에게 글을 한 편 쓰도록 했는데, 제목은 <나의 어머니>였다. 둘째 날, 선생님이 동생에게 물었다. "어째서 네가 쓴 글이 형이 쓴 것과 같니." 동생이 대답했다. "우리의 어머니는 한 사람이니, 당연히 글도 같죠."

A 형은 동생보다 한 살 많다　　　　　　　B 동생은 매우 열심히 공부한다
C 선생님들은 동생을 좋아하지 않는다　　　D 형제 두 사람은 같은 반의 학우이다　　정답 D

해설 단문의 앞부분을 읽으면 兄弟(형제)와 관련된 이야기임을 알 수 있다. 따라서, 등장 인물의 특징이나 사건을 정확히 파악하며 단문을 읽고, 오답 보기를 소거하거나 정답을 고른다.

단문의 초반에서 兄弟俩在同一个班学习(형제 둘은 같은 반에서 공부하는)라고 했는데, D는 兄弟俩是同班同学(형제 두 사람은 같은 반의 학우이다)라고 했으므로, D가 정답이다. → D (O)

*D를 정답으로 답안지에 표시한 후, 바로 다음 문제로 넘어가서 시간을 절약한다.

그 다음 문장에서 可弟弟学习不用功(그러나 동생은 공부를 열심히 하지 않으며)이라고 했는데, B는 弟弟学习非常努力(동생은 매우 열심히 공부한다)라고 했으므로, B를 오답으로 소거한다. → B (X)

A, C는 지문에서 언급되지 않았으므로 오답이다. → A (X), C (X)

✅ **고득점 노하우** 이야기에서는 등장인물과 관련된 사건이 중요하므로, 단문을 읽을 때 인물 간 발생한 일 또는 결과를 특히 꼼꼼히 해석한다.

65
중

ᶜ软广告指商家不直接介绍商品、服务，而是通过在报纸、网络、电视节目等宣传媒体上插进带有介绍性的文章、画面和短片，或通过赞助社会活动等方式来提升企业品牌知名度，ᴬ以促进企业商品销售的一种广告形式。

A 软广告不以赚钱为目的
B 软广告只出现在杂志上
C 软广告不直接介绍商品
D 软广告更受消费者喜爱

软广告 ruǎnguǎnggào 📖 간접 광고
指 zhǐ 📖 가리키다, 의미하다　商家 shāngjiā 📖 업체, 상점
直接 zhíjiē 📖 직접적인　商品 shāngpǐn 📖 상품
网络 wǎngluò 📖 웹　宣传 xuānchuán 📖 홍보하다
媒体 méitǐ 📖 매체　插进 chājìn 📖 끼워 넣다
带有 dàiyǒu 📖 포함하다　画面 huàmiàn 📖 화면
短片 duǎnpiàn 📖 짧은 영상, 단편 영화　赞助 zànzhù 📖 협찬하다
方式 fāngshì 📖 방식　提升 tíshēng 📖 끌어올리다
企业 qǐyè 📖 기업　品牌 pǐnpái 📖 브랜드
知名度 zhīmíngdù 📖 지명도　促进 cùjìn 📖 촉진하다
销售 xiāoshòu 📖 판매하다　广告 guǎnggào 📖 광고
形式 xíngshì 📖 형식　赚钱 zhuànqián 📖 돈을 벌다
目的 mùdì 📖 목적　消费者 xiāofèizhě 📖 소비자
喜爱 xǐ'ài 📖 호감을 가지다

ᶜ간접 광고는 업체가 직접적으로 상품과 서비스를 소개하는 것이 아니라, 신문, 웹, TV 프로그램 등의 홍보 매체상에 소개성을 포함한 글, 화면과 짧은 영상을 끼워 넣거나, 혹은 사회 활동에 협찬하는 등의 방식을 통해 기업 브랜드의 지명도를 끌어올림으로써, ᴬ기업 상품 판매를 촉진하는 일종의 광고 형식이다.

A 간접 광고는 돈을 버는 것을 목적으로 하지 않는다　　　B 간접 광고는 잡지에서만 나타난다
C 간접 광고는 직접적으로 상품을 소개하지 않는다　　　D 간접 광고는 소비자의 호감을 더 많이 받는다　　정답 C

해설 단문의 앞부분을 읽으면 软广告(간접 광고)와 관련된 설명문임을 알 수 있다. 따라서, 이와 관련하여 설명하는 세부 내용을 정확히 파악하며 단문을 읽고, 오답 보기를 소거하거나 정답을 고른다.

단문의 초반에서 软广告指商家不直接介绍商品、服务(간접 광고는 업체가 직접적으로 상품과 서비스를 소개하는 것이 아니라)라고 했는데, C는 软广告不直接介绍商品(간접 광고는 직접적으로 상품을 소개하지 않는다)이라고 했으므로, C가 정답이다. → C (O)
*C를 정답으로 답안지에 표시한 후, 바로 다음 문제로 넘어가서 시간을 절약한다.

이어지는 부분에서 以促进企业商品销售的一种广告形式(기업 상품 판매를 촉진하는 일종의 광고 형식이다)이라 했는데, A는 软广告不以赚钱为目的(간접 광고는 돈을 버는 것을 목적으로 하지 않는다)라고 했으므로, A를 오답으로 소거한다. → A (X)

B, D는 지문에서 언급되지 않았으므로 오답이다. → B (X), D (X)

☑ **고득점 노하우** 설명문에서는 설명 대상의 세부 특징이 중요하므로, 단문을 읽을 때 대상의 특징을 꾸며 주거나 강조하는 표현을 특히 꼼꼼히 해석한다.

66
중

ᴰ瘦西湖位于江苏省扬州市西北部。ᴮ它全长4.3公里，ᶜ湖面虽不宽，但水上面积高达700亩，有长堤、五亭桥、白塔等多处名胜古迹。整个湖区风景可以分为岛、桥、堤、岸等几种类型，形成了风格多变的山水园林景色。

A 瘦西湖可免费参观
B 瘦西湖全长30公里
C 瘦西湖的水上面积很大
D 瘦西湖位于浙江省杭州市

瘦西湖 Shòuxī Hú [고유] 수서호	位于 wèiyú [동] ~에 위치하다
江苏省 Jiāngsū Shěng [고유] 장수성(중국 지명, 강소성)	
扬州市 Yángzhōu Shì [고유] 양저우시(중국 지명, 양주시)	
公里 gōnglǐ [양] 킬로미터(km)	
湖面 húmiàn [명] 호수의 너비, 호수의 수면 宽 kuān [형] 넓다	
面积 miànjī [명] 면적	
亩 mǔ [양] 묘(토지 면적의 단위, 1묘는 약 666.7㎡에 해당함)	
堤 dī [명] 제방 五亭桥 Wǔtíngqiáo [고유] 오정교 白塔 báitǎ [명] 백탑	
名胜古迹 míngshènggǔjì [명] 명승고적 整个 zhěnggè [형] 전체의	
风景 fēngjǐng [명] 풍경 岛 dǎo [명] 섬 桥 qiáo [명] 다리	
岸 àn [명] 물가 类型 lèixíng [명] 유형 形成 xíngchéng [동] 형성하다	
风格 fēnggé [명] 스타일	
多变 duōbiàn [형] 다채로운, 변하기 쉬운 [동] 다변하다	
园林 yuánlín [명] 원림, 정원 景色 jǐngsè [명] 풍경	
免费 miǎnfèi [동] 무료로 하다 参观 cānguān [동] 참관하다	
浙江省 Zhèjiāng Shěng [고유] 저장성(중국 지명, 절강성)	
杭州市 Hángzhōu Shì [고유] 항저우시(중국 지명, 항주시)	

ᴰ수서호는 장수성 양저우시의 서북부에 위치한다. ᴮ수서호의 전체 길이는 4.3킬로미터며, ᶜ호수의 너비는 비록 넓지 않지만, 그러나 수면 면적은 700묘에 달하며, 긴 제방, 오정교, 백탑 등 여러 곳에 명승고적이 있다. 전체 호수 지역의 풍경은 섬, 다리, 제방, 물가 등 몇 가지 유형으로 나눌 수 있어서, 스타일이 다채로운 산수원림 풍경을 형성했다.

A 수서호는 무료로 참관할 수 있다　　　B 수서호의 전체 길이는 30킬로미터이다
C 수서호의 수면 위 면적은 매우 크다　　D 수서호는 저장성 항저우시에 위치한다　　　정답 C

해설 단문의 앞부분을 읽으면 瘦西湖(수서호)와 관련된 설명문임을 알 수 있다. 따라서, 이와 관련하여 설명하는 세부 내용을 정확히 파악하며 단문을 읽고, 오답 보기를 소거하거나 정답을 고른다.

단문의 초반에서 瘦西湖位于江苏省扬州市西北部。(수서호는 장수성 양저우시의 서북부에 위치한다.)라고 했는데, D는 瘦西湖位于浙江省杭州市(수서호는 저장성 항저우시에 위치한다)이라고 했으므로, D를 오답으로 소거한다. → D (X)

그 다음 문장에서 它全长4.3公里(수서호의 전체 길이는 4.3킬로미터며)라고 했는데, B는 瘦西湖全长30公里(수서호의 전체 길이는 30킬로미터이다)라고 했으므로, B를 오답으로 소거한다. → B (X)

이어서 湖面虽不宽, 但水上面积高达700亩(호수의 너비는 비록 넓지 않지만, 그러나 수면 면적은 700묘에 달하며)라고 했는데, C는 瘦西湖的水上面积很大(수서호의 수면 위 면적은 매우 크다)라고 했으므로, C가 정답이다. → C (O)
*C를 정답으로 답안지에 표시한 후, 바로 다음 문제로 넘어가서 시간을 절약한다.

A는 지문에서 언급되지 않았으므로 오답이다. → A (X)

☑ **고득점 노하우** 설명문에서는 설명 대상의 세부 특징이 중요하므로, 단문을 읽을 때 대상의 특징을 꾸며 주거나 강조하는 표현을 특히 꼼꼼히 해석한다.

67 下

最新研究结果表明，火星ᴰ曾经有一个厚厚的大气层。后来，由于受到太阳风的影响，大部分气体流失在太空中，ᴰ大气层才变得非常薄。而这也使得火星的气候发生了很大的变化：ᶜ从最初的温暖、潮湿，变成现在的寒冷、干燥。

A 火星上存在生命
B 火星的温度在升高
C 现在的火星非常温暖
D 火星的大气层发生过变化

研究 yánjiū 图 연구하다　结果 jiéguǒ 图 결과
表明 biǎomíng 图 표명하다, 분명하게 드러내다
火星 Huǒxīng 고유 화성　曾经 céngjīng 图 일찍이　厚 hòu 图 두껍다
大气层 dàqìcéng 图 대기권　受到 shòudào 图 받다
太阳风 tàiyángfēng 图 태양풍　气体 qìtǐ 图 기체
流失 liúshī 图 유실되다　太空 tàikōng 图 우주　薄 báo 图 얇다
使得 shǐde 图 ~로 하여금 ~하게 하다　气候 qìhòu 图 기후
发生 fāshēng 图 발생하다　最初 zuìchū 图 최초
温暖 wēnnuǎn 图 따뜻하다　潮湿 cháoshī 图 습하다
寒冷 hánlěng 图 춥고 차다　干燥 gānzào 图 건조하다
存在 cúnzài 图 존재하다　生命 shēngmìng 图 생명
温度 wēndù 图 온도　升高 shēnggāo 图 높이 오르다

최신 연구 결과는 화성에 ᴰ일찍이 두꺼운 대기권이 있었다고 표명했다. 그 후, 태양풍의 영향을 받음으로 인해, 대부분의 기체가 우주에서 유실되어, ᴰ대기권이 비로소 매우 얇게 변하였다. 그리고 이는 또한 화성의 기후로 하여금 매우 큰 변화를 발생하게 하였다. ᶜ최초의 따뜻함과 습함은, 현재의 추위와 건조함으로 변했다.

A 화성에는 생명이 존재한다　　　　　　B 화성의 온도는 높아지고 있다
C 현재의 화성은 매우 따뜻하다　　　　D 화성의 대기권은 변화가 발생한 적 있다　　정답 D

해설 단문의 앞부분을 읽으면 火星大气层(화성의 대기권)과 관련된 설명문임을 알 수 있다. 따라서, 이와 관련하여 설명하는 세부 내용을 정확히 파악하며 단문을 읽고, 오답 보기를 소거하거나 정답을 고른다.

난분의 초반에서 曾经一个厚厚的大气层, …… 大气层才变得非常薄(일찍이 두꺼운 대기권이 있었다 …… 대기권이 비로소 매우 얇게 변하였다)라고 했는데, D는 火星的大气层发生过变化(화성의 대기권은 변화가 발생한 적 있다)라고 했으므로, D가 정답이다. → D (O)

*D를 정답으로 답안지에 표시한 후, 바로 다음 문제로 넘어가서 시간을 절약한다.

그 다음 문장에서 从最初的温暖、潮湿，变成现在的寒冷、干燥。(최초의 따뜻함과 습함은, 현재의 추위와 건조함으로 변했다.)라고 했는데, C는 现在的火星非常温暖(현재의 화성은 매우 따뜻하다)이라고 했으므로, C를 오답으로 소거한다. → C (X)

A, B는 지문에서 언급되지 않았으므로 오답이다. → A (X), B (X)

✓**고득점 노하우** 설명문에서는 설명 대상의 세부 특징이 중요하므로, 단문을 읽을 때 대상의 특징을 꾸며 주거나 강조하는 표현을 특히 꼼꼼히 해석한다.

68 중

学生在课堂上ᶜ主要学习理论知识，他们缺乏实践经验，ᶜ遇到问题容易失去方向。而实习则不同，ᴬ它能让学生接触到实际的工作环境和工作程序，帮助他们在实践中加深对专业知识的理解与运用，为今后的工作打下良好的基础。

A 实习能让学生熟悉工作
B 学生喜欢参加社会实践
C 实习不如理论学习重要
D 学校应增加更多理论课

理论 lǐlùn 图 이론　知识 zhīshi 图 지식
缺乏 quēfá 图 부족하다, 결여되다
实践 shíjiàn 图 실행, 실천 图 실천하다　失去 shīqù 图 잃다
方向 fāngxiàng 图 방향　实习 shíxí 图 실습　则 zé 图 오히려
接触 jiēchù 图 접하다　实际 shíjì 图 실제적이다
程序 chéngxù 图 절차　加深 jiāshēn 图 심화하다
专业 zhuānyè 图 전공　理解 lǐjiě 图 알다
运用 yùnyòng 图 응용하다　今后 jīnhòu 图 앞으로
打下 dǎxià 图 기초를 다지다　良好 liánghǎo 图 훌륭하다, 양호하다
基础 jīchǔ 图 기초　熟悉 shúxī 图 익숙하다
不如 bùrú 图 ~만 못하다　增加 zēngjiā 图 증가하다

학생은 교실에서 ᶜ주로 이론 지식을 공부하는데, 그들은 실행 경험이 부족하여, ᶜ문제에 봉착하면 쉽게 방향을 잃는다. 그러나 실습은 오히려 다른데, ᴬ이는 학생에게 실제 업무 환경과 업무 절차를 접할 수 있게 하여, 그들이 실행 중 전공 지식에 대한 이해와 응용을 심화하도록 도와주고, 앞으로의 업무를 위한 훌륭한 기초를 다지도록 한다.

A 실습은 학생이 업무에 익숙해지도록 한다　　　B 학생은 사회 실행에 참가하는 것을 좋아한다
C 실습은 이론 학습보다 중요하지 않다　　　D 학교는 더욱 많은 이론 수업을 증가시켜야 한다　　정답 A

해설 단문의 앞부분을 읽으면 实习(실습)와 관련된 설명문임을 알 수 있다. 따라서, 이와 관련하여 설명하는 세부 내용을 정확히 파악하며 단문을 읽고, 오답 보기를 소거하거나 정답을 고른다.

단문의 초반에서 主要学习理论知识, …… 遇到问题容易失去方向(주로 이론 지식을 공부하는데, …… 문제에 봉착하면 쉽게 방향을 잃는다)이라고 했는데, C는 实习不如理论学习重要(실습은 이론 학습보다 중요하지 않다)라고 했으므로, C를 오답으로 소거한다. → C (X)

이어지는 문장에서 它能让学生接触到实际的工作环境和工作程序(이는 학생에게 실제 업무 환경과 업무 절차를 접할 수 있게 하여)라고 했는데, A는 实习能让学生熟悉工作(실습은 학생이 업무에 익숙해지도록 한다)라고 했으므로, A가 정답이다. → A (O)

*A를 정답으로 답안지에 표시한 후, 바로 다음 문제로 넘어가서 시간을 절약한다.

B, D는 지문에서 언급되지 않았으므로 오답이다. → B (X), D (X)

✅ **고득점 노하우** 설명문에서는 설명 대상의 세부 특징이 중요하므로, 단문을 읽을 때 대상의 특징을 꾸며 주거나 강조하는 표현을 특히 꼼꼼히 해석한다.

69
중

"停车难"已成了很多大城市的社会问题，由于停车位紧张，乱停车的现象越来越严重。为了从根本上解决这个问题，近年来^B一些城市开始建立停车管理信息系统，统一管理城市车位资源，^B市民可以通过手机软件、网站、电话等方式寻找车位，一定程度上缓解了停车压力。

A 乱停车将会面临更多罚款
B 部分城市可上网寻找车位
C 老百姓要多利用公共交通
D 停车乱收费现象比较严重

停车难 tíngchēnán 몡 주차난	紧张 jǐnzhāng 혱 빠듯하다, 긴박하다
乱 luàn 혱 무질서하다 閈 함부로, 제멋대로	
停车 tíngchē 통 차량을 주차하다	现象 xiànxiàng 몡 현상
严重 yánzhòng 혱 심각하다	根本 gēnběn 혱 근본적인 몡 근본
解决 jiějué 통 해결하다	建立 jiànlì 통 만들다, 형성하다
管理 guǎnlǐ 통 관리하다	信息 xìnxī 몡 정보
系统 xìtǒng 몡 시스템	统一 tǒngyī 혱 통일적인, 일치한
资源 zīyuán 몡 자원	
手机软件 shǒujī ruǎnjiàn 휴대폰 앱, 모바일 소프트웨어	
网站 wǎngzhàn 몡 웹사이트	寻找 xúnzhǎo 통 찾다
车位 chēwèi 몡 주차 자리	程度 chéngdù 몡 정도
缓解 huǎnjiě 통 완화시키다	面临 miànlín 통 직면하다
罚款 fákuǎn 통 벌금을 부과하다	老百姓 lǎobǎixìng 몡 서민
利用 lìyòng 통 이용하다	收费 shōufèi 통 비용을 받다 몡 비용

'주차난'은 이미 많은 대도시의 사회적 문제가 되었는데, 주차 공간이 빠듯하기 때문에, 무질서하게 주차하는 현상이 점점 심각해지고 있다. 근본적으로 이 문제를 해결하기 위해서, 최근 몇 년간 ^B일부 도시에서 주차 관리 정보 시스템을 만들기 시작하여, 도시 주차 자리 자원을 통일적으로 관리하고, ^B시민은 휴대폰 앱, 웹사이트, 전화 등의 방식을 통해 주차 자리를 찾을 수 있게 되어, 주차 스트레스를 어느 정도 완화시켰다.

A 무질서한 주차는 더욱 많은 벌금을 부과하는 것에 직면할 수 있다
B 일부 도시는 인터넷에서 주차 자리를 찾을 수 있다
C 서민은 대중교통을 많이 이용해야 한다
D 주차 후 무질서하게 비용을 받는 현상이 비교적 심각하다

정답 B

해설 단문의 앞부분을 읽으면 "停车难(주차난)"과 관련된 논설문임을 알 수 있다. 따라서, 停车难(주차난)에 대한 글쓴이의 주장을 정확히 파악하며 단문을 읽고, 오답 보기를 소거하거나 정답을 고른다.

단문의 중반에서 一些城市开始建立停车管理信息系统, …… 市民可以通过手机软件、网站、电话等方式寻找车位(일부 도시에서 주차 관리 정보 시스템을 만들기 시작하여, …… 시민은 휴대폰 앱, 웹사이트, 전화 등의 방식을 통해 주차 자리를 찾을 수 있게 되어)라고 했는데, B는 部分城市可上网寻找车位(일부 도시는 인터넷에서 주차 자리를 찾을 수 있다)라고 했으므로, B가 정답이다.
→ B (O)
*B를 정답으로 답안지에 표시한 후, 바로 다음 문제로 넘어가서 시간을 절약한다.
A, C, D는 지문에서 언급되지 않았으므로 오답이다. → A (X), C (X), D (X)

✅ **고득점 노하우** 논설문에서는 화자의 의견과 견해가 중요하므로, 단문을 읽을 때 주장을 나타내는 구절이나 표현을 특히 꼼꼼히 해석한다.

70
중

我们通常用提高水价的办法，来阻止人们对水资源的浪费。水价上涨将会使人们改掉浪费水的坏习惯，从而节省水资源。然而，^A提高水价并不是解决水资源危机的根本办法。^C只有改变人们的观念，提高对水资源保护的重视程度，才能有效地实现可持续发展。

A 提高水价是最好的办法
B 很多城市已经严重缺水
C 要建立保护水资源的观念
D 浪费水的坏习惯很难改变

通常 tōngcháng 혱 일반적이다	水价 shuǐjià 몡 수도세
阻止 zǔzhǐ 통 저지하다	水资源 shuǐzīyuán 몡 수자원
浪费 làngfèi 통 낭비하다	
上涨 shàngzhǎng 통 (수위나 물가가) 오르다	
改掉 gǎidiào 통 고치다	从而 cóng'ér 젭 이로 인해, 그리하여
节省 jiéshěng 통 아끼다	然而 rán'ér 젭 그러나 危机 wēijī 몡 위기
根本 gēnběn 혱 근본적인 몡 근본	改变 gǎibiàn 통 바꾸다
观念 guānniàn 몡 생각	保护 bǎohù 통 보호하다
重视 zhòngshì 통 중요시하다	程度 chéngdù 몡 정도
有效 yǒuxiào 통 효과가 있다	实现 shíxiàn 통 실현하다
可持续发展 kě chíxù fāzhǎn 지속 가능한 발전	
严重 yánzhòng 혱 심각하다	
缺水 quēshuǐ 통 물이 부족하다 몡 물 부족	
建立 jiànlì 통 형성하다, 건립하다	

우리는 일반적으로 수도세를 올리는 방법으로, 사람들의 수자원 낭비를 저지한다. 수도세가 오르는 것은 사람들로 하여금 물을 낭비하는 나쁜 습관을 고치게 하여, 이로 인해 수자원을 아낄 수 있다. 그러나, ^A수도세를 올리는 것은 결코 수자원 위기를 해결하는 근본적 방법이 아니다. ^C사람들의 생각을 바꾸고, 수자원 보호에 대해 중요시하는 정도를 높여야만, 비로소 효과적으로 지속 가능한 발전을 실현할 수 있다.

A 수도세를 높이는 것은 가장 좋은 방법이다　　　　　B 많은 도시가 이미 심각하게 물이 부족하다
C 수자원을 보호하는 생각을 형성해야 한다　　　　　D 물을 낭비하는 나쁜 습관은 바꾸기 어렵다

정답 C

해설 단문의 앞부분을 읽으면 水价(수도세)와 관련된 논설문임을 알 수 있다. 따라서 水价(수도세)에 대한 글쓴이의 주장을 정확히 파악하며 단문을 읽고, 오답 보기를 소거하거나 정답을 고른다.

단문의 중반에서 提高水价并不是解决水资源危机的根本办法(수도세를 올리는 것은 결코 수자원 위기를 해결하는 근본적 방법이 아니다)라고 했는데, A는 最好的办法(가장 좋은 방법)라고 했으므로, A를 오답으로 소거한다. → A (X)

그 다음 문장에서 只有改变人们的观念, 提高对水资源保护的重视程度, 才能有效地实现可持续发展.(사람들의 생각을 바꾸고, 수자원 보호에 대해 중요시하는 정도를 높여야만, 비로소 효과적으로 지속 가능한 발전을 실현할 수 있다.)이라고 했는데, C는 要建立保护水资源的观念(수자원을 보호하는 생각을 형성해야 한다)이라고 했으므로, C가 정답이다. → C (O)

B, D는 지문에서 언급되지 않았으므로 오답이다. → B (X), D (X)

☑ **고득점 노하우** 논설문에서는 화자의 의견과 견해가 중요하므로, 단문을 읽을 때 주장을 나타내는 구절이나 표현을 특히 꼼꼼히 해석한다.

71-74

⁷¹有一个姑娘长得特别美, 个性也很温柔, 只可惜她是个盲人。到了结婚的年龄, 亲戚朋友们先后给姑娘介绍了十多个男孩子, 他们都表示不在乎姑娘是盲人, 愿意娶她。⁷³但每次姑娘都摇头不同意, 她的妈妈说: "这些男孩子各有各的优势, 有的家庭条件好, 有的长得很英俊, 而且都不嫌弃你看不见, ⁷³你还有什么不满足的呢?"

后来, 一个比较穷的普通男青年被姑娘"看"中了。妈妈觉得他的条件不够好, 劝女儿说: "你才25岁, 年纪还不大, 何必这么匆忙决定呢?" 姑娘说: "我确定了, 就是他。⁷²以前和其他男孩子吃饭时, 他们都只顾聊一些有趣的话题, ⁷²始终没有一个人注意到因为我看不见菜, 只能吃米饭。⁷⁴只有他一直在为我夹菜, 我知道他会体贴我, 疼爱我一辈子。" 妈妈感叹道: "别看你眼睛看不见, 心里比我看得还清楚呢。"

姑娘 gūniang 圆 아가씨　个性 gèxìng 圆 성격
温柔 wēnróu 圆 부드럽고 상냥하다　可惜 kěxī 圆 아쉽다
盲人 mángrén 圆 맹인　年龄 niánlíng 圆 나이　亲戚 qīnqi 圆 친척
先后 xiānhòu 圆 잇따라, 전후하여　表示 biǎoshì 圆 나타내다
在乎 zàihu 圆 마음속에 두다　娶 qǔ 圆 아내로 두다
摇头 yáotóu 圆 고개를 가로젓다　优势 yōushì 圆 장점, 우세
家庭 jiātíng 圆 가정　条件 tiáojiàn 圆 조건
英俊 yīngjùn 圆 잘생기다　嫌弃 xiánqì 圆 싫어하다
满足 mǎnzú 圆 만족하다　穷 qióng 圆 가난하다
普通 pǔtōng 圆 평범하다, 보통이다　看中 kànzhòng 圆 마음에 들다
劝 quàn 圆 타이르다　何必 hébì 圆 구태여 ~할 필요가 있는가
匆忙 cōngmáng 圆 급하다　确定 quèdìng 圆 확실히 결정을 내리다
顾 gù 圆 신경쓰다　话题 huàtí 圆 화제　始终 shǐzhōng 圆 한결같이
夹 jiā 圆 집다　体贴 tǐtiē 圆 자상하게 돌보다
疼爱 téng'ài 圆 매우 사랑하다　一辈子 yíbèizi 圆 한평생
感叹 gǎntàn 圆 감탄하다　别看 biékàn 圆 ~지만

⁷¹한 아가씨는 매우 아름답게 생겼고, 성격 또한 매우 부드럽고 상냥했지만, 다만 아쉽게도 그녀는 맹인이었다. 결혼할 나이가 되자, 친척과 친구들이 잇따라 아가씨에게 10여 명의 남자를 소개해줬는데, 그들은 모두 아가씨가 맹인인 것을 마음에 두지 않으며, 그녀를 아내로 두길 바랐다. ⁷³그러나 매번 아가씨가 고개를 가로저으며 허락하지 않자, 그녀의 어머니가 말했다. "이 남자들은 각자의 장점이 있어, 어떤 자들은 가정 조건이 좋고, 어떤 자들은 잘생겼지, 게다가 모두 네가 눈이 보이지 않는 것을 싫어하지 않는데, ⁷³너는 아직도 무엇이 불만족스럽니?"

그 후, 비교적 가난하고 평범한 남자 청년이 아가씨의 '마음에' 들어왔다. 어머니는 그의 조건이 좋지 않다고 느껴, 딸에게 타이르며 말했다. "넌 아직 25살이고, 나이도 많지 않은데, 구태여 이렇게 급하게 결정할 필요가 있니?" 아가씨가 말했다. "전 확실히 결정을 내렸어요, 바로 그예요. ⁷²전에 다른 남자들과 밥을 먹을 때, 그들은 모두 그저 몇 가지 재미있는 화제를 이야기하는 것에만 신경 쓸 뿐, ⁷²한결같이 단 한 명도 제가 반찬이 보이지 않기 때문에, 밥만 먹을 수밖에 없었던 것에 관심을 기울이지 않았어요. ⁷⁴오직 그만이 계속 저를 위해 음식을 집어 주었는데, 전 그 사람이 절 자상하게 돌보며, 한평생 사랑해줄 것을 알았어요." 어머니는 감탄하며 말했다. "네가 눈은 안 보이지만, 마음은 나보다 더 분명하게 보는구나."

71
하

根据上文, 这个姑娘:

A 刚满20岁　　　　B 喜欢吃米饭
C 眼睛看不见　　　D 不太喜欢说话

姑娘 gūniang 圆 아가씨　刚 gāng 圆 막, 바로
满 mǎn 圆 꽉 채우다 圆 가득하다

위 지문에 근거하여, 이 아가씨는:
A 이제 막 20살이 되었다
C 눈이 안 보인다
B 쌀밥 먹는 것을 좋아한다
D 말하는 것을 그다지 좋아하지 않는다　　정답 C

해설 질문의 姑娘(아가씨)과 관련된 세부 내용을 지문에서 찾아 주의 깊게 읽는다. 첫 번째 단락에서 有一个姑娘 ……, 只可惜她是个盲人(한 아가씨는 ……, 다만 아쉽게도 그녀는 맹인이었다)이라고 했으므로, 지문의 盲人(맹인)을 바꾸어 표현한 C 眼睛看不见(눈이 안 보인다)이 정답이다.

☑ **고득점 노하우** 질문에 根据上文(위 지문에 근거하여)이 있으면 뒷부분을 핵심어구로 하여 지문에서 관련된 내용을 재빨리 찾는다.

72
중

姑娘为什么不喜欢之前的男孩子?

A 姑娘没有自信心　　　B 姑娘不想早结婚
C 他们总是说大话　　　D 他们不太关心她

姑娘 gūniang 圆 아가씨　自信心 zìxìnxīn 圆 자신감
大话 dàhuà 圆 큰소리, 허풍

아가씨는 왜 이전의 남자들을 좋아하지 않았는가?

A 아가씨가 자신감이 없기 때문에
C 그들은 줄곧 큰소리 치기 때문에

B 아가씨는 일찍 결혼하고 싶어 하지 않기 때문에
D 그들이 그녀에게 관심을 별로 기울이지 않아서　　정답 D

해설 질문의 姑娘为什么不喜欢之前的男孩子?(아가씨는 왜 이전의 남자들을 좋아하지 않았는가?)와 관련된 부분을 지문에서 찾아 주의 깊게 읽는다. 두 번째 단락에서 以前和其他男孩子吃饭时, …… 始终没有一个人注意到因为我看不见菜, 只能吃米饭(전에 다른 남자들과 밥을 먹을 때, …… 한결같이 단 한 명도 제가 반찬이 보이지 않기 때문에, 밥만 먹을 수 밖에 없었던 것에 관심을 기울이지 않았어요)이라고 했으므로, 이를 통해 알 수 있는 D 他们不太关心她(그들이 그녀에게 관심을 별로 기울이지 않아서)를 정답으로 선택한다.

✔ **고득점 노하우** 질문에 为什么(왜)가 있으면 문장 전체를 핵심어구로 하여 지문에서 관련된 이유를 재빨리 찾는다.

73
중

姑娘拒绝那些男孩子时, 妈妈觉得自己的女儿:

A 要求太高　　　　　B 长得很美
C 年龄太小　　　　　D 性格温柔

姑娘 gūniang 圆 아가씨　拒绝 jùjué 圆 거절하다
要求 yāoqiú 圆 요구, 요망 圆 요구하다　年龄 niánlíng 圆 나이
性格 xìnggé 圆 성격　温柔 wēnróu 圆 부드럽고 상냥하다

아가씨가 그 남자들을 거절할 때, 어머니는 자신의 딸이 어떻다고 느꼈는가:

A 요구가 너무 높다　　　　B 아름답게 생겼다　　　　C 나이가 너무 어리다　　　　D 성격이 부드럽고 상냥하다　　정답 A

해설 질문의 姑娘拒绝那些男孩子时, 妈妈觉得自己的女儿(아가씨가 그 남자들을 거절할 때, 어머니는 자신의 딸이 어떻다고 느꼈는가)와 관련된 부분을 지문에서 찾아 주의 깊게 읽는다. 첫 번째 단락 후반에서 但每次姑娘都摇头不同意, 她的妈妈说: …… 你还有什么不满足的呢?(그러나 매번 아가씨가 고개를 가로저으며 허락하지 않자, 그녀의 어머니가 말했다. …… 너는 아직도 무엇이 불만족스럽니?)라고 했으므로, 이를 통해 어머니는 딸의 이성을 보는 눈이 높다고 느끼는 것을 유추할 수 있다. 따라서 A 要求太高(요구가 너무 높다)를 정답으로 선택한다.

✔ **고득점 노하우** 질문의 중간에 时(~할 때)가 있으면 문장 전체를 핵심어구로 하여 지문에서 관련된 내용을 재빨리 찾는다.

74
하

姑娘看中那个男青年, 是因为他:

A 性格很好　　　　　B 对她体贴
C 长得英俊　　　　　D 能力突出

姑娘 gūniang 圆 아가씨　看中 kànzhòng 圆 마음에 들다
性格 xìnggé 圆 성격　体贴 tǐtiē 圆 자상하게 돌보다
英俊 yīngjùn 圆 잘생기다　能力 nénglì 圆 능력
突出 tūchū 圆 뛰어나다

아가씨가 그 청년을 마음에 들어 한 것은, 왜냐하면 그가:

A 성격이 매우 좋기 때문에
C 생김새가 잘생겼기 때문에

B 그녀를 자상하게 돌보기 때문에
D 능력이 뛰어나기 때문에　　정답 B

해설 질문의 姑娘看中那个男青年(아가씨가 그 청년을 마음에 들어 한 것은)과 관련된 부분을 지문에서 찾아 주의 깊게 읽는다. 두 번째 단락 후반에서 只有他一直在为我夹菜, 我知道他会体贴我, 疼爱我一辈子。(오직 그만이 계속 저를 위해 음식을 집어 주었는데, 전 그 사람이 절 자상하게 돌보며, 한평생 사랑해줄 것을 알았어요.)라고 했으므로, 이를 통해 알 수 있는 B 对她体贴(그녀를 자상하게 돌보기 때문에)를 정답으로 선택한다.

✔ **고득점 노하우** 질문의 끝에 是因为(~은 왜냐하면)가 있으면 앞부분을 핵심어구로 하여 지문에서 관련된 내용을 재빨리 찾는다.

春天到了，雪白的梨花、粉红的桃花、金黄的油菜花都纷纷开放。⁷⁵为什么花儿会有这么多鲜艳的色彩呢？秘密就是：花的细胞里存在着各种不同的色素。⁷⁶如果花的颜色是红的、紫的或蓝的，那是因为这些花里含有一种叫"花青素"的色素。如果花的颜色是黄的、浅黄的、桔黄的，那就是花里含有"类胡萝卜素"。那么白色的花又含有什么色素呢？答案是什么色素也没有。⁷⁷它之所以看上去是白色的，是因为花瓣里充满了小气泡。如果我们将花瓣里的气泡全部挤掉，那么白花就变成无色透明的了。

在丰富多彩的花的世界里，白色、黄色、红色的花最常见，而黑色的花最少见，因此也就显得特别名贵。⁷⁸黑色的花能吸收太阳光中全部的光，在阳光下升温快，花的组织容易受到伤害，⁷⁸从而影响花朵的正常生长。所以，经过长期的自然选择，黑色花的种类在自然界里就非常少见了。

雪白 xuěbái 형 새하얗다	梨花 líhuā 명 배꽃
粉红 fěnhóng 형 분홍색의	桃花 táohuā 명 복숭아꽃
金黄 jīnhuáng 형 황금색의	油菜花 yóucàihuā 명 유채꽃
纷纷 fēnfēn 형 잇달아	开放 kāifàng 동 (꽃이) 피다, 개방하다
鲜艳 xiānyàn 형 화려하다	色彩 sècǎi 명 색깔	秘密 mìmì 명 비밀
细胞 xìbāo 명 세포	存在 cúnzài 동 존재하다	色素 sèsù 명 색소
紫 zǐ 형 자줏빛의, 자색의	含有 hányǒu 동 함유하다
花青素 huāqīngsù 명 안토시안	浅黄 qiǎnhuáng 형 담황색의
桔黄 júhuáng 형 주황색의	
类胡萝卜素 lèihúluóbosù 명 카로티노이드	答案 dá'àn 명 답
花瓣 huābàn 명 꽃잎	充满 chōngmǎn 동 가득하다, 충만하다
气泡 qìpào 명 기포	挤 jǐ 동 짜다	透明 tòumíng 형 투명하다
丰富多彩 fēngfù duōcǎi 형 풍부하고 다채롭다	
常见 chángjiàn 형 흔한	显得 xiǎnde 동 ~인 것처럼 보이다
名贵 míngguì 형 유명하고 진귀하다	吸收 xīshōu 동 흡수하다
太阳光 tàiyángguāng 명 태양광	
升温 shēngwēn 동 온도가 상승하다	组织 zǔzhī 명 조직
受到 shòudào 동 받다	伤害 shānghài 동 손상시키다
从而 cóng'ér 접 이로 인해, 따라서	正常 zhèngcháng 형 정상적인
生长 shēngzhǎng 동 성장하다	自然 zìrán 명 자연
选择 xuǎnzé 명 선택 동 선택하다	种类 zhǒnglèi 명 종류
自然界 zìránjiè 명 자연계	

봄이 오니, 새하얀 배꽃, 분홍색 복숭아꽃, 황금색 유채화가 잇달아 피어난다. ⁷⁵어째서 꽃은 이렇게나 많은 화려한 색깔이 있을까? 비밀은 바로 꽃의 세포 안에는 각종 다른 색소가 존재하고 있기 때문이다. ⁷⁶만약 꽃의 색이 붉거나, 자줏빛이거나 혹은 파랗다면, 그것은 이 꽃들 안에 '안토시안'이라고 부르는 색소가 함유됐기 때문이다. 만약 꽃의 색이 노랗거나, 담황색이거나, 주황색이라면, 그건 바로 꽃 안에 '카로티노이드'가 함유된 것이다. 그렇다면 하얀 꽃은 또 무슨 색소를 함유하고 있을까? 답은 어떠한 색소도 없다이다. ⁷⁷꽃이 하얀색으로 보이는 이유는, 꽃잎에 작은 기포가 가득하기 때문이다. 만약 우리가 꽃잎 안의 모든 기포를 짜버린다면, 그렇다면 하얀 꽃은 무색의 투명한 꽃이 된다.

풍부하고 다채로운 꽃의 세계에서, 하얀색, 노란색, 붉은색 꽃은 가장 흔히 보이나, 검은색 꽃은 가장 보기 드물어, 이 때문에 매우 유명하고 진귀한 것처럼 보인다. ⁷⁸검은색 꽃은 태양광의 모든 빛을 흡수할 수 있어서, 햇빛 아래에서 온도 상승이 빠르고, 꽃의 조직이 손상되기 쉽다, ⁷⁸이로 인해 꽃의 정상적인 성장에 영향을 준다. 그래서, 오랜 시간의 자연 선택을 거쳐, 검은 꽃의 종류는 자연계 안에서 매우 드물게 보인다.

75
하

为什么花儿会有不同的颜色？
A 生长的环境不同　　　　B 含有的色素不同
C 吸收的光类型不同　　　D 生长地的气候不同

生长 shēngzhǎng 동 성장하다	含有 hányǒu 동 함유하다
色素 sèsù 명 색소	吸收 xīshōu 동 흡수하다	类型 lèixíng 명 유형
气候 qìhòu 명 기후	

왜 꽃은 다른 색을 가질 수 있는가?
A 성장 환경이 다르기 때문에　　　　　　　　　　B 함유한 색소가 다르기 때문에
C 흡수하는 빛의 유형이 다르기 때문에　　　　　D 성장하는 땅의 기후가 다르기 때문에　　　　정답 B

해설 질문의 为什么花儿会有不同的颜色？(왜 꽃은 다른 색을 가질 수 있는가?)와 관련된 부분을 지문에서 찾아 주의 깊게 읽는다. 첫 번째 단락에서 为什么花儿会有这么多鲜艳的色彩呢？秘密就是：花的细胞里存在着各种不同的色素。(어째서 꽃은 이렇게나 많은 화려한 색깔이 있을까? 비밀은 바로 꽃의 세포 안에는 각종 다른 색소가 존재하고 있기 때문이다.)이라고 했으므로, 지문의 存在着各种不同的色素(꽃의 세포 안에는 각종 다른 색소가 존재하고 있다)를 바꾸어 표현한 B 含有的色素不同(함유한 색소가 다르기 때문에)가 정답이다.

☑ **고득점 노하우** 질문에 为什么(왜)가 있으면 문장 전체를 핵심어구로 하여 지문에서 관련된 이유를 재빨리 찾는다.

76
중

如果花里含有"花青素"，那么花朵的颜色不可能是：

A 酒红色　　　　　　　B 淡黄色

C 浅紫色　　　　　　　D 天蓝色

含有 hányǒu 图 함유하다　花青素 huāqīngsù 图 안토시안
酒红色 jiǔhóngsè 图 와인색　淡黄色 dànhuángsè 图 옅은 노란색
浅紫色 qiǎnzǐsè 图 연보라색　天蓝色 tiānlánsè 图 하늘색

만약 꽃 안에 '안토시안'이 함유됐다면, 그렇다면 꽃의 색으로 불가능한 것은:

A 와인색　　　　　　　B 옅은 노란색　　　　　　C 연보라색　　　　　　D 하늘색　　　　정답 B

해설 질문의 花里含有"花青素", …… 花朵的颜色不可能是(꽃 안에 '안토시안'이 함유됐다면, …… 꽃의 색으로 불가능한 것은)과 관련된 부분을 지문에서 찾아 주의 깊게 읽는다. 첫 번째 단락 중간에서 如果花的颜色是红的、紫的或蓝的，那是因为这些花里含有一种叫"花青素"的色素。(만약 꽃의 색이 붉거나, 자줏빛이거나 혹은 파랗다면, 그것은 이 꽃들 안에 '안토시안'이라고 부르는 색소가 함유됐기 때문이다.)라고 했으므로, 지문에서 언급되지 않은 B 淡黄色(옅은 노란색)가 정답이다.

✅ **고득점 노하우** 질문이 '如果(만약에)'와 같은 가정문이면, 뒷부분을 핵심어구로 하여 지문에서 관련된 내용을 재빨리 찾는다.

77
중

白色的花显示出白色是因为：

A 可接收的白光较多

B 含有白色的色素

C 花瓣里含有小气泡

D 含有类胡萝卜素

显示 xiǎnshì 图 내보이다　接收 jiēshōu 图 받아들이다
含有 hányǒu 图 함유하다　色素 sèsù 图 색소
花瓣 huābàn 图 꽃잎　气泡 qìpào 图 기포
类胡萝卜素 lèihúluóbosù 图 카로티노이드

하얀 꽃이 하얀색으로 나타나 보이는 것은 왜냐하면:

A 받아들일 수 있는 흰 빛이 비교적 많기 때문에　　　　B 하얀 색소를 함유하고 있기 때문에

C 꽃잎에 작은 기포를 함유하고 있기 때문에　　　　D 카로티노이드를 함유하고 있기 때문에　　　정답 C

해설 질문의 白色的花显示出白色(하얀 꽃이 하얀색으로 나타나 보이는 것)과 관련된 부분을 지문에서 찾아 주의 깊게 읽는다. 첫 번째 단문 후반에서 它之所以看上去是白色的，是因为花瓣里充满了小气泡。(꽃이 하얀색으로 보이는 이유는, 꽃잎에 작은 기포가 가득하기 때문이다.)라고 했으므로, 지문의 花瓣里充满了小气泡(꽃잎에 작은 기포가 가득하다)를 바꾸어 표현한 C 花瓣里含有小气泡(꽃잎에 작은 기포를 함유하고 있기 때문에)가 정답이다.

✅ **고득점 노하우** 질문에 是因为(~은 왜냐하면)가 있으면 앞부분의 내용을 핵심어구로 하여 지문에서 관련된 내용을 재빨리 찾는다.

78
중

为什么自然界中黑色的花比较少见？

A 黑色的花很难养

B 黑色让人感觉不愉快

C 种黑色花的人比较少

D 黑色会吸收过多的阳光

自然界 zìránjiè 图 자연계　养 yǎng 图 키우다, 기르다
种 zhòng 图 심다　吸收 xīshōu 图 흡수하다
过多 guòduō 图 너무 많다　阳光 yángguāng 图 햇빛

왜 자연계에서 검은색 꽃이 비교적 보기 드문가?

A 검은색 꽃은 키우기 매우 어렵기 때문에　　　　B 검은색은 사람들에게 불쾌함을 느끼게 하기 때문에

C 검은색 꽃을 심는 사람이 비교적 적기 때문에　　　　D 검은색은 너무 많은 햇빛을 흡수하기 때문에　　　정답 D

해설 질문의 为什么自然界中黑色的花比较少见?(왜 자연계에서 검은색 꽃이 비교적 보기 드문가?)과 관련된 부분을 지문에서 찾아 주의 깊게 읽는다. 두 번째 단락 중반에서 黑色的花能吸收太阳光中全部的光，在阳光下升温快，…… 从而影响花朵的正常生长。所以，经过长期的自然选择，黑色花的种类在自然界就非常少见了。(검은색 꽃은 태양광의 모든 빛을 흡수할 수 있어서, 햇빛 아래에서 온도 상승이 빠르고, …… 이로 인해 꽃의 정상적인 성장에 영향을 준다. 그래서, 오랜 시간의 자연 선택을 거쳐, 검은 꽃의 종류는 자연계 안에서 매우 드물게 보인다.)라고 했으므로, D 黑色会吸收过多的阳光(검은색은 너무 많은 햇빛을 흡수하기 때문에)를 정답으로 선택한다.

✅ **고득점 노하우** 질문에 为什么(왜)가 있으면 문장 전체를 핵심어구로 하여 지문에서 관련된 이유를 재빨리 찾는다.

从前, 有一个叫陈尧咨的人很善于射箭。当地没有人能比得上他, ⁷⁹他因此十分得意, 自以为是天下第一, 根本没人是他的对手。有一天, 他在家门口训练, 每次都能射中目标, 旁边观看的人纷纷鼓掌称赞。⁸⁰可是有个卖油的老人却丝毫没有佩服的表情, 只是偶尔点一下头。

⁸⁰陈尧咨有点儿生气, 用不客气的语气问老人: "难道你不觉得我射箭很厉害吗?" 老人微笑着说: "你射得不错, 但这没有什么了不起的, 凭借我倒油的经验可以知道, 经过训练就可以很熟练。"

⁸¹老人不慌不忙地取出一个瓶子, 在瓶口上放了一枚铜钱, 铜钱中间有一个小洞, ⁸¹然后用勺子把油从铜钱中的小洞倒入瓶中。一勺油全部倒完, ⁸¹铜钱上居然没有沾半点油。周围的人都纷纷叫好, ⁸¹老人说: "这也没什么特别的, 只不过是熟能生巧, 性质和射箭也差不多。"

⁸²"熟能生巧" 这个成语告诉我们, 做任何工作, 只要反复实践, 坚持努力, 都能熟练掌握, 达到很高的水平。

从前 cóngqián 몡 옛날　善于 shànyú 툉 ~를 잘하다
射箭 shèjiàn 툉 활을 쏘다　当地 dāngdì 몡 그곳, 현지
比得上 bǐ de shàng ~과 비교가 되다
得意 déyì 휑 의기양양하다, 마음에 들다　根本 gēnběn 囝 전혀
对手 duìshǒu 몡 적수　训练 xùnliàn 툉 훈련하다
目标 mùbiāo 몡 표적, 목표　观看 guānkàn 툉 구경하다
纷纷 fēnfēn 囝 잇달아　鼓掌 gǔzhǎng 툉 손뼉을 치다
称赞 chēngzàn 툉 칭찬하다　却 què 囝 오히려
丝毫 sīháo 囝 조금도　佩服 pèifú 툉 감탄하다
表情 biǎoqíng 몡 표정　偶尔 ǒu'ěr 囝 간혹
点 diǎn 툉 (머리를) 끄덕이다, 주문하다　语气 yǔqì 몡 말투
难道 nándào 囝 설마 ~는 아니겠지요?　厉害 lìhai 휑 대단하다
微笑 wēixiào 툉 미소 짓다　了不起 liǎobuqǐ 휑 놀랄 만하다
凭借 píngjiè 걔 ~에 근거하여　倒 dào 툉 따르다
油 yóu 몡 기름, 지방　熟练 shúliàn 휑 능숙하다
不慌不忙 bùhuāngbùmáng (태도나 일처리가) 차분하다, 침착하다
取出 qǔchū 꺼내다　瓶口 píngkǒu 몡 병 주둥이
枚 méi 양 작은 조각으로 된 사물을 세는 단위
铜钱 tóngqián 몡 동전　洞 dòng 몡 구멍
勺子 sháozi 몡 국자, 숟가락　倒入 dàorù 툉 부어 넣다
居然 jūrán 囝 놀랍게도　沾 zhān 툉 묻다
半点 bàndiǎn 휑 아주 조금의　周围 zhōuwéi 몡 주변
叫好 jiàohǎo 툉 갈채를 보내다
只不过 zhǐbúguò 囝 다만 ~에 불과하다
熟能生巧 shúnéngshēngqiǎo 졩 익숙해지면 요령이 생긴다
性质 xìngzhì 몡 성질　成语 chéngyǔ 몡 성어
任何 rènhé 때 어떠한　只要 zhǐyào 졥 ~하기만 하면
反复 fǎnfù 囝 반복하여　实践 shíjiàn 툉 실천하다
坚持 jiānchí 툉 꾸준히 하다, 지속하다, 견지하다
掌握 zhǎngwò 툉 숙달하다　达到 dádào 툉 도달하다

제1회　제2회　제3회　제4회　제5회 독해

해커스 HSK 5급 실전모의고사

옛날에, 진요자라 불리는 사람은 활쏘기를 잘했다. 그곳에는 그와 비교할 수 있는 사람이 없었는데, ⁷⁹그는 이 때문에 매우 의기양양하여, 자신이 천하제일이라 생각하고, 그의 적수가 전혀 아무도 없다고 여겼다. 어느 날, 그가 집 문 앞에서 훈련할 때, 매번 표적을 맞히자, 주변에서 구경하던 사람들은 잇달아 손뼉을 치며 칭찬했다. ⁸⁰하지만 기름을 파는 한 노인은 오히려 조금도 감탄하는 표정이 없이, 그저 간혹 고개만 끄덕일 뿐이었다.

⁸⁰진요자는 조금 화가 나, 무례한 말투로 노인에게 물었다. "설마 당신은 내 활쏘기가 대단하다고 못 느끼는 것은 아니겠지요?" 노인은 미소를 지으며 말했다. "당신은 잘 쏩니다, 하지만 이건 놀랄만한 것은 아니지요, 나의 기름을 붓는 경험에 근거해 알 수 있는데, 훈련을 거치면 능숙해질 수 있습니다."

⁸¹노인은 차분하게 병 하나를 꺼내어, 병 주둥이 위에 동전 하나를 놓았고, 동전 중간에는 작은 구멍이 생겼다, ⁸¹그런 후에 국자로 기름을 동전의 작은 구멍에서부터 병 속까지 따랐다. 한 국자의 기름을 모두 따랐으나, ⁸¹동전 위에는 놀랍게도 조금의 기름도 묻지 않았다. 주변의 사람들이 모두 잇달아 갈채를 보내자, ⁸¹노인이 말했다. "이 또한 특별한 것은 없으며, 다만 익숙해져 요령이 생긴 것에 불과하니, 성질은 활쏘기와 비슷합니다."

⁸²'숙능생교'라는 이 성어가 우리에게 알려주는 것은, 어떠한 일을 하더라도, 반복하여 실천하고, 꾸준히 노력하면, 모두 능숙하게 터득할 수 있고, 매우 높은 수준에 도달할 수 있다는 것이다.

79
하

陈尧咨认为自己:

A 已经没有对手　　　　　B 是个谦虚的人
C 射箭水平不高　　　　　D 能打败挑战者

对手 duìshǒu 몡 적수　谦虚 qiānxū 휑 겸손하다
射箭 shèjiàn 툉 활을 쏘다　打败 dǎbài 툉 물리치다
挑战者 tiǎozhànzhě 몡 도전자

진요자가 생각하기에 자신은:

A 이미 적수가 없다　　　B 겸손한 사람이다　　　C 활 쏘는 수준이 높지 않다　　　D 도전자를 물리칠 수 있다　　　정답 A

해설 질문의 陈尧咨认为自己(진요자가 생각하기에 자신은)와 관련된 부분을 지문에서 찾아 주의 깊게 읽는다. 첫 번째 단락에서 他因此十分得意, 自以为是天下第一, 根本没人是他的对手(그는 이 때문에 매우 의기양양하여, 자신이 천하제일이라 생각하고, 그의 적수가 전혀 아무도 없다고 여겼다)라고 했으므로, A 已经没有对手(이미 적수가 없다)를 정답으로 선택한다.

✅ **고득점 노하우** 질문에 认为(~라고 생각하다)가 있으면 문장 전체를 핵심어구로 하여 지문에서 관련된 이유를 재빨리 찾는다.

80
중

陈尧咨生气是因为老人：

A 说他坏话　　　　　B 不佩服他
C 不卖油给他　　　　D 射箭水平更高

坏话 huàihuà 명 험담, 욕　佩服 pèifú 동 감탄하다
油 yóu 명 기름, 지방　射箭 shèjiàn 동 활을 쏘다

진요자가 화가 난 것은 왜냐하면 노인이:

A 그에게 험담을 했기 때문에　　　　　　　　　B 그에게 감탄하지 않았기 때문에
C 그에게 기름을 팔지 않았기 때문에　　　　　　D 활 쏘는 수준이 더 높기 때문에　　　정답 B

해설 질문의 陈尧咨生气(진요자가 화가 난 것)와 관련된 부분을 지문에서 찾아 주의 깊게 읽는다. 두 번째 단락의 첫 문장에서 陈尧咨有点儿生气, 用不客气的语气问老人(진요자는 조금 화가 나, 무례한 말투로 노인에게 물었다)이라고 하였는데, 진요자가 화가 난 이유를 알기 위해서 바로 앞 문장을 잘 살펴본다. 첫 번째 단락 마지막 문장에서 可是有个卖油的老人却丝毫没有佩服的表情, 只是偶尔点一下头。(하지만 기름을 파는 한 노인은 오히려 조금도 감탄하는 표정이 없이, 그저 간혹 고개만 끄덕일 뿐이었다.)라고 하였으므로, 진요자는 노인이 자신에게 감탄하지 않아서 화가 났다는 것을 알 수 있다. 따라서, B 不佩服他(그에게 감탄하지 않았기 때문에)를 정답으로 선택한다.

☑ **고득점 노하우** 질문에 是因为(~은 왜냐하면)가 있으면 앞부분의 내용을 핵심어구로 하여 지문에서 관련된 내용을 재빨리 찾는다.

81
상

老人用什么方法来证明自己的观点?

A 倒油　　　　　　　B 讲道理
C 比赛射箭　　　　　D 让观众评价

证明 zhèngmíng 동 증명하다　观点 guāndiǎn 명 관점
倒 dào 동 붓다　油 yóu 명 기름, 지방　道理 dàolǐ 명 이치, 도리
射箭 shèjiàn 동 활을 쏘다　观众 guānzhòng 명 관중
评价 píngjià 동 평가하다

노인은 어떤 방법을 이용하여 자신의 관점을 증명했는가?

A 기름을 붓는다　　　B 이치를 설명한다　　　C 활 쏘기를 겨룬다　　　D 관중들이 평가하게 한다　　　정답 A

해설 질문의 老人用什么方法来证明自己的观点?(노인은 어떤 방법을 이용하여 자신의 관점을 증명했는가?)과 관련된 부분을 지문에서 찾아 주의 깊게 읽는다. 세 번째 단락에서 老人不慌不忙地取出一个瓶子, …… 然后用勺子把油从铜钱中的小洞倒入瓶中。…… 铜钱上居然没有沾半点油。…… 老人说: "这也没什么特别的, 只不过是熟能生巧, 性质和射箭也差不多。"(노인은 차분하게 병 하나를 꺼내어, …… 그런 후에 국자로 기름을 동전의 작은 구멍에서부터 병 속까지 따랐다. …… 동전 위에는 놀랍게도 조금의 기름도 묻지 않았다. …… 노인이 말했다. "이 또한 특별한 것은 없으며, 다만 익숙해져 요령이 생긴 것에 불과하니, 성질은 활쏘기와 비슷합니다.")라고 했으므로, A 倒油(기름을 붓는다)가 정답이다.

☑ **고득점 노하우** 질문이 什么(어떤)을 포함한 의문문인 경우, 문장 전체를 핵심어구로 하여 지문에서 관련된 내용을 재빨리 찾는다.

82
중

"熟能生巧" 这个成语告诉我们:

A 坚持到底就会胜利
B 反复实践能提高水平
C 小错误也会造成大损失
D 好的开始是成功的一半

熟能生巧 shúnéngshēngqiǎo 익숙해지면 요령이 생긴다
成语 chéngyǔ 명 성어
坚持 jiānchí 동 꾸준히 하다, 지속하다, 견지하다
到底 dàodǐ 동 끝까지 ~하다　胜利 shènglì 동 승리하다
反复 fǎnfù 동 반복하여　实践 shíjiàn 동 실천하다
造成 zàochéng 동 초래하다, 야기하다
损失 sǔnshī 명 손실 동 손실되다

'숙능생교(熟能生巧)'라는 성어가 우리에게 알려주는 것은:

A 끝까지 꾸준히 하면 승리한다　　　　　　　　B 반복하여 실천하면 수준을 높일 수 있다
C 작은 잘못도 큰 손실을 초래할 수도 있다　　　D 좋은 시작은 성공의 반이다　　　정답 B

해설 질문의 "熟能生巧(숙능생교)"의 교훈과 관련된 부분을 지문에서 찾아 주의 깊게 읽는다. 네 번째 단락에서 "熟能生巧"这个成语告诉我们, 做任何工作, 只要反复实践, 坚持努力, 都能熟练掌握, 达到很高的水平。('숙능생교'라는 이 성어가 우리에게 알려주는 것은, 어떠한 일을 하더라도, 반복하여 실천하고, 꾸준히 노력하면, 모두 능숙하게 터득할 수 있고, 매우 높은 수준에 도달할 수 있다는 것이다.)이라고 했으므로, "熟能生巧(숙능생교)"는 어떤 일이건 노력을 통해 익숙해지면 높은 수준의 실력을 가지게 된다는 것을 뜻하는 성어임을 알 수 있다. 따라서, B 反复实践能提高水平(반복하여 실천하면 수준을 높일 수 있다)을 정답으로 선택한다.

☑ **고득점 노하우** 질문에 따옴표(" ")로 인용된 표현이 있으면, 이 표현을 핵심어구로 하여 지문에서 관련된 내용을 재빨리 찾는다.

[83]从前有一个穷孩子，有一天，他有机会在王子面前朗读自己写的诗歌和剧本。表演完，王子问他想要什么礼物，[84]这个穷孩子勇敢地提出请求："我想写剧本，想在皇家剧院演戏。"王子把这个长着大鼻子的丑孩子从头到脚看了一遍，然后对他说："能够朗读剧本，并不代表你能够写剧本，那是两件不同的事儿，你还是去学一个有用的本领吧。"

回家以后，他向家人告别，离开家乡去追求自己的梦想。这时候，他才14岁，[86]但他相信，只要自己愿意努力，安徒生这个名字一定会流传下去。

到了首都后，[86]他努力地写作，终于在1835年，他发表的童话故事受到了孩子们的喜爱，引起了广泛关注，开始了属于安徒生的时代。后来，[85]他的童话故事被翻译成多种文字，除了《圣经》以外，没有任何一本书比得上。安徒生说："如果你是一只天鹅，那么即使你出生在鸭子家里也没有关系。"

从前 cóngqián 몡 옛날　穷 qióng 혱 가난하다
王子 wángzǐ 몡 왕자　朗读 lǎngdú 图 낭독하다
诗歌 shīgē 몡 시가, 시　剧本 jùběn 몡 극본
表演 biǎoyǎn 图 공연하다　勇敢 yǒnggǎn 혱 용감하다
提出 tíchū 图 제기하다　请求 qǐngqiú 图 요구하다
皇家 huángjiā 몡 황실　剧院 jùyuàn 몡 극장
演戏 yǎnxì 图 공연하다　鼻子 bízi 몡 코　丑 chǒu 혱 못생기다
遍 biàn 양 번 (한 동작의 전 과정을 세는 단위)
代表 dàibiǎo 图 나타내다, 대표하다　本领 běnlǐng 몡 재주, 기량
告别 gàobié 图 작별 인사를 하다　家乡 jiāxiāng 몡 고향
追求 zhuīqiú 图 좇다, 추구하다　梦想 mèngxiǎng 몡 꿈
只要 zhǐyào 쩝 ~하기만 하면　安徒生 Āntúshēng 고유 안데르센
流传 liúchuán 图 전하다, 퍼지다　首都 shǒudū 몡 수도
写作 xiězuò 图 글을 짓다　发表 fābiǎo 图 발표하다
童话 tónghuà 몡 동화　受到 shòudào 图 받다
喜爱 xǐ'ài 图 사랑하다, 흥미를 느끼다　引起 yǐnqǐ 图 불러일으키다
广泛 guǎngfàn 혱 광범위하다　关注 guānzhù 图 관심을 가지다
属于 shǔyú 图 ~에 속하다　时代 shídài 몡 시대
翻译 fānyì 图 번역하다　文字 wénzì 몡 문자, 언어
圣经 Shèngjīng 고유 성경　任何 rènhé 때 어떠한, 무슨
比得上 bǐ de shàng ~과 비교가 되다　天鹅 tiān'é 몡 백조
即使 jíshǐ 쩝 설령 ~하더라도　鸭子 yāzi 몡 오리

[83]옛날에 가난한 아이가 한 명 있었는데, 어느 날, 그는 왕자의 앞에서 자신이 쓴 시가와 극본을 낭독할 기회가 있었다. 공연이 끝나고, 왕자는 그에게 무슨 선물을 원하는지 물어봤다, [84]이 가난한 아이는 용감하게 요구를 제기했다. "전 극본을 쓰고 싶고, 황실 극장에서 공연하고 싶습니다." 왕자는 큰 코를 가진 못생긴 이 아이를 머리부터 발까지 한 번 보고, 그런 후에 그에게 말했다. "극본을 낭독할 수 있는 것이, 네가 극본을 쓸 수 있다는 것을 나타내는 것은 결코 아니다, 그것은 두 가지의 다른 일이니, 너는 유용한 재주나 배우는 편이 더 좋을 것이다."

집에 돌아온 후, 그는 가족에게 작별 인사를 하고, 고향을 떠나 자신의 꿈을 좇으러 갔다. 이때, 그는 겨우 14살이었지만, [86]그러나 그는, 자신이 노력하기만 한다면, 안데르센이란 이 이름이 분명 전해져 내려갈 것이라고 믿었다.

수도에 도착한 후, [86]그는 열심히 글을 지어, 마침내 1835년에, 그가 발표한 동화 이야기가 아이들의 사랑을 받았고, 광범위한 관심을 불러일으키면서, 안데르센에게 속하는 시대가 시작되었다. 그 후, [85]그의 동화 이야기는 다양한 언어로 번역되었으며, <성경>을 제외하고, 어떠한 책도 비교가 되지 않았다. 안데르센은 말했다. "만약 당신이 한 마리 백조라면, 그렇다면 설령 당신이 오리 집에서 태어났다 하더라도 상관이 없다."

83
하

穷孩子有一次在谁的面前表演？

A 国王的儿子　　　　　B 剧院的老板
C 家里的亲戚　　　　　D 首都的儿童

穷 qióng 혱 가난하다　表演 biǎoyǎn 图 공연하다
国王 guówáng 몡 국왕　剧院 jùyuàn 몡 극장
老板 lǎobǎn 몡 사장　亲戚 qīnqi 몡 친척　首都 shǒudū 몡 수도
儿童 értóng 몡 어린이

가난한 아이는 한번은 누구의 앞에서 공연하였는가?

A 국왕의 아들　　　　B 극장의 사장　　　　C 집안의 친척　　　　D 수도의 어린이　　　　정답 A

해설　질문의 穷孩子有一次在谁的面前表演?(가난한 아이는 한번은 누구의 앞에서 공연하였는가?)과 관련된 부분을 지문에서 찾아 주의 깊게 읽는다. 첫 번째 단락에서 从前有一个穷孩子, 有一天, 他有机会在王子面前朗读自己写的诗歌和剧本.(옛날에 가난한 아이가 한 명 있었는데, 어느 날, 그는 왕자의 앞에서 자신이 쓴 시가와 극본을 낭독할 기회가 있었다.)이라고 했으므로, 王子(왕자)를 바꾸어 표현한 A 国王的儿子(국왕의 아들)를 정답으로 선택한다.

✔ 고득점 노하우　질문이 谁的(누구의)를 포함한 의문문인 경우, 문장 전체를 핵심어구로 하여 지문에서 관련된 내용을 재빨리 찾는다.

穷孩子的梦想是:

A 变成富有的人　　　　B 学有用的本领
C 能在剧院演戏　　　　D 成为著名作家

穷 qióng[형] 가난하다　梦想 mèngxiǎng[명] 꿈
富有 fùyǒu[형] 부유하다　本领 běnlǐng[명] 재주, 기량
剧院 jùyuàn[명] 극장　演戏 yǎnxì[동] 공연하다
著名 zhùmíng[형] 저명하다　作家 zuòjiā[명] 작가

가난한 아이의 꿈은:
A 부유한 사람이 되는 것이다
C 극장에서 공연할 수 있는 것이다
B 유용한 재주를 배우는 것이다
D 저명한 작가가 되는 것이다

정답 C

해설 질문의 穷孩子的梦想(가난한 아이의 꿈)과 관련된 부분을 지문에서 찾아 주의 깊게 읽는다. 첫 번째 단락 중반에서 **这个穷孩子勇敢地提出请求: "我想写剧本, 想在皇家剧院演戏。"**(이 가난한 아이는 용감하게 요구를 제기했다. "전 극본을 쓰고 싶고, 황실 극장에서 공연하고 싶습니다.")라고 했으므로, C 能在剧院演戏(극장에서 공연할 수 있는 것이다)를 정답으로 선택한다.

✅ **고득점 노하우** 질문의 끝에 是(~이다)가 있으면 앞부분을 핵심어구로 하여 지문에서 관련된 내용을 재빨리 찾는다.

关于安徒生的童话故事, 正确的是:

A 内容特别积极乐观
B 比《圣经》销量多
C 得到了王子的赞美
D 被翻译成多种文字

安徒生 Āntúshēng[고유] 안데르센　童话 tónghuà[명] 동화
内容 nèiróng[명] 내용　积极 jījí[형] 긍정적이다, 적극적이다
乐观 lèguān[형] 낙관적이다　圣经 Shèngjīng[고유] 성경
销量 xiāoliàng[명] 판매량　王子 wángzǐ[명] 왕자
赞美 zànměi[동] 찬양하다　翻译 fānyì[동] 번역하다
文字 wénzì[명] 문자

안데르센의 동화 이야기와 관련하여, 올바른 것은:
A 내용이 매우 긍정적이고 낙관적이다
C 왕자의 찬양을 받았다
B <성경>보다 판매량이 많다
D 다양한 문자로 번역되었다

정답 D

해설 질문의 安徒生的童话故事(안데르센의 동화 이야기)와 관련된 부분의 세부 내용을 지문에서 찾아 주의 깊게 읽고, 지문의 내용과 일치하는 보기가 어떤 것인지 잘 살펴본다. 세 번째 단락에서 **他的童话故事被翻译成多种文字**(그의 동화 이야기는 다양한 언어로 번역되었으며)라고 했으므로, 지문의 내용을 그대로 언급한 D 被翻译成多种文字(다양한 문자로 번역되었다)가 정답이다.

✅ **고득점 노하우** 질문에 关于(~에 관해)가 있으면 바로 다음의 표현을 핵심어구로 하여 지문에서 관련된 내용을 재빨리 찾는다.

这个故事告诉我们:

A 鸭子不会变成天鹅
B 对人应该保持微笑
C 坚持努力就会成功
D 要了解自己的缺点

鸭子 yāzi[명] 오리　天鹅 tiān'é[명] 백조　保持 bǎochí[동] 유지하다
微笑 wēixiào[명] 미소[동] 미소짓다
坚持 jiānchí[동] 꾸준히 하다, 지속하다, 견지하다
成功 chénggōng[동] 성공하다　缺点 quēdiǎn[명] 단점

이 이야기가 우리에게 알려주는 것은:
A 오리는 백조가 될 수 없다
C 노력을 꾸준히 하면 성공할 수 있다
B 사람을 대할 때 미소를 유지해야 한다
D 자신의 단점을 이해해야 한다

정답 C

해설 질문이 这个故事告诉我们(이 이야기가 우리에게 알려주는 것은)이라며 지문의 주제를 물었다. 두 번째 단락에서 **但他相信, 只要自己愿意努力, 安徒生这个名字一定会流传下去**(그러나 그는, 자신이 노력하기만 한다면, 안데르센이란 이 이름이 분명 전해져 내려갈 것이라고 믿었다)라고 했고, 세 번째 단락에서는 **他努力地写作, 终于在1835年, 他发表的童话故事受到了孩子们的喜爱, 引起了广泛关注, 开始了属于安徒生的时代**(그는 열심히 글을 지어, 마침내 1835년에, 그가 발표한 동화 이야기가 아이들의 사랑을 받았고, 광범위한 관심을 불러일으키면서, 안데르센에게 속하는 시대가 시작되었다)라고 했다. 이를 통해 우리는 안데르센은 꾸준한 노력을 통해 결국 유명한 작가가 되었음을 알 수 있다. 따라서, 이 이야기의 주제로 C 坚持努力就会成功(노력을 꾸준히 하면 성공할 수 있다)을 정답으로 선택한다.

✅ **고득점 노하우** 지문의 중심 소재는 지문 전반에서 반복적으로 언급된 소재를 찾거나, 지문의 첫 문장이나 마지막 문장을 통해 파악한다.

⁹⁰科学家认为，用心是记忆的关键。记忆分布在大脑的各个区域。比如，有关玫瑰的形状、气味、刺痛的感觉及相关情感的信息分别保存在大脑的不同区域。当你想到玫瑰时，大脑就在每个部位搜索、寻找与玫瑰有关的信息。

通常来说，⁸⁷你对一个事物的体验越丰富，你的记忆就越深。如果你在美酒和爱人的陪伴下度过了一个美好的夜晚，你一定不会忘记这个夜晚。而每次你在脑海中回放那些情景的时候，就会再一次加强这些记忆。⁸⁸重复也有助于增强名字或数字等抽象事物的记忆。但如果你睡眠不足、紧张焦虑或者面临压力，做到这点会比较困难。

老年痴呆症患者通常能记得很久以前、模糊不清的事，但却难以想起近期发生的事情，或者想不起简单的名字。如果一个人因为忘记看车位号码而无法在巨大的停车场里找到自己的车，那可能只是普通的老年失忆。但⁸⁹如果他连开了多年的车子是什么颜色或车型都想不起来的话，问题可能就比较严重了。

⁹⁰行为、脾气或记忆出现变化也是老年痴呆症患者的早期表现。如果你一直很糊涂，那么记性不好也没什么奇怪的；但⁸⁹如果你过去记忆力出色，现在却开始记不住事情，这就比较让人担心了。⁸⁹这时最好去找医生做一下检查。

科学家 kēxuéjiā 몡 과학자	用心 yòngxīn 툉 주의를 기울이다
记忆 jìyì 몡 기억	关键 guānjiàn 몡 관건, 키포인트
分布 fēnbù 툉 분포하다	大脑 dànǎo 몡 대뇌	区域 qūyù 몡 구역
玫瑰 méigui 몡 장미	形状 xíngzhuàng 몡 겉모양, 형상
气味 qìwèi 몡 냄새	刺痛 cìtòng 몡 따끔한 통증
感觉 gǎnjué 몡 느낌	相关 xiāngguān 툉 서로 관련되다
情感 qínggǎn 몡 감정, 느낌	信息 xìnxī 몡 정보
分别 fēnbié 믠 각각	保存 bǎocún 툉 보존하다
部位 bùwèi 몡 부위	
搜索 sōusuǒ 툉 (숨겨 둔 사람이나 물건을) 수색하다, (인터넷을) 검색하다	
寻找 xúnzhǎo 툉 찾다	通常 tōngcháng 몡 일반적이다
事物 shìwù 몡 사물	体验 tǐyàn 툉 경험하다
丰富 fēngfù 툉 풍부하다	深 shēn 톙 깊다
陪伴 péibàn 툉 동반하다	度过 dùguò 툉 (시간을) 보내다
夜晚 yèwǎn 몡 밤, 야간	脑海 nǎohǎi 몡 머리
回放 huífàng 툉 회상하다, 재방송하다	情景 qíngjǐng 몡 장면
加强 jiāqiáng 툉 강화하다	重复 chóngfù 툉 반복하다
增强 zēngqiáng 툉 강화하다	数字 shùzì 몡 숫자
抽象 chōuxiàng 톙 추상적이다	睡眠 shuìmián 몡 수면
不足 bùzú 톙 부족하다	焦虑 jiāolǜ 톙 초조하다
面临 miànlín 툉 직면하다	痴呆症 chīdāizhèng 몡 치매
患者 huànzhě 몡 환자	模糊 móhu 톙 모호하다
不清 bùqīng 톙 확실하지 않다	却 què 믠 도리어
近期 jìnqī 몡 가까운 시기	车位 chēwèi 몡 주차 자리
号码 hàomǎ 몡 번호	无法 wúfǎ 할 수 없다
巨大 jùdà 톙 거대하다	停车场 tíngchēchǎng 몡 주차장
失忆 shīyì 툉 건망증이 심하다, 기억을 못하다	
车型 chēxíng 몡 차량 모델	严重 yánzhòng 톙 심각하다
行为 xíngwéi 몡 행동	脾气 píqi 몡 성격
表现 biǎoxiàn 몡 증상, 행동 툉 표현하다	
糊涂 hútu 톙 흐리멍덩하다	记性 jìxing 몡 기억력
出色 chūsè 톙 대단히 뛰어나다	

⁹⁰과학자들은, 주의를 기울이는 것이 기억의 관건이라고 생각한다. 기억은 대뇌의 각 구역에 분포해 있는데, 장미와 관련된 겉모양, 냄새, 따끔한 느낌 및 서로 관련된 감정의 정보는 각각 대뇌의 다른 구역에 보존되어 있는 것이 그 예다. 당신이 장미를 떠올릴 때, 대뇌는 각 부위에서, 장미와 관련 있는 정보를 수색하고 찾는다.

일반적으로, ⁸⁷당신이 하나의 사물에 대한 경험이 풍부할수록, 당신의 기억은 더욱 깊어진다. 만약 당신이 좋은 술과 사랑하는 사람의 동반하에 행복한 밤을 보냈다면, 당신은 분명 이 밤을 잊지 못할 것이다. 또한, 매번 당신이 머릿속에서 그 장면을 다시 회상할 때, 그 기억들을 다시 한 번 강화해줄 수 있다. ⁸⁸반복하는 것 또한 이름 혹은 숫자 등 추상적인 사물의 기억을 강화하는 데 도움이 된다. 하지만 만약 당신이 수면이 부족하거나, 긴장하고 초조한 상태이거나 혹은 스트레스에 직면해 있다면, 이 정도까지 해내는 것은 조금 어려울 수 있다.

노년 치매 환자는 일반적으로 오래전 일이나, 모호하고 확실하지 않은 일은 기억하지만, 그러나 오히려 가까운 시기에 발생한 일을 떠올리기 어렵거나, 혹은 간단한 이름이 떠오르지 않는다. 만약 한 사람이 주차 자리 번호를 보는 것을 잊어버렸기 때문에 거대한 주차장에서 자신의 차를 찾을 수 없다면, 그것은 아마 단지 일반적인 노인 건망증일 것이다. 하지만 ⁸⁹만약 그가 몇 년간 운전했던 차가 무슨 색인지 혹은 무슨 차량 모델인지조차 생각이 나지 않는다면, 문제는 아마 비교적 심각해질 수 있다.

⁹⁰행동, 성격 혹은 기억에 변화가 나타나는 것 또한 노년 치매 환자의 초기 증상이다. 만약 당신이 계속 흐리멍덩하다면, 그렇다면 기억력이 나빠도 이상할 게 없다, 하지만 ⁸⁹만약 당신이 과거에 기억력이 대단히 뛰어났으나, 현재 오히려 일을 기억하지 못하기 시작했다면, 이는 비교적 사람을 걱정하게 한다. ⁸⁹이때 의사를 찾아가 검사를 받는 것이 가장 좋다.

87
중

根据上文，怎么做有利于加深记忆？

A 多学知识　　　　　　B 增加体验
C 保持愉快　　　　　　D 少用电脑

有利 yǒulì 톙 이롭다	加深 jiāshēn 툉 깊어지다, 심화하다
记忆 jìyì 몡 기억	知识 zhīshi 몡 지식	体验 tǐyàn 몡 경험 툉 경험하다
保持 bǎochí 툉 유지하다	愉快 yúkuài 톙 유쾌하다

위 지문에 근거해, 어떻게 해야 기억이 깊어지는 데 이로운가?

A 지식을 많이 익힌다　　　B 경험을 늘린다　　　C 유쾌함을 유지한다　　　D 컴퓨터를 적게 사용한다　　　정답 B

제1회　제2회　제3회　제4회　제5회 독해 해커스 HSK 5급 실전모의고사

해설 질문의 怎么做有利于加深记忆(어떻게 해야 기억이 깊어지는 데 이로운가)와 관련된 부분을 지문에서 찾아 주의 깊게 읽는다. 두 번째 단락에서 **你对一个事物的体验越丰富, 你的记忆就越深**(당신이 하나의 사물에 대한 경험이 풍부할수록, 당신의 기억은 더욱 깊어진다)이라고 했으므로, 이를 통해 유추할 수 있는 B **增加体验**(경험을 늘린다)을 정답으로 선택한다.

✅ **고득점 노하우** 질문에 根据上文(위 지문에 근거하여)이 있으면 뒷부분을 핵심어구로 하여 지문에서 관련된 내용을 재빨리 찾는다.

88 중

根据本文，有人善于记名字是因为他们经常：
A 联想　　B 归纳
C 概括　　D 重复

善于 shànyú[동] ~를 잘하다 联想 liánxiǎng[동] 연상하다
归纳 guīnà[동] 귀납하다 概括 gàikuò[동] 요약하다
重复 chóngfù[동] 반복하다

본문에 근거해, 어떤 사람은 이름을 기억하는 것을 잘 하는데 왜냐하면 그들이 종종:
A 연상한다　B 귀납한다　C 요약한다　D 반복한다　정답 D

해설 질문의 **有人善于记名字是因为他们经常**(어떤 사람은 이름을 기억하는 것을 잘 하는데 왜냐하면 그들이 종종)과 관련된 부분을 지문에서 찾아 주의 깊게 읽는다. 두 번째 단락 후반에서 **重复也有助于增强名字或数字等抽象事物的记忆。**(반복하는 것 또한 이름 혹은 숫자 등 추상적인 사물의 기억을 강화하는 데 도움이 된다.)라고 했으므로, 이를 통해서 반복하는 행위가 기억하는 것에 도움이 된다는 것을 알 수 있다. 따라서, D **重复**(반복한다)가 정답이다.

✅ **고득점 노하우** 질문에 根据上文(위 지문에 근거하여)이 있으면 뒷부분을 핵심어구로 하여 지문에서 관련된 내용을 재빨리 찾는다.

89 중

下面哪种情况应该去看医生?
A 没有给汽车加油　　B 出门前忘了关灯
C 忘了自己的生日　　D 错过朋友的约会

情况 qíngkuàng[명] 상황 加油 jiāyóu[동] 기름을 넣다
错过 cuòguò[동] 놓치다, 엇갈리다 约会 yuēhuì[명] 약속

다음 중 어떤 상황에 반드시 진찰을 받아야 하는가?
A 자동차에 기름을 넣지 않았다　B 외출 전 등을 끄는 것을 잊었다
C 자신의 생일을 잊었다　D 친구의 약속을 놓쳤다　정답 C

해설 질문의 **哪种情况应该去看医生**(어떤 상황에 반드시 진찰을 받아야 하는가)과 관련된 부분을 지문에서 찾아 주의 깊게 읽는다. 세 번째 단락에서 **如果他连开了多年的车子是什么颜色或车型都想不起来的话, 问题可能就比较严重了**(만약 그가 몇 년간 운전했던 차가 무슨 색인지 혹은 무슨 차량 모델인지조차 생각이 나지 않는다면, 문제는 아마 비교적 심각해질 수 있다)라고 했고, 마지막 단락에서 **如果你过去记忆力出色，现在却开始记不住事情，…… 这时最好去找医生做一下检查。**(만약 당신이 과거에 기억력이 대단히 뛰어났으나, 현재 오히려 일을 기억하지 못하기 시작했다면, …… 이때 의사를 찾아가 검사를 받는 것이 가장 좋다.)라고 했다. 지문의 내용에 따르면, 이러한 증상은 모두 노인 치매 초기 증상과 관련된 것이다. 따라서 보기 중, 노인 치매 초기 증상과 관련된 것으로 유추할 수 있는 C **忘了自己的生日**(자신의 생일을 잊었다)을 정답으로 선택한다. A, B, D는 일반적인 노인 건망증에 해당하므로 오답이다.

✅ **고득점 노하우** 질문에 下面(다음 중)이 있으면 뒷부분을 핵심어구로 하여 지문에서 관련된 내용을 재빨리 찾는다.

90 중

下面最适合做本文标题的是：
A 记忆与老年痴呆　　B 老年痴呆的表现
C 记性变差的原因　　D 增强记忆的方法

适合 shìhé[동] 적합하다, 부합하다 标题 biāotí[명] 제목 记忆 jìyì[명] 기억
痴呆 chīdāi[명] 치매 表现 biǎoxiàn[명] 행동[동] 표현하다
记性 jìxing[명] 기억력 增强 zēngqiáng[동] 강화하다

다음 중 본문의 제목으로 삼기 가장 적합한 것은:
A 기억과 노년 치매　B 노년 치매의 행동　C 기억력이 나빠지는 원인　D 기억을 강화하는 방법　정답 A

해설 질문이 **最适合做上文的标题**(본문의 제목으로 삼기 가장 적합한 것)라며 지문의 중심 내용을 물었다. 첫 문장에서 **科学家认为, 用心是记忆的关键。**(과학자들은, 주의를 기울이는 것이 기억의 관건이라고 생각한다.)이라고 했으므로, **记忆**(기억)를 핵심어구로 파악한 후 관련된 내용을 주의 깊게 읽는다. 이어진 단락에서 기억과 노인 치매와 관련된 내용이 설명되고 있으며, 마지막 단락에서 **行为、脾气或记忆出现变化也是老年痴呆症患者的早期表现。**(행동, 성격 혹은 기억에 변화가 나타나는 것 또한 노년 치매 환자의 초기 증상이다.)이라고 했다. 따라서 이 글의 중심 내용은 기억과 노인 치매와 관련된 것임을 파악할 수 있다. 따라서, 본문의 가장 적합한 제목으로 A **记忆与老年痴呆**(기억과 노년 치매)를 정답으로 선택한다.

✅ **고득점 노하우** 지문의 중심 소재는 지문 전반에서 반복적으로 언급된 소재를 찾거나, 지문의 첫 문장이나 마지막 문장을 통해 파악한다.

三、书写 쓰기

91 하

进口　的　这台机器　是

进口 jìnkǒu[동] 수입하다　台 tái[양] 기계, 차량 등을 세는 단위
机器 jīqì[명] 기계

→

대사+양사+명사	동사	동사	조사
这台机器	是	进口	的。
관형어+주어	술어	목적어	

이 기계는 수입한 것이다.

해설

술어 배치하기　제시된 어휘 중 是(~이다)이 있으므로, 是자문을 완성하는 문제이다. 동사 是(~이다)을 술어 자리에 배치한다.
→ 是(~이다)
주어와 목적어 배치하기　조사 的와 동사 进口(수입하다)를 进口的(수입한 것)로 연결하여, 술어 是(~이다)과 문맥상 어울리는 목적어 자리에 배치하고, 这台机器(이 기계)를 주어 자리에 배치하여 문장을 완성한다. 참고로, 的를 这台机器(이 기계)뒤에 붙여 这台机器的(이 기계의)로 쓰면 관형어가 되기 때문에 다른 명사를 필요로 하는데, 제시된 어휘에는 배치할 다른 명사가 없다.
→ 这台机器是进口的。(이 기계는 수입한 것이다.)

고득점 노하우 제시된 어휘 중 是(~이다)이 있으면 바로 술어 자리에 배치하고 是자문을 완성한다.

92 중

酒吧里　挤　年轻人　满了

酒吧 jiǔbā[명] 술집　挤 jǐ[동] 붐비다
年轻人 niánqīngrén[명] 젊은 사람, 젊은이　满 mǎn[형] 가득 차다

→

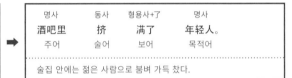

명사	동사	형용사+了	명사
酒吧里	挤	满了	年轻人。
주어	술어	보어	목적어

술집 안에는 젊은 사람으로 붐벼 가득 찼다.

해설

술어와 보어 배치하기　동사 挤(붐비다)를 술어 자리에 배치하고, '형용사+了' 형태인 满了(가득 찼다)를 술어 뒤 보어 자리에 배치한다. 참고로, 술어가 될 수 있는 것으로 동사와 '형용사+了'가 동시에 제시된 경우에는 동사를 술어 자리에 배치하고, '형용사+了'를 술어 다음 보어 자리에 배치한다.
→ 挤满了(붐벼 가득 찼다)
주어와 목적어 배치하기　술어 挤(붐비다)와 문맥상 목적어에 어울리는 명사 年轻人(젊은 사람)을 목적어 자리에 배치하고, 주어로 어울리는 酒吧里(술집 안)를 주어 자리에 배치하여 문장을 완성한다.
→ 酒吧里挤满了年轻人。(술집 안에는 젊은 사람으로 붐벼 가득 찼다.)

고득점 노하우 제시된 어휘 중 동사와 '형용사+了'가 있으면 동사를 술어 자리에, '형용사+了'를 보어 자리에 배치한다.

93 중

勇气　朋友的鼓励　让　他　恢复了

勇气 yǒngqì[명] 용기　鼓励 gǔlì[동] 격려하다
恢复 huīfù[동] 회복하다

→

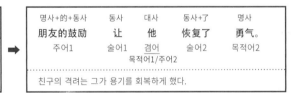

명사+的+동사	동사	대사	동사+了	명사
朋友的鼓励	让	他	恢复了	勇气。
주어1	술어1	겸어	술어2	목적어2
		목적어1/주어2		

친구의 격려는 그가 용기를 회복하게 했다.

해설

술어1 배치하기　제시된 어휘 중 사역동사 让(~를~하게 하다)이 있으므로, 겸어문을 완성해야 한다. 따라서 让을 술어1 자리에 배치한다.
→ 让(~하게 하다)
겸어와 술어2 배치하기　'동사+了' 형태인 恢复了(회복했다)를 술어2 자리에 배치하고, 술어1 让(~를 ~하게 하다)의 대상이 되면서 문맥상 술어2 恢复了(회복했다)의 주어로 쓰일 수 있는 대사 他(그)를 겸어로 배치한다.
→ 让他恢复了(그가 회복하게 했다)
문장 완성하기　남은 어휘인 명사 勇气(용기)와 '명사+的+동사' 형태인 朋友的鼓励(친구의 격려) 중 문맥상 술어2 恢复了(회복했다)의 목적어로 어울리는 勇气(용기)를 목적어2 자리에 배치하고, 朋友的鼓励(친구의 격려)를 술어1 让(~하게 하다) 앞 주어 자리에 배치하여 문장을 완성한다. 참고로, 鼓励(격려)는 동사이지만, 관형어 的 다음에 온 경우에는 '격려'라는 명사로 쓰임을 알아두자.
→ 朋友的鼓励让他恢复了勇气。(친구의 격려는 그가 용기를 회복하게 했다.)

고득점 노하우 제시된 어휘 중 让(~하게 하다)이 있고, 사람을 나타내는 명사나 대사가 1개뿐이라면 让 뒤 겸어 자리에 바로 배치한다.

94	极其	发挥得	他昨晚	完美		대사+명사	동사+得	부사	형용사
중					→	他昨晚	发挥得	极其	完美。
						주어+부사어	술어+得	보어	

极其 jíqí 图 매우, 지극히　发挥 fāhuī 图 발휘하다
完美 wánměi 图 훌륭하다

그는 어제 저녁 매우 훌륭하게 발휘했다.

해설

술어 배치하기 제시된 어휘 중 정도보어를 이끄는 구조조사 得가 있으므로, '술어+得+보어' 형태의 문장을 완성해야 한다. 따라서 '동사+得' 형태인 发挥得(~게 발휘하다)를 술어 자리에 배치하고, 보어가 될 수 있는 형용사 完美(매우 훌륭하다)를 得 뒤 보어 자리에 배치한다.
→ 发挥得完美(훌륭하게 발휘하다)
주어 배치하기 제시된 어휘 중 유일한 대사 他(그)를 포함한 '대사+명사' 형태의 他昨晚(그는 어제 저녁)을 주어 자리에 배치한다.
→ 他昨晚发挥得完美(그는 어제 저녁 훌륭하게 발휘했다)
문장 완성하기 남은 어휘인 极其(매우)는 정도부사이므로, 형용사 完美(훌륭하다) 앞에 부사어로 배치하여, 문장을 완성한다.
→ 他昨晚发挥得极其完美。(그는 어제 저녁 매우 훌륭하게 발휘했다.)

☑ **고득점 노하우** 제시된 어휘 중 구조조사 得를 포함한 형태인 '동사+得', 부사, 형용사 어휘가 있으면 '동사+得+부사+형용사'의 순서로 '술어+보어'를 배치한다.

95	不得不	采取	公司	措施	目前的困难	解决
중						

不得不 bùdébù 图 ~하지 않으면 안 된다
采取 cǎiqǔ 图 취하다　措施 cuòshī 图 조치
目前 mùqián 图 현재, 지금　解决 jiějué 图 해결하다

명사	부사	동사	명사	동사	명사+的+명사
公司	不得不	采取	措施	解决	目前的困难。
주어	부사어	술어1	목적어1	술어2	목적어2

회사는 현재의 어려움을 해결하기 위해 조치를 취하지 않으면 안 된다.

해설

술어 배치하기 술어가 될 수 있는 동사가 采取(취하다), 解决(해결하다) 두 개이므로 연동문을 고려하여 문장을 완성해야 한다. 解决(해결하다)는 采取(취하다)라는 행위의 목적이 될 수 있으므로 采取(취하다)를 술어1 자리에, 解决(해결하다)를 술어2 자리에 배치한다.
→ 采取~解决(해결하기 위해 ~을 취하다)
주어와 목적어 배치하기 명사인 公司(회사), 措施(조치)과 '명사+的+명사' 형태인 目前的困难(현재의 어려움) 중 술어1 采取(취하다)와 문맥상 목적어로 어울리는 措施(조치)을 목적어1 자리에 배치하고, 문맥상 주어로 어울리는 公司(회사)를 주어 자리에 배치한다. 그리고 술어2 解决(해결하다)와 문맥상 목적어로 어울리는 目前的困难(현재의 어려움)을 목적어2 자리에 배치한다.
→ 公司采取措施解决目前的困难(회사는 현재의 어려움을 해결하기 위해 조치를 취한다)
문장 완성하기 남은 어휘인 부사 不得不(~하지 않으면 안 된다)를 술어1 采取(취하다) 앞의 부사어로 배치하여 문장을 완성한다. 참고로, 부정부사와 일반부사는 주로 술어1 앞에서 부사어로 쓰인다.
→ 公司不得不采取措施解决目前的困难。(회사는 현재의 어려움을 해결하기 위해 조치를 취하지 않으면 안 된다.)

☑ **고득점 노하우** 제시된 어휘 중 술어가 될 수 있는 동사가 2개 이상이면 연동문을 고려하여 문장을 완성한다.

96	敏感	没有	妹妹	那么	哥哥的情绪
상					

敏感 mǐngǎn 图 예민하다, 민감하다

명사+的+명사	동사	명사	부사	형용사
哥哥的情绪	没有	妹妹	那么	敏感。
관형어+주어	没有	비교 대상	부사어	술어

오빠의 감정은 여동생만큼 예민하지 않다.

해설

没有~那么와 술어 배치하기 제시된 어휘 중 没有(~않다)와 那么(~만큼)가 있으므로, 부정 비교문을 완성해야 한다. 형용사 敏感(예민하다)을 술어 자리에 배치하고, 没有(~않다)와 那么(~만큼)를 술어 敏感(예민하다) 앞 쪽에 배치한다.
→ 没有~那么敏感(~만큼 예민하지 않다)
주어와 비교 대상 배치하기 남은 어휘인 명사 妹妹(여동생)와 '명사+的+명사' 형태인 哥哥的情绪(오빠의 감정) 중, 술어 敏感(예민하다)과 문맥상 주어로 어울리는 哥哥的情绪(오빠의 감정)를 주어 자리에 배치하고, 妹妹(여동생)는 哥哥(오빠)의 비교 대상이므로, 妹妹(여동생)를 没有(~않다)와 那么(~만큼)사이에 배치하여 문장을 완성한다.
→ 哥哥的情绪没有妹妹那么敏感。(오빠의 감정은 여동생만큼 예민하지 않다.)

☑ **고득점 노하우** 제시된 어휘 중 没有(~않다)와 부사 那么(~만큼)가 있으면 '没有~那么(~만큼 ~않다)' 형태의 부정 비교문을 고려하여 문장을 완성한다.

97
상

这项制造技术　下来的　是从　流传　古代

项 xiàng 閔 가지, 항목　制造 zhìzào 图 제조하다
技术 jìshù 閔 기술　流传 liúchuán 图 대대로 전해 내려오다, 퍼지다
古代 gǔdài 閔 고대

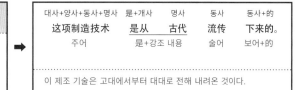

대사+양사+동사+명사	是+개사	명사	동사	동사+的
这项制造技术	是从	古代	流传	下来的。
주어	是+강조 내용		술어	보어+的

이 제조 기술은 고대에서부터 대대로 전해 내려온 것이다.

해설

是과 的 사이에 술어 배치하기 제시된 어휘 是从(~부터이다)을 보면 동사 是 다음에 시점을 나타내는 개사 从(~에서부터)이 있으므로, 시점을 강조하는 '是~的' 강조문을 완성해야 한다. 따라서 동사 流传(대대로 전해 내려오다)을 是从(~부터이다)과 下来的(내려온 것이다) 사이 술어 자리에 배치한다.

→ 是从~流传下来的(~부터 대대로 전해 내려온 것이다)

주어 배치하기 주어 자리에 올 수 있는 这项制造技术(이 제조 기술)와 古代(고대) 중, 술어 流传(대대로 전해 내려오다)과 문맥상 주어로 어울리는 这项制造技术(이 제조 기술)를 是 앞 주어 자리에 배치한다.

→ 这项制造技术是从~流传下来的(이 제조 기술은 ~부터 대대로 전해 내려온 것이다)

문장 완성하기 남은 어휘인 古代(고대)를 从 뒤에 배치하여 从古代(고대에서부터)를 만들어, 과거에 발생한 행위와 관련된 특점 시점을 강조하는 是~的 강조문을 완성한다.

→ 这项制造技术是从古代流传下来的。(이 제조 기술은 고대에서부터 대대로 전해 내려온 것이다.)

✅ **고득점 노하우** 제시된 어휘 중 是과 的를 포함한 형태가 있으면 是~的 강조구문을 고려하여 문장을 완성한다.

98
중

媒体的未来　节目的　质量　决定着

媒体 méitǐ 閔 대중 매체, 매스 미디어　未来 wèilái 閔 미래
节目 jiémù 閔 프로그램　质量 zhìliàng 閔 품질, 질
决定 juédìng 图 결정하다

명사+的	명사	동사+着	명사+的+명사
节目的	质量	决定着	媒体的未来。
관형어	주어	술어	목적어

프로그램의 품질이 대중 매체의 미래를 결정하고 있다.

해설

술어 배치하기 제시된 어휘 중 决定着(결정하고 있다)가 '동사+着' 형태이므로 술어 자리에 곧바로 배치한다.

→ 决定着(결정하고 있다)

주어 목적어 배치하기 문맥상 술어 决定着(결정하고 있다)의 목적어로 어울리는 '명사+的+명사' 형태인 媒体的未来(대중 매체의 미래)를 목적어 자리에 배치하고, 주어로 어울리는 명사 质量(품질)을 주어 자리에 배치한다.

→ 质量决定着媒体的未来(품질이 대중 매체의 미래를 결정하고 있다)

문장 완성하기 남은 어휘인 '명사+的' 형태의 节目的(프로그램의)를 주어 质量(품질) 앞에 관형어로 배치하여 문장을 완성한다.

→ 节目的质量决定着媒体的未来。(프로그램의 품질이 대중 매체의 미래를 결정하고 있다.)

✅ **고득점 노하우** 제시된 어휘 중 '동사+着' 형태의 어휘가 있으면 바로 술어 자리에 배치한다.

| 美食 | 风景 | 古老 | 合影 | 拥挤 |

美食 měishí 圆 맛있는 음식 风景 fēngjǐng 圆 풍경 古老 gǔlǎo 圆 오래되다 合影 héyǐng 圆 단체 사진 圆 함께 사진을 찍다
拥挤 yōngjǐ 圆 혼잡하다

해설 STEP 1 소재 정하고 아웃라인 잡기

소재 | 시안으로 여행 간 이야기

아웃라인

도입	我去西安旅行(시안에 여행 갔다)
전개	品尝各种美食(여러 가지 맛있는 음식을 맛보다) 欣赏风景(아름다운 풍경을 감상하다) 在古老的城墙上(오래된 성벽에서) 我想拍照(난 사진을 찍고 싶다)
마무리	人很多(사람이 너무 많다) 实在太拥挤(생말 본집하나) 我的单人照看上去像是合影(나의 독사진은 단체 사진처럼 보인다)

Step 2 원고지에 짧은 글 완성하기

[모범 답안]

지난 주말 나는 시안에 여행 갔다. 현지에서 나는 여러 가지 맛있는 음식을 맛봤을 뿐만 아니라, 아름다운 풍경도 감상했다. 오래된 성벽에서, 난 나에게 사진을 한 장 찍어주고 싶었지만, 그러나 사람이 너무 많아, 정말 혼잡하여, 나의 독사진은 마치 많은 사람과의 단체 사진으로 보인다.

周末 zhōumò 圆 주말 西安 Xī'ān 교유 시안(중국 지명, 서안) 旅行 lǚxíng 圆 여행하다 当地 dāngdì 圆 현지
品尝 pǐncháng 圆 맛보다 美食 měishí 圆 맛있는 음식 欣赏 xīnshǎng 圆 감상하다 美丽 měilì 圆 아름답다
风景 fēngjǐng 圆 풍경 古老 gǔlǎo 圆 오래되다 城墙 chéngqiáng 圆 성벽 拍照 pāizhào 圆 사진을 찍다
实在 shízai 圆 정말, 확실히 拥挤 yōngjǐ 圆 혼잡하다 单人照 dānrénzhào 圆 독사진
合影 héyǐng 圆 단체 사진 圆 함께 사진을 찍다

제1회

제2회

제3회

제4회

제5회
쓰기

해커스 HSK 5급 실전모의고사

해설 STEP 1 소재 정하고 아웃라인 잡기

소재	나의 대학 졸업하는 날

아웃라인		
도입	大学毕业的日子(대학 졸업 날이다)	
전개	拿到了毕业证书(졸업장을 받았다) 同学们兴奋(학우들은 흥분했다) 把帽子扔上了天空(모자를 하늘에 던졌다) 有些难过(조금 슬펐다) 舍不得离开同学们(학우들과 헤어지기 아쉬웠다)	
마무리	今后无论在哪里(앞으로 어디에 있든지) 不会忘记这时刻(이 순간을 영원히 잊지 않을 것이다)	

Step 2 원고지에 짧은 글 완성하기

[모범 답안]

오늘은 우리의 대학 졸업 날인데, 모두 순조롭게 졸업장을 받았기 때문에, 학우들은 모두 흥분해서, 모자를 하늘에 던졌다. 하지만 나는 조금 슬펐고, 학우들과 헤어지기 아쉬웠다. 앞으로 우리가 어디에 있든지, 잊기 어려운 이 순간을 영원히 잊지 않을 것이다.

毕业 bìyè 圈 졸업 圄 졸업하다　日子 rìzi 圈 날, 날짜　顺利 shùnlì 圄 순조롭다　拿 ná 圄 받다, 얻다　证书 zhèngshū 圈 증명서
毕业证书 bìyè zhèngshū 졸업장　兴奋 xīngfèn 圈 흥분하다　帽子 màozi 圈 모자　扔 rēng 圄 던지다
天空 tiānkōng 圈 하늘, 공중　难过 nánguò 圈 슬프다, 고통스럽다　舍不得 shěbude 圄 아쉬워하다, 서운하다
离开 líkāi 圄 헤어지다　无论 wúlùn 圈 ~든지　永远 yǒngyuǎn 圈 영원히　忘记 wàngjì 圈 잊어버리다　时刻 shíkè 圈 순간

합격생들이 해커스중국어 를 선택한 이유

1

HSK 베스트셀러
중국어인강 1위
굿콘텐츠 서비스
해커스중국어

HSK 전 급수
베스트셀러

중국어인강
1위

굿콘텐츠
서비스 인증
획득

[중국어인강 1위] 주간동아 선정 2019 한국 브랜드 만족지수 교육(중국어인강) 부문 1위
[굿콘텐츠 서비스] 정보통신산업진흥원 인증 굿콘텐츠제공서비스 품질인증 (2019년도)
[단어장 베스트셀러] YES24 국어 외국어 사전 베스트셀러 중국어 한어수평고시(HSK) 분야(2021년 2월 3주 주별베스트 기준)
[기본서 베스트셀러] YES24 국어 외국어 사전 베스트셀러 중국어 한어수평고시(HSK) 분야(2022년 6월 2주 주별베스트 기준)
[3급 실전모의고사] 교보문고 외국어 베스트셀러 HSK/중국어시험 분야(2020.04.20. 온라인 주간집계 기준)
[4급 실전모의고사] 교보문고 외국어 베스트셀러 HSK/중국어시험 분야(2019.11.19. 온라인 주간집계 기준)
[5급 실전모의고사] 교보문고 외국어 베스트셀러 HSK모의고사/테스트 분야 모의고사 기준 1위(2018.06.15. 온라인 주간집계 기준)
[6급 실전모의고사] 교보문고 외국어 베스트셀러 HSK모의고사/테스트 분야 1위(2020.06.19. 온라인 주간집계 기준)

2

수강생이 직접
체험한 결과로 증명하는
해커스중국어
강의 효과

중국어 1도 몰랐는데 HSK 3급 238점으로 합격!
저는 쓰기의 오민경선생님 도움을 많이 받았습니다. 쓰기 뿐만 아니라 듣기와 독해에서 자주
나오는 문장에 대해 알려주셨고 기초부터 어려운 내용까지 자세히 설명해주셔서
좋았습니다. 또 단어가 문장 안에서 어떤 성분으로 쓰이는지, 다른 과목에는 어떻게
활용할 수 있는지 알려주셨습니다.

– 해커스중국어 인강 수강생 이*미님

즐겁게 중국어를 배웠습니다!
중국어 공부를 어떻게 시작해서 학습해야 하는지 시작엔 막막했지만 선생님들의
자세하고 이해하기 쉽게 설명해 주는 온라인 수업을 들으면서 즐겁게 중국어 배웠습니다.
한 권으로 합격하는 해커스 HSK 강의 모두 잘 들었고 선생님들 감사합니다!

– 해커스중국어 인강 수강생 l*******3 님

해커스중국어 china.Hackers.com

해커스 중국어

HSK5급

실전모의고사

점수를 높이는 막판 1주!

문제집

해커스

해커스 중국어

HSK 5급

실전모의고사

문제집

해커스

시험에 나올 어휘를
효과적으로 공부하려면?

해커스중국어(china.Hackers.com)에서
<HSK 5급 핵심&고난도 어휘 1000> 무료 다운받기!

해커스 HSK 5급
실전모의고사
제1회

* 실제 시험을 보는 것처럼 시간에 맞춰 실전모의고사를 풀어보세요.

잠깐! 테스트 전 확인 사항

1. 휴대 전화의 전원을 끄셨나요? ····················· ☐
2. 답안지, 연필, 지우개가 준비되셨나요? ··········· ☐
3. 시계가 준비되셨나요? ······························· ☐
   * 듣기 답안 작성 5분, 독해+쓰기 85분

고사장 소음까지 대비하고
듣기 점수 올리려면?

해커스중국어(china.Hackers.com)에서
고사장 소음 버전 MP3 무료 다운받기!

답안지 작성법

汉语水平考试 HSK（五级）答题卡

↙수험자 정보를 기입하세요.

请填写考生信息

↘고시장 정보를 기입하세요.

请填写考点信息

请按照考试证件上的姓名填写: 수험표 상의 영문 이름을 기입하세요.

姓名 | KIM JEE YOUNG

如果有中文姓名，请填写: 중문 이름이 있다면 기입하세요.

中文姓名 | 金志玲

↙수험 번호를 쓰고 마킹하세요.

考生序号
6	[0] [1] [2] [3] [4] [5] [6] [7] [8] [9]
0	[0] [1] [2] [3] [4] [5] [6] [7] [8] [9]
2	[0] [1] [2] [3] [4] [5] [6] [7] [8] [9]
5	[0] [1] [2] [3] [4] [5] [6] [7] [8] [9]
9	[0] [1] [2] [3] [4] [5] [6] [7] [8] [9]

↙고시장 번호를 쓰고 마킹하세요.

考点序号
8	[0] [1] [2] [3] [4] [5] [6] [7] [8] [9]
1	[0] [1] [2] [3] [4] [5] [6] [7] [8] [9]
5	[0] [1] [2] [3] [4] [5] [6] [7] [8] [9]
0	[0] [1] [2] [3] [4] [5] [6] [7] [8] [9]
3	[0] [1] [2] [3] [4] [5] [6] [7] [8] [9]
0	[0] [1] [2] [3] [4] [5] [6] [7] [8] [9]

↙국적 번호를 쓰고 마킹하세요.

国籍
5	[0] [1] [2] [3] [4] [5] [6] [7] [8] [9]
2	[0] [1] [2] [3] [4] [5] [6] [7] [8] [9]
3	[0] [1] [2] [3] [4] [5] [6] [7] [8] [9]

↙나이를 쓰고 마킹하세요.

年龄
| 2 | [0] [1] [2] [3] [4] [5] [6] [7] [8] [9] |
| 3 | [0] [1] [2] [3] [4] [5] [6] [7] [8] [9] |

↙해당하는 성별에 마킹하세요.

性别 | 男 [1] 女 [2]

注意 | 请用2B铅笔这样写: ■■■ 2B 연필로 마킹하세요.

一、听力 듣기

답안 마킹시 답안표기 방향에 주의하세요.

제1부분
1. [A] [B] [C] [D]
2. [A] [B] [C] [D]
3. [A] [B] [C] [D]
4. [A] [B] [C] [D]
5. [A] [B] [C] [D]

6. [A] [B] [C] [D]
7. [A] [B] [C] [D]
8. [A] [B] [C] [D]
9. [A] [B] [C] [D]
10. [A] [B] [C] [D]

11. [A] [B] [C] [D]
12. [A] [B] [C] [D]
13. [A] [B] [C] [D]
14. [A] [B] [C] [D]
15. [A] [B] [C] [D]

16. [A] [B] [C] [D]
17. [A] [B] [C] [D]
18. [A] [B] [C] [D]
19. [A] [B] [C] [D]
20. [A] [B] [C] [D]

제2부분
21. [A] [B] [C] [D]
22. [A] [B] [C] [D]
23. [A] [B] [C] [D]
24. [A] [B] [C] [D]
25. [A] [B] [C] [D]

26. [A] [B] [C] [D]
27. [A] [B] [C] [D]
28. [A] [B] [C] [D]
29. [A] [B] [C] [D]
30. [A] [B] [C] [D]

31. [A] [B] [C] [D]
32. [A] [B] [C] [D]
33. [A] [B] [C] [D]
34. [A] [B] [C] [D]
35. [A] [B] [C] [D]

36. [A] [B] [C] [D]
37. [A] [B] [C] [D]
38. [A] [B] [C] [D]
39. [A] [B] [C] [D]
40. [A] [B] [C] [D]

41. [A] [B] [C] [D]
42. [A] [B] [C] [D]
43. [A] [B] [C] [D]
44. [A] [B] [C] [D]
45. [A] [B] [C] [D]

二、阅读 독해

제1부분
46. [A] [B] [C] [D]
47. [A] [B] [C] [D]
48. [A] [B] [C] [D]
49. [A] [B] [C] [D]
50. [A] [B] [C] [D]

51. [A] [B] [C] [D]
52. [A] [B] [C] [D]
53. [A] [B] [C] [D]
54. [A] [B] [C] [D]
55. [A] [B] [C] [D]

56. [A] [B] [C] [D]
57. [A] [B] [C] [D]
58. [A] [B] [C] [D]
59. [A] [B] [C] [D]
60. [A] [B] [C] [D]

제2부분
61. [A] [B] [C] [D]
62. [A] [B] [C] [D]
63. [A] [B] [C] [D]
64. [A] [B] [C] [D]
65. [A] [B] [C] [D]

66. [A] [B] [C] [D]
67. [A] [B] [C] [D]
68. [A] [B] [C] [D]
69. [A] [B] [C] [D]
70. [A] [B] [C] [D]

제3부분
71. [A] [B] [C] [D]
72. [A] [B] [C] [D]
73. [A] [B] [C] [D]
74. [A] [B] [C] [D]
75. [A] [B] [C] [D]

76. [A] [B] [C] [D]
77. [A] [B] [C] [D]
78. [A] [B] [C] [D]
79. [A] [B] [C] [D]
80. [A] [B] [C] [D]

81. [A] [B] [C] [D]
82. [A] [B] [C] [D]
83. [A] [B] [C] [D]
84. [A] [B] [C] [D]
85. [A] [B] [C] [D]

86. [A] [B] [C] [D]
87. [A] [B] [C] [D]
88. [A] [B] [C] [D]
89. [A] [B] [C] [D]
90. [A] [B] [C] [D]

三、书写 쓰기

제1부분
91. 我收到了一张明信片。

92.

93.

94.

95. _____

96. _____

97. _____

98. _____

제2부분

99.

		马	上	就	要	期	末	考	试	了	。				
															48
															80

100.

		我	最	近	有	一	次	参	加	面	试	的	经	历	。
															48
															80

답안지

汉语水平考试 HSK（五级）答题卡

注意　请用2B铅笔这样写：■■

一、听力

1. [A] [B] [C] [D]　　6. [A] [B] [C] [D]　　11. [A] [B] [C] [D]　　16. [A] [B] [C] [D]　　21. [A] [B] [C] [D]
2. [A] [B] [C] [D]　　7. [A] [B] [C] [D]　　12. [A] [B] [C] [D]　　17. [A] [B] [C] [D]　　22. [A] [B] [C] [D]
3. [A] [B] [C] [D]　　8. [A] [B] [C] [D]　　13. [A] [B] [C] [D]　　18. [A] [B] [C] [D]　　23. [A] [B] [C] [D]
4. [A] [B] [C] [D]　　9. [A] [B] [C] [D]　　14. [A] [B] [C] [D]　　19. [A] [B] [C] [D]　　24. [A] [B] [C] [D]
5. [A] [B] [C] [D]　　10. [A] [B] [C] [D]　　15. [A] [B] [C] [D]　　20. [A] [B] [C] [D]　　25. [A] [B] [C] [D]

26. [A] [B] [C] [D]　　31. [A] [B] [C] [D]　　36. [A] [B] [C] [D]　　41. [A] [B] [C] [D]
27. [A] [B] [C] [D]　　32. [A] [B] [C] [D]　　37. [A] [B] [C] [D]　　42. [A] [B] [C] [D]
28. [A] [B] [C] [D]　　33. [A] [B] [C] [D]　　38. [A] [B] [C] [D]　　43. [A] [B] [C] [D]
29. [A] [B] [C] [D]　　34. [A] [B] [C] [D]　　39. [A] [B] [C] [D]　　44. [A] [B] [C] [D]
30. [A] [B] [C] [D]　　35. [A] [B] [C] [D]　　40. [A] [B] [C] [D]　　45. [A] [B] [C] [D]

二、阅读

46. [A] [B] [C] [D]　　51. [A] [B] [C] [D]　　56. [A] [B] [C] [D]　　61. [A] [B] [C] [D]　　66. [A] [B] [C] [D]
47. [A] [B] [C] [D]　　52. [A] [B] [C] [D]　　57. [A] [B] [C] [D]　　62. [A] [B] [C] [D]　　67. [A] [B] [C] [D]
48. [A] [B] [C] [D]　　53. [A] [B] [C] [D]　　58. [A] [B] [C] [D]　　63. [A] [B] [C] [D]　　68. [A] [B] [C] [D]
49. [A] [B] [C] [D]　　54. [A] [B] [C] [D]　　59. [A] [B] [C] [D]　　64. [A] [B] [C] [D]　　69. [A] [B] [C] [D]
50. [A] [B] [C] [D]　　55. [A] [B] [C] [D]　　60. [A] [B] [C] [D]　　65. [A] [B] [C] [D]　　70. [A] [B] [C] [D]

71. [A] [B] [C] [D]　　76. [A] [B] [C] [D]　　81. [A] [B] [C] [D]　　86. [A] [B] [C] [D]
72. [A] [B] [C] [D]　　77. [A] [B] [C] [D]　　82. [A] [B] [C] [D]　　87. [A] [B] [C] [D]
73. [A] [B] [C] [D]　　78. [A] [B] [C] [D]　　83. [A] [B] [C] [D]　　88. [A] [B] [C] [D]
74. [A] [B] [C] [D]　　79. [A] [B] [C] [D]　　84. [A] [B] [C] [D]　　89. [A] [B] [C] [D]
75. [A] [B] [C] [D]　　80. [A] [B] [C] [D]　　85. [A] [B] [C] [D]　　90. [A] [B] [C] [D]

三、书写

91.

92.

93.

94.

95-100题 →

95. _____

96. _____

97. _____

98. _____

99.

48

80

100.

48

80

请不要写到框线以外!

汉语水平考试

HSK（五级）

注　意

一、HSK（五级）分三部分：

    1.听力（45题，约30分钟）

    2.阅读（45题，45分钟）

    3.书写（10题，40分钟）

二、听力结束后，有5分钟填写答题卡。

三、全部考试约125分钟（含考生填写个人信息时间5分钟）。

一、听力

第一部分

第1-20题：请选出正确答案。

1. A 买领带
   B 去超市买菜
   C 参加员工大会
   D 去跟朋友约会

2. A 这道题目太难了
   B 外公是物理老师
   C 女的提出的问题很好
   D 他现在没空儿帮女的

3. A 火车早就出发了
   B 女的没能坐上火车
   C 男的遇上了大堵车
   D 火车站已经关门了

4. A 正在听一个学术讲座
   B 等朋友等了40分钟
   C 现在不能使用报告厅
   D 很希望见到那个专家

5. A 鼠标
   B 电池
   C 香肠
   D 酱油

6. A 年纪小的人不一定没本领
   B 年纪大的人经验肯定丰富
   C 王刚不见得适合做这个设计
   D 找不着比王刚更合适的人了

7. A 不要抱怨
   B 不用加班
   C 可以向老板请假
   D 工作快要做完了

8. A 买东西
   B 打游戏
   C 吃冰激凌
   D 招待客人

9. A 屋子里很热
   B 不要开空调
   C 男的着凉了
   D 应该多运动

10. A 辅导员
    B 解说员
    C 售货员
    D 接待员

11. A 用肥皂洗手
    B 赶快去医院
    C 按照要求吃药
    D 不跟别人接触

12. A 小麦长得很好
    B 今年损失很大
    C 刚刚发生地震了
    D 农业需要新技术

13. A 怀疑
    B 无奈
    C 赞成
    D 害怕

14. A 考试
    B 比赛
    C 写书
    D 上课

15. A 这个包间能放下20个座位
    B 这家餐厅的菜做得很地道
    C 男的很喜欢这个餐厅的装饰
    D 现在可以根据菜单预订饭菜

16. A 没有什么利润
    B 没有什么风险
    C 有可能获得高利润
    D 不应该投资这个项目

17. A 换一辆二手车
    B 安装充电设备
    C 买新能源汽车
    D 利用公共交通

18. A 男的已经结婚了
    B 男的打算要孩子
    C 姐姐现在怀孕了
    D 姐姐的孩子十岁了

19. A 可以让孩子锻炼身体
    B 可以鼓励孩子参与家务
    C 可以减少给孩子零花钱
    D 可以使孩子学会管理现金

20. A 资金很充足
    B 总裁很出色
    C 利润不太高
    D 快要破产了

第二部分

第21-45题：请选出正确答案。

21. A 他们都没有胃口
    B 他们想出去吃饭
    C 女的建议吃饺子
    D 女的不会包饺子

22. A 觉得叉子价格很贵
    B 建议女的买进口的
    C 买得多可以有优惠
    D 价格不能再降低了

23. A 修鞋
    B 买胶水
    C 买新鞋子
    D 庆祝退休

24. A 钓鱼
    B 晒被子
    C 去超市
    D 打网球

25. A 女的非常享受工作
    B 国庆节后他们很疲劳
    C 男的想搬到小岛上住
    D 他们对享受的理解不同

26. A 味道太一般了
    B 都是垃圾食品
    C 又新鲜又便宜
    D 又好吃又有营养

27. A 他们没有达成一致意见
    B 他们都喜欢同一种风格
    C 男的觉得生活太单调了
    D 女的觉得男的说的没道理

28. A 设计一个旅游项目
    B 接待一个北京家庭
    C 在北京住两个星期
    D 认识不同年龄的朋友

29. A 反映了社会现实
    B 都是男演员表演
    C 有很深刻的意义
    D 让人变得更幽默

30. A 1号出口
    B 7号出口
    C 地铁里面
    D 邮局左边

31. A 残疾人的职业培训
    B 农村中学的英语课
    C 老人院的娱乐活动
    D 社区里的义务劳动

32. A 态度热情的
    B 感情丰富的
    C 状态自然的
    D 文化水平高的

33. A 老人想去英国生活
    B 老人英语说得很好
    C 老人想给自己报名
    D 老人已经七十岁了

34. A 妻子是英国人
    B 在英国留过学
    C 建议老人学英语
    D 是英语班的老师

35. A 活到老，学到老
    B 笑一笑，十年少
    C 百闻不如一见
    D 人多力量大

36. A 掌握公司的情况
    B 了解应聘的要求
    C 接触公司的职员
    D 预测面试的问题

37. A 挑战考官
    B 独立思考
    C 提出疑问
    D 赞同别人

38. A 承认自己的缺点
    B 说出自己的期待
    C 提出对工资的要求
    D 认为自己是完美的

39. A 读者
    B 儿童
    C 家长
    D 作者

40. A 他的家庭很特殊
    B 他的缺点非常多
    C 他想引起别人注意
    D 他的内心十分丰富

41. A 不适合给儿童看
    B 讲了一面镜子的故事
    C 三分之一的读者很喜欢
    D 可能对每个人都有启发

42. A 跟爸爸要奖金
    B 不遵守比赛规则
    C 想到前面捡个大的
    D 忘了捡石子的事儿

43. A 懂得满足
    B 喜欢骗人
    C 态度主观
    D 反应很慢

44. A 文竹
    B 吊兰
    C 仙人掌
    D 虎尾兰

45. A 摆放数量不要太多
    B 别选颜色太鲜艳的
    C 尽量摆放在阳台上
    D 要选择没有味道的

제1회

제2회

제3회

제4회

제5회

二、阅 读

第一部分

第46-60题：请选出正确答案。

46-48.

邻居一位老先生常到楼下一家便利店买报纸，但那里的售货员总是一脸 _46_ ，一点儿都不热情。

老先生的太太对他说："便利店很多， _47_ 总在这家买呢？"

老先生笑着回答："去别的便利店，我必须多绕一圈，浪费时间。没有礼貌是他的问题，为什么我要因为他而影响自己的 _48_ ，给自己增加麻烦呢？"

46. A 冷淡　　　　B 惭愧　　　　C 夸张　　　　D 温柔
47. A 宁可　　　　B 毕竟　　　　C 干脆　　　　D 何必
48. A 精力　　　　B 语气　　　　C 态度　　　　D 情绪

49-52.

有个渔民经常跟人抱怨："我多年以来总结出来的经验，都教给了儿子们，可他们的打鱼技术竟然还这么差！真是太让我 _49_ 了！"一位朋友问他："你一直 _50_ 教他们吗？"

"是的，为了让他们学到最好的技术，我耐心、仔细地教他们。"

"他们一直跟随着你吗？""是的，为了让他们少走弯路，我让他们一直跟着我学。"朋友说："这样说来，你的错误就很明显了。你只教给了他们技术，却没教给他们 _51_ 。正因为这样，他们不但不能进步， _52_ 。"

49. A 糟糕　　　　B 灰心　　　　C 慌张　　　　D 不安
50. A 密切　　　　B 专门　　　　C 亲自　　　　D 个别
51. A 教训　　　　B 知识　　　　C 规矩　　　　D 理论
52. A 所以退步了　　B 以致退步了　　C 并且退步了　　D 反而退步了

53-56.

　　《交换空间》是一个以装修为主题的服务类节目。它__53__自己动手、节俭装修，希望能为想要装修的人们提供节省又有设计感的装修范例。每一期节目都有两个家庭参加，他们__54__提供一个房间，比如卧室、客厅等，在装修团队的帮助下，互换空间进行装修。他们将在规定的时间内__55__有限的装修资金完成装修任务。这个节目让观众体会到了家庭装修带来的快乐，推广绿色环保装修，同时促进人与人之间的理解，因而__56__。

53.　A 补充　　　　B 称呼　　　　C 提倡　　　　D 传播

54.　A 各自　　　　B 迟早　　　　C 个别　　　　D 反正

55.　A 经营　　　　B 利用　　　　C 应用　　　　D 计算

56.　A 促进了家庭装修　　　　　　B 受到无数电视观众的喜爱
　　　C 让每个家庭都得到满足　　　D 使更多人想要参加这个节目

57-60.

　　一出生就双目失明的人除了黑暗什么都没见过吗？那可不见得。丹麦科学家进行了一__57__调查，结果表明：即使是先天性失明的人，也可能在梦中"看到"东西。在参与调查的这些先天性失明的人中，曾经梦到过图像的人占了大约21%的__58__，有的人甚至梦到过色彩。然而他们梦到的图像是相当模糊的，而且体验到图像的时长约是正常人的1/5。据研究，这或许是因为大脑中管理视觉的部分受到了刺激，__59__。在其他实验中，一些失明的人在第二天醒来后还能画出自己梦到的情景，那是一些模糊的线条，里面__60__他们梦到的人、风景以及其他事物。

57.　A 群　　　　　B 片　　　　　C 项　　　　　D 届

58.　A 面积　　　　B 比例　　　　C 角度　　　　D 结构

59.　A 导致他们做梦　　　　　　　B 使大脑不再正常工作
　　　C 使他们梦中出现色彩　　　　D 从而在头脑中产生了图像

60.　A 包括　　　　B 具备　　　　C 接近　　　　D 掌握

第二部分

第61-70题：请选出与试题内容一致的一项。

61. 一些动物发出的叫声可能会给他们带来伤害，比如小鸟在父母带着食物回来时，发出想要吃东西的叫声。这种叫声可能会引起附近动物的注意，从而导致小鸟发生危险，甚至失去生命。

    A 小鸟想吃东西时叫声很大
    B 小鸟应该自己去寻找食物
    C 小鸟的叫声可能会造成危害
    D 小鸟比其他动物更易遇到危险

62. "桂林山水"是对桂林旅游资源总的称呼，是中国十大名胜古迹之一。它的所指范围很大，项目繁多，包括山、水、洞、石刻等。中国有句话叫"桂林山水甲天下"，意思是天底下的自然风景中桂林山水是最美的。

    A 桂林的景色非常美
    B 桂林有十个名胜古迹
    C 桂林的旅游资源最丰富
    D 桂林有一座山和一条河

63. 古代神话是先民对自然现象、人类生活等的想象，其实也反映了自古以来人们对自己历史的认识。它由先民口耳相传，在没有文字记录的时代，具有不可代替的历史意义。

    A 神话是没有任何根据的
    B 神话都是关于祖先的传说
    C 神话具有重大的历史意义
    D 神话是由文字记录下来的

64. 中国有一个古老的爱情传说，讲的是一条白蛇变成了一个漂亮的姑娘，叫白素贞，她遇到了一个英俊善良的小伙子，叫许仙，他们相爱后结婚了。后来有个叫法海的坏人，为了破坏两人的婚姻，把白素贞压在了西湖边上的雷锋塔下。如果你现在去杭州，还能找到这座塔呢。

    A 许仙的婚姻非常幸福
    B 白素贞变成了一条蛇
    C 法海与许仙是好朋友
    D 雷峰塔有一个古老的传说

65. "清泉公司"是一家生产矿泉水的企业，成立于1997年4月，它的第一条广告语是"清泉，有点儿甜！"给人们留下了深刻的印象。经过20年的发展，"清泉公司"规模越来越大，成为同行业中发展最快的一家。

A 好的广告不是很多
B 清泉公司发展很快
C 味道甜的水更受欢迎
D 矿泉水行业竞争激烈

66. 许多在城市里工作的年轻人每天都要长时间使用电脑键盘、鼠标，也要用手机发短信，这都会让固定的几个手指一直重复用力，导致手部肌肉酸疼，而产生了一种叫"键盘手"的现代病。如果严重的话，这种病需要手术治疗。

A 手部肌肉特别容易疲劳
B 用电脑工作不利于健康
C "键盘手"必须手术治疗
D 年轻人很容易得"键盘手"

67. 一场激烈的战争中，上尉忽然发现一架敌人的飞机从天上冲下来。他正要立刻卧倒时，发现离他四五米远处有一个士兵还站在那儿。他没多想，一下子把士兵扑倒。此时一个巨大的声音响起，飞起来的土纷纷落在他们的身上。过了一会儿，上尉站起来一看，惊呆了：刚才自己所在的那个位置已经变成了一个大洞。

A 上尉命令士兵卧倒
B 上尉犹豫是否要帮士兵
C 士兵帮助了上尉，非常高兴
D 上尉救了士兵，也救了自己

68. 20世纪30年代西方一些国家开始建设高速公路，60年代以来很多国家的高速公路都得到了繁荣的发展。汽车工业的迅速发展使高速公路发挥着重要的运输作用，但同时也给高速公路公司带来了巨大的挑战。

A 汽车比火车运输能力强
B 每个国家都有高速公路
C 30年代开始出现高速公路
D 高速公路公司挣了很多钱

69. 中国剪纸是一种用剪刀在纸上剪出动物、植物、花鸟虫鱼的形象，用于装饰房间或配合其他风俗活动的艺术。在中国，剪纸在民间流传很广泛，表达了广大人民的生活理想，有重要的社会娱乐价值。

A 剪纸技术很难掌握

B 剪纸在海外很流行

C 剪纸是一门艺术

D 剪纸价格比较高

70. 人工智能是一门新学问，它主要研究如何让电脑来模仿人类的一些思维过程和智能行为，比如学习、思考、计划等。人工智能的主要目标是使电脑能够承担一些通常需要人类智能才能完成的复杂工作。

A 电脑和人类的思考方式相同

B 人工智能的目标是代替人类

C 人工智能只需完成复杂工作

D 人工智能可以模仿人类工作

第三部分

第71-90题：请选出正确答案。

71-74.

　　面对充满烟雾的饭店和酒吧，现在的北京人已不再像从前那样没有办法了。"对那些不注意禁止抽烟标志而抽烟的人，我会拿手机拍下来"，一位北京居民说，现在可以使用禁止抽烟的APP向政府管理部门反映问题。在一张数字地图上，被反映的饭店会亮起蓝色的灯，超过5次则亮起红灯。如果亮红灯，饭店可能会因此被罚款。

　　有专家表示，北京禁止抽烟的法律公布以来，已经获得"非常优秀"的成果。但他觉得中国在禁烟行动上仍然需要努力："中国有3.15亿<u>烟民</u>，大部分地区在禁烟方面还十分落后。"一个原因是中国的香烟工业影响很大。香烟不仅给国家带来巨大的收入，也养活了2000万烟厂的员工，这使得中国至今还没有建立一项全国范围的禁烟法律。另外一个原因就是香烟价格太便宜了。专家建议国家提高香烟的价格，这样才可能减少烟民的数量。

71. 如果有人在饭店和酒吧抽烟，北京人现在可以：
    - A 向警察请求帮助
    - B 用APP反映问题
    - C 要求抽烟人道歉
    - D 传播抽烟人照片

72. 专家认为，大部分地区在禁烟方面：
    - A 取得了优秀成果
    - B 已有专门的法律
    - C 还需要好好努力
    - D 获得了资金支持

73. 根据上文，专家建议提高香烟价格是为了：
    - A 增加国家的收入
    - B 养活更多的员工
    - C 提高香烟的质量
    - D 减少烟民的数量

74. 第二段画线词语"烟民"的意思是：
    - A 生产香烟的人
    - B 习惯抽烟的人
    - C 买卖香烟的人
    - D 因抽烟生病的人

75-78.

　　每个人都会有那种词语在舌头上打转，觉得答案就在嘴边，但却说不出来的经历，其实这是一种很常见的记忆现象，心理学上称为"舌尖效应"。最常见的就是碰见一个多年不见的老同学，看着他熟悉的脸，觉得名字就在嘴边，可无论如何也想不起来。

　　当我们努力去记忆一件事情的时候，大脑会把与之相关的其他事情一起记下来，组成一个相互连接的网络系统。如果其中某件事情被回忆起来，系统中与之密切相关的其他事情也容易被回忆起来，但是与这个系统不相关或者连接较弱的记忆则会<u>受到抑制</u>。当你看到老同学的时候，马上回忆起来的可能不是他的名字，而是与他联系更强的其他事情，比如说他常常迟到，他曾经往女生书包里放过蜜蜂等等，你此时强烈的愿望和紧张的情绪使你更加无法想起他的名字。

　　舌尖效应是很正常的现象，通常，这位老同学一走，你就会想起他的名字，因为这个时候你放松了情绪，或者其他信息对名字的抑制减弱了，从而使你恢复了记忆。

75. 最常见的"舌尖效应"是：
　　A 找不到商场出口　　　　　　B 记错朋友的号码
　　C 想不起人的名字　　　　　　D 忘了晚饭吃了什么

76. 当我们努力想记住一件事情的时候，大脑会：
　　A 非常努力地工作从而记住所有细节
　　B 把相关和不相关的信息进行再组合
　　C 刺激身体其他部位来帮助我们记忆
　　D 同时记住与这件事相关的其他事情

77. 为什么熟人离开后人们更容易记起他的名字？
　　A 情绪不再紧张了　　　　　　B 得到了别人提醒
　　C 记忆方式改变了　　　　　　D 愿望变得更强烈

78. 下面哪一项跟第二段画线部分的词语意义相近？
　　A 想不起来　　　　　　　　　B 失去联系
　　C 相互协调　　　　　　　　　D 受到限制

79-82.

年轻时的孔子很有学问，也很有名，他并不想当一个教育家或思想家，而是想当政治家。于是他到各个国家去宣传自己的思想，但他经历了很多次失败，始终没有找到这样的机会。这样一来，孔子决心全力办学，并收下了很多学生。

在教学过程中，孔子非常注意培养学生良好的学习习惯和方法。他经常和学生一起谈论诗歌、道德、政治等问题。学生也都非常佩服老师的学问，想知道老师是怎么学习的。孔子告诉学生："我以前总是喜欢一个人坐在那里想问题，有时候忘记了吃饭和睡觉，可是一点儿收获也没有。后来，我又没日没夜地拼命读书，可还是没有什么收获。最后，我终于懂得了，只是死读书而不思考，就必然没有收获。但如果不重视读书，脱离实际乱想，还是不能理解很多问题。只有一边读书一边积极思考，并经常复习已经学过的知识，用学过的道理去思考、分析问题，这样的学习才能进步。"

孔子活了73岁，他去世时，学生们都非常悲伤。为了永远不忘记老师的教导，他们把平时记录下来的孔子的言语和行为，整理成了《论语》这部著作。

79. 孔子年轻时的理想是成为：
   A 作家　　　　　　　　　　B 思想家
   C 教育家　　　　　　　　　D 政治家

80. 孔子常和学生谈论的问题是：
   A 戏剧　　　　　　　　　　B 道德
   C 法律　　　　　　　　　　D 经济

81. 根据上文，孔子教给学生学习方法是：
   A 没日没夜地拼命读书　　　B 努力读书以收获知识
   C 读书和思考结合起来　　　D 经常复习是最重要的

82. 关于孔子，下面哪句话是正确的？
   A 是一位出色的政治家　　　B 非常受学生的欢迎
   C 写了《论语》这本书　　　D 一共收了73位学生

83-86.

　　风，是一种最常见的自然现象。人们最早发现它能调节温度，使人感觉凉快；后来发现风还有很多作用，比如：可以吹干衣服上的水；可以传播花粉等等。

　　风有很大的力量，对人类来说，风也是一种宝贵的能源。全球可开发的风能约为100亿千瓦，等于水力发电量的10倍。目前全世界每年煤炭燃烧所获得的能量，只有风力在一年内提供能量的三分之一。因此，世界各国政府都越来越提倡对风能的开发。

　　此外，在各种能源中，风能是最容易被利用的，它不像煤炭那样需要从地下开发出来，通过燃烧来发电。煤炭燃烧的过程还会污染空气。风能也不同于水力，必须建一个大坝，推动水轮机转动来发电。风能的利用简单、方便、干净，因此有着广阔的前途。特别是在缺乏水力资源、缺乏煤炭资源和交通不方便的沿海岛屿、山区和高原，都有很强的风。如果能把这些风利用起来发电，对当地人民的生活和生产都会非常有利。

83. 人们最早认识到风有什么作用？
　　A 调节气温　　　　　　　　　B 吹干衣服
　　C 传播花粉　　　　　　　　　D 用来发电

84. 全球可开发的风能：
　　A 是煤炭发电量的10倍　　　　B 大大高于水力发电量
　　C 与其他能源的发电量相近　　D 目前只开发了三分之一

85. 根据上文，最容易被利用的能源是哪一种？
　　A 煤炭　　　　　　　　　　　B 水能
　　C 风能　　　　　　　　　　　D 太阳能

86. 特别适合利用风能的地方是：
　　A 交通不便的地方　　　　　　B 有很多高山的地方
　　C 风速很高的地方　　　　　　D 水资源丰富的地方

87-90.

西藏是一个充满魅力的地方，在这片神秘的土地上，有世界闻名的珠穆朗玛峰，雄伟的布达拉宫，风格独特的大昭寺等等，人们来到这里主要是被它的自然风光所吸引。

拉萨在西藏中部地区，被人们称为"日光城"，冬天不会太冷，夏天不会太热，春秋天也温度适宜。一年平均有330多个晴天，日照时间能达到3020多个小时。冬天的拉萨基本上都是晴天，这个季节去拉萨晒太阳是很不错的选择。

藏族悠久的风俗也十分吸引人，所以在西藏旅行，除了欣赏美丽的自然风景外，也别忘了体验一下藏族特有的生活方式。比如在拉萨或西藏的许多地方，喝茶是一件非常重要的事，班可以不上，生意可以不做，但茶不可以不喝。

藏式茶馆一般经营规模比较小，跟北京、上海那些装饰讲究的茶馆相比，设施设备也比较陈旧，但这些并不会影响饮茶人的心情。在茶馆里除了能喝到品种多样的藏式茶，还可以品尝到各种藏餐，如藏式面条、肉包子、各种奶制品等。藏式茶馆不仅是藏民们休闲的地方，也是游客体验藏族生活风俗、了解藏族文化的最直接的窗口。在八角街买了藏服穿上，找家茶馆喝上一碗酥油茶，吃上一碗藏面，那感觉一定很不错。

87. 拉萨在西藏的什么位置？
    A 东部   B 中部
    C 西部   D 北部

88. 拉萨为什么被称为"日光城"？
    A 日照时间特别长   B 冬天的气温很高
    C 全年都是大晴天   D 人们喜欢晒太阳

89. 关于藏式茶馆，说法正确的是：
    A 面积都比较大   B 装饰得非常豪华
    C 在里面只能喝茶   D 可以体验藏族风俗

90. 根据上文，西藏最吸引游客的是：
    A 美丽的风景   B 悠久的风俗
    C 温暖的冬天   D 有趣的商店

三、书 写

第一部分

第91-98题：完成句子。

例如：发明　这台机器　什么时候　是　的

　　　　<u>这台机器是什么时候发明的？</u>

91. 寻找　　投资机会　　很多企业　　在

92. 相当　　的　　表现　　他　　突出

93. 关系　　建立　　良好的　　关键　　非常

94. 会　　造成　　疲劳驾驶　　意外　　可能

95. 跟北京　　时差　　五个小时的　　这里　　有

96. 风俗　　当地的　　请各位　　遵守

97. 都删除　　老板　　重要的数据　　了　　把

98. 父母　　不能　　忽视　　也　　家庭教育　　再忙

第二部分

第99-100题：写短文。

99. 请结合下列词语（要全部使用，顺序不分先后），写一篇80字左右的短文。

　　健身　项目　结实　苗条　魅力

100. 请结合这张图片写一篇80字左右的短文。

다음 페이지(p.28)에 정답이 있으니 바로 채점해보세요.

듣기

해설집 p.24

제1부분

1 C **2** D **3** B **4** C **5** B **6** A **7** A **8** B **9** B **10** D **11** B **12** A **13** C **14** A **15** A **16** C **17** C
18 C **19** B **20** D

제2부분

21 C **22** D **23** C **24** D **25** D **26** D **27** A **28** C **29** A **30** A **31** A **32** C **33** C **34** A **35** A
36 C **37** B **38** A **39** D **40** C **41** D **42** C **43** A **44** B **45** A

독해

해설집 p.46

제1부분

46 A **47** D **48** D **49** B **50** C **51** A **52** D **53** C **54** A **55** B **56** B **57** C **58** B **59** D **60** A

제2부분

61 C **62** A **63** C **64** D **65** B **66** D **67** D **68** C **69** C **70** D

제3부분

71 B **72** C **73** D **74** B **75** C **76** D **77** A **78** D **79** D **80** B **81** C **82** B **83** A **84** B **85** C
86 C **87** B **88** A **89** D **90** A

쓰기

해설집 p.67

제1부분

91 很多企业在寻找投资机会。

92 他的表现相当突出。

93 建立良好的关系非常关键。

94 疲劳驾驶可能会造成意外。

95 这里跟北京有五个小时的时差。

96 请各位遵守当地的风俗。

97 老板把重要的数据都删除了。

98 父母再忙也不能忽视家庭教育。

제2부분

99

모범 답안

随着生活水平的提高，人们越来越喜欢去健身房锻炼了。通过不同项目的训练，不管你是想变结实还是想变苗条，都能实现自己的愿望，健身不但能增加个人的魅力，也能使身体越来越健康。

100

모범 답안

朋友聚会本来是件开心的事儿，大家应该聊聊各自的工作、生活，分享快乐与烦恼，可这两位姑娘却在各看各的手机，没有任何交流。手机、游戏机等电子产品已经严重影响了人与人之间的正常交流了。

해커스 HSK 5급
실전모의고사
제2회

* 실제 시험을 보는 것처럼 시간에 맞춰 실전모의고사를 풀어보세요.

잠깐! 테스트 전 확인 사항

1. 휴대 전화의 전원을 끄셨나요? ····················· ☐
2. 답안지, 연필, 지우개가 준비되셨나요? ··········· ☐
3. 시계가 준비되셨나요? ···························· ☐
   * 듣기 답안 작성 5분, 독해+쓰기 85분

시험에 나올 어휘를
효과적으로 공부하려면?

해커스중국어(china.Hackers.com)에서
<HSK 5급 핵심&고난도 어휘 1000> 무료 다운받기!

답안지

汉语水平考试 HSK（五级）答题卡

请填写考生信息

请按照考试证件上的姓名填写：

姓名

如果有中文姓名，请填写：

中文姓名

考生序号

[0] [1] [2] [3] [4] [5] [6] [7] [8] [9]
[0] [1] [2] [3] [4] [5] [6] [7] [8] [9]
[0] [1] [2] [3] [4] [5] [6] [7] [8] [9]
[0] [1] [2] [3] [4] [5] [6] [7] [8] [9]
[0] [1] [2] [3] [4] [5] [6] [7] [8] [9]

请填写考点信息

考点序号

[0] [1] [2] [3] [4] [5] [6] [7] [8] [9]
[0] [1] [2] [3] [4] [5] [6] [7] [8] [9]
[0] [1] [2] [3] [4] [5] [6] [7] [8] [9]
[0] [1] [2] [3] [4] [5] [6] [7] [8] [9]
[0] [1] [2] [3] [4] [5] [6] [7] [8] [9]
[0] [1] [2] [3] [4] [5] [6] [7] [8] [9]
[0] [1] [2] [3] [4] [5] [6] [7] [8] [9]

国籍

[0] [1] [2] [3] [4] [5] [6] [7] [8] [9]
[0] [1] [2] [3] [4] [5] [6] [7] [8] [9]
[0] [1] [2] [3] [4] [5] [6] [7] [8] [9]

年龄

[0] [1] [2] [3] [4] [5] [6] [7] [8] [9]
[0] [1] [2] [3] [4] [5] [6] [7] [8] [9]

性别   男 [1]   女 [2]

注意   请用2B铅笔这样写：■

一、听力

1. [A] [B] [C] [D]
2. [A] [B] [C] [D]
3. [A] [B] [C] [D]
4. [A] [B] [C] [D]
5. [A] [B] [C] [D]

6. [A] [B] [C] [D]
7. [A] [B] [C] [D]
8. [A] [B] [C] [D]
9. [A] [B] [C] [D]
10. [A] [B] [C] [D]

11. [A] [B] [C] [D]
12. [A] [B] [C] [D]
13. [A] [B] [C] [D]
14. [A] [B] [C] [D]
15. [A] [B] [C] [D]

16. [A] [B] [C] [D]
17. [A] [B] [C] [D]
18. [A] [B] [C] [D]
19. [A] [B] [C] [D]
20. [A] [B] [C] [D]

21. [A] [B] [C] [D]
22. [A] [B] [C] [D]
23. [A] [B] [C] [D]
24. [A] [B] [C] [D]
25. [A] [B] [C] [D]

26. [A] [B] [C] [D]
27. [A] [B] [C] [D]
28. [A] [B] [C] [D]
29. [A] [B] [C] [D]
30. [A] [B] [C] [D]

31. [A] [B] [C] [D]
32. [A] [B] [C] [D]
33. [A] [B] [C] [D]
34. [A] [B] [C] [D]
35. [A] [B] [C] [D]

36. [A] [B] [C] [D]
37. [A] [B] [C] [D]
38. [A] [B] [C] [D]
39. [A] [B] [C] [D]
40. [A] [B] [C] [D]

41. [A] [B] [C] [D]
42. [A] [B] [C] [D]
43. [A] [B] [C] [D]
44. [A] [B] [C] [D]
45. [A] [B] [C] [D]

二、阅读

46. [A] [B] [C] [D]
47. [A] [B] [C] [D]
48. [A] [B] [C] [D]
49. [A] [B] [C] [D]
50. [A] [B] [C] [D]

51. [A] [B] [C] [D]
52. [A] [B] [C] [D]
53. [A] [B] [C] [D]
54. [A] [B] [C] [D]
55. [A] [B] [C] [D]

56. [A] [B] [C] [D]
57. [A] [B] [C] [D]
58. [A] [B] [C] [D]
59. [A] [B] [C] [D]
60. [A] [B] [C] [D]

61. [A] [B] [C] [D]
62. [A] [B] [C] [D]
63. [A] [B] [C] [D]
64. [A] [B] [C] [D]
65. [A] [B] [C] [D]

66. [A] [B] [C] [D]
67. [A] [B] [C] [D]
68. [A] [B] [C] [D]
69. [A] [B] [C] [D]
70. [A] [B] [C] [D]

71. [A] [B] [C] [D]
72. [A] [B] [C] [D]
73. [A] [B] [C] [D]
74. [A] [B] [C] [D]
75. [A] [B] [C] [D]

76. [A] [B] [C] [D]
77. [A] [B] [C] [D]
78. [A] [B] [C] [D]
79. [A] [B] [C] [D]
80. [A] [B] [C] [D]

81. [A] [B] [C] [D]
82. [A] [B] [C] [D]
83. [A] [B] [C] [D]
84. [A] [B] [C] [D]
85. [A] [B] [C] [D]

86. [A] [B] [C] [D]
87. [A] [B] [C] [D]
88. [A] [B] [C] [D]
89. [A] [B] [C] [D]
90. [A] [B] [C] [D]

三、书写

91.

92.

93.

94.

95-100题 →

95. _____

96. _____

97. _____

98. _____

99.

48

80

100.

48

80

汉语水平考试

HSK（五级）

注　意

一、HSK（五级）分三部分：

　　1. 听力（45题，约30分钟）

　　2. 阅读（45题，45分钟）

　　3. 书写（10题，40分钟）

二、听力结束后，有5分钟填写答题卡。

三、全部考试约125分钟（含考生填写个人信息时间5分钟）。

一、听 力

第一部分

第1-20题：请选出正确答案。

1. A 见朋友
   B 买火柴
   C 放鞭炮
   D 听音乐

2. A 照相机坏了
   B 电池没电了
   C 女的很喜欢拍照
   D 男的修好了相机

3. A 男的现在是学生
   B 女的在接受采访
   C 家长要了解孩子心理
   D 青少年学习压力很大

4. A 是媒体行业的
   B 社会地位很高
   C 开过很多学校
   D 为教育捐过钱

5. A 刚做了手术
   B 要控制体重
   C 喜欢吃辣的
   D 需要多休息

6. A 红红水平一般
   B 红红一定能进决赛
   C 这是一次平常的比赛
   D 参与比结果更加重要

7. A 已经结婚了
   B 是位摄影师
   C 希望当模特
   D 喜欢买衣服

8. A 应该把精力花在学习上
   B 孩子需要更多自由时间
   C 学一两种乐器已经足够了
   D 最好征求一下女儿的意见

9. A 他们俩不太合适
   B 婚礼的日期很好
   C 她感到非常吃惊
   D 她不想参加婚礼

10. A 很麻烦
    B 很有趣
    C 花时间
    D 有讲究

11. A 参加培训
    B 编写教材
    C 出版小说
    D 成立公司

12. A 实验
    B 报告
    C 课程
    D 理论

제1회
제2회
제3회
제4회
제5회
해커스 HSK 5급 실전모의고사

13. A 从事业务工作
    B 工资收入很高
    C 工作环境舒适
    D 同事比较友好

14. A 价格比较合理
    B 穿着特别舒服
    C 是本地的特产
    D 制作水平很高

15. A 男的在办退房手续
    B 男的正在买充电器
    C 服务台可以修手机
    D 用充电器需要押金

16. A 应该打的回去
    B 自己记忆力差
    C 忘了车停在哪儿了
    D 女的喜欢开玩笑

17. A 男的买不起
    B 可以分期付钱
    C 是最流行的产品
    D 价格降低了一半

18. A 获得幸福并不容易
    B 现在很多人结婚晚
    C 年轻人工作压力大
    D 不用替年轻人操心

19. A 打太极拳
    B 练练武术
    C 减少工作
    D 少用电脑

20. A 不应该过早教成语
    B 成语的内容太复杂
    C 学习成语让人聪明
    D 教成语要注意方法

第二部分

第21-45题：请选出正确答案。

21. A 最近工作太忙了
    B 是一名开锁师傅
    C 常常忘记带钥匙
    D 去女的家拿钥匙

22. A 上辅导班
    B 学习乐器
    C 在家打游戏
    D 参加夏令营

23. A 面积很大
    B 价格很高
    C 营业时间长
    D 在网上销售

24. A 男的不太会养花
    B 这盆花长得很好
    C 花已经被晒死了
    D 女的是植物学家

25. A 经常换经理
    B 已经破产了
    C 进口了很多产品
    D 要增加广告投入

26. A 已经坏了
    B 没办法关机
    C 需要重装系统
    D 不能保存文件

27. A 老张参加了招聘
    B 老张觉得很生气
    C 老张的儿子没被录取
    D 老张的儿子能力太差

28. A 是体育明星
    B 变化特别大
    C 一直很害羞
    D 在中学工作

29. A 动物
    B 小说
    C 电影
    D 梦想

30. A 看医生
    B 买保险
    C 写报告
    D 做体检

31. A 上课常常讲话
    B 不爱跟人沟通
    C 非常配合老师
    D 积极参加活动

32. A 录音
    B 发言
    C 咨询
    D 讲课

제1회
제2회
제3회
제4회
제5회

해커스 HSK 5급 실전모의고사

33. A 是一本很流行的小说
    B 讲的是怎么成为明星
    C 是个关于戒酒的故事
    D 故事是在梦里发生的

34. A 很失败
    B 很幸福
    C 是个明星
    D 热爱家庭

35. A 如何获得幸福
    B 怎么成为明星
    C 失败有什么意义
    D 人生有什么价值

36. A 聪明又敏感
    B 是一种宠物
    C 很喜欢表演
    D 很容易生病

37. A 食物不干净
    B 温度不合适
    C 音乐声太大
    D 表演太辛苦

38. A 提高了海豚表演水平
    B 帮助海豚回到大海里
    C 改善了海洋馆的环境
    D 带生病的海豚看医生

39. A 可以让人获得自由
    B 能够交到新的朋友
    C 能体验不同的生活
    D 有利于提高竞争力

40. A 比我独立
    B 喜欢拍照
    C 朋友很多
    D 热爱旅行

41. A 节约很多的费用
    B 自由选择目的地
    C 认识更多新朋友
    D 不容易感到寂寞

42. A 时间很自由
    B 知识很丰富
    C 个性化教学
    D 态度更认真

43. A 私人教练的训练更有针对性
    B 现代人很愿意在学习上花钱
    C 很多人都无法坚持一直锻炼
    D 健身房的设备越来越先进了

44. A 牛奶的销量非常高
    B 牛奶的价格比饮料便宜
    C 饮料和牛奶包装形状不同
    D 饮料常常摆在最下面的货架上

45. A 比较美观
    B 更容易生产
    C 便于当场消费
    D 能节省货架空间

제1회

제2회

제3회

제4회

제5회

해커스 HSK 5급 실전모의고사

二、阅 读

第一部分

第46-60题：请选出正确答案。

46-48.

在英国有一只羊，虽然它是羊，但是特别像狗。这只羊像狗一样跳，也像狗一样闻东西，玩累了，居然也像狗一样蹲在地上，所有的 _46_ 跟狗完全一样。这真是一只努力想做狗的羊啊！你是不是还很 _47_ ，它的叫声是什么样的？这只羊之所以把自己当成狗，是因为从小跟狗一起生活、成长。可见，环境的影响多么 _48_ ！

46.	A 秩序	B 姿势	C 细节	D 表面
47.	A 好奇	B 糊涂	C 乐观	D 熟练
48.	A 巨大	B 神秘	C 完美	D 完整

49-52.

一天，某著名主持人 _49_ 一名小朋友，问他说："你长大以后想做什么工作？"小朋友认真地回答："我想开飞机。"主持人接着问："如果一天，你的飞机突然没有油了，你怎么办？"小朋友考虑了一会儿说："我会让乘客们都系好安全带，然后我跳伞出去。"观众们大笑起来，主持人注意到孩子吃惊的 _50_ 和快要流出的眼泪，于是，继续问他："你为什么要这么做？"孩子说："我要去借油，我还会回来的！"

认真地听， _51_ 地听。听完别人的话，然后再下结论，而不是用自己的逻辑去判断别人的想法， _52_ 。

49.	A 安慰	B 采访	C 答应	D 打听
50.	A 态度	B 表情	C 情景	D 微笑
51.	A 热烈	B 迅速	C 当心	D 虚心
52.	A 这就是听的艺术		B 不要随便笑话别人	
	C 孩子比成人聪明		D 要懂得跟别人相处	

53-56.

人们常说："沉默是金，开口是银"。意思是沉默的人容易取得成功。实际上，沉默并不代表不说话，而是一个 53 、等待、准备的过程。沉默也不是不思考，相反，很多深刻的思想都来自沉默的思考。如果过早说出不 54 的看法，反而会失去进一步思考和提高的机会。 55 有人说：你要了解一个人的思想，不是与他谈话， 56 ，因为那是仔细思考过的。

53. A 观察　　　　B 盼望　　　　C 幻想　　　　D 集中
54. A 相关　　　　B 强烈　　　　C 成熟　　　　D 严肃
55. A 反正　　　　B 或许　　　　C 似乎　　　　D 难怪
56. A 最好能够保持沉默　　　　　B 而是去读他的文章
　　C 可以模仿他的行为　　　　　D 应该了解他的秘密

57-60.

大人们常常觉得孩子的生活中没有烦恼，整天无忧无虑的，可 57 上孩子也要承受各种压力。很多孩子最终能够克服困难， 58 ，这是因为他们得到了社会的支持。这样的支持可能来自家人、老师、小伙伴。他们的鼓励、安慰会促使孩子尽快从坏心情中走出来，积极地迎接新 59 。支持可能是一段话，也可能只是一条温暖的围巾、一只伸过来的手、一个热情的拥抱。看起来简单，却会让孩子 60 力量。

57. A 事实　　　　B 道理　　　　C 主观　　　　D 逻辑
58. A 再也没有什么压力　　　　　B 认识到自己的缺点
　　C 开始考虑事情的后果　　　　D 成为自信和坚强的人
59. A 未来　　　　B 理论　　　　C 挑战　　　　D 形势
60. A 充满　　　　B 包含　　　　C 贡献　　　　D 保持

第二部分

第61-70题：请选出与试题内容一致的一项。

61. 2008年6月1日起，中国开始限制塑料袋的使用，大型超市不再免费提供塑料袋，而是鼓励大家使用环保袋，或者再次利用塑料袋。几年来，这个规定的效果很明显，很多人去超市结账时都会主动拿出袋子装东西。

    A 这个规定给顾客带来很多麻烦
    B 这个规定对保护环境没有帮助
    C 现在很多人去超市会自带袋子
    D 大型超市已经不再提供塑料袋

62. 萝卜是一种常见蔬菜，一到冬天，便成为每家饭桌上的常客。早在4500年前，萝卜已经成为埃及的重要食品。萝卜的生长需要充足的阳光，在气候合适的地区，一年四季都可以种萝卜。萝卜营养丰富，但要避免和水果一起吃。

    A 人们经常用萝卜招待客人
    B 任何地方四季都能种萝卜
    C 埃及人食用萝卜历史悠久
    D 萝卜的营养比水果还丰富

63. 人类从古代开始就懂得如何利用太阳能，比如，利用太阳晒干粮食、制盐、晒干咸鱼。现在，人们利用光热转换和光电转换两种方式利用太阳能，前者的表现是为热水器提供能源，后者表现为发电。太阳能是可再生能源，还不用运输，是非常环保的。

    A 使用太阳能有利于环保
    B 发电运用光热转换方式
    C 太阳能是不可再生的能源
    D 人类从现代开始使用太阳能

64. 4月23日是"世界读书日"，目的是让全社会走向阅读社会，希望大家人人读书，让读书成为日常生活中不可缺少的部分。人们在这一天纷纷走进图书馆、书店，热情参与读书推广活动。也有作家表示，读书不需要被提醒，更应该成为一种习惯。

    A "读书日"有很多新书出版
    B "读书日"书店有打折活动
    C "读书日"提醒大家多多看书
    D "读书日"其实没有必要存在

65. 青海湖位于青海省，是中国最大的咸水湖。它的藏语名字是"青色的湖"。湖中分布着五个岛屿，其中海心山最大，而鸟岛上则生活着种类多样的鸟类。青海湖四季景色不同，虽然交通不方便，但每年的7、8月仍吸引着大量的游客前来欣赏美景。

A 到青海湖交通十分方便
B 青海湖是中国最大的湖
C 海心山上生活着很多鸟
D 青海湖夏季游客非常多

66. 明清以来，先有葡萄牙、荷兰，后有英国、美国，持续与中国开展瓷器贸易，瓷器将中国艺术之美传播到世界各地。而且，在按照欧洲和美洲顾客的要求制作的中国瓷器上，保留了欧美很多地区的历史故事和城市风景。因此，瓷器不仅包含着中国的艺术、文化、哲学，也促进了中外艺术的交流。

A 明清以后中国瓷器很有名
B 很多外国人学习制作瓷器
C 瓷器上有很多中国的风景
D 瓷器促进了中外艺术交流

67. 声音污染又叫噪音。噪音的产生原因很复杂，随着经济发展，交通噪音、建筑噪音都是造成声音污染的主要原因。对省会城市的调查发现，哈尔滨、沈阳和济南的噪音污染严重，而银川、拉萨和南京都可以称为"安静之城"。

A 噪音产生的原因现在还不清楚
B 交通和建筑是噪音的主要来源
C 省会城市的噪音污染都很严重
D 银川、拉萨和南京都没有噪音

68. 腿的力量和人的健康密切相关。大腿如果太细，可能说明肌肉量不够，这会影响心脏健康。一项研究显示，如果中老年人的腿力强，大脑功能就不太容易减退。经常锻炼腿部，会让大脑更健康。

A 腿细的人身体更健康
B 中年以后腿力会下降
C 腿力跟大脑功能无关
D 老年人应多锻炼腿部

69. 灰雕是曾经流行于广东、福建的一种建筑装饰艺术。它显示出主人的财富，象征着地位。灰雕艺术中常出现人物、花鸟、动物等形象。它用料简单，制作容易，保存时间长。但随着新材料的大量出现，这种艺术正在逐渐消失。

A 灰雕是家具装饰艺术
B 灰雕能代表社会地位
C 灰雕现在仍然很流行
D 灰雕不断使用新材料

70. 六月飞雪听起来像是神话故事里的情节，而昨天哈尔滨气温突然下降，下起了大雪，有些地区降雪量达到了1厘米。哈尔滨市民们都说，这一天好像从夏天回到了冬天。这次降温将持续一周，降雪降水缓解了一直持续的干燥缺水状况。

A 哈尔滨的春天很短
B 哈尔滨六月常下雪
C 降水让空气变得湿润
D 降温已经持续一周了

第三部分

第71-90题：请选出正确答案。

71-74.

　　日本有一家餐厅，名叫"会上错菜的餐厅"。正如名字所说，在这家餐厅，你点了一杯茶，很可能会给你上一杯咖啡。餐厅不仅允许这种情况存在，还把<u>这</u>作为卖点。这家餐厅几乎天天客满，这一切都跟几位老奶奶有关，她们是餐厅的兼职服务员。

　　这几位老奶奶都有一种老年病——阿尔兹海默病。这种病会导致记忆力下降，思考、判断能力减退，严重的病人甚至不能照顾自己。来到这个餐厅，时间好像都慢下来了。这些老奶奶慢慢地准备餐桌，慢慢地跟顾客聊天，慢慢地帮客人点菜，慢慢地送餐，有时候还会跟顾客确认好几遍。即使这样，最后还可能送错了菜。

　　随着社会发展，日本人口的老龄化越来越严重，老人的生活、精神、健康、经济状况都需要得到大家的关注。餐厅的经理，同时也是社会活动家的小林士光先生认为：让这几位老奶奶多跟大家接触，可以让人们增加对这种疾病的了解。他说："改善制度和法律可以帮助这些老人，但如果让社会理解和关爱这些老人，也是解决老龄化社会问题的一种方法"。

71. 第一段中画线词语"这"指的是：
    A 允许服务员上错菜　　　　　　B 餐厅里只有茶和咖啡
    C 服务员都是老奶奶　　　　　　D 来餐厅的顾客非常多

72. "阿尔兹海默病"病人最严重的会：
    A 记忆力降低　　　　　　　　　B 判断力减退
    C 思考能力变差　　　　　　　　D 不能照顾自己

73. 根据上文，这几位老奶奶：
    A 工作效率较低　　　　　　　　B 无法照顾自己
    C 是餐厅的老顾客　　　　　　　D 工作压力非常大

74. 关于小林士光先生，下面哪项正确？
    A 面临失业危险　　　　　　　　B 关心失智老人
    C 决心改善制度　　　　　　　　D 开了很多饭店

75-78.

鹦鹉是一种可爱的鸟儿，羽毛颜色鲜艳。它们一般以水果、种子、花粉等为主要食物，偶尔会吃一些昆虫。

很多爱鸟的人会在家中养一只鹦鹉，因为它们喜欢模仿人类说话。鹦鹉的大脑功能不发达，因而没有思考能力，只能重复它们听过的一些句子，不会创造新的句子。

鹦鹉聪明听话，善于学习。经过训练，很多鹦鹉都能表演新鲜有趣的节目，是鸟类中的"表演艺术家"。鹦鹉个性活泼、调皮，能给人们的生活带来很多欢乐，甚至能帮助人类调整情绪，治疗一些心理问题。

鹦鹉不怕热，夏天温度再高对鹦鹉都没有什么威胁，但是它们受不了潮湿的环境。如果碰上连续的阴雨天，鹦鹉的身体会感到非常不适应，甚至会因此而生病，死掉。

鹦鹉的平均寿命为50到60岁，大型鹦鹉可以活到100岁左右，世界上最长寿的一只鹦鹉活了104岁，是鸟类中的"老寿星"。

75. 鹦鹉偶尔吃的食物是：
    A 种子
    B 花粉
    C 昆虫
    D 水果

76. 关于鹦鹉说话，可以知道它们：
    A 能创造出新句子
    B 能思考语句的意义
    C 只是在简单地模仿
    D 可以表达自己的看法

77. 鹦鹉适合生活在：
    A 干燥的地方
    B 温暖的地方
    C 空气新鲜的地方
    D 常常下雨的地方

78. 最后一段画线词语"老寿星"用来形容鹦鹉：
    A 颜色鲜艳
    B 善于学习
    C 个性活泼
    D 寿命很长

79-82.

　　说到齐达内，足球爱好者们一定不陌生。他曾三次获得"世界足球先生"的称号，曾经代表法国国家队赢得一个世界杯冠军和一个欧洲杯冠军，是世界足球史上的标志性人物。

　　1989年，17岁的齐达内开始把足球作为职业，并为多家足球俱乐部踢过球，其中包括意大利的尤文图斯俱乐部和西班牙的皇家马德里俱乐部。与其他伟大的足球运动员不同的是，齐达内还在另一个领域创造了<u>举世瞩目的新成就</u>。2016年1月起，齐达内开始担任皇家马德里俱乐部的总教练，并领导球队获得了一场又一场比赛的胜利。

　　在担任俱乐部教练期间，齐达内赢得了球员、球迷和老板的尊重。最重要的原因是球队赢得了很多比赛；其次，他也曾是伟大的球员，所以他了解足球运动员的心理，懂得怎么让球员发挥积极性，保持状态，渴望胜利。再次，他改善了球员之间的关系，让球员更重视彼此的友谊和合作精神。

　　齐达内在走下球场六年后才有了当教练的想法，而现在，他最大的愿望是成为法国国家队的总教练。

79. 球员时期的齐达内：
　　A 只为法国队踢球　　　　　　B 是球迷最喜欢的明星
　　C 17岁开始接触足球运动　　　D 获得过三次"世界足球先生"

80. 第二段画线词语"举世瞩目的新成就"表明齐达内是个：
　　A 著名的足球运动员　　　　　B 很伟大的足球教练
　　C 出色的俱乐部老板　　　　　D 了不起的心理医生

81. 担任教练期间，齐达内：
　　A 与球迷积极地交流　　　　　B 常向其他教练请教
　　C 改善了球员的关系　　　　　D 很尊重俱乐部老板

82. 关于齐达内，下面哪项是正确的？
　　A 从小就想当足球教练　　　　B 当球员和教练都很成功
　　C 成为了法国队总教练　　　　D 梦想开设更多的俱乐部

83-86.

生活的10%是由发生在你身上的事情组成的，而剩下的90%则是由你对所发生事情的反应所决定的，这叫"费斯汀格法则"。换句话说，很多事情是我们没办法控制的，我们能控制的是我们的态度、情绪和处理方式。

小明高中三年一直是名优秀学生，老师、家长，包括他自己都认为考上重点大学完全没问题。高考前半年，学校举行了一次考试，结果小明考得很差。如果以这次成绩来看，小明只能上一般的大学。这以后，小明像变了一个人，整天没有精神，对什么都提不起兴趣，恐惧学习和考试，也不愿跟别人交流，很容易跟同学产生误会，常常朝周围的人发脾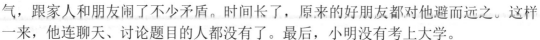气，跟家人和朋友闹了不少矛盾。时间长了，原来的好朋友都对他避而远之。这样一来，他连聊天、讨论题目的人都没有了。最后，小明没有考上大学。

我们在生活也经常会碰到这样的事情，很多人觉得倒霉的事情总是一个接着一个出现。这是因为，当事情突然发生时，很多人用消极的态度去处理，结果只会更糟糕。相反，如果我们用积极的态度对待，采取合适的方式，就可能阻止事情变糟，让事情朝着你希望的方向发展。

83. "费斯汀格法则"建议人们努力控制：

  A 时间   B 数量

  C 速度   D 情绪

84. 好朋友躲避小明，是因为他：

  A 不会交流   B 成绩很差

  C 容易发火   D 考不上大学

85. 生活中倒霉的事儿会连续出现，是因为缺乏：

  A 积极的态度   B 丰富的经验

  C 专业的态度   D 有力的支持

86. 最适合做上文标题的是：

  A 回忆中学生活   B 记录高考故事

  C 态度决定一切   D 怎样面对失败

87-90.

秦腔是中国西北最古老的戏剧之一，距今已经有两千多年的历史了。秦腔流行于中国西北的陕西、甘肃、宁夏等地。在古代，这些地区被称为"秦"，秦腔也因此而得名。

秦腔是从古代陕西的民间歌舞发展来的，到唐朝时期完全成熟。这是因为唐代经济发达，人们的精神追求越来越丰富，秦腔也得到了发展。如今，有重大节日或者庆祝活动时，甘肃天水人都要组织秦腔演出。家里有喜事，比如盖房子，也会邀请秦腔艺人来表演。

秦腔的内容非常丰富，包括神话、民间故事等。秦腔艺术除了说和唱以外，还有一些特别的表演形式：吹火、吹面灰、顶灯、打碗。这些技巧在秦腔中虽然只是偶尔出现，但是对演员的要求很高。"台上十分钟，台下十年功"，学会一个技巧可能需要训练好几年。

因流行地区不同，秦腔分为东、西、南、北、中五路。各路秦腔受各地方言和民间音乐的影响，在语音、唱腔、音乐等方面都稍有差别。这些独特之处，都让秦腔显得更有魅力。

제1회 제2회 제3회 제4회 제5회 해커스 HSK 5급 실전모의고사

87. 关于秦腔，下列哪项正确？
    A 是中国最古老的戏剧
    B 最早出现于唐朝时期
    C 满足了人们的精神追求
    D 唐朝的经济促进了秦腔的发展

88. 在甘肃天水，什么时候会有秦腔表演？
    A 考大学
    B 找工作
    C 做生意
    D 盖房子

89. 第三段中画线部分的"台上十分钟，台下十年功"意思是：
    A 学好秦腔需要十年的时间
    B 秦腔表演形式只有说和唱
    C 精彩表演来自于刻苦练习
    D 台上的表演需要台下配合

90. "五路秦腔"在哪方面有区别？
    A 音乐
    B 服装
    C 角色
    D 内容

三、书 写

第一部分

第91-98题：完成句子。

例如： 发明   这台机器   什么时候   是   的

　　　　<u>这台机器是什么时候发明的？</u>

91. 主张   一致   赞成他的   大家

92. 那么   昨天   看起来   怪不得他   不安

93. 比   他的观念   还传统   你

94. 可以提高   也   规模   扩大   利润

95. 哭了   他   把孩子   给   逗

96. 报到手续   还不   怎么   你   办理

97. 第一印象   中   十分重要   人际交往

98. 总裁   他用   说服了   事实

第二部分

第99-100题：写短文。

99. 请结合下列词语（要全部使用，顺序不分先后），写一篇80字左右的短文。

家庭　诚恳　养成　合理　忽视

100. 请结合这张图片写一篇80字左右的短文。

다음 페이지(p.52)에 정답이 있으니 바로 채점해보세요.

제1회

제2회

제3회

제4회

제5회

해커스 HSK 5급 실전모의고사

듣기

해설집 p.74

제1부분

1 C 2 B 3 B 4 D 5 A 6 D 7 A 8 B 9 C 10 D 11 B 12 A 13 A 14 C 15 D 16 B 17 B
18 D 19 C 20 D

제2부분

21 C 22 D 23 D 24 A 25 D 26 C 27 C 28 B 29 C 30 B 31 B 32 C 33 D 34 C 35 D
36 A 37 C 38 B 39 C 40 D 41 B 42 C 43 A 44 C 45 D

독해

해설집 p.96

제1부분

46 B 47 A 48 A 49 B 50 B 51 D 52 A 53 A 54 C 55 D 56 B 57 A 58 D 59 C 60 A

제2부분

61 C 62 C 63 A 64 C 65 D 66 D 67 B 68 D 69 B 70 C

제3부분

71 A 72 D 73 A 74 B 75 C 76 C 77 A 78 D 79 D 80 B 81 C 82 B 83 D 84 C 85 A
86 C 87 D 88 D 89 C 90 A

쓰기

해설집 p.117

제1부분

91 大家一致赞成他的主张。

92 怪不得他昨天看起来那么不安。

93 他的观念比你还传统。

94 扩大规模也可以提高利润。

95 他把孩子给逗哭了。

96 你怎么还不办理报到手续。

97 人际交往中第一印象十分重要。

98 他用事实说服了总裁。

제2부분

99

모범 답안

家庭是孩子的第一个学校，所以千万不能忽视家庭教育。对人诚恳、养成良好的生活习惯、学会合理安排时间，这些都是在家庭生活中慢慢教给孩子的，学校教育永远无法代替家庭教育。

100

모범 답안

图片上有三个分类垃圾桶，这个姑娘站垃圾桶前，准备把废旧报纸扔进中间的垃圾桶里。为了节约资源，也为了更好地保护环境，我们每个人都应该学会分类处理垃圾，以便于资源的多次使用。

해커스 HSK 5급

실전모의고사

제3회

* 실제 시험을 보는 것처럼 시간에 맞춰 실전모의고사를 풀어보세요.

잠깐! 테스트 전 확인 사항

1. 휴대 전화의 전원을 끄셨나요? ····················· ☐
2. 답안지, 연필, 지우개가 준비되셨나요? ············ ☐
3. 시계가 준비되셨나요? ···························· ☐
   * 듣기 답안 작성 5분, 독해+쓰기 85분

고사장 소음까지 대비하고
듣기 점수 올리려면?

해커스중국어(china.Hackers.com)에서
고사장 소음 버전 MP3 무료 다운받기!

답안지

汉语水平考试 HSK (五级) 答题卡

请填写考生信息

请按照考试证件上的姓名填写：

姓名

如果有中文姓名，请填写：

中文姓名

考生序号
[0] [1] [2] [3] [4] [5] [6] [7] [8] [9]
[0] [1] [2] [3] [4] [5] [6] [7] [8] [9]
[0] [1] [2] [3] [4] [5] [6] [7] [8] [9]
[0] [1] [2] [3] [4] [5] [6] [7] [8] [9]
[0] [1] [2] [3] [4] [5] [6] [7] [8] [9]

请填写考点信息

考点序号
[0] [1] [2] [3] [4] [5] [6] [7] [8] [9]
[0] [1] [2] [3] [4] [5] [6] [7] [8] [9]
[0] [1] [2] [3] [4] [5] [6] [7] [8] [9]
[0] [1] [2] [3] [4] [5] [6] [7] [8] [9]
[0] [1] [2] [3] [4] [5] [6] [7] [8] [9]
[0] [1] [2] [3] [4] [5] [6] [7] [8] [9]
[0] [1] [2] [3] [4] [5] [6] [7] [8] [9]

国籍
[0] [1] [2] [3] [4] [5] [6] [7] [8] [9]
[0] [1] [2] [3] [4] [5] [6] [7] [8] [9]
[0] [1] [2] [3] [4] [5] [6] [7] [8] [9]

年龄
[0] [1] [2] [3] [4] [5] [6] [7] [8] [9]
[0] [1] [2] [3] [4] [5] [6] [7] [8] [9]

性别　　　　男 [1]　　　　女 [2]

注意　请用2B铅笔这样写：■

一、听力

1. [A] [B] [C] [D]
2. [A] [B] [C] [D]
3. [A] [B] [C] [D]
4. [A] [B] [C] [D]
5. [A] [B] [C] [D]

6. [A] [B] [C] [D]
7. [A] [B] [C] [D]
8. [A] [B] [C] [D]
9. [A] [B] [C] [D]
10. [A] [B] [C] [D]

11. [A] [B] [C] [D]
12. [A] [B] [C] [D]
13. [A] [B] [C] [D]
14. [A] [B] [C] [D]
15. [A] [B] [C] [D]

16. [A] [B] [C] [D]
17. [A] [B] [C] [D]
18. [A] [B] [C] [D]
19. [A] [B] [C] [D]
20. [A] [B] [C] [D]

21. [A] [B] [C] [D]
22. [A] [B] [C] [D]
23. [A] [B] [C] [D]
24. [A] [B] [C] [D]
25. [A] [B] [C] [D]

26. [A] [B] [C] [D]
27. [A] [B] [C] [D]
28. [A] [B] [C] [D]
29. [A] [B] [C] [D]
30. [A] [B] [C] [D]

31. [A] [B] [C] [D]
32. [A] [B] [C] [D]
33. [A] [B] [C] [D]
34. [A] [B] [C] [D]
35. [A] [B] [C] [D]

36. [A] [B] [C] [D]
37. [A] [B] [C] [D]
38. [A] [B] [C] [D]
39. [A] [B] [C] [D]
40. [A] [B] [C] [D]

41. [A] [B] [C] [D]
42. [A] [B] [C] [D]
43. [A] [B] [C] [D]
44. [A] [B] [C] [D]
45. [A] [B] [C] [D]

二、阅读

46. [A] [B] [C] [D]
47. [A] [B] [C] [D]
48. [A] [B] [C] [D]
49. [A] [B] [C] [D]
50. [A] [B] [C] [D]

51. [A] [B] [C] [D]
52. [A] [B] [C] [D]
53. [A] [B] [C] [D]
54. [A] [B] [C] [D]
55. [A] [B] [C] [D]

56. [A] [B] [C] [D]
57. [A] [B] [C] [D]
58. [A] [B] [C] [D]
59. [A] [B] [C] [D]
60. [A] [B] [C] [D]

61. [A] [B] [C] [D]
62. [A] [B] [C] [D]
63. [A] [B] [C] [D]
64. [A] [B] [C] [D]
65. [A] [B] [C] [D]

66. [A] [B] [C] [D]
67. [A] [B] [C] [D]
68. [A] [B] [C] [D]
69. [A] [B] [C] [D]
70. [A] [B] [C] [D]

71. [A] [B] [C] [D]
72. [A] [B] [C] [D]
73. [A] [B] [C] [D]
74. [A] [B] [C] [D]
75. [A] [B] [C] [D]

76. [A] [B] [C] [D]
77. [A] [B] [C] [D]
78. [A] [B] [C] [D]
79. [A] [B] [C] [D]
80. [A] [B] [C] [D]

81. [A] [B] [C] [D]
82. [A] [B] [C] [D]
83. [A] [B] [C] [D]
84. [A] [B] [C] [D]
85. [A] [B] [C] [D]

86. [A] [B] [C] [D]
87. [A] [B] [C] [D]
88. [A] [B] [C] [D]
89. [A] [B] [C] [D]
90. [A] [B] [C] [D]

三、书写

91.

92.

93.

94.

95-100题 →

95. _____

96. _____

97. _____

98. _____

99.

															48
															80

100.

															48
															80

汉语水平考试

HSK（五级）

注　意

一、HSK（五级）分三部分：

    1. 听力（45题，约30分钟）

    2. 阅读（45题，45分钟）

    3. 书写（10题，40分钟）

二、听力结束后，有5分钟填写答题卡。

三、全部考试约125分钟（含考生填写个人信息时间5分钟）。

一、听 力

第一部分

第1-20题：请选出正确答案。

1. A 病快好了
    B 电脑丢了
    C 资料快写完了
    D 电脑还没修好

2. A 商场
    B 饭店
    C 银行
    D 学校

3. A 心理健康
    B 一位专家
    C 听众的问题
    D 一场咨询会

4. A 送文件
    B 回公司
    C 签合同
    D 发邮件

5. A 要多去健身房锻炼
    B 应该换个健身教练
    C 健身教练非常重要
    D 健身不是为了减肥

6. A 美术
    B 时尚
    C 昆虫
    D 植物

7. A 心脏有毛病
    B 不再抽烟了
    C 很喜欢晒太阳
    D 没听医生的话

8. A 开会
    B 开车
    C 骑车
    D 加油

9. A 参加晚会
    B 举行婚礼
    C 陪女的买礼物
    D 和女的一起吃饭

10. A 在医院加班
    B 一直在备课
    C 带孩子看病
    D 去看望病人

11. A 演出票
    B 汽车票
    C 比赛门票
    D 展览门票

12. A 车站
    B 飞机上
    C 宴会厅里
    D 公共汽车上

13. A 只有一条
    B 样式特别
    C 价格便宜
    D 是国产的

14. A 不太习惯熬夜
    B 不喜欢太早睡觉
    C 周末一定会加班
    D 尽量早点完成工作

15. A 赶着去上班
    B 上课迟到了
    C 没有看到女的
    D 不愿意打招呼

16. A 聚会
    B 结婚
    C 逛商场
    D 买戒指

17. A 想放弃计划
    B 他带雨伞了
    C 照常去爬山
    D 彩虹很漂亮

18. A 她不太喜欢逛博物馆
    B 辩论赛的对手很厉害
    C 上次比赛她得了冠军
    D 她这周末要参加比赛

19. A 商场售货员
    B 公司销售员
    C 海关工作人员
    D 银行工作人员

20. A 会议结束
    B 生日聚会
    C 商业谈判
    D 机场告别

第二部分

第21-45题：请选出正确答案。

21. A 闯红灯被罚了
    B 忘带驾驶证了
    C 生命非常危险
    D 是公司的老板

22. A 传统风俗不应发生变化
    B 春节期间空气质量很好
    C 小孩子玩火很容易受伤
    D 禁止放鞭炮能保护环境

23. A 女的不爱吃北方菜
    B 男的很想吃东北菜
    C 女的今天胃不太舒服
    D 楼下的东北菜不地道

24. A 天天加班
    B 找新工作
    C 出去旅行
    D 和男的约会

25. A 水跟以前一样清
    B 能钓到很多小鱼
    C 水被工厂污染了
    D 没有记者报道过

26. A 资金很缺乏
    B 员工效率低
    C 竞争很激烈
    D 产品质量差

27. A 没有提前预订
    B 房间就在一楼
    C 在宾馆住两晚
    D 马上去坐电梯

28. A 取钱
    B 吃饭
    C 买衣服
    D 看电影

29. A 女的熟悉小李
    B 小李业务熟练
    C 男的不认识小李
    D 他们都在银行工作

30. A 拍了结婚照
    B 是广告明星
    C 拍照表情很自然
    D 对摄影师不满意

31. A 不愿意回家乡工作
    B 父母在家没人照顾
    C 找不到合适的房子
    D 离开家很长时间了

32. A 大学生活的意义
    B 临近毕业的烦恼
    C 怎样才能说服别人
    D 什么是幸福的家庭

33. A 谦虚

B 激动

C 怀疑

D 严肃

34. A 挣了很多钱

B 掉进过河里

C 救过他的女儿

D 来公司应聘过

35. A 在人事部工作

B 没有通过面试

C 认识老板的女儿

D 否认自己救了人

36. A 追求个性

B 用奶瓶喝水

C 太喜欢上网

D 性格不成熟

37. A 增加父母的经济压力

B 可能造成疾病的传播

C 不符合大学生的形象

D 不应该过分追求时尚

38. A 大学生的心理还不成熟

B 社会生活越来越复杂了

C 幼儿时期的幸福感很重要

D 人们遇到困难习惯于逃避

39. A 智慧

B 勇气

C 责任感

D 好奇心

40. A 被吓得不敢说话

B 害怕得大哭起来

C 大部分往回走了

D 选择继续向前走

41. A 其实房间里并不危险

B 老师对结果非常满意

C 所有学生都顺利通过了

D 动物都受到了很大伤害

42. A 城市

B 公园

C 农村

D 网络上

43. A 宣传网站

B 节约用水

C 开发客户

D 预防疾病

44. A 嫩芽

B 树叶

C 果实

D 青草

45. A 没有脚

B 喜欢运动

C 动作很慢

D 生活在树下

제1회

제2회

제3회

제4회

제5회

해커스 HSK 5급 실전모의고사

二、阅 读

第一部分

第46-60题：请选出正确答案。

46-48.

　　书店在一个城市中的角色是普通而又特殊的。说它普通，是因为它只不过是城市里众多商店中的一种。而说它特殊，则是因为它能给人提供精神上的享受，__46__一颗颗疲劳的心。

　　然而，在如今这个信息时代，城市中的这些实体书店面临着来自网上书店、数字阅读等因素的巨大压力，一些小__47__的书店纷纷因为收入不足而倒闭。有的人甚至说，实体书店在不远的未来就会消失。

　　但是调查__48__，仍有39.85%的读者会选择去实体书店购书、阅读。其中的一个重要的原因就是，书店能给我们一种安定的阅读氛围，这是永远不可能被代替的。

46. A 象征　　　　　B 欣赏　　　　　C 祝福　　　　　D 安慰
47. A 规模　　　　　B 面积　　　　　C 趋势　　　　　D 范围
48. A 主张　　　　　B 显示　　　　　C 提倡　　　　　D 确认

49-52.

　　从前有个女孩，她十岁时得了一种病，__49__了走路的能力。一次，女孩一家人一起乘船去旅行。船长太太说船长有一只天堂鸟，特别漂亮，女孩很想亲自去看一看，她要求服务员__50__带她去看天堂鸟。那个服务生并不知道女孩的腿不能走路，没有去扶她，而只顾在前面带路。__51__发生了，女孩因为太期待见到天堂鸟，竟然忘记了自己的残疾，慢慢地走了起来。从此，孩子的病就全好了。女孩长大以后，开始了文学创作，__52__，最后成了第一位获得诺贝尔文学奖的女性。

49. A 恢复　　　　　B 失去　　　　　C 妨碍　　　　　D 消失
50. A 立即　　　　　B 连忙　　　　　C 陆续　　　　　D 纷纷
51. A 想象　　　　　B 神话　　　　　C 奇迹　　　　　D 情景
52. A 挣到了一大笔钱　　　　　　　　B 获得了大家的称赞
　　 C 建立了美满的家庭　　　　　　　D 写出了很多的作品

53-56.

　　对我们来说，身体健康和心理健康都是非常重要的。有了身体，生命才能 __53__；有了良好的心理状态，其他的方面才能发展。所以，一个人 __54__，才算得上是真正的健康。身体健康和心理健康还会互相影响，比如说，身体生病了就可能 __55__ 心理问题，而长期积累的心理问题，如果一直不想办法解决，肯定也会对身体健康造成 __56__ 的影响。

53. A 成长　　　　B 延长　　　　C 存在　　　　D 进步
54. A 精神世界愉快　B 经常锻炼身体　C 适应能力较强　D 身心都没问题
55. A 构成　　　　B 传播　　　　C 导致　　　　D 制造
56. A 消极　　　　B 主观　　　　C 真实　　　　D 意外

57-60.

　　世界上最快而又最慢，最长而又最短，最平常而又最 __57__，最易被忽视而又令人后悔的是什么呢？对，就是时间。时间是相当公平的，无论多么富有的人都无法 __58__；而再怎么贫穷的人，一天也有24小时的时间供他使用。有一句老话说："一寸光阴一寸金，寸金难买寸光阴。"这正 __59__ 了金钱是买不到时间的。因此，珍惜时间应该成为每个人的生活 __60__。

57. A 宝贵　　　　B 完美　　　　C 成熟　　　　D 匆忙
58. A 保证永远健康　B 满足所有要求　C 买到更多时间　D 合理利用财产
59. A 分析　　　　B 记录　　　　C 假设　　　　D 体现
60. A 成果　　　　B 原则　　　　C 思想　　　　D 理由

第二部分

第61-70题：请选出与试题内容一致的一项。

61. 张阿姨是一位普通的退休工人。她在自己住的居民区楼下散步，常常看到垃圾桶里有被丢掉的书，有的还很新。张阿姨觉得这么多好书扔了太可惜了，于是她每天把这些书捡回家。半年之后，张阿姨挑选了一千多本内容适合小学生读的书，捐给了农村的一所小学，帮他们建立起了自己的图书馆。

   A 张阿姨退休后没有收入

   B 张阿姨捐了一千多本书

   C 被丢掉书都已经很旧了

   D 农村小学买了很多新书

62. 你的身边是否存在这样的人？对于别人的需求，他们总会充分满足，而自己的想法，却被摆在次要位置。面对他人的请求，他们不会拒绝，通常选择自己吃亏，仿佛是为了得到每个人的称赞与认可。我们称这类人为"老好人"。

   A "老好人"从来不考虑自己

   B "老好人"会帮人实现梦想

   C "老好人"通常不拒绝别人

   D "老好人"希望能得到赞美

63. 为了能在大自然中生存，动物们都练出了一身本领。比如，变色龙为了躲藏敌人，学会了随着周围环境的变化改变自己身体的颜色。它们可以长时间保持不动，使自己成为大自然的一部分，因此，很难被其他动物发现。

   A 变色龙可以改变颜色

   B 变色龙奔跑速度很快

   C 变色龙的数量比较少

   D 变色龙的敌人非常多

64. 中医讲究用望、闻、问、切四种方法进行诊断，被称为"四诊"。这不仅在古代十分流行，即使在现代化检查手段迅速发展的今天，也仍然没有失去它的价值。因为望、闻、问、切中的一些方法是无法被科学方式所代替的。随着中国文化在海外传播，中医的"四诊"在国外也越来越受欢迎。

   A "四诊"已经失去了实用价值

   B "四诊"只受到中国人的重视

   C "四诊"被科学检查手段代替了

   D "四诊"是中医传统的诊断方法

65. 中国有句话叫："患难之中见真情"。这是中国人从古代到现代都很欣赏的一种真正的友谊。这种友谊是在感情上把自己和朋友的生活、前途、命运联系起来，在朋友遇到危险的时候，主动伸出手帮助他。宁可损失自己的利益，也要保护朋友。

A 现代人不赞成这种观点
B 中国人欣赏真正的友谊
C 有的朋友会让你损失利益
D 主动帮助你的才算是朋友

66. 对于像我这样30岁以上的人来说，小人书并不陌生。它曾经是我们那个时代的孩子获得知识的一个重要来源。很多人都是通过小人书了解到最基本的历史常识、人物故事、传统风俗和名家名作的。在没有电视的时代，小人书让我们的业余生活丰富了许多。

A 小人书是一种历史杂志
B 读小人书可以获得知识
C 小人书比电视节目更有趣
D 小人书里的角色都是孩子

67. 有人说香港是"文化沙漠"，我并不赞成。香港的街头，能看到各种各样的书店，书的种类非常丰富，顾客也并不少。有些书店面积只有四五十平方米，但是店里的书摆得很整齐，有时还能找到一些很有特色的书籍。此外，在报纸上也经常发表作家和普通市民的文章，总之，我感觉香港并不缺乏"文化"元素。

A 香港的书店规模都非常小
B 香港人不是很喜欢逛书店
C 香港的文化生活比较丰富
D 有特色的书籍特别受欢迎

68. 广东人特别喜欢吃早茶，因此中国人一说起早茶就会想起广东。去广州旅游的人通常也会去茶楼尝一尝广州的早茶，广东早茶除了茶以外，还有各种各样的点心。因为主要是吃，喝倒是次要的，所以广东人说"吃早茶"而不是"喝早茶"。有趣的是，在广东人看来，中午去茶楼也叫"吃早茶"。

A 广东的早茶主要是喝茶
B 早茶是广东的饮食特色
C 吃早茶通常要在中午前
D 广东茶楼的服务很周到

69. 有科学家通过实验得出了一个结论：一个人如果身体健康，他从中获得的快乐和每年挣300万元获得的快乐程度相当。也就是说，如果我们不生病，就应该是快乐的。可是我们却总是认为自己过得不够好，还不够快乐，因此还在不停地追求快乐。结果却往往是自寻烦恼，把简单的问题变得复杂。

A 快乐其实是很简单的事情
B 挣钱多少对情绪产生影响
C 大部分人认为自己很快乐
D 简单的问题往往非常复杂

70. "能者多劳"是中国人经常用来称赞别人的成语。它的意思是有能力的人做的事情也相对比较多，因此也就比较辛苦。每当朋友说他最近工作很忙，感觉很累的时候，我们往往会用"能者多劳"来安慰他。意思是：你这么辛苦，正好说明了你是一个有能力的人，这不但没有坏处，反而还是件好事呢！

A 有能力的人常常受到表扬
B 有能力的人会比别人辛苦
C 有能力的人希望被人肯定
D 有能力的人收入会比较高

第三部分

第71-90题：请选出正确答案。

71-74.

　　本报记者3月6日报道，为迎接第18个"中国青年志愿者服务日"，我市昨天举办了志愿服务活动。

　　昨天，我市的青年志愿者们在人民广场举办了一项大型的志愿服务活动。整个广场上到处都可以看到志愿者们忙碌的身影。在广场的东边，志愿者们给大家免费剪发、按摩；在广场的西边，志愿者们给大家介绍健康养生、心理健康等方面的相关知识。其中，由心理咨询志愿者们举办的免费心理咨询活动受到了大家的热烈欢迎。在广场的南边，卫生志愿者们举办了义务献血等活动。在义务献血车旁，一位刚献完血的大学生张伟接受了本报的采访。他说："这是我第一次献血，刚开始心里有点儿紧张，但是献完血以后，想到我可以帮助别人，我就充满了成就感。这样的活动很有意义，我以后每年都会参加。"

　　本次志愿服务活动的<u>宗旨</u>是传递温暖和爱心，感谢每一位青年志愿者用实际行动把爱传递给大家。

71. 这项活动是哪天举行的？
 A 3月3日　　　　　　　　　　B 3月4日
 C 3月5日　　　　　　　　　　D 3月6日

72. 最受欢迎的服务是：
 A 心理咨询　　　　　　　　　B 免费剪发
 C 义务献血　　　　　　　　　D 修理电器

73. 大学生张伟献完血以后感觉：
 A 又累又困　　　　　　　　　B 有点儿紧张
 C 身体不太舒服　　　　　　　D 充满了成就感

74. 第三段的画线词语"宗旨"可以用哪个词来代替？
 A 方式　　　　　　　　　　　B 业务
 C 目的　　　　　　　　　　　D 道理

75-78.

端午节是流行于中国以及汉字文化圈各国的传统节日。端午节最早出现于中国。关于端午节的由来，比较流行的一种说法是为了纪念中国古代的一位爱国诗人——屈原。

屈原在楚国做官，他经常向楚国的国王推荐一些有智慧的人才，也总是会提出一些有利于国家发展的政治方案。然而，由于屈原的政治建议会使一些楚国贵族的利益受到损失，因此他的主张受到了强烈的反对，有人甚至在国王面前说一些假话诽谤屈原。后来国王相信了他们的话，就不让屈原当官了，并把屈原赶出了首都。在无奈中，他写出了《离骚》等作品来表达自己的难过与不安。

公元前278年，秦国对楚国发起战争。想到自己深爱的国家处在危险中，而自己却不能为国家做些什么，屈原十分痛苦。最后，屈原抱起石头跳入汨罗江，结束了自己的生命。听说了这个消息后，楚国的百姓纷纷划着船去江上寻找屈原。为了不让鱼吃掉屈原的身体，人家纷纷向江中投入米和鸡蛋。从那以后，每年的五月初五，人们都会通过包粽子、赛龙舟的方式来纪念爱国诗人屈原。这就是端午节的由来。

75. 第二段画线词语"诽谤"的意思是？

    A 开让别人生气的玩笑   B 强烈反对某人的主张

    C 批评别人的政治方案   D 说假话让某人被误会

76. 屈原的主张为什么会受到反对？

    A 不利于国家的发展   B 别人的主张更合理

    C 影响了贵族的利益   D 国王很不相信屈原

77. 听说屈原投江后，楚国的百姓：

    A 划船去寻找他   B 赛龙舟纪念他

    C 送给他家人食物   D 把粽子投入江中

78. 短文主要讲的是：

    A 楚国的政治经济   B 端午节的由来

    C 屈原做官的经历   D 《离骚》的写作背景

79-82.

罗森很富有，但是他的儿子杰克却每天吃喝玩乐，什么事儿也不干。后来罗森不幸得了重病，死前对杰克说："我留下来的财产都锁在这个箱子里，而开箱子的密码存在电脑里。除非你解开这个密码，否则就得不到这些财产。"

杰克请来了一位电脑高手哈利，希望他能帮自己解开密码，一个月过去之后，哈利摇着头对他说："你父亲的设计非常巧妙，我已经尽力了，还是没有办法。"杰克拍着桌子说："我父亲不是神，他也是人，我要靠自己解开他的密码！"

从此，杰克开始从最基本的知识学起，读完了一本又一本深奥的电脑书，过了五年，他觉得自己可以试着解开密码了。然而，事情却没有杰克想象的顺利。他试了很多办法，还是没能成功。当他快要失望的时候，他看到了父亲留下来的一幅画，上面画着一座高高的大山，山顶上有奇花异草，景色美丽，山腰上有人在努力地往上爬。

杰克看完画后，忽然明白了父亲想告诉他的道理，他又有了信心，最终解开了密码，打开了箱子。箱子里只有一张纸条，上面写着：恭喜你继承了我的财产，金钱只是一个数字，在打开这个箱子的过程中，你一定学到了很多知识，还有不断向前、不怕挫折的精神，这些才是一生享用不尽的财富。

제1회 제2회 제3회 제4회 제5회

해커스 HSK 5급 실전모의고사

79. 罗森告诉杰克怎么才能得到他的财产？
    A 成立一家公司　　　　　　B 学会修理电脑
    C 治好父亲的病　　　　　　D 解开箱子的密码

80. 哈利解不开密码是因为：
    A 他不懂电脑　　　　　　　B 箱子被弄坏了
    C 密码设计得太难　　　　　D 他不愿意帮杰克

81. 五年里杰克做了什么？
    A 吃喝玩乐　　　　　　　　B 学习画画
    C 爬上了山顶　　　　　　　D 学习电脑知识

82. 那幅画想告诉杰克：
    A 努力才能成功　　　　　　B 解开密码不难
    C 要坚持自己的想法　　　　D 山顶的风景最美丽

83-86.

集市，也就是传统的市场，常常被人看成带有落后色彩的贸易形式。但在工商业如此发达的今天，它不但依然存在，反而显得很有生命力。这是个值得研究的问题。

有人说，集市之所以吸引人是因为它简单而随便。装饰漂亮的超级市场或百货公司，反而突出了顾客的渺小，再加上购买商品后付款过程复杂，总难免给人一种心理上的压力，容易使人感到拘束和不快。在集市上，买卖双方彼此平等，在讨价还价中也能体会到一种快乐，因而交易时的心情是愉快的。

上面的说法虽然有一定的道理，但恐怕还不是最重要的方面，集市最重要的作用在于它能活跃经济。它的这一功能是人类社会出现商品交换时就已经具备的，而且一直到今天在世界各地还存在着。

在一些地区，集市还是人们获得信息、交流经验的场所。一些文学艺术形式如诗歌、小说、戏剧等，它们的产生和发展也与集市有密切的联系，中外一些著名的长诗，也是依靠演员在集市表演才能流传到今天。交易与娱乐并存是集市的一大特色，人们在这里既满足了购物的要求，又得到了精神上的享受。

83. 第二段画线词语"拘束"的意思是：
    A 不严肃   B 不自由
    C 很神秘   D 很周到

84. 百货商场可能给客人带来不快是因为：
    A 交易手续复杂   B 建筑装修粗糙
    C 产品价格很高   D 服务态度恶劣

85. 作者认为集市今天依然存在的最重要的原因是：
    A 使人心情愉快   B 能够活跃经济
    C 使人获得信息   D 买卖方式简便

86. 人们在集市除了购物，还能获得什么？
    A 商业的经验   B 文学的知识
    C 艺术的享受   D 文化的体验

87-90.

　　"快速阅读"，也可以叫做"全脑速读"。人类在进行传统阅读时，主要使用左脑的功能；而用"速读"方式阅读时，则充分发挥左右脑的优势共同进行文字信息的形象辨识、意义记忆和理解。

　　传统阅读时大脑要把文字处理成声音，这是一个自己读给自己听的过程，即使是高水平的默读也是<u>这样</u>。所以，一般人在以传统方式阅读时，实际上是在"读书"，而不是真正"看书"，也可以说是通过"心声"读文章。

　　快速阅读则是一种"眼脑直映"式的阅读方法：省略了把文字处理成声音的步骤，文字信号直接进入大脑进行理解和记忆。这实际上是一种单纯运用视觉的阅读方式。所以说"眼脑直映"式的快速阅读，才是真正的"看书"，可以大大地提高速度。

　　研究人员在实验中，让有快速阅读经验的人读小说，同时，用一种特殊的设备观察阅读者大脑的血流量。结果发现，和正常的阅读相比，快速阅读的人负责理解语言和说话的部位血流量少，这个部位的血流量少就说明了这一部位的活动减少了。这一发现能够促进对相关技术的开发，以帮助机器理解人类语言。

87. 快速阅读和传统阅读相比有何不同？
　　A 主要是使用左脑的功能
　　B 是用"心声"来读文章
　　C 不需要把文字转换成声音
　　D 负责说话部位的血流增多

88. 第二段画线词语"这样"指的是：
　　A 通过声音来阅读　　　　　　　　B 运用视觉来理解
　　C 发挥大脑的优势　　　　　　　　D 速度很快地阅读

89. 文中的发现有利于：
　　A 提高阅读理解能力　　　　　　　B 开发左右脑的功能
　　C 帮助机器理解语言　　　　　　　D 促进信息技术开发

90. 下列哪项最适合做上文的标题？
　　A 传统阅读的重要性　　　　　　　B 快速阅读的好处
　　C 怎样体会阅读的快乐　　　　　　D 机器人的开发与制造

三、书写

第一部分

第91-98题：完成句子。

例如：发明　这台机器　什么时候　是　的

　　　<u>这台机器是什么时候发明的？</u>

91. 到南京　　单位　　我　　出差　　派

92. 多数外国人　　为　　京剧艺术　　喜爱　　所

93. 花　　颜色鲜艳的　　摆着　　几盆　　阳台上

94. 发现了　　治疗方法　　及时　　幸亏他

95. 地球　　占　　百分之七十　　表面的　　海洋

96. 汉语　　辅导你　　找人　　我恐怕　　得

97. 不认为　　你　　很过分　　吗　　自己

98. 统治　　被　　这个民族　　很多年　　侵略者　　了

第二部分

第99-100题：写短文。

99. 请结合下列词语（要全部使用，顺序不分先后），写一篇80字左右的短文。

能源　汽油　宝贵　迟早　措施

100. 请结合这张图片写一篇80字左右的短文。

다음 페이지(p.76)에 정답이 있으니 바로 채점해보세요.

제1회　제2회　**제3회**　제4회　제5회　해커스 HSK 5급 실전모의고사

듣기
해설집 p.124

제1부분

1 D **2** B **3** D **4** C **5** A **6** C **7** D **8** B **9** D **10** C **11** A **12** D **13** B **14** C **15** C **16** B **17** C
18 B **19** D **20** D

제2부분

21 A **22** D **23** A **24** C **25** C **26** A **27** D **28** C **29** B **30** C **31** A **32** B **33** B **34** C **35** D
36 B **37** C **38** A **39** B **40** C **41** A **42** D **43** A **44** B **45** C

독해
해설집 p.145

제1부분

46 D **47** A **48** B **49** B **50** A **51** C **52** D **53** C **54** D **55** C **56** A **57** A **58** C **59** D **60** B

제2부분

61 B **62** C **63** A **64** D **65** B **66** B **67** C **68** B **69** A **70** B

제3부분

71 C **72** A **73** D **74** C **75** D **76** C **77** A **78** B **79** D **80** C **81** D **82** A **83** B **84** A **85** B
86 C **87** C **88** A **89** C **90** B

쓰기
해설집 p.167

제1부분

91 单位派我到南京出差。

92 京剧艺术为多数外国人所喜爱。

93 阳台上摆着几盆颜色鲜艳的花。

94 幸亏他及时发现了治疗方法。

95 海洋占地球表面的百分之七十。

96 我恐怕得找人辅导你汉语。

97 你不认为自己很过分吗?

98 这个民族被侵略者统治了很多年。

제2부분

99

모범 답안

随着生活水平的提高，汽车的数量越来越多，对汽油的需求量也迅速增加。但汽油是一种不可再生的宝贵能源，迟早会有用完的一天。所以我们一方面要采取措施节约汽油，另一方面也要开发新能源。

100

모범 답안

他一个人面对着电脑，用手抱着头，看起来很疲劳。其他人都下班了，只有他一个人还在工作。年轻人刚刚参加工作，很多方面都不熟悉，会面临很大的压力，学会放松，缓解压力，是非常重要的。

해커스 HSK 5급
실전모의고사
제4회

* 실제 시험을 보는 것처럼 시간에 맞춰 실전모의고사를 풀어보세요.

잠깐! 테스트 전 확인 사항

1. 휴대 전화의 전원을 끄셨나요? ····················· ☐
2. 답안지, 연필, 지우개가 준비되셨나요? ············ ☐
3. 시계가 준비되셨나요? ·························· ☐
   * 듣기 답안 작성 5분, 독해+쓰기 85분

시험에 나올 어휘를
효과적으로 공부하려면?

해커스중국어(china.Hackers.com)에서
<HSK 5급 핵심&고난도 어휘 1000> 무료 다운받기!

답안지

汉语水平考试 HSK（五级）答题卡

一、听力

1. [A] [B] [C] [D]
2. [A] [B] [C] [D]
3. [A] [B] [C] [D]
4. [A] [B] [C] [D]
5. [A] [B] [C] [D]

6. [A] [B] [C] [D]
7. [A] [B] [C] [D]
8. [A] [B] [C] [D]
9. [A] [B] [C] [D]
10. [A] [B] [C] [D]

11. [A] [B] [C] [D]
12. [A] [B] [C] [D]
13. [A] [B] [C] [D]
14. [A] [B] [C] [D]
15. [A] [B] [C] [D]

16. [A] [B] [C] [D]
17. [A] [B] [C] [D]
18. [A] [B] [C] [D]
19. [A] [B] [C] [D]
20. [A] [B] [C] [D]

21. [A] [B] [C] [D]
22. [A] [B] [C] [D]
23. [A] [B] [C] [D]
24. [A] [B] [C] [D]
25. [A] [B] [C] [D]

26. [A] [B] [C] [D]
27. [A] [B] [C] [D]
28. [A] [B] [C] [D]
29. [A] [B] [C] [D]
30. [A] [B] [C] [D]

31. [A] [B] [C] [D]
32. [A] [B] [C] [D]
33. [A] [B] [C] [D]
34. [A] [B] [C] [D]
35. [A] [B] [C] [D]

36. [A] [B] [C] [D]
37. [A] [B] [C] [D]
38. [A] [B] [C] [D]
39. [A] [B] [C] [D]
40. [A] [B] [C] [D]

41. [A] [B] [C] [D]
42. [A] [B] [C] [D]
43. [A] [B] [C] [D]
44. [A] [B] [C] [D]
45. [A] [B] [C] [D]

二、阅读

46. [A] [B] [C] [D]
47. [A] [B] [C] [D]
48. [A] [B] [C] [D]
49. [A] [B] [C] [D]
50. [A] [B] [C] [D]

51. [A] [B] [C] [D]
52. [A] [B] [C] [D]
53. [A] [B] [C] [D]
54. [A] [B] [C] [D]
55. [A] [B] [C] [D]

56. [A] [B] [C] [D]
57. [A] [B] [C] [D]
58. [A] [B] [C] [D]
59. [A] [B] [C] [D]
60. [A] [B] [C] [D]

61. [A] [B] [C] [D]
62. [A] [B] [C] [D]
63. [A] [B] [C] [D]
64. [A] [B] [C] [D]
65. [A] [B] [C] [D]

66. [A] [B] [C] [D]
67. [A] [B] [C] [D]
68. [A] [B] [C] [D]
69. [A] [B] [C] [D]
70. [A] [B] [C] [D]

71. [A] [B] [C] [D]
72. [A] [B] [C] [D]
73. [A] [B] [C] [D]
74. [A] [B] [C] [D]
75. [A] [B] [C] [D]

76. [A] [B] [C] [D]
77. [A] [B] [C] [D]
78. [A] [B] [C] [D]
79. [A] [B] [C] [D]
80. [A] [B] [C] [D]

81. [A] [B] [C] [D]
82. [A] [B] [C] [D]
83. [A] [B] [C] [D]
84. [A] [B] [C] [D]
85. [A] [B] [C] [D]

86. [A] [B] [C] [D]
87. [A] [B] [C] [D]
88. [A] [B] [C] [D]
89. [A] [B] [C] [D]
90. [A] [B] [C] [D]

三、书写

91.

92.

93.

94.

95-100题 →

95.

96.

97.

98.

99.

48

80

100.

48

80

汉语水平考试

HSK（五级）

注　意

一、HSK（五级）分三部分：

　　1.听力（45题，约30分钟）

　　2.阅读（45题，45分钟）

　　3.书写（10题，40分钟）

二、听力结束后，有5分钟填写答题卡。

三、全部考试约125分钟（含考生填写个人信息时间5分钟）。

一、听 力

第一部分

第1-20题：请选出正确答案。

1. A 参加考试
   B 听辩论赛
   C 打羽毛球
   D 买录音机

2. A 说明书写错了
   B 玩具车功能很少
   C 安装需要两个步骤
   D 男的会帮女的重新安装

3. A 保持冷静
   B 赞成别人
   C 稳定情绪
   D 提出观点

4. A 服务很热情
   B 海鲜做得好
   C 客人不太多
   D 男的很喜欢

5. A 最近睡得很晚
   B 身体不太健康
   C 已经大学毕业了
   D 论文已经完成了

6. A 刚找到工作
   B 考了第二名
   C 放弃了竞争
   D 在杂志社当编辑

7. A 出国留学
   B 办理护照
   C 延长签证
   D 去大使馆

8. A 逃避学习
   B 证明自己
   C 挣生活费
   D 锻炼能力

9. A 味道很香
   B 叶子有毒
   C 花的颜色很多
   D 长在温暖的地方

10. A 搬家了
    B 辞职了
    C 生病了
    D 出差了

11. A 遗憾
    B 自豪
    C 犹豫
    D 满足

12. A 餐厅
    B 工厂
    C 医院
    D 车上

제1회 제2회 제3회 **제4회** 제5회

해커스 HSK 5급 실전모의고사

13. A 演员
    B 老师
    C 主持人
    D 列车员

14. A 社会新闻
    B 交通意外
    C 经济法规
    D 卡车销售

15. A 3月6日
    B 4月2日
    C 4月15日
    D 5月22日

16. A 旅行计划
    B 广告方案
    C 城市风景
    D 工作安排

17. A 参加培训
    B 留下来实习
    C 接待参会人员
    D 组织妇女大会

18. A 出去购物
    B 在家工作
    C 听天气预报
    D 去公司帮忙

19. A 一张发票
    B 一张信纸
    C 一张人民币
    D 一张老照片

20. A 参加会议
    B 外出拍照
    C 进行新闻采访
    D 整理采访记录

第二部分

第21-45题：请选出正确答案。

21. A 当摄影师
    B 办摄影展
    C 获得摄影奖
    D 出摄影方面的书

22. A 女的想接受采访
    B 李笑是电影明星
    C 男的精神状态很好
    D 电视台来采访李笑

23. A 学校通知有讲座
    B 最近天气很不好
    C 男的不注意安全
    D 讲座已经取消了

24. A 胳膊被撞了
    B 肌肉有点酸
    C 肩膀受伤了
    D 突然摔倒了

25. A 她的新家正在装修
    B 她今天打算买家具
    C 她的丈夫常常出差
    D 她这个月会搬新家

26. A 买错样式了
    B 质量很不好
    C 颜色不好看
    D 大小不合适

27. A 检查身体
    B 看望外公
    C 治疗心脏病
    D 谈合作业务

28. A 位于市中心
    B 价格比较贵
    C 离公司很近
    D 交通很方便

29. A 样子时髦
    B 价格便宜
    C 质保时间长
    D 使用体验好

30. A 师傅非常热心
    B 包裹不是很重
    C 电梯上周坏了
    D 女的住在一楼

31. A 逐渐忘记规则
    B 用心学习规则
    C 自觉遵守规则
    D 认真思考规则

32. A 无条件遵守
    B 可适当改变
    C 制定时要严格
    D 尊重个人意见

제1회 제2회 제3회 **제4회** 제5회 해커스 HSK 5급 실전모의고사

33. A 老师
    B 会计
    C 导游
    D 演讲家

34. A 学习方法指导课
    B 新进员工培训课
    C 法律知识宣传课
    D 电脑知识普及课

35. A 怎么提高学习效率
    B 如何缩短学习时间
    C 怎么正确使用课件
    D 如何开发课程系统

36. A 去山区做老师
    B 照顾生病的孩子
    C 替老师做家庭服务
    D 给学校送教学资源

37. A 给当地孩子上课
    B 辅导孩子暑假作业
    C 关注孩子心理健康
    D 教授老师教育学知识

38. A 他们专业成绩更好
    B 他们有教育学知识
    C 他们教学经验丰富
    D 他们时间更加自由

39. A 一个瓶子
    B 一袋大米
    C 一堆石头
    D 一杯牛奶

40. A 瓶子太高
    B 力量太小
    C 玻璃太硬
    D 石头太多

41. A 做事情要专心
    B 有困难要冷静
    C 生活中困难多
    D 换角度看问题

42. A 学生日记
    B 新闻报道
    C 音乐广播
    D 演讲比赛

43. A 经济制度
    B 建筑设施
    C 士兵服装
    D 人民生活

44. A 25度
    B 26度
    C 27度
    D 28度

45. A 为了提高速度
    B 为了节约能源
    C 为了锻炼肌肉
    D 为了给人体散热

제1회

제2회

제3회

제4회

제5회

二、阅 读

第一部分

第46-60题：请选出正确答案。

46-48.

越来越多的人不坐出租车，而选择网约车出行，不住酒店，而是住进当地人的家里，不去餐馆而是到私人厨房就餐。共享经济正在从一个新鲜 _46_ 变成我们生活的一部分。共享经济最初的功能是给人们提供赚钱和省钱的方法，但这种新型经济形式 _47_ 互联网降低成本，提高效率，减少资源浪费，同时又体现了合作和个性化的精神，十分符合现代社会的需求， _48_ 属于它的时代到来了。

46. A 事物　　　　B 事实　　　　C 工具　　　　D 对象
47. A 采取　　　　B 吸取　　　　C 应用　　　　D 利用
48. A 总之　　　　B 反正　　　　C 因而　　　　D 仿佛

49-52.

著名的希尔顿酒店开始于 _49_ 旅馆。事实上，希尔顿酒店的创造者，希尔顿家的二儿子，最初的梦想并不是开旅馆，而是 _50_ ，每天能坐在市里最高的银行大厦内工作。母亲找来儿子谈话，她希望没有任何金融知识的儿子能够诚恳做事，不要抱有不现实的 _51_ 。听了母亲的话后，希尔顿思考了很久。他注意到每年镇上都会有许多人来挖煤，因此旅馆总是不够住。他想到家里二楼有很多空 _52_ ，于是将这些房间改造了一下，变成客房，供客人入住。于是，一个巨大的商业帝国就此诞生。

49. A 家务　　　　　B 家庭　　　　　C 家乡　　　　　D 家常
50. A 成为一名医生　B 做一名老师　　C 担任银行经理　D 拥有一家餐厅
51. A 幻想　　　　　B 主意　　　　　C 想象　　　　　D 想念
52. A 厨房　　　　　B 客厅　　　　　C 卫生间　　　　D 卧室

53-56.

　　"春运"，即"春节运输"，指的是中国春节前后的一种特殊交通现象，以春节为中心，＿53＿。改革开放以来，越来越多的人选择离乡外出打工、上学。这些人都会＿54＿在春节期间返乡。因此，每年春节前后，都会造成大规模的高交通运输压力的＿55＿。近30年来，春运大军从1亿人增加到2015年的37亿人，＿56＿于让非洲、欧洲、美洲、大洋洲的总人口搬一次家。

53. A 人流量特别大　　　　　　　B 持续四十天左右
　　C 造成很大问题　　　　　　　D 给人们带来方便

54. A 集合　　　　B 集中　　　　C 聚会　　　　D 合作

55. A 资格　　　　B 规律　　　　C 现象　　　　D 时期

56. A 简直　　　　B 几乎　　　　C 相似　　　　D 相当

57-60.

　　忙完最后的工作，我离开公司时，已经是夜里十一点钟了，室外不知什么时候下起了雪。＿57＿，我每天都要先乘地铁到最后一站，再换乘一辆公交。出了地铁口，雪＿58＿在下，大片大片的雪花映着暗黄色的路灯灯光纷纷＿59＿下来，大地仿佛铺上了一层地毯，显得格外好看，使这个寒冬似乎也有了一些暖意，可惜在这样的深夜并没有人有心情欣赏这种＿60＿的美。

57. A 雪越下越大　　　　　　　　B 居然没有带伞
　　C 由于住在郊区　　　　　　　D 坐地铁的人很少

58. A 显然　　　　B 果然　　　　C 依然　　　　D 居然

59. A 翻　　　　　B 吹　　　　　C 滚　　　　　D 洒

60. A 独特　　　　B 熟练　　　　C 粗糙　　　　D 巨大

第二部分

第61-70题：请选出与试题内容一致的一项。

61. 梵高是荷兰著名画家，后期印象画派的代表人物，19世纪最出色的画家之一。他的画特点鲜明，在广泛学习西方画家的基础上，他还受到了东方艺术的影响，最终形成了自己的艺术风格。他的一生尝遍生活的艰苦，但在他的画笔下仍然充满了对生活和艺术的热爱。

    A 梵高的人生之路非常顺利
    B 梵高是印象画派的创始人
    C 梵高的画反映了他的真实生活
    D 梵高受到了东西方艺术的影响

62. 昆曲是一个历史悠久的戏剧种类，产生于江苏地区。昆曲表演最大的特点是能充分表现感情，动作细节吸引人，而且声音和动作的配合很巧妙。后来因为京剧的兴起，昆曲的影响力大大降低，但近年来由于文化界的提倡，它又出现在大家眼前。

    A 昆曲是新的戏剧种类
    B 昆曲能充分表现感情
    C 昆曲产生于浙江地区
    D 喜欢昆曲的人比京剧多

63. 为了保护环境，减少空气污染，政府出台了禁止放鞭炮的规定，违反者会被罚款。一开始，很多人不理解这项规定，觉得不放鞭炮就没有过春节的气氛了。然而春节期间糟糕的空气状况让越来越多的人开始接受这一规定。这两年，很少能在除夕的晚上听见鞭炮的声音了。

    A 禁放鞭炮是因为声音太吵了
    B 空气污染主要是鞭炮引起的
    C 人们不接受禁放鞭炮的规定
    D 放鞭炮的人已经越来越少了

64. 在语言学习中，有经验的老师经常会使用小组合作的方式，这样既能锻炼语言能力，又能锻炼交际能力。有些学生不喜欢这种方式，认为其他同学发生的错误会影响自己。其实，在小组学习中，更容易发现自己的错误与不足，并及时改正。

    A 小组合作很适合语言学习
    B 所有学生都喜欢小组合作
    C 小组合作时容易出现错误
    D 小组合作能提高写作能力

65. 沉默是一种智慧，中国有句古话"沉默是金"。在与人交谈时，适当的沉默不仅可以体现出一个人良好的修养，也能显示对他人的尊重。夫妻吵架时，沉默可以让双方冷静下来，思考自身存在的问题，从而使矛盾最小化，促进家人之间的幸福感。

A 沉默可能引起矛盾
B 沉默的人比较孤独
C 适当沉默很有必要
D 经常沉默影响感情

66. 胜者为王，这是很多人的观念。但我认为，成功者是英雄，失败者也可以是英雄，坚持到底的精神有的时候比胜利更让人尊敬。在运动场上，带着伤痛参加比赛的运动员们，尽管没有赢得金牌，但他们坚持奋斗的精神，也能获得人生的一块金牌，成为我们心中的"无冕之王"。

A 成败是判断英雄的标准
B 传统观念很难突然改变
C 运动员都带着伤痛比赛
D 比赛失败了也值得尊敬

67. 大象鼻子两旁长长的牙齿并不是平平常常的装饰，而是长期以来适应环境的结果。大象常常用它们的牙齿来弄断树木、挖出树根。它们也会把牙齿插入地面，来确定地面能否承受自己身体的重量。

A 大象的牙齿只是装饰
B 象牙是适应环境的结果
C 大象常用鼻子弄断树木
D 象牙可以用来确定体重

68. "己所不欲，勿施于人"是处理人与人之间关系的重要原则。意思是说，在与人交往的过程中，应该充分尊重对方的选择和方向，学会换位思考，自己都不愿意去做的事情，更不应该勉强别人去做。

A 处理人际关系时要谨慎
B 应该学会赞美鼓励别人
C 与人交往时要尊重对方
D 换位思考不是容易的事

69. 在中国古代，罗盘没有发明之前，人们在大海上航行只能通过看星星认方向。其中，北极星看起来又大又亮，位置也十分稳定。在大海上分不清方向的人，只要找到北极星，就能找到北方。所以北极星在人们心中象征着永恒。

    A 北极星具有指北的作用
    B 北极星象征着勇敢坚强
    C 北极星的位置经常会变
    D 北极星是最亮的一颗星

70. 梅雨是持续时间较长的阴沉多雨天气，经常出现在6、7月的长江中下游、台湾、日本、韩国等地。由于那个时候正是长江以南地区梅子成熟的时期，所以被称为"梅雨"，这个时间段便被称作梅雨季节。

    A 梅雨只发生在同一个地方
    B 梅雨季节通常持续两个月
    C 梅雨季节是四季之外的季节
    D "梅雨"的称呼和梅子有关

第三部分

第71-90题：请选出正确答案。

71-74.

人类是唯一会脸红的动物，达尔文把这一行为称作"最独特和最具备人类特征的表情"。他发现，不论是哪个国家、哪个民族的人，在感到难为情时都会脸红，为什么我们会有这种表达感情的信号呢？

科学家认为，脸红可能是人为自己的错误行为而后悔的标志。通过脸红，我们可以告诉别人我们认识到了自己做得不对，而且正为此感到惭愧，而看到我们脸红的人则可以了解我们在那一刻所经历的不愉快感受。

当然，对人类来说，语言才是最主要的交流方式。但是语言是可以控制的，而无法控制的脸红却能显示真实的感想，这些感想有时正是你想用语言掩饰的。所以脸红发出的信号有时甚至比语言还要准确，因此脸红可以让人觉得你诚实可信，促进人与人之间的信任。

71. 达尔文对脸红这种行为的评价是：
   A 可以表达愤怒
   B 最具人类特征
   C 不是人类独有
   D 一般不会出现

72. 第一段画线词语"难为情"的意思是：
   A 好奇
   B 慌张
   C 不耐烦
   D 不好意思

73. 根据上文，人为什么会脸红？
   A 情绪激动
   B 感情丰富
   C 感到惭愧
   D 受到责备

74. 脸红的好处是：
   A 促进信任关系
   B 帮助传播信息
   C 容易控制感情
   D 比语言更有效

75-78.

魏源是近代史上著名的思想家、文学家，与他同时代的还有另一位不为人们熟悉的优秀人才，他的名字叫石昌化。

魏源15岁在县里的考试中，认识了大他一岁的竞争对手石昌化。考官发现这两人年龄虽小，文章却都写得很好。由于文章类型相似，都是谈论当时的政治状况，并且观点都很独特，考官很难分出谁的文章更好一些，便将他们两个都定为第一名。第二年，魏源和石昌化又同时参加了府试，分别获得第一、第二名。

魏源能成功，靠的绝对是勤奋。他最大的爱好就是读书，甚至因为在书房里待得太久，连家人都认不出来了。石昌化感到自己的学问与魏源还有一段差距，为了赶上魏源，他不断给自己加压：魏源读书读到夜里三点，那他就读到五点。魏源读到五点，那他就一整夜都不睡。然而由于过分刻苦，他患上了严重的疾病，最后发展到吐血。身体垮了，学业也无法继续，这个早年与魏源站在同一起跑线的神童，因为过分严格要求自己，失去了获得更高成就的机会。

魏源如果不努力，绝对成不了魏源；而石昌化过于努力，最终只成为历史上的一个无名的小人物。

75. 关于魏源，我们可以知道他：
    A 学习非常勤奋   B 比石昌化大一岁
    C 是现代著名文学家   D 在县试中得了第二名

76. 在县里的考试中，魏源和石昌化的文章：
    A 内容十分相似   B 观点基本一致
    C 谈论经济问题   D 无法分出高低

77. 石昌化为什么没能获得成就？
    A 文章不受欢迎   B 身体不好无法继续
    C 没有信心放弃了   D 没有能力无法发展

78. 这篇文章主要谈的是：
    A 不要骄傲   B 要尊重对手
    C 做事要勤奋刻苦   D 平衡学习与休息

79-82.

心理健康是现代人健康不可缺少的重要部分，它指的是一种持续且积极发展的心理状态。在这样的状态下，一个人能充分发挥自己的身心能力，并且对外部环境作出良好的适应。

心理健康受到多种因素的影响。童年便是其中很重要的影响因素，成年人的心理健康很大一部分都与儿童时期的经历有密切关系。很多心理学家都认为，心理疾病是由童年时期的某段经历所引起的。

与身体健康有一定标准一样，心理健康也是有标准的。不过人的心理健康标准不及身体健康的标准具体、客观。心理健康标准包括自尊心、有安全感、具备自我批评能力、具有主动性等。了解心理健康的标准对于增强与保持人们的健康有很大的意义。

当人们掌握了心理健康标准，就可以以此为根据对比自己，进行心理健康的自我诊断。如果发现自己的心理状况某一个或几个方面与心理健康标准有一定距离，就可以有针对性地加强心理锻炼，以达到心理健康水平。如果发现自己的心理状态严重地偏离心理健康标准，就要及时地求医，以便早期诊断与早期治疗。

除了采取心理辅导与治疗外，撰写日记、阅读书籍和玩游戏也是辅助治疗心理疾病的有效方法。

제1회 제2회 제3회 **제4회** 제5회

79. 关于心理健康，下面哪个说法是正确的？
　　A 是身体健康的一个部分　　　　B 童年是其决定性因素
　　C 跟身体健康有一样的标准　　　D 有利于发挥自己的能力

80. 下面哪个不是心理健康的标准？
　　A 保持自尊心　　　　　　　　　B 具有安全感
　　C 态度比较主观　　　　　　　　D 有自我批评能力

81. 除了就医外，还有什么解决心理疾病的方法？
　　A 写小说　　　　　　　　　　　B 阅读日记
　　C 玩游戏　　　　　　　　　　　D 参加社会活动

82. 关于心理健康，下列叙述正确的是：
　　A 与身体健康互相独立　　　　　B 和童年经历有密切关系
　　C 可以通过锻炼身体达到　　　　D 心理伤害多来自于青年期

해커스 HSK 5급 실전모의고사

83-86.

　　35岁以后，我每年都要求自己学习一项新技能。有些技能我学了好几年，还是没能取得十分理想的成果，甚至<u>半途而废</u>了。比如，我几年前学习过民族乐器，但现在已经很少练习，忘了许多。我不得不承认，过了一定的年纪之后，我再怎么认真学习一样东西也很难做到完全专业，然而它们的确为我的生活带来了许多乐趣，而不仅仅是空闲时找点事情做。

　　当某一阶段，你只想找点事情补充一下自己无聊的状态时，那表明你的生命开始表现出下滑趋势，我们有责任不断为自己的人生增加活力，学习一些新事物。只要曾经体会过学习的快乐，哪怕半途而废也是有意义的。所以，为了让自己的生活更加丰富，勇敢去学习吧。

83. 第一段画线词语"半途而废"的意思是：
   A 做事时马虎、粗心　　　　B 不愿接触新鲜事物
   C 做事没有坚持到底　　　　D 不能做到完全专业

84. 作者为什么35岁后要每年学习一个技能？
   A 在别人面前表演　　　　　B 空闲时间太多了
   C 为人生增加活力　　　　　D 补充自己的无聊状态

85. 关于作者，我们可以知道：
   A 仍然是个在校的学生　　　B 因为学习而感到快乐
   C 每年掌握一个新的技能　　D 学习乐器达到了专业水平

86. 这篇文章主要想说什么？
   A 生活中有很多乐趣　　　　B 无聊时应该找事做
   C 学习是一辈子的事　　　　D 学习不能半途而废

87-90.

　　正当三月，长江上起了层薄薄的雾，岸两旁也都开满了花，年轻的李白正在黄鹤楼上为大诗人孟浩然送别。

　　李白和孟浩然远远欣赏着江上的景色，谁都不去提马上要分别的事，避免触动藏在心底的不忍分别的情绪。终于，李白举起了酒杯说："孟夫子，您的作品名满天下，我非常尊敬您。自从我认识了您，就一直把您当作我的兄弟和老师。今天您就要顺江东下前往扬州，这一分别，不知什么时候才能再见面，就请您喝下这杯酒吧！"孟浩然接过酒杯一饮而尽，然后说道："只要思想相通，距离多远都不是问题。我们虽然暂时分别了，但我们的友谊却像这长江水永远不断。"

　　不久，孟浩然就告别了李白，乘船离去。李白站在岸边，看着帆船随着江风逐渐远去，消失在天地之间。他的心情就像眼前的江水一样无法平静，激动地写下了《黄鹤楼送孟浩然之广陵》。从此，这首诗就成为了送别友人的代表作品。

87. 这段故事发生在：
　　A 初春　　　　　　　　　　B 夏末
　　C 秋日　　　　　　　　　　D 寒冬

88. 关于孟浩然，我们可以知道他：
　　A 为人非常谦虚　　　　　　B 勇于承担责任
　　C 非常尊敬李白　　　　　　D 作品非常有名

89. 孟浩然认为他和李白的友谊会怎么发展？
　　A 从此断了联系　　　　　　B 随时间而变淡
　　C 深厚而且长久　　　　　　D 跟现在完全一样

90. 李白的《黄鹤楼送孟浩然之广陵》大概是什么内容？
　　A 描写景色　　　　　　　　B 表达爱情
　　C 赞美他人　　　　　　　　D 送别友人

三、书写

第一部分

第91-98题：完成句子。

例如：发明　这台机器　什么时候　是　的

　　　　<u>这台机器是什么时候发明的？</u>

---

91. 就像　　这些书　　他的宝贝　　似的

92. 推广　　政府决定　　新能源　　逐步　　汽车

93. 递给我　　您　　把　　桌子上的笔　　请

94. 一套　　我和同事　　合租了　　公寓

95. 的事情　　两家为了　　吵得　　婚礼　　没完

96. 玩具　　不可　　这个孩子　　非要带着

97. 被　　绳子　　了　　那个工人　　断　　砍

98. 安全风险　　仍然　　手机结账　　面临着

第二部分

第99-100题：写短文。

99. 请结合下列词语（要全部使用，顺序不分先后），写一篇80字左右的短文。

发愁　吵架　分手　观念　难免

100. 请结合这张图片写一篇80字左右的短文。

다음 페이지(p.100)에 정답이 있으니 바로 채점해보세요.

듣기
해설집 p.174

제1부분
1 B　2 D　3 C　4 B　5 A　6 A　7 C　8 D　9 B　10 B　11 A　12 D　13 C　14 B　15 C　16 A　17 D
18 B　19 C　20 C

제2부분
21 B　22 D　23 B　24 C　25 A　26 B　27 B　28 C　29 D　30 A　31 C　32 B　33 A　34 A　35 D
36 A　37 C　38 B　39 A　40 B　41 D　42 A　43 C　44 C　45 D

독해
해설집 p.196

제1부분
46 A　47 D　48 C　49 B　50 C　51 A　52 D　53 B　54 B　55 C　56 D　57 C　58 C　59 D　60 A

제2부분
61 D　62 B　63 D　64 A　65 C　66 D　67 B　68 C　69 A　70 D

제3부분
71 B　72 D　73 C　74 A　75 A　76 D　77 B　78 D　79 D　80 C　81 C　82 B　83 C　84 C　85 B
86 C　87 A　88 D　89 C　90 D

쓰기
해설집 p.217

제1부분
91 这些书就像他的宝贝似的。

92 政府决定逐步推广新能源汽车。

93 请您把桌子上的笔递给我。

94 我和同事合租了一套公寓。

95 两家为了婚礼的事情吵得没完。

96 这个孩子非要带着玩具不可。

97 绳子被那个工人砍断了。

98 手机结账仍然面临着安全风险。

제2부분
99

모범 답안

我同屋常常会跟男朋友吵架，而且吵得很厉害，两个人的关系时好时坏，我都替她发愁。我认为谈恋爱难免会有争论，但两个人的观念要基本一致。要是真没办法接受彼此，那就选择分手吧。

100

모범 답안

我弟弟是个非常调皮的小孩子。他又不小心弄伤了自己的脚。妈妈赶紧把他送到医院。医生耐心地帮他处理受伤的地方。虽然有一点儿疼，但是弟弟没哭。医生表扬他是一个勇敢的小伙子。

해커스 HSK 5급
실전모의고사
제5회

* 실제 시험을 보는 것처럼 시간에 맞춰 실전모의고사를 풀어보세요.

잠깐! 테스트 전 확인 사항

1. 휴대 전화의 전원을 끄셨나요? ·················· ☐
2. 답안지, 연필, 지우개가 준비되셨나요? ·········· ☐
3. 시계가 준비되셨나요? ······················· ☐
* 듣기 답안 작성 5분, 독해+쓰기 85분

고사장 소음까지 대비하고
듣기 점수 올리려면?

해커스중국어(china.Hackers.com)에서
고사장 소음 버전 MP3 무료 다운받기!

답안지

汉语水平考试 HSK（五级）答题卡

请填写考生信息

请按照考试证件上的姓名填写：

姓名

如果有中文姓名，请填写：

中文姓名

考生序号

[0] [1] [2] [3] [4] [5] [6] [7] [8] [9]
[0] [1] [2] [3] [4] [5] [6] [7] [8] [9]
[0] [1] [2] [3] [4] [5] [6] [7] [8] [9]
[0] [1] [2] [3] [4] [5] [6] [7] [8] [9]
[0] [1] [2] [3] [4] [5] [6] [7] [8] [9]

请填写考点信息

考点序号

[0] [1] [2] [3] [4] [5] [6] [7] [8] [9]
[0] [1] [2] [3] [4] [5] [6] [7] [8] [9]
[0] [1] [2] [3] [4] [5] [6] [7] [8] [9]
[0] [1] [2] [3] [4] [5] [6] [7] [8] [9]
[0] [1] [2] [3] [4] [5] [6] [7] [8] [9]
[0] [1] [2] [3] [4] [5] [6] [7] [8] [9]
[0] [1] [2] [3] [4] [5] [6] [7] [8] [9]

国籍

[0] [1] [2] [3] [4] [5] [6] [7] [8] [9]
[0] [1] [2] [3] [4] [5] [6] [7] [8] [9]
[0] [1] [2] [3] [4] [5] [6] [7] [8] [9]

年龄

[0] [1] [2] [3] [4] [5] [6] [7] [8] [9]
[0] [1] [2] [3] [4] [5] [6] [7] [8] [9]

性别　　　男 [1]　　　女 [2]

注意　请用2B铅笔这样写：■

一、听力

1. [A] [B] [C] [D]　　6. [A] [B] [C] [D]　　11. [A] [B] [C] [D]　　16. [A] [B] [C] [D]　　21. [A] [B] [C] [D]
2. [A] [B] [C] [D]　　7. [A] [B] [C] [D]　　12. [A] [B] [C] [D]　　17. [A] [B] [C] [D]　　22. [A] [B] [C] [D]
3. [A] [B] [C] [D]　　8. [A] [B] [C] [D]　　13. [A] [B] [C] [D]　　18. [A] [B] [C] [D]　　23. [A] [B] [C] [D]
4. [A] [B] [C] [D]　　9. [A] [B] [C] [D]　　14. [A] [B] [C] [D]　　19. [A] [B] [C] [D]　　24. [A] [B] [C] [D]
5. [A] [B] [C] [D]　　10. [A] [B] [C] [D]　　15. [A] [B] [C] [D]　　20. [A] [B] [C] [D]　　25. [A] [B] [C] [D]

26. [A] [B] [C] [D]　　31. [A] [B] [C] [D]　　36. [A] [B] [C] [D]　　41. [A] [B] [C] [D]
27. [A] [B] [C] [D]　　32. [A] [B] [C] [D]　　37. [A] [B] [C] [D]　　42. [A] [B] [C] [D]
28. [A] [B] [C] [D]　　33. [A] [B] [C] [D]　　38. [A] [B] [C] [D]　　43. [A] [B] [C] [D]
29. [A] [B] [C] [D]　　34. [A] [B] [C] [D]　　39. [A] [B] [C] [D]　　44. [A] [B] [C] [D]
30. [A] [B] [C] [D]　　35. [A] [B] [C] [D]　　40. [A] [B] [C] [D]　　45. [A] [B] [C] [D]

二、阅读

46. [A] [B] [C] [D]　　51. [A] [B] [C] [D]　　56. [A] [B] [C] [D]　　61. [A] [B] [C] [D]　　66. [A] [B] [C] [D]
47. [A] [B] [C] [D]　　52. [A] [B] [C] [D]　　57. [A] [B] [C] [D]　　62. [A] [B] [C] [D]　　67. [A] [B] [C] [D]
48. [A] [B] [C] [D]　　53. [A] [B] [C] [D]　　58. [A] [B] [C] [D]　　63. [A] [B] [C] [D]　　68. [A] [B] [C] [D]
49. [A] [B] [C] [D]　　54. [A] [B] [C] [D]　　59. [A] [B] [C] [D]　　64. [A] [B] [C] [D]　　69. [A] [B] [C] [D]
50. [A] [B] [C] [D]　　55. [A] [B] [C] [D]　　60. [A] [B] [C] [D]　　65. [A] [B] [C] [D]　　70. [A] [B] [C] [D]

71. [A] [B] [C] [D]　　76. [A] [B] [C] [D]　　81. [A] [B] [C] [D]　　86. [A] [B] [C] [D]
72. [A] [B] [C] [D]　　77. [A] [B] [C] [D]　　82. [A] [B] [C] [D]　　87. [A] [B] [C] [D]
73. [A] [B] [C] [D]　　78. [A] [B] [C] [D]　　83. [A] [B] [C] [D]　　88. [A] [B] [C] [D]
74. [A] [B] [C] [D]　　79. [A] [B] [C] [D]　　84. [A] [B] [C] [D]　　89. [A] [B] [C] [D]
75. [A] [B] [C] [D]　　80. [A] [B] [C] [D]　　85. [A] [B] [C] [D]　　90. [A] [B] [C] [D]

三、书写

91.

92.

93.

94.

95-100题 →

95. _____

96. _____

97. _____

98. _____

99.

48

80

100.

48

80

汉语水平考试
HSK（五级）

注　意

一、HSK（五级）分三部分：

    1.听力（45题，约30分钟）

    2.阅读（45题，45分钟）

    3.书写（10题，40分钟）

二、听力结束后，有5分钟填写答题卡。

三、全部考试约125分钟（含考生填写个人信息时间5分钟）。

一、听 力

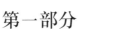

第一部分

第1-20题：请选出正确答案。

1. A 比平时贵
   B 味道不好
   C 快过期了
   D 买一送一

2. A 兄妹
   B 师生
   C 父女
   D 夫妻

3. A 体育设施太少
   B 餐厅面积很小
   C 教学楼不够用
   D 学生宿舍不足

4. A 样式很大方
   B 大小不合适
   C 颜色太鲜艳了
   D 摸起来不舒服

5. A 着凉了
   B 发烧了
   C 过敏了
   D 生气了

6. A 表演
   B 骑车
   C 打球
   D 购物

7. A 遗憾
   B 委屈
   C 舍不得
   D 无所谓

8. A 交完费以后
   B 做完检查后
   C 拿到报告后
   D 做完手术后

9. A 觉得待遇不好
   B 个人能力不够
   C 做项目失败了
   D 老板不欣赏他

10. A 主持节目
    B 兑换奖金
    C 换人民币
    D 接待客人

11. A 他们兴趣爱好不同
    B 他们教育观念不同
    C 他们消费习惯不同
    D 他们生活习惯不同

12. A 贷款买车了
    B 开车闯红灯了
    C 车乱停乱放了
    D 发生交通事故了

13. A 安装软件
    B 翻译字幕
    C 播放节目
    D 下载资源

14. A 演讲录音
    B 设计方案
    C 毕业论文
    D 工作报告

15. A 他们常常加班
    B 培训非常成功
    C 女的负责销售
    D 项目已经结束

16. A 学费比较贵
    B 儿子不想学
    C 会耽误学习
    D 怕儿子吃苦

17. A 尽量参加30号的咨询会
    B 跟负责人协调一下时间
    C 坐1号晚上的飞机回家
    D 把咨询会的时间推迟几天

18. A 抽屉里东西太多
    B 保险的发票丢了
    C 男的要学会整理
    D 男的应该去看病

19. A 有虫子了
    B 浇水过多
    C 营养不够
    D 阳光不足

20. A 很刺激
    B 很危险
    C 很轻松
    D 很无聊

第二部分

第21-45题：请选出正确答案。

21. A 调整打印机
    B 重新写合同
    C 联系维修人员
    D 用别的打印机

22. A 称赞小张
    B 责备小张
    C 安慰小张
    D 鼓励小张

23. A 这个月底
    B 今年夏天
    C 下个月上旬
    D 下个月中旬

24. A 阳台面积很大
    B 男的正在租房
    C 卧室没有家具
    D 女的就是房东

25. A 沙滩
    B 海边
    C 滑冰场
    D 游泳馆

26. A 犹豫
    B 反对
    C 支持
    D 无所谓

27. A 复印材料
    B 寄宣传册
    C 付款给对方
    D 联系印刷厂

28. A 结构很乱
    B 证据充分
    C 逻辑清楚
    D 结论夸张

29. A 宠物
    B 手机
    C 相册
    D 照相机

30. A 回家吃
    B 出去吃
    C 自己做饭
    D 手机点餐

31. A 风景很美
    B 比较危险
    C 距离最长
    D 车辆不多

32. A 及时换钱
    B 风俗习惯
    C 靠左行驶
    D 大型动物

33. A 用的材料不好
    B 距离市区很远
    C 服务员的态度很差
    D 顾客觉得咖啡太淡

34. A 室内的温度
    B 材料的质量
    C 杯子的颜色
    D 店里的装修

35. A 换了红色的杯子
    B 对员工进行培训
    C 延长了营业时间
    D 开发了新的口味

36. A 写日记
    B 看小说
    C 玩游戏
    D 谈恋爱

37. A 想跟他聊聊天儿
    B 想让他休息一下
    C 想看他在写什么
    D 想打扫一下房间

38. A 回忆小学生活
    B 写妈妈的名字
    C 给小强打电话
    D 偷偷地写日记

39. A 信任父母
    B 尊敬老师
    C 爱玩游戏
    D 有好奇心

40. A 共同讨论
    B 不够重视
    C 诚恳表扬
    D 咨询专家

41. A 让孩子学会自己解决
    B 可以请老师帮忙回答
    C 等孩子长大了就会明白
    D 是帮助孩子成长的机会

42. A 没有牙齿
    B 喜欢晒太阳
    C 常在海底找吃的
    D 可以在陆地上生活

43. A 弄碎食物外壳
    B 在岸上建房子
    C 增加自身重量
    D 用来打跑敌人

44. A 读书要有效率
    B 读书一定要用功
    C 一本书不读第二遍
    D 看完一本再看另一本

45. A 深处的水好喝
    B 要爱护水资源
    C 深入阅读才有收获
    D 书中的知识不全面

제1회

제2회

제3회

제4회

제5회

해커스 HSK 5급 실전모의고사

二、阅 读

第一部分

第46-60题：请选出正确答案。

46-48.

　　几千年来，汉字的书写 __46__ 都是从上到下、从右向左的。但是到了近代，随着中西文化的交流，在用汉字写成的文章及各类文件中，经常要引用外文原文，原来的书写形式就成为一种限制，需要进行 __47__ 。第一次提出汉字应该从左向右写的人，是中国著名的学者钱玄同。他在1917年提出这 建议，但由丁 些人的反对，改革的建议并没有被接受。1956年1月，中国政府决定将报纸、杂志 __48__ 从左向右排版。

46. A 方式　　　　B 系统　　　　C 细节　　　　D 特征
47. A 发明　　　　B 改革　　　　C 沟通　　　　D 克服
48. A 依然　　　　B 随手　　　　C 一律　　　　D 陆续

49-52.

　　"丁克"家庭的夫妻都有正常的生育能力，但是他们更愿意过自由的"二人世界"。养孩子不但要花费大量的时间、 __49__ 和金钱，而且还要懂得怎么教育孩子，很多年轻人都担心承担不了这个责任，所以，中国的"丁克"家庭在 __50__ 增加。

　　与"丁克"相比，"丁宠家庭"这个词的流行比较晚，它被用来 __51__ 那些养宠物、不养孩子的家庭。"丁宠"家庭中的宠物尽管不是孩子，但它们在家庭中的地位，以及它们享受的待遇，其实不比孩子差， __52__ 。总之，"丁宠"家庭每月花费在"儿女"身上的钱不比养一个孩子花钱少。

49. A 经历　　　　B 精力　　　　C 理由　　　　D 学问
50. A 纷纷　　　　B 自动　　　　C 迟早　　　　D 不断
51. A 表明　　　　B 形容　　　　C 反映　　　　D 归纳
52. A 哪怕保持沉默　　　　　　　B 更何况受到疼爱
　　 C 有的甚至还更好　　　　　D 除非训练很长时间

53-56.

　　暑假是每个孩子盼望的好日子，不用上课，不用天天做作业，可以想吃就吃，想睡就睡。但是一家健康组织对400名学生做了一 __53__ 调查，对比他们假期前后的健康状况。调查结果显示，__54__，学生们在前一学期通过锻炼积累的体能会下降80%，几乎只跑一小段路就会累得气喘吁吁。

　　根据调查，经济条件最差的家庭，孩子暑期的健康状况下降得最__55__，下降程度是最富家庭孩子的18倍。调查表明，贫穷家庭的孩子更容易在电视机前__56__坐好几个小时，因此，该组织呼吁政府从国家税收中拿出部分资金用于举办更多的假期体育活动。

53.　A 批　　　　　　B 项　　　　　　C 组　　　　　　D 套
54.　A 懒散的暑假过后　　　　　　B 孩子们积极锻炼
　　 C 假期因为休息得很好　　　　D 这样的生活没有意义
55.　A 模糊　　　　　B 显然　　　　　C 明确　　　　　D 明显
56.　A 通常　　　　　B 连续　　　　　C 持续　　　　　D 接近

57-60.

　　有位年轻人带着自己的文章去见某杂志主编，主编看后很欣赏，不仅发表了他的文章，还留他当了编辑，年轻人很__57__主编。可逐渐地，两人在文章选择标准上意见不一。一次，主编要去出差，年轻人在没有征求主编意见的情况下，删除了两篇已__58__的文章，还写了一篇文章批评主编称赞过的作家。大家都觉得年轻人自作主张，会被辞退。年轻人也认识到了错误，__59__向主编道歉。没想到主编却说："我看了你编的杂志，__60__，可后来我发现很多人都说你编得好，看来你是对的！"从那之后，主编在工作上经常征求年轻人的意见，杂志也办得越来越好了。

57.　A 热爱　　　　　B 纪念　　　　　C 感激　　　　　D 珍惜
58.　A 集中　　　　　B 确定　　　　　C 成立　　　　　D 宣布
59.　A 主动　　　　　B 热心　　　　　C 谨慎　　　　　D 虚心
60.　A 正打算发表　　　　　　　　　B 内容非常有趣
　　 C 刚开始的确很生气　　　　　　D 里面没有语法错误

第二部分

第61-70题：请选出与试题内容一致的一项。

61. 在中国传统文化中，龙无处不在，只要是有水的地方总有龙王庙。在众多传说中，龙王通常是最主要的形象。而每当传统节日时，龙舞、龙灯、龙舟赛都不可缺少；假如没有龙的形象，人们就很难充分感受到喜庆气氛。

    A 龙舞、龙灯不太常见
    B 龙只出现在有水的地方
    C 龙可以为节日增加喜庆气氛
    D 传说中的龙王都是最重要的形象

62. 一般来说，企业家是为了获得利润才创办企业的。而有些企业家成立企业却是为了解决社会问题，这些人被称为"社会企业家"。社会企业家有着美好的理想，承担着企业责任、行业责任与社会责任，为建设一个更好的社会而努力。

    A 小企业的成长空间受到限制
    B 社会企业家想为社会做贡献
    C 优秀企业家的创造力都很强
    D 企业家们应该尽力帮助穷人

63. 四季桂是桂花中的一个种类，与其他桂花不同的是，它一年四季都开花，也被称为"月月桂"。四季桂的花刚开时为淡黄色，后来变为白色，香气很浓。四季桂比较矮，叶片宽大而常绿，比较适合种在院子里。

    A 桂花有很多种类
    B 四季桂冬天不开花
    C 四季桂的叶片细而长
    D 四季桂的花会由白变黄

64. 兄弟俩在同一个班学习，哥哥很勤奋，所以成绩很好。可弟弟学习不用功，作业总是抄哥哥的。有一次，老师让学生们写一篇作文，题目是《我的妈妈》。第二天，老师问弟弟："为什么你写的作文跟你哥哥的一样啊"，弟弟回答说："我们的妈妈是一个人，当然作文也一样了。"

    A 哥哥比弟弟大一岁
    B 弟弟学习非常努力
    C 老师们不喜欢弟弟
    D 兄弟俩是同班同学

65. 软广告指商家不直接介绍商品、服务，而是通过在报纸、网络、电视节目等宣传媒体上插进带有介绍性的文章、画面和短片，或通过赞助社会活动等方式来提升企业品牌知名度，以促进企业商品销售的一种广告形式。

A 软广告不以赚钱为目的
B 软广告只出现在杂志上
C 软广告不直接介绍商品
D 软广告更受消费者喜爱

66. 瘦西湖位于江苏省扬州市西北部。它全长4.3公里，湖面虽不宽，但水上面积高达700亩，有长堤、五亭桥、白塔等多处名胜古迹。整个湖区风景可以分为岛、桥、堤、岸等几种类型，形成了风格多变的山水园林景色。

A 瘦西湖可免费参观
B 瘦西湖全长30公里
C 瘦西湖的水上面积很大
D 瘦西湖位于浙江省杭州市

67. 最新研究结果表明，火星曾经有一个厚厚的大气层。后来，由于受到太阳风的影响，大部分气体流失在太空中，大气层才变得非常薄。而这也使得火星的气候发生了很大的变化：从最初的温暖、潮湿，变成现在的寒冷、干燥。

A 火星上存在生命
B 火星的温度在升高
C 现在的火星非常温暖
D 火星的大气层发生过变化

68. 学生在课堂上主要学习理论知识，他们缺乏实践经验，遇到问题容易失去方向。而实习则不同，它能让学生接触到实际的工作环境和工作程序，帮助他们在实践中加深对专业知识的理解与运用，为今后的工作打下良好的基础。

A 实习能让学生熟悉工作
B 学生喜欢参加社会实践
C 实习不如理论学习重要
D 学校应增加更多理论课

69. "停车难"已成了很多大城市的社会问题，由于停车位紧张，乱停车的现象越来越严重。为了从根本上解决这个问题，近年来一些城市开始建立停车管理信息系统，统一管理城市车位资源，市民可以通过手机软件、网站、电话等方式寻找车位，一定程度上缓解了停车压力。

A 乱停车将会面临更多罚款
B 部分城市可上网寻找车位
C 老百姓要多利用公共交通
D 停车乱收费现象比较严重

70. 我们通常用提高水价的办法，来阻止人们对水资源的浪费。水价上涨将会使人们改掉浪费水的坏习惯，从而节省水资源。然而，提高水价并不是解决水资源危机的根本办法。只有改变人们的观念，提高对水资源保护的重视程度，才能有效地实现可持续发展。

A 提高水价是最好的办法
B 很多城市已经严重缺水
C 要建立保护水资源的观念
D 浪费水的坏习惯很难改变

第三部分

第71-90题：请选出正确答案。

71-74.

　　有一个姑娘长得特别美，个性也很温柔，只可惜她是个盲人。到了结婚的年龄，亲戚朋友们先后给姑娘介绍了十多个男孩子，他们都表示不在乎姑娘是盲人，愿意娶她。但每次姑娘都摇头不同意，她的妈妈说："这些男孩子各有各的优势，有的家庭条件好，有的长得很英俊，而且都不嫌弃你看不见，你还有什么不满足的呢？"

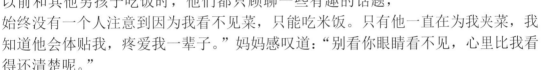

　　后来，一个比较穷的普通男青年被姑娘"看"中了。妈妈觉得他的条件不够好，劝女儿说："你才25岁，年纪还不大，何必这么匆忙决定呢？"姑娘说："我确定了，就是他。以前和其他男孩子吃饭时，他们都只顾聊一些有趣的话题，始终没有一个人注意到因为我看不见菜，只能吃米饭。只有他一直在为我夹菜，我知道他会体贴我，疼爱我一辈子。"妈妈感叹道："别看你眼睛看不见，心里比我看得还清楚呢。"

71. 根据上文，这个姑娘：
    A 刚满20岁
    B 喜欢吃米饭
    C 眼睛看不见
    D 不太喜欢说话

72. 姑娘为什么不喜欢之前的男孩子？
    A 姑娘没有自信心
    B 姑娘不想早结婚
    C 他们总是说大话
    D 他们不太关心她

73. 姑娘拒绝那些男孩子时，妈妈觉得自己的女儿：
    A 要求太高
    B 长得很美
    C 年龄太小
    D 性格温柔

74. 姑娘看中那个男青年，是因为他：
    A 性格很好
    B 对她体贴
    C 长得英俊
    D 能力突出

75-78.

　　春天到了，雪白的梨花、粉红的桃花、金黄的油菜花都纷纷开放。为什么花儿会有这么多鲜艳的色彩呢？秘密就是：花的细胞里存在着各种不同的色素。如果花的颜色是红的、紫的或蓝的，那是因为这些花里含有一种叫"花青素"的色素。如果花的颜色是黄的、浅黄的、桔黄的，那就是花里含有"类胡萝卜素"。那么白色的花又含有什么色素呢？答案是什么色素也没有。它之所以看上去是白色的，是因为花瓣里充满了小气泡。如果我们将花瓣里的气泡全部挤掉，那么白花就变成无色透明的了。

　　在丰富多彩的花的世界里，白色、黄色、红色的花最常见，而黑色的花最少见，因此也就显得特别名贵。黑色的花能吸收太阳光中全部的光，在阳光下升温快，花的组织容易受到伤害，从而影响花朵的正常生长。所以，经过长期的自然选择，黑色花的种类在自然界里就非常少见了。

75. 为什么花儿会有不同的颜色？
　　A 生长的环境不同　　　　　　　　B 含有的色素不同
　　C 吸收的光类型不同　　　　　　　D 生长地的气候不同

76. 如果花里含有"花青素"，那么花朵的颜色不可能是：
　　A 酒红色　　　　　　　　　　　　B 淡黄色
　　C 浅紫色　　　　　　　　　　　　D 天蓝色

77. 白色的花显示出白色是因为：
　　A 可接收的白光较多　　　　　　　B 含有白色的色素
　　C 花瓣里含有小气泡　　　　　　　D 含有类胡萝卜素

78. 为什么自然界中黑色的花比较少见？
　　A 黑色的花很难养　　　　　　　　B 黑色让人感觉不愉快
　　C 种黑色花的人比较少　　　　　　D 黑色会吸收过多的阳光

79-82.

从前，有一个叫陈尧咨的人很善于射箭。当地没有人能比得上他，他因此十分得意，自以为是天下第一，根本没人是他的对手。有一天，他在家门口训练，每次都能射中目标，旁边观看的人纷纷鼓掌称赞。可是有个卖油的老人却丝毫没有佩服的表情，只是偶尔点一下头。

陈尧咨有点儿生气，用不客气的语气问老人："难道你不觉得我射箭很厉害吗？"老人微笑着说："你射得不错，但这没有什么了不起的，凭借我倒油的经验可以知道，经过训练就可以很熟练。"

老人不慌不忙地取出一个瓶子，在瓶口上放了一枚铜钱，铜钱中间有一个小洞，然后用勺子把油从铜钱中的小洞倒入瓶中。一勺油全部倒完，铜钱上居然没有沾半点油。周围的人都纷纷叫好，老人说："这也没什么特别的，只不过是熟能生巧，性质和射箭也差不多。"

"熟能生巧"这个成语告诉我们，做任何工作，只要反复实践，坚持努力，都能熟练掌握，达到很高的水平。

79. 陈尧咨认为自己：
    A 已经没有对手   B 是个谦虚的人
    C 射箭水平不高   D 能打败挑战者

80. 陈尧咨生气是因为老人：
    A 说他坏话   B 不佩服他
    C 不卖油给他   D 射箭水平更高

81. 老人用什么方法来证明自己的观点？
    A 倒油   B 讲道理
    C 比赛射箭   D 让观众评价

82. "熟能生巧"这个成语告诉我们：
    A 坚持到底就会胜利   B 反复实践能提高水平
    C 小错误也会造成大损失   D 好的开始是成功的一半

83-86.

　　从前有一个穷孩子，有一天，他有机会在王子面前朗读自己写的诗歌和剧本。表演完，王子问他想要什么礼物，这个穷孩子勇敢地提出请求："我想写剧本，想在皇家剧院演戏。"王子把这个长着大鼻子的丑孩子从头到脚看了一遍，然后对他说："能够朗读剧本，并不代表你能够写剧本，那是两件不同的事儿，你还是去学一个有用的本领吧。"

　　回家以后，他向家人告别，离开家乡去追求自己的梦想。这时候，他才14岁，但他相信，只要自己愿意努力，安徒生这个名字一定会流传下去。

　　到了首都后，他努力地写作，终于在1835年，他发表的童话故事受到了孩子们的喜爱，引起了广泛关注，开始了属于安徒生的时代。后来，他的童话故事被翻译成多种文字，除了《圣经》以外，没有任何一本书比得上。安徒生说："如果你是一只天鹅，那么即使你出生在鸭子家里也没有关系。"

83. 穷孩子有一次在谁的面前表演？
　　A 国王的儿子　　　　　　　B 剧院的老板
　　C 家里的亲戚　　　　　　　D 首都的儿童

84. 穷孩子的梦想是：
　　A 变成富有的人　　　　　　B 学有用的本领
　　C 能在剧院演戏　　　　　　D 成为著名作家

85. 关于安徒生的童话故事，正确的是：
　　A 内容特别积极乐观　　　　B 比《圣经》销量多
　　C 得到了王子的赞美　　　　D 被翻译成多种文字

86. 这个故事告诉我们：
　　A 鸭子不会变成天鹅　　　　B 对人应该保持微笑
　　C 坚持努力就会成功　　　　D 要了解自己的缺点

87-90.

科学家认为，用心是记忆的关键。记忆分布在大脑的各个区域。比如，有关玫瑰的形状、气味、刺痛的感觉及相关情感的信息分别保存在大脑的不同区域。当你想到玫瑰时，大脑就在每个部位搜索、寻找与玫瑰有关的信息。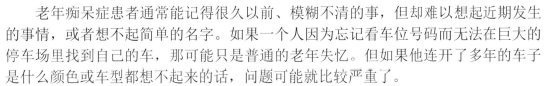

通常来说，你对一个事物的体验越丰富，你的记忆就越深。如果你在美酒和爱人的陪伴下度过了一个美好的夜晚，你一定不会忘记这个夜晚。而每次你在脑海中回放那些情景的时候，就会再一次加强这些记忆。重复也有助于增强名字或数字等抽象事物的记忆。但如果你睡眠不足、紧张焦虑或者面临压力，做到这点会比较困难。

老年痴呆症患者通常能记得很久以前、模糊不清的事，但却难以想起近期发生的事情，或者想不起简单的名字。如果一个人因为忘记看车位号码而无法在巨大的停车场里找到自己的车，那可能只是普通的老年失忆。但如果他连开了多年的车子是什么颜色或车型都想不起来的话，问题可能就比较严重了。

行为、脾气或记忆出现变化也是老年痴呆症患者的早期表现。如果你一直很糊涂，那么记性不好也没什么奇怪的；但如果你过去记忆力出色，现在却开始记不住事情，这就比较让人担心了。这时最好去找医生做一下检查。

87. 根据上文，怎么做有利于加深记忆？
　　A 多学知识　　　　　　　　　B 增加体验
　　C 保持愉快　　　　　　　　　D 少用电脑

88. 根据本文，有人善于记名字是因为他们经常：
　　A 联想　　　　　　　　　　　B 归纳
　　C 概括　　　　　　　　　　　D 重复

89. 下面哪种情况应该去看医生？
　　A 没有给汽车加油　　　　　　B 出门前忘了关灯
　　C 忘了自己的生日　　　　　　D 错过朋友的约会

90. 下面最适合做本文标题的是：
　　A 记忆与老年痴呆　　　　　　B 老年痴呆的表现
　　C 记性变差的原因　　　　　　D 增强记忆的方法

三、书写

第一部分

第91-98题：完成句子。

例如：发明　这台机器　什么时候　是　的

　　　　这台机器是什么时候发明的？

91.　进口　　的　　这台机器　　是

92.　酒吧里　挤　年轻人　满了

93.　勇气　朋友的鼓励　让　他　恢复了

94.　极其　发挥得　他昨晚　完美

95.　不得不　采取　公司　措施　目前的困难　解决

96.　敏感　没有　妹妹　那么　哥哥的情绪

97.　这项制造技术　下来的　是从　流传　古代

98.　媒体的未来　节目的　质量　决定着

第二部分

第99-100题：写短文。

99. 请结合下列词语（要全部使用，顺序不分先后），写一篇80字左右的短文。

美食　风景　古老　合影　拥挤

100. 请结合这张图片写一篇80字左右的短文。

다음 페이지(p.124)에 정답이 있으니 바로 채점해보세요.

듣기

해설집 p.224

제1부분

1 C **2** B **3** D **4** A **5** C **6** D **7** D **8** C **9** A **10** B **11** B **12** C **13** A **14** C **15** D **16** D **17** A
18 C **19** B **20** A

제2부분

21 D **22** C **23** D **24** B **25** C **26** A **27** D **28** C **29** B **30** D **31** A **32** C **33** D **34** C **35** A
36 D **37** C **38** B **39** D **40** B **41** D **42** C **43** A **44** D **45** C

독해

해설집 p.246

제1부분

46 A **47** B **48** C **49** B **50** D **51** B **52** C **53** B **54** A **55** D **56** B **57** C **58** B **59** A **60** C

제2부분

61 C **62** B **63** A **64** D **65** C **66** C **67** D **68** A **69** B **70** C

제3부분

71 C **72** D **73** A **74** B **75** B **76** B **77** C **78** D **79** A **80** B **81** A **82** B **83** A **84** C **85** D
86 C **87** B **88** D **89** C **90** A

쓰기

해설집 p.267

제1부분

91 这台机器是进口的。

92 酒吧里挤满了年轻人。

93 朋友的鼓励让他恢复了勇气。

94 他昨晚发挥得极其完美。

95 公司不得不采取措施解决目前的困难。

96 哥哥的情绪没有妹妹那么敏感。

97 这项制造技术是从古代流传下来的。

98 节目的质量决定着媒体的未来。

제2부분

99

모범 답안

上个周末我去西安旅行了。在当地我既品尝到了各种美食，又欣赏到了美丽的风景。在古老的城墙上，我想给自己拍一张照，但因为人很多，实在太拥挤了，我的单人照看上去就像是和很多人的合影。

100

모범 답안

今天是我们大学毕业的日子，因为都顺利拿到了毕业证书，同学们很兴奋，把帽子扔上了天空。但我也有些难过，很舍不得离开同学们。希望今后我们无论在哪里，永远都不会忘记这难忘的时刻。

시험에 나올 어휘를
효과적으로 공부하려면?

해커스중국어(china.Hackers.com)에서
<HSK 5급 핵심&고난도 어휘 1000> 무료 다운받기!

고사장 소음까지 대비하고
듣기 점수 올리려면?

해커스중국어(china.Hackers.com)에서
고사장 소음 버전 MP3 무료 다운받기!

답안지

汉语水平考试 HSK（五级）答题卡

请填写考生信息

请按照考试证件上的姓名填写：

姓名

如果有中文姓名，请填写：

中文姓名

考生序号
[0] [1] [2] [3] [4] [5] [6] [7] [8] [9]
[0] [1] [2] [3] [4] [5] [6] [7] [8] [9]
[0] [1] [2] [3] [4] [5] [6] [7] [8] [9]
[0] [1] [2] [3] [4] [5] [6] [7] [8] [9]
[0] [1] [2] [3] [4] [5] [6] [7] [8] [9]

请填写考点信息

考点序号
[0] [1] [2] [3] [4] [5] [6] [7] [8] [9]
[0] [1] [2] [3] [4] [5] [6] [7] [8] [9]
[0] [1] [2] [3] [4] [5] [6] [7] [8] [9]
[0] [1] [2] [3] [4] [5] [6] [7] [8] [9]
[0] [1] [2] [3] [4] [5] [6] [7] [8] [9]
[0] [1] [2] [3] [4] [5] [6] [7] [8] [9]
[0] [1] [2] [3] [4] [5] [6] [7] [8] [9]

国籍
[0] [1] [2] [3] [4] [5] [6] [7] [8] [9]
[0] [1] [2] [3] [4] [5] [6] [7] [8] [9]
[0] [1] [2] [3] [4] [5] [6] [7] [8] [9]

年龄
[0] [1] [2] [3] [4] [5] [6] [7] [8] [9]
[0] [1] [2] [3] [4] [5] [6] [7] [8] [9]

性别
男 [1]　　女 [2]

注意　请用2B铅笔这样写：■

一、听力

1. [A] [B] [C] [D]
2. [A] [B] [C] [D]
3. [A] [B] [C] [D]
4. [A] [B] [C] [D]
5. [A] [B] [C] [D]

6. [A] [B] [C] [D]
7. [A] [B] [C] [D]
8. [A] [B] [C] [D]
9. [A] [B] [C] [D]
10. [A] [B] [C] [D]

11. [A] [B] [C] [D]
12. [A] [B] [C] [D]
13. [A] [B] [C] [D]
14. [A] [B] [C] [D]
15. [A] [B] [C] [D]

16. [A] [B] [C] [D]
17. [A] [B] [C] [D]
18. [A] [B] [C] [D]
19. [A] [B] [C] [D]
20. [A] [B] [C] [D]

21. [A] [B] [C] [D]
22. [A] [B] [C] [D]
23. [A] [B] [C] [D]
24. [A] [B] [C] [D]
25. [A] [B] [C] [D]

26. [A] [B] [C] [D]
27. [A] [B] [C] [D]
28. [A] [B] [C] [D]
29. [A] [B] [C] [D]
30. [A] [B] [C] [D]

31. [A] [B] [C] [D]
32. [A] [B] [C] [D]
33. [A] [B] [C] [D]
34. [A] [B] [C] [D]
35. [A] [B] [C] [D]

36. [A] [B] [C] [D]
37. [A] [B] [C] [D]
38. [A] [B] [C] [D]
39. [A] [B] [C] [D]
40. [A] [B] [C] [D]

41. [A] [B] [C] [D]
42. [A] [B] [C] [D]
43. [A] [B] [C] [D]
44. [A] [B] [C] [D]
45. [A] [B] [C] [D]

二、阅读

46. [A] [B] [C] [D]
47. [A] [B] [C] [D]
48. [A] [B] [C] [D]
49. [A] [B] [C] [D]
50. [A] [B] [C] [D]

51. [A] [B] [C] [D]
52. [A] [B] [C] [D]
53. [A] [B] [C] [D]
54. [A] [B] [C] [D]
55. [A] [B] [C] [D]

56. [A] [B] [C] [D]
57. [A] [B] [C] [D]
58. [A] [B] [C] [D]
59. [A] [B] [C] [D]
60. [A] [B] [C] [D]

61. [A] [B] [C] [D]
62. [A] [B] [C] [D]
63. [A] [B] [C] [D]
64. [A] [B] [C] [D]
65. [A] [B] [C] [D]

66. [A] [B] [C] [D]
67. [A] [B] [C] [D]
68. [A] [B] [C] [D]
69. [A] [B] [C] [D]
70. [A] [B] [C] [D]

71. [A] [B] [C] [D]
72. [A] [B] [C] [D]
73. [A] [B] [C] [D]
74. [A] [B] [C] [D]
75. [A] [B] [C] [D]

76. [A] [B] [C] [D]
77. [A] [B] [C] [D]
78. [A] [B] [C] [D]
79. [A] [B] [C] [D]
80. [A] [B] [C] [D]

81. [A] [B] [C] [D]
82. [A] [B] [C] [D]
83. [A] [B] [C] [D]
84. [A] [B] [C] [D]
85. [A] [B] [C] [D]

86. [A] [B] [C] [D]
87. [A] [B] [C] [D]
88. [A] [B] [C] [D]
89. [A] [B] [C] [D]
90. [A] [B] [C] [D]

三、书写

91.

92.

93.

94.

95-100题 →

95. _____

96. _____

97. _____

98. _____

99.

48

80

100.

48

80

请不要写到框线以外！

답안지

汉语水平考试 HSK（五级）答题卡

一、听力

1. [A] [B] [C] [D]　　6. [A] [B] [C] [D]　　11. [A] [B] [C] [D]　　16. [A] [B] [C] [D]　　21. [A] [B] [C] [D]
2. [A] [B] [C] [D]　　7. [A] [B] [C] [D]　　12. [A] [B] [C] [D]　　17. [A] [B] [C] [D]　　22. [A] [B] [C] [D]
3. [A] [B] [C] [D]　　8. [A] [B] [C] [D]　　13. [A] [B] [C] [D]　　18. [A] [B] [C] [D]　　23. [A] [B] [C] [D]
4. [A] [B] [C] [D]　　9. [A] [B] [C] [D]　　14. [A] [B] [C] [D]　　19. [A] [B] [C] [D]　　24. [A] [B] [C] [D]
5. [A] [B] [C] [D]　　10. [A] [B] [C] [D]　　15. [A] [B] [C] [D]　　20. [A] [B] [C] [D]　　25. [A] [B] [C] [D]

26. [A] [B] [C] [D]　　31. [A] [B] [C] [D]　　36. [A] [B] [C] [D]　　41. [A] [B] [C] [D]
27. [A] [B] [C] [D]　　32. [A] [B] [C] [D]　　37. [A] [B] [C] [D]　　42. [A] [B] [C] [D]
28. [A] [B] [C] [D]　　33. [A] [B] [C] [D]　　38. [A] [B] [C] [D]　　43. [A] [B] [C] [D]
29. [A] [B] [C] [D]　　34. [A] [B] [C] [D]　　39. [A] [B] [C] [D]　　44. [A] [B] [C] [D]
30. [A] [B] [C] [D]　　35. [A] [B] [C] [D]　　40. [A] [B] [C] [D]　　45. [A] [B] [C] [D]

二、阅读

46. [A] [B] [C] [D]　　51. [A] [B] [C] [D]　　56. [A] [B] [C] [D]　　61. [A] [B] [C] [D]　　66. [A] [B] [C] [D]
47. [A] [B] [C] [D]　　52. [A] [B] [C] [D]　　57. [A] [B] [C] [D]　　62. [A] [B] [C] [D]　　67. [A] [B] [C] [D]
48. [A] [B] [C] [D]　　53. [A] [B] [C] [D]　　58. [A] [B] [C] [D]　　63. [A] [B] [C] [D]　　68. [A] [B] [C] [D]
49. [A] [B] [C] [D]　　54. [A] [B] [C] [D]　　59. [A] [B] [C] [D]　　64. [A] [B] [C] [D]　　69. [A] [B] [C] [D]
50. [A] [B] [C] [D]　　55. [A] [B] [C] [D]　　60. [A] [B] [C] [D]　　65. [A] [B] [C] [D]　　70. [A] [B] [C] [D]

71. [A] [B] [C] [D]　　76. [A] [B] [C] [D]　　81. [A] [B] [C] [D]　　86. [A] [B] [C] [D]
72. [A] [B] [C] [D]　　77. [A] [B] [C] [D]　　82. [A] [B] [C] [D]　　87. [A] [B] [C] [D]
73. [A] [B] [C] [D]　　78. [A] [B] [C] [D]　　83. [A] [B] [C] [D]　　88. [A] [B] [C] [D]
74. [A] [B] [C] [D]　　79. [A] [B] [C] [D]　　84. [A] [B] [C] [D]　　89. [A] [B] [C] [D]
75. [A] [B] [C] [D]　　80. [A] [B] [C] [D]　　85. [A] [B] [C] [D]　　90. [A] [B] [C] [D]

三、书写

91.

92.

93.

94.

95-100题

95. _____

96. _____

97. _____

98. _____

99.

48

80

100.

48

80

답안지

汉语水平考试 HSK（五级）答题卡

注意　请用2B铅笔这样写： ■

一、听力

1. [A] [B] [C] [D]　　6. [A] [B] [C] [D]　　11. [A] [B] [C] [D]　　16. [A] [B] [C] [D]　　21. [A] [B] [C] [D]
2. [A] [B] [C] [D]　　7. [A] [B] [C] [D]　　12. [A] [B] [C] [D]　　17. [A] [B] [C] [D]　　22. [A] [B] [C] [D]
3. [A] [B] [C] [D]　　8. [A] [B] [C] [D]　　13. [A] [B] [C] [D]　　18. [A] [B] [C] [D]　　23. [A] [B] [C] [D]
4. [A] [B] [C] [D]　　9. [A] [B] [C] [D]　　14. [A] [B] [C] [D]　　19. [A] [B] [C] [D]　　24. [A] [B] [C] [D]
5. [A] [B] [C] [D]　　10. [A] [B] [C] [D]　　15. [A] [B] [C] [D]　　20. [A] [B] [C] [D]　　25. [A] [B] [C] [D]

26. [A] [B] [C] [D]　　31. [A] [B] [C] [D]　　36. [A] [B] [C] [D]　　41. [A] [B] [C] [D]
27. [A] [B] [C] [D]　　32. [A] [B] [C] [D]　　37. [A] [B] [C] [D]　　42. [A] [B] [C] [D]
28. [A] [B] [C] [D]　　33. [A] [B] [C] [D]　　38. [A] [B] [C] [D]　　43. [A] [B] [C] [D]
29. [A] [B] [C] [D]　　34. [A] [B] [C] [D]　　39. [A] [B] [C] [D]　　44. [A] [B] [C] [D]
30. [A] [B] [C] [D]　　35. [A] [B] [C] [D]　　40. [A] [B] [C] [D]　　45. [A] [B] [C] [D]

二、阅读

46. [A] [B] [C] [D]　　51. [A] [B] [C] [D]　　56. [A] [B] [C] [D]　　61. [A] [B] [C] [D]　　66. [A] [B] [C] [D]
47. [A] [B] [C] [D]　　52. [A] [B] [C] [D]　　57. [A] [B] [C] [D]　　62. [A] [B] [C] [D]　　67. [A] [B] [C] [D]
48. [A] [B] [C] [D]　　53. [A] [B] [C] [D]　　58. [A] [B] [C] [D]　　63. [A] [B] [C] [D]　　68. [A] [B] [C] [D]
49. [A] [B] [C] [D]　　54. [A] [B] [C] [D]　　59. [A] [B] [C] [D]　　64. [A] [B] [C] [D]　　69. [A] [B] [C] [D]
50. [A] [B] [C] [D]　　55. [A] [B] [C] [D]　　60. [A] [B] [C] [D]　　65. [A] [B] [C] [D]　　70. [A] [B] [C] [D]

71. [A] [B] [C] [D]　　76. [A] [B] [C] [D]　　81. [A] [B] [C] [D]　　86. [A] [B] [C] [D]
72. [A] [B] [C] [D]　　77. [A] [B] [C] [D]　　82. [A] [B] [C] [D]　　87. [A] [B] [C] [D]
73. [A] [B] [C] [D]　　78. [A] [B] [C] [D]　　83. [A] [B] [C] [D]　　88. [A] [B] [C] [D]
74. [A] [B] [C] [D]　　79. [A] [B] [C] [D]　　84. [A] [B] [C] [D]　　89. [A] [B] [C] [D]
75. [A] [B] [C] [D]　　80. [A] [B] [C] [D]　　85. [A] [B] [C] [D]　　90. [A] [B] [C] [D]

三、书写

91.
—

92.
—

93.
—

94.
—

95-100题 →

95. _____

96. _____

97. _____

98. _____

99.

48

80

100.

48

80

답안지

汉语水平考试 HSK（五级）答题卡

请按照考试证件上的姓名填写：

姓名

如果有中文姓名，请填写：

中文姓名

考生序号	[0] [1] [2] [3] [4] [5] [6] [7] [8] [9]
	[0] [1] [2] [3] [4] [5] [6] [7] [8] [9]
	[0] [1] [2] [3] [4] [5] [6] [7] [8] [9]
	[0] [1] [2] [3] [4] [5] [6] [7] [8] [9]
	[0] [1] [2] [3] [4] [5] [6] [7] [8] [9]

考点序号	[0] [1] [2] [3] [4] [5] [6] [7] [8] [9]
	[0] [1] [2] [3] [4] [5] [6] [7] [8] [9]
	[0] [1] [2] [3] [4] [5] [6] [7] [8] [9]
	[0] [1] [2] [3] [4] [5] [6] [7] [8] [9]
	[0] [1] [2] [3] [4] [5] [6] [7] [8] [9]
	[0] [1] [2] [3] [4] [5] [6] [7] [8] [9]
	[0] [1] [2] [3] [4] [5] [6] [7] [8] [9]

国籍	[0] [1] [2] [3] [4] [5] [6] [7] [8] [9]
	[0] [1] [2] [3] [4] [5] [6] [7] [8] [9]
	[0] [1] [2] [3] [4] [5] [6] [7] [8] [9]

| 年龄 | [0] [1] [2] [3] [4] [5] [6] [7] [8] [9] |
| | [0] [1] [2] [3] [4] [5] [6] [7] [8] [9] |

| 性别 | 男 [1]　　　女 [2] |

注意　请用2B铅笔这样写：■■

一、听力

1. [A] [B] [C] [D]　　6. [A] [B] [C] [D]　　11. [A] [B] [C] [D]　　16. [A] [B] [C] [D]　　21. [A] [B] [C] [D]
2. [A] [B] [C] [D]　　7. [A] [B] [C] [D]　　12. [A] [B] [C] [D]　　17. [A] [B] [C] [D]　　22. [A] [B] [C] [D]
3. [A] [B] [C] [D]　　8. [A] [B] [C] [D]　　13. [A] [B] [C] [D]　　18. [A] [B] [C] [D]　　23. [A] [B] [C] [D]
4. [A] [B] [C] [D]　　9. [A] [B] [C] [D]　　14. [A] [B] [C] [D]　　19. [A] [B] [C] [D]　　24. [A] [B] [C] [D]
5. [A] [B] [C] [D]　　10. [A] [B] [C] [D]　　15. [A] [B] [C] [D]　　20. [A] [B] [C] [D]　　25. [A] [B] [C] [D]

26. [A] [B] [C] [D]　　31. [A] [B] [C] [D]　　36. [A] [B] [C] [D]　　41. [A] [B] [C] [D]
27. [A] [B] [C] [D]　　32. [A] [B] [C] [D]　　37. [A] [B] [C] [D]　　42. [A] [B] [C] [D]
28. [A] [B] [C] [D]　　33. [A] [B] [C] [D]　　38. [A] [B] [C] [D]　　43. [A] [B] [C] [D]
29. [A] [B] [C] [D]　　34. [A] [B] [C] [D]　　39. [A] [B] [C] [D]　　44. [A] [B] [C] [D]
30. [A] [B] [C] [D]　　35. [A] [B] [C] [D]　　40. [A] [B] [C] [D]　　45. [A] [B] [C] [D]

二、阅读

46. [A] [B] [C] [D]　　51. [A] [B] [C] [D]　　56. [A] [B] [C] [D]　　61. [A] [B] [C] [D]　　66. [A] [B] [C] [D]
47. [A] [B] [C] [D]　　52. [A] [B] [C] [D]　　57. [A] [B] [C] [D]　　62. [A] [B] [C] [D]　　67. [A] [B] [C] [D]
48. [A] [B] [C] [D]　　53. [A] [B] [C] [D]　　58. [A] [B] [C] [D]　　63. [A] [B] [C] [D]　　68. [A] [B] [C] [D]
49. [A] [B] [C] [D]　　54. [A] [B] [C] [D]　　59. [A] [B] [C] [D]　　64. [A] [B] [C] [D]　　69. [A] [B] [C] [D]
50. [A] [B] [C] [D]　　55. [A] [B] [C] [D]　　60. [A] [B] [C] [D]　　65. [A] [B] [C] [D]　　70. [A] [B] [C] [D]

71. [A] [B] [C] [D]　　76. [A] [B] [C] [D]　　81. [A] [B] [C] [D]　　86. [A] [B] [C] [D]
72. [A] [B] [C] [D]　　77. [A] [B] [C] [D]　　82. [A] [B] [C] [D]　　87. [A] [B] [C] [D]
73. [A] [B] [C] [D]　　78. [A] [B] [C] [D]　　83. [A] [B] [C] [D]　　88. [A] [B] [C] [D]
74. [A] [B] [C] [D]　　79. [A] [B] [C] [D]　　84. [A] [B] [C] [D]　　89. [A] [B] [C] [D]
75. [A] [B] [C] [D]　　80. [A] [B] [C] [D]　　85. [A] [B] [C] [D]　　90. [A] [B] [C] [D]

三、书写

91.

92.

93.

94.

95-100题 →

95. _____

96. _____

97. _____

98. _____

99.

48

80

100.

48

80

请不要写到框线以外!

답안지

汉语水平考试 HSK（五级）答题卡

注意　请用2B铅笔这样写：■

一、听力

1. [A] [B] [C] [D]
2. [A] [B] [C] [D]
3. [A] [B] [C] [D]
4. [A] [B] [C] [D]
5. [A] [B] [C] [D]

6. [A] [B] [C] [D]
7. [A] [B] [C] [D]
8. [A] [B] [C] [D]
9. [A] [B] [C] [D]
10. [A] [B] [C] [D]

11. [A] [B] [C] [D]
12. [A] [B] [C] [D]
13. [A] [B] [C] [D]
14. [A] [B] [C] [D]
15. [A] [B] [C] [D]

16. [A] [B] [C] [D]
17. [A] [B] [C] [D]
18. [A] [B] [C] [D]
19. [A] [B] [C] [D]
20. [A] [B] [C] [D]

21. [A] [B] [C] [D]
22. [A] [B] [C] [D]
23. [A] [B] [C] [D]
24. [A] [B] [C] [D]
25. [A] [B] [C] [D]

26. [A] [B] [C] [D]
27. [A] [B] [C] [D]
28. [A] [B] [C] [D]
29. [A] [B] [C] [D]
30. [A] [B] [C] [D]

31. [A] [B] [C] [D]
32. [A] [B] [C] [D]
33. [A] [B] [C] [D]
34. [A] [B] [C] [D]
35. [A] [B] [C] [D]

36. [A] [B] [C] [D]
37. [A] [B] [C] [D]
38. [A] [B] [C] [D]
39. [A] [B] [C] [D]
40. [A] [B] [C] [D]

41. [A] [B] [C] [D]
42. [A] [B] [C] [D]
43. [A] [B] [C] [D]
44. [A] [B] [C] [D]
45. [A] [B] [C] [D]

二、阅读

46. [A] [B] [C] [D]
47. [A] [B] [C] [D]
48. [A] [B] [C] [D]
49. [A] [B] [C] [D]
50. [A] [B] [C] [D]

51. [A] [B] [C] [D]
52. [A] [B] [C] [D]
53. [A] [B] [C] [D]
54. [A] [B] [C] [D]
55. [A] [B] [C] [D]

56. [A] [B] [C] [D]
57. [A] [B] [C] [D]
58. [A] [B] [C] [D]
59. [A] [B] [C] [D]
60. [A] [B] [C] [D]

61. [A] [B] [C] [D]
62. [A] [B] [C] [D]
63. [A] [B] [C] [D]
64. [A] [B] [C] [D]
65. [A] [B] [C] [D]

66. [A] [B] [C] [D]
67. [A] [B] [C] [D]
68. [A] [B] [C] [D]
69. [A] [B] [C] [D]
70. [A] [B] [C] [D]

71. [A] [B] [C] [D]
72. [A] [B] [C] [D]
73. [A] [B] [C] [D]
74. [A] [B] [C] [D]
75. [A] [B] [C] [D]

76. [A] [B] [C] [D]
77. [A] [B] [C] [D]
78. [A] [B] [C] [D]
79. [A] [B] [C] [D]
80. [A] [B] [C] [D]

81. [A] [B] [C] [D]
82. [A] [B] [C] [D]
83. [A] [B] [C] [D]
84. [A] [B] [C] [D]
85. [A] [B] [C] [D]

86. [A] [B] [C] [D]
87. [A] [B] [C] [D]
88. [A] [B] [C] [D]
89. [A] [B] [C] [D]
90. [A] [B] [C] [D]

三、书写

91.

92.

93.

94.

95-100题 →

95.

96.

97.

98.

99.

																			48
																			80

100.

																			48
																			80

请不要写到框线以外！

시험에 나올 어휘를
효과적으로 공부하려면?

해커스중국어(china.Hackers.com)에서
<HSK 5급 핵심&고난도 어휘 1000> 무료 다운받기!

해커스 중국어

HSK 5 급

실전모의고사

점수를 높이는 막판 1주!

실전모의고사
5회분

상세한 해설집
(어휘+고득점 노하우)

모의고사용
문제별 분할
고사장 소음 버전 MP3

추가 자료   해커스중국어 china.Hackers.com

본 교재 동영상강의(할인쿠폰 수록) · HSK 5급 핵심&고난도 어휘 1000 · HSK 기출 사자성어 · 매일 HSK 필수어휘 테스트

해커스

3

중국어 실력 점검!
무료 HSK 레벨테스트

자신의 HSK 실력이 궁금하다면
무료 HSK 레벨테스트

1. 4년간 철저한 시험문제 분석을 반영하여
   해커스 HSK연구소에서 직접 출제!

2. 영역별 점수 및 추천 공부방법까지
   철저한 성적 분석 서비스

무료테스트 바로가기

4

해커스중국어
실전모의고사
3 STEP 학습 시스템

강의 듣고   보충 하고   복습 하자!

 >  >

오늘의 강의

스타강사 선생님의
명쾌한 강의에
실전 팁까지!

**쓰기영역
보너스 강의**

어려운 쓰기영역
정복을 위한
추가 동영상강의

쓰기빈출자료집

선생님이 정리한
시험에 많이 나오는
빈출 자료 제공